성性의
역사 4

육체의 고백

나남
nanam

지은이_미셸 푸코(Michel Foucault)

1926년 프랑스 푸아티에에서 태어났다. 철학, 심리학, 정신병리학을 연구하여 1984년 사망할 때까지 콜레주 드 프랑스 등 세계 여러 대학에서 강의했다. 저서로는 《고전주의 시대의 광기의 역사》, 《병원의 탄생》, 《말과 사물》, 《지식의 고고학》, 《감시와 처벌: 감옥의 탄생》, 《성의 역사》(총 4권)이 있다.

옮긴이_오생근

서울대 문리대 불문학과 및 동 대학원을 졸업하고, 프랑스 파리 10대학 문학박사학위를 받았다. 문학평론가이자 제 56회 대한민국학술원상을 수상하였으며, 현재 서울대학교 명예교수이다. 저서로 《미셸 푸코와 현대성》, 《초현실주의 시와 문학의 혁명》, 《프랑스어 문학과 현대성》, 《문학의 숲에서 느리게 걷기》, 《위기와 희망》 등이 있으며, 역서로 미셸 푸코의 《감시와 처벌: 감옥의 탄생》, 앙드레 브르통의 《나자》 등이 있다.

나남신서 2019

성性의 역사 4

육체의 고백

2019년 11월 25일 발행
2022년 12월 1일 2쇄

지은이   미셸 푸코
옮긴이   오생근
발행자   趙相浩
발행처   (주) 나남
주소   10881 경기도 파주시 회동길 193
전화   (031) 955-4601 (代)
FAX   (031) 955-4555
등록   제 1-71호 (1979.5.12)
홈페이지   http://www.nanam.net
전자우편   post@nanam.net

ISBN 978-89-300-4019-8
ISBN 978-89-300-8001-9 (세트)

책값은 뒤표지에 있습니다.

나남신서 2019

성性의
역사 4

육체의 고백

미셸 푸코 지음
오생근   옮김

Histoire de la sexualité

Les aveux

de la chair

나남
nanam

Histoire de

Histoire de la sexualité 4

Les aveux de la chair

by Michel Foucault
Édition established by Frédéric Gros

차 례

성의 역사 전4권

일러두기

1. 본문의 장·절 제목 및 내용, 각주 가운데 대괄호(〔 〕) 안에 표기된 곳은
   원서 편집자가 추가한 것이다.
2. 저자의 원주는 1, 2, 3 … 으로 표시하였다.
   원서에서는 매 면마다 새 번호를 매겼으나 이 책에서는 절 단위로 번호를 매겼다.
   옮긴이 주는 번호 대신 '●' 표시를 하여 구분하였다.
3. 원서의 '« »'는 이 책에서 큰따옴표(" ")로 표기하였다.

편집자 머리말 ●

프레더릭 그로

1976년, 미셸 푸코가 《지식의 의지La volonté de savoir》1라는 제목으로 《성의 역사Histoire de la sexualité》 1권을 출간했을 때, 그 책 뒤표지에는 다음과 같은 제목으로 다섯 권의 후속편이 나올 것처럼 예고되었다. ② 육체와 신체, ③ 소년 십자군, ④ 여성, 어머니, 히스테리 환자, ⑤ 성도착자들, ⑥ 인구와 종족이 그것이다. 물론 이 책들은 한 권도 발간되지 않았다. 그러나 프랑스 국립도서관에 마련된 '푸코 아카이브'(수사본 보관부서) 2에서는 적어도 《육체와 신체La chair et le corps》3 그

● 이 책을 편집 · 정리한 프레더릭 그로(Frédéric Gros)는 파리 12대학과 파리 정치학연구소의 철학과 교수다. 그는 미셸 푸코가 콜레주 드 프랑스에서 행한 마지막 강의 "주체의 해석학"의 편집자였다.

1 Paris, Gallimard, coll. *Bibliothèque des Histoires*, 1976.

2 전해진 바에 의하면, 미셸 푸코의 독서노트와 (강의, 강연, 논문 등의) 준비 작업을 위해 쓴 원고들의 분량은 모두 4만 장에 달한다. 이 원고들은 분류기호 NAF28730 아래 놓인 100여 개의 문서함 속에 분류되어 있다.

리고 《소년 십자군La croisade des enfants》4이라는 두 권의 책이 저자의 중요한 1차적 집필 대상이었음을 알려 준다.

1984년, 미셸 푸코가 타계하기 얼마 전, 이미 8년 전에 착수한5 《성의 역사》 2, 3권6이 발간되지만, 이 책들의 내용은 《쾌락의 사용법L'usage des plaisirs》에서 "변경Modifications"이라는 제목의 장章("이러한 일련의 연구는 내가 예정했던 시기보다 훨씬 늦게 그리고 완전히 다른 형태로 출간되었다")7과, 출간 당시 책들 속에 끼워져 있던 "서평 의뢰서"에서 알 수 있듯이, 처음의 계획과는 매우 달라진 것이었다. (16~19세기) 근대적 생명관리정책의 장치dispositif biopolitique에서 성sexualité의 장치를 연구하려던 계획은 — 부분적으로 콜레주 드 프랑스의 강의에서

---

3 문서함 LXXXVII~LXXXIX.

4 문서함 XLIV와 LI.

5 여기서 편집자의 이름이 빠진 이유를 밝힐 수는 없다. 다만 1976년과 1984년 사이에 발표된 많은 논문들(《말과 글(Dits et écrits)》, édition établie par Daniel Defert et François Ewald, Paris, Gallimard, coll. *Bibliothèque des sciences humaines*, 1994, 4 vol. ; rééd. coll. *Quarto*, 2001, 2 vol. 에 재수록된 논문들 외에, "어느 의사(疑似) 양성적 존재"의 회상(*Herculine Barbin, dite Alexina B.*, Paris, Gallimard, coll. *Les vies parallèles*, 1978), 아를렛 파르주와 함께 엮은 《가족의 무질서(Le désordre des familles)》(Paris, Gallimard, coll. *Archives*, 1982)를 언급할 수 있겠다.

6 《쾌락의 사용법》과 《자기에 대한 배려》는 각각 1984년 4월 12일과 5월 30일에 발간되었다. 다니엘 드페르는 "연표(chronologie)"에서 피에르 노라가 6월 20일 살페트리에르병원에 입원해 있던 미셸 푸코에게(그의 사망 일자는 25일이다) 《자기에 대한 배려》 한 부를 전해 주었다고 말한다(Michel Foucault, *Œuvres*, édition établie sous la direction de Frédéric Gros, Paris, Gallimard, *Bibliothèque de la Pléiade*, 2015, t. I, p. XXXVIII).

7 *L'usage des plaisirs*, in *Œuvres*, t. II, p. 739~748.

10

다룬 바 있는데 ─ 욕망의 주체에 대한 계보학의 역사적 시각과 '실존의 기술'에 대한 개념적 지평 속에서 ─ 성적 쾌락의 문제화를 위해 ─ 고대 그리스·로마 시대의 철학자들, 의사들, 연설가들 등의 책들을 다시 읽어야 했으므로 중단되었다. (유스티누스●부터 성 아우구스티누스●●까지의) 초기 기독교 교부들에 의한 육체의 문제화를 주제로 삼은 제 4권은 처음 계획보다 10여 세기를 더 거슬러 올라간 작업이면서 또한 주체의 윤리가 형성되는 문제에 중심을 두었다는 점에서 새로운 《성의 역사》의 연장선상에 놓인 책이다. 1984년의 "서평 의뢰서"는 다음과 같은 글로 끝난다.

결국 고대 그리스·로마 시대로부터 기독교 초기까지 욕망의 인간에 대한 계보학 연구라는 이 방대한 작업은 전체적 관점에서 볼 때, 본래의 주제로 돌아온 것이다. 3권으로 나누어지긴 했지만, 이것은 일관된 전체를 구성하고 있다.

─《쾌락의 사용법》은 고대 그리스 사상에서 성적 행동에 대해 생각하

● 〔옮긴이 주〕 성 유스티누스(Saint Justin, 100?~165?). 그리스어로 기독교 옹호론을 썼으며, 처음에는 이교인 철학을 실천하다가 개종하여 순교자로 사망했다.
●● 〔옮긴이 주〕 성 아우구스티누스(Saint Augustin, 354~430). 아프리카 북부의 타가스테라는 마을에서 태어났다. 젊은 날 마니교(선신과 악신의 싸움에 의해 세상이 계속 변화한다고 믿는 이원론적 세계관)에 빠졌다가 '하느님과 영혼을 알고자 하는 욕망'으로 기독교인이 되었다. 영혼을 인간과 동일시하는 것이 그리스 철학의 인간관이라면, 그는 인간을 '이성적 영혼이자 죽음이 필연적인 존재'이고, '이성을 소유하고 육체를 다스리는 일에 적합한 실체'라고 생각했다. 《고백록》, 《삼위일체론》, 《신국론》 등의 저자.

는 방식을 연구한 것이다. 〔…〕 또한 이것은 의학과 철학의 사유 안에서 '쾌락의 사용법'이 어떻게 만들어졌고 *Khrêsis aphrodisiôn*, 신체에 대한 관계, 배우자와의 관계, 미혼 남성들과의 관계, 진리와의 관계라는 4가지 중요한 경험 축에서 반복적으로 나타나는 금욕생활의 주제들이 어떻게 표현되었는가를 문제시한다.

－《자기에 대한 배려》는 초기의 1, 2세기에 그리스어와 라틴어 텍스트 안에서 이 문제가 어떻게 다루어졌고, 자기에 대한 관심이 주조를 이루는 생활의 지혜 속에서 어떻게 변화했는지를 연구한다.

－ 마지막으로 《육체의 고백》은 기독교 초기에 있었던 육체의 경험을 문제시하고, 욕망의 해석학과 욕망을 정화시키기 위한 판독작업이 어떤 역할을 한 것인지를 논의한다.

이 최종적인 작품의 생성과정은 복잡하다. 기억해 두어야 할 것은 《성의 역사》 초안에 있던 육체의 고백에 대한 기독교 교리와 관습의 문제가 《육체와 신체》8라는 제목의 책에서 주로 역사적 검토의 대상이 되고 있다는 점이다. 따라서 당시 기독교의 사목활동과 트리엔트 공의회 이후 속죄성사9의 전개과정을 연구할 필요가 있게 된 것이다.

---

8 M. 스넬라르는 《지식의 의지》의 작품 해제에서 푸코가 근대 기독교의 고해를 주제로 한 이 책의 제목을 "육체의 고백"으로 정할 생각을 했다고 알려 준다(*Œuvres*, t. II, p. 1504).

9 같은 책, p. 627. 푸코는 1차 연구에서 이미 이처럼 큰 변화를 신중히 평가하기 위해서는 역사적으로 12~13세기로 거슬러 올라가는 거리두기 관점을 생각하고 있었다(그는 속죄성사를 규정하는 1215년의 라테란 공의회를 예로 든다).

이 연구에 대한 개요를 처음 발표한 것은 1975년 2월 19일 콜레주 드 프랑스의 강의에서였다. **10** 그렇지만 푸코는 이 연구를 시작할 무렵, 기독교 역사에서 속죄자의 진실에 대한 관례적 의무와 자기 자신에 대한 진실 말하기, 그리고 그것을 말로 고백해야 한다는 명령의 출발점과 출현 시기를 포착하기 위해서는 아주 먼 상고시대로 거슬러 올라가야 한다는 것을 신속히 결정했다. 그렇게 해서 그는 1976년과 1977년부터 테르툴리아누스, 카시아누스 등 2, 3세기의 기독교인 라틴 작가들에 대한 많은 분량의 독서노트를 쌓아 간다. **11** 당시 다니엘 드페르는 1977년 8월 푸코의 근황을 이렇게 말한다. "푸코는 방되브르에 있다. 교부들에 대한 글을 쓰면서 성의 역사에 대한 연구범위를 몇 세기쯤 넓힐 계획을 세우고 있다."**12** 콜레주 드 프랑스에서의 '통치성'에 대한 연구(1978년 2월 15일과 22일의 강의)**13**의 일환으로 그는 기독교에서 '목자의 통치성'**14**이 갖는 시대적 특성을 밝히기 위해 교부들에 대한 자신의 일차적 독해를 활용한다. 이것은 복종의 관습과 유기적으로 연결된 '진실의 행위'(자기 자신에 대한 진실 말하기)를 알기 위한 작업이기도 했다. 그는 이러한 작업의 결과를 정리하고 종합해서 미국 스탠퍼드대학에서 주최한 1979년 10월 태너 렉쳐Tanner Lectures의 두

---

10 《비정상인들(*Les anormaux*)》, éd. V. Marchetti et A. Solomoni, Paris, Gallimard, Le Seuil, coll. *Hautes Études*, 1999, p. 155~186.

11 독서노트의 자료들은 문서함 XXII에 담겨 있다.

12 "Chronologie", *in* M. Foucault, *Œuvres*, t. II, p. xxvi.

13 《안전, 영토, 인구(*Sécurité, territoire, population*)》, éd. M. Senellart, Paris, Gallimard, Le Seuil, coll. *Hautes Études*, 2004.

14 푸코는 개인의 구원을 목적으로 한 영성지도의 테크닉을 염두에 두고 있다.

차례 강연15 중 첫 번째 강연 원고를 작성한 것이다.

1980년은 이 연구의 수행과정에서 《육체의 고백》 원고를 쓰게 된 결정적인 해이다. 미셸 푸코는 1980년 2월과 3월 콜레주 드 프랑스에 정확한 자료가 뒷받침된 일련의 조사작업 결과물을 제출하면서도, 이것이 《성의 역사》에 포함될 수 있는 것인지는 밝히지 않았다. 그의 작업은 2세기와 4세기 사이에 실행된 세례의 준비과정, 속죄의식, 수도원의 영성지도에서 진실에 대한 기독교인의 의무에 관한 것이었다. 16 그해 가을, 미국 버클리대학과 다트머스대학에서 그와 동일한 주제를17 총괄적 개념의 범주에서 설명한 두 차례의 강연을 한다. 특히 뉴욕에서 리처드 세넷과 함께한 세미나 강의18를 통해 그는 《육체의 고백》을 구성하게 된 많은 논문의 내용들을 개략적으로 소개한다. 실제로 이 세미나의 논의는 알렉산드리아의 클레멘스의 결혼의 원칙에 대

---

15 두 차례 강연 내용은 《정치 이성의 비평을 향해: 전체와 하나(*Omnes et singula-tim*)》란 제목으로 간행될 예정이다(이 텍스트와 관련하여 다음을 참고. l'édition et la présentation de M. Senellart, *in* M. Foucault, *Œuvres*, t. II, p. 1329~1358 et 1634~1636).

16 《산 자들에 대한 통치(*Du gouvernement des vivants*)》, éd. M. Senellart, Paris, Gallimard, Le Seuil, coll. *Hautes Études*, 2012. (소포클레스의 《외디푸스왕》의 독해를 주제로 한 1차 강의를 제외한) 이 강의의 내용은 다시 작성될 예정이지만, 대부분 결정본 원고 그대로 보관될 것이다.

17 다음을 참고. 《자기 해석학의 기원(*L'origine de l'herméneutique de soi*)》, éd. H.-P. Fruchaud et D. Lorenzini, Paris, Vrin, 2013.

18 이 강의의 원고는 문서함 XL에 담겨 있다. 《육체의 고백》을 만드는 데 있어서 결정적인 이정표가 될 수 있는 이 세미나의 강의 내용을 필기해서 보관했다가 나에게 맡겨준 프뤼쇼(H.-P. Fruchaud)에게 감사한다.

한 설명과 함께 기독교인으로서 동정virginité을 지키는 방법(성 키프리아누스로부터 올림푸스의 메토디우스를 거쳐 안키라의 바실리우스에 이르기까지), 인간의 타락 이후와 결혼생활에서 성 아우구스티누스의 리비도 개념이 차지하는 기본적 의미에 대한 검토를 포함하였다. [19] 1980년 말에 푸코는 이미 《육체의 고백》을 어떻게 구성하고 중심 주제를 무엇으로 할지에 대해 강렬한 직관을 갖고 있었을 뿐 아니라, 적어도 속죄의식과 수도원의 영성지도 원칙에 대한 연구의 중요한 원전 연구 작업을 이미 끝마쳤다고 볼 수 있다.

《육체의 고백》의 최종적인 원고 작성시기는 1981년과 1982년이라고 할 수 있다. 1982년 5월, 푸코는 〈커뮤니케이션Communications〉[20] 잡지에 《성의 역사》 제 3권 내용 중 일부를 발췌하여 기고한다. [21] 그렇지만 동시에 콜레주 드 프랑스의 강의에서 푸코는 이전과 다르게 대

---

19 〈성과 고독〉이라는 제목의 글에서 이 세미나의 시기를 알 수 있다(*London Review of Books* 1980년 5-6월 호에 처음 발표된 후, *Dits et écrits*에 texte n°295로 재수록 되었음).

20 "서구인의 성, 성의 역사와 사회학 시론(Sexualités occidentales. Contribution à l'histoire et à la sociologie de la sexualité)", mai 1982, XXXV, coordonné par Ph. Ariès et A. Béjin.

21 "Le combat de la chasteté", éd. M. Senellart, *in* M. Foucault, *Œuvres*, t. II, p. 1365~1379 et 1644~1648. 푸코의 이 논문은 이 책 2부의 한 장(章)을 발췌한 것이다(우리는 푸코가 원고에 간단히 수정한 내용들을 참고했다). 또한 1983년 4월(《쾌락의 사용법》이라는 제목 아래) 고대의 '아프로디지아' 경험에 대한 텍스트를 《육체의 고백》 이전에 발표할 생각을 하기도 했다. 이 텍스트의 역사에 관하여, 다음의 책에 우리가 쓴 해제 참고. *L'usage des plaisirs* et *Le souci de soi* pour la *Bibliothèque de la Pléiade*, *in* M. Foucault, *Œuvres*, t. II, p. 1529~1542.

대적으로 그리스·로마 시대로의 방향전환을 시도한다. 물론 이전의 푸코가 그리스·로마 시대에 대한 연구를 완전히 무시한 것은 아니다. 그러나 1978년부터 1980년까지의 연구에서 그 시대는 어디까지나 기독교의 통치성과 진실 말하기의 관행이 갖는 불가역성의 지점을 결정짓는 데 중요한 것이지만 부주제副主題 역할을 하는 것으로 논의되었을 뿐이다(국가의 통치와 사목권력의 통치성, 그리스·로마 철학자들의 생활지도와 초기 수도원에서 실행된 영성지도, 스토아주의와 기독교의 양심성찰 등 사이의 차이에 대한 논의도 포함된다). 그렇지만 단순히 부주제에 불과했던 것이 어쨌든 일관성 있고 지속적인 연구대상이 된 것이다. 연구방향의 변화는 1981년부터 뚜렷이 나타난다. 그해 콜레주 드 프랑스에서의 강연 내용은 완전히 고대의 참고자료(고대 그리스·로마 시대의 결혼과 미혼 남성들의 사랑에 관한 문제들)22들로 가득 차 있는 반면, 5월에 있었던 루뱅대학에서의 강연들은 고대와 기독교 시대 관련 자료들 사이에서 균형을 유지하려 한 인상을 주기 때문이다.23 1982년, 기독교인의 진실에 대한 의무와 고행의 특성에 관한 문제는 더 이상 미국에서의 강의나 세미나에서 이루어진 대규모 강의 차원에서는 전면에 나타나는 일이 없었던 반면(6월의 토론토대학에서의 강의24는 '자기 자신에 대한 진실 말하기'이고, 10월의 버몬트대학에서의

---

22 《주체와 진실(*Subjectivité et vérité*)》, éd. F. Gros, Paris, Gallimard, Le Seuil, coll. *Hautes Études*, 2014.

23 《죄와 진실 말하기, 법정에서 고백의 역할(*Mal faire, dire vrai. Fonction de l'aveu en justice*)》, éd. F. Brion et B. Harcourt, Louvain, Presses universitaires de Louvain, 2012.

강의25는 '자기에 대한 테크닉'이다), 콜레주 드 프랑스의 강의에서 그 주제는 부차적으로 단순한 소실점과 같은 형태로만 거론되었다. 26

《지식의 의지》(1976년) 이후의 모든 과정을 되돌아보자면, 1977~ 1978년 무렵, 근대적 성의 역사(16세기부터 19세기까지)를 집필하려던 계획을 버리고, 첫 단계(1979~1982년)에서 기독교인의 육체에 대한 역사의 문제제기를 위한 연구에 중점을 준다. 그 과정에서 가장 중요한 '진실의 행위'(고해와 고백exomologèse et exagorèse), 초기 기독교 교부들에게서 동정을 지키는 테크닉과 결혼생활의 원리를 밝히려 한다. 두 번째 단계(1982~1984년)에서는 그리스·로마인에게 생활의 지혜와 아프로디지아aphrodisia가 갖는 의미를 알기 위해 다시 연구의 중심 주제로부터 벗어났다.

갈리마르출판사에 기독교인의 육체에 관해 쓴 원고를 맡기고, 타자로 친 텍스트의 조판작업에 착수하기로 예정된 시기는 1982년 가을이었다. 27 피에르 노라가 전한 바에 의하면, 당시 미셸 푸코가 《육체의 고백》 출간을 급하게 서두르지 않아도 된다고 말했다는 것이다. 역사

---

24 《자기 자신에 대한 진실 말하기(*Dire vrai sur soi-même*)》, éd. H.-P. Fruchaud et D. Lorenzini, Paris, Vrin, 2017.

25 *Dits et écrits*, éd. D. Defert et F. Ewald, Paris, Gallimard, 1994, n° 263에 수록됨. 약 6개월 뒤, 1983년 4월 미국 UC 버클리에서 있었던 '자기 수양에 대한 강연도 마찬가지이다(*La Culture de soi*, éd. H.-P. Fruchaud et D. Lorenzini, Paris, Vrin, 2015).

26 《주체의 해석학(*L'herméneuutique du sujet*)》, éd. F. Gros, Paris, Gallimard, Le Seuil, coll. *Hautes Études*, 2001.

27 피에르 노라가 보관하고 있는 원고이자, 갈리마르출판사의 타자로 친 원고가 담겨 있는 서류 파일에는 〈1982년 10월〉이라 작은 꼬리표가 붙어 있다.

학자 폴 벤느●의 격려를 받고 고무된 그는 그리스·라틴 사람들의 아프로디지아 경험을 주제로 쓴 한 권 분량의 텍스트를 전사轉寫하도록 하고 그 책을 먼저 내기로 결정했기 때문이다. 우리가 아는 것처럼, 풍부한 연구성과를 보여 준 이 책은 제목을 달리한 두 권의 책, 《쾌락의 사용법》과 《자기에 대한 배려》로 나뉘었다. 이 두 권의 책을 만들고 편집하는 작업 때문에 — 물론 콜레주 드 프랑스에서 파레지아 parrésia●● 연구28라는 새로운 과제에 착수한 까닭도 있지만 — 《육체의 고백》의 교정을 늦추게 된 그는 원본에 대한 본격적 개정은 생각할 수도 없었을 것이다. 1984년 3월부터 5월까지 《성의 역사》 2, 3권의

● 〔옮긴이 주〕폴 벤느(Paul Veyne, 1930~). 1975년부터 1998년까지 콜레주 드 프랑스의 로마사 담당 교수를 지냈다. 저서로는 《역사를 어떻게 쓰는가(*Comment écrire l'histoire*)》(1971)를 비롯해 《빵과 원형경기장(*Le pain et le cirque*)》(1976), 《차이들의 목록(*L'inventaire des différences*)》(1976), 《그리스인들은 신화를 믿었는가?(*Les Grecs ont-ils cru à leurs mythes?*)》(1983), 《사생활의 역사(*Histoire de la vie privée*)》(1987), 《고대로마사회(*La société romaine*)》(1990), 《고대로마의 성과 권력(*Sexe et pouvoir à Rome*)》(2005) 등이 있다. 또한 《푸코, 사유와 인간(*Michel Foucault. Sa pensée, sa personne*)》(2008)을 쓰기도 했다.

●● 〔옮긴이 주〕고대 그리스·로마인들의 파레지아(parrhesia)는 솔직하고 자유로운 언어적 표현으로 진실을 말하는 방법이다. 또한 파레지아스트(parrhesiaste)는 진실을 말하는 주체이다. 그에게 중요한 것은 자신의 말이 얼마나 타인에게 신뢰감을 주는가에 있다.

28 《자기와 타인에 대한 통치(*Le Gouvernement de soi et des autres*)》, éd. F. Gros, Paris, Gallimard, Le Seuil, coll. *Hautes Études*, 2008; 《진실의 용기(*Le Courage de la vérité*)》, éd. F. Gros, Paris, Gallimard, Le Seuil, coll. *Hautes Études*, 2009. 또한 1983년 가을 미국 버클리대학에서 열린 강연을 정리한 《파레지아: 담론과 진실(*parrêsia: Discours et vérité*)》(éd. H.-P. Fruchaud et D. Lorenzini, Paris, Vrin, 2016)도 참조할 것.

편집작업을 끝내는 동안, 그는 극도로 지치고 위독한 상태에서도《육체의 고백》을 타자로 친 텍스트의 수정작업을 다시 시작한다. 실신하여 쓰러진 이후 6월 3일 살페트리에르병원에 입원한 그는 1984년 6월 25일 숨을 거둔다.

이 책의 교정판을 확정하기 위해 우리는 미셸 푸코의 육필 원고와 타자로 친 텍스트를 입수했다. 29 갈리마르출판사가 원고를 대조하며 작성한 후 미셸 푸코에게 교정본으로 넘겨준 타자로 친 텍스트30는 매우 부정확하다. 그의 텍스트를 도맡아 타이핑한 사람이면서 그의 글씨체를 잘 알아보는 비서에게 이것을 맡길 수 없었던 것은 그 시점에 원고가 불완전한 상태여서 그대로 사용할 수 없다는 이유 때문이었다. 그러므로 우리는 텍스트를 확정하기 위해 적어도 원문의 1부와 2부에서 푸코가 타자로 칠 수 있게 할 만큼 시간이 있었던 교정본을 중시해야 한다는 점에서, 무엇보다 먼저 최초의 원고31로 돌아왔다. 32 우리는 원문을 훨씬 가독성 있는 것으로 만들기 위해 구두점을 변화시켰

29 '파레지아' 연구는 국립도서관 문서함 LXXXIV에 담겨 있다. 이 문서함에는 그것 외에 가장 중요한 원고 속에 논문의 전개 내용을 알 수 있는 11장의 서류 보관용 파일이 있다. 우리는 독해과정을 통해 그것들이 어떤 커다란 전체에서 떨어져 나온 한 부분임을 알 수 있었다.
30 현대출판기록원(Imec, 캉)에서 보관 중인 타이핑 원고는 푸코의 수정사항을 포함하지 않는다.
31 이 자료는 문서함 LXXXV와 LXXXVI에 담겨 있다.
32 원문의 3부에서는 몇 군데 드물게 수정한 부분을 볼 수 있지만, 모두 푸코가 손으로 쓴 것은 아니다. 자신이 쓴 원고를 늘 눈앞에 두고 있지는 못했던 푸코는 교정본을 타이프로 치게 하면서 옮겨 쓰는 과정에서 생긴 오류를 바탕으로 작업을 해야 했다. 이 경우에 우리는 대체로 최초의 원문을 다시 대조해 보았다.

고, 출처를 명시하는 작업을 통일성 있게 했다. 또한《성의 역사》2, 3권(《쾌락의 사용법》,《자기에 대한 배려》)에서 확정된 편집체계를 그대로 따랐다. 우리는 인용문을 모두 확인했고, 푸코의 수기본과 타자로 친 텍스트가 일치하지 않는 경우에는 수정하도록 했다. 인쇄된〔각괄호〕표시는 우리가 관여해서 보충한 것임을 나타낸다. 33 우리가 한 작업은 여러 가지이다. 원고에서 단순히 각주의 필요성만을 적어 놓았을 때34 그 내용을 작성하는 일, 인용문의 출전이 명기되지 않았을 때 각주를 달고 그 이유를 덧붙이는 일, 빈칸을 채우는 일, 문법적으로 허술하고 부정확하거나 명백히 오문인 문장을 바로잡는 일, 고유명사의 오류를 교정하는 일, 인용된 구절이 그리스어, 라틴어 또는 독일어 원문으로 되어 있을 때 그것을 불어로 번역하여 덧붙이는 일, 35 각 장章의 제목이 빠진 경우에 제목을 붙이는 일36 등이 그것이다. 초기 기독교 교부들에 관한 푸코의 독서노트들이 담긴 아카이브 문서함들은 이러한 편집 작업에 필요한 도움을 주었다. 37 미셸 푸코를 대상

---

33 인용문 안에서 나타나는 각괄호는 예외이다. 이것은 푸코가 인용문의 의미를 정확히 하기 위해서, 또는 인용문의 어떤 구절들을 의도적으로 생략했음을 알리기 위해서 관례에 따라〔…〕처럼 점 3개와 함께 표기한 것이기 때문이다.

34 그렇지만, 각주의 요청을 표시했다 하더라도 각주 내용을 밝혀 둘 필요가 없을 만큼 그 제안이 아주 일반적인 것일 때, 우리는 간단히〔각주 없음〕이라고 표시했다.

35 그렇지만, 푸코의 원문이 문장을 이해하는 데 충분한 정보를 제공했을 때는 굳이 번역하지 않았다.

36 제목에 대해서 말하자면, 아마도 "성욕과 리비도"라는 장(章)의 경우를 제외하고는 간략한 서술형 제목을 골랐지만, 푸코 자신은 본문에서 "성행위의 리비도"라고 말한다. 장을 세분화하는 문제에서 우리는 원고에 나뉘어 있는 방식을 그대로 유지하도록 했다. "세례의 힘든 과정"과 "최고의 기술"이라는 제목은 푸코가 만든 것이다.

으로 한 훌륭한 작업들, 즉 미셀 스넬라르의 연구38와 필립 슈발리에의 학위논문39은 우리에게 큰 도움이 되었다. 텍스트를 끈기 있고 유익하게 다시 읽어 준 다니엘 드페르와 앙리-폴 프뤼쇼에게 감사한다. 이 책 끝의 참고문헌은 《쾌락의 사용법》과 《자기에 대한 배려》의 편집 원칙에 의거하여 작성되었다. 참고문헌 항목에는 "인용된 작품 색인" 형태 가운데 텍스트의 중요한 부분에서 언급된 작품들만을 찾아 넣었다. 그렇지만 기독교 교부들에 대한 미셀 푸코의 독서노트, 즉 아카이브 문서함에서 알 수 있듯이,40 '인용된 저작물들'(특히 근·현대 저자들의 경우)은 대체로 읽고 검토한 참고문헌의 비중에서 볼 때 대수롭지 않은 부분이었음을 강조할 필요가 있다.41 저작권 소유자의 요청에 따라, 우리는 편집자 주해, 푸코의 작품 속에서의 참조 부분, 교양적 지식에 속하는 것들을 본문에 넣지 않고 각주로 돌렸다. 우리의 작업은 원문을 확정하는 일에 한정되었다.

---

37 이 노트들은 주로 국립도서관 문서함 XXI, XXII, XXIV에 수합되어 있다. 기독교 교부들과 관련하여, 우리는 비평 문학을 중요하게 고려하고 있다는 사실과, 그렇지만 일관되게 원문으로 돌아가고 있음을 확인할 수 있다(대개 Éditions du Cerf의 *Sources chrétiennes* 총서이거나, 혹은 직접적으로 그리스어나 라틴어 버전의 J.-P. Migne, *Patrologie* 이다).

38 특히 다음의 출판물 참고. *Le Gouvernement des vivants*, *La Volonté de savoir*, "'*Omnes et singulatim*'. Vers une critique de la pensée politique", "Le combat de la chasteté".

39 P. Chevalier, *Michel Foucault et le christianisme*, Lyon, ENS Éditions, 2011.

40 앞의 37번 각주 참고.

41 모든 교부들과 기독교의 정확한 의례들(세례, 속죄 등)에 대해서는 국립도서관 문서함 안에 있는 아주 중요한 참고문헌 목록들을 찾아보면 된다.

이 책의 본문 뒤에 우리는 상이한 층위에서 쓰인 4편의 부록을 덧붙였다. 앞의 3편은 푸코의 원고 안에서 물리적으로 《육체의 고백》 1부 끝에 분리된 형태로 쌓여 있던 서류 보관용 파일 속에서 나타난 것들이다.[42] 첫 번째 부록은 간략하게 전체의 목적을 환기시키기 위해 쓴 것으로("밝혀야 할 문제들은 …") 보아서, 서론의 초고이거나 아니면 개인적으로 사용하기 위한 상세한 설명서일 수도 있다.[43] 두 번째 부록은 '고해'와 '고백' 사이의 관계에 대한 비판적 검토로 구성된다. 이

---

42 이것들은 국립도서관 문서함 LXXXV에 담겨 있다. 사실 문서함 LXXXV, LXXXVI에는 갈리마르출판사에서 만든 타자로 친 텍스트의 원본인 원고들이 담겨 있지만, 그것들이 텍스트의 순서에 따라 차례대로 놓여 있지는 않다. 문서함 LXXXV에는 1부 2, 3, 4장과 4부 전체 내용이 보관되어 있다. 문서함 LXXXVI에는 1부 1장이 2부 전체 내용과 함께 보관되어 있다. 또한 그 안의 첫 번째 서류 보관용 파일에는 서문과 서문 초안이 들어 있는데, 이것들은 분명히 《육체와 신체》의 초안과 일치한다. 이것은 푸코가 한때 《육체의 고백》의 후속 작업을 하기 위해 《육체와 신체》를 쓰기 위한 자료 작업을 다시 시작하려 했다는 추정이 불가능하지 않다는 것을 보여 준다. 실제로 《육체의 고백》의 본문에서는 다음과 같은 문장이 발견된다. "마지막 장에서 성 아우구스티누스의 견해를 별도로 논의하겠다. 그 이유는 그의 견해가 정절의 금욕과 결혼의 윤리에 대해 등가적 의미를 부여한 가장 엄정한 이론적 틀을 갖추고 있기 때문이고, 또한 그것이 서양의 기독교 성윤리의 항구적인 기준이 됨으로써 후속 연구의 출발점이 되기 때문이다."(cf. *infra*, p. 254)

43 《육체의 고백》의 첫 구절은 아주 거칠게 보일 수 있다("'아프로디지아'는 결혼, 생식, 쾌락 폄하, 부부가 지켜야 할 정중하고 특별한 공감관계 등에 관해 규정한 것이다. '아프로디지아' 규범을 작성한 사람들은 철학자들과 비기독교인 지도자들이다 …"). 그러나 푸코가 이것을 서론의 첫 구절로 만들 생각을 했는지는 확실하지 않다. 사실 《자기에 대한 배려》도 아주 거칠게 시작한다. "나는 아주 특이한 텍스트의 분석부터 시작하겠다. …"(*in* M. Foucault, *Œuvres*, t. II, p. 971). 《쾌락의 사용법》의 긴 서문은 사실상 하나의 전체를 구성하는 3권의 통일성과 관련된 것처럼 보인다(1984년의 "서평 의뢰서").

연구는 본문 1부의 마지막 부분에서 전개된 논리와 빈틈없이 연속되어 있지만, 푸코가 과연 이 글을 쓰다가 최종 단계에서 본문에 넣기를 포기한 것인지 아니면 그의 원고를 전사하도록 한 후 그 글을 다시 쓴 것인지는 알 수 없다. 세 번째 부록은 무엇보다 범죄에 대한 고백 거부와 관련하여, 카인에 대한 저주에 관해 쓴 1부 3장("두 번째 속죄")에서 아주 두툼하게 나타난 요약문을 심화한 것이다. 네 번째 부록은 원고와 타이프로 친 것의 마지막 전개 부분이다. 우리가 이것을 부록에 첨부한 이유는 이 글이 오래전부터 진척된 연구주제를 예고하기 때문이다. 우리는 이러한 변화가 있은 후에 이 책의 마지막 구절들이 사실상 결론과 같은 것임을 알 수 있다.

미셸 푸코의 저작권 소유자들은 이처럼 중요한 미간행 작품을 출간하는 데 적당한 시기와 조건들을 충분히 검토하였다. 이전에 나온 3권의 책과 마찬가지로, 이 책은 피에르 노라가 편집 책임을 맡은 《역사총서*Bibliothèque des Histoires*》에서 간행된다. 1984년의 "서평 의뢰서"는 다음과 같은 출판 정보를 알려 준다.

1권: 《지식의 의지》, 224쪽
2권: 《쾌락의 사용법》, 296쪽
3권: 《자기에 대한 배려》, 288쪽
4권: 《육체의 고백》(근간)

이제 비로소 우리의 일은 모두 끝나게 되었다.

[제1장]

[새로운 경험의 출현]

1. 창조, 생식
[2. 세례의 힘든 과정]
[3. 두 번째 속죄]
[4. 최고의 기술]

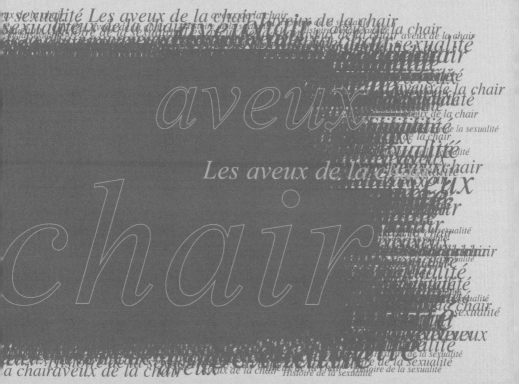

1

창조, 생식

'아프로디지아'●는 결혼, 생식, 쾌락 폄하, 부부가 지켜야 할 정중하고 특별한 공감관계 등에 관해 규정한 것이다. '아프로디지아' 규범을 작성한 사람들은 철학자들과 비기독교인 지도자들이다. 이 규범을 모든 사람에게 해당되는 하나의 행동규범으로 받아들일 수 있게 한 것은 '이교인' 사회이다. 이 말은 모든 사람이 실제로 그러한 규범을 지키게 되었음을 의미하지 않는다. 사실은 그것과 정반대이다.

　이와 같은 규범체제는 본질적으로 변경되지 않고 2세기 교부들의

● 〔옮긴이 주〕《성의 역사》 2권인 《쾌락의 사용법》 안에서 푸코가 아프로디지아를 설명한 바에 의하면, 이 용어를 '성행위', '사랑의 쾌락', '성관계', '육체의 행위', '관능적 쾌락' 등으로 번역할 수는 있지만, 그 어떤 단어도 이 그리스 용어에 적합하지 않다는 것이다. 우리말로 옮기자면, 이것은 넓은 의미로 '성에 대한 지침'이라고 할 수 있지 않을까?

교리에서 그대로 나타난다. 대부분의 역사학자들은 교부들이 초기 기독교 사회에서건, 사도들의 행전에서건 — 성 바오로의 매우 그리스 문화적인 서간들을 제외하고는 — 아직 그들의 기본방침을 마련하지 못했을 것으로 보았다. 어떻게 보면 이 규범들은 이교인들에게 이미 높은 가치를 지닌 행동원칙으로 인식되고 있었다는 점에서, 적대감을 누그러뜨려야 할 필요가 있었던 이교인들의 사회로부터 기독교의 사상과 생활관습 속으로 이동한 것이었을지 모른다. 유스티누스나 아테나고라스 같은 호교론자들이 황제에게 결혼과 생식, 아프로디지아에 대해서 보고할 때, 기독교인들이 그리스 철학자들의 행동규범과 같은 규범을 실천한다고 강조한 것은 사실이다. 이러한 정체성을 분명히 나타내기 위해, 기독교인들은 말과 표현에서 쉽게 기원을 알 수 있는 그리스의 격언적 계율을 거의 바꾸지 않고 그대로 사용한다. 유스티누스는 "우리의 입장에서 결혼한다는 것은 자녀를 양육하기 위해서이다. 우리가 결혼을 포기한다는 것은 철저히 금욕생활을 지키기 위해서이다"[1]라고 말한다. 아테나고라스는 마르쿠스 아우렐리우스에게 설명하는 자리에서 다음과 같이 스토아 철학의 규범에 의거해서 말한다. 가령 욕망의 제어[2] — "생식은 우리에게 욕망의 척도이다"[3], 재혼의 거부 — "다른 여자와 결혼하기 위해서 자기의 아내를 버리는 것은 간통이다", "모든 재혼은 명분이 있는 불륜이다"[4], 쾌락에 대한 불신 — "우

---

1 JUSTIN, *Première apologie*, 29, 1.
2 타이프로 친 원고에는 "욕망의 존재 이유로서의 생식"이라고 쓰여 있음.
3 "*Hêmin metron epithumias hê paidopoiia.*"
4 "*Ho gar deuteros 〔gamos〕 euprepês esti moikheia.*"

리는 성적 쾌락은 물론 영혼의 쾌락까지도 경멸한다" 등과 같은 말들이다. 5 아테나고라스가 이교와 상반되는 기독교의 특징을 가리키기위해서 이러한 주제를 택한 것은 아니다. 그에게 중요한 것은, 기독교인들이 부도덕하다는 비난을 어떻게 하면 듣지 않을 수 있는가와, 그들의 생활에서 이교인들의 지혜로 인정되는 이상적 도덕성을 어떻게실천하는가의 문제이다. 6 그는 기독교인들이 영생에 대한 믿음과 하느님과의 합일에 대한 욕망을 가져야만 이러한 규범을 지킬 수 있을뿐 아니라, 그것이 모든 의지를 순결하게 유지하고 나쁜 짓을 할 생각에 빠지지 않게 하는 근본적이고 확실한 동기가 된다는 사실을 간단히강조할 뿐이다. 7

2세기 말 알렉산드리아의 클레멘스의 저서에는 기독교 사상에 수용될 수 있는 아프로디지아의 규범에 대한 매우 풍부한 증언이 담겨 있다. 클레멘스는 여러 텍스트에서 결혼, 성관계, 생식과 금욕의 문제를 거론한다. 주요 부분들은 《교사Le Pédagogue》의 2권 10장과, 거칠게쓰인 6장과 7장, 그리고 3권 〔8장〕이며, 두 번째 《강론집Stromate》의

---

5 "〔…〕 mekhri kai tôn tês psukhês hêdéon." 이 모든 텍스트의 출처는 다음과 같다. Supplicatio pro Christianis, chap. 33. Dans son article "Ehezweck und zweite Ehe bei Athenagoras"(Theologische Quartalschrift, 1929, pp. 85~110). K. von Preysing은 아테나고라스의 말과 마르쿠스 아우렐리우스의 이론적 입장이나 태도가 유사하다고 주장한다.

6 K. von Preysing은 이렇게 결론짓는다. "우리는 아테나고라스가 발전시킨 결혼의두 개념이 어쨌든 기독교 세계에서 유래한 것이 아님을 밝히려고 했다. 두 개념 모두 스토아 철학의 영향을 받은 것이 분명해 보인다.", 같은 책, p. 110.

7 여자를 탐내거나 간통을 범할 생각을 하는 사람들의 유죄성에 관한 유스티누스의《첫 번째 변명(Première apologie)》 15장도 참고.

32장과 세 번째 《강론집》 전체이다. 필요할 경우, 다른 텍스트들에 의존하여 이 문제를 밝히면서 내가 분석해 보려는 것은 무엇보다도 첫 번째 텍스트이다. 그 이유는 세 번째 《강론집》의 가장 중요한 부분은 상이한 그노시스●의 주제에 관해 비판적 견해를 담아서 두 갈래의 방 향으로 전개되어 있기 때문이다. 하나의 방향은, 선민들의 물질에 대 한 경시, 물질과 악의 동일시, 구원에 대한 확신이 그들로 하여금 법 에 대한 위반 행위를 불가피하거나 습관적인 것으로 만들지 않아야 했 음에도 불구하고, 결국 이것들이 법의 준수라는 문제를 아무렇지도 않게 만들어 놓은 결과가 되었다는 주장을 공격하는 것이다. 또 다른 방향은, 어느 정도 확실한 근거를 갖고 발렌티누스나 바질리데스를 원용하면서, 모든 가톨릭 신자들과 경건한 신앙생활을 보내려는 사람 들에게, 결혼과 성관계를 금지하도록 한 엔크라테이아●●의 태도와 자

● 〔옮긴이 주〕《주체의 해석학. 1981~1982 콜레주 드 프랑스에서의 강의》에서 편 집자들은 '그노시스'(영적 인식)를 이렇게 설명한다. "그노시스(le gnoticisme) 혹 은 영지주의는 초기 기독교 시대에 발전한 비의적(秘義的) 종교-유파를 대표한 다. 성격을 파악하기 어렵고 모호하고 또한 정의하기 곤란한 이 유파는 교부들과 플라톤주의의 영향을 받은 철학에 의해 동시에 거부되었다. '영적 인식(gnose)' (gnôsis는 그리스어로 '인식'을 뜻함)은 그것에 이를 수 있는 사람에게 구원을 주는 비의식인 인식을 의미하고, 또한 입문자에게는 자신의 기원과 목적지에 대한 앎과 불가해한 해석학적 전통의 바탕에서 통찰할 수 있는 상위세계의 비밀과 신비(하늘 나라로 가는 여행의 약속을 수반하는)를 의미한다. 구원적 · 입문적 · 상징적 지식 이라는 뜻에서 '영적 인식'은 《성서》에 근거한 유대-기독교적 사색의 방대한 총체 를 포함하는 것이다."(M. Foucault, *L'Herméneutique du sujet - cours au Collège de France, 1981~1982*, Hautes Études, Gallimard-Seuil, pp. 25~26.)

●● 〔옮긴이 주〕《쾌락의 사용법》에서는 '엔크라테이아'(Enkrateia)를 이렇게 설명한 다. "고전어(그리스어와 라틴어)에서 이 용어는 자기와의 관계, 즉 쾌락에 대한 올

기의 입장은 다르다는 것을 밝히려 한 것이다. 이 텍스트들은 결혼생활과 절제의 문제를 통해서, 물질과 악과 죄에 대한 그의 견해를 담은 클레멘스의 신학을 이해할 수 있는 매우 중요한 자료이다. 《교사》8는 아주 다른 목적으로 쓰인 책이다. 이 텍스트는 개종하고 세례받은 기독교인들을 대상으로 한 것일 뿐, 흔히 말하듯이, 성직자가 되려는 이 교인들을 위한 것이 아니다. 이 책은 개종한 기독교인들에게 정확하고, 구체적이고, 일상적인 생활규범을 권고한다. 그러므로 문제는 이러한 책의 목적과 그리스 철학자들이 제시하는 행동지침을 비교할 수 있고, 이러한 조건에서 그 둘의 비교는 의미 있는 작업일 수 있다는 점이다.

생활규범을 잘 지킨다고 해서 기독교인의 의무를 완수한다고 볼 수도 없고, 기독교인이 가야 할 길을 끝까지 간다고 말할 수도 없을 것이다. 《교사》 이전에 나온 《그리스인들에 대한 권고Le Protreptique》가 인간의 영혼이 올바른 길을 가도록 훈계하는 역할의 텍스트인 것과 마찬가지로, 《교사》와 그 이후의 주제는 스승이 제자에게 최고의 진리로 입문할 수 있게 가르쳐야 한다는 내용으로 구성된다. 《교사》는 그러므로 개인의 훈련과 발전에 관한 책이자, 이후의 또 다른 교육에서 해야 할 일이겠지만, 하느님을 향해 끝까지 올라갈 수 있도록 하는 안내서이다. 그러나 이처럼 기독교인으로 사는 생활방식의 중개적 성격이

바른 사용법에서 나타나는 것으로서 쾌락을 통제하는 데 필요한 도덕적 태도를 의미한다"(M. Foucault, *L'usage des plaisirs*, Gallimard, 1984, p. 74).

8 《교사》는 양 떼를 지키는 목자의 지혜를 의미하는 말로서, 실존의 테크닉과 같은 뜻이다(II, ii, 25, 3).

있다고 해서 이 생활방식을 상대화할 수 있는 것은 아니다. 물론 모든 것을 다 말해 주지 않는다고 해서 그의 말이 쓸모없는 것은 아니다. 다른 스승이 가르쳐야 할 문제겠지만, 보다 완전한 생활은 또 다른 진리를 발견할 수 있게 하는 것이지, 또 다른 도덕적 법칙으로 따라야 하는 것은 아니다. 보다 정확히 말해서, 결혼과 성관계와 쾌락에 대해서 《교사》가 가르쳐 주는 교훈들은 나중에 진정한 '영적 인식'을 얻은 사람의 생활에 적합한 것으로서, 더욱 힘들고 더욱 정결해야 하는 단계가 있겠지만, 그 이전에 보통사람의 생활에 맞는 중간단계의 것이라고 할 수도 없다. 사실 진정한 '영적 인식'을 얻은 사람은 보통 '학생'의 눈으로 볼 수 없는 것을 통찰력 있는 눈으로 볼 수 있다는 점에서, 일상생활의 문제에서 굳이 다른 규범들을 실행할 필요는 없었다.

실제로 클레멘스가 《강론집》에서 "진정한 영적 인식"을 얻은 사람에게 《교사》에서 권고한 것과는 다르게 결혼생활의 규범을 제시하지 않았다는 것은 분명하다. 그는 결혼의 유죄성을 전혀 인정하지 않고, 어떤 사람들처럼 결혼을 육체관계와 같은 것으로 보지도 않았으며, 결혼이 올바른 종교생활을 수행하는 데 힘든 장애가 된다고 보지는 않았지만, 그렇다고 해서 결혼의 의무를 인정한 것은 아니다. 그는 결혼과 정절의 두 갈래 길을 모두 열어 놓고, 어느 쪽이건 책임과 의무가 따른다는 것을 인정한다.[9] 두 갈래 길에 대해 숙고와 논의를 하다 보면, 아내와 자식들에 대한 책임의식을 갖는 사람들의 보다 많은 장점이 나타날 수도 있고, 성관계 없는 정절의 가치가 돋보일 수도 있다는

---

9 *"Idias leitourgias kai diakonias"*, Clément d'Alexandrie, *Les Stromates*, III, xii.

것이다. 10 《교사》에서 우리가 읽을 수 있는, 아내와 함께 사는 남자의 결혼생활에 관한 글은 그러므로 성관계의 어떤 잠정적 조건을 규정하지 않고 있다. 모든 기혼자들은 신에 대한 '영적 인식'으로 나아갈 수 있는 단계가 어떤 것이건 간에, 공통의 규범을 따르는 것이 일반적으로 가치 있는 일이다. 《교사》의 교육적 성격에 대해 설명하는 것도 같은 논리이다. 《교사》는 일시적으로 일하거나 결함이 있는 교사가 되어서는 안 된다. 즉, "교사는 아버지 하느님과 같은 존재이다. 〔…〕 그는 죄를 저지르지 않은 사람이고, 나무랄 데도 없고, 인간의 모습을 한 흠결이 하나도 없는 신이자, 아버지의 뜻을 따르는 종이고, 로고스 하느님이고, 아버지 속에 있는 사람이며, 아버지의 오른쪽에 앉아 있는 사람이고, 또한 하느님의 본래 모습"11이기도 하다. 교사는 바로 그리스도 그 자신이다. 그가 가르치는 것, 보다 정확히 말해서 그의 모습 안에서 가르치는 것, 그리고 그의 모습으로 가르치는 것이 로고스이다. 하느님의 말씀처럼, 그는 하느님의 율법을 가르친다. 그가 보여 주는 계율들은 보편적이고 살아 있는 이성이다. 《교사》의 2부와 3부는 기독교인으로서 행동하는 기술을 주제로 한 것이지만, 1부 8장 끝부분에서 클레멘스는 앞으로 교훈이 될 만한 것에 의미를 부여하고 이렇게 말한다. "따라서 하느님과 그리스도와의 합치된 삶을 살고 영생을 위해서 올바른 행동을 하는 것이 의무이다. 《교사》에서 우리가 배우는 것은, 기독교인의 생활이 로고스의 가르침에 대한 완전한 실

---

10 〔비어 있는 주〕
11 Clément d'Alexandrie, *Le Pédagogue*, I, ii, 4, 1.

천이고, 그것이 바로 우리가 믿음이라고 부르는 것이다. 이 모든 것은 숭고한 원칙이므로, 우리들 자신과 우리의 이웃들에게 모두 유익한 영적인 계율로서, 우리에게 명령을 내린 하느님의 가르침으로 구성된다." 이렇게 필요한 일들 중에서 클레멘스는 현세의 삶에 필요한 일 — 이것은 《교사》이후에 나온 책에서 알 수 있는데 — 과 《성서》에서 우리가 판독할 수 있는 천국의 생활에 필요한 일을 구분한다. 이것은 만인을 대상으로 한 강의가 끝난 후의 어떤 비의적인 가르침이라고 할 수 있을까? 그럴지도 모른다. 12 그러나 그렇다고 해도 일상의 실존에 관한 규칙에서 로고스 그 자체의 가르침을 이해해야 한다는 것에는 변함이 없다. 그 가르침에 따르는 행동에서 영생에 이르는 올바른 행동이 무엇인지를 인지해야 하고, 로고스와 일치된 올바른 행동에서 하느님과 그리스도와의 일치된 의지를 인지해야 한다.

클레멘스가 생활규범을 설명하는 자리에서 사용하는 용어들은 매우 의미심장하다. 이것들은 상호관계에서 생각해야 할 두 가지 측면을 명확히 보여 준다. 스토아주의적 용어에 의하면, 생활규범은 '올바른 행동Kathêkonta'을 의미하는 것이지만, 또한 이것은 올바른 행동을 수행하는 사람과 '보편적 이성Katorthômata'이 일치되는 합리적 행동을 정의하는 것이기도 하다. 기독교적 주제에 의하면, 그것은 수도원에서 수용될 수 있는 소극적 규범을 정의하는 것일 뿐 아니라, 영생에 이

---

12 이것은 이 부분의 주석에서 H. -I. Marrou가 한 가정이다. *Pédagogue* (I, xiii, 102, 4~103, 2) dans l'édition des Sources chrétiennes (Paris, 1960), pp. 294 ~295.

를 수 있고 믿음을 공고히 하는 생활 형태를 의미하는 것이다. 13 요컨대 클레멘스는 《교사》의 가르침을 통해 "몸가짐이 단정한 생활"의 차원은 정숙한 생활의 가시적인 측면이고, 이것이 바로 구원의 길로 가는 순결한 생활을 보여 줄 수 있는 지침서가 되기를 제안하는 것이다. 이처럼 단정한 생활을 요구하고, 올바른 이성을 나타내며, 하느님과의 결합을 통해 영혼을 구제하는, 로고스의 편재는 3가지 차원의 상관성을 확신시킨다. 14 《교사》에서 이러한 천명이 있은 후 곧 나오기 시작한 실용적인 책들에는 세부적인 지침들이 적혀 있는데, 그것들의 완전한 일치성은 놀라울 정도이다. 그러나 이러한 지침들은 저자의 전체적 의도와 관련지어 생각해야 할 문제이다. 또한 '올바른 행동'에 관한 클레멘스의 권고가 종종 일관성이 없어 보인다고 해도, 이것의 세부적인 내용은 결국 올바른 행동의 원칙이자 동시에 구원을 향한 움직임, 현실세계의 이성이자 동시에 영원을 약속하는 하느님의 말씀, 즉 로고스를 근거로 판독되어야 한다.

그러므로 《교사》 2권 10장의 독해를 위해서는 다음과 같은 몇 가지 예비적 고찰이 필요하다.

---

13 "로고스의 가르침을 철저히 실천하는 일은 바로 우리가 신앙이라고 부르는 것이다", *Le Pédagogue*, I, xiii, 102, 4.

14 *Kathêkonta*, *Katorthômata*와 구원을 향한 행동의 가치와의 일치성은 다음과 같은 구절에서 나타난다. "종교의 영향을 받은 덕행은 그러므로 행동의 의무를 실천하는 것이다."(*ibid.*, I, xiii, 102, 3), "결국 의무는 하느님과 그리스도와의 합치된 의지를 갖는 것이고, 영생을 향한 올바른 행동이다."(같은 책, *ibid.*, I, xiii, 102, 4)

1. 우리는 이교인 모럴리스트들, 그중에서도 특히 스토아주의 모럴리스트들의 명시적이거나 암시적인 의미의 인용문들을 각별히 적어두는 습관을 갖고 있다. 그들 중 무소니우스 루푸스는 이름이 명시되지는 않더라도, 인용문으로 유명한 사람들 중 하나일지 모른다. 클레멘스는 적어도 4번이나 5번쯤 로마의 이 스토아주의 철학자가 삶의 중요한 문제에 관해 말한 격언들을 그대로 옮겨 쓴다. 그렇기 때문에 이러한 격언에 의거해서 합법적인 결혼은 생식을 목적으로 해야 한다는 원칙,15 결혼생활에서 오직 쾌락만의 추구는 이성에 반ⵗ한다는 원칙, 16 자기 아내와는 음란한 성관계를 갖지 말아야 한다는 원칙, 17 우리가 어떤 행동을 부끄러워하는 것은 그 행동이 잘못임을 의식하기 때문이라는 원칙18이 만들어진다. 그러나 클레멘스가 이 장에서 일군의 철학자들로부터 빌려온 교훈들을 그의 글 속에 그대로 옮겨 적었을 뿐, 기독교적 의미를 부여하지는 않았다고 결론지어서는 안 된다. 우선 주목해야 할 것은 이 텍스트에서 이교인 철학자들의 준거가 클레멘스의 다른 여러 텍스트에서나 마찬가지로 매우 많다는 점이다. 우리는 여기서 안티파테르, 이예로클레스, 그리고 아마 섹스투스의 격언 같은 것에서 빌려온 표현들을 얼마든지 찾아낼 수 있다. 또한 그 당시 더 이상 인용되지 않던 아리스토텔레스도 박물학자와 의사들과 마찬

---

15 *Ibid.*, II, x, 90, 3, 그리고 Musonius Rufus, *Reliquiae*, XIV, [10~11], p. 71 (éd. Hense).

16 *Ibid.*, II, x, 92, 2, 그리고 Musonius Rufus, *ibid.*, XII, [3~4], p. 64.

17 *Ibid.*, II, x, 97, 2, 그리고 Musonius Rufus, *ibid.*, XII, [15~16], p. 63.

18 *Ibid.*, II, x, 100, 1, 그리고 Musonius Rufus, *ibid.*, XII, [1~2], p. 65.

가지로 인용되어 있다. 끝으로 — 이런 점은 클레멘스에게 이례적인 것은 아니겠지만 — 플라톤은 이름이 명시되어 인용되는 몇 안 되는 사람들 중 하나이자, 폭넓게 인용되는 유일한 사람이다. 19 그러나 또한 주목해야 할 것은 클레멘스가 거론한 생활규범의 어떤 중요한 주제라도 모세, 레위, 에제키엘, 이사야, 시라크 등 《성서》에 나오는 인용문을 동반하지 않는 경우가 한 번도 없었다는 점이다. 또한 이 장에서는 역사가 오래되지 않은 스토아주의에서 깊은 생각 없이 만들어진 표현들을 많이 빌려 왔다는 것보다, 그 시대의 모럴리스트들에게서 실제로 정해진 규범들을 3가지 기준으로 통합하려는 시도가 있었다는 것을 주목해야 한다. 그 3가지는 첫째, 박물학자와 의사들이 세계 편성의 원칙으로 로고스의 존재를 증명할 때 자연이 어떻게 규범의 근거가 되고 합리성을 보여 주는가, 둘째, 철학자들, 특히 플라톤 같은 대표적 철학자가 인간의 이성으로 어떻게 규범을 인식하고 정당화할 수 있는지를 보여 주는가, 셋째, 하느님이 인간에게 이러한 계율들을 명시적으로 제시했고, 하느님에게 복종하는 인간들이 모세의 율법 형태로건 그리스도의 말씀 형태로건, 명령을 따름으로써 자발적으로 하느님과 일체가 되는 모습을 보여 주는가이다. 20

2권 10장에서 명시된 이 중요한 규범들은 그러므로 자연과 철학과

---

19 데모크리토스와 헤라클리토스는 한 번 인용되고, 크리시포스는 대체로 '스토아주의자들'이란 명칭으로 인용된다. 플라톤은 많은 인용문들과 함께 여러 번 인용된다.

20 두 개의 가르침을 구별하는 방법에 대해서: Clément d'Alexandrie, *Le Pédagogue*, I, vii, 60, 2. 이것들의 연속성에 대하여 *ibid.*, I, x, 95, 1, 그리고 특히 I, xi, 96, 3 ("로고스가 교사인 것은 모세를 통해서였다") 그리고 97, 1을 참고할 것.

하느님의 말씀이라는 3가지 결정원칙을 따르고 있다. 물론 허용하고 금지하고 명령하는 규범체계와 몇 가지 세부적 내용을 제외한다면, 이 규범들은 이전 시대의 철학자들, 특히 스토아주의자들이 가르쳤던 것과 완전히 일치한다. 결국 클레멘스는 자연과 인간이성, 하느님의 말씀 그 무엇을 진술하더라도, 인용문들이나 로고스의 명령으로 나타나는 예문과 참고문들의 복잡한 형태 안에서 이처럼 널리 알려진 그리스의 경구들을 집어넣으려고 모든 노력을 기울인 것이다.

2. 《교사》 2, 3권은 그러므로 하나의 생활규범이다. 각 장章이 무질서하게 구성된 것처럼 보이지만— 가령 음주의 주제 다음에 호화가구의 문제를 언급하고, 공동생활에서의 규율과 올바른 수면습관 사이에 향수와 화관을 말하다가 (여자들은 하얀색의 단순한 샌들을 신어야 한다며) 구두에 관해 말하고, 다이아몬드에 매혹되어서는 안 된다고 말하는 등— 이런 점에서 이 책이 하나의 '규정집'임을 알 수 있게 한다. 그 시대의 의학-도덕에 관한 서지를 보면, 이런 도표 형태의 책들이 다양하게 만들어져 있었다. 하루의 일과를 거의 매 시간 적어 놓은 일종의 수첩 형태의 책에서는 디오클레스의 규정에 따라 깨어날 때부터 취침할 때까지 해야 할 일과, 계절의 변화와 함께 변경해야 할 일을 가르쳐 주고, 끝으로는 성관계에서 주의할 점이 적혀 있다. [21] 또한 히포크라테스의 목록에 의거해서, 어떤 사람들을 대상으로 표준규범을

---

21 Dioclès, *Du régime*, in Oribase, *Collection médicale. Livres incertains*, éd. Daremberg, t. III, p. 144.

작성한 것도 있는데, 여기에는 운동, 음식, 음주, 수면, 그리고 성관계에 대한 규범이 적혀 있다. 22

카탬버23의 생각으로는, 클레멘스가 일상생활의 규범에서 낮에는 일과에 따른 활동을 반복하지만, 저녁 식사에는 음식, 음주, 대화의 방법, 식탁 매너에 대한 조언으로부터, 밤이 되어 잠잘 때의 성관계에 관한 계율까지 언급한다는 것이다. 복장과 화장에 대한 충고는 아침의 옷차림과 관련된 것일 수 있고, 또한 3권의 대부분은 하루의 생활과 집안일, 목욕과 체조 등에 관한 이야기일 수 있다는 것이다.

부부의 성관계에 관한 10장에 대해서도 마찬가지로, 카탬버는 많은 주석자들이 예민한 반응을 보인 바 있는 텍스트의 외형적인 무질서에도 불구하고, 이것이 하나의 단순하고 논리적인 계획안이라는 의견을 밝힌다. 그는 클레멘스가 결혼의 목적으로 자녀의 출산에 중점을 두고, 자연에 어긋나는 성관계를 금지하도록 하고, 부부관계에서 지켜야 할 절제와 품위의 원칙을 제시하기 전에 결혼생활의 부부관계를 말하는 대목에서는 임신, 불임 부부, 유산에 대해 번갈아 가면서 고찰한 것이라고 보았다. 이 장에 담긴 많은 우회적 표현과 교차적 구성을 통해서 우리는 실제로, 거의 되풀이된다고 말할 만큼 동일한 주제들이 연속된다는 것을 알 수 있다. 그러나 동시에 이러한 첫 번째 도식과 상관성을 갖는 또 다른 주제가 연결되어 있음을 알게 된다.

---

22 이 리스트는 Hippocrate, *Épidémies*, VI, vi, 2에 의한 것이다. 도표 형식으로 된 다른 리스트도 있다.

23 F. Quatember, *Die christliche Lebenshaltung des Klemens von Alexandrien nach dem* Pädagogus, Vienne, 1946.

클레멘스가 번갈아 가면서 가장 중요시한 인용문들의 유형은 그것이 명시적이건 암시적이건 간에 논리의 흐름을 주도적으로 이끌어 가는 촉매 역할을 한다. 그가 의도적으로 텍스트의 흐름에 따라 그 인용문의 유형은 《성서》의 권위, 철학자들의 증언, 의사나 박물학자들의 진술이라는 3가지 결정원칙을 교차적으로 나타나게 한다는 것은 아니다. 그러나 그는 텍스트의 흐름에서 분명히 인용문을 통해 강조점을 이동하고 참고기준의 의미를 변화시킨 것이 사실이다. 우선 모세의 율법을 설명하기 위해서 그가 원용하는 것은 (파종의 규칙, 하이에나의 변신, 토끼의 나쁜 생활습관 같은) 농업과 박물학의 교훈들이다. [24] 그 다음에 그는 인간의 신체와 신체의 자연스런 운동에 관해서, 그리고 욕망에 대한 통제력을 가져야 할 필요성과 신체를 기진맥진하게 만들고 정신을 혼란스럽게 하는 방종의 행위를 금해야 할 필요성에 관해서는 의학과 철학의 문헌에서 인용문을 빌려 온다. [25] 끝으로 그 장의 마지막 부분에서는 《성서》의 인용문들이 텍스트에 빠짐없이 나타나고, 이것들은 다른 기준들의 대위법 역할을 하는 형태로 부각된다(물론 플라톤으로 분명히 돌아온 부분과 무소니우스에 대한 암시적 표현이 한두 번 있기는 했지만).

솔직히 말하자면, 이 복잡한 텍스트에는 반反자연적인 성관계 금지로부터 결혼생활에서 지켜야 할 예비 권고에 이르기까지 주제의 구성과 이러한 규정에 새로운 차원을 부여하게 된 기준들의 구성이라는 두

---

24 Clément d'Alexandrie, *Le Pédagogue*, II, x, 83, 3, à 88, 3.
25 *Ibid.*, II, x, 89, 1, à 97, 3.

개의 구성이 복합적으로 연결된 것이다. 기준들의 이러한 변화는 로고스의 다양한 목소리들, 즉 자연의 형상들에서 나오는 목소리, 인간이라는 복합체를 주재하는 이성의 목소리, 인간을 구원하기 위해 인간에게 직접 말을 건네는 하느님의 목소리(앞의 두 목소리는 다른 형태로 나타나는 하느님의 로고스이다)에 번갈아 가면서 귀를 기울일 수 있게 한다. 이렇게 이어지는 목소리는 서로 다른 3가지 차원에서 동일한 명령과 동일한 금지(텍스트에서 여러 번 반복되는)의 근거를 제공할 수 있게 한다. 그중 첫 번째는 창조주에 의해 결정된 세계질서의 차원으로서, 어떤 '반反자연의' 동물들이 상반된 증언을 하는 형태로 구성된다. 두 번째는 인간의 몸 자체의 지혜가 가르쳐주는 대로, 자기 자신을 지배하는 상태로 있으려는 이성의 원칙이자,26 인간적 기준의 차원이다. 세 번째는 이승을 초월해서 천국의 염결한 세계로 도달할 수 있는 순결의 차원이다. 어쩌면 동물적인 것과 정신적인 것, 공기와 같은 영적인 것으로 구성된 클레멘스의 인류학은, 그것이 아무리 복잡하게 얽혀 있더라도, 3등분할 수 있다는 점에서 그 중요성을 인정해야 할지 모르겠다. 이러한 숨겨진 도식이 아니더라도, 이 장은 분명히 자연 속에서 교훈적 의미의 모범이 될 수 있는 것으로부터 기독교인에게 하느님과 비슷한 실존의 완성을 정하는 부름에 이르기까지 상승의 흐름을 따른다. 성관계의 관리술이 결정되는 것은 바로 이러한 도정에서이다.

---

26 로고스가 세계의 질서와 육체의 질서를 주재한다는 주제에 관해서는 *ibid.*, I, ii, 6, 5~6 참고.

3. 품행에 대한 개론서나 이교인 철학자들의 독설에서 제기된 근원적 문제는 결혼의 적절한 시기에 관한 것이었다. 10장은 암시적인 방법으로 이 문제를 논의한다. 이 장은 첫 줄에서부터 결혼한 사람들을 대상으로 쓰인 것임을 보여 준다. 그러고 나서 임신 중의 성관계와 무절제한 생활로 초래될 수 있는 질병을 문제시한 후에, 《금욕에 관하여》라는 개론서에서 재론된다는 이유를 들면서 더 이상 논의를 하지 않겠다고 말한다. 독립적으로 쓰인 저작이기 때문일까? 《강론집》에 실려 있는 두 그룹의 글은 이러한 개론적 논의로 되어 있거나 아니면 그와 비슷한 내용이 되풀이된 것으로 볼 수 있다. 우리는 3권 전체가 여러 가지 그노시스적 경향의 공통 주제인 '엔크라테이슴enkrateisme'●과 이원론적 모럴의 방종함을 상세히 논의한 것임을 알 수 있다. 보다 사실적으로 말하자면, 3권의 도입부인 《강론집》 2권 23장과 마지막 장은 "결혼을 해야 하는가"[27]라는 철학의 실천에 관한 토론에서, 전통적 문제에 답변하는 형식으로 쓰였다. 《교사》는 분명히 이러한 문제에 대한 분석을 참고한 것이다.

두 번째 《강론집》 마지막 구절에서 제시된 대답은 그 시대의 철학적 모럴과 비교하면 별로 독창성을 보여 주지 않는다. 그 대답에서 아무리 다른 입장을 보이려고 해도, 그것은 철학자들의 일반적 원칙과

● 〔옮긴이 주〕 '엔크라테이아(enkrateia)'는 쾌락의 욕망을 억제하기 위한 절제와 금욕을 의미한다. 다시 말해서, 이 개념은 인간이 어떤 욕망에도 굴복하지 않는 도덕적 주체가 되기 위해 자기 자신에 대해서 가져야 할 태도를 정의한 것이다.

27 *"Zêtoumen de ei gamêteon"*, Clément d'Alexandrie, *Les Stromates*, II, xxiii, 137, 3.

다른 것이 아니라, 이론으로 고칠 수 없는 그들의 느슨한 현실적 태도
와 다른 점에서이다. 《교사》에서처럼 《강론집》에서도 클레멘스는 결
혼의 목적이 자녀 출산이라는 생각에 변함이 없다. 28 29 클레멘스는
결혼의 가치와 생식의 목적성이 일치한다는 것으로부터, 부부의 육체
관계를 총괄하는 중요한 윤리규범, 즉 부부관계는 쾌락과 관능을 위
한 것이 아니라, '로고스'에 의한 것이 되어야 한다고 정의할 수 있게
된다. 30 자기 아내를 정부처럼 대해서는 안 되고, 31 아무 곳에나 종자
를 흩뿌리고 다니지 말며, 32 절제의 원칙을 지켜야 한다는 등의 규범

---

28 "〔…〕 *sunodos andros kai gunaikos hê prôtê kata nomon epi gnêsiôn teknôn spora*",
  ibid., II, xxiii, 137, 1.
29 푸코가 타이프로 친 원고에서 삭제한 구절은 다음과 같다. "합목적성에 의한 정의
  를 바탕으로, 완전한 스토아주의적 방법에 의거해서 클레멘스는 다음과 같은 문제
  를 번갈아 가며 생각한다. 즉, 결혼해야 할 경우에 일반적으로 알아야 할 문제, 모
  든 사람에게 어느 때나 유익한 한 가지 대답을 주지 못함으로써, 이런 의무를 어떻
  게 조절할 수 있는지의 조건에 관한 것, 이 문제에 대한 철학자들의 다양한 견해는
  무엇인가 등에 관해서이다. 또, 결혼을 좋은 일로 만드는 것은 남자에게 후손을 갖
  게 함으로써 그는 삶을 끝마치고 완성할 수 있다든지, 병이 들었을 때 아내의 배려
  와 보살핌을 받을 수 있다든지, 노년이 되었을 때 도움을 얻는다는 것 등이다. 여
  기에 클레멘스의 논의에서 빠져 있는 부정적인 면을 살펴본다면, 자식을 갖지 못할
  경우 법의 제재를 받거나 도덕적으로 비난받기도 한다는 것에 대해서도 논의해야
  된다는 점이다. 클레멘스의 추론은, 자손을 갖는다는 사실을 결혼의 완성과 효용
  성으로 보면서 결혼의 긍정적 가치를 이끌어 낼 수 있다는 결론에 이르게 된다. 자
  손은 엄밀한 의미에서 결혼의 목적이나 다름없다. 이것이 바로 결혼의 존재이유이
  고 정당한 근거이다. 또한 (텍스트의 함축된 의미로서) 출산이 목적으로 추구될 만
  큼 좋은 일이 된다는 것은 어디까지나 결혼에서 그런 일이 일어날 수 있다는 조건에
  한해서일 뿐이다."
30 *Ibid.*, II, xxiii, 143, 1.
31 *Ibid.*

들은 동물들도 지킬 줄 안다는 것이다. **33** 부부관계는 파기되어서는 안 된다. 만일 그렇게 된다면 배우자가 살아 있는 한, 재혼을 단념해야 한다. **34** 끝으로, 클레멘스는 간통은 금지되고 반드시 처벌받아야 한다고 말한다. **35**

　이러한 문제들의 대부분은 — 특히 부부의 성관계에 관한 것들 — 《교사》에도 있는 것이지만, 《강론집》에서 훨씬 더 상세하게 논의된다. 두 텍스트의 연속성과 동질성은 분명하다. 차이가 있다면, 《강론집》이 결혼생활과 생식에 따른 결혼의 가치를 중점적으로 언급하는 반면, 《교사》는 성관계에 대한 구별원칙으로서의 생식을 말한다는 점이다. 한쪽에서는 생식을 결혼의 목적성으로 문제시하고, 다른 쪽에서는 성관계와 성적 행동의 관리술 차원에서 생식을 문제시한다. 여기서 근본적으로 흥미롭고 새로운 것은 — 적어도 기독교의 고문헌이나 고대의 모럴에 관한 문헌에 비추어 본다면 — 전통적으로 대립되는 두 유형의 문제가 뒤섞여 있다는 것이다. 하나는 쾌락의 올바른 관리술에 관한 것, 즉 아프로디지아의 주제이다. 다른 하나는 결혼이 출산으로 정당화되고, 여기에 근거해서 결혼을 좋은 일이라고 정의했다는 점에서(두 번째 《강론집》에서 논의되었고, 《교사》에서도 거론된 바 있다) 결혼이나 결혼생활의 올바른 처신과 가치를 주제로 한 것이라고 볼 수 있다. 물론 부부의 올바른 성적 행동을 정의하려고 한 시도가 처

---

32 *Ibid.*, II, xxiii, 143, 2.
33 *Ibid.*, II, xxiii, 144, 1.
34 *Ibid.*, II, xxiii, 145, 1~3.
35 *Ibid.*, II, xxiii, 146, 1~4.

음은 아니다. 그러나 성적 행동의 규범이 지혜와 개인의 건강에 따라서 결정되지 않고, 결혼생활에 내재된 규정의 관점에서 결정되어, 이 규범을 이렇게 상세히 설명한 것은 처음인 것 같다. 성에 대한 규범과 결혼생활의 모럴은 당연히 서로 교차하거나 일치할 수 있다. 그러나 클레멘스의 텍스트에는 두 관점이 겹쳐 있다. 부부 사이의 이러한 문제를 고대의 모럴리스트들은 암시적 방법으로든 아니면 간략하게 또는 상세하게 논의하든 간에 품위 있고 신중한 규범을 가르쳐 주는 것으로 만족한 반면, 클레멘스에 이르러서는 이 문제가 본격적인 관심과 관여와 분석의 대상이 된 것이다.

"생식에서 구별해야 할 것"이라는 다소 수수께끼 같은 제목의 《교사》 2권 10장은 실제로 비교적 분명하게 이 문제를 다룬다. 이 장의 첫 줄부터 언급되고 마지막 줄에서 다시 나타나는 주제는 결혼한 부부 사이에서 적절한 성관계의 시기, 기회, 적절성kairos에 관한 것이다. 36 낮과 밤의 규칙이 다르지 않다는 것을 고려한다면, '카이로스'라는 이 용어는 좁은 의미에서 '적절한 시기'를 가리킨다. 물론 이 용어는 하나의 뜻만 있는 것이 아니다. 철학적 용어들, 특히 스토아주의적 용어 안에서 '카이로스'는 일반적으로 금지된 행위를 긍정적 의미의 행위로 만들 수 있는 모든 조건들과 관련되어 사용된다. '카이로스'는 사소한 행위를 나쁜 행위로 만들 위험과 우려를 면하게 하는 모종의 신중하고 적절한 기회를 특징짓는 것이 아니라, 좋은 일로 만들 수 있는 어떤 구

---

36 "Sunousias de ton kairon", Clément d'Alexandrie, Le Pédagogue, II, x, 83, 1; "〔…〕 Hopênika ho kairos dekhetai ton sporon", ibid., II, x, 102, 1.

체적 행위의 조건과 기준을 규정하는 것이다. 대체로 법이 모든 긍정적 행위들 중에서 금지된 것과 허용된 것을 구분하는 데 반해, '카이로스'는 현실적 행위에 긍정적 가치를 부여하는 것이다.

《교사》의 이 장에서 논의되는 문제는 그러므로 기혼자들의 성관계에 긍정적 가치를 부여하는 조건들을 결정하는 것이다. 이러한 행동의 지침서에서 성관계의 문제가 논의된다는 것은 중요한 의미를 갖는다. 그 이유는 첫째, 이전 시대의 이교인 저자들과 비교해 보았을 때, 클레멘스의 논의에서 성관계의 문제는 분명히 결혼생활의 문제에 종속된 것임을 알 수 있게 하기 때문이다. '아프로디지아'라는 용어가 더 이상 클레멘스의 텍스트에 나타나지 않을 만큼, 성관계의 문제는 이제 독립성을 잃어버렸다. 이 장 전체의 일반적 주제가 되는 것은 생식이거나 생식을 위한 결합이다. 둘째, 어쩌면 이 텍스트가 부부의 성관계를 주제로 상세하게 논의한 책이자, 그 행위에서 지켜야 할 품행의 특징적이고 중요한 요소를 논의한 첫 번째 텍스트라고 할 수 있을지 모른다는 것이다. 다시 말하자면, 클레멘스가 규정하려는 대부분의 원칙들은 철학자들이 이미 작성했다고 하지만, 그들은 어디까지나 그 원칙을 부부의 성관계에 관한 포괄적 윤리 중 하나로 포함시켜서, 부부가 함께 사는 방법을 조절해서 결정할 수 있도록 했다. 플루타르코스●의 《부부 사이의 규범Conjugalia praecepta》은 부부가 만드는 공동체

● 〔옮긴이 주〕 플루타르코스(46?~125?). 고대 로마의 철학자이자 저술가. 아테네의 아카데미아에서 플라톤 철학을 공부하고 다시 자연과학과 변론술을 배웠다. 플라톤 철학을 신봉하고, 박학다식한 것으로 유명하며, 저작물은 매우 광범위하다. 《전기》, 《영웅전》, 《도덕론》 등의 저서가 있다.

가 전체적으로 원활하게 기능할 수 있도록 제시한 지침서이다. 여기서 성관계에 관한 조언은 어디까지나 결혼생활이 철학적으로 가치 있는 삶을 방해해서는 안 된다는 전제에서이다. 《교사》에는 부부관계에 대한 말은 없어도 부부의 성관계가 특별히 독립적으로 고찰되어야 할 중요한 문제로 취급된다. 이런 점에서 이 책은 서양사회의 역사에서 상당히 중요한 의미를 가질 수 있는 — 부부의 성관계에 대한 검토와 분석이라는 점에서 — 일종의 행동방식이나 실행방법에 관한 최초의 시도라고 할 수 있다.

결국 부부관계의 '카이로스' 문제를 통해서 우리는 알렉산드리아의 클레멘스가 실제로 그리스 철학으로부터 (어쩌면 사회 전체의 흐름에서) 받아들인 규범이 어떻게 자연과 로고스와 구원에 대한 종교적 개념과 통합되었는지를 알 수 있다. 물론 이것은 서양 기독교 교회의 제도와 이론에서 중요한 바탕이 되는 성 아우구스티누스의 해결책과는 매우 다르다. '카이로스'에 대한 클레멘스의 이런 성찰에서 우리가 일반화된 도덕규범과 유사한 형태이건 좀더 엄격하고 엄정한 요소들이건, 그것들이 다소 교묘한 방법으로 단순히 접목되었다고 보는 것은 잘못일지 모른다. 성관계의 '카이로스'는 성관계와 로고스의 관계로 정의된다. 명심해야 할 것은 클레멘스의 생각으로 로고스는 인간을 위해 적절한 "기회"를 포착해서 "인간에게 올바른 도덕적 의식을 갖게 하고, 구원으로 이끌어 가는 구제책"으로 창안된 것이기 때문에, '로고스'를 구세주라고 부르게 되었다는 것이다. [37]

---

37 "〔…〕 *Epitêrôn men tên eukairian*", *ibid.*, I, xii, 100, 1.

클레멘스는 성관계의 목적이 생식에 있다는 명제에서 출발한다. 이것은 매우 일반화된 견해로서 당시의 의사들과 철학자들이 모두 그렇게 생각했다. 38 철학자들의 이러한 생각은 세 항목들의 관계를 통해서 건, — 혼외정사를 해서는 안 된다. 결혼의 목적이 자녀 출산이라는 것은 당연하다39 — 생식을 목적으로 하지 않는 모든 성관계를 직설적으로 비난하는 식의 말에서건 다르지 않다. 40

이런 점에서 볼 때, 알렉산드리아의 클레멘스의 주장에는 특별히 새로운 것이 없다. 그는 일반적인 목적성finalité과 관련된 말들 중에서 목표but, 목적objectif, 결과fin의 용어들을 특별히 구별해서 사용하지도 않는다. 아무리 이러한 용어가 스토아주의자들의 정신과 분석 논리에서 구별된다고 할지라도, 성관계를 논의하는 자리에서 이러한 용어들을 구별하지는 않는 것 같다. 실제로 클레멘스가 자신의 텍스트에서 이 용어들을 구별할 경우가 있어도, 이러한 구별에 깊은 뜻을 담은 것 같지는 않다. "목적"은 자녀 출산이거나 엄격한 의미로 자손paidopoiia을 갖기 위한 것이라고 할 수 있을지 모른다. 그 반대로 "결과"는 '훌륭한 자손들'이나 '대가족'으로 번역할 수 있는 'euteknia'일 수도 있다.

---

38 〔비어 있는 주〕
39 Musonius Rufus, *Reliquiae*, 12권(p. 64). 아프로디지아는 결혼생활에서 출산을 목적으로 할 때에 한해서 정당성을 갖는 것이다.
40 Ocellus Lucanus의 말에 의하면, 우리가 성관계를 갖는 것은 쾌락을 위해서가 아니라 자녀를 얻기 위해서다(*De Universi natura*, IV, 2).

사실 이 말은 넓은 의미로 해석되어야 한다. 왜냐하면 이것은 자손들의 행복한 운명과 생활에서 만족감과 충만감을 느낀다는 의미와 관련되기 때문이다. 41 성관계의 목적skopos은 자손을 갖는 일이 될 것이고, 결과telos는 자손의 성취라는 긍정적 의미와 관련되는 것처럼 보인다. 클레멘스가 이 장의 도입부에서 덧붙인 두 가지 의견은 이러한 용어 구별의 의미를 설명해 줄 수 있는 근거가 된다.

클레멘스는 우선 전통적 은유법을 사용해서 성행위를 씨뿌리기에 비유한다. 이것은 아테나고라스와 호교론자들이 사용하는 표현이기도 하다. 이 은유는 씨를 번식할 수 있는 밭고랑에 잘 뿌려 놓아야 한다는 일반 법칙을 설명할 때 쓰이는 것으로서, 철학적 논쟁에서 일반화된 표현이다. 그러나 클레멘스는 한 단계 더 나아가서, 성관계의 목표가 되어야 하는 것과 결과가 되어야 하는 것의 차이를 분명히 밝히기 위해 이 은유를 사용한다. 농부가 씨를 뿌릴 때 그의 목적은 먹거리를 얻는 것이고, 그의 목적성은 수확하는 일이다. 클레멘스의 텍스트에서 보이는 단순한 이 말은 씨앗이 풍성한 수확을 거둘 수 있도록, 자연적 완성의 단계까지 이르게 해야 한다는 의미일 것이다. 씨뿌리기에 대한 이 비유는 모호하지만, 철학자들의 설명으로는 자녀의 출산

---

41 아리스토텔레스는 《니코마쿠스 윤리학》 1권 8장 16절에서, 행복한 삶을 구성하는 요소는 3가지라고 말한다. 좋은 가문에서 태어나는 것, 준수한 외모, 그리고 자손의 번성이 그것이다. 이 중에서 자손의 번성은 화목한 가정과 훌륭한 가문에서 태어난 자손이 번창하는 것을 의미한다. 유리피데스는 《이온》에서 이와 비슷한 의미로 말한다. "에렉테우스 가문이 명쾌한 신탁을 받아 자손이 번성할 수 있도록 관여해 주세요."(468~470행)

이 부모의 지위를 보장하거나 노년의 부모를 부양할 수 있는 방법으로 유일하다는 점에서 출산을 목표로 삼을 수 있다는 말이기도 하고, 더 일반적이고 덜 유익한 어떤 것, 말하자면 '결과'로서 인간이 자손을 갖는다는 사실로 이뤄지는 성취감을 말하는 것일 수도 있다. 42 클레멘스가 이 장에서 '카이로스'라는 성관계의 적절한 때를 분석하며 밝히려 한 것은 바로 이러한 결과로서의 의미일 뿐, 자녀를 갖는 사실로 얻게 되는 개인적 이익과 사회적 특권의 문제는 아니다. 43

이 텍스트에서 이익과 상관없는 결과가 클레멘스의 주제인 것은 그가 씨 뿌리는 사람의 은유와 직접 관련시켜 고찰한 대목에서 나타난다. 농부가 씨앗을 심는 것은 "오직 자기 자신 때문"이다. 그런데 인간은 "오직 하느님 때문"에 씨앗을 심어야 한다. 이런 비유를 통해서 클레멘스는 행동의 방향을 결정짓는 결과보다 모든 행동을 관통하고 또한 행동의 뒷받침이 되는 원칙을 나타내려고 하는 것이다. 44 생식의 행위는 '번창하라'는 말씀으로 명령하는 하느님 때문이라고 할 수 있지만, 또한 그 행위로 인간은 '하느님의 형상'을 하고 '인간 탄생의 일'에 하느님과 '협력'하기 때문이다. 45

이러한 명제가 클레멘스에 대한 모든 분석에서 중요한 것은 이것이

---

42 이런 점에서 클레멘스는 개인에게 자녀를 갖는다는 사실을 '성취'나 '완성'을 의미하는 것으로 해석한 스토아주의 철학의 주장을 글자 그대로 받아들인다.

43 클레멘스는 이러한 이점들을 모르지 않는다. 그는 《강론집》에서도 이것을 계속 언급한다.

44 이 표현은 *heneka tou theou*가 아니고 *dia ton theon*이다.

45 〔Clément d'Alexandrie, *Le Pédagogue*, I, x, 83. 1.〕

인간의 생식 문제에서 하느님과 가까우면서도 복잡한 관계를 맺어 주기 때문이다. 인간이 생식을 통해서 '하느님의 형상'이 된다는 말을 아담의 창조와 자손들의 출산이 하느님의 창조와 직접적 유사성을 갖는다는 의미로 해석해서는 안 된다. 클레멘스가 다른 문맥에서 설명하듯이,**46** 땅 위에 동물들이 나타나도록 명령을 내린 하느님은 자신과는 본질적으로 다르면서도 자신에게 훨씬 더 가까운 모습을 손으로 빚다가 자신과 흡사한 형상의 존재를 만들었을지 모른다. 그러나 클레멘스의 입장에서 이것은 천지창조의 의미 그대로, 인간이 자연의 본질과 하느님의 전능함을 부분적으로 물려받게 되었음을 뜻하지 않는다. 우리에게는 하느님과 일치하는 것은 하나도 없다.**47** 그렇지만 하느님과 '닮은 모습'에 관해서는 말할 수 있다. 〈창세기〉에서 문제시되는 그 '닮은 모습'은 타락하기 이전 인간의 모습이므로 인간은 당연히 이전 모습으로 돌아갈 수 있고, 그렇게 되어야 한다. 이렇게 하느님과의 닮은 모습은 육체에 의한 것이 아니라 정신과 이성적 사유에 의해 이루어지고,**48** 율법에 복종함으로써 실현될 수 있다. "율법에 의하면, '주님의 뒤를 따라 걸어가라'인 것이다. 율법은 실제로 하느님과의 동일시에 대한 지향을 하느님을 따라가는 발걸음이라고 부른다.

---

46 *Ibid.*, I, iii, 7, 1. 하느님은 손으로 직접 인간을 만들었다. 하느님이 동물계를 창조한 일과 인간을 직접 만든 일의 차이는 그 시대에 일반화된 논의 주제였다. 테르툴리아누스를 참고할 것,

47 "하느님은 당신과 아무 관계도 없는 우리 인간을 위하여 많은 자비를 베푸신다." Clément d'Alexandrie, *Les Stromates*, II, xvi, 75, 2. 이 장 전체는 영적 인식론자들을 비판하는 내용으로 구성된다.

48 "*Kata noun kai logismon*", *ibid.*, II, xix, 102, 6.

그리고 이 발걸음으로 하느님과의 닮은 모습이 가능해질 수 있는 것이다."49 생식은 그러므로 그 자체로서든 자연적 과정으로서든, 천지창조와 닮은 것이 아니라 어디까지나 그 일이 훌륭하게 이뤄지게 되고, 또한 그 일이 율법을 따르는 한에서 그 의미를 갖는다. 또한 율법으로 자연과의 일치를 규정하는 까닭은, 자연이 하느님에게 복종하기 때문이다.50

하느님을 닮으려는 길에서는 인간과 하느님의 '공조'가 가능하다. 하느님이 인간을 창조한 것은 인간이 실제로 하느님의 선택을 받을 만하고 하느님의 사랑을 받을 수 있는 존재이기 때문이다. 인간 창조의 동기가 있어야 하는 까닭은 인간을 통해 "조물주가 선한 모습을 드러낼 수 있기" 때문이다.51 하느님이 인간을 창조한 것은 그러므로 하느님의 존재에 버금가는 선한 모습을 보여 주기 위해서이다. 인간은 그 보답으로 자신의 행동을 통해 사랑받을 자격을 갖춘 존재로서의 선한 모습을 보여 줄 수 있다. 또한 생식을 통해서 인간은 하느님의 천지창조 역량을 비슷하면서도 다르게 잘 모방할 수 있는 것이다. 그는 인간으로서 하느님의 권능과 박애의 사업에 참여한다. 그는 하느님을 도와, 천지창조와 그리스도 강생incarnation의 원인인 사랑의 표현으로, 사랑받을 수 있게 된 인간을 출산하는 것이다. 생식행위에서 하느님과 인간의 '공조'는52 인간의 생식 기능에 대한 하느님의 지원에 한정

---

49 *Ibid.*, II, xix, 100, 4.
50 스토아주의자들의 오류는, 자연과 일치하는 삶에 관해 말하면서 하느님과 일치하는 삶을 말해야 하는데, 그것을 알지 못했다는 점이다(*ibid.*, II, xix, 101, 1).
51 Clément d'Alexandrie, *Le Pédagogue*, I, iii, 7, 3.

된 것만이 아니다. 클레멘스가 이전에 표명했던 "하느님은 인간으로부터 그가 창조한 인간을 받아들인다"[53]는 경구처럼, 하느님의 뜻을 완성하는 일이 중요하다.

《교사》 2권 10장은 그러므로 조물주와 피조물 사이의 복잡하고 기본적인 관계를 바탕으로 "자녀 출산에 관해 구별해야 할 점"을 분석대상으로 삼는다. 클레멘스가 이러한 문제에서 제시한 매우 일상적인 규율의 내용은 몇 가지를 제외하고는 이교인 철학자들의 가르침과 거의 동일하다. 그렇다고 해서 그가 많은 사람들의 동의로 수용되고 인정받은 스토아주의와 플라톤학파의 지혜에 의존해서 성관계의 규범을 만든 것은 아니다. 어쩌면 클레멘스는 그와 동시대의 철학자들이 다른 관점에서 작성해 놓은 행동규범과 규칙을 그대로 옮겼을지는 모르지만, 생식행위에서의 인간과 조물주의 관계, 하느님과 피조물의 관계를 문제시한 서두의 글을 바탕으로 적합한 개념을 떠올려서 그 개념 안에 규범과 규칙을 통합하고 재검토했을 것이다. 그러나 클레멘스가 이런 방법으로 성행위에 영적 가치를 부여하지는 않았다는 것을 주목해야 한다(이것은 오직 자녀 출산의 결과를 목적으로 하건 일반적인 결혼제도의 틀에서건 마찬가지이다). 그의 생각으로, 인간과 하느님 사이의

---

52 클레멘스는 자녀생산에서 하느님의 협조를 가리키기 위해 *sunergein*(공조 혹은 시너지)이라는 말을 사용하고, 창조에서의 역할에 대해서는 *ekheirourgein*(창조)이라는 말을 쓴다.

53 《교사》 1권 3장 7절의 3에서 볼 수 있는 이 구절은 특별히 출산에 관한 것이 아니라, 창조자 하느님이 사랑을 표현한 피조물 인간과의 관계를 정의하기 위해서 쓰인 것이다.

관계에서 의미 있는 것은 성행위 그 자체가 아니라, 생식의 완성을 통해 인간이 로고스(하느님의 말씀)의 가르침과 교육을 따른다는 사실이다. 그것은 자연과 자연의 모범, 자연의 형태, 자연의 배치를 통해서, 또는 철학자들의 가르침과 《성서》의 말씀을 통해서 하느님이 규정한 계율을 준수하는 일이다. 이러한 여러 가지 교훈을 준수함으로써 생식을 위한 부부관계는 하느님과의 '공조'라는 가치를 가질 수 있다.

우리는 자녀의 존재를 성관계의 '목표'로 삼아야 한다는 것과 자손의 가치가 성관계의 '결과'가 되어야 한다는 것 사이에서 클레멘스가 어느 정도 임의적으로 구별한 까닭을 더욱 분명히 이해할 수 있다. 스토아주의자들이 말하듯이, 결과는 생식력을 갖춘 사람에게 완성을 뜻하는 것이다. 그것은 자연에 의해 만들어진 것이 시간을 통해 다른 사람들과 세계의 질서와의 연결을 통해 완성되는 일이기 때문이다. 그러나 클레멘스가 보여 주려는 것은 하느님의 도움으로 인간이 탄생시킨 '훌륭한 자손'이 하느님에게 사랑을 받을 만한 대상이 된다는 것과, 이것이 하느님의 호의를 나타낼 기회가 된다는 것이다. 자녀들의 생성이라는 목적과 연결될 뿐 아니라, 천지창조 전체의 목적성과 연결되는 성관계는 자연 전체와 자연의 물질적 구성에까지 존재하는 하느님의 말씀과 같은 로고스이자, 이성에 따르는 것이어야 한다. 클레멘스의 분석 첫머리에 등장하는 목표와 목적성 사이의 구별과 유기적 결합은 그에게 성관계의 규정을 거대한 '자연의 교훈' 속에 확고하게 연결시킬 수 있게 한다. "우리는 자연이라는 학교에 놓여 있는 존재로서 적절한 결합 시기를 가르쳐 주는 자연의 현명한 계율을 준수해야 한다."[54] 로고스의 가르침 안에 있는 자연의 교훈, 그것은 넓은 의미에서 다각적으로 이해해야 할 자연의 '논리'라고 말할 수 있을지 모른다. 이것은 동물적인 자연의 '논리', 이성적 영혼과 육체와의 관계의 '논리', 천지 창조 그리고 창조주와의 관계의 '논리'라는 다양한 측면을 갖는다. 클레멘스가 번갈아 가면서 발전시킨 것은 바로 이러한 3가지 논리이다.

✤

1. 클레멘스가 동물에 관한 책에서 빌려온 사례들은 부정적 교훈들이다. 55 하이에나와 산토끼는 반면교사의 동물이다. 하이에나에 대한 나쁜 평판은 — 헤라클레아의 헤로도르스에서 알 수 있듯이56 — 그런 종류의 동물이 모두 양성을 갖고 있어서 격년으로 수컷과 암컷의 역할을 번갈아 가면서 한다는 오래된 전설에 근거한 것이다. 산토끼는 해마다 보조 항문이 생겨서 나중에 여러 개로 늘어난 항문으로 가장 나쁜 짓을 하는 동물이다. 57 아리스토텔레스가 이처럼 터무니없는 소리를 거부한 다음부터 박물학자들은 그런 소문을 믿지 않게 되었다. 물

---

54 *Ibid.*, II, x, 95, 3. '가르친다'는 성격의 주제는 스토아주의의 주제이다. 다음에서 히에로클레스의 예를 참고할 것. "*dikaia de didaskalos hê phusis*"(Stobée, *Florilegium*, éd. Meineke, p. 8). 그러나 우리가 보았듯이, 클레멘스는 이 주제의 의미를 변화시킨다.

55 클레멘스는 여러 번 부정적인 사례를 들어 말하는 경우가 있음을 밝힌다. *Le Péda- gogue*, I, i, 2, 2, 그리고 I, iii, 9, 1.

56 〔Cf. *infra*, n. 4, p. 31. Foucault note: IV, 192, 이 부분이 정확히 일치하는지는 알 수 없다.〕

57 Archelaüs로부터 인용한 이러한 확신은 Pseudo-Démocrite로부터 빌려온 것으로 추정된다(*Geoponica*, XIX, 4; Ovide, *Métamorphoses*, XV, 408~410 참고).

론 그렇다고 해서, 사람들이 박물학에 의거해서 이런 동물들에 대한 도덕적 교훈을 찾지 않게 되었다는 말은 아니다. 그리스와 로마 시대에, 박물학의 진화과정은 실제로 모순된 것처럼 보이는 두 과정으로 분류할 수 있었는데, 하나는 보다 엄격한 관찰 규정에 따라 지식을 여과하는 경향의 증가이고, 다른 하나는 철학자들의 생각에 따라서 개인의 의무를 자연과 연결시켜서 자연을 통한 가르침을 이해하려는 관심의 증가이다. 엄정성에 대한 관심의 증폭과 도덕적 모델에 대한 탐구는 병행될 수 있었다. 그렇기 때문에 하이에나의 암·수 양성 교체설과 산토끼의 연례적인 항문 증가는 전설이 되었지만, 이 동물들의 행태를 통하여 박물학자들은 행실의 교훈을 읽을 수 있었다. 클라우디우스 아엘리아누스가 말한 것처럼, 추론이 아니라 사실에 의거함으로써 하이에나의 비열성은 "테이레시아스의 말이 얼마나 무시해도 상관없는 것인지를" 알 수 있게 한다.[58]

클레멘스가 자신의 관점에서 전설의 사례를 논박하고 도덕적 교훈을 이끌어 내는 방법은 자연과 반反자연의 관계에 대한 인식을 보여 준다는 점에서 흥미롭다. 그는 하이에나가 해마다 암·수를 교체하지는 못한다고 말한다. 왜냐하면 자연은 어떤 동물의 속성을 한번 결정하고 나면 그것을 변화시킬 수 없기 때문이다. 물론 계절에 따라 특성이 변화하는 동물들이 있다. 따뜻한 계절과 추운 계절은 새들의 목소리와 깃털의 빛깔을 변화시키기도 한다.[59] 그러나 그것은 물리적이고

---

58 Élien, *Natura animalium*, I, 25.
59 클레멘스는 아리스토텔레스의 견해를 그대로 따르고 있다, *Histoire des animaux*,

외형적인 행동의 결과이지, 그렇다고 해서 동물의 본성이 변화하는 것은 아니다. 그런데 성기는 어떤가? 개인은 성기를 바꿀 수도 없고, 두 개를 가질 수도 없으며, 남성과 여성의 중간쯤인 제3의 성기를 가질 수도 없다. 이런 점에서 사람들이 상상할 수는 있지만, 자연에서 실재하지는 않는 키메라 같은 괴물이 생기는 것이다. 클레멘스는 암묵적으로, 그러나 매우 명확하게 그 시대의 '고전적' 논쟁을 참조해서 말한다. 에피쿠로스주의자들의 견해에 의하면, 변신이 가능한 것은 ─ 시체에서 유충이 생기고, 황소의 해골에서 꿀벌이 생성되고, 진흙탕에서 작은 벌레가 나오듯이 ─ 이러한 생물체가 근본적으로 신성하지 않다는 증거이다. 그들의 견해로는 이러한 변형이 '자율적' 메커니즘의 결과인 것이다. 60 種의 '안정성'과 어떤 형질의 구조적 변화를 세심한 주의를 기울여 구별하는 클레멘스의 입장은 동물세계를 정의하는 글에서 창조적 이성의 증거와 로고스의 영원한 존재를 주장하려는 철학자들 ─ 아리스토텔레스주의자들, 스토아주의자들, 플라톤주의자들 ─ 의 견해와 일치한다. 61 그러나 클레멘스는 《교사》 1권 4장에서 거론한 문제, 말하자면 영생의 견지에서 성 차이의 지위와 땅 위에 사는 남자들과 여자들의 지위에 대한 문제를 다르게 생각할 수는 있다. 클레멘스가 제안한 해결책은 어려움이 따른다 해도 단순한 것

IX, 632b.

60 예를 들어, Lucrèce, *De natura rerum*, I, 871, 874, 898, 928; III, 719 참고.

61 오리게네스는 *Contra Celsum*, IV, 57에서 이와 같은 문제를 거론한다. 그는 (소에서 꿀벌로, 당나귀에서 풍뎅이로, 말에서 말벌로) 변화가 있다면, 이 변화는 "정해진 길"(*hodoi tetagmenai*)을 그대로 따른다는 점을 강조한다.

이다. 땅 위가 아닌 천국에서 성 차이는 존재하지 않을 것이다. 성 차이가 존재하는 것은 오직 이 세상에서일 뿐이다. 따라서 이 세계의 질서를 지배하는 로고스에 바탕을 둔 차이가 있다 해도, 남자와 여자에게 모두 '인류'라는 동일한 이름을 붙일 수 있다. 그러므로 남자와 여자 모두가 동일한 형태의 삶을 누린다는 점에서 동일한 규정이 적용될 수 있는 것이다. "동일한 모임, 동일한 도덕 그리고 동일한 부끄러움. 공동의 음식, 공동의 부부관계, 그 모든 것이 똑같고, 호흡, 시각, 청각, 인식, 희망, 복종, 사랑도 똑같다."[62] 이와 같이 하느님의 은총은 성의 차이를 초월하면서, 그 차이를 무효화하지 않는 모든 인간이 평등하게 누릴 수 있다. 오직 평등한 존재만이 성 차이가 사라진 영원의 세계에서 구원받을 수 있고 재회할 수 있다. 클레멘스는 하이에나가 해마다 암컷과 수컷의 생식기를 바꾼다는 가설을 부정하고, 특수한 개체들의 범위 안에서 암·수의 차이가 있을 뿐이라는 '자연성'의 원칙을 강조한다. 남자와 여자는 그러므로 자연의 로고스에 의해서 구별되는 것이고 또한 그렇게 구별된 상태로 있어야 한다. 이런 구별이 있다고 해서 남자와 여자가 동일한 인류가 아니라고 할 수 없으며, 저 세상이 그들로 하여금 이원적 욕망으로부터 해방되는 날을 준비하고 기다리지 못하게 하는 것도 아니다.[63]

그렇지만 하이에나에게는 다른 어떤 동물에게서도 발견할 수 없는 특이한 점이 있다. 클레멘스는 이런 점에 관해 아리스토텔레스의 말

---

62 Clément d'Alexandrie, *Le Pédagogue*, I, iv, 10, 2.

63 "*Epithumias dikhazousês*", *ibid.*, I, iv, 10, 3.

을 거의 옮겨 쓰듯이 기술한다. **64** 그는 꼬리 아래쪽에 있는 암컷의 성기와 매우 흡사한 형태로 된 일종의 피부돌기를 검증하여, 이곳에 있는 구멍이 자궁이나 창자 쪽의 관으로 연결되지 않는다는 것을 문제시한다. 그러나 클레멘스는 이러한 해부학적 특성을 아리스토텔레스처럼 논의하지는 않는다. 아리스토텔레스가 동물의 이런 특성을 이용해 말하는 것은 성급한 관찰자들이 어떻게 겉모양만 보고 판단을 내려 잘못 생각할 수 있는지를 설명하기 위해서이고, 인간이 어떤 경우에 해석의 오류를 범하는지를 조사하기 위해서이다. 그런데, 클레멘스는 이 해부학적 특성을 도덕적 결점과 비교하면서, 둘 사이에 연결된 관계의 결과이자 동시에 수단이 되는 요소가 무엇인지를 생각한다. 하이에나가 그렇게 이상한 구조의 몸통을 갖는 것은 결함 때문이다. '본래적' 결함이란 한 종種의 자연적인 고유한 특성을 의미하는 것이지만, 이것은 인간에게서 발견할 수 있는 도덕적 결점인 음란성과 비슷한 것이기도 하다. 자연이 동물에게 교미할 때 보조수단으로 이용할 수 있도록 보조구멍을 조정해 만들어 준 것은 이러한 결점과 관련된다. 결국 하이에나의 특징으로 형성된 과도한 쾌락적 성향에 대해, 자연은 과도한 관계를 허용하는 해부학적 구조로 대응했다는 논리가 만들어진다. 그러나 그렇게 하면서, 자연은 '과도함'에 대해서 말해야 할 때 양적인 표현을 의미하는 것만이 아니라는 점을 보여 준다. 하이에나의 잉여적인 주머니 형태의 구멍이 어떤 관을 통해서건 생식기관

---

64 Aristote, *Histoire des animaux*, VI, 579b. 또한 다음을 참고할 것. *Génération des animaux*, III, 757a.

으로 연결되지 않은 이상, 과잉은 쓸모없는 것이다. 보다 정확히 말하자면, 과잉은 자연이 생식기관과 성관계, 종자와 사정, 즉 생식에 고정시킨 목적과는 상관이 없다. 또한 이러한 목적성이 숨겨져 있는 이상, 자연적이면서 동시에 극단적인 이 무절제에 대한 성향으로 인해, 반反자연적 행동이 허용될 수 있고 자극을 받을 수도 있는 것이다. 그러므로 우리는 자연에서 반자연으로 이동하는 순환주기, 보다 정확히 말해서 자연과 반자연의 끊임없는 교차를 통해, 하이에나에게 나쁜 성격, 무절제의 성향, 잉여적 기관, 쓸모없는 행위의 사용방법이라는 의미를 부여하게 된다. **65**

클레멘스가 산토끼의 예를 분석하는 방법도 마찬가지이다. 그렇지만 여기서 문제되는 것은 생식과 상관없는 과잉이 아니라, 생식능력의 과도함이다. 클레멘스는 계속 아리스토텔레스를 따라가면서도, 해마다 항문이 생긴다는 산토끼의 우화를 버리고, 그 대신에 중복 수정受精에 대한 견해를 집어넣는다. 이 동물들이 욕정 때문에 가임과 수유의 시기를 고려하지 않고 끊임없이 교미하려는 경향이 있다는 점에서이다. 자연은 암컷에게 새끼를 낳기 전이라도 여러 수컷과 교미할 수 있도록 두 개의 지류가 있는 하나의 자궁을 갖게 했다. 의사들의 강의에 의하면, 자궁에는 자연스러운 주기가 있어서 비어 있을 때는 수태를 필요로 하고, 채워져 있을 때는 성적 접촉을 거부한다. 그러니

---

65 "지나치게"(trop)라는 표현으로 자연스럽게 나타나는 반(反)자연과 관련하여, 클레멘스는 'aperittotês'라는 말로 정숙한 생활의 특징을 규정한다(*Le Pédagogue*, I, xii, 98, 4).

까 이러한 주기는 완전히 '반反자연적인 것'이므로, 임신과 발정을 병행할 수 있는 자유로운 성적 본능으로 혼란 상태에 빠지게 된다.

박물학자들의 지식을 원용한 클레멘스의 우회적 논리는 예컨대 바르나베의 《사도서간》에 비해서 난해하게 보일지 모른다. 사실 바르나베의 책에서는 산토끼와 하이에나의 사례뿐 아니라, 솔개, 까마귀, 곰치, 폴립, 암소, 족제비처럼 〈레위기〉에서 금지된 음식물로 나오는 동물들이 덧붙여 언급된다. 또한 바르나베의 책은 그 시대의 일반적 견해를 빌려 금지된 육류음식에 대해 즉각적인 해석을 내린다. 66 육류 음식물을 통해서 사실상 금지되는 것은 이러한 동물들이 나타내고 상징하는 행위이다. 맹금류의 새들은 다른 새들의 가죽을 벗겨 먹을 정도의 탐욕스러움을 의미하고, 산토끼는 소년들과의 동성애를, 하이에나는 간통을, 족제비는 구강성교를 의미한다. 클레멘스 역시 〈레위기〉에서 금지하는 것을 상기시킨다. 그는 또한 음식물에 관한 규정에서 행실과 관련된 율법의 상징성을 보려 한다. 그렇지만 그는 이러한 해석에 만족하지 않고, 다만 이 장의 서두에서 그리고 박물학을 통해 자신이 편력한 오랜 도정의 끝에 이르러서 그러한 해석이 있다는 것을 환기시킬 뿐이다. 67 그러나 그는 우선 사실에 근거한 해부학적 분석을 대체하기 위해 그 자신이 "상징적"68이라고 부르는 설명

---

66 53번 각주를 참고할 것. l'édition de l'Epitre du Pseudo-Barnabé, par S. Suzanne-Dominique et Fr. Louvel(Paris, 1979).

67 Le Pédagogue, II, x, 83, 4~5; II, x, 94, 1~4.

68 Épitre du Pseudo-Barnabé에서는 다음과 같은 설명이 발견된다. "너희는 산토끼를 먹어서는 안 된다." 왜 그런가? 이 말의 의미는 어린애 같은 사람과 동성애를 하는

을 거부하는 일에 신경을 쓴다. 그리고 이러한 논리의 전개 끝에서, 오직 박물학적 고찰만이 예언자의 "수수께끼 같은" 금지의 말을 이해할 수 있게 해준다는 점을 강조한다. **69** 결국 클레멘스에게 중요한 것은 모세의 율법으로 간략하게 전해진 로고스가 자연에 의해 나타난다는 것을 세밀히 분석하고 밝히는 일이다. 나쁜 짓 하는 모든 동물의 사례를 눈앞에 놓고 보면, 자연은 이성적 인간에게 동물적 영혼밖에 없는 동물을 본보기로 삼을 필요가 없음을 가르쳐 준다. 또한 자연은 인간에게 모든 과잉이 얼마나 반反자연의 행태로 인간을 이끌어 갈 수 있는지를, 자연 그 자체의 법칙에 의해서 가르쳐 준다. 결국 이교인 철학자들과 기독교인들이 모두 금지하는 것들 — 간통하지 말 것, 간음죄를 범하지 말 것, 소년들과 동성애 행위를 하지 말 것 — 의 논리는 자연에 대한 고찰에 근거를 두고 있다. 어쩌면 이것이 클레멘스가 쓴 이 장章 전체에서, 그리고 특히 산토끼와 하이에나에 관한 구절 중에서 가장 주목해야 할 특성들 중 하나일지 모른다. 철학자들은 아프로디지아의 사용법을 주재해야 하는 율법이 자연법임을 끊임없이 상기시켰다. 그러나 그들의 고찰은 대부분 이성적 존재로서나 사회적 존재로서의 인간(노년이 될 때를 대비하여 자녀를 가져야 할 필요성, 개인적 지위에 필요한 가족의 유익성, 국가에는 시민을, 인류에게는 인간을 배출해야 할 의무), 그러한 인간본성에 관한 것이었다. 클레멘스는 이 텍스

사람이 되지도 말고, 또한 그렇게 사람을 자극하지도 말아야 한다는 것인데, 그 이유는 산토끼는 매년 과잉 항문이 생기는 동물이기 때문이다(X, 6).

69 Clément d'Alexandrie, *Le Pédagogue*, II, x, 88, 3.

트에서 인간의 사회적 존재와 관련된 모든 것을 제외시키고, 어쩌면 그의 담론 가운데 핵심이 될 수 있는 다음의 논리에서 출발하여 박물학자들의 고찰을 발전시킨다.

a) 자연은 생식의 의도와 성행위 사이에 빈틈없는 공통의 외연성이 있어야 한다는 것을 가르쳐 준다.

b) 자연이 자체적으로 기획한 반反자연의 작용으로 가르쳐 주는 것은 공통의 외연성 원칙이 동물의 생체구조를 파악할 수 있게 한다는 사실이고, 이러한 원칙을 벗어나는 동물을 단죄해야 한다는 것이다.

c) 이 원칙은 한편으로는 — '하이에나의 원칙' — 수태 기관이 아닌 것으로 행해지는 모든 행위를 금지하고, 다른 한편으로는 — '산토끼의 원칙' — 수태가 완료된 다음에 과도하게 추가되는 모든 행위를 금지한다.

그렇지만 아프로디지아를 자연의 법칙 속에 배치하고, 반反자연적인 것을 배제하려 했던 철학자들은 — 박물학자들이 동물의 세계를 판독한 것처럼 — 클레멘스가 했듯이 그 정도로 자연의 특성에 맞추어서 분석을 시도한 적은 한 번도 없었다.

2. 클레멘스가 논리를 발전시키는 방법은 또한 자연의 특성에 의존하지만, 이것은 어디까지나 이성적 존재인 인간의 본성을 주제로 삼을 경우이다. 그런데 이번에는 모세의 말70과 소돔의 예71를 들어 이

---

70 사실상 클레멘스는 철학자들이 전통적으로 금지하는 3요소, 즉 간음, 간통, 어린 애 같은 사람과의 동성애를 모세의 계율로 간주한다.

교인의 지혜를 가르쳐 주는 스승들과 영혼과 육체의 관계를 해결하려고 시도한 모든 사람들 — 스토아주의 철학자들, 의사들, 그리고 특히 플라톤 — 을 뒤섞어서 논의한다. 플라톤은 인간을 부리기 힘든 군마 같은 영혼이라고 말했다는 예레미야를 읽고, "암내 나는 말(馬)과 비슷한 인간"에 대한 그의 저주를 알고 있는 철학자로 간주된다. 72

클레멘스가 여기서 활용하는 원칙은 철학자들에게 친숙한 것으로서, 상호적 관련성의 두 측면이 있는 '절제'의 원칙이다. 이 원칙의 하나는 자연적인 규정과 다름없는 신체에 대한 영혼의 지배인데, 그 이유는 신체의 몸통과 같은 배의 위치가 가리키듯이 신체의 본성은 열등하고, 영혼의 본성은 우월하기 때문이다("영혼은 쾌락을 지배해야 하고 주인처럼 배와 그 아래쪽에 있는 것에게 명령을 내려야 한다"). 73 다른 하나는 영혼이 일단 주인의 역할을 하게 되면, 신체의 욕구를 조심성과 절제의 방법으로 다스려야 한다는 것이다. 그는 매우 논리적으로 '부끄러운aidoios'이란 형용사를 생식기와 관련된 표현에 적용해서, 그것의 명사 'aidôs'에는 조심과 절제라는 의미를 부여한다. "내 생각에, 이 기관이 치부aidoion라고 불리는 것은 무엇보다도 신체의 이 부분을 조심성 있게 사용해야 하기 때문이다."74 이러한 조심성은 신체에 대

---

71 이것은 소돔의 이야기에서 "성문제"에 관한 해석을 이끌어 낼 수 있는 앞부분의 사례들 중 하나이다.

72 " … 그들은 간음을 저지르며 창녀의 집에 모여들었다. 그들은 욕정이 가득한 살진 수말이 되어 저마다 제 이웃의 아내를 향해 힝힝거린다", 〈예레미야서〉, 5, 7~8.

73 Clément d'Alexandrie, *Le Pédagogue*, II, x, 90, 1. 클레멘스는 이 원칙이 다른 어떤 원칙보다 앞서는 중요한 것임을 강조한다(*arkhikôtaton*).

74 *Ibid.*, II, x, 90, 2.

한 영혼의 통제 훈련에서 지켜야 할 규범이다. 그런데 이 규범은 어떤 것인가? "합법적 결합의 차원에서 오직 적절하고 유익하고 품위 있는 행동만을 해야 한다는 것이다."[75] 여기서 사용된 형용사들 중 첫 번째 는 본래 그러한 관계를 가리킬 때 쓸 수 있는 표현이고, 두 번째는 그 러한 관계의 결과를, 끝으로 세 번째는 도덕적이고 동시에 미학적인 특성을 가리킨다. 그리고 이렇게 지정된 것은 자연 그 자체의 권고로 이루어진 것이다. 그러므로 자연은 동물의 형상으로 앞에서와 같은 교훈을 명확히 제시하는 근거가 된다. 즉, 긍정적으로는 생식을 '원해 서'이고, 부정적으로는 쓸모없는 씨뿌리기를 피하기 위해서이다.[76] 그에 따라 클레멘스는 그가 선택한 명제이자, 박물학 용어로 입증한 기본적 명제를 분명한 논리로 전개한다. 그러나 이번에는 그러한 논 리의 전개가 제자리를 맴도는 나선형 모양이 되어, 그는 인간의 차원 에서 그 명제를 다시 시작한다. Nomos(법), Nominos(합법적인 것), Paranomos(불법적인 것), Themis(정의), Dikaios(정당한 것), Adikos(부당한 것)의 용어들이 사용되는 문맥에서, 그는 박물학의 용 어들을 거의 말끝마다 되풀이하지만,[77] 인간의 차원을 자연의 차원과

---

75 〔*Ibid.*, II, x, 90, 3〕. d'*aiskhunê*(수치심)과는 구별되는 *aidôs*(절제)에 관하여, 그리고 음부는 첫 번째 것을 명명한 것이지 두 번째 것은 아니라는 사실에 대하여 *Le Pédagogue*, II, vi, 52, 2를 참고할 것.

76 *Ibid.*, II, x, 90, 3~4. 이 점에 대해서 클레멘스는 플라톤의 가르침과 모세의 율 법을 뒤섞어 진술한다.

77 다음을 참고할 것. *ibid.*, II, x, 90, 4; 91, 1; 92, 2; 92, 3; 95, 3. 하느님의 명 령이 올바르고 정당한 것이라는 반(反)영적 인식의 주제에 대해서는 다음을 참고 할 것. *ibid.*, I, les chapitres viii et ix.

대립시키려 하지 않고, 오직 자연이 어떻게 나타나는지를 보여 주려고 한다. "우리가 욕망을 억제하고 자연의 법칙을 준수한다면 우리의 전 생애는 물 흐르듯이 지나갈 수 있다."[78] 이성이 권장하는 통제, 합법적인 행동방식을 결정하는 통제는 또한 자연을 지배하는 로고스에 귀를 기울이는 방식이기도 하다.

클레멘스는 이렇게 육체의 욕구에 대한 이성의 지배를 조심성과 관련시키고, 그 중심적인 주제를 다음과 같이 4가지로 설명한다.

a. 첫 번째는 결혼의 울타리에 묶여 있는 여자에게 성관계의 경계를 설정하는 일이다. 클레멘스에 의하면, 플라톤은 〈레위기〉에 있는 구절("너희는 동족의 아내와 동침해서는 안 된다. 그 여자로 네가 부정하게 된다", 18, 20)을 빌려서 "어떤 여자의 밭에서도 경작하지 말라"고 했다는 것이다. 그러나 이 규범에 대해, 《교사》는 플라톤과는 아주 다른 정당화의 논리를 부여한다. 《법률》은 일부일처제의 규범이 정념의 열기를 제한할 수 있고, 남자들을 붙잡아 두는 굴욕적인 속박의 수단이 될 수 있다고 말한다.[79] 그러나 클레멘스의 관점에서는 종자 ─ 그는 종자에는 "자연의 구상"[80]이 함축되어 있다고 앞에서 말했을 뿐 아니라, 수태가 하느님과 피조물 사이의 관계 속에 포함된 것임을 상기시킨 바 있다 ─ 가 부도덕한 장소에서 사라져 버리지는 [않을 것][81]이라는 확신이 있다. 씨뿌리기가 자체적으로 어떤 가치를 갖는 것은

---

78 *Ibid.*, II, x, 96, 1.
79 클레멘스가 인용하는 텍스트는 플라톤의 《법률》 8권에 있다(819a~841e).
80 〔Clément d'Alexandrie, *Le Pédagogue*, II, x, 83, 3.〕
81 〔푸코의 원고에는 다음과 같이 되어 있다: "사라져 버릴 것"(aille se perdre).〕

그것에 내재된 것과 약속하는 것이 분명하고, 한 몸으로 결합된 배우자가 아닌 다른 여자에게 종자를 맡기는 불법적이고 부당한 행위가 아니라는 전제에서, 자연스러운 목적에 도달할 수 있도록 도와주는 하느님과 인간 사이의 공조 관계가 가능할 때라는 것이다.

b. 또 다른 제한 원칙은 생리 중에 성관계를 자제하는 것이다. "머지않아 인류가 될 수 있는 종자의 가장 번식력이 강한 부분을 신체의 불순물과 섞어서 더럽히거나, 혼탁하고 불순한 물질이 배출되는 액체 속에 잠기게 하는 것은 이성에 부합하지 않는 일이다. 자궁의 밭고랑에 묻어 둘 수 있는 것은 행복한 탄생이 가능할 수 있는 씨앗이다."[82] 이런 점에서 그리스에 기원을 둔 규정이 문제가 된다. 그러나 클레멘스는 음란한 행위의 금지를 암암리에 의학적 참고문헌들에 의존해서 다시 생각해 보고, 동시에 종자에 대한 일반화된 이해의 관점에서 그 문제를 재검토한다. 그의 관점에서 월경은 사실 불순한 물질이다.[83] 게다가 의사인 소라누스가 말했듯이, "종자는 혈액 속에 용해되어 있다가 버림받는 것이다".[84] 혈액은 자궁이라는 목표지점에서 그리고 생식이라는 목적 단계에서 종자를 끌어내어 없애 버린다. 종자가 '자연의 이성'을 위해서 물질적 저장소를 갖게 된 이상, 그리고 이성적 질서 속에서 자라게 되어 인류를 탄생시킬 수 있는 이상, 그것은 더러운 물질에 접촉되어서도 안 되고, 거칠게 추방되는 상태에 놓아두지도

---

82 *Le Pédagogue*, II, x, 92, 1. 그리고 Philon, *De specialibus legibus*, III, 32~33을 참고할 것.

83 클레멘스는 '*apokatharma*'라는 단어를 사용한다 (*ibid.*, II, x, 92, 1).

84 Soranus, *Traité des maladies des femmes*, I, x.

말아야 하는 것이다.

  c. 임신 중에 성관계의 금지는 앞의 원칙과 상관성을 갖는다. 왜냐하면 모든 불순물의 배출과 함께 종자를 분출해야 할 경우라도 자궁이 종자를 수용하고 일을 착수한 후에는 마찬가지로 자궁을 보호해야 하기 때문이다. 클레멘스가 다음과 같이 언급하는 자연적 리듬, 즉 자궁은 비어 있는 상태에서 생식의 욕망을 갖고, 종자를 수용하려 하고 짝 짓기가 합법적인 욕망과 일치하는 것이므로, 죄가 될 수 없다는 것은 중요시해야 할 대목이다. 85 여기서 클레멘스는 완전히 일상화된 의학적 교훈을 그대로 옮겨 놓는다. "모든 순간이 성적 결합에 의해서 자궁 속으로 투여된 종자에게 유리한 것은 아니다." "여자들이 성적 욕망을 갖고 성행위를 할 수 있는 때"는 월경이 끝나고 자궁이 비어 있는 순간이다. 86 클레멘스의 설명에 의하면, 이렇게 육체적 성향이 교차적인 까닭에 육체의 본성을 주재하는 이성의 존재가 분명해지고, 절제하는 행동의 올바른 경계선을 정할 수 있다는 것이다. 그러나 《교사》는 이러한 자연적 리듬과 거기에서 이끌어 낼 수 있는 절제의 규범에 관한 의미를 다르게 말한다. 의사들이 임신 기간에 성관계를 하지 않도록 하는 것은 "몸 전체가 운동의 영향을 받기 때문이고", 자궁에 전달되

---

85 클레멘스는 스토아철학의 용어로 자연적 충동을 뜻한 욕망을 지칭하는 말인 '*horexis*'를 사용한다('*epithumia*'와 반대).

86 Soranus, *loc. cit.*, chap. x. 의학적 전문지식에 의하면, 여자는 성관계의 욕망을 가질 때만 실제로 임신할 수 있다는 것이다. 이러한 논리에서 여자가 강간을 당한 후에 임신한다면 여자가 어떤 식으로건 그 행위를 원했기 때문이라는 결론을 이끌어 낼 수 있다.

는 충격에 의해서 "모든 임신기간의 — 특히 마지막 몇 개월 동안의 — 성관계가 위험한 것이기 때문이다". 87 그런데 클레멘스는 임신기간에 자궁이 닫혀 있는 것은 자궁이 아기의 출산을 위해 일하고 있기 때문이고, 또한 자궁은 "조물주와의 공조"를 통해서 그 일을 끝마치려 하기 때문이라는 사실을 강조한다. 88 작업과 협력이 계속되는 한, 모든 새로운 종자의 출현은 과도한 것으로 보일 수 있다. 그것은 강요하는 일이 "올바르지" 않을 수 있는 "폭력"과 같은 것이다. 임신기간에 덤으로 오는 모든 것은 "쓸데없는" 짓이다.

d. 그러나 여자의 '본성'으로 그처럼 엄격한 관리를 결정할 수 있다면, 남자의 경우는 어떤 것일까? 클레멘스가 완전히 전통적인 의학의 주제를 거론한 것은 어쩌면 육체관계의 쾌락에 집착함으로써 초래될 수 있는 온갖 질병과 신체 허약 같은 것이 문제가 된다는 것을 논의하는 과정에서였을지 모른다. 그에 따라 클레멘스는 일반적으로 말하는 직접적인 증거와 간접적이고 관례적인 증거들을 언급한 것이다. 성관계를 가능한 한 삼가는 무리들은 인간이건 동물이건 간에 기운차다는 것이다. 클레멘스는 이처럼 진부한 생각을 데모크리테스의 유명한 명제, 즉 성적 결합은 "일종의 작은 간질"89이라는 것과 관련시켜 말한다. 모든 의사들이 되풀이한 말은 아니지만, 그런 생각은 그 당시 의학 책들, 가령 갈리아누스의 책에서처럼 엄격한 방식으로건, 90 뤼퓌

---

87 *Ibid.*
88 Clément d'Alexandrie, *Le Pédagogue*, II, x, 93, 1. 이 문장은 분명히 인간 탄생에 있어서 피조물과 창조주의 협력에 관해서 쓴 서두의 몇 장(章)을 참고하게 한다.
89 Démocrite, *Fragment* B 32, éd. H. Diels.

스 데페즈의 책에서처럼 성행위에 동반되는 격렬한 운동을 경련과 같은 범주에 속하는 것으로 설정한 매우 포괄적인 방식으로건, 91 어느 책에서나 빈번하게 발견된다. 그런데 간질과 성행위 사이의 이러한 비교에 대해 클레멘스는 데모크리테스의 텍스트 —"인간은 인간으로부터 태어나고 인간의 몸에서 추출된 존재이다"— 와 〈창세기〉의 한 구절 —"이야말로 내 뼈에서 나온 뼈요, 내 살에서 나온 살이로구나!"(2, 23) —을 혼합한 이중의 참고에 의존해서, 이것에 정확한 의미를 부여하려고 한다. 육체가 종자를 방출하며 격렬한 동작으로 흔들리는 것은 물질이 빠져나오면서 분출되었기 때문인데, 이 물질은 그것을 내보낸 사람과 비슷하면서도 다른 사람을 만들어 낼 수 있는 물질의 이치를 내장한다는 것이다. 여기서 우리는 고대에 흔히 있었던 일이지만, 사정射精을 생식生殖과 일치시키는 그 시대의 경향을 보게 된다. 그러나 클레멘스는 하느님이 아담의 동반자를 만들어 주기 위해 잠들어 있는 그의 몸에서 갈비뼈를 뽑았다는 일화를 인용하면서, 순전히 남자의 몸으로 만들어진 작품 속에 하느님의 '협력'이 있음을 분명히 밝힌다. 간음하지 말라는 규정은 그러므로 육체에 대한 조심성에만 관련된 것이 아니다. 종자의 방출에서 필연적으로 치러야 할 육체의 진동은 이러한 공조의 필수적인 중요성을 가리켜 준다.

성관계에서 이렇게 중요한 제한원칙으로부터, 우리는 클레멘스가

---

90 그가 데모크리테스를 인용한 것. Galien, *Commentaire aux Épidemies d'Hippocrate*, III, 3. 그리고 다음을 참고할 것. *De utilitate partium*, XIV, 10.

91 Rufus d'Éphèse, *Œuvres*, éd. Daremberg, p. 370.

외형적으로 순서를 무시하고 수집한 일련의 모든 규정들이 어떤 내용인지를 추론해 볼 수 있다. 어떤 것은 낙태를 금지하고, 또 어떤 것은 대낮에, 교회나 모임이 끝난 후에, 기도 시간에 성관계를 갖지 말고 오직 밤에만 갖도록 권고한다. 아내를 매춘부로 취급하지 말 것을 규정하고, 젊은이와 노인의 결혼을 금지하는 것도 있다. 이 모든 것의 결론은 엄격성의 차이가 있겠지만, 이교인 철학자들에게서 볼 수 있는 절제의 원칙을 규정하는 것으로 되어 있다. 클레멘스는 여러 번 이러한 절제의 규칙을 환기시키는데, 그것은 인간이 자신의 욕망을 지배해야 하며, 격렬한 욕망에 휩쓸리지 말고, 이성의 통제 없이 충동에 이끌려 몸을 맡겨서는 안 된다는 이유에서이다.[92] 이것은 그가 다른 대목에서 "절제의 결혼"[93]이라고 부르는 것의 이상적 모습이다. 그러나 클레멘스에게 이 원칙은 지나간 과거의 원칙이 아닌 것으로 보인다. "자기에 대한 지배"를 철저히 하는 일은 신체기관의 능력들 사이의 올바른 균형과 필요한 위계질서를 유지하기 위해서가 아니라, 자연에 내재된 "이성들"의 집합소를 만드는 종자, 하느님과 인간 사이에 협력의 계기인 종자가 필요로 하는 존중심과 부끄러움과 조심성을 지키기 위해서다. 결혼을 통해서 이성적 존재인 인간은 육체를 지배해야 할 영혼과 무의지적인 육체의 움직임을 통제해야 할 의식을 잘 보존해야 하기 때문일까? 물론 그럴지도 모른다. 그러나 클레멘스의 '절

---

92 Clément d'Alexandrie, *Le Pédagogue*, II, x, 89, 2; 90, 2~4; 93, 2; 96, 1.

93 Le "*sôphrôn gamos*". 《교사》의 목적이 절제의 생활로 인도하는 데 있음을 잊지 말 것. ("*sôphrôn bios*", I, i, 1, 4).

제하는 결혼생활'이 중요시되는 것은 결혼을 통해서 영원한 창조주로
부터 수많은 미래의 피조물에 이르기까지 관계가 이어지고, 또한 종
자와 수태에서 중요한 물질적 계기를 찾을 수 있다는 점에서이다. 성
관계의 '카이로스'를 결정하는 것은 인간 신체의 복합적인 구조라기보
다 육체의 움직임에 대한 '관리술l'économie'이다.

3. 텍스트의 마지막 전개는 매우 간략하다. 이 부분은 절제의 결혼
생활에 관한 최종 권고로서, 매우 세밀하고 매우 까다로운 몇 가지 중
요한 금지사항을 명시한다. 이것들은 '외설적 이야기를 하지 말아야
한다', '방탕한 행동을 하지 말아야 한다', '매춘부와 성관계를 하지 말
아야 한다', 또한 '아내와의 관계에서 아내를 화류계 여자처럼 상대하
는 것은 간통을 저지르는 일과 마찬가지임을 기억해야 한다' — 여기
서 클레멘스는 이전의 철학자들이 말한 격언을 거의 그대로 반복한다
— 등이다. 이런 규정들을 통해서 우리는 다른 사람들이 보지 않는 자
리에서 저지르는 죄, 특히 자신의 양심이 보는 앞에서 저지르는 온갖
죄의 세계를 알게 된다. 어둠 속에서의 죄. 주의해야 할 것은 '어둠
속에서의 죄'가 고의성이나 악의성, 훗날 사적인 기독교에서 육체의
가장 핵심적인 죄라고 할 수 있는 색욕과 유혹의 죄, 이런 것들과 다르
다는 점이다. 클레멘스는 공적 성격이 없는 사적인 죄에 대해서만 말
한다. 밤과 침묵이 에워싸고 있는 그 죄들의 증인과 재판관이 될 수 있
는 것은 오직 죄를 저지른 사람의 양심일 뿐이다. 여기서 파트너의 의
식은 중요한 것 같지 않다. 양심 이외의 다른 증인이 없는 죄의 문제는
철학 문헌에서 빈번하게 나타나는 주제이지만, 클레멘스는 이 문제를

매우 고전적인 논증방법으로 다룬다. 죄를 어둠과 고독 속에서 감추려 하면, 죄의 심각성은 완화되지 않고 죄의 중요성만 의식되기 마련이다. 비밀은 수치심을 나타내고, 수치심은 양심에 동반된 판결문을 작성한다. 그래서 그런 죄는 누구에게도 손해를 입히지 않았다 해도, 양심은 계속 같은 자리에 있으면서 동시에 기소자와 재판관의 역할을 한다. 손해를 입힌 대상은 바로 자기 자신이고, 유죄 선고를 내려야 하는 것은 자기 자신을 위해서다. 이러한 추론은 무소니우스94와 세네카95의 책에서 발견된다. 클레멘스는 그들의 추론을 간략하게 재론한다.

그렇지만 그의 분석, 혹은 보다 정확히 말해서 은밀한 죄의 문제에 대한 그의 자유로운 논의는 철학자들과 다르다. 그는 우선 밤과 빛의 주제를 환기시킨다. 죄를 에워싼 어둠이 아무리 깊어도, 언제나 어둠 속에 거주하면서 어둠이 감추는 것을 밝혀 주는 빛이 있다. 그 앞에서 아무것도 벗어날 수 없는 빛, 세상에 언제 어디서나 존재하는 성령의 빛, 그것은 하느님의 시선일까? 물론 그럴지도 모른다. 이교인 철학자들도 그 빛의 명징성을 인정한 바 있다.

그러나 우리의 내부에 거주하고 우리의 양심을 구성하는 것도 빛이다. 그 빛은 세계를 지배하고 우리의 내부에 순결한 요소를 장치해 둔 로고스의 한 부분이다. 그것과 비교하면 우리가 저지르는 죄는 불복종이고, 이성의 원칙을 훼손하는 것일 뿐 아니라, 더러워진 자국이기

---

94 Musonius Rufus, *Reliquiae*, XII, 1-2 et 7, p. 65.
95 Sénèque, *Lettres à Lucilius*, 82, 8 et 16.

도 하다. 그리고 절제는 단순히 보편적 질서와 일치하는 것이 아니라, 이러한 빛의 순수한 작은 조각이다. "어둠 속에 숨어 있으려고 하지 말자. 왜냐하면 생각은 우리의 내면에 거주하기 때문이다. 〔…〕 밤은 순결한 생각들을 비춰 준다. 《성서》에서 절대로 꺼지지 않는 램프의 이름을 선행을 하는 사람들의 생각에 부여한 것은 그런 까닭에서이다."[96]

순수한 것은 오직 순수한 것과 관계를 맺을 수 있으므로, 우리가 우리의 내부에서 로고스의 순수성을 더럽히면 하느님은 우리에게서 멀어질 수밖에 없다. 그러면 하느님은 당연히 우리를 '타락'의 생활에 빠지게 내버려 둔다. 이런 식으로 클레멘스는 은유적 의미에서 죄악의 생활과 동시에 엄격한 의미에서 죽음이 예정된 삶을 말하려고 한다. 무절제는 타락으로 이어진다. 무절제가 그 내부에 접근할 수도 없고 흐려질 수도 없는 빛을 손상시켜서가 아니라, 무절제의 행위는 빛으로 하여금 육체를 죽음의 운명에 빠지게 할 수밖에 없기 때문이다. 무절제한 육체는 하느님의 버림을 받아서 시체나 다름없는 상태가 되어서 부패하기 마련이다.[97] 반면에 절제하는 사람은, 그의 내부에 거주하면서 그를 영생에 이르게 하는 로고스의 부패하지 않는 염결성을 갖는다.

'절제'에 대한 클레멘스의 이러한 견해에는 육체와 이성 사이의 균형을 올바르게 통제해야 한다는 당위적 논리 이상의 것이 있다. 하지

---

96 Clément d'Alexandrie, *Le Pédagogue*, II, x, 99, 6.
97 *Ibid.*, II, x, 100, 1.

만 이것은 또한 이원론적 관점에서 악의 실질적 근원으로 생각되는 육체를 근본적으로 거부하자는 것이 아니다. 육체 안에 로고스의 감금이 문제가 아니라, 로고스의 거주가 문제인 것이다. '절제'는 육체가 '하느님의 사원'이 될 수 있게 하고 육체의 구성요소들이 그리스도의 몸처럼 될 수 있게 하는 데 필요하다. 절제는 육체로부터의 분리가 아니라, 육체 속으로 부패되지 않는 로고스가 이동하는 것이고, 또한 천사처럼 순결하게 살 수 있는 천상의 세계, 완전히 정결한 육체가 성의 차이도 모르고 성관계의 결합도 모르는 그 세계로 육체를 인도하는 것이다. 클레멘스는 많은 논란의 대상이기도 한, 과부들의 재혼 문제를 다룬 〈루카복음서〉의 한 구절[98]을 이런 관점으로 해석한다. 이 복음서는 남자건 여자건 오직 결혼하려는 "세기의 아이들" 같은 보통 사람들과, 결혼하지 않고 부활을 함께하려는 사람들을 구별하려는 데 의미를 두지 않는다. 이것은 세속의 법에 따른 결혼을 출발점으로 하면서 성관계를 중단하고 염결한 태도를 유지해야만 "천사처럼 순결한 삶을 추구"할 수 있다는 생각에 의미를 둔다.[99] 그렇기 때문에 순결한 삶을 추구해야 《교사》의 성과가 이루어질 수 있고, "하느님과 흡사한 형상과 하느님을 닮으려는 모습"[100]에 의해서 복음이 이루어질 수 있

---

98 〈루카복음서〉 20장 27~37절.
99 Clément d'Alexandrie, *Le Pédagogue*, II, x, 100, 3. 여기서 육교(肉交)의 금지가 자녀출산의 금지를 의미하는 것은 아니다. 이것은 육교, 음란한 행위, 추잡함, 퇴폐성, 우상숭배, 마법, 증오, 싸움 — 요컨대 〈갈라티아 신자들에게 보낸 서간〉(5장 19~21절)에서 주요한 모든 죄악들로 열거된 내용을 참고한 것처럼 보인다.
100 Clément d'Alexandrie, *Le Pédagogue*, I, iii, 9, 1.

다는 것이다.

　내면의 빛, 순결과 타락, 그리스도가 머무는 사원으로서의 육체, 염결한 세계와 영원한 삶으로의 상승. 이러한 클레멘스의 주제들이 3세기와 특히 4세기에 중요한 의미를 갖는 것은 확실하다. 특히 수도원의 금욕생활의 영향으로, 엄격하게 정결한 생각을 유지해야 한다는 주제와 순결한 삶의 조건으로서 마음의 동정을 갖춰야 한다는 주제는 널리 알려지기도 했다. 그러나 욕망을 포기하고 정결한 생각을 해야 한다는 의무가 언급되는 대목은 이 장章 끝부분의 한 문장에서일 뿐이라는 것을 주목해야 한다. 클레멘스가 후세 사람들처럼 마음속에 생길 수 있는 온갖 사소한 욕망들에 주의를 기울이고, 인내심을 갖고서 그것들을 우선적으로 쫓아내야 한다고 말하지 않고, 그것들에 의해서 패배하지 않으려는 의지를 부각시키는 것은 주목해야 할 점이다. 101 그가 이렇게 근본적인 권고안을 제시한 후 곧 욕망에 대한 패배의 자책과 올바른 품행의 원칙을 대조하는 것도 주목해야 한다. 올바른 품행의 원칙이란 이 장의 도입부에서 거론된 바 있고 끝부분에서 다시 논의된 것으로서, 카이로스란 말의 의미처럼 적절한 때에 종자를 뿌려야 할 필요가 있다는 것이다. 그는 성관계를 갖는 것과 완전한 금욕

---

101 "우리는 쾌락에 몰입하거나 어리석게 관능적 욕망을 기대해서도 안 되고, 이성에 반(反)하는 탐욕에 사로잡히거나 수음을 해서도 안 된다"(ibid., II, x, 102, 1). 그러나 《강론집》 3권에서 클레멘스는 성욕에 관해서 훨씬 더 엄격한 생각을 나타낸다. 이교인들의 '절제'가 성욕에 굴복하는 것이 아니듯이, 기독교인들의 절제는 금욕의 의미를 갖는다. 성욕을 억제해야 할 뿐 아니라, 성욕을 느끼지 않도록 주의해야 하는 것이다.

을 대립시키지 않고 올바르고 효과적인 씨뿌리기의 원칙과 '아프로디지아'에 대한 패배를 대립시킨다. 마지막 문단의 구조는 '아프로디지아'에 굴복한다는 사실과 씨뿌리기를 해야 할 때에만 동의한다는 사실이 대립적으로 구성된다. 102 끝으로 무엇보다 주목해야 할 것은 클레멘스가 사용한 단어가 텍스트의 도입부에서 올바른 성관계를 주재하는 자연적 이성을 정의할 때뿐 아니라, 하느님이 거주하는 사원으로서의 신체와 염결한 옷이 문제되는 이 장의 끝부분에서 철학자들이 절제sôphrosunê를 가리키는 용어와 일치한다는 것이다. 어쩌면 그는 이 용어에 자기 자신과 자기의 정념과 자기의 신체에 대한 상이한 의미를 부여한 것일지 모른다. 그러나 그는 이 용어에 대해서 (《강론집》 3권에서처럼) 일정한 간격을 두고 자주 사용되는, 그리스어로 금욕을 의미하는 'eunoukhia'와 같은 의미인, '성관계의 포기'라는 의미를 부여하지 않는다. 이러한 '절제'에서는 생식의 관리술이 문제이다. 생식은 '인간의 씨뿌리기'라는 자연적 이성으로 결정되어야 하는 것이지만, 또한 동시에 하느님과 인간 사이의 협력이기도 하다. '생명의 화관'이자 불멸의 옷은 이러한 관리술을 상실하면 얻을 수 없다. 우리는 독신생활이 '생식 기능'을 무화시킨다는 점에서 불경한 행위라고 말할 수도 있다. 103 '생명의 화관'과 불멸의 옷은 이러한 관리술에 의해 고정된

---

102 *"Oukoun aphrodisiôn hêttasthai* [⋯]. *Speirein de monon* ⋯ ", Clément d'Alexandrie, *Le Pédagogue*, II, x, 102, 1.

103 Clément d'Alexandrie, *Les Stromates*, II, xxiii, 141, 5. 클레멘스에게 이러한 입장은 절대적인 것이 아니다. 결혼은 할 수도 있고, 하지 않을 수도 있다는 것에 관련된 구절을 참조할 것.

목적, 즉 '신성하고 사려 깊은 의지'104에 따라 자녀를 만드는 일에 도달할 수 있게 한 로고스의 요구를 충실히 따른 대가일 것이다.

《강론집》 3권의 한 구절에서 클레멘스는 인류 최초의 부부의 타락에 관한 〈창세기〉의 텍스트를 해설한다. 그들이 저지른 죄는 성행위 때문이었을까? 오랫동안 논의된 이 문제105에 대해 클레멘스는 절묘하게 대답한다. 죄를 구성한 원인은 성관계를 가졌다는 사실에 있지 않고, 적절한 시기에 성관계를 갖지 않았다는 사실에 있다. 아담과 하와는 하느님의 명령을 따르지 않았고, 너무 어린 나이에 한 몸이 되었다.106 그들은 결국 카이로스의 관리술을 위반했고, 적절한 시기에 관계를 가져야 한다는 율법을 지키지 않았다. 조숙하고 반항적인 아이들은 《교사》가 인류에게 가르치는 이성, 즉 인간이 스스로를 어린애 같은 존재로 알고 있는 조건에서만 다시 태어날 수 있다는 이성의 논리를 따르지 않았다. 《그리스인들에 대한 권고》에서의 설명처럼, 인간의 타락은 이런 과정에서 이루어졌다. 어린 아담은 "관능에 굴복하고", "욕망의 유혹에 빠져서" 어린이의 상태를 잃어버렸다. 그는 불

---

104 "Semnôi kai sôphroni paidopoioumenos thelêmati", ibid. , III, vii (P. G. , t. 8, col. 1161).

105 테르툴리아누스는 〈그리스도의 몸〉에 관한 글을 통해 뱀이 동정녀의 몸속으로 슬그머니 들어갔다는 사실에서 타락의 기원을 이해한다. 그러므로 카인은 그의 자손이라는 것이다(XVII, 5).

106 "Thatton ê prosêkon ên, eti neoi pephukotes", Clément d'Alexandrie, Les Stromates, III, xvii (P. G. , t. 8, col. 1205). 일반적으로 조숙한 나이에 성욕을 주체하지 못하는 젊은이들이 겪는 위험에 대하여, Clément d'Alexandrie, Le Pédagogue, I, ii, 20, 3~4.

복종 행위 때문에 그에게 가르침을 주는 로고스의 도움을 전혀 받지 못하는 '어른'이 되었다. 107 조숙성 때문에 저지른 이러한 타락은 결국 생식기능이 그 자체로 나쁘지 않고, 그것이 이루어지는 조건에 따라서만 나쁠 수 있음을 가르쳐 준다. 생식기능은 아담이 저지른 죄의 원인이 아니다. 그렇기 때문에 생식기능은 용서받을 수 있을 뿐 아니라, 《강론집》 3권의 같은 구절에서 나타나 있듯이, 찬양되기도 한다. 클레멘스는 천지창조와 마찬가지로 생식과 관련된 의미로 생성génésis이라는 애매한 용어를 사용한다. 원죄 이후라도 "생성은 신성하게 남아있다". 생성에 의해서 세계와 본질, 자연의 생물들과 천사들, 신비력과 영혼, 계율과 율법과 복음서 그리고 하느님의 영적 인식, 그 모든 것이 만들어졌기 때문이다. 108

인간의 생식행위는 그러므로 천지창조의 권능과 관련된다. 생식행위가 천지창조 안에 포함되어서 인간 고유의 능력이 되었기 때문이다. 그러나 클레멘스는 세계의 역사에서 하느님 아버지의 천지창조에 응답하는 행위, 즉 그리스도와 그리스도의 강생, 희생과 가르침을 관련지어 그 문제를 생각한다. '자녀들'이란 용어 사용법에 관한 1권 6장의 긴 글에서, 《교사》는 그리스도의 가르침이란 주제를 영양분이 많은 우유의 논리로 발전시킨다. 109 이 책은 피를 변형시키는 피의 '생리학'

---

107 *"Pais andrizomenos apeitheia"*, Clément d'Alexandrie, *Le Protreptique*, XI, 111, 1.
108 Clément d'Alexandrie, *Les Stromates*, III, xvii (P. G., t. 8, col. 1205). 클레멘스는 하느님이 관여한 생성을 비난하는 짓은 신성모독임을 상기시킨다.
109 특히 34절 3행(*Le Pédagogue*, I, vi) 부터, 그가 〈코린토 신자들에게 보낸 첫째 서간〉 3장 2절을 해설한다. "나는 너희에게 우유를 주었지, 딱딱한 음식을 주지는 않

을 이렇게 개괄적으로 기술한다. 신체의 모든 능력을 내장하는 물질인 피-로고스는 두 가지 형태로 나타난다. 뜨겁고 흥분된 피는 거품이 일다가 정액이 되어 자궁의 습기 찬 부분에 또 다른 신체가 자라서 태어날 수 있는 성분을 전달한다. 그러나 서늘하고 공기가 잘 통하는 데 있는 피는 어머니의 집에서 우유가 되고, 그런 식으로 부모의 신체에 거주하는 신비력을 아이에게 계속 건네줄 수 있다. 수유는 수태에 의해서 아이에게 생명을 갖게 하는 행동의 연속이다. 같은 피와 같은 능력이, 다른 모양으로 전달되는 것이다. 그렇기 때문에, 그리스도는 자신의 피를 봉헌한 다음에, 인간-어린이에게 로고스의 우유를 주게 된다. 그는 인간을 가르치고, 생활규범을 가르치는 교사이다. 그리스도의 수난 속에서 과거에 흘린 피와 하느님의 말씀으로부터 무한히 흘러나오는 우유 사이에서 생식은 로고스에 의해 태어나고 또한 다시 태어난 "모든 어린 자녀" 같은 백성을 만든다.

《교사》의 이 구절에서 클레멘스는 다음의 책들에서도 그렇듯이 그의 교육이론을 정립하는 가운데, 피와 우유 사이에 있는 종자를 간단히 언급한다. 이 구절의 핵심은 생성에 관한 논의가 아니라, 재생에 관한 논의라는 점에 있다. 그러나 그는 한편으로는 로고스의 거대한 '생리학' 안에서 생성의 위치를 분명히 보여 주면서 우리와 하느님의 친자관계, 그리고 그 결과로 하느님과 우리를 연결시켜 주는 닮은 모습을 강조한다. 피에 의한 '친자관계'와 이 구절에서 논의되는 교육에 의한 '공감'110은 다음의 책 10장에서 논의되는 생식에서의 공조로 완

았다. "

성될 수 있다. 피와 정액과 우유의 순환은 생식행위 안에서 이루어지고, 그것들이 전해 주는 로고스와 함께 우리를 하느님과의 친자관계로 연결시킨다.

《교사》가 그리스도의 가르침으로서, 그리고 우리의 어린이를 키울 수 있는 우유와 같은 양식으로서, 우리에게 적절한 생식의 시기, 즉 어느 시점이 카이로스인지를 말해 줄 때, 생식의 관리술을 결정하는 것은 천지창조에서 구원으로, 생성에서 갱생으로 전환되는 큰 변화를 통해서라는 것이 분명하다.

앞에서 자주 말했듯이, 《교사》는 같은 시대나 이전 시대부터 있었던 철학과 이교인 도덕에 관한 텍스트들과 대부분 연속성이 있음을 보여준다. 이 책은 정당하게 행동할 수 있는 '적절한 시기'와 합리적 목적에 따라 행동의 가치를 결정하는 생활규범의 문제를 다룬다. 또한 이 책은 간통, 방탕, 소년들과의 동성애, 남자들 사이의 성관계와 같은 금지된 행위를 논의하고, 자연과 자연의 교훈을 준거로 삼아 결혼할 때와 성관계를 가질 때 자녀 출산을 고려해야 한다는 의무를 논의하는 점에서 '고전적' 규범체계의 문제를 다룬 것이기도 하다.

그러나 이렇게 분명한 연속성을 근거로, 클레멘스가 단순히 전통적

110 "*Sungeneia dia to haima* 〔…〕. *Sumpatheia dia tên anatrophen*", Clément d'Alexandrie, *Le Pédagogue*, I, vi, 49, 4.

도덕의 한 부분에 히브리 문화에서 유래한 것을 보충시켜서 자신의 종교적 견해로 만들었다고 생각해서는 안 된다. 그는 한편으로는 결혼의 윤리와 성관계에 대한 세밀한 관리술을 일련의 동일한 규정 속에 연결시키면서, 결혼생활에서의 성관계에 대한 규정을 정의한다. 그러나 이교인 모럴리스트들은 생식을 목적으로 한 결혼생활의 성관계를 인정하면서도 현자에게 필요한 쾌락의 관리술 문제와 부부관계에 적절한 조심성과 조화로움의 문제를 구분했다. 또한 클레멘스는 다른 한편으로, 이러한 일련의 규정을 전체적으로 로고스에 대한 견해와 연결 지으면서, 그 규정에 종교적 의미를 부여했다. 그는 이질적 모럴을 억지로 기독교에 집어넣으려 하지 않았고, 기존에 형성된 규범의 바탕 위에서 성관계에 대한 기독교적 개념과 모럴을 만들었으며, 모럴은 하나만 있는 것이 아님을 보여 주려고 했다. 그리고 우리가 기독교적 성모럴이라고 부를 수 있는 그 낯설고 이상한 일련의 관습과 개념과 규정을 기독교가 자체적으로 내부의 엄격한 요청에 의해서, 필연적으로 의무화했다는 것은 잘못된 생각임을 보여 주려고 했다.

어쨌든 클레멘스의 이러한 분석은 나중에 성 아우구스티누스에서 볼 수 있는 주제와 다를 뿐 아니라, 이러한 모럴을 구체화하는 데 결정적 역할을 하게 될 주제들과도 분명히 구별된다. 클레멘스와 아우구스티누스의 차이는, 성관계의 윤리를 정착시키려는 그리스적이고 스토아주의적인 기독교와, 타락을 통해서만 인간의 본성을 생각하고 결과적으로 성관계를 부정적으로 인식하게 만든 매우 금욕적이고 비관적인 기독교의 차이라고 할 수 있다. 그러나 우리는 이러한 차이를 단순히 확인하는 단계에 그쳐서는 안 된다. 그리고 무엇보다도 이러한 변화를 올바르게 평가할 수 있기 위해서는 '준엄함'이나 '금욕', 또는 금지의 측면에서 더욱 가혹해지는 '엄격성'이란 표현방식으로 만족해서도 안 된다. 왜냐하면 엄밀한 의미에서 금지의 규정과 체제만을 생각해 볼 때, 클레멘스의 모럴은 나중에 나타나는 기독교 모럴에 견주어서 더 관용적이라고 할 수는 없기 때문이다. 가령 결혼생활에서 수태를 목적으로 한 성행위만을 정당화하고 생리 중이거나 임신 중에는 물론이고, 밤이 아닌 낮의 어느 시간이거나 성행위를 금지하는 '카이로스'는 융통성이 전혀 없는 것이다.111 여하간 허용과 금지 사이에 그려진 커다란 금지선은 본질적이고 전체적인 관점에서 볼 때, 2세기와 5세기 사이에 변화가 없음을 알려 준다.112 그에 반해서 몇 세기의 시간이 지나는 동안, 근본적 변화가 이루어진다. 이 변화는 윤리적이고 종교적인 측면에서 동정virginité과 완전한 순결성을 최고의 덕목으로 존중하는 전체적인 가치체계의 변화이고, 또한 개념적 도구와 분석대상의 변화를 보여 주는 것으로서, '유혹', '육욕', '육체', '원초적 본능' 등 과거에 비해서 중요한 의미를 갖고 사용되는 개념들의 변화이기도 하다. 특별히 규범이 강화된 것도 아니고, 성관계가 더욱 엄격하게 억압된 것도 아니다. 그런데 이전과 다른 형태의 경험이 서서히

---

111 "클레멘스의 성모럴이 지극히 엄격하다는 것을 인정해야 한다. 그가 제시한 규범들은 그 엄격성에 있어서 종종 '위대한 교회'에서의 전통적인 관습이 될 수 있는 단계를 넘어설 정도이다." J.-P. Broudéhoux, *Mariage et famille chez Clément d'Alexandrie*, Paris, 1970, p. 136.

112 '새로운' 주요 금기들 중 하나인 근친상간에 관한 복잡하고 확대된 규정은 중세 초기 이전만 해도 별로 발전한 상태가 아니었다.

형성되기 시작한다.

　이러한 변화는 분명히 기독교 제국을 건설하기에 이른 기독교 교회의 매우 복잡한 발전과 관련된다. 그러나 보다 정확히 말해서 이것은 기독교에서 설립된, 다음과 같은 새로운 두 요소들과 관련시켜 봐야 할 변화이다. 그중 하나는 2세기 후반부터 만들어진 속죄의 규율이고, 다른 하나는 3세기 말부터 실시된 수도사의 고행이다. 이 두 유형의 관습은 단순히 금지사항을 강화시키는 결과를 가져온 것도 아니고, 보다 엄격한 품행 관리를 초래한 것도 아니다. 이러한 관습들에 의해서 결정되고 발전한 것은 자기와 자기 사이의 어떤 관계방식, 그리고 악과 진실 사이의 관계, 보다 정확히 말해서 죄의 용서, 마음의 정화와 드러나지 않은 죄, 비밀, 자기성찰, 고백, 양심지도, 또는 속죄의 여러 가지 참회 방식에 따른 개인의 비법 사이의 관계이다.

　속죄의 고행 실천과 금욕생활의 훈련은 '잘못한 행동'과 '진실 말하기' 사이의 관계를 조직하고, 속죄의 고행은 자기와 악과 진실과의 관계를 규정에 추가한 것이건, 빠진 것이건 간에 그 어떤 엄격한 규정보다 훨씬 더 새롭고 결정적일 수 있는 한 묶음의 방식으로 연결된다. 사실 자기에 대한 자기의 훈련, 자기에 의한 자기 인식, 조사의 대상이자 담론의 대상인 자기 자신의 구성, 자유로운 행동, 자기에 대한 정결의식, 그리고 자기의 내면 깊은 곳까지 빛을 전달하고, 그 빛으로 가장 깊은 곳에 있는 비밀을 속죄로 나타낼 수 있을 때까지 인도할 수 있는 구원, 이 모든 것은 주관성의 형식과 관련된다. 그래서 심사숙고 끝에 만들어진 것은 — 자기에 대한 존재방식이면서 동시에 자기변화의 도식으로 이해되는 — 경험형식이다. 이러한 경험형식은 육체의 문제를 중심에 놓아둔다. 우리는 올바른 생활에 대한 일반적 규범과 성관계나 아프로디지아의 모든 규정을 하나로 통합하는 대신에, 모든 생활을 관통하면서 생활에 부과한 규범의 토대를 이루는 육체와의 본질적인 관계를 깨닫게 된다.

'육체'는 하나의 경험방식으로, 말하자면 악의 제거와 진실의 표명 사이의 어떤 관계에 따라 자기에 의한 자기의 인식방법이 될 수도 있고, 자기의 변화방식이 될 수도 있는 그러한 경험방식으로 이해해야 한다. 기독교와 함께 우리는 성행위에 대한 관용적인 규칙에서 엄격하고, 제한적이고, 억압적인 규칙으로 옮겨간 것이 아니다. 그 과정과 연관성은 다른 방법으로 생각해야 한다. 그 이유는 결혼과 생식에 관한 것으로 계획된 성생활 규범의 제정 작업은 기독교 이전부터 기독교 밖에서, 기독교 옆에서 시작되었기 때문이다. 요컨대 기독교는 자신의 책임으로 규범을 만드는 작업을 계속한 것이다. 그래서 새로운 방식의 규범이 만들어지고, 개인의 품행에 관한 규범이 완전히 다른 방식으로 구체화된다. 이러한 경험형식이 구성된 것은 후일 기독교의 발전과 함께, 계속적으로 개인의 테크놀로지 — 속죄의 규율, 수도사의 고행 — 가 형성되는 과정을 통해서이다. 113

이러한 형성의 역사를 알기 위해서는 그것을 뒷받침한 실제의 관습을 분석해야 한다. 우리의 목적은 매우 복잡한 제도들의 생성과 기원

---

113 〔타이프로 친 원고에서 푸코가 삭제한 구절: "간단히 말해서 금기에 대한 규범과 억제와 내면화의 도식은 정확히 말해서 규범을 따르는 행동이 품행이 될 수 있게 하거나 품행이 규범으로 나타날 수 있게 하는 과정, 즉 '주체화'의 과정을 그대로 보여주는 것은 아니다. 육체는 주체화의 한 방식이다."〕

을 재구성하려는 데 있지 않다. 중요한 것은 오직 악의 용서, 진실의 표명, 자기에 대한 '발견', 그런 것들 사이에 어떤 관계가 맺어지는가를 드러내는 작업일 뿐이다.

〔2〕

〔세례의 힘든 과정〕

"너희는 세례를 받고 용서를 구하라."[1] 세례는 2세기까지 "잘못에 대해 용서를 약속해 줄 수 있는 유일한 교회 활동"[2]이었다.

2세기의 저자들은 이러한 용서를 일반적으로 세례의 행위에 의해 초래된 4가지 효과와 연결시킨다. 세례는 씻고, 지우고, 정화한다. 물속에 몸을 담그는 행위는 더러운 얼룩을 사라지게 하기 때문이다. "우리는 더럽혀진 몸으로 물속에 들어갔다가 과일을 잔뜩 들고 물속에서 나온다."[3] 세례는 또한 표시해 놓는 일이다. "세례의 물"은 "하느님의 아들임을 인증하는"[4] 징표이다. 그래서 세례받는 사람들은 하느님

---

1 Actes des Apotres, II, 38.
2 A. Benoît, *Le Baptême chrétien au second siècle*, Paris, 1953, p. 188.
3 *Épître du Pseudo-Barnabé*, XI, 11.
4 Hermas, *Le Pasteur*, *Similitudo IX*, 16, 2~4.

에게 몸을 바친 존재가 된다. 그들은 자기들의 소속과 약속의 징표를 마음속에 새겨 둔다. 그것은 마치 증서 아래쪽에 찍힌 인장이고, 양 떼와 같은 동물들의 몸에 찍혀 있는 검인이며, 군인들의 팔에 새겨진 문신과 같다. 5 게다가 세례는 '새로운 탄생'을 의미한다. 그것은 새로운 생명을 주는 일이기 때문이다. 세례에 의한 재생은 종종 제 2의 탄생으로 표현된다. 유스티누스에 의하면 — "부득이하게", "무지의 상태에서", "축축한 정액"에 의해, "부모의 육체적 결합"으로 만들어진 — 첫 번째 탄생과는 달리, 세례는 우리를 새롭게 하는 것이면서 또한 "자유로운 선택"과 "앎"의 차원에서 우리를 다시 태어나게 하는 것이다. 세례를 통해서 우리는 "만물의 아버지이자 주님"6인 하느님의 자녀가 된다. 성 이레나에우스에 의하면, 이러한 세례는 하느님이 우리에게 베푸신 것이자, 또한 율법에 따라 성모 마리아에게서 우리를 태어나게 한 '새로운 탄생'의 이야기7와 같은 의미를 갖는다. 이 같은 영적 재생은 죽음을 초월한 삶에 이른 것으로 묘사된다. 또한 헤르마스에 의하면, 첫 번째 탄생에서 우리가 받은 것은 '죽음의 운명'일 뿐이다. 인간은 죽음 속에서 죽음처럼 살 뿐이지만, 세례의 물속으로 들어가면 생명을 얻고 물속에서 올라올 수 있다. 8 결국 세례는 계시를 주

---

5   세례의 징표에 관한 여러 가지 의미에 대하여 다음을 참고할 것. F. J. Dölger, *Sphragis*, Paderborn, 1911. 헤르마스에 의하면, 세례는 천국에서의 어떤 자리를 보장할 수 있는 의미로 사용되는 징표와 같다(*Similitudo XIX*, 16, 4).

6   Justin, *Première apologie*, 61. 이러한 제 2의 탄생이 덕행과 지혜의 특징을 나타내는 어휘와 함께 기술된다는 것을 주목해야 한다.

7   Irénée, *Adversus haereses*, IV, 33, 4.

8   Hermas, *Le Pasteur*, *Similitudo IX*, 16, 3~5.

는 것이다. 세례는 우리의 영혼 속에 하느님이 보낸 계시의 빛을 뿌려서 빛으로 가득 차게 하는 의식이다. 어둠은 사라지고, 동시에 영혼은 빛에 감싸여서 빛 속으로 들어간다. "이러한 용서가 바로 계시라고 부를 수 있는 것이다. 왜냐하면 하느님의 가르침을 받아들이는 사람들의 영혼은 빛으로 가득 차 있기 때문이다."9

이처럼 여러 가지 측면에서 세례의 용서는 진실에의 접근과 연결된다. 그 이유는 우선 세례가 교육이 끝난 다음에 받는 것이기 때문이다. 교육에서 우리는 죽음의 길과는 다른 "삶의 길"을 정의하는 교리와 규정을 배운다. 10 세례는 "자기들이 배운 모든 것이 진실이라고 믿는 사람들만"11 받을 수 있다. 그러나 그뿐이 아니다. 세례의 효과는 용서의 메커니즘이고 동시에 진실에 접근하는 방식이라고 이해될 수 있다. 세례의 정결의식은 더러운 흔적을 지워 버리고, 빛을 차단하여 영혼을 어둡게 하는 죄의 더러움을 사라지게 한다. 세례의 징표는 약속과 소속을 표시하는 것이지만 또한 그리스도의 이름을 각인시키는 것이기도 하다 — 그리스도의 이름은 말하자면 세례의 순간부터 그의 형상이 영혼에 존재하게 되었음을 의미한다. 12 세례의 재생을 통해서

9 Justin, *Première apologie*, 61.
10 *Didakhé*, I-IV. 2세기 교리문답의 내용과 형태에 대하여 다음을 참고할 것. A. Turck, *Évangélisation et catéchèse aux deux premiers siècles*, Paris, 1962.
11 (Justin, *Première apologie*, 61, 2.)
12 Ainsi dans les *Excerpta ex Theodoto* (86) (de Clément d'Alexandrie) : "진리의 '징표'를 받은 기독교 신자는 그 징표를 그리스도의 말씀으로 생각한다." 진리의 징표에 대한 더 많은 정보를 확인하려면 F.-J. Poschmann, *Paenitentia secunda*, Bonn, 1940을 참조할 것.

우리는 악이 부재하는 삶, '진정한' 삶과 동시에 진리의 삶에 이를 수 있다. 끝으로 세례의 계시는 무지와 악의 어둠을 소멸시킨다. 교리문답에서 받은 교육의 준비과정을 거쳐 영혼이 받아들여야 할 진실을 받아들이게 된 시점은 세례의 빛이 들어온 때와 일치한다.

그러므로 세례에서 죄를 속죄하는 일과 진실에의 접근 사이의 밀접한 관련성은 사도의 교부들과 호교론자들의 시대에 더욱 뚜렷하게 나타난 현상이다. 우선 직접적인 관련성은 이 둘이 죄를 없애고 빛을 가져오는 세례의 동일한 효과들이기 때문이다. 또한 즉각적인 관련성은 일단 죄를 용서받은 후에 빛이 추가로 들어온다는 것도 아니고, 신앙심이 완전해지고 진실을 깨달은 후에 죄의 용서가 보상처럼 이루어진다는 것도 아니다. 이러한 관련성을 '의도하지 않은' 관계라고 할 수 있을까? 다시 말해서 자신이 저지른 죄이기 때문에 용서를 구한다거나 죄의 진실을 모르는 사이에 죄의 용서와 진실에 대한 깨달음이 영혼 속에서 이루어지는 관계라고 할 수 있을까? 잘못을 속죄하는 것과 진실에 대한 이해는 어떤 식으로건 결국 주체에 의한 죄의 인식과 관련된다는 의미일까?

이 문제에 어떻게 대답할지는 신중히 생각해 보아야 한다. 라틴어 저자들이 paenitentia(속죄)로 번역하고 또한 세례를 뜻하는 말로 정식으로 사용한, metanoia(회개)라는 용어에 어떤 의미를 부여하는가에 따라 대답이 다를 수 있기 때문이다. 유스티누스에 의하면, "우리의 교육과 교리의 진실성을 믿는 사람들은 그런 식으로 살아갈 수 있다. 우리는 그들에게 단식의 상태에서 죄를 용서해 달라고 하느님에게 기도하는 방법을 가르쳐 주고 그들과 함께 우리도 기도하고 단식한다. 그런 후 세례의 시간이 다가오면 재생을 열망하고 과거의 잘못을 뉘우치는 사람을 향해 물속에서 하느님 아버지의 이름을 부른다". 이러한 의식을 통해서 그들은 무지하고 가난한 인간이 아니라 하느님의 선택을 받은 지혜로운 자녀가 될 수 있다. 13 이 텍스트의 의미는 분명하다. 세례에 의해서 하느님의 선택을 받은 지혜로운 자녀가 되어 죄를 용서받는 사람은 교육을 통해서 재생을 원하는 사람일 뿐 아니라 참으로 뉘우치는 사람이다. 회개와 참회는 그러므로 세례의 핵심적인 요소이다.

그러나 회개는 처음부터 잘 만들어지고 잘 정리된 속죄의 관습이 아니다. 다시 말해서 주체가 자신이 저지른 죄를 정확히 인식하게 만들어 자기의 마음속에서 악의 뿌리와 숨겨진 형체, 그리고 잊고 있었던 잘못을 찾아내도록 한 것도 아니고, 잘못을 교정하기 위해 지속적인 주의를 기울이고 점진적인 단념과 함께 오랜 노역에 전념할 수 있게 한 것도 아니며, 하느님의 분노를 진정시킬 수 있게끔, 자신의 무거운 죄에 비례하는 엄격한 처벌을 감수하도록 하는 일련의 모든 관습적 행위로 구성된 것도 아니다. 세례에 필요한 속죄의 고행은 — 적어도 사도의 교부들과 호교론자들의 시대에 기술된 것처럼 — 긴 시간의 규율이나 자기에 대한 자기의 훈련, 자기에 의한 자기성찰의 성격을 분명히 보여 주지 않는다. 이 문제에 대해서 쓴 헤르마스의 한 구절은 의미심장하다. 속죄의 고행을 담당하는 천사는 이렇게 말한다. "잘못을 뉘우치는 모든 사람에게 나는 예지를 주겠다. 뉘우치는 행위가 그 자체

---

13 Justin, *Première apologie*, 61, 10.

로 예지라고 생각하지 않는가? 〔…〕 왜냐하면 죄를 지은 사람은 하느님 앞에서 자신이 악을 자행했음을 깨닫기 때문이다. 그는 자신의 잘못한 행위가 마음속에서 떠올라 뉘우침으로써 더 이상 악덕을 범하지 않게 된다. 그렇게 함으로써 그는 모든 열성을 쏟아 선행을 할 수 있고 그의 영혼을 겸손하게 만들고, 죄를 지었으므로 자신의 영혼에 시련을 겪게 할 수도 있다. 그러므로 회개는 위대한 예지임을 너희는 알게 되리라."**14** 속죄는 인식행위sunesis와 관련되지만, 이러한 인식행위는 지식의 배움이나 진리의 발견 같은 의미의 인식이 아니다. 이것은 "깨달음을 가질 수 있는"**15** 이해와 통찰의 의미와 같다. 이러한 이해에는 3가지 측면이 있다. 첫째로, 과거에 저지른 행동을 마음의 표면까지 떠오르게 하면서 그 행동이 나쁜 짓이었다는 것,**16** 다시 말해서 하느님과의 관계에서 하느님을 거역한 죄이자 동시에 하느님이 내려다보는 자리에서 행한 나쁜 짓이었다는 것을 확신할 수 있어야 한다. 둘째로, 악으로부터 멀어지고 오직 선행에 전념해야 한다는 것을 알아야 한다. 셋째로, 변화를 다짐하고, 죄를 지은 영혼을 겸손하게 만들고 그의 영혼이 새롭게 태어난 지금, 영혼을 시험에 들게 해야 한다. 다시 말해서, 자기 자신과 하느님에게 이러한 변화를 확인하는 징표를 보여 주어야 하는 것이다.**17** 세례를 받을 때, 세례지원자가 수행해야

---

14 Hermas, *Le Pasteur*, *Mandatum IV*, 2, 2. *sunesis*란 말은 '예지'로 변역된다.

15 플라톤은 *Cratyle*에서 영혼의 예지는 사물의 진행과 동행하는 것이라고 설명한다 (*sumporeuesthai*, 412a-b).

16 Hermas, *Le Pasteur*, *Mandatum IV*, 2, 2: "*Emprosthen tou kuriou.*"

17 〔같은 책〕 헤르마스가 사용하는 이 말은 증인이 진실이라고 말하는 것을 확인하기

할 과거의 생활과의 단절과 단념-약속에 대하여, 다시 말해서 이러한 '회개'에 대하여 헤르마스의 《목자Pasteur》는 진실의 행동을 대신하는 역할을 보여 준다. 진실의 행동은 지식의 차원에 있는 것이 아니라, 깨달음의 차원에 있다. 다시 말해서, 우리가 행한 악을 마음의 표면까지 떠오르게 하면서 악을 인정하는 것은 이제 우리가 더 이상 과거의 우리가 아니고, 우리의 삶이 변화했음을 — 우리의 몸은 씻겼고, 인증의 표시를 받았고, 재생되었고, 빛으로 가득 차게 되었음을 인정할 수 있는 징표를 — 드러내는 일이다.

세례에 관한 이런 견해에서, 죄의 용서와 진실에의 접근 사이의 강력하고 직접적이며 근접한 관계는 단순히 자신의 몸을 회전하듯이 어둠과 악과 죽음으로부터 멀어져서, 빛을 지향하고 빛으로 몸을 열어 빛이 넘치도록 하는 그런 영혼의 회심은 아닌 것처럼 보인다. 세례가 과거의 잘못을 없애 주고 빛을 주는 하느님의 선한 의지의 영향을 받아 회심하게 하여 간단히 영혼을 변화하고 전환시키도록 하는 것은 아니다. 죄의 용서와 진실의 깨달음은 제3의 요소, 즉 회개할 것을 요구한다. 그러나 속죄의 고행은 계산된 방식의 규율 훈련으로 이해될 수 있는 것이 아니다. 이것은 자기의 객관화와 관련되지 않고, 자기 표명과 관련된다. 자기 표명이란 우리가 참으로 존재하고 있지 않다는 것의 의식이자 확인이고, 동시에 우리가 살아온 과거에 따라 재생된 삶을 의식하고 확인하는 일이기도 하다. 이 변화에 대한 인식-확인

위해서 사용된 수단이거나, 증인에게 반석의 효력을 나타내기 위해서 이용하는 고통과 학대의 방법이다.

은 단순한 변화가 아니라 포기와 약속이다. '회개'는 영혼을 둘로 나누어 현재에 알고 있는 요소와 미래에 알게 될 요소로 만드는 것이 아니다. 그것은 시간의 차원에서는 더 이상 현재의 우리가 아닌 새로운 모습과 과거의 우리를 함께 머물러 있게 한다. 또한 존재의 차원에서는 죽음과 삶을, 또는 죽어 버린 죽음과 새롭게 살아난 삶을, 의지의 차원에서는 악에 대한 무관심과 선행에 대한 약속을, 그리고 진실의 차원에서는 우리가 참으로 죄를 지었다는 의식과 우리가 참으로 회심하였음에 대한 증명을 함께 머물러 있게 한다. 세례에서 회개의 역할은 단순히 영혼의 깊은 곳에서 현존해 있는 비밀을 캐내어서 양심의 시선이 있는 곳으로 또는 다른 사람의 시선 앞으로 가져올 수 있도록 그것을 찾으러 가는 것이 아니다. 그것은 '변화' ─ 분리, 이동, 변모, 접근 ─ 를 나타내고, 영혼의 실제적 과정이자 동시에 영혼의 실질적 약속을 나타낸다. 회개는 그러므로 진실에 이르는 영혼의 변화이자 그 변화에 표명된 진실이라는 복합적 행위가 된다.

✖

테르툴리아누스가 2세기와 3세기의 전환기에 세례를 주제로 쓴 텍스트를 보면 여러 가지 주목할 만한 변화를 알 수 있다. 그것은 세례의 준비에 관한 것뿐 아니라, 세례의 의식과 효과에 어떤 의미를 부여하는지의 문제가 포함되어 있다.

A. 세례의 준비[18]

《참회론*De paenitentia*》의 6장은 세례를 준비하는 이 시기에 대하여 이전보다 훨씬 높은 가치와 중요성을 부여한 것 같다. "우리는 용서받았다는 이유로 정화된 것인가? 물론 아니다. 우리가 정화되는 것은 용서가 가까워질 무렵, 징벌의 빚을 갚게 될 때 〔…〕 이고, 하느님이 위협할 때이지 용서할 때는 아니다." 좀더 뒤쪽으로 가서 그는 이렇게 덧붙인다. "우리의 영혼이 정화되는 것은 죄를 짓지 않았기 때문이 아니라, 〔…〕 우리의 마음속까지 정결한 상태가 되었기 때문이다."[19] 정결의식이자 동시에 용서인 세례 행위의 주제를 테르툴리아누스는 3가지로 변화시킨다. 첫째는 시간적인 것으로서, 정결의식의 절차가 물속에 몸을 담그는 의식과 용서보다 이전에 있어야 한다는 것이고, 둘째는 정결의식을 주도하는 주체가 자기에 대해 영향력을 행사하는 사람이 되어야 한다는 것이고, 셋째는 도덕적 훈련의 역할이 계시의 힘을 능가할 정도가 되어야 한다는 정결의식의 본질에 관한 것이다. 간단히 말하면, 정결의식은 영혼을 빛으로 인도하고 용서를 보장하는 변화와 일치하는 것이 아니라, 무엇보다 그 이전의 선결적 조건을 형성하는 것이다. 게다가 테르툴리아누스는 이 구절의 도입부에서 인간은 속죄의 대가로 구원을 받아야 하고, 하느님은 용서의 대가로 인간의 속죄를 받아들인다는 것을 말하고 있지 않은가?

---

18 〔푸코의 원고에는 A 다음에 B가 나와 있지 않다.〕

19 "*Non ideo abluimur, ut delinquere desinamus, sed quia desiimus, quoniam jam corde loti sumus*", Tertullien, *De paenitentia*, VI.

이 텍스트는 설명할 만한 가치가 있다. 테르툴리아누스는 — 여러 번 되풀이하여 말한 것처럼20 — 정결의식의 효과를 부인하려고 하지도 않고, 스스로 자기 자신을 정화하는 인간에게 좌우되는 정화작용의 본질을 부정하지도 않는다. 《세례론De Baptismo》은 "약간의 물로 죽은 사람을 정화할 수 있다"21는 것을 인정하지 않는 카인 숭배교인들의 한 종파에 대해서 분명하게 반론을 제시한다. 테르툴리아누스는 《성서》에서 영적 가치를 말한 "물의 찬사"를 환기시키면서, 물은 천지창조 이전에 성령의 자리였던 물이고, 하느님이 자신의 형상대로 인간을 만들기 위해 진흙에 잘 섞어야 했던 물, 대홍수 때 땅을 정화시킨 물, 히브리 사람들을 이집트인들의 추격으로부터 구해 준 물, 선택받은 사람들에게 마실 것이 된 물, 벳사이다 샘물에서 떠와 병자를 치료할 수 있었던 물이라고 말하며 그들의 견해를 반박한다. 22 예전의 율법에서 이러한 힘과 능력을 갖는 물이 새로운 율법을 창시하고 그리스도에게 세례를 주기 위해 성령이 강림한 지금 어떻게 없어질 수 있겠는가?23 세례의 물은 《성서》에서 예고되었던 모든 기능을 그대로 재현한다. 다시 말해서, 물은 치유하고, 양식이 되고, 해방시켜 주고, 정화시키고, 인간을 개조할 수 있고, 세례받은 사람의 영혼을 하느님

---

20 〔비어 있는 주〕
21 〔Tertullien, De baptismo, II, 2.〕
22 테르툴리아누스는 De baptismo, 〔III, 2; III, 5; VIII, 74; IX, 1; V, 5〕에서 물의 영적인 힘을 언급한다.
23 예전의 율법은 끝나고 새로운 율법이 도래한 것으로 볼 수 있는 그리스도의 세례에 관해서 Tertullien, Adversus Marcionem을 참고할 것.

의 권좌에 이르게 한다. 그러나 이러한 물의 기능은 이제 구원의 관리술과 일체가 된다. 테르툴리아누스는 《세례론》의 첫줄부터 세례의 물이 죄를 씻어 준다는 것을 상기시킨다. 이 구절에서 그가 표현하는 문구는 2세기에 일반화된 문구와 일치한다. "지난날 우리가 눈이 멀었을 때 저지른 온갖 더러운 죄를 씻어 주고, 영생을 위해 우리를 해방시켜 주는 물의 성사聖事야말로 참으로 행복한 성사이리라."24

문제는 그러므로 《참회론》에서 말하는 정결의식의 선결조건이 어떤 의미를 갖고 어떤 자리에 있는 것인지, 그리고 《세례론》에서 말한 것처럼 더러운 죄를 씻어 주는 능력을 갖춘 물이라는 말이 과연 사실인지를 알아야 하는 것이다.

테르툴리아누스가 세례를 원하는 사람에게 가하는 질책은 올바른 지도를 위해서이다. 그는 실제로 세례지원자들이 몇 가지 잘못만 뉘우치고 다른 잘못은 하느님이 용서해 줄 만한 것으로 생각하고, 서둘러서 세례받고 싶어 하는 태도를 비판한다. 그런 사람들과는 달리 가능한 한 세례를 늦추려는 사람들이 있는데, 이들은 성사를 받은 후에는 더 이상 죄를 지을 권리가 없다는 것을 알고, 또한 어떤 잘못이라도 성사를 받기만 하면 잘못이 지워질 것으로 알고, 죄를 짓기 위해 세례의 시기를 미룬다는 것이다.25 그런데 이 두 가지 태도에는 모두 자만심과 동시에 교만함이 들어 있다. 그리고 이것들의 배후에는 두 가지 중대한 잘못이 있다.

---

24 Tertullien, *De baptismo*, I, 1.
25 Tertullien, *De paenitentia*, VI.

자만심의 원인은 성사에 의존해서 인간이 원하는 것을 하느님에게 강요할 수 있다거나 인간이 하느님에게 영향력을 발휘할 수 있을 것으로 생각하고, 어떤 방식으로건 완전하고 결정적인 용서를 받기 위해서 세례를 받기만 하면 된다고 생각하는 데 있다. 이것은 하느님의 관대함을 자신에게 '예속된 것'으로 만드는 일이다. 테르툴리아누스는 이처럼 부족하고 옳지 않은 준비로 세례를 받으려는 사람들의 정신상태가 죄를 실제로 대속代贖하지 못한 것으로 추정하지 않고, 성사의 실효성을 문제 삼지도 않는다. 그러나 나중에 죄를 지어 전락하거나 약속을 지키지 않고 과거의 잘못을 되풀이하는 사람들에 대해서는, 그들은 분명히 "교묘한 방법을 써서 세례를 받은" 사람들일 것이라고 추정한다. 그런 식으로 "사람을 속일 수"는 있겠지만, 모든 것을 보는 하느님의 눈을 벗어날 수는 없기 때문에 그들은 결국 전락한다는 것이다. 인간이 세례를 통해서 속죄의 은혜를 받게 되는 것은 하느님의 관대함─용서해 주는 관대함이자 동시에 용서하는 자유─의 결과로 생각해야 한다. 《참회론》의 서두에서 테르툴리아누스는 타락과 용서에 대해 매우 의미 있는 해석을 보여 준다. 즉, 하느님은 아담의 예를 통해서 인간의 경솔함 때문에 저지른 모든 죄악을 보고 난 후 인간을 단죄하고 낙원으로부터 추방하여 죽음의 운명을 부과했지만, 아담은 하느님의 자비로 잘못을 뉘우치게 되었다는 것이다. 26 하느님의 인간에 대한 용서는 일종의 회개와 같은 것으로 이해되어야 한다. 회개는 하느님이 관대한 생각에서 분노의 효력을 중단시키기로 결정한 것이

---

26 " ⋯ *Cum rursus ad suam misericordiam* 〔⋯〕 *irarum pristinarum*", *ibid.*, II.

기 때문이다. 이러한 용서를 인간이 따르기로 결정한 세례 의식의 당연한 결과인 것처럼 잘못 생각하는 것 — 이것이 바로 자만심이다.

교만함은 세례를 간청하는 죄인의 지나친 자신감 때문에 생긴다. 교만한 사람은 세례 이전이건 이후이건, 언제라도 자신이 전락하거나 타락할 수 있다는 것을 깨닫지 못한다. 빛을 지향하는 사람은 평탄하고 직선적인 길을 골라서 가지 않는다. 그는 태어난 지 얼마 되지 않아 앞이 잘 안 보이는 상태로 비틀거리며 걷다가 기어가는 동물이나 다름없다. 27 그래서 그가 명심할 것은, 타락 이후에 인간의 영혼을 점령하여 자신의 교회를 세운 악마가28 세례 때문에 자신의 교회를 곧 빼앗기게 되리라는 것을 알고 분노한다는 점이다. 그러므로 악마는 자신의 패배를 저지하기 위해서건 잃어버린 요새를 나중에 재정복하기 위해서건, 더 많은 노력을 기울인다. 29 따라서 세례 이전의 교육기간은 자기 자신에 대한 교만한 자신감의 시간이 되어서는 안 된다. 오히려 그 기간은 "위험과 두려움"30의 시간이다. 테르툴리아누스는 세례를 받기 위한 힘든 과정과 기독교인의 생활에서 겪는 이러한 필연적 '두려움'을 매우 중시한다. 이런 점에서 그가 이전의 성찰 주제를 계속 탐구한 것은 분명하지만, 그에게는 그 이전의 저자들과는 다른 특별한 점이 있다. 그는 더 이상 단순히 《구약성서》에 쓰인 대로 하느님의 계율을 지키지 않을 경우 하느님의 분노가 있을 것을 두려워해야 한다는

---

27 *Ibid.*, VI.
28 〔*Ibid.*, VII.〕
29 *Ibid.*
30 *Ibid.*, VI.

의미로 두려움을 말하지 않는다. 그는 기독교인의 항구적인 생활 차원에서 필요한 "두려움-metus"을 통해 하느님에 대한 두려움과 마찬가지로 자기 자신에 대한 두려움을 말하려고 한다. 다시 말해서, 그 두려움은 자기 자신에 대한 두려움, 영혼 속에 악마 같은 적의 침투에 대한 두려움, 적이 우리를 기습할 수 있는 무분별과 자기만족에 대한 두려움이다. 세례를 받게 될 사람은 자기 자신을 믿지 말고, 하느님을 믿어야 한다. 의심은 하느님의 권능에 대해서가 아니라, 자신의 본성과 자신의 약점과 자신의 무능에 대해서 가져야 하는 것이다. 그가 자신에 대해서 늘 의심을 가져야 하는 것은 당연하다.

우리는 그러므로 세례의 준비기간이 단순히 진실에의 입문과정이거나 생활규범을 배우는 시간이 아닌 까닭에, 이 기간이 얼마나 중요한지를 알 수 있다. 이 시간은 세례를 받으려는 사람이 자만심과 교만함을 버리지 않고는 하느님의 완전한 용서가 불가능하다는 것을 깨달을 수 있는 시간이어야 한다. 세례의 준비기간은 우리가 저지른 죄의 중요성을 깨닫고 하느님이 용서하지 않을 수 있다는 것과 용서할 경우, 그것은 오직 하느님 스스로 용서를 원하기 때문이라는 사실을 의식함으로써 하느님의 관대함에 대한 존경심을 배우는 시간이다. 그러나 이 기간은 또한 우리가 절대로 우리 자신을 완전히 통제할 수 없고, 우리가 절대로 우리 자신을 모르고, 우리가 어떻게 타락할지도 전혀 알 수 없는 상태에서 우리의 약속은 더욱 어렵기만 하고, 더욱 위험하다는 것을 자각해야 하기 때문에 그만큼 두려움을 갖게 되는 시간이다. 세례에 대한 준비의 필요성을 강조하고 또한 그 시간에 수행해야할 정결의식을 환기시키면서, 테르툴리아누스는 성사에 의한 용서의 기본원칙부터 시작하지 않고 이러한 속죄의 절차에 따른 하느님과 자기 자신과의 관계를 재정비한다. 하느님이 전능하고 동시에 완전히 자유로운 존재인 것은 하느님의 용서에서 알 수 있다. 또한 속죄의 절차에 복종하는 인간은 절대로 자기 자신을 완전히 믿어서는 안 된다. 세례에 대한 준비를 정결의식이라고 하는데, 이것은 정결의식을 통해 속죄가 보장될 수 있다는 의미에서가 아니라, 반대로 우리의 죄를 없애 주는 하느님의 자유로운 관대함에서 모든 것을 기대할 수 있다는 의미에서이다. 물론 우리가 죄를 멀리할 수 있는 것은 죄에 대한 뉘우침에 의해서일 뿐 아니라, 자기와 자기 사이에 영속적으로 확립된 두려움의 관계에 의해서이다. 이러한 준비를 통해 우리는 과거의 우리와 단절하는 데 만족하지 말고, 말하자면 자기 자신으로부터 지속적으로 멀어질 수 있는 방법을 배워야 한다.

우리는 그러므로 세례 준비에 대한 테르툴리아누스의 견해가 어떤 점에서 새로운 것인지를 알게 된다. 그는 문답식 종교 교육과 도덕적 정결의식으로 진리와 규범에 관한 교육을 두 배로 늘리도록 한다. 또한 그와 반대로 처음부터 회개를 규율화해서 조직적으로 세례를 준비하도록 한다. 이 기간을 인간이 믿어야 할 진리와 실천해야 할 속죄를 배우는 시간으로 생각해야 하는 것이다. "죄인은 용서의 시간이 오기 전에 자신의 잘못을 뉘우치며 울어야 한다. 왜냐하면 속죄의 시간은 위험한 시간이고 두려움의 시간이기 때문이다. 나는 물속으로 내려오는 사람들에게 하느님이 베푸는 은혜의 효력을 부인하지 않겠다. 그러나 하느님의 은혜를 받으려면 벌을 감수해야 한다."[31] 또한 인간의 고행은 그것에 합당한 형식과 규범, 방법과 이치에 맞게 표현되는 것이 좋다. 32 이것이 바로 세례를 받으려는 사람이 물속에 들어가기 전에 따라야 할 '속죄의 규율'이라고 부르는 것이다. "주여, 당신을 섬기는 사람들에게 저의 입으로 말하는 속죄의 규율을 인정하고 이해하도록 허락해 주시기를 청원하는 바입니다."33

절대적으로 필요한 것이면서 규율화된 것, 그러나 단순하게 선결되어야 할 규율의 모델을 테르툴리아누스는 성 요한의 세례에서 찾는다. 우리가 알고 있듯이, 그리스도 이전에 있었던 세례(그러므로 구원을 약속할 수 없었던 세례)이자, 그리스도 자신도 따를 수밖에 없었던 성 요한의 세례는 매우 어려운 문제를 불러일으켰을 뿐 아니라 많은 논란의 대상이 되기도 했다. 이것은 세례받는 사람의 영혼 속으로 성령을 내려오게 하지 않는 순전한 인간적 세례이고, 약속에 의해서 구세주의 등장을 예고하는 역할을 한 선구자의 세례인 까닭에, "속죄의 세례"34로 이해해야 한다는 것이다. 그리스도가 세례를 받은 것은 그 자신이 속죄를 실행해야 하기 때문이 아니라, 앞으로의 새로운 시대에는 세례가 성령의 강림, 그러므로 빛과 구원을 나타내는 것임을 보여 주기 위해서였고, 또한 요한의 임무가 기독교인의 성사보다 앞서는 것처럼, 속죄의 세례가 성령의 세례보다 앞서는 것임을 보여 주기 위해서

---

31 *Ibid.*, VI, 9.
32 "*Ceterum ratio ejus, quam cognito Domino discimus, certam formam tenet*" ("게다가 우리가 하느님을 알게 되면서 동시에 알게 되는 속죄의 규칙은 확실한 표현문구로 만들어져야 한다", E. -A. de Genoude 옮김), *ibid.*, II.
33 *Ibid.*, VII.
34 *Ibid.*, II.

였다. 선구자 요한이 "속죄를 권고한 목적은 인간의 정신을 정결하게 만드는 데 있었고, 또한 속죄를 통해 인간의 마음속에 오래전부터 누적된 온갖 더러운 죄의 얼룩을 변화시키고, 없애 주고, 내쫓아 버림으로써 성령이 순수한 마음의 성소에 내려올 수 있도록 준비하는 데 있다".35 그러므로 간단히 말해서 요한의 세례는 우리에게 "속죄가 먼저고, 용서는 그 다음"36이라는 것을 가르쳐 준다.

테르툴리아누스는 세례받기 전에 해야 할 속죄의 규율을 상세하게 서술하지는 않았다. 그중에서 몇 가지 부정적 의미의 규정들은 다음과 같은 것들이다. 너무 빨리 세례를 주지 않도록 한다. 왜냐하면 세례를 늦추는 경우보다 서두를 경우에 더 많은 위험이 따르기 때문이다. 누구에게나 세례를 주지 말아야 한다. 이것은 개에게 성물을 주거나 돼지에게 진주를 던져 주는 것과 같은 일이다. 아이들이나 미혼인 사람들에게 세례를 주지 말아야 한다. 그들의 절제력을 믿을 수 없기 때문이다. 몇 가지 포괄적 규정들도 있는데, "죄인은 용서의 시간이 오기 전에 자신의 잘못을 뉘우치며 울어야 한다"37와 세례의 시간이 가까워지면 세례에 임하는 사람들은 "열렬히 기도하고 단식하고 무릎 꿇고 밤샘하면서 하느님께 기도해야 한다"38는 것들이다. 그러나 중요한 것은 테르툴리아누스가 엄밀한 의미로 영혼 정화 이외에 이 규율에서 기대하는 두 가지 효과이다. 규율이 가혹하고 엄격한 것은 기독

---

35 *Ibid.*
36 [Tertullien, *De baptismo*, X, 6.]
37 Tertullien, *De paenitentia*, VI.
38 Tertullien, *De baptismo*, XX, 1.

교인의 삶을 열망하는 사람에게 그것이 훈련이 될 수 있기 때문이다. 기독교인을 적대시하는 악마는 전혀 무장해제를 하지 않은 채, 집요하게 적을 공격하려 한다. 그래서 세례받는 사람이 그것에 저항할 수 있으려면 적의 습격과 함정과 유혹에 대한 경계심을 습관화해야 한다. 그는 적을 아는 방법을 배워야 하고 자신의 영혼이 저항할 수 있는 준비를 갖춰야 한다. 처음으로 하느님의 용서를 받은 후에 전락한다는 것은 매우 심각한 문제이므로, 세례받은 사람은 투쟁을 준비하고 적을 물리치기 위해서 무장해야 한다. 속죄는 우리가 더 이상 죄를 짓지 않도록 준비 — 힘을 연마하고 경계심을 늦추지 않는 — 하는 일이다. 속죄가 이러한 준비와 분리될 수 없는 것은 이것이 정결의식일 뿐 아니라 훈련이고, 또한 속죄에 필수적 요소일 뿐 아니라, 속죄 이후에도 기독교인의 삶을 살아가는 동안 계속 유익할 것이 분명한 훈련이기 때문이다. 세례의 첫 번째 준비과정부터 속죄는 앞으로 살아가야 할 기독교인의 모든 생활로 연장되는 자기에 대한 자기의 훈련과 일치하는 것으로 나타난다.

그러나 속죄는 우리가 이미 보았던 것처럼 또 다른 의미를 갖는다. 속죄는 대속代贖의 대가라는 것이다. "속죄의 고행을 하지 않고 죄의 용서를 바라는 것은 말하자면 돈을 지불하지 않고 상품을 받으려고 손을 내미는 것처럼 얼마나 무분별하고 불공정한 계산법인가! 하느님은 보상으로 우리를 용서했다. 즉, 속죄에 대한 대가로 우리를 사면한 것이다."**39** 이 구절에서 테르툴리아누스는 동등한 교환, 그러므로 기계

---

39 Tertullien, *De paenitentia*, VI.

적인 강요성의 교환방식을 생각한 것처럼 보일 수 있다. 즉, 인간이 필요한 대가를 치른 다음에 하느님이 용서만 하면 된다는 것이다. 그렇지만 텍스트의 의미는 그렇지가 않다. 속죄의 고행에서 우리가 지불하는 비용은 결코 하느님이 우리에게 베푸는 영생의 대가가 아니라는 것이다. 그러므로 하느님의 관대함은 결코 강요될 수 없다. 속죄의 고행에서 치르는 비용은 용서의 값이 아니라, 대가를 치름으로써 받는 가치의 진정성을 나타낸다. 그것은 계산적인 단위로 생각될 수 없는 것이며, 증거의 요소이거나 아니면 시련의 요소와 같은 것이라고 할 수 있다. 그 텍스트의 다음 부분이 이 점을 명확히 보여 준다. 우리가 물건을 살 때, 파는 사람은 계산된 돈이 긁어내서 무게가 줄어든 것은 아닌지, 변조된 것이 아닌지 보기 위해서 돈을 검사하는 일부터 시작한다. 그와 같이, 하느님은 속죄의 시련을 겪게 하는 일부터 시작한다. 속죄-보상에 관한 설명에서 테르툴리아누스는 하느님에게서 무엇을 구입할 수 있는지가 목적이 아니라 하느님 앞에서 복종해야 할 시련이 목적임을 말한다. 속죄의 증명. 이 문제는 영혼 속에서 이루어지는 변화, 자기 자신에 대해 수행하는 모든 일, 하느님께 한 약속, 신앙의 형성, 이런 것들에 대한 견고하고 확실하고 진정한 증거를 보여 주는 일이다. 이것은 좀더 뒤쪽에서 "신앙은 속죄에 대한 믿음으로 시작되고 평가받는다"와 같은 압축된 글에서 알 수 있다. 속죄라는 말은 그러므로 두 가지를 나타내는데, 하나는 영혼의 변화이고, 다른 하나는 그 변화를 입증할 수 있는 행동을 통해 변화를 보여 주는 일이다. 속죄는 자기 자신을 증명해 보여야 한다.

테르툴리아누스의 분석은 그와 동시대에 살았던 알렉산드리아의 클레멘스의 분석과는 어조가 다르고, 유스티누스의 분석보다 더 공들여 쓴 글이기는 하지만, 그 논지가 그들의 것과 크게 다르지 않고, 예언적이지도 않다.

《참회론》에서 논의된 것처럼 테르툴리아누스가 글을 쓰던 시대에는 새로운 기구가 개발되어 세례 이전의 정결의식을 조직하고 결정하고 통제하는 역할을 담당했다. 이러한 기구의 도입은 근본적인 개혁이라기보다는, 세례식의 사전준비와 교리문답 실행 업무에 일반적 형식을 부여할 목적으로 어떤 모델에 의거해서 만든 제도화 작업으로 보인다. 이전에 세례받은 사람들의 수도회와는 별도로, 3세기에는 서서히 예비신자들의 교육기관 같은 '수도회'가 정착되어 갔다. 역사학자들은 이러한 현상에 대해 여러 가지 이유를 들어 설명했다. 강도 높은 신앙생활을 견디지 못해 줄어드는 숫자를 포함하더라도, 수도사 지원자들이 급증하게 되었다는 점, 종교박해로 인해 준비가 충분치 않은 사람들이 신앙을 포기하는 결과를 초래하게 되었다는 점, 이교인들과의 대립으로 교리 내용이나 생활규범 차원에서 더욱 엄격한 교육이 필요하게 되었다는 점, 이런 것들로 인해 예비신자 교육제도가 정착되었다는 것이 역사학자들의 설명이다. 여기에 입문자들을 잘 교육시키려는 배려와 함께, 신비주의 종교의 모델을 의식했기 때문이라는 것을 덧붙일 필요가 있을지도 모르겠다. 40 예비신자 교육은 준비기간으

---

40 어쨌든 〔A. Turck, "Aux origines du catéchuménat", *Revue des sciences philosophiques et théologiques*, t. 48, 1964, pp. 20~31〕에서 언급되는 것은 이 4가지 이유이다.

로 이루어져 있는데, 이 준비기간이 매우 길어서, 3년이 걸리기도 한다. 이 기간 동안 교리문답과 진리교육, 규범교육은 물론이고, 모든 도덕규범 및 전례의식에 참여해야 하는 의무와 계율의 준수, 과제 수행이 함께 이루어진다. 게다가 특히 주목해야 할 것은 이러한 준비과정이 성직 지원자를 "고통스럽게 하는" 평가절차들로 구분되어 있다는 것이다. 이러한 단계들은 말하자면 그의 현재 상태를 드러내 보이는 일, 그의 공부와 노력을 확인하는 일, 그의 변화와 정화의 진정성을 증명하는 일로 구분될 수 있다. 테르툴리아누스는 이러한 절차가 세례의 준비과정에서 필수적인 속죄 규율의 중요한 부분이라고 설명한다. 또한 이러한 절차를 시행하면서 '회개'의 시간을 단지 속세와 잘못과 죄를 벗어난 영혼이 진리를 지향하는 변화의 시간으로만 이해해서는 안 되고, 능력과 의지와 함께 영혼의 진실한 모습이 드러날 수 있는 훈련과정으로 이해해야 한다는 것이다. 요컨대, 진리에 대한 영혼의 이해는 영혼이 자신의 고유한 진실을 나타내지 않고는 불가능하다는 것, 그러니까 영혼의 고유한 진실이란, 테르툴리아누스의 은유를 빌려서 말하자면, 최종적으로 영혼을 가득 채우게 될 빛에 도달하는 대가로 영혼이 치러야 할 특별한 의미의 '가치'라는 것, 이것이 세례의 원칙에서 형성된 제도적 측면이다.

히폴리투스가 쓴 《사도전승La tradition apostolique》은 서양의 세례지원자 제도에서 어느 정도 관례화되었던 이러한 수련기간의 절차에 대해 비교적 상세한 증언을 보여 준다.[41] 이 책은 세례받는 사람이 믿음에

41 〔비어 있는 주〕

대한 3가지 질문의 대답으로 하느님과 그리스도와 성령을 믿는다는 것을 엄숙하게 표명할 때, 즉 '신앙고백'이라는 최종 단계가 있기 전의 몇 가지 절차를 기술한다. 이 대목에서 세례지원자가 자기의 진정한 신앙심을 표명하는 선언을 하면, 그것의 응답으로 성인들의 이름을 읊조리는 안수기도의 절차에 따라 성령과 빛의 계시가 있게 된다는 것이다. 이처럼 진리에 대한 이해와 영혼의 진실 표명은 세례의 행위 속에서 합치된다. 그러나 이것 외에도 《사도전승》은 세례의 준비과정에서 거쳐야 할 여러 가지 수련행위들을 상세히 설명한다. 그 내용은 대략 3가지로 정리할 수 있다.

1. 심문조사. 질문과 대답의 방식으로 전개되는 비교적 간단한 절차에 관한 것이다. 이 절차는 비밀리에 이루어지거나 아니면 참석 범위를 제한해서 이 자리에 세례지원자 제도의 책임을 맡은 교부들과 지원자 본인 및 그의 고해에 대한 증언자와 보증인 역할을 하면서 그를 인도한 사람들만 있도록 한다. 42 조사대상은 지원자의 외적 자료들에 관한 것처럼 보인다. 즉, 지원자의 신분, 직업, ─ 이것을 물어보는 이유는 일치하지 않는 경우가 많기 때문이다 ─ 생활방식에 관해서이다. 그러나 조사는 또한 지원자의 내적 요소들을 대상화하기도 했는데, 기본적으로 지원자의 예전 종교와의 관계는 어떤 것이었으며 그가 기독교 신앙으로 이끌린 이유는 무엇이었는지를 묻는 내용이 된다.

---

42 이 문제에 관해서 다음을 참고할 것. M. Dujarier, *Le Parrainage des adultes aux trois premiers siècles de l'Église*, Paris, 1962.

"우선 사람들이 오기 전에 그를 교부들에게 데려가면, 그들은 그에게 신앙을 가지려는 이유가 무엇인지를 묻는다. 그를 데려간 사람들이 그의 말을 듣고, 모든 사람이 알 수 있도록 그가 남의 말을 귀 기울여 들을 줄 아는 사람인지를 증언한다. 또한 그의 생활태도를 조사하기도 하는데, 이것은 '그에게 부인이 있는가?', '그는 노예인가?' 등과 같은 물음으로 이루어진다. 심문자들에게 정보를 주기 위해 그 자리에 불려 온 사람들의 직업과 하는 일을 알아보기도 한다."[43]

예비신자들은 일단 교육생으로 받아들여진 다음에는 최대 3년까지 연장될 수 있는 기간 동안 기본적 진리교육과 수도생활의 의무가 결합된 생활을 해야 하고, 또한 규범에 따른 행동과 임무, 작업도 겸해야 한다. 이 과정이 끝나면 두 번째 조사가, 첫 번째와 아주 비슷한 형태로 진행되고, 이때 증인-보증인도 심문받는다. 그러나 이번에는 주로 세례지원자의 교육기간에 있었던 일에 관해서 조사가 이루어진다. "세례를 받게 될 사람들을 선정할 때, 그들의 생활태도를 조사하도록 한다. 그는 예비신자 교육기간에 성실하게 생활했는가? 과부를 공경했는가? 환자를 문병한 적이 있는가? 여러 가지 선행을 했는가? 그를 데리고 온 사람들이 '그렇다'고 증언하면 그는 그리스도의 복음을 듣게

---

43 Hippolyte, *La Tradition apostolique*, 15~16. 이폴리트의 저작으로 간주되는 《교회법령집》은 사실대로 말하지 않는 지원자들을 쫓아내기 위해서, 기독교를 선택하려는 동기를 철저히 조사할 것을 강조한다. "*examinentur omni cum perseverantia, et quam ob causam suum cultu respuant ne forte intrent illudendi causa*"("기독교인이 되려고 교회에 오려는 사람들에 대해서 그들의 동기가 거짓이 아닐까 의심하면서 철저히 조사하도록 해야 한다", R. -G. Coquin 옮김)(canon 10).

될 것이다."[44] 그러면 예비신자는 세례받을 자격을 갖추게 된 셈이다. 그러므로 그는 몇 주 동안 — 대체로 부활절 이전의 몇 주 — 강도 높은 준비를 해야 했다. 즉, 기도, 단식, 신앙을 증명할 필요가 있을 때의 밤샘 기도 같은 것이다. 크리소스토무스가 이 기간을 "격투기의 시간"이라고 부른 것은 그런 이유 때문이다. [45]

2. 마귀 쫓기 의식의 시험. 안수按手와 얼굴 위에 입김 불어넣기는 한 사람의 육체와 영혼을 사로잡은 귀신을 쫓기 위해서 만들어진 오래된 의식이다. [46] 그러나 우리가 4세기에 대해 알고 있듯이, 세례지원자가 예비신자들의 수도회에 처음 들어오게 되었을 때나, [47] 청강생으로 지내는 동안 여러 번 그런 방법에 의존했을 때 치렀던 이 의식은 계속 다양한 형태로 발전한 것은 아니었을지 모른다. 그런데도《사도전승》은 2세기 말부터 있었던 이 엄숙한 마귀 쫓기 의식을 세례받기 얼마 전에 해야 할 것처럼 가르쳐 준다. "예비신자가 세례받는 날이 가까워지면, 주교는 그의 영혼이 순결한지 알아보기 위해서 마귀 쫓아내기를 한다. 영혼이 순결하지 않은 사람을 발견하게 되면, 그를 세례에서 배제한다. 그는 교리에 담긴 하느님 말씀에 정신을 집중하지 않았기 때문이다."[48] 성 아우구스티누스의 시대에도 그와 같은 의식이 세

---

44 Hippolyte, *La Tradition apostolique*, 20.

45 Saint Jean Chrysostome, Huit catéchèses baptismales, catéchèse III, 8.

46 F. J. Dölger, *Der Exorzismus im altchristlichen Taufritual*: *eine religionsgeschichtliche Studie*, Paderborn, 1909.

47 R. F. Refoulé, "Introduction" au *De baptismo* de Tertullien (Paris, 1976) 참고.

례받기 직전에 있었다. 49 지원자는 거친 천으로 만든 셔츠를 벗어서 발 위에 놓는데, 그러한 동작은 과거의 모습을 탈피한다는 의미이고, 마귀 쫓기 의식의 전통적 관습이기도 하다. 주교가 저주하는 말을 하면, 예비신자는 불평하지 않고 그의 말을 들으면서, 자신이 불순한 악령으로부터 해방되었음을 표시한다. 그러면 주교는 이렇게 말한다. "이제 모든 죄가 씻길 수 있게 되었다."

이러한 마귀 쫓기 의식은 아마도 광신자들의 귀신들림과 유사한 형태로 되어 있는 것은 아닐지 모른다. 50 안수가 하느님의 전능함이 전이된 것을 의미할 수 있는 것은 타락 이후에 인간의 영혼을 지배하던 악령의 권능 대신에 성령의 권능이 들어섰다고 보기 때문이다. 악령은 자신이 권좌에 있었던 영혼과 육체에서 왕위를 박탈당해, 권리를 뺏기고 추방당한다. 그리고 이 모든 일은 악령보다 훨씬 강한 자, 그러나 악령과는 공존할 수 없는 자, 악령이 쫓겨나지 않는 한 그 영혼 속으로 내려올 수가 없는 성령의 권능으로 이루어진다. 51 그러나 마귀 쫓기 의식은 또한 진실에 관한 시험이다. 이것은 악령을 추방하기 위해서 영혼 속에 순수한 것과 불순한 것을 나누고, 금속을 불 속에 집어넣어 진위 여부를 판단하듯이 영혼을 시험하고 진실성을 검사하는 의

---

48 Hippolyte, *La Tradition apostolique*, 〔20〕.
49 Saint Augustin, Sermon 216, *Ad competentes*, XI.
50 이것은 다음에 있는 A. Dondeyne의 견해이다. "샤를마뉴 대제 이전의 로마 가톨릭 교회에서 투표 방식의 규율", *Revue d'histoire ecclesiastique*, t. 28, 1932.
51 한 사람의 영혼 속에 악령과 성령이 공존할 수 없는 것에 대해서 다음을 참고할 것. Origène, *Homelies sur les Nombres*, VI, 3.

식이다. **52** 영혼을 변질시키는 요소들을 쫓아 버리고, 영혼의 순도를 측정하는 것이다. 전통에 의한 관례적 표현들과 성 아우구스티누스가 인용하는 문구에 따르면, 마귀 쫓기 의식은 "시험하고", "보여 주고", "알 수 있게" 하는 것이다. 그것은 자기 식으로 영혼을 검사하는 방법이다.

4세기에 정식으로 사용된 것으로서 나중에 마귀 쫓기 의식의 관습을 가리키는 표현이 생겨난 것은 그때부터이다. 암브로시우스가 세례를 받으려는 사람들에게 그들이 그동안 수행한 의식의 의미를 설명한 책 《상징의 설명Explanatio symboli》에서 그는 마귀 쫓기 의식을 (신앙조사의 신비에 속하는 것으로 놓아두고) 이렇게 기술한다. "우리는 인간의 몸속에 어떤 불순한 요소가 있는지를 알고자 했다. 그래서 마귀 쫓기 의식을 통해 육체의 신성화뿐 아니라 영혼의 신성화도 조사했다."**53** 또한 구옷불트데우스 주교는 성사 받으려는 사람들 앞에서 마귀 쫓기 의식에도 성사와 같은 의미를 부여한다. "우리는 여러분을 시험하는 의식을 거행하려고 합니다. 겸손하면서도 고귀한 분이신 그리스도가 여러분들의 기도를 들어주시는 동안, 악마는 소멸하게 됩니다. 그러면 이렇게 간청하십시오. 주여, 저희를 시험에 들게 하소서. 그래서 저희들 마음속의 진실을 알게 하소서."**54**

---

52 이러한 비교는 매우 자주 있는 일이다. Ainsi Cyrille de Jérusalem, *Procatéchèse*, § 9.

53 〔Saint Ambroise, *Explanatio symboli*, 1.〕

54 〔Quodvultdeus, *Sermones*, 1~3, "*De symbolo ad cathechumenos*".〕

3. 끝으로, 죄의 고해를 말할 수 있다. 이것은 유스티누스의 《교훈집Didakhê》이나, 《변호론Apologie》 어디에도 세례 이전에 반드시 필요한 일로 거론된 적이 없었던 고해의 문제가 테르툴리아누스의 《세례론》 이후에 정식으로 언급되었다는 것이다. "세례받을 사람들은 열렬히 기원하고, 단식하고, 무릎 꿇고, 밤샘하면서 하느님께 기도해야 한다. 그들은 과거의 모든 죄를 고백하는 것으로 세례받을 준비를 해야 한다. 이것은 자신의 죄를 고백함으로써 인정받은 요한의 세례를 기념하는 의미에서이다."[55] 이러한 '고해confession'는 그러므로 예비신자 교육과정의 처음과 끝에서 실행되는 심문과는 완전히 다르다. 이것은 교육의 책임자가 지원자의 과거 행적과 생활에 관한 정보를 물어보는 정도가 아니라, 지원자가 수행해야 할 신앙심과 고행의 훈련 중 하나로서 자기 자신을 대상화한 행위이다. 과거에 저지른 '모든 죄'를 신부에게 상세히 고백하는 일이 중요했기 때문일까? 테르툴리아누스는 다만 오늘의 기독교인은 요한의 시대처럼 "우리의 죄악과 치욕을 공개적으로 고백"[56]하지 않을 수 있다는 정도에 만족해야 한다고 말할 뿐이다. 그러면 예비신자가 자신의 과거 생활을 반성하고, 과오의 기억을 떠올리며, 주교에게든 혹은 그를 지도하는 책임을 맡은 사람에게든 속내 이야기를 보고해야 한다는 것을 그대로 받아들여야 할까? 물론 그럴 수도 있다. 그런데 가장 나중에 나온 텍스트를 보면, 그 시대에 세례를 요청한 사람이 해야 할 일로서 세례받기 전에 주교

---

55 Tertullien, *De baptismo*, XX, 1.
56 〔*Ibid.*〕

나 신부의 곁에 와서57 죄를 고해하는 특별한 행위가 있었음을 알게 된다.

여하간 '고해'란 용어는 넓은 의미에서 그리스어의 exomologèse, 58 즉 자신이 죄인임을 인정하는 포괄적 행위와 같은 뜻으로 사용되었음을 기억할 필요가 있다. 기독교인이 되려는 사람을 소환해서 행하는 '죄의 고해confessio peccatorum' 의식은 일반적으로 모든 과오를 상기시키고, 그것의 종류와 상황과 개별적인 중대성에 따라 상세하고 완전하게 죄를 고백하도록 만드는 일과 비교할 수 있는 것은 아닐지 모른다. 그러나 '죄의 고해'가 하느님 앞에서, 경우에 따라서는 사제 앞에서 자신이 죄인임을 인정하는 한 번의 행위이거나 아니면 여러 번의 행위라는 〔것을 유념〕〔해야 한다〕. 59 요컨대 중요한 것은 우리가 죄를 지었다는 의식과 죄인이라는 의식, 그리고 이러한 상태를 벗어나려는 의지를 표명하는 일이다. 그것은 기억과 이야기를 통해서 자신이 실제로 저지른 '모든 죄'에 대한 묵상이라기보다 자기 자신에 대한 자기 자신의 증언이고, 자신의 변화에 대한 증명이다.

성 암브로시우스의 다음과 같은 《성사론De sacramentis》의 한 구절에서 이러한 의미를 이끌어 낼 수 있을 것 같다. "너희가 세례받기 위해서 등록했을 때, 사제는 진흙을 손에 들고 있다가 그것을 너의 눈 위에 바른다. 이것은 무슨 의미인가? 너의 죄를 고백하고, 너의 양심을

---

57 *Canons* d'Hippolyte (canon 3).
58 다음 책 참고.
59 〔육필 원고: "mais plutôt un acte".〕

인정하고, 너의 잘못을 속죄하고, 말하자면 인류의 운명을 인정해야 한다는 것이다. 왜냐하면 세례받으러 오는 사람이 죄를 고백하지 않으면 아무 소용이 없기 때문이다. 그렇지만 그렇게 함으로써 그는 모든 죄의 고백을 실행할 수 있다. 그가 세례를 요청하는 것은 자신의 무죄를 증명받기 위해서이고, 말하자면 죄로부터 은총의 단계로 나아가기 위해서이기 때문이다. 〔…〕 죄 없는 사람은 아무도 없다. 그는 자신이 죄인임을 인정하고 그리스도의 세례에서 피난처를 찾는 사람이다."**60**

이 텍스트는 중요하다. 우선 이 텍스트가 '고해'라는 말에 내포된 풍부한 의미를 알 수 있게 하기 때문이다. 이 말의 의미영역은 특정한 잘못을 사실 그대로 고백하는 행위로부터, 인간이라면 자신이 죄인임을 부정할 사람은 하나도 없다는 사실을 인정하는 것까지 포함된다. 그러나 또한 죄로부터 은총의 단계로 나아가기 위해서는—이것이 세례의 본래적 의미인데—어떤 '진실의 행위acte de vérité' 없이 이루어질 수 없다는 것을 계속 보여 주려는 의미이기도 하다. 이것은 예비신자가 스스로 죄인이라고 의식한 것을 증명의 형식으로 명백히 나타낼 수 있도록 했다는 점에서 '사려 깊은' 행위이기도 하다. 죄를 지은 영혼의 진실이 명확히 드러나지도 않고 동시에 더 이상 죄를 짓지 않겠다는 의지의 진실한 표명행위 없이는 하느님의 용서도 없고, 구원의 빛에 도달할 수도 없다. '자기 자신에 대한 진실 말하기'는 정화와 구원의 상관작용에서 절대적으로 필요한 것이다.

---

60 Saint Ambroise, *De sacramentis*, III, 12~14.

일반적으로, 2세기 말부터 모든 영혼의 구원에 대한 관리술에서 자기 자신의 진실 표명이 차지하는 자리는 다음과 같은 형식으로 계속 증가한다. 그것은 개인이 질문서에 대답하는 사람이 되거나 증언의 대상이 될 수 있는 조사의 형식이기도 하고, 마귀 쫓기 의식의 대상이 되는 정화의 시험 형식이기도 하고, 또한 말의 주체이자 동시에 말의 대상이기도 한 고해의 형식이기도 하다. 그러나 이 고해의 형식에서 중요한 것은 용서받을 수 있는 죄의 정확한 명세서를 작성하는 일보다 자신이 죄인이라고 느끼는 것을 증언하는 일이다. 그러나 세례에 필요한 고해의 실천은 형식의 측면에서건 진화의 측면에서건, 2세기 말부터 실행된 '두 번째 속죄'의 매우 중요한 발전과 관련지어서만 이해될 수 있다는 것이 분명하다.

예비신자의 교육제도, 지원자들에게 엄격한 생활규칙을 부과하려는 의지, 진실확인과 인정 절차의 확립, 이것들은 3세기 초부터 관측될 수 있는 세례신학의 새로운 발전과 분리될 수 없다. 여기에는 기독교의 전례, 제도, 사목제의 실천, 그리고 이론적 요소들이 상호적으로 연결되고 강화되는 총체적 관계가 있다. 그렇지만 문제는 새로운 세례신학이 아니라, 모든 요소들이 새롭게 강화되었다는 것이다. 그것은 죽음의 주제와 영혼의 투쟁이라는 두 가지 문제에서 특별히 감지될 수 있다.

세례는 갱생과 제2의 탄생으로 이해되던 때부터 죽음과의 상관성을 갖고 있었다. 이것은 적어도 죽음의 운명을 갖고 태어난 첫 번째 출생 이후, 진정한 삶의 생명으로 다시 태어나게 한다는 의미에서였다. 세례가 죽음과 관련되는 것은 그것이 죽음의 운명을 벗어나게 한다는 의미에서이다. 그렇기 때문에 헤르마스는 교회의 탑을 세울 수 있는 영혼-초석에 관해서 이렇게 말한다. "그들은 생명을 받기 위해 물에서 나와야 했다. 그들의 전생前生이었던 죽음을 버려야만 하느님의 나라로 들어갈 수 있었기 때문이다."[61] 그러나 세례가 생명의 길을 열어 주는 것이라면 그것은 또한 죽음이어야 한다는 주제가 2세기 말부터 전개된다. 그리스도의 부활이 이러한 '새로운 탄생'을 예고하는 것이라면, 그는 자신의 죽음 안에서 세례의 참모습을 보여 준 셈이다. 세례는 그리스도와 함께 그리고 그리스도 안에서 죽는 방법이다. 이처럼 2세기 말부터 세례신학에서는 〈로마 신자들에게 보낸 서간〉과 세례를 죽음으로 생각한 성 바오로의 견해로 회귀하는 현상이 생겨난다. "우리는 그리스도가 죽은 자들 가운데서 부활한 것처럼, 새로운 삶으로 나아가기 위하여 세례를 통해서 그리스도와 함께 매장되었다."[62]

테르툴리아누스는 《육체의 부활에 대하여》에서 성 바오로의 원문을 참조하여 인간은 세례를 통해서 죽지만, "그리스도처럼"[63] 육체 안에서 부활한다는 원칙을 정했다. 그러나 그리스도의 수난을 통한 세례와 죽음과의 관계가 발전할 수 있게 된 것은 무엇보다 테르툴리아누스 이후인데, 사실 그는 속죄나 세례에 관한 논설에서 그것을 암시하지 않았다. 다만 다음과 같은 일련의 모든 유사한 점들, 즉 물에 담그

---

61 A. Benoît가 메모에서 밝히고 있듯이, 헤르마스에게 세례는 죽음을 소멸시킨다. "인간은 자신의 죄로 인해서 세례받기 전에 이미 죽은 것이고, 세례를 통해서 진정한 생명에 도달한 것이다.", *Le Baptême chrétien au second siècle*, p. 133.

62 성 바오로, 〈로마 신자들에게 보낸 서간〉 6장 4절.

63 Tertullien, *De resurrectione carnis*, XLVII (P. L., t. 2, col. 862).

기와 매장 사이에, **64** 성수반聖水盤과 무덤 형태 사이에, **65** 3번의 신앙
고백에 이어지는 3차례의 잠수와 예수의 십자가형에서 부활까지 흘러
가는 3일 사이에**66** 같은 표현들이 강조된다. 이러한 유사성을 비교하
면, 여러 가지 주제를 알 수 있다. 제일 먼저 알 수 있는 것은 세례가
낡은 자신의 죽음과 동시에 이루어진다는 점이다. 〈로마 신자들에게
보낸 서간〉에 의하면, "죄의 지배를 받는 몸이 소멸"하도록 그를 "십자
가에 못 박아" 죽여야 한다. **67**

  오리게네스는 약속의 땅으로 돌아가려면 반드시 통과해야 했던 사
막횡단에서 세례의 예시를 보게 되는데, 그 세례는 "소금기가 있고 씁
쓸한" 것이다. **68** 그러나 십자가에 못 박혀 죽임을 당할 때 우리가 버
려야 할 이전의 삶은 곧 죽음 그 자체일 뿐이므로, 세례는 죽음의 죽음
으로 해석해야 한다. 이것은 성 암브로시우스가 《성사론》의 중요한
한 구절에서 설명한 내용이다. 아담이 죄를 지은 후, 하느님은 인간에
게 죽음을 선고했다. 이것은 참으로 무섭고 어쩔 도리가 없는 징벌일
뿐인가? 그렇지 않다는 것은 두 가지 이유 때문이다. 하나는 하느님이
인간에게 부활을 허락했기 때문이고, 다른 하나는 죽을 수밖에 없는

---

64 세례에서의 물과 죽음의 관계에 대해서 P. Lundberg, *La Typologie baptismale
dans l'ancienne Église*, Leipzig, 1942 참고. saint Ambroise, *De sacramentis*,
III, 2: "네가 물속에 들어갔다가 나오는 것에는 부활의 영상이 있는 법이다."

65 Saint Jean Chrysostome, XXVe *Homélie* sur l'Évangile de saint Jean (3, 5), 2
(P. G., t. 59, col. 151).

66 Grégoire de Nysse, *Oratio catechetica magna* XXXV, 4-6 et 10.

67 성 바오로, 〈로마 신자들에게 보낸 서간〉 6장 6절.

68 Origène, *Commentaire sur saint Jean*, VI, 44.

삶의 끝으로서의 죽음은 또한 죄의 끝이기 때문이다. "우리가 죽을 때, 우리는 죄짓기를 끝낸다." 그렇게 해서 징벌의 수단인 죽음이 부활과 결합하면 구원의 수단이 되는 것이다. "죽음의 선고는 자비가 된다." "이 두 가지는 모두 우리에게 유익하다. 죽음은 죄의 종말이고, 부활은 자연의 회복이다."[69] 세례는 그러므로 죽음의 의미에 반전을 가져온다. 그것은 죄를 죽게 하고 죽음을 죽게 하는 죽음이며, 그런 이유로 열렬히 원하는 죽음이 되어야 한다.

그러나 그뿐이 아니다. 세례에서의 이러한 죽음은 기독교인으로서 버린 삶의 껍질을 영원히 매장해야 할 뿐 아니라, 그러한 매장의 사실을 기독교인으로 살아가는 동안 지속적으로 나타내야 한다. 그는 실제로, 세례의 인장과 함께 십자가형의 징표를 받았다. 그래서 그는 자신의 삶을 그리스도와의 '닮은 모습'에 종속시켜 살아야 하는 것이다. 빛과 영원의 삶을 살 수 있었던 이에게 약속한 사람은 수난 속에서 살아간 그리스도를 닮으려는 원칙, 그리고 고행의 운명을 감수하며 살아가는 기독교인의 생활원칙을 받아들여야 한다.

1. 죽음에 대한 세례의 개념 혹은, 적어도 죽음-부활의 관계가 재정비됨으로써 세례에 필수적인 회개에 대한 견해에서 3가지 결론을 말할 수 있다. 첫 번째는 죄의 세계를 단념하고 죽음의 길에서 멀어지는 초연한 태도와 영혼의 개심이 점차적으로 고행 속에 내포된 자기에 대한 자기의 훈련처럼 되어 간다는 점이다. 여기서 고행은 영혼과 육

---

69 Saint Ambroise, *De sacramentis*, II, 17.

〔2. 세례의 힘든 과정〕 119

체 안에서 죄에 붙어 있는 모든 것을 열성적이고 끈기 있는 의지의 힘으로 제거하는 일이다. 두 번째는 이러한 고행이 세례받는 어느 한순간에 국한된 것이 아니라 길고 점진적인 준비가 필요하다는 것이다. 이것은 속죄의 잠수·정결의식으로 끝나서는 안 되며, 죽음으로만 끝날 수 있는 고행의 삶을 살아가는 동안 계속해야 한다. 죽음이자 부활인 세례는 단순히 기독교적인 삶으로 입문하는 것을 의미하는 것이 아니라, 기독교적 삶의 항구적인 원형이다. 세 번째는 진리에 가까이 가려는 지원자의 희망과 능력을 검증할 '시험probatio'의 필요성이 생겼다는 것이다. 이것은 시험에 대한 본래의 역할을 바탕으로 삼아 어떤 총괄적인 '시험' 체제를 마련하려는 경향이 점차적으로 증가함에 따라 만들어진 것으로서 고행의 훈련인 동시에 죄의 소멸에 대한 —"죄의 소멸"이라는 이러한 죽음에 대하여 — 정당성을 증명할 수 있는 모든 훈련이 이 시험체제를 구성하게 된다. 자기에 대한 자기의 노역인 동시에 자기에 의한 자기의 인식으로 이해되는 자기와 자기의 관계는 이처럼 회개란 말이 가리키는 회심-속죄의 모든 과정에서 점점 더 뚜렷하게 부각된다.

2. 그러나 동일한 결과를 초래하는 또 다른 요인이 작용한다. 이것은 죄와 세례에 관한 신학에서 영혼 속에 있으면서 영혼을 지배하는 악마의 주제가 발전한 결과이다. 물론 이 말을 절대로 오해하지는 말아야 한다. 예비신자 교육기간에서건 세례받기 직전의 여러 의식에서건 마귀 쫓기 의식이 명시되고 횟수가 증가했다고 해서, 그것이 악마에 대한 연구비중이 높아졌다는 것을 의미하지는 않기 때문이다. 우

리는 그것보다 구원을 허락하는 하느님의 전능함과 인간이 스스로 구원에 대해 책임져야 한다는 원칙을, 원죄의 새로운 개념과 연결지으려는 일련의 모든 노력이 증가했음을 주목하게 된다. 테르툴리아누스의 발상은 이러한 필요성에 부응하는 것이었다. 그는 인간이 죽음의 운명에 처하게 되었다는 사실과 그의 영혼은 부패하고 그의 생명은 악에 빠져들기 마련이라는 사실뿐 아니라, 보다 정확하게 말해서 사탄이 인간의 마음속까지 지배하여 그의 왕국을 건설할 수 있다는 사실에서 타락의 결과를 보았다. 법률가의 입장에서 그는 이질적인 큰 덩어리가 침투해 들어왔다고 생각하기보다는, 사법권과 행정권의 합의된 권력행사를 더 많이 생각한 것처럼 보인다. 세례는 그러므로 두 가지 측면의 소유권 박탈을 만들어 내는 결과로 이어진다. 하나는 성령이 정화에 의해 해방된 영혼 속에 자리를 마련할 수 있었다는 것이고, 다른 하나는 인간이 악마보다 더 강한 힘을 갖게 되어 악마에 저항할 수 있었고, 악마를 지배할 수 있었다는 것이다. 타락에서 구원에 이르기까지 작용과 반작용의 역학관계가 있었다. 구세주가 출현하기 전까지 인간은 절대적으로 악에 구속받지 않았고, 또 구세주의 희생이 있은 후에 아무도 무조건 속죄를 받게 되지도 않았다. 모든 것은 투쟁이었다. 그러나 이 투쟁은 하느님과 악의 원칙 사이의 충돌이 아니라, 하느님에게 반항하고 인간의 영혼을 점령하려는 인간, 영혼이 빼앗기는 것을 신음소리 내지 않고는 견딜 수 없는 인간, 그러한 인간과 인간 사이에 전개되는 싸움이었다.

이러한 영적 투쟁의 주제가 3세기부터, 세례의 준비와 기대되는 효과에 모두 특별한 의미를 갖게 했다. 세례의 준비는 적과의 투쟁이어야 하고, 적을 무찌르기 위한 끊임없는 쇄신의 노력이어야 하고, 그리스도에게 요청하여 구원을 얻고 인간의 약점을 배려해 주기를 청하는 것이어야 한다. 그러나 세례는 그 자체로 인간에게 안정과 휴식을 가져다주지 않는다. 적은 자신의 자리를 빼앗겼다고 느낄수록 더욱더 악착스럽게 덤벼들기 때문이다. 적이 인간의 영혼을 더 이상 지배할 수 없게 되면, 재진입을 시도할 것이다. 기독교인이 기독교인으로서의 삶을 훌륭하게 준비하지 못하면, 그는 다시 추락하게 된다.

재생, 두 번째 탄생, 부활의 개념이 내포된 죽음이란 주제가 고행의 주제로 전환된 것과 마찬가지로, 영혼의 더러운 흔적을 없애 버리는 정화의 주제는 영적 투쟁의 개념으로 전환된다. 그리고 이러한 두 가지 전환은 주체에 점점 더 중요한 역할을 부여한다. 세례는 주체가 자신에게 부과하는 고행의 형식으로든지 내면의 영적 투쟁의 형태로든지, 어떤 방법에 따라 준비, 실행, 연속되어야 한다. 세례는 자기 자신과의 복잡하고, 힘들고, 변화하는 관계를 확립한다. 아마도 교리에서는 절대로 이러한 사실로 인해 하느님의 전능함이 훼손되거나 제한되는 것을 인정하지 않을 것이다(이론적으로 인간의 자유 앞에 하느님의 전능한 체제를 세우는 일이 아무리 어렵다 할지라도). 그러나 현재의 주제와 관계되는 것에 한정시켜 본다면, 자기 자신과의 이러한 관계가 빛과 구원을 향한 주체의 도정道程에서 얼마나 필수적인 것인지를 알게 된다.

3. 그런데 이 모든 것은 성사의 효과와 관련하여, 세례의 교리에 강조점의 변화가 일어나게끔 한다. 이 점에 대해서 나는 아주 간략하게,

3세기 말 오리게네스가 지시한 것과 4세기 말 성 아우구스티누스의 주장을 상기시키는 정도에서 논의를 멈추겠다. **70**

---

70 〔푸코는 여기서 읽기 힘든 글씨로 이렇게 적어 놓았다. "세례는 죄를 없애는 의식이다. / 그러나 이 의식에서 *remissiocordis*가 필요하다. / 교리사를 참고할 것. / 이 모든 것은 자기 인식의 문제와 일치한다."〕

〔3〕

〔두 번째 속죄〕

헤르마스가 쓴 《목자》의 4번째 계율에는 다음과 같은 글이 있다. "나는 어떤 교부들이 우리가 물속으로 들어가는 날 외에는 다른 속죄가 없다고 말하는 것을 들었다." 이 말에 대해 속죄의 천사는 이렇게 응답한다. "네가 들었다는 그 말은 맞다. 사실이 그렇다. 죄를 용서받은 사람은 실제로 더 이상 죄를 짓지 말고, 성스러움 속에 있어야 한다. 그러나 너에게 정확한 설명이 필요한 이상, 일단 그 점을 지적하겠다. 믿음을 가진 사람과 이제부터 믿음을 갖기 시작한 사람에게 죄를 지을 구실을 줄 필요는 없다. 왜냐하면 믿음을 가진 사람이나 믿음을 갖기 시작한 사람 모두 자신의 죄를 속죄할 필요가 없기 때문이다. 즉, 그들은 이전의 죄를 모두 용서받은 것이다. 하느님이 속죄의 고행을 제정한 것은 오직 마지막 며칠 전에 호명된 사람들을 위해서였다. 왜냐하면 하느님은 우리의 마음을 꿰뚫어 보시고 모든 것을 예견하시므로,

인간의 악함과, 또 하느님의 종들을 해치고 그르치는 온갖 음모와 간계를 획책하는 악마를 알아보실 수가 있다. 하느님은 크나큰 자비심으로 피조물에 대한 연민을 느끼셔서 그러한 속죄의 고행을 제정하여 나에게 그 일을 맡기셨다. 그러나 나는 너에게 이렇게 말하겠다. 만일 어떤 사람이 악마의 유혹을 받게 되어 하나의 죄를 저지르면 중대하고 엄숙한 호명을 받아서, 단 한 차례 속죄할 수 있을 뿐이다. 그러나 그가 회개하더라도 그 후에 계속해서 죄를 지으면, 그런 사람에게 속죄는 쓸모없는 일이다."[1]

이 텍스트는 오랫동안 초기 기독교에서 세례의 속죄가 아닌 다른 속죄는 존재하지 않았다는 증거이자, 2세기 중엽에 이미 세례받은 죄인들을 위해 두 번째 대책을 마련하려 했었다는 증거로 통했다. 내가 이렇게 말하는 의도는 헤르마스의 이 구절이 넌지시라도 제기한 다음과 같은 논쟁들을 환기시키려 하는 것은 아니다. '이것은 초기의 엄격주의에 대해 최초의 중대한 완화 조처가 있었음을 말하기 위한 것일까?', 이것은 '교부들이 어떤 사람인지를 알아야 할 필요와 함께, 그들의 과도한 엄격주의의 가르침을 비판하려는 것일까?' 아니면 '두 가지 교육, 즉 세례받기 전의 교육과 세례를 이미 받은 사람들에게도 두 번째 속죄의 가능성이 있다는 것을 알려주면서 그것을 위해 마련한 교육을 구별하기 위한 논리의 개진일까' 하는 것 등이 그것이다. '헤르마스의 관점에서 두 번째 속죄는 단 한 번뿐인 대사면 같은 것이거나, 그리스도의 재림이 가까워져서 긴급하고 긴요하고 필연적으로 유일한 방

---

1   Hermas, *Le Pasteur*, *Mandatum IV*, 31, 1~6.

법이 아닐까?' 하는 것이다. 2

사도의 시대에 나온 텍스트에서는 회개의 의무, 회개-속죄의 의무가 기독교인들의 의무로 끊임없이 강조되고 있다는 점만을 기억하자. 아마도 헤브라이인들에게 보내는 사도 서간에서 그 의무는 이렇게 언급되었을 것 같다. "한 번 빛을 받아 하늘의 선물을 맛보고 성령을 나누어 받은 사람들이, 또 하느님의 선한 말씀과 앞으로 올 세상의 힘을 맛본 사람들이 떨어져 나가면, 그들을 다시 새롭게 회개하도록 만들수가 없습니다."3 그러나 이 텍스트는 개인의 완전한 '쇄신' 행위의 의미를 세례의 유일성에 의존해서 언급할 뿐이다. 이 텍스트는 세례받은 사람들이 자신의 죄를 혐오하는 것이나 용서를 구하는 것을 배제하지 않는다. "우리가 적의 앞잡이 노릇을 하는 사람의 꼬임에 빠져 저지른 모든 타락의 행동과 모든 과오를 용서해 주기 바랍니다."4 제의적이고 집단적인 형태의 기도도 있다. "군중들 앞에서 너의 죄를 고백하라. 양심이 불순한 상태에서 기도하러 가지 말라."5 일요일에 모였을 때도 마찬가지로 해야 한다. "제사가 순수하게 진행될 수 있도록 우선

---

2   20세기 초에 인정된 '대사면'의 명제는 A. d'Alès에 의해서 (*L'Édit de Calliste. Étude sur les origines de la pénitence chrétienne*, Paris, 1914), 그 다음에는 B. Poschmann에 의해서 (*Paenitentia secunda*, Bonn, 1940) 비판받게 되었다. 이것은 R. Joly가 특히 〈목자(*Pasteur*)〉(1958)를 간행하면서 손질하여 수정본을 만든 것이다.

3   성 바오로, 〈히브리인들에게 보낸 서간〉 6장 4~6절.

4   Clément de Rome, *Première épître*, LI, 1.

5   *Didakhé*, IV, 14. *L'Épître du Pseudo-Barnabé*, XIX, 12. 여기에는 다음과 같은 말이 덧붙여 있다. "그것이 광명의 길이다."

죄를 고백한 다음에"6 함께 식사를 나누고 감사하는 마음을 갖는다. 개인이 회개할 일을 깨닫고 그것을 표명해야 할 일이 있을 때 그 자리에 수도원의 모든 사람이 참가할 수 있도록 한다. 서로 잘못을 교정해 주는 경우도 있는데, "우리가 서로의 잘못을 질책하는 일은 바람직하고 매우 유익하다. 그것은 우리를 하느님의 뜻과 연결시키기 때문이다".7 용서하는 사람 옆에서 사람들의 분쟁을 중재할 수도 있고, 8 죄를 지은 사람이 해야만 할 단식과 기도를 함께할 수도 있다. 9 "모든 사람에 대해 관대하고 연민의 감정을 보이면서", "길 잃은 사람들을 데려오는 것"이 사제의 역할이다. 10

천사의 속내 이야기를 들은 헤르마스가 두 번째 속죄의 제정을 공표하기 전에는 회개와 용서의 요청이 신자들의 생활과 수도원 생활의 기본을 이루었다. 회개는 세례에 필요한 하나의 단순한 태도변화가 아니고, 성령이 영혼 속에 내려올 때, 성령에 의해 이루어진 영혼의 개심만은 아니라는 것을 잊지 말아야 한다. 세례를 통해서 우리는 기독교인 생활의 출발점이자 동시에 생활의 전반적 형식으로서 "회개하도록 부름을 받는 것"11이다. 클레멘스, 혹은 바르나베의 교훈집에서 기

---

6   *Didakhé*, XIV, 1.
7   Clément de Rome, *Première épître*, LVI, 2. aussi *Didakhé*, XV, 3을 참고할 것: "서로 사랑하고 지내시오."
8   Clément de Rome, *Première épître*, LVI, 1.
9   *Ibid.*, II, 4~6.
10 Polycarpe, Épître aux Philippiens, VI, 1.
11 다음 표현들을 참고할 것. "Dieu a donné à tous *metanoias topon*", "*metanoias metaskhein*"(Clément de Rome, *Première épître*, VII, 5; VIII, 5).

독교인들에게 요구한 회개는 세례에 반드시 수반되는 일이었고, 그 일은 세례의식의 연장이고 지속적인 전개였다. 그러므로 《목자*Le Pasteur*》에서 제기된 문제는 완덕자完德者, parfaits●인 교회가 죄인들의 존재를 인정하고, 그것에 적응해야 할 수도회로 전환되는 데서 발생하는 문제가 아니다. 또한 그것은 세례의 속죄만을 인정하는 엄격주의로부터 보다 관대한 신앙의 실천으로 변화하는 데서 발생하는 문제도 아닐 것이다. 무엇보다 중요한 문제는 세례에 따른 회개의 제도화와 첫 번째 세례에서 이루어졌던 정결의식(또는 대속代贖)의 절차를 — 전적으로건 부분적으로건 — 반복할 수 있는 제도화 방식에 관한 것이다. 사실 세례에서는 구원과 계시, 진정한 삶으로의 도달이 본래 불가역적 시간의 축으로 구획 지을 수 있는 유일하고 결정적인 사건이므로 여기서 반복의 문제는 중요한 것이 아니다.

나는 이러한 제도화의 역사나 신학적이건 사목제에 관한 것이건 제도화가 초래한 논쟁들을 이 자리에서 논의하지는 않겠다. 다만 3세기부터 만들어진 '교회법에 의거한' 속죄, 말하자면 중죄를 범한 후에 회개나 기도만으로 용서를 구할 수 없게 된 사람들을 위해 교회의 권한으로 만들어진 몇 가지 지원방안을 검토하는 것으로 만족하겠다. 세례받은 사람이 자기가 한 약속을 어긴다면, 그리고 하느님의 은총에서 멀어지게 된다면, 그는 어떻게 다시 용서를 받을 수 있을 것인가?

이러한 사면은 세례와 관련하여 결정되었다. 그것은 단순한 반복이 아니다. 왜냐하면 그것은 동일하게 되풀이될 수 없기 때문이다. 우리

● 〔옮긴이 주〕중세 기독교 이단의 일파인 카타리파가 자신들을 지칭하는 말.

가 받게 된 은총은 결정적으로 주어진 것이고, 저지른 죄도 결국 한 번의 은총으로 용서받을 수 있었으니까, 우리는 한 번만 다시 태어날 수 있을 뿐이다. 12 그러나 세례에 반드시 수반되고, 세례에 포함된 '속죄', 영혼이 죄를 벗어나서 죽을 수 있는 변화, 하느님이 자비로운 마음으로 베푸신 용서, 이것들은 다시 할 수 있다. 그래서 두 번째 세례는 없는 것이다. 13 그렇지만 테르툴리아누스가 이미 말했듯이, 하느님이 세례의 문을 닫은 이후에도 죄인이 두드릴 수 있는 '또 다른 문'이 있고, "두 번째 희망"도 있고, "자비가 반복될 수도 있고", "요청에 응답하는 것은 요청 없이 주는 것보다 낫기" 때문에 두 번째 세례가 훨씬 "더 높이 평가될 수도 있을 것"이다 — 제 2의 속죄paenitentia secunda. 14 두 번째 세례를 반대하는 노바티안novatiens●들에게 다음과 같이 반박할 수 있다. 즉, 세례 후에 다시 죄를 지은 사람들을 절망에 빠지지 않게 하기 위해서, 그리고 아직 기독교인이 아닌 사람들이 세례의 시기를 계속 미루지 않게 하기 위해서 두 번째 속죄가 필요하다는 것이다. 15

---

12 다시 이단에 빠진 사람들에 대해서 그리고 이단자들을 세례하는 문제에 관해서 논의된 이러한 견해는 거부되었다. *"iterandi baptismatis opinio vana"*, saint Ambroise, *De paenitentia* II, ii, 7.

13 주의해야 할 것은 이 글이 은유적이고 비관례적인 표현으로 작성되었다는 점이다. Clément d'Alexandrie, *Quis dives salvetur*, XLII, 14 (P. G., t. 9, col. 649).

14 Tertullien, *De paenitentia*, VII.

● 〔옮긴이 주〕 3세기 때, 재혼을 금하고 세례받은 신자가 죄를 저지른 후에 회개하고 다시 세례받을 수 있는 기회를 반대하는 교부들의 일파.

15 saint Ambroise, *De paenitentia*, II, ii.

두 번째 속죄와 세례와의 밀접한 관계는 여러 가지 방식으로 뚜렷하게 나타난다. 우선 어디에서건 죄를 관장하고 용서하는 것이 성령이라는 원칙은 같다. 즉, "인간은 요청하고 신은 용서한다. 〔…〕 은혜를 베푸는 것은 하느님의 절대적인 권능이다". 16 신비한 성령에 의해서건, 성령의 일을 대신하는 사제에 의해서건, 세례를 줄 때나 죄 지은 사람을 교회에 복귀시킬 때 행사하는 권한은 같다. "속죄를 핑계로 하거나 세례를 핑계 삼아서 사제들이 그들에게 주어진 권한을 요구한다면, 사제의 속죄와 세례에 대한 권한에는 어떤 차이가 있을까?"17 세례의 물이 이전의 잘못을 씻어 주는 역할을 하는 것처럼, 사람은 속죄의 눈물로 세례 후에 발생한 과오가 씻기기를 바란다. 18 그래서 다시 태어나게 하고, 새롭게 생성되는 힘을 세례에 마련해 주려는 배려에도 불구하고 우리는 속죄에 의해 〔죽음에서 삶으로〕19 전환되는 주제20를 만나게 된다. 성 암브로시우스의 《참회론》은 이런 점에서 의미 있는 글이다. 여기서 속죄는 우선 〈루카복음서〉에 나오는 사마리아 사람의 에피소드와 관련되어 있다. 즉, 예리코로 가는 길 위의 부상당한 사람처럼, 죄 지은 사람은 아직 '반쯤 살아 있기' 때문에 구제될 수 있다는 것이다. 그가 완전히 죽은 사람이라면 그를 위해서 무슨

---

16 Saint Ambroise, *De Spiritu Sancto*, III, 13.
17 Saint Ambroise, *De paenitentia*, I, viii, 36.
18 이와 유사한 표현들이 매우 자주 언급된다. 성 암브로시우스가 lettre XLI, 12에서 또는 l'*Enarratio in Psalmum 37*, 10~11에서 한 말도 이와 같다.
19 〔육필 원고: "de la vie à la mort".〕
20 Saint Cyprien, lettre XV, 2.

일을 할 수 있을 것인가? 더 이상 치유될 수 없는 사람을 속죄시킬 필요가 있는가?21 그러나 바로 이 텍스트의 2권에서, 속죄는 라자루스의 부활과 관련된다. "그리스도의 부름을 받아 네가 고백하면, 아무리 부패하는 육체에서 악취가 심하게 풍기더라도 모든 속박의 사슬에서 풀려나리라. [⋯] 너희들은 교회에서 죽은 자들의 생명이 돌아오고 그들의 죄를 용서받게 될 때, 그들이 부활하는 것을 보게 되리라."22

요컨대, 아직 기독교인이 아닌 사람이 세례에 의해서만 받을 수 있는 구원을, 세례 후에 다시 죄를 지은 기독교인들에게 허락할 수 있게 하는 것은 오직 속죄뿐이다. 23 그러므로 구원을 받을 수 있는 두 개의 길이 있다는 것은 교황 레오가 암브로시우스 이후 반복하여 한 말이다. 24

세례의 특징을 뚜렷이 표출하는 이 유사성은 어떤 방식으로건 세례의 반복(아니면 세례의 어떤 효과의 반복)이 있다 해도, 속죄는 반복될 수 없다는 역설을 설명한다. 세례와 마찬가지로 속죄는 일회적일 뿐이다. "한 번의 세례밖에 없다. 마찬가지로 한 번의 속죄밖에 없는 것이다."25 그러므로 속죄가 어느 정도 세례와 세례의 준비를 모델로 삼아서 마련되었다고 해도, 그것을 결코 놀라운 일이 아니다.

---

21 Saint Ambroise, *De paenitentia*, I, xi, 52; 성 키프리아누스의 lettre LV, 16장과 20장에서도 같은 유형의 묘사가 나온다는 것을 참고할 것.

22 Saint Ambroise, *De paenitentia*, II, vii, 58~59.

23 Saint Ambroise, lettre XXV.

24 Saint Léon, lettre [108].

25 Saint Ambroise, *De paenitentia*, II, x, [95].

교회법에 의한 속죄는 점차적으로 '두 번째 수련 기간'26의 형식을 갖추게 되었다. 일반적으로 죄인이 자신의 죄(그 죄가 아무리 가벼운 죄라고 할지라도)를 용서받기 위해 진심으로(마음속으로라도) 뉘우치는 모든 회개의 모습을 가리킬 때 쓰이는 죄에 대한 '속죄'라는 표현은 속죄의 절차와 진행방식에 관한 합법적 형식을 나타낼 때 사용되는 말이기도 하다. 이 절차는 사제들의 권한으로 속죄가 필요한 시기와 속죄의 기간을 결정할 수 있는 여러 가지 실무적 내용이 포함되어 있다.27 이러한 절차에 따라 실행되는 속죄는 단순히 한 번의 행위이거나, 일련의 행위가 아니라 속죄자에 대한 신분규정이기도 하다.28 속죄자가 "되는" 것은 규정에 의해서인데, 이 규정은 죄인뿐 아니라 속죄를 결정하는 사제들도 따라야 하는 것이다.29

교회에서의 속죄는 속죄자의 '요청에 의해서', '허용되고', '받아들여진다'. 중죄를 범한 기독교인이 — 물론 희생을 했거나 희생 증명서에 서명했다가 다시 이단에 빠진 사람 — 사제에게 속죄자가 될 수 있도록 요청하는 경우도 있고, 그의 죄를 알고 있는 사제의 권고에 따르는 경우도 있다.30 이러한 요청을 받고 사제가 속죄의 고행을 허용하

---

26 〔비어 있는 주〕

27 "*Sacerdotibus Dei obtemperans*", "*operibus justis*", saint Cyprien, lettre XIX, 1; "*justo tempore*", lettre IV, 4. "*paenitentiam agere*"의 일반적인 의미와 정확한 의미에 대하여 J. Grotz, *Die Entwicklung des Busstufenwesens in der vornicänischen Kirche*, Fribourg, 1955, p. 75~77을 참고할 것.

28 파시아누스는 세례지원자들, 속죄자들, 속죄의 전 과정을 이수한 기독교인들을 구별한다.

29 예를 들어, saint Cyprien, lettres XV, XVI 참고.

는 것이지만, 속죄는 기본적으로 죄를 처벌하기 위한 것이 아니라, 속
죄자가 쉽게 이용할 수 있도록 치밀하게 만들어진 절차를 따른다. 속
죄는 마귀 쫓기 의식을 참고한 머리 위에 손을 올려놓는 동작과 속죄
의 실행과정에서 하느님의 은총이 내려지기를 간청하는 안수의식으로
부터 시작한다. 그것은 몇 달이 될 수도 있고 몇 년이 될 수도 있을 만
큼 오래 계속된다. 이러한 수행이 끝나면, 속죄자는 첫 번째 속죄의식
과 비슷하게 만들어진 의식이 진행되는 일정기간을 거쳐서 사면을 받
는다. 즉, 사제가 다시 안수를 하고 나면, 속죄자에게는 하느님과의
소통이 다시 허용되는 것이다. 속죄의 기간과 관련된 고행의 규약에
는 금욕생활의 실천(단식, 철야기도, 수많은 기도)과 봉사활동(적선,
병자를 돌보는 일)이 포함되어 있다. 또한 금지해야 할 것(부부의 성관
계)과 경우에 따라 수도회에서 불참해야 할 의식(특히 성찬식의 경우)
에 관한 것도 포함된다. 31 그렇지만 사면받은 후라도, 두 번째 속죄자
는 과거의 그의 신분으로 돌아갈 수 없다. 어떤 의미에서 그는 낙인이
찍힌 사람이어서, 신부가 될 수도 없고, 공적 책임이 따르는 직업을
가질 수도 없다. 그는 논란을 불러일으킬 수 있는 일을 피하도록 하라
는 권고를 받을 수도 있다. 32

---

30 속죄를 권유하는 사제의 역할에 관해 Pacien(lettre III, 16)을 참고할 것: 주교는
    "*ad paenitentiam cogit, objurgat, crimen ostendit, vulnera aperit, supplicia aeterna
    commemorat*"("속죄할 수밖에 없게 만들고, 꾸짖고, 죄를 알려 주고, 마음의 상처
    를 털어놓게 하고, 영벌을 환기시킨다", C. Épitalon, M. Lestienne 옮김).
31 이 모든 문제에 대해서 다음을 참고할 것. R. Gryson, "Introduction" au *De
    paenitentia* de saint Ambroise(Paris, 1971, p. 37 sq.) 그리고 *Le Prêtre selon
    saint Ambroise*(Louvain, 1968).

세밀한 규정에 따른 '두 번째' 속죄와 고행의 실천은 첫 번째 세례에 비해 덜 까다롭다고 할 수가 없다. 오히려 반대로 그것이 더 어려울 수 있다. 왜냐하면 제2의 속죄는 이미 세례받은 사람들에게 단 한 번만 허용되는 은총의 효과를 예외적으로 요청하는 일이기 때문이다. 속죄의 고행은 세례보다 훨씬 협소한 뜻으로 쓰인다. 하느님은 자기를 알아보는 모든 사람에게 세례를 주고, 무상의 선물처럼 과오를 사면해 준다. 그리고 또한 하느님은 속죄자가 하느님에게 바친 오랜 노고의 결실인 것처럼 그를 용서해 준다.[33] 3세기부터 5세기까지의 저자들은 세례의 준비가 규율에서 빠질 수 없다는 원칙을 재론하지는 않지만, 속죄의 고행을 통해서 이미 은총을 받은 죄인은 자기 자신의 죄를 책임져야 한다는 것을 강조한다. 오리게네스의 원칙은 "너의 죄를 책임져야 한다"이다.[34] 그러니까 두 번째 세례는 존재하지 않는다는 원칙

---

32 saint Leon, lettre 167 참고.

33 Pacien, lettre III, 18: "*Baptismus enim sacramentum est dominicae passionis: paenitentium venia meritum confitentis. Illud omnes adipisci possunt, quia gratiae Dei donum est; id est, gratuita donatio; labor vero iste paucorum est qui post casum resurgunt, qui post vulnera convalescunt, qui lacrymosis vocibus adjuvantur, qui carnis interitu reviviscunt*"("사실 세례는 주님의 수난성사로서 속죄자에 대한 용서이고 고백의 대가이다. 물론 누구나 세례를 받을 수 있다. 세례는 하느님의 무상의 선물, 말하자면 대가를 바라지 않고 주신 용서이기 때문이다. 그러나 이 선물은 또한 타락 이후에 다시 일어서는 사람들, 많은 상처를 겪고 힘을 되찾는 사람들, 눈물을 흘리고 소리치면서 도움을 받으려는 사람들, 육신이 파괴되는 고통을 겪으면서도 살아남으려는 소수의 사람들이 힘껏 노력해서 얻은 결과이다", Épitalon et M. Lestienne 옮김).

34 이 점에 대해 다음을 참고. K. Rahner, ("La doctrine d'Origène sur la pénitence"), in *Recherches de science religieuse* (t. 38, 1950), p. 86.

에도 불구하고, 속죄의 고행을 '힘든 세례baptême laborieux'35라고 말할
수 있는 것이다.

성사신학과 역사의 문제로 들어가지 않더라도, 3세기부터 세례와
밀접한 관련이 있는 회개와, 교회에서 주관하는 속죄의 고행에 필수
적인 회개를 기술하는 방식 사이에는 강조점의 차이가 크다고 말할 수
있다. 어쩌면 중요한 것은 이 두 가지 경우 모두 영혼의 더러운 죄를
씻어 내는 회개라는 방법에 주안점을 두고 있다는 사실일지 모르겠다.
그러나 세례에서 무엇보다 강조되는 것이 해방aphesis이라면, 사면에
필요한 회개metanoia에서는 자기 자신과 자신이 저지른 죄에 대한 영혼
의 고행 활동이 강조된다.

❧

교회법에 의거한 속죄의 고행 과정에서, 속죄하는 영혼이 진실을 표
명하는 절차에는 여러 가지가 있다. 그리고 그 절차는 세례와 세례의
준비를 위해서 마련된 절차들과는 현저한 차이를 보여 준다.

A

사면을 요구하는 사람들의 회개의 진실성과 올바른 성향을 확인하는
조사와 증언에 관한 문제는 여기서 다루지 않아도 될 것 같다. 성 키프

35 〔Gregoire de Nazianze, Discours, XXXIX, 17(P. G., t. 36, col. 356a).〕

리아누스의 서간들에 의하면, 기독교인들에 대한 대대적인 박해 이후 일정한 시기에 한동안 엄격성과 관용성 사이에서 균형을 찾기 어려운 문제도 있었고, 악착같이 교회에서 평화를 다시 찾으려는 죄인들과 그들의 요청을 완강하게 거부하는 사람들 사이의 갈등과 같은 중요한 문제들이 있었다. 어쨌든 격렬한 논쟁이 벌어졌다. 성 키프리아누스 는 여러 번 이 문제를 거론하며, 너무 빠른 시간에 사면하는 방법의 위 험성과 죄인에게 희망을 갖지 못하게 하는 방법의 위험성 중에서 어느 한쪽을 결정하더라도 그것은 언제나, 어떤 의미에서는 맹목적인 결정 이 될 것이라고 말한다. "우리가 아무리 보고 판단하는 능력이 있다 해 도, 우리는 사람들의 외면을 알 뿐이다. 마음속을 살펴보거나 영혼의 깊은 곳을 알 수는 없다."36 그의 논거는 엄격성의 논리보다 그 자신도 가끔 자책하는 관대성의 논리에 가깝다. 37 그러나 그는, 모든 사람과 마찬가지로, '선도할 수 없는 사람들', '간통했건 희생물이 되었건 이 미 더럽혀진 사람들', 그런 사람들이 교회로 돌아와 정직한 사람들을 타락하게 만들지 않을까 걱정하면서도, 중요한 임무는 진실성이 의심 되는 사람들을 축출하는 일이 아니라 그들을 치유하는 일이라고 생각 한다. 38 더구나 속세에서의 사면은 하느님과 직접 연관되는 일이 아 니다. 모든 것을 내려다보고, 우리가 볼 수 없는 마음속의 비밀까지 보고 계신 하느님은 우리가 면죄권을 남용함으로써 하느님을 기만하

---

36 *"Cor scrutari et mentem perspicere non possumus"*, saint Cyprien, lettre LVII, 3.
37 *Ibid.*, lettre LIX, 15 et 16.
38 *Ibid.*

려 할지라도 용서의 문제에 관여하지는 않는다. "하느님은 우리가 꿰뚫어 보지 못하는 내면의 진실을 심판하실 것이고, 그를 섬기는 사람들의 결정을 바로잡아 줄 것이다."[39]

모든 사람을 무조건 대책 없이 받아들일 수 없으므로 이 문제를 충분히 숙고하고 검토해야 한다는 사실에는 변함이 없다. 또한 죄를 지은 사람이 제물을 바쳤건 희생 제의의 서약에 동의했건, 죄를 지은 사람들을 위해서 순교라도 할 각오로 모든 문제를 감수할 것을 결심한 사람의 증명서가 있다고 해도 소용없는 일이다. 특히 그 증명서가 온 가족에게건 한집에 사는 모든 사람에게건 두루 관련되어 공동으로 작성한 추천서 형식을 갖춘 것일 때에도 마찬가지다. 성 키프리아누스는 원칙적으로 관대한 입장을 유지하는 한편, 책임자들이 지켜야 할 행동지침을 결정한 소논문에서 규정집 형태로 만든 의무적 실천방안에 어느 정도 자발적으로 동조하는 입장을 취한다.[40] 이것은 속죄자로 받아들여져서 최종적으로 사면받기를 원하는 속죄 요청자의 동기와 사정을 철저히 조사할 것, 속죄 요청의 의도와 상황(원인, 의지, 필연성)을 고려할 것, "자의에 의해서 처음으로 가증스런 죄에 희생된 사람과 오랫동안 저항과 갈등의 과정을 거친 후에 어쩔 수 없이 후회하게 될 행동을 하게 된 사람"을 구별할 것, "그 자신과 자신의 가족을 배신한 사람인지 아니면 모든 사람을 위해 혼자서 위험한 길을 택하여 자기의 아내, 자기의 자식 그리고 자신의 가정을 보호한 사람"[41]인지

---

39 *Ibid.*, lettre LV, 18; 또한 LVII, 3 참고.
40 "[*Libellus*] *ubi singula placitorum capita conscripta sunt*", *ibid.*, lettre LV, 6.

를 구별할 것 등이다. 또 다른 조사는 죄를 범한 상황에 관해서가 아니라 죄를 범한 이후에, **42** 말하자면 자발적으로건 교회법에 따른 것이건 속죄하고, 뉘우침을 표명하고, 신앙인으로 살아가려는 의지를 나타내는 기간에 죄를 범한 사람이 보여 준 품행에 관해서이다. "하느님이 계신 캠프의 문 앞에서 그들은 자신이 탈영병이었다는 것을 자각하는 모습으로 겸손한 태도의 무장을 하고 보초를 서게 하라."**43** 자신의 고통을 공언하지 않는 사람에게는 영성체와 평화의 희망을 주지 말아야 한다. **44**

이와 같은 조사의 어려움을 고려하고, 또한 개인적 결정으로 초래될 수 있는 과오와 적대감의 결과로 인한 공동체 생활자들의 반발과 저항을 고려하여, 개인적 결정 대신에 사제의 지도 아래 신자들이 보는 앞에서 종종 집단적 결정으로 대체하도록 했다. 성 키프리아누스에게 보내는 로마인 신부들의 어떤 서간에는 다음과 같은 내용이 있다. "소수의 신부가 다수의 잘못을 조사하거나 혼자서 판결내리는 일은 당연히 인기 없는 부담스러운 일이자 무거운 짐이기도 하다. 〔…〕어떤 결정은 다수의 토론자들이 동의한 것을 종합적으로 모아서 내린 것 같지 않아서 큰 힘을 갖지 못할 수도 있다."**45**

---

41 *Ibid.*, lettre LV, 13.
42 키프리아누스는 죄를 범한 이후, 나중에 "죄의 행위에 대해서 조사받게 된 사람들"에 관해서 쓴 루시아누스의 편지를 참고한다. lettre LXVI, 5는 이러한 조사에 관한 내용이다. "*communicatio nostra examinatione concessa*".
43 *Ibid.*, lettre XXX, 6, 로마의 사제들이 키프리아누스에게 보낸 편지.
44 *Ibid.*, lettre LV, 23.
45 *Ibid.*, lettre XXX, 5, 키프리아누스에게 보낸 편지.

이러한 조사작업의 중요성은 특별한 상황과 관련되어, 경우에 따라 증폭되기도 했다. 기독교인들에 대한 박해가 끝나고 나서도 이러한 관행은 사라지지 않은 것 같다. 그러나 속죄자들에 대한 외적 통제 — 이것은 예비신자들에게 심문과 조사와 증언을 하도록 한 방법과 유사하다 — 는 속죄에서 훨씬 핵심 요소인 또 하나의 진실 확인절차에 비하면 부수적 역할을 하는 것이었다. 이러한 진실 확인절차에서 죄인은 자기 자신의 죄를 스스로 인정해야 했다.

B

이처럼 숙고된 절차는 2세기에서 4세기까지 같은 의미로 사용되었던 '고백confessio'과 '고해exomologesis'라는 용어와 연관되어 있다. 46 어쨌든 이 두 용어가 정확히 무엇을 가리키는 것인지는 따져 볼 필요가 있다. 이 주제와 관련된 참고문헌에 의하면, 어떤 역사학자들은 속죄자가 자신이 저지른 죄를 고백할 때 따라야 할 분명한 행동지침이 있다는 것을 주장하기도 하고, 47 다른 역사학자들은 이러한 용어들, 특히 공개적 고해라는 용어가 종종 죄를 지은 사람과 관련된 모든 속죄의

---

46 *"Is actus, qui magis graeco vocabulo exprimitur et frequentatur, exomologesis est"* 〔"이 행위는 그리스어로 *l'exomologese*(공개적 고해)라고 말할 수 있다", E. -A. de Genoude 옮김〕, Tertullien, *De paenitentia*, IX, 2. 〈이단 하에레세스에 대해 논박하며〉에서 6번이나 말한 것으로서 이전에 성 이레네우스에게서 발견되는 이 용어는 성 키프리아누스에게서도 매우 빈번히 나타난다. 또한 4세기 말에 파시아누스에게서도 이 용어가 사용된 것을 알 수 있다.

47 다음과 마찬가지이다. A. d'Alès, *L'Édit de Calliste*, p. 440 sq.

고행을 가리키는 방식이라고 강조하기도 한다.**48** 실제로 우리는 3가
지 요소를 이렇게 구별해 볼 수 있는 것 같다.

   1. 우선 속죄 요청의 이유를 설명하는 절차가 있었다. 속죄를 간청
하는 죄인은 그것을 허용할 책임이 있는 주교나 사제에게 속죄자가 되
려는 자신의 의지와 이유를 털어놓아야 했다. 그것들을 상세히 설명
해야 한다는 문제 때문일까? 배교행위와 그것에 대한 조사 작업은 종
종 소송 문제처럼 취급되기도 했다. 다른 사람들의 증언을 요청하거
나 일종의 조사 작업에 의존하는 경우도 있었다. 그런 방식 때문에 성
키프리아누스는 다음과 같이 법률적인 표현을 사용해서 말한다. "주
교가 죄를 고백한 죄인의 사면을 책임지도록 한다."**49** 그러나 특별한
경우를 제외하고는 속죄의 요청은 훨씬 신중한 것이 되어야만 했다.
일반 용어를 사용해서 구두로 고백하거나 속죄에 관한 시편을 암송하
는 식으로만 고백하는 것이 문제였을까?**50** 죄의 성격을 알 수 있고 죄

---

48 E. Amman, article "Pénitence" du *Dictionnaire de théologie catholique*, t. XII
   (1933) : 그 시대의 '공개적 고해'(exomologèse) 라는 말에는 "교회의 사면을 준비
   하는 과정에서의 모든 속죄의 고행"이라는 뜻이 담겨 있었다. B. Poschmann,
   Paenitentia secunda, Bonn, 1940: " ··· *den ganzen Komplex der vom Sünder und
   von der Kirche zu erfüllenden Bussakte*"("죄인과 성직자 모두가 수행해야 하는 모든
   속죄 행위들 ··· ") (p. 419) . 이것은 J. Morinus의 해석이었다. "*exomologesis est
   actio exterior paenitentiae*"(*Commentarius historicus de disciplina in administratione
   sacramenti paenitentiae*, 1682) .
49 Saint Cyprien, lettre XXII, 2. J. Grotz, *Die Entwicklung des Busstufenwesens in
   der vornicänischen Kirche*, p. 82 참고.
50 이러한 것이 대체로 E. Göller의 주장이다. "Analekten zur Bussgeschichte des

의 심각성을 평가할 수 있기 위해서, 또는 사면이 검토되기 전에 예상되는 시간 혹은 적절한 시기를 결정하기 위해서 간략한 설명 절차가 필요했을 것으로 생각된다.51 그러면 저지른 죄가 과연 속죄할 만한 것인지 아니면 좀더 완화된 방법으로 용서할 수 있는지를 결정할 수 있을 것이다. 이러한 실행방법과 관련해서 키프리아누스는《죄에 관해서De lapsis》를 통해 두 부류의 사람들을 구분하는데, 하나는 고백성사표를 바치고 그것에 서명했기 때문에 "속죄하기"로 된 사람들이고, 다른 하나는 오직 속죄만 생각하고 아무 일도 하지 않았던 사람들이다. 이들은 "하느님의 사제들에게 고통스럽지만 솔직하게 죄를 고백해야 한다".52 이런 국면을 염두에 두어서 성 암브로시우스의 전기를 쓴 저자는 죄인의 고백에 귀를 기울였던 성인의 관대한 모습을 찬양한다. 성 암브로시우스는 종종 죄인을 비난하는 검사의 역할을 하기보다는, "누구에게도 말하지 않고", 죄인의 과오에 대해서 죄인과 함께 슬픔의 눈물을 흘렸으며, 하느님이 그를 용서해 주도록 하느님에게 중재하는 역할을 했다고 한다.53 죄인과 속죄를 허락하는 사람 사이에는 그와 같이 사적인 대화를 나눌 여지가 있었는데, 그렇다고 해서 이런 대화가 당연한 일처럼 다반사였던 것은 아니다. 이러한 구두의

---

4. Jahrhunderts", *Römische Quartalschrift*, t. XXXVI, 1928. 4세기 밀라노에서 실행된 속죄의 고행 관습에 대해서는 다음에서 R. Gryson의 말을 참고할 것. *Le Prêtre selon saint Ambroise*, p. 277 sq.

51 〔Saint Cyprien, lettre, IV, 4.〕

52 Saint Cyprien, *De lapsis*, XXVII-XXVIII; 이 구절의 의미에 대해서는 J. Grotz의 글〔p. 59〕을 참고할 것.

53 Paulinus, *Vita Ambrosii*, 〔P. L., t. 14, col. 27~50〕.

절차는 죄의 중대성을 평가한다는 점에서 재판상의 자백과 같은 성격을 갖는다. 여기서 확실한 것은 이러한 구두의 절차가 나중에 속죄의 식의 핵심에 있으면서 중요한 요소 중 하나가 된 구두의 고백confessio oris 형식에 어느 정도 가깝다는 점이다. 그러나 이 시기에 죄에 대한 구두의 고백은 속죄의 간단한 전제조건일 뿐이지 절대적으로 필요하지는 않았다는 것이 훗날의 고해와 다른 점이다. 그것은 완전한 구성요소도 아니고 본질적 요소도 아니었다.

2. 사면의 시간이 가까워졌을 때, 수행하는 속죄의 절차에서 마지막 단계가 어떤 것인지는 비교적 명확히 규정되어 있는 것처럼 보인다. 적어도 성 키프리아누스의 서간집에 나오는 어떤 구절은 죄의 사면에 필요한 것을 환기시키면서, 속죄, 고해, 안수와 같은 일련의 절차를 자주 언급한다.[54] 필요한 기간 동안 속죄의 고행을 마친 후, 안수의식으로 그의 사면이 발표되기 전에, 고해를 해야 할 경우도 있다.

---

54 Saint Cyprien, lettre XV, 1: "*Ante actam paenitentiam, ante exomologesim gravissimi atque extremi delicti factam ante manum ab episcopo et clero in paenitentiam impositam*"("모든 속죄의 고행 이전에, 중대한 대죄와 중죄를 범하고 나서 고해하기 이전에, 사제와 성직자에 의해 안수받기 이전에", chanoine Bayard 옮김); XVI, 2: "*Cum in minoribus peccatis agant peccatores paenitentiam justo tempore, et secundum disciplinae ordinem ad exomologesim veniant, et per manus impositionem episcopi et cleri jus communicationis accipiant*"("사소한 잘못이 문제가 되더라도, 죄인은 규율에 따라 일정한 기간 동안 속죄의 고행을 하고, 고해할 수 있도록 한다. 그런 후 사제와 성직자의 안수를 받고 다시 성체배령을 할 수 있다", chanoine Bayard 옮김). 또한 lettres IV, 4와 XVII, 2를 참고할 것.

잘못을 구두로 고백해야 하기 때문일까? 그런 것 같지는 않다. 성 키프리아누스는 속죄의식의 이러한 단계에 대해서 아무런 정보도 주지 않는 것이 사실이다. 그는 기껏해야 이 문제에 대해, 문턱에서 문을 두드리며 들어갈 수 있기를 간청하는 속죄자의 모습을 상징적으로 그릴 뿐이다. 그러나 그 이전에 나온 것인지, 더 나중에 나온 것인지 모르겠지만, 다른 텍스트에서는 이러한 고해에 대해서 분명한 생각을 갖도록 자세히 기술되어 있다.

몬타누스 교리 신봉자가 된 테르툴리아누스는 《순결론*De pudicitia*》에서 사면받지는 못했지만, 끝까지 속죄자의 생활을 수행한 죄인의 모습을 긍정적으로 기술한다. 그는 "문 앞에 서 있다. 그의 초췌한 얼굴은 다른 사람에게 모범이 된다. 그의 모습은 그를 도우려는 동료 수사들의 눈물을 자아낼 정도이다". 55 반대로 교회에서 사면받기 위해 지도받는 속죄자를 다음과 같이 비판적으로 그린 대목도 있다. 그는 거친 천으로 만든 셔츠를 입고, 성회聖灰를 바른 모습이다. 그의 겉옷은 초라하기 짝이 없다. 누군가 그의 손을 잡아서 교회 안으로 인도한다. 그는 과부와 신부들 앞에서 엎드렸다가, 공공연하게 그들의 옷자락을 붙잡기도 하고, 그들의 발자국에 입을 맞추고, 그들의 무릎을 껴안기도 한다. 56 어쩌면 사람들은 그 자리에서 속죄자의 생활을 마감하고 영성체를 다시 받기 전에 수행하는 고해 단계의 한 장면을 보고 있는지도 모른다. 물론 이러한 묘사에서 테르툴리아누스의 반감이

---

55 Tertullien, *De pudicitia*, III, 5.
56 *Ibid.* , XIII, 7.

과장되게 드러났을 수도 있다. 그러나 그의 반감은 사면의 행위에 관한 것이지, 속죄자의 비천한 행동에 관한 것은 아니다. 이 책보다 훨씬 나중에 나온 텍스트에서 사면받기 전에 속죄자가 공개적으로 자기의 죄를 인정하고 고해하는 장면도 비슷하게 묘사된다. 성 히에로니무스가 이야기한 바에 의하면, 첫 남편과 이혼하고, 그가 죽기 전에 재혼한 파비올라의 경우는 이렇게 묘사된다. "부활절 이전의 며칠 동안 로마 시민들이 보는 앞에서 그녀는 속죄자들 사이에 있었고, 주교와 신부와 군중들은 모두 그녀와 함께 울었으며, 그녀는 헝클어진 머리카락에 창백한 얼굴이었고, 손은 더러웠으며, 머리에 재가 뒤덮여 있었고, 공손하게 고개를 숙이고 있었다. 〔…〕 그녀는 두 번째 남편을 유혹한 얼굴과 풀어헤친 가슴에 상처를 내고, 모든 사람에게 자신의 상처를 드러냈다. 로마 시민들은 눈물을 흘리며 그녀의 창백한 몸에서 드러난 상처자국을 바라보았다."[57] 성 암브로시우스는 '고해'라는 용어를 사용하지 않고 모호한 표현을 쓰기는 했지만, 속죄자가 교회에서 신자들이 보는 앞에서 하느님에게 간청하는 이러한 의식을 고대인의 기원 방식과 연결 지어서 사실적으로 묘사한다. "너의 입장에서 한 사람의 분노를 누그러뜨리는 일이 중요하다고 해서, 많은 사람들을 만나러 다니며 그들에게 자기를 도와 달라고 간청하거나, 그런 사람의 무릎에 매달려서 발에 입을 맞추어야 할 때, 너의 죄를 아직 모르는 아이들을 그에게 인사시켜서 아이들에게 아버지의 용서를 애원하도록 그렇게 너의 잘못을 알고 있는 사람들과 증인들이 너의 간청에

---

57 Saint Jérôme, lettre 77, 4-5.

관여하는 일이 없게 할 수 있겠는가? 너는 그런 일을 교회 안에서는 하기 싫다고 하겠는가?"**58** 또한 그는 〈루카복음서〉에 의존해서, 죄를 지은 여인이 그리스도의 발에 입을 맞추고 자신의 머리카락으로 발을 씻어 주는 모습을 이렇게 그린다. "이 세상에 가장 비천한 자들이 가장 고귀한 분인 그리스도에게 경의를 표하면서 용서를 빌어야 한다는 것을 네가 모른다면 너의 머리카락으로 발을 씻어 주는 이 행위가 무슨 의미가 있겠는가? 너는 울면서 땅에 엎드려야 한다. 땅에 엎드려서 용서를 빌어야 한다."**59**

3. 그러나 고해나 고백이란 용어가 속죄의 최종 단계만을 가리키는 것은 아니다. 이 용어는 종종 속죄의 절차가 진행되는 전체 과정과 관련되어 있다. 이런 의미에서 성 이레네우스는 그노시스설을 신봉했다가 나중에 교회로 돌아와서 여생을 고해하며 지낸 어떤 여인의 이야기를 하거나, 때로는 자기의 죄를 공표하기도 하고, 때로는 고해를 하기도 한 어떤 이교인의 이야기를 한다. **60** 테르툴리아누스가 죄인이 은총 속에서 다시 일어날 수 있도록 하느님이 만드신 교회의 제도를 언급한 것은 속죄 행위 전체를 염두에 둔 것이었다. 그와 같이 이 바빌론의 왕은 7년 동안 계속해서 속죄를 했다. **61**

속죄의 모든 고행을 고해라고 부를 수 있는 것은, 속죄가 전개되는

58 Saint Ambroise, *De paenitentia* II, x(91).

59 *Ibid.*, II, viii(69).

60 Saint Irénée, *Adversus haereses*, 〔I, 6, 3; III, 4, 3〕.

61 Tertullien, *De paenitentia*, XII.

내내 장엄한 분위기로 사면 직전의 강렬한 효과를 표출하는 데 필요한 공개적이고 과시적인 회개의 표현방식이 속죄행위의 일부가 되기 때문이다. 이러한 속죄의 중요성은 자신이 죄를 저지른 죄인임을 인정하고, 회개하고 있다는 것을 증명하는 일종의 새로운 고백행사를 만드는 데 있다. 그것이 바로 테르툴리아누스가 《회개론》 9장과 10장에서 지속적인 속죄의 의미를 고해에 부여하려는 까닭이다. 속죄는 사실 한 번의 자각으로, 한 번의 행위로 실행해야 하는 것이 아니다. 그 행위는 속죄의 한 단계라기보다 속죄의 가시적이고도 명백한 형상인 동시에 밖으로 드러난 옆모습이다. 그리하여, 공개적 고해라는 말을 속죄에 적용시킬 수 있게 된다. 그렇게 되어서, 속죄자가 지켜야할 '규율', 생활방식과 삶의 태도에 관한 규정이 만들어진다. "포대 자루와 재를 뒤집어쓴 채 자야 하고, 어두운 색깔의 누더기 옷을 걸쳐야 하며, 침통한 마음으로 지내야 하고, 주변의 구성원들이 잘못을 범하면 엄하게 다스려서 행실을 고쳐 줄 수 있어야 한다. [⋯] 속죄자는 보통 단식을 하면서 기도를 한다. 신음소리를 내고, 눈물을 흘리고, 밤낮으로 하느님을 향해 소리 지르며 울기도 한다. 신부의 발밑에서 뒹굴기도 하고, 하느님이 소중하게 생각하는 사람들 앞에서 무릎을 꿇고, 자신이 용서받을 수 있도록 모든 동료 수사들에게 중재 역할을 부탁하기도 한다. 이 모든 일은 공개적 고해를 통해서 이루어져야만 그의 속죄가 믿을 만한 것이 된다."62

속죄의 의무와 속죄할 수 있는 자격을 갖춘다는 것은 속죄의 전체

---

62 Tertullien, *De paenitentia*, IX, 3~6.

진행과정을 통해 속죄를 표명하고 증명하는 공개적 속죄 행위가 내포되어 있음을 전제하는 것이다. 테르툴리아누스의 《속죄론》과 《순결론》 이후에 나온 텍스트에는 이러한 내용이 기술된다. 이 책들은 이렇게 밖으로 드러나는 고해의 실천이 속죄자들에게 매우 설득력 있는 것임을 강조한다. 이러한 방식을 통해서 속죄를 효과적으로 실행할 뿐 아니라 속죄의 진실을 증명할 수 있기 때문이다. 성 키프리아누스에게 보낸 편지에서 로마 교회의 한 사제는 배교자들에 관해 이렇게 말한다. "고해를 통해서 부끄러움을 표현하건 창피함을 드러내건 겸손함을 나타내건 간에, 그들은 과거에 자신들이 죄를 저지른 다음에 겪은 고통의 진실을 보여 준다."63 성 키프리아누스 자신은 다시 이단에 빠진 사람들에게 속죄할 것을 요청하고 그들에게 신음소리와 신자들의 눈물과 울음이 뒤섞이는 이러한 행사에 참가해 보기를 권고한다.64 4세기 말에는 이러한 체험과 진실 증명의 행위가 속죄자의 고행의 실천방식을 특징짓는 것이 된다. 성 암브로시우스의 《속죄론》 서두에는 신음소리와 눈물뿐이었던 속죄가,65 좀더 뒤쪽에 가서는 신음

---

63 "[…] ut probent lapsus sui dolorem, ut ostendant verecundiam, ut monstrent humilitatem, ut exhibeant modestiam", lettre à Cyprien, XXXVI, 3.

64 "Quaeso vos, fratres, aequiescite salubribus remediis, consiliis obedite melioribus; cum lacrymis nostris vestras lacrymas jungite, cum nostro gemitu vestros gemitus copulate"("형제들이여, 제발 우리의 충고를 따르시고, 유익한 치유방법을 받아들이시오. 당신들의 눈물과 우리의 눈물이, 당신들의 신음소리와 우리의 신음소리가 하나가 될 수 있도록 합시다", 수도원장 Thibaut 옮김), saint Cyprien, De lapsis, XXXII, 2.

65 Saint Ambroise, De paenitentia, I, v, 22.

소리, 탄식의 소리, 눈물로 이어지면서, 중요한 것은 — 신앙고백이라는 의미에서 — 일종의 자발적 고백처럼 솔직하게 죄를 인정하는 표현법을 사용해서 말해야 한다는 점이 강조된다. 이러한 고백의 표현을 통해서 배교자들은 자신들이 고문에 의해 어쩔 수 없이 강요된 배교행위를 한 것이므로 용서를 구할 수 있다는 것이다. 66 또한 성 파치아누스는 《권면Parénèse》에서 명목상으로만이 아니라 진실한 속죄의 고행을 수행하는 방법이 포대 자루를 뒤집어쓰고, 성회를 뿌리고, 단식하고, 비탄의 소리를 내고, 죄인을 용서해 달라는 수많은 동조자들의 기도와 기원의 요청이 있어야 함을 밝히고 있다. 67

속죄의 행위와 사면 사이에서 공개적 고해의 규정된 의식이 있다는 것을 부인하는 역사학자들의 견해는 성 키프리아누스의 이러한 증언들에 비추어 보면 잘못된 것처럼 보인다. 그러나 역사학자들이 속죄자가 각종 의무에 묶여 있는 생활을 해야 하기 때문에 속죄자의 모든 생활이 고백의 역할을 하는 것이나 마찬가지라는 점을 강조했을 때, 그들의 견해는 틀린 것이 아니다. 속죄자는 자신의 속죄를 '직무'로 삼아야 한다. 자기 자신에게 가하는 고통의 징벌과 속죄의 진실을 표명하는 고해, 이 두 가지 행위 없이 속죄는 이루어질 수 없다. 테르툴리

---

66 *"Confitentur gemitibus, confitentur ejulationibus, confitentur fletibus, confitentur liberis, non coactis vocibus"*, *ibid.*, I, v, 24.

67 *"Sacco corpus involvere, cinere perfundere, macerare jejunio, moerore conficere, multorum precibus adjuvari"* 〔"포대 자루를 뒤집어쓰고, 성회를 뿌리고, 단식하고, 비탄의 소리를 내면서 많은 사람들의 기도로 자신이 도움을 받을 수 있도록 요청한다", C. Épitalon, M. Lestienne 옮김〕, Pacien, *Parenèse*, XXIV.

아누스는 속죄의 전개과정에서 핵심 요소였던 이러한 고해를 가리키기 위해 '자기고백publicatio sui'**68**이라는 의미심장한 표현을 사용한 바 있다.

그러므로 우리는 세례 이후에 저지른 중죄의 용서와 죄를 지은 사람들의 교회 복귀라는 문제는 진실 인정에 필요한 모든 절차를 이행하지 않는 한 해결될 수 없는 것임을 알게 된다. 이러한 절차는 세례에 관해서 명시된 절차보다 훨씬 많고 훨씬 복잡하다. 절차의 폭도 넓다. 그 이유는 죄인이 속죄를 요청할 때 할 수 있는 공개적 선언으로부터 최종 사면을 받기 전에 교회의 문턱에서 행해야 할 과장된 표현, 겸손한 태도와 애원하는 말에 이르기까지 모든 절차가 포함되어 있기 때문이다. 이 모든 절차는 여러 개의 다른 축으로 분류될 수 있다.

  − 비공개적인 것과 공개적인 것의 축: 비공개적 측면에서는 죄를 지은 사람이 주교나 신부에게 속죄자의 신분을 허용하도록 요청할 때, 고해하고 싶은 속내 이야기를 표명하는 일이 들어 있다. 또한 공개적 측면에서는 속죄자가 자루와 성회를 뒤집어쓰고, 엎드려서 눈물을 흘리며, 사람들이 자기를 위해 중재하기를 애원하고, 신자들과 성직자들, 신부들이 모두 자기와 함께 울고 신음해 주기를 요청하는 모습으로 남들에게 보여 주어야 할 모든 행동이 해당된다. 이러한 의미의 속죄는 공개적이고 집단적인 의식이다.

  − 말로 표현된 것과 말이 아닌 태도로 표현된 것의 축: 한편으로는

---

68 〔Tertullien, *De paenitentia*, X, 1.〕

속죄하려는 사람이 속죄의 허용 권한을 갖는 사람에게 반드시 해야 할 구두 진술이 있고, 다른 한편으로는 죄를 지은 사람이 자신의 속죄를 나타내는 일련의 몸짓, 태도, 눈물, 겉옷, 외침의 소리가 있다. 어쩌면 외침을 통해서 그는 자기의 죄가 어떤 것인지를 큰 소리로 말했을지 모른다. 그러나 이러한 진술 자체는 무엇보다 중요한 요소인 육체의 모든 표현 중의 일부라는 것이다.

  − 법적인 것과 연극적인 것의 축: 한편에서 속죄란 죄를 지은 사람이 죄의 특성과 벌이 경감될 수 있는 상황을 간략하게 설명하는 것부터 시작해야 하는 일이다. 그렇게 함으로써 그의 죄가 과연 속죄할 만한 것인지 그리고 사면받기 전까지 속죄에 필요한 시간은 얼마쯤 되어야 하는지를 결정할 수 있다. 그러나 다른 한편에서는 경제적 계산법을 따르는 것도 아니고, 죄의 비중에 따라서 가능한 한 엄격한 조정방안을 찾으려 하지도 않는, 강렬한 효과를 노린 연극적 행사 위주의 축이 있다. 과장법의 원칙을 따른 이 행사는 가능한 한 격렬하게 진행되어야 한다.

  − 객관적인 것과 주관적인 것의 축: 한편에서는 적어도 죄의 본질적 요소 차원에서 객관적으로 죄를 규명한다. 다른 한편에서는 죄의 특수성이 아니라 죄인의 상태, 보다 정확히 말해서 죄인의 내면에서 중복되고, 교차되고, 갈등하는 심리 상태에 초점이 맞춰진다. 실제로 죄인은 죽음의 길로 가는 죄의 생활에 빠져 있는 모습, 즉 상징적으로 죄의 더러움과 얼룩으로 뒤덮인 모습을 그대로 보여야 한다. 그러나 속죄행위의 가시적인 강렬함이 목적으로 삼는 것은 죄인이 이러한 죄의 생활로부터 해방되었다는 것과 그러한 생활을 그만두었다는 것을

증명하는 일이므로, 그는 자신의 죄를 생각하며 눈물을 흘림으로써 죄를 씻을 수도 있고, 자신의 몸에 덮여 있는 더러운 얼룩으로부터 정화되기도 한다. 그는 겸손해지면서 자신이 다시 일어날 수 있고 일어날 만한 자격이 있는 사람임을 보여 준다. 69 고해 행사는 실제로 저지른 〔잘못〕을 사실 그대로 나타내기 위한 것이 아니라, 속죄자 자신이 진실한 존재임을 환한 빛 가운데 불쑥 솟아오르게 하는 것이다. 죄인의 진실된 모습을 드러냄으로써 그는 실제로 더 이상 죄인이 아니게 된다.

초기의 교회에서 주관하는 속죄의 고행에서 진실에 관한 절차들은 두 개의 극점을 중심으로 재편성된다고 말할 수 있다. 그것들 중 하나는 구두에 의한 비공개적 표명으로서, 이것의 역할은 우선 죄를 평가하고 어떤 방법으로 죄를 용서할지를 결정할 수 있게끔 죄를 명시적으로 규정하는 것이다. 다른 하나는 포괄적이고 공개적인 표현으로서, 이것은 가능한 한 강렬하게 연극성을 살려서 속죄자의 죄의식 상태와 동시에 죄의식으로부터 벗어나려는 변화의 의지를 극적으로 나타내는 역할을 한다. 물론 여기서 중요한 것은 속죄를 통해 죄인의 진실과 죄

---

69 테르툴리아누스에 의하면 속죄의 고행을 나타내는 것에는 두 가지 의미가 있다. "속죄의 고행으로 그가 일어설 수 있는 것은 그를 땅에 엎드리게 함으로써이다. 속죄의 행위를 통해 그의 죄를 고발함으로써 그는 죄를 고백하고 용서를 받을 수 있다", *De paenitentia*, IX, 6; saint Cyprien: "우상을 바라보는 잘못을 범했던 똑같은 눈에서 쏟아지는 눈물은 하느님을 기쁘게 하고, 그들의 죄를 지우게 한다", lettre XXXI, 7; saint Jérôme: "그러한 눈물로 지울 수 없는 죄가 어디 있으랴? 그러한 통곡으로 씻을 수 없을 만큼 뿌리 깊은 죄의 얼룩이 어디 있으랴?", lettre 77, 4.

의 진실을 나타내는 여러 가지 방법들이 두 극점의 어느 쪽으로 분류되는가이다. 이것들은 서로 다른 두 개의 독립적 제도도 아니고, 서로가 완전히 이질적인 실행방식도 아니다. 이것들은 서로 붙어 있으면서 간섭하고, 종종 뒤섞여 있기도 한다. 은밀하게 수행되는 속죄의 고행과 비공개적으로 이루어지는 고해도 많다. 70 또한 수도회의 구성원이 저지른 죄에 대하여 구두로 하는 공개적 증언도 있다. 71 그러나 그 어떤 경우라 할지라도 〔두 가지〕 유형의 실행방식, 즉 죄의 진실을 말하기와 죄인의 진실성을 나타내기의 두 가지 방식을 구별할 수 있다.

또한 이 두 가지 방식은 균등하게 분할되어 있지 않다. 죄에 대한 구두진술이 필요한 것은 속죄의 고행을 결정할 때와, 속죄자로 받아들여질 수 있는 것인지, 사면을 받을 만한 것인지를 조사할 때뿐이다. "잘못을 말하기"와 죄인 스스로 죄의 고백과 자기성찰, "죄의 진실을 말하기" 등을 이끌어 내는 일은 오직 속죄의 절차가 시작되기 전에만 가능하다. 그러므로 그것은 어디까지나 속죄의 절차 밖에서 가능한 일이다. 그와 반대로, 과장, 몸짓, 손짓, 표현력 등을 섞은 죄인의 죄에 대한 모든 표현방식은 속죄의 본질적 요소이다. 그것은 속죄의 기본적이고 지속적인 차원을 만들어 낸다. 속죄자는 자기가 저지른 일

---

70 성 시푸리아누스가 단순히 희생제의만 '생각한' 사람들에 관해서 말할 때, 그는 먼저 사제에게 고백해야 한다는 것을 환기시키면서 '양심의 고백'을 언급한다(*De lapsis*, XXVIII). 중요한 것은 고백이고, 개인적으로건 비밀리에 말하는 것이건 하느님에게 직접 호소하는 회개의 표명인 것 같다.

71 성 레오는 5세기 중엽에 신자들이 범한 죄의 목록을 공개적으로 낭독하는 관습을 없애야 한다고 말했다(편지 168).

에 대해 "진실을 말하기"보다 자기를 있는 그대로 나타내면서 "진실인 것처럼 표현하기"에 더 애써야 한다.

속죄의 실천이 오직 속죄자의 진실을 백일하에 드러나도록 하는 행사를 통해서만 실행되는 것에는 다음과 같은 문제가 있다. 죄를 지었을 때, 스스로 회개하고 자신에게 엄격함과 고행의 시련을 부과하면 되는 것이지, 왜 남들 앞에 자신을 드러내 보이고 자기의 모습을 그대로 나타내야 하는가? 왜 진실의 표현행위가 죄의 사면절차에서 기본적인 구성요소가 되어야 하는가? 나쁜 짓을 했는데, 왜 우리는 저지른 행위의 진실뿐 아니라, 우리 자신의 진실된 모습을 나타내야만 하는가? 그 대답은 분명하다. 기독교가 강력한 공동체 구조와 서열화된 조직을 갖춘 교회 체제로 편성될 때부터, 그 어떤 중대한 범법행위도 많은 검증 절차와 보증 없이는 용서받을 수 없었기 때문이다. 세례지원자 제도에 의해서 — 영혼에 대한 시험probatio animae — 우선적으로 세례 후보자를 시험해 보지 않고는 받아들일 수 없듯이, 과거 일에 대해서 벌을 줄 수도 있고 미래를 고려해서 약속해 줄 수도 있는 그러한 규율과 훈련을 통해 회개하는 모습을 분명하게 표명하지 않으면 사면해 줄 수 없는 것이다. 죄를 지은 사람은 반드시 자기고백publicatio sui을 실행해야만 한다.

그러나 자기체험을 이야기한다는 관점에서 이해할 수 없는 것은 죄를 용서받을 수 있도록 죄인이 진실을 말해야 하는 것과 — 보다 정확히 말해서 자기의 진실된 모습을 드러내는 — 그러한 의무를 성찰하고 정당화하는 방법이다. 실제로 이러한 의무는 끊임없이 명시되었다. 고해를 하지 않고 죄인이 자신의 죄를 인정하지 않으면, 그리고 자기의 죄를 인정하는 이러한 외적이고, 분명하고, 가시적인 표명이 없으면 절대로 용서는 없다. "주님에게 고해하는 사람은 예속을 벗어날 수 있다. [⋯] 그는 자유로울 뿐 아니라 정의로운 사람이다. 그런데 정의는 자유 속에 있고, 자유는 고백 속에 있다. 고백하는 자는 곧 용서받으리라."72 그리고 성 요한 크리소스토무스는 간략하게 "너의 죄를 말하라. 그러면 너의 죄는 없어지리라"고 말한 바 있다.73 성 암브로시우스와 성 요한 크리소스토무스가 번갈아 가면서 내린 카인의 저주에 대한 해석의 바탕을 이룬 것이 바로 이러한 일반원칙이다. 카인의 죄가 아무리 중대하다고 해도 그것이 용서할 수 없는 죄는 아니었다. 하느님이 그에게 동생에 대해서 어떤 잘못을 저질렀는지를 물었을 때, 당연한 말이지만, 하느님은 그 사실을 몰라서 물은 것이 아니라, 그에게 고백할 기회를 주기 위해서였다. 그런데 그를 용서할 수 없게 만든 것은 "나는 모른다"는 대답이었다. 이것이 바로 영원한 단죄의 원칙이다. 그의 거짓말이 존속살해죄보다 더 중대했기 때문에, 성 암브로시우스는 그를 "신성모독자"라고 말할 수 있었다.74 죄를 범한 사람이 "나는 모른다"고 한 진실의 부정이야말로 죄인이 범할 수 있는 가장 무거운 죄이다. 그러한 죄는 바로잡을 수 없는 것이기 때문이다. 카인과 달리, 자발적으로 자기의 죄를 고백한 다윗은 정의로운 사람으로서 속죄자의 전형이라 할 수 있다. 그는 진실을 공개적으로 말함으로써

---

72 [Saint Ambroise, lettre XXXVII, 44.]

73 Saint Jean Chrysostome, [IIe *Homelie* sur la pénitence, 1].

74 Saint Ambroise, *De paradiso*, XIV, 71: "*non tam majori crimine parricidi* [⋯] *quam sacrilegii*". 또한 saint Jean Chrysostome, XIXe *Homélie* sur la Genèse 참고.

구원을 받는다.[75] 또한 아담과 하와가 영원히 지옥에 떨어지는 징벌을 받지 않게 된 것은 그들이 고백했기 때문이다. 크리소스토무스에 의하면, 그들은 자신들의 죄를 두 번이나 고백했다는 것이다. 한 번은 하느님에게 말로 대답함으로써이고, 또 한 번은 벗은 몸을 감추며 몸과 몸짓으로 고백을 표현함으로써이다.[76]

속죄의 고행 제도와 고해의 체계화가 이루어지기 훨씬 전에, 기독교 교회는 죄를 지은 사람에게 진실에 대한 의무의 기본 특징을 속죄의 조건과 같은 것으로 제시했다. 자신이 저지른 죄의 진실을 말하는 일, 보다 정확하게 말해서 죄인의 마음상태를 진실한 모습으로 표명하는 일은 자신의 죄를 용서받는 데 절대적으로 필요하다. 진실이 무엇인지를 표명하는 일이야말로 죄의 진실이 지워질 수 있게 하는 필요조건이다. 이러한 관계를 생각하고 이러한 필연성을 설명하기 위해서, 고대의 기독교는 몇 가지 모델을 고안해 냈다.

1. 의학적 모델은 매우 빈번하게 이용된다. 여기서 죄는 상처나 외상으로, 속죄는 치유로 표현된다. 이것은 영혼의 질병에 관한 그리스적 발상에 근거를 둔 것이면서, 또한 죄-상처라는 히브리 문화의 전통에 근거를 둔 것으로서 그만큼 일상화된 주제라고 할 수 있다. 속죄가 치료행위라는 생각은 오래전부터 초기 기독교의 사목활동에서는 상식적인 것이었고,[77] 그 이후에도 변함이 없었다. 그러나 일반적인 치료

---

75 Saint Ambroise, *Apologia de propheta David*, 〔VIII, 36~39〕.

76 Saint Jean Chrysostome, XVIIe *Homélie* sur la Genèse.

행위와 속죄의식 사이에는 한 가지 차이가 있음을 알아야 할 것이다. 속죄의 고행 제도가 성사의 형태를 갖추어서 12세기에 결정적으로 승인받게 되었을 때부터 사면권을 갖는 사제가 의사의 역할을 대신하게 되었다. 자기의 죄를 개인적이고 은밀하고 상세한 고백의 형식으로 말해야 한다는 것은 모든 환자가 치료해 주는 사람에게 자기가 감추고 있는 신체장애와 심한 고통, 질병을 모두 밝혀야 한다는 원칙과 같은 것으로 정당화될 수 있다. 그러므로 죄인의 진실한 모습과 영혼의 비밀을 드러내는 것은 이러한 관점에서 본다면, 필연적 테크닉이다. [78] 그러나 초기 기독교에서 상처를 치료해 주는 사람은 사제가 아니다. 속죄를 받아들일 수 있는 유일한 의사는 그리스도이고, 말하자면 하느님 자신이다. "과거의 죄에 관한 한, 치료해 주는 사람이 있다. 그는 모든 일을 할 수 있는 권한을 가진 사람이다."[79] 그런데 이 전능한 의사에게 죄인이 자신의 상처를 보여 주고 자신이 감추고 있는 병을 드러낼 필요가 있을까? 모든 것을 알고 있는 사람에게 새삼스럽게 알려 준다는 것이 무슨 소용이 있는가? 그에게는 마음속 깊은 곳에서 저

---

77 다음 예들을 참고하라. Hermas, *Le Pasteur*, *Vision I*, 1, 9 et 3, 1; *Précepte IV*, 1, 11; *Précepte XII*, 6, 2; *Similitude V*, 7, 4; *Similitude VIII*, 11, 3; *Similitude IX*, 23, 5 et 28, 5; Tertullien, *De paenitentia*, VII, x, 12; saint Cyprien, lettres XXX, 7; XXXI; XXXVI; LV, 7 et 15~17; *De lapsis*, 〔XXVIII〕; saint Ambroise, *Expositio Evangelii secundum Lucam*, V, 2; X, 66; *Enarratio in Psalmum 36*, 14; *De paradiso*, XIV, 70. *De paenitentia*와 관련해서는 édition Gryso(Sources chrétiennes) 의 색인 참조.

78 물론 이런 것이 속죄의 고백을 정당화하는 유일한 방법은 아니다. 정당화하는 방법은 끊임없이 언급된다.

79 Hermas, *Le Pasteur*, *Mandatum IV*, 1, 11.

지른 잘못을 숨길 수도 없다. **80** 그러므로 이것은 속죄에 의한 치유의
역설이다. 속죄가 요구하는 것은 분명하고 엄격한 고해를 통해서 치
료해 주는 사람이 모두 알고 있는 죄를 표명하는 일이다. 그리스도 앞
에서는 어쨌든 절대로 감출 수 없기 때문에 모든 것을 말해야 한다. 그
에게는 진실을 말해야 한다. 그것은 그가 권한을 행사하고 적절한 치
료책을 찾는 데 꼭 필요해서가 아니라, 치료해 주려는 사람의 입장에
서 진실은 의무와 같기 때문이다. 환자에게 중요한 문제는 자신에 대
한 정보를 주면서 치료를 가능할 수 있게 하는 것이 아니라, 진실이란
대가를 치러야 치료받을 자격이 생긴다는 것이다.

2. 법적인 모델에 의존하는 것은 매우 흔한 일이지만, **81** 이것 역시
위와 같은 역설을 드러낸다. 속죄가 분명하면서도 확실하게 법정의
재판처럼 규정됨으로써 사제가 재판관의 역할을 하게 되었을 때(여기
서 재판관은 하느님을 대리하는 존재이고, 그의 판결은 천국에서 효력을 갖
는 것이므로), 죄인이 자기가 저지른 죄를 거짓 없이 고백하는 일은 속
죄절차의 본질적 구성요소가 된다. 거짓말을 하거나 진실을 말하지
않으면 속죄가 무효화된다는 위협을 받는 죄인이지만, 고해신부가 판
결을 내리고 속죄의 고행을 결정할 수 있는 것은 어디까지나 죄인의
말이 좌우한다. 고대 기독교에서 사제는 재판관의 역할을 하지 않았

---

80 끊임없이 반복된 주제. 테르툴리아누스의 견해도 마찬가지다. *De paenitentia*, X.
81 테르툴리아누스에게서 발견되는 이 말은 성 암브로시우스와 성 아우구스티누스에
　　게서도 포괄적으로 쓰인다.

다. 속죄자는 하느님을 직접 상대하면 되었다. 그러므로 그는 모든 것을 알고 있는 심판자에게 아무것도 알려 줄 것이 없었다. 82 그렇지만 이제 속죄자는 그에게 아무것도 감추지 않고 저지른 죄를 모두 보여 주어야 한다. 83 이러한 의무에 대하여 3세기와 4세기의 저자들은 몇 가지 근거를 들어 설명한다. 그중 하나는 완전히 전통적인 해석으로서, 재판관의 생각 속에 피고인의 자발적이고 성실한 고백이 유리하게 작용할 수 있기 때문이라는 것이다. 84 또 다른 해석은 악마가 어느 날 하느님 앞에서 인간의 고발자 역할을 할 것이라는 상상과 관련된다. 인간은 자기가 하는 말이 악마의 고발을 능가하면, 또는 악마보다 먼저 비난받아 마땅한 자신의 죄를 사실대로 진술하면, 훨씬 유리한 입장에 설 수 있다는 것이다. 85 게다가 그리스도는 하느님 옆에서 인간의 변호인이자 중재자 역할을 해야 하기 때문에, 당대의 사람들은 죄인이 자신의 소송을 의뢰하면서 죄를 털어놓는 것은 기본 원칙이라고 여겼다. 86 끝으로 3번째 해석은 우리에게 매우 낯설어 보일 수 있

---

82 *"Frustra autem velis occulere quem nihil fallas: et sine periculo prodas, quod scias esse jam cognitum"* ["오직 진실을 말해야 하는 하느님 앞에서 진실을 감추려고 하는 것은 소용없는 일이다. 하느님이 당신에 대해 이미 모든 것을 알고 있기에, 당신은 아무런 두려움 없이 모든 것을 말해야 한다", Dom G. Tissot 옮김], saint Ambroise, *Expositio Evangelii secundum Lucam*, VII, 225.

83 *"Mora ergo absolutionis in confitendo est, confessionem sequitur peccatorum remissio"*, saint Ambroise, lettre XXXVII, 45.

84 *"In judiciis saecularibus* [⋯] *quaedam tangit judicem miseratio confitentis"*, saint Ambroise, *De Cain et Abel*, II, 9.

85 Ainsi saint Ambroise, *De paenitentia*, II, vii, 53: *"Si te ipse accusaveris, accusatorem nullum timebis"*. aussi *De paradiso*, XIV, 71 참고.

는 논거로서, 자신의 죄를 고백하는 사람은 하느님 앞에서 자기의 무죄가 입증될 뿐 아니라, 하느님의 존재를 정당화하고 인간의 잘못에 대한 하느님의 분노를 정당화한다는 것이다. 다시 말해서, 인간이 자신의 죄를 부정하는 것은 하느님으로 하여금 거짓을 말하도록 하는 것이 될지도 모른다. 87

3. 그러나 사실을 말하자면 이 두 가지 모델—치료의 모델과 심판의 모델—은 나중에 속죄의 고백을 조직화하고 그것에 형식을 부여하는 데 매우 중요한 것이 되긴 하지만, 고해의 의무와 관련해서는 부차적 역할밖에 하지 못하는 것 같다. 죄인의 진실한 모습과 속죄의 진실성을 밝혀야 하는 속죄자의 의무는 순교자와의 관계에 훨씬 더 깊은 근거를 두고 있다. 속죄가 순교자와 관련된다는 것은 두 가지 이유 때문이다. 첫째, 순교자는 죄의 용서를 약속받는다는 것이다. 그가 흘리는 피는 그의 죄를 씻어 준다. 그리고 처음 세례받을 때 그가 고백한 신앙을 수난 속에서 두 번째로 고백할 경우, 그의 수난은 첫 번째와 〔동일한〕 용서의 효과를 갖는 두 번째 세례가 될 수 있다. 88 둘째,

---

86 Saint Ambroise, *Expositio Evangelii secundum Lucam*, VII, 225: "*Confitere magis, ut interveniat pro te Christus, quem advocatum habemus aput Patrem*", saint Augustin, *Discours sur le Psaume 66*, 7 참고.

87 Saint Ambroise, *Apologia de propheta David*, X, 53: "*si autem dixerimus quia non peccavimus, mendacem facimus Deum*".

88 오리게네스는 박해에 시달리던 "순교자의 세례"에 관해서 이야기한다. 텍스트에서 그가 말한 바에 의하면, 순교자의 피로 죄가 씻긴다는 것이다. 테르툴리아누스는 순교자에 대해서 말할 때와 마찬가지로 두 번째 세례(*De baptismo*, 16) 또는 *aliud*

속죄로 구제해 주는 일 — 또 다른 '두 번째 세례' — 은 심각한 토론을 거쳤다고 해도, 형벌의 수난을 받기보다 신앙을 부정하는 길을 선택하여 죄를 짓게 된 사람들을 수용하는 방법이 된다는 것이다. 그들에게 속죄는 자신의 나약함 때문에 순교자가 되지 못한 것을 만회하기 위한 방법이자 신앙을 다시 표명하기 위해 자신에게 순교자의 고통을 부과하는 방법일 뿐이다. 기독교인들에 대한 대대적인 박해 이후에 나타난 이 주제는 그 후에도 계속 논의되었다. 그러므로 속죄는 위험한 상황에서 자기의 신앙을 증명할 기회를 갖지 못한 세대에게 순교를 대신할 수 있는 기회로 나타난다. "순교자들은 처형되었다." 성 아우구스티누스는 이렇게 묻는다. "처형당한 사람들의 자손이 우리가 아니라면 그 누구겠는가? 그리고 주님에게 '당신이 죄의 굴레를 끊어 주었는데, 내가 당신을 위한 희생제의에서 영광의 제물을 바치겠습니다'라는 말을 하지 않고 어떻게 우리가 죄의 굴레로부터 해방될 수 있겠는가?"[89]

그렇지만 우리는 순교가 진실의 행위라는 것을 알고 있다. 그것은 신앙을 위해서 우리가 죽을 수도 있다는 증언이자, 속세의 삶은 죽음

---

baptisma(*De pudicitia*, 22)를 말한다. 이 문제에 대해서 다음을 참고할 것. E. E. Malone, *Martyrdom and Monastic Profession as a Second Baptism*, Düsseldorf, 1951.

89 Saint Augustin, *Discours sur la seconde partie du Psaume 101*, 3. 훗날 성 그레고리우스는 이렇게 말한다. "우리가 더 이상 박해를 받지 않는 처지에 있더라도 평화 속에서 순교자의 공덕을 생각할 수 있다. 왜냐하면 우리가 박해자들의 칼 아래에 머리를 숙이지 않더라도, 우리의 영혼 속에 영적인 칼을 품게 되었기 때문이다", *Homélie* sur l'Évangile, III, 4(P. L., t. 76, col. 1089).

인 반면, 죽음이 오히려 진실한 삶의 길을 열어 준다는 것의 표시이며, 고통에 의연하게 대처할 수 있게 만드는 증명서이기 때문이다. 순교자는 말을 하지 않고서도 순교라는 행위 자체로 자신의 생명을 파괴하면서 죽음을 초월하여 살 수 있다는 진실을 백일하에 드러나게 한다. 순교행위의 복잡한 자기구제의 방법에서 보면, 진실은 신앙 속에서 명확히 드러나고, 모든 사람이 보는 앞에서 힘으로 나타나며, 삶과 죽음의 가치를 전도시킨다. 순교는 다음과 같은 3가지 의미에서 '증거 épreuve'가 된다. 첫째, 한 인간의 신앙의 진실을 표현한다는 것, 둘째, 그가 믿는 대상의 절대적인 힘의 정당성을 증명한다는 것, 셋째, 이 세상의 거짓된 허상을 사라지게 하고, 초월적 세계의 실재성을 보여 줄 수 있다는 것이다. 고해가 속죄에서 매우 중요하고, 그것이 공개적이고 과시적인 의식에서 속죄와 일체가 되는 것은 속죄자가 순교자처럼 증언을 해야 한다는 것 때문이다. 그는 회개를 표명하고, 자신의 믿음으로 갖게 된 힘을 보여 주고, 자신을 비굴하게 만든 육체는 하나의 먼지와 죽음에 불과하고, 진정한 삶은 다른 곳에 있다는 것을 보여 주어야 하기 때문이다. 참고 견딜 만한 용기(또는 기회)가 없었던 순교를 재현하면서, 속죄자는 삶의 거짓된 허상 속에 감춰져 있는 죽음의 문턱과, 죽음에 의해서 약속된 진실한 삶의 문턱에 있다. 이러한 문턱은 영혼이 자기 자신으로 완전히 돌아와서 자신의 모든 가치를 전복시키고, 모든 것을 바꿔 버렸을 때 가능한 회개의 문턱이자 개심의 문턱이다. 속죄자 자신이 자신의 삶이었던 이러한 죽음과, 죽음에 의해서 도달할 수 있는 삶을 나타내는 고해는 진실을 정당하게 세우는 본보기이며 회개의 증거가 된다.

오래된 속죄의 관습에서 '고백'의 역할은 분산되어 있으면서 동시에 본질적인 것이 되었다고 말할 수 있다. 분산되어 있다는 것은 어떤 경우에 (주교에게 속죄자의 지위를 요청할 때처럼) 죄를 구두로 진술하도록 요구하는 일이 있다 할지라도, 그것이 모든 속죄의 절차에서 위치가 정해진 분명한 의식은 아니기 때문이다. 또한 본질적이라는 것은 속죄의 지속적인 수행이 문제이기 때문이다. 속죄의 수행이라는 것은 속죄의 고행이 전개되는 동안 계속 진실을 표명해야 하는 일이다. 훗날, 중세의 속죄에서 고백은 저지른 죄를 모두 열거하는 '진실 말하기'의 형식을 갖추게 된다. 여기서 모든 속죄의 고행은 '진실 말하기' — 보다 정확히 말해서, 구두 진술은 어디까지나 몸짓, 행동, 생활 품행에 유리하게 작용할 수 있는 역할에 한정된 것이므로 '진실처럼 보이게 하기'가 되어야 한다. 이것은 회개, 즉 후회, 고행, 진정한 삶으로의 회복을 진실처럼 보이게 하는 일이다. 그러나 속죄의 본질이라고 할 수 있는 이 '진실처럼 보이게 하기'는 저지른 죄를 기억력으로 재구성하는 역할을 하는 것이 아니다. 그것은 주체의 정체성을 확립하기 위한 것도 아니고, 주체의 책임을 결정하기 위한 것도 아니며, 자기와 자기의 과거에 대한 인식 방법을 구성하는 것도 아니다. 그것은 오히려 단절의 표명이다. 시간의 단절이자 속세의 포기이고, 삶과 죽음의 전도이다. 성 암브로시우스의 말에 의하면, 속죄자는 오랫동안 집을 떠났다가 돌아온 젊은이와 같을 것이다. 그래서 그가 사랑했던 여자는 그의 앞에 나타나서 "나 여기 있어요ego sum"라고 말한다. 그러면 그는 이렇게 대답할 것이다. "그러나 그때의 나는 없고 지금의 내가 있지요Sed ego non sum ego." 속죄의 역사에서는 죄인이 사제 앞에 나타나

"나 여기 있어요"라고 말하면서 자기의 죄를 구두로 상세히 밝히는 날이 올 것이다. 그러나 원시적 형태의 속죄는 수련과 동시에 표명이고, 고행과 동시에 진실 보이기로서 "내가 없는 곳에 내가 있다"고 주장하는 방법이다. 고해의 의식은 속죄자의 정체성 단절을 공고히 한다.

〔4〕

〔최고의 기술〕

영성지도, 자기 자신에 대한 성찰, 자신의 행동과 생각에 대한 주체의
주의 깊은 통제, 자기 자신을 타인에게 설명하는 일, 지도자에게 조언
을 요청하는 일, 그리고 그가 제안하는 행동규범을 받아들이는 일, 이
모든 것은 매우 오래된 전통이다. 기독교인 저자들은 이러한 전통의
연속성을 숨기지 않았고, 이러한 관습과 그들 자신이 규정한 신앙의
실천 사이의 공통점을 부정하지도 않았다. 성 요한 크리소스토무스는
이교인 철학자들의 예를 들고 피타고라스를 인용하면서 양심성찰
examen de conscience을 권고한다.1 성 닐루스가 에픽테토스의 《입문서

---

1 여기에는 일말의 경멸이 없지 않다. "너 게으름뱅이야, 개미에게 가서 그 사는 모
   습을 보고 지혜로워져라"(〈잠언〉 6장). saint Jean Chrysostome, XVIIᵉ *Homélie
   sur saint Matthieu*, 7(P. G., t. 57, col. 263).

Manuel》를 복간한 것은 그 책이 신자들의 정신을 품위 있게 교육시킬 수 있고, 그들을 구원할 수 있는 기독교인의 생활규범 지침서로 생각되었기 때문이다. 고대의 품행 지도교사와 기독교인의 금욕생활로 이끌어 주는 지도자 — 다른 관점에서 철학적 생활이라고 불리기도 하는 — 사이에는 어떤 연속성이 있다. 그렇다고 해서 양자 사이의 다른 점들을 간과해서는 안 된다.

그리스인들과 로마인들에게서 생활지도의 실천은 다양한 방식으로 확산되었다. 이러한 관습은 간헐적, 상황적 관계 속에서 실행되었다. 소피스트 안티포네스는 상담실을 열고, 어려운 상황을 극복하기 위해서 찾아오는 사람들에게 필요한 조언을 하고 상담비를 받았다고 한다.[2] 또한 의사들은 신체적인 질병뿐 아니라 정신적인 불안으로 치료를 요청하는 사람들을 진료하기도 했다. 그들이 권장한 생활방식은 질병 예방, 정념을 억제하게 하는 생활규칙, 자기통제, 쾌락의 절제, 타인과의 균형 잡힌 관계 등이었다.[3] 그러나 상담은 보수를 받지 않는 우정과 호의로 이루어진 경우도 있었다. 그것들은 대화, 서신 교환, 곤경에 빠진 친구를 돕는 간단한 계약서 작성 등이다. 이따금씩 이루어지는 이러한 형태의 지도는 일반적으로 특정한 상황에 처한 사람들

---

2 다음을 참고. J. Hani, "Introduction", *in* Plutarque, *Consolation à Apollonios*, Paris, 1972.

3 "영혼의 병을 식별하는 일은 다른 사람들에게 맡겨야 한다. 그것은 우리 자신이 할 수 없는 일이다. 또한 영혼의 감독자 역할을 아무에게나 맡겨서는 안 된다 〔…〕. 우리를 주의 깊게 지켜보고, 우리의 과오를 알려 주는 사람에게 부탁해야 한다.", Galien, *Traité des passions de l'âme*, VI, 23.

의 문제에 부응하기 위한 것이었다. 즉, 역경, 추방, 가족의 죽음에 직면했을 때와 위기의식, 전환기의 어려움, 불확실한 상황에 처했을 때 사람들은 지도사를 찾는다. 세레누스가 세네카에게 자신의 상태를 설명하고 진단과 조언을 요청했을 때도 그런 경우였다.4 그는 스토아주의의 지혜를 깨닫는 길에서 자신이 더 이상 발전할 수 없어 좌절감에 빠진 상태였다. 자신의 내면에서 상반된 갈등의 흐름이 영혼을 어지럽히는 혼돈의 느낌은 '폭풍우'를 유발할 정도까지는 아니라고 해도, '뱃멀미 같은 구역질'5을 느끼게 할 만큼 강력했다는 것이다.

그러나 이러한 지도방식보다 훨씬 지속적이고 제도화된 형태의 지도방식도 있었다. 이것은 특히 철학 학원에서 통용되는 방법이었다. 그곳에서는 개인이 지켜야 할 단체생활의 규율이 훨씬 개인적 관계들로 보완되어 있었다. 이 학원에서 교사는 학생의 지속적인 지도자였다. 교사는 학생에게 차츰차츰 진리를 가르쳤고, 동시에 덕행의 길, 자기통제의 길, 영혼의 평정을 유지하는 길로 나아갈 수 있는 방법 등을 모두 가르쳤다. 또한 학생의 발전을 위해 시험을 보게 했고, 동시에 매일같이 생활방식에 관한 충고를 해주었다. 그렇기 때문에 에피쿠로스주의자들은 개인면담 시간을 개설했고, 그 학파에 소속된 사람들은 누구나 서로에게 아무것도 감추는 일이 없도록 마음을 열게 함으

---

4 *"Dicam quae accidant mihi ; tu morbo nomen invenies* (…). *Rogo itaque, si quod habes remedium"*("내가 느낀 것을 그대로 너에게 알려 주겠다. 그러면 너의 병명을 알 수 있을 것이다 (…). 그러니까 네가 치료방안을 (…) 알 수 있기를 간절히 바란다", R. Waltz 옮김), Sénèque, *De tranquillitate animae*, I, 4 et 18.

5 *"Non tempestate vexor sed nausea"*, *ibid.*

로써 그들을 효과적으로 지도할 수 있었다. 일반 교사들은 한 그룹을 단체로 책임질 수 있게 한 반면, 최고의 현자인 지도자들만이 학생을 개별 지도할 수 있었다. 6

지도의 활성화를 위해 다양한 총괄적 실행방안을 마련하도록 했다. 7 그중에서 가장 중요한 것은 양심성찰이었다. 피타고라스주의자들 이후에 양심성찰은 많은 생활규범 중에서 핵심 요소가 되었다. 그러나 양심성찰은 언제나 같은 형식이 아니었고, 언제나 같은 대상을 다루지도 않았으며, 언제나 같은 효과를 기대하지도 않았다. 8 피타고라스주의의 자기성찰 교육은 알려진 것이 거의 없다. 그러나 《황금시편Carmen aureum》의 유명한 시구 중 처음 두 행에서 가장 오랜 전통의 자기성찰 교육의 표상을 알 수 있다. 그 구절은 "네가 하루에 한 모든 행동을 반성하기 전에는 너의 눈앞에 부드러운 졸음이 슬며시 들어오는 일이 없게 하라"이다. 9 정신적인 성숙을 위한 시험의 기능을 넘어서 이러한 반성은 피타고라스주의자들이 개발한 기억력 훈련 방법 중 하나였을 것이다. 어쩌면 이러한 성찰은 기분 좋은 꿈을 유도하기 위

---

6 다음을 참고할 것. I. Hadot, *Seneca und die griechisch-römische Tradition der Seelenleitung*, Berlin, 1969, p. 64 sq.

7 이러한 실행방안들에 대해서는 다음을 참고할 것. P. Rabbow, *Seelenführung. Methodik der Exerzitien in der Antike*, Munich, 1954.

8 예문: 스토아주의자들과 에피큐리안들 사이에서는 불행에 어떻게 대처하는지를 시험하기 위해서 우리가 겪을 수 있는 불행을 생각해야 하는가에 대한 문제가 논의된 바 있다.

9 다음의 시 구절은 훨씬 나중에 나오는 것이다. "먼저 모든 것을 대강 돌아보는 일부터 시작하라. 그런 후에 네가 잘못을 범한 일이 생각나면, 너 자신을 질책하라. 그러나 네가 올바르게 행동한 것이라면, 기뻐하라."

한 것이거나, 스콜라철학이 죽음의 전조를 볼 수 있었던 그러한 잠을 준비하기 위한 마음의 정화의식과 같은 것이었을지도 모른다. 10

그리스 철학이 양심의 지도방식으로 도입되어 크게 발전하는 과정에서, 영혼의 성찰이 중요한 역할을 하게 된다. 이것은 일종의 매개 기능을 하여, 지도하는 스승과 제자 사이를 중계하고, 정식으로 지도받는 기간과 그 기간이 끝난 후의 연결점이 된다. 이러한 성찰에 의해서 지도자가 정확한 판단을 내리고 적절한 치유방안을 결정할 수 있도록 제자나 상담자가 지도자에게 영혼의 상태를 알려 주는 것은 그러한 이유 때문이다. 그렇기 때문에 세레누스가 세네카의 도움을 요청하러 왔을 때, 그는 다음과 같이 자기성찰을 시작한다. "선생님께 저의 상태를 요약해서 설명하기보다 저의 나약한 정신상태를 자세히 알려 드리는 편이 더 나을 것 같습니다. 〔…〕우선 제가 겪은 일부터 말씀드리겠습니다. 그러면 선생님이 저의 병을 진단해 주시겠지요."11 또한 이러한 성찰에 의해서 지도받는 사람이, 자신의 정신에 영향을 미치고 자신의 발전을 도와줄 수 있는 지도자의 조언 방식을 존중하는 것도 성찰에 의해서다. 그가 철저히 지도자의 충고를 따르는지 그리고 자신의 독립성을 인정받을 수 있는지를 지속적으로 점검할 수 있는 것도 성찰에 의해서다. 또한 지도기간이 끝난 후에도 지도효과가 연장될 수 있게 하고, 자신에게 지속적인 지도력을 행사할 수 있게 하는 것도

---

10 이러한 실행을 기억하는 일의 가치와 잠을 잘 자고 좋은 꿈을 꾸기 위한 준비로서 그것이 갖는 의미에 대해서는 다음을 참고할 것. H. Jaeger, "기독교 이전에 기독교가 아닌 종교에서의 양심성찰", *Numen*, t. VI, 1959, pp. 191~194.
11 Sénèque, *De tranquillitate animae*, I, 4.

성찰이다. 이러한 4가지 성찰의 역할, 즉 타인에게 마음을 열고, 지도 방침을 내면화하고, 성과를 시험하고, 자립했을 때 필요한 자기통제 훈련을 하는 일은 갈리에누스의 《영혼의 수난Passions de l'âme》에 실린 다음 논설에서 그 주제가 분명히 나타난다. "성찰에 대한 판단은 우리 자신에게가 아니라 타인에게 맡겨야 한다. 그런 후에는 아무에게나 감독자 역할을 넘겨주어서는 안 된다. 감독자는 누가 보더라도 현자로 존경받는 지혜로운 노인들이어야 하고, 마음의 병에 걸린 적이 없는 사람으로, 우리 자신이 여러 번의 기회를 통해 직접 확인할 수 있는 사람이어야 한다. 〔…〕 가능한 한 매일 여러 번, 하루의 활동이 시작하기 전에 적어도 새벽부터 밤에 잠들기 전까지 성찰해야 한다. 나의 경험을 말한다면, 매일같이 습관적으로 명상을 먼저 하고, 다음에는 하루에 두 번 피타고라스 같은 철학자가 우리에게 전해 준 조언을 큰 소리로 외치듯이 말해야 한다. 왜냐하면 영혼의 평정심을 얻는 것에 만족하지 않고, 계속 식탐과 방탕에 빠지지 않도록 주의해야 하기 때문이다. 스스로가 자기 자신의 지도자인 사람들에게 요청해서, 우리를 지켜보고, 우리의 일탈을 알려 달라고 해야 한다. 우리가 일탈하지 않도록 주의를 주게 하고, 나중에 지도자 없이도 우리의 언행을 스스로 조심할 수 있게 하자."12

이러한 매개와 연결의 역할 중에서 양심성찰의 목표는 자기통제이고, 특별한 방식으로 그 목표에 도달하기 위한 문제가 제기된다. 지도받는 사람이 자기를 성찰하고, 자신의 약점을 점검하는 것은 나중에

---

12 Galien, *Traité des passions de l'âme*, VI, 22~24.

자신의 욕망을 완전히 통제할 수 있는 날을 위해서이고, 또한 힘든 시기에도 더 이상 다른 사람의 도움에 의존할 필요가 없는 독립적 존재가 되기 위해서이다. 이러한 양심성찰의 목적성은 스토아주의의 실천과 관련된 두 텍스트를 비교하면 분명히 나타난다. 첫 번째 텍스트가 지도 관계 안에서 성찰은 어떤 역할을 할 수 있는지를 보여 주는 것이라면, 두 번째 텍스트는 철학적 독립성을 갖춘 사람에게서 성찰이 어떤 것인지를 가르쳐 준다.

우선 세레누스가 세네카에게 보낸 편지를 검토해 보자. 세레누스는 스토아주의 철학 속으로 한 걸음 한 걸음 깊이 들어가면서, 자기가 겪었던 불안감을 해소하기 위해 철학자의 도움을 요청한다. 그 불안감은 더 이상 앞으로 나아갈 수 없다는 느낌, 선과 악, 그 어느 쪽이라도 일단 한번 결정적으로 고착되면 그것에만 전념하게 되지나 않을까 하는 두려움, 완전한 해방도 완전한 예속도 아닌 상태에서 꼼짝도 할 수 없다는 느낌이다. 즉, 그는 병든 것도 아니고 건강한 것도 아니다. 13 그러므로 세레누스의 성찰은 세네카가 관여하고 진단해서 치료법을 제안할 수 있도록, 정신력에 대한 일종의 종합평가서를 작성하기 위한 것이었다. 정신의 안정, 정신의 평정, 정신의 독립을 보장하는 힘은 무엇인가? 그와 반대로 정신을 외부의 불안에 노출시키고 정신에 속하지 않는 것에 종속되게 만드는 힘은 무엇인가? 그의 성찰은 부의 문제, 공적 의무의 문제, 사후 영광에 대한 관심의 문제 등으로 이어진다. 그는 3가지 문제를 이렇게 나누어 정리한다. 한편으로는, 정신

---

13 *"Nec aegroto nec valeo"*, Sénèque, *De tranquillitate animae*, I, 2.

의 능력을 나타내는 것으로서 자기가 재량권을 갖고 있는 것(충분한 하인들, 소박한 식사, 상속받은 가구들)에 만족하는 것과, 공적인 인간의 의무(친구들과 시민과 인류를 위해 봉사하는 일)를 충실히 이행하는 것, 그리고 사람들과 이야기를 나눌 때 현실적이고 현재적인 문제를 고려하는 것 등이다. 다른 한편으로는, 풍요롭게 펼쳐지는 구경거리를 보고 느끼는 즐거움과, 자기를 가끔 고양시키는 열정, 무엇보다도 자기가 후세에도 추앙받기를 원하는 것처럼 추켜세우는 말 등이다.

세레누스의 성찰은 그러므로 자신의 특정한 행동에 관한 것도 아니고, 가깝건 멀건 간에 자신의 과거에 관한 것도 아니다. 선의의 행동인지 악의의 행동인지를 도식적으로 결정하는 문제도 아니고, 자신이 저지른 잘못을 찾아내서 뉘우치는 문제도 아니다. 양심의 시선은 현재를 향해 있다. 현재는 하나의 "상태"14로 간주된다. 그 "상태"는 부추기는 어떤 상반된 욕망의 작용으로, 자신의 운명에 만족해서 자기 집에 머물러 있기도 하고, 광장으로 달려 나가 흥분된 목소리로 말하게 하기도 한다. 그러나 이러한 상태에서 성찰은 원인을 찾으려고 하지 않는다. 그것은 악의 숨겨진 뿌리를 향해 내려가지 않고, 양심이 경험하는 만족감의 형태로건 변화의 움직임으로건 양심 앞에 나타나는 것을 그대로 복원할 뿐이다. '기쁘게 하다placet'라는 말의 예외 없는 반복은 의미심장하다. 성찰의 특별한 대상은 영혼이 하는 일이나 보는 것에 대해 느끼는 감정이다. 영혼을 불안하게 만드는 움직임들, ──

---

14 *"Illum tamen habitum in me maxime deprehendo"*(「그렇지만 내가 매우 자주 순간적으로 깨달음을 갖게 되는 마음의 상태", R. Waltz 옮김), *ibid*.

세레누스의 특별한 경우처럼, 영혼을 상반된 방향에서 동시에 끌어당기고 정신적 발전을 지향하는 길에서 영혼을 꼼짝하지 못하게 하고, 뱃멀미를 일으킬 정도로 영혼을 흔들어 놓는 움직임들이 영혼 앞에 나타나는 방식이다. 이렇게 하여 우리는 영혼이 자기 자신을 끊임없이 의식하는 작업을 통해서 영혼의 '약점들infirmitas'에 관한 목록을 갖게 된다.

세네카는 《분노에 대하여De ira》 3권에서 또 다른 성찰의 유형을 이렇게 제시한다. 이것은 매일 밤 모든 불빛이 꺼진 후에도 잠들기 전에 실행하는 반성이다. 이러한 반성은 하루에 일어난 모든 일을 꼼꼼히 점검하고 조사하는 일이다. 그는 자신이 한 말과 행동을 돌아보며 평가한다. 무식한 사람들을 가르치려다 시간을 낭비했다는 생각이 들기도 하고, 친척 중 한 사람을 꾸지람하다가 말을 너무 격하게 하는 바람에 그 사람의 잘못을 바로잡기는커녕 감정만 상하게 했다는 생각이 들기도 한다. 이것은 분명히 자신을 돌아보는 성찰이다. 성찰은 자신의 특정한 행동을 향해 있고, 그것의 목적은 "행동을 적절하게 평가하면서"15 나쁜 행동과 좋은 행동을 구별하는 일이다. 그런 식으로 보면 모든 행동은 당연히 칭찬할 부분도 있고, 비난할 부분도 있게 마련이다. 여기에 (의학적 모델이 아니라) 사법적 모델을 적용할 수 있다는 것은 세네카의 말이 명확히 드러낸다. "감시자가 나의 품행을 지적하면, 나는 스스로 변론한다." 그러나 이러한 조사가 유죄판결과 형벌을 부과하기 위한 것이 아님을 주목해야 한다. 징벌도 없고, 후회도 없다. 그

---

15 "*Facta ac dicta mea remetior*", Sénèque, *De ira*, III, 36.

러니까 두려움도 없고, 무슨 일이든지 자기에게 감추고 싶은 욕망도 없다. 왜냐하면 자기를 반성하는 사람은 속으로 이렇게 말할 뿐이기 때문이다. "나는 이제 너를 용서하리니", "더 이상 똑같은 일을 되풀이하지 않도록 주의하라". 이 모델은 사실 사법적이라기보다 행정적인 것일지 모른다. 텍스트에 내재된 이미지는 심판하는 일보다 면밀한 조사의 우월성을 연상케 한다. 우리는 조사하고, 검사하고, 원인을 알아내고, 필요한 조치를 취하는 법이다. 16

그런데 세네카가 제시한 두 가지 예는 자책해야 할 행동들이 어떤 것인지를 분명히 가르쳐 준다. 하나는 말을 이해할 능력이 없는 사람들을 가르치려 했다는 것이고, 다른 하나는 어떤 사람의 잘못을 바로잡고 싶었는데 그의 감정만 상하게 함으로써 결국 자신이 의도한 목적을 달성하지 못했다는 것이다. 이러한 스토아주의의 특징적 원리에 의하면, 우리가 어떤 행동을 규정하고 그 행동을 좋다 나쁘다로 평가할 수 있는 것은 목적이나 목표에 따라서이다. 17 세네카가 자신이 의도한 목표에 대해서 '과오'를 범한 것은 합리적인 행동원칙을 몰랐기 때문이다. 아무것도 배우지 못한 사람을 가르치는 것은 쓸데없는 일이다. 우리는 말할 때 상대편이 진실을 받아들일 능력이 있는가를 고려해야 한다. 따라서 그는 큰 '잘못'을 저지른 것이다. 18 그러니까, 성찰의 역할은 지금까지는 몰랐던 행동규범을 드러나게 만들어 미래에

---

16 〔《분노에 대하여》 3권에서〕 다음과 같은 표현들에 주의할 것. *excutere diem, speculator, remetiri acta, scrutari totum diem.*

17 Épictète를 참고할 것.

18 Sénèque, *De ira*, III, 36.

는 잘못을 바로잡을 수 있게 해주는 것이다. 중요한 것은 자신의 행동을 자책하는 데 있지 않고, 미래의 상황을 대비할 수 있는 합리적 행동의 도식을 만들어 보편적 이성의 원리를 작동시키면서 세상의 질서와 일치하는 자신의 독립성을 구축하는 데 있다. 《분노에 대하여》의 성찰은 아무리 지나간 일과 과거의 잘못을 돌아보는 회고적인 것일지라도 '미래지향적 계획programmation'의 역할을 한다고 말할 수 있다. 우리의 '과오'와 이루지 못한 목적을 돌아보며 우리가 계획한 행동을 능숙하게 실행할 수 있게 하는 규범을 알게 되는 것이다. 그러니까, 그것은 자기 자신의 평정심을 유지하게 하는 규범을 아는 것과 같다.

이러한 성찰의 관습이 기독교에 곧장 수용되지는 않았다. 양심성찰의 의무와 규칙이 규정되고[19] 영혼의 지도방법이 발전한 것은 4세기에 들어서면서이다. 고대철학의 주제들이 기독교 사상에 스며들기 시작한 것은 철학적 생활의 고유한 절차들이 기독교 사상에 침투하기 훨씬 전이었다.

물론 2세기와 3세기부터 많은 텍스트가 자기 자신을 아는 것과, 자신이 앞으로 할 행동과 이미 저질러진 과거의 행동에 대해 잘잘못을 스스로 인식하는 문제의 중요성을 강조한다. 알렉산드리아의 클레멘스는 《교사》의 3권 서두에서 "최고의 인식은 자기에 대한 인식"임을 상기시킨다. 그러나 여기서 자기 자신에 대한 탐구와 과거를 돌아보

---

19 다음을 참고할 것. J. -C. Guy, article "Examen de conscience (chez les Pères de l'Église)" du *Dictionnaire de Spiritualité*, t. IV.

고, 자신이 죄책감을 가질 만한 잘못을 생생하게 기억하는 일은 중요하지 않다. 자기에게서 하느님의 존재를 알 수 있게 하는 요소, 하느님이 지도자라는 믿음을 갖게 하는 요소, 그러므로 지도자인 하느님에게로 인도해 주는 요소, 인간을 물질적 장식이 있는 외부세계와 분리시키면서 하느님을 그대로 닮으려고 하는 아름답고 순수한 마음의 요소 등을 발견하는 일이 중요하다. 20 여기서 자기 인식은 어쨌든 양심성찰도 아니고, 자기 자신의 깊은 내면 속으로 침잠하는 일도 아니다. 중요한 것은 하느님을 향한 상승이고, 그것의 출발점은 하느님을 향해 올라갈 수 있는 영혼의 간절함이다. 성 힐라리우스는 그것과는 아주 다른 생각에서 기독교인에게 자신의 행동을 공들여 숙고하도록 권고한다. 21 그러나 그의 말은 경솔한 행동을 막아 주고, 그 행동에서 발생하는 위험을 예견하게 하고, 성숙함에 필수적인 분별력을 갖춘 단계에 이르렀을 때만 행동하게 하는 주의력을 무엇보다 염두에 둔 것이었다. 그래서 이것은 전망적 성찰이라 할 수 있으며, 당대의 철학과 특히 스토아주의자들이 요구하는 것과 일치하지만, 22 자기 자신에 대한 체계적 성찰의 형태를 갖춘 것은 아니었다.

영성지도에 대해서도 같은 말을 할 수 있다. 구원의 초원을 향해서

---

20 Clément d'Alexandrie, *Le Pédagogue* III, i, 1. 이 구절은 영혼의 세 부분에 대한 플라톤의 주제와 관련된다. 그중 첫 번째가 하느님이 인도하는 내면적 영혼의 인간이다.

21 Saint Hilaire, P. L., t. 9, col. 556a-b. 같은 의미로 쓰인 다음 내용을 참고할 것. saint Ambroise, *In Psalmum David CXVIII Expositio*, P. L., t. 15, col. 1308c.

22 Épictète를 참고할 것.

양 떼 무리와 어린 양 하나하나를 동시에 이끌어 가야 하는 목자(牧者)의 주제는 고대 원시 기독교의 표현양식에서 빈번히 나타난다. 그러나 이것은 한 개인의 삶을 책임지고, 그의 삶을 한 걸음 한 걸음씩 지도하고, 그에게 특정한 규칙을 부과하고, 일상적 품행에 관해 충고하고, 그의 발전을 계속 인지하고, 변함없이 철저한 복종을 요구하는 그러한 '지도'의 개념과는 다르다. 알렉산드리아의 클레멘스의 텍스트는 이런 점에서 중요하다. 23 그는 이 텍스트에서 부와 권력을 가진 사람(결국 천국에 들어가기가 매우 어려운 사람)에게는 반드시 그를 도와줄 지도자가 있어야 한다는 것을 강조하고, 지도에 관한 전통적 은유법(안내자, 훈련교사)을 사용해서 말한다. 지도자가 솔직하고 거침없이 말을 해도 두려움과 존경심을 갖고 그의 말에 귀를 기울여야 한다. 그러나 이러한 충고 행위는 지도자가 수행해야 할 많은 복합적인 역할 중 하나일 뿐이다. 그는 기도하고, 단식하고, 밤샘할 뿐 아니라, 지도받는 사람을 위해서 온갖 고행을 감수해야 한다. 그렇기 때문에 그는 하느님 옆에 있는 중재자, 대리인, 보증인이며 동시에 죄인 옆에 있도록 하느님이 파견한 천사이기도 하다. 중요한 것은 그의 대리체험이나 단순한 지도기술의 범위를 훨씬 넘어서는 헌신적 참여행위이다. 클레멘스가 인용한 다음의 범례에서 그것을 확인할 수 있다. 사도 요한이 어떤 청년에게 세례를 주고, 자신의 부재 시 그의 지도를 그 지역의 주교에게 맡긴다. 그런데 돌아와서 세례를 주었던 새 신도가 다시 죄를 지은 것을 알게 되자, 그는 주교에게 감독소홀을 질책하고24 죄를 저지른 사

---

23 Clément d'Alexandrie, *Quis dives salvetur*, XLI.

람을 찾아간다. "나는 너를 그리스도 옆에서 보호하겠다. 필요하다면 주님을 본받아 기꺼이 너를 대신해 죽을 수도 있다. 나는 너를 위해서 내 생명을 바치겠다."25 그렇게 하고, 그는 죄인을 교회로 데려와 그와 함께 눈물을 흘리며 단식을 한다. 우리가 알고 있듯이, 이러한 모범은 어떻게 살아야 하고 어떻게 처신해야 하는지를 제자에게 가르쳐 주는 스승의 모범을 보이기 위한 것이 아니다. 이것은 죄를 지은 인간을 위해서 자기를 희생하고 하느님 곁에서 그들을 위해 중재하는 그리스도를 본받은 것이다. 희생을 보속과 맞바꾸는 것은 영혼을 인도하고 영혼을 점차적으로 개선시키는 것보다 더 중요하다. 26

사실, 고대철학에서 공들여 만든 양심성찰과 책임지도의 관습이 기독교에 그대로 수용되지는 않았다. 그것은 수도원 제도가 만들어진 다음부터 내부적 필요성에서 수용되었고, 형식과 효과의 면에서 새롭게 발전했다. 이러한 철학적 생활의 방식이 수도원에 도입되었다는 사실은 전혀 놀라운 일이 아니다. 결함이 없는 완전한 삶 — 말하자면 "순결한 품행이 현존하는 세계에 대한 참된 인식과 결합된 삶"27 — 을 지향해야 하는 수도원 생활은 그리스도의 철학28과 도덕적 행위의 철

---

24 "내 형제의 영혼을 지키기 위해서 내가 얼마나 훌륭한 수호자를 보내 주었는가!", [*ibid.*, XLI, 10].

25 [*Ibid.*, XLI, 13.]

26 기독교인의 지도 기술이 발전하게 되었을 때라도 그리스도의 희생 모델은 지워질 수 없을 것이다. 그러한 희생 모델의 제시는 제한된 문맥에서라도 지속적으로 나타난다.

27 saint Nil을 참고할 것: "[*Philosophia gar estin*] *êthôn katorthôsis meta doxês tês peri tou ontos gnôseos alêthous*", [*Logos askêtikos*, iii, P. G., t. 79, col. 721].

학29이란 점에서 전형적인 철학적 생활이라고 할 수 있었다. 그래서 수도원은 철학학교로 정의될 수 있었다.30 그러므로 그곳에서는 개인의 행동이 복합적 절차에 따라 조직화되었던 것이다 — 예를 들면 남부 이집트의 사막에서 몇몇의 신봉자들이 명성이 높은 고행자들을 찾아와 고행의 기초를 배우며 실행하는 준※수도자의 생활이거나, 일반적이고 엄격한 규칙이 정립된 수도원 공동생활이 그러한 경우이다. 공동생활의 복합적 절차에 의해서 성찰과 정신적 작업이 이루어질 수 있었고, 또한 나지안조스의 그레고리우스가 철학을 지칭하면서 일반적으로 "최고의 기술"이라는 표현31을 사용한 것과 같은 하나의 기술을 만들어 낼 수 있었다. "그 사람이 어떤 지혜와 어떤 역량이 있기에 그와 같은 고위 성직자 직책을 대담하게 맡을 수 있는지 모르겠다. 동물 중에서 가장 다양하고, 가장 변화가 많은 인간을 지도하는 일이야말로 최고의 기술이자 최고의 지혜인 것은 분명한 사실이다."32 오늘날에도 개인을 지도하기, 개인의 정신을 선도하기, 개인의 발전을 단계적으로 인도하기, 개인과 공동보조를 취하면서 마음속의 은밀한 변

---

28 〔Saint Basile, *Constitutions monastiques*, P. G., t. 31, col. 1321a.〕

29 〔"*Di'ergon philosophia*", Grégoire de Nazianze, Discours, VI(P. G., t. 35, col. 721) : I. Hausherr, *Direction spirituelle en Orient autrefois*, Rome, 1955, p. 57에서 인용.〕

30 〔불완전한 주〕

31 〔육필 원고: *tekhné tekhnés*, Grégoire de Nazianze의 텍스트에는 다음과 같은 말이 쓰여 있다. "*tó onti gar auté moi phainetai tekhné tis einai tekhnón kai epistémé epistémon, to polutropótaton tón zóón kai poikilótaton.*"〕

32 〔Grégoire de Nazianze, Discours, II, 16: I. Hausherr, *Direction spirituelle en Orient autrefois*, p. 57에서 인용.〕

화를 탐구하기, 이 모든 일이 최고의 기술로 인정된다는 것에는 변함이 없다. **33**

이러한 지도와 성찰의 실행방식에 대해서, 나는 편파적이 아닌 특정한 관점에서 카시아누스가 보여 준 지식의 성과를 따라가 보겠다. 어쩌면 그가 금욕적 사상의 제일 높은 경지를 보여 주는 사람은 아닐지 모른다. 그러나 한편으로, 그는 성 히에로니무스와 함께 서양에서 동양적 체험의 중요한 전달자 중 한 사람이었고, 다른 한편으로《수도원 교육*Institutions*》과 《강연집*Conférences*》 같은 책에서 알 수 있듯이, 유명한 수도자들의 공적을 인용하거나 그들의 생활규범을 전수하는 정도에서 만족하지는 않았다. 그는 자신의 경험에 의거해서 성자들의 소박한 생활을 이야기하고, 제도와 규범의 체계에 덧붙여서 중요한 악습의 원인과 그것에 대한 치유방법을 설명하기도 한다. 그에게는 "하느님의 경이로움"보다는, "생활습관의 교정과 완벽한 생활을 영위하는 방법"**34**을 알게 하는 일이 더 중요했다.

그러므로 이러한 증언은 수도원 제도의 규칙들과 가장 모범적인 사례 가운데서 행동 방식과 원리가 규명된 실천 방법을 알려 주려고 노력한 사람의 증언이다. 결국 《강연집》 서두에서 그가 구사한 표현을 그대로 사용한다면, 수도자들의 생활은 '기술*art*'로 다루어지고, 방법과 특정한 목표와 고유의 목적, 그것들 사이의 관계로 검토될 수 있다. **35**

---

33 마찬가지 예를 들자면 다음과 같다: 〔미완성된 주〕.
34 J. Cassien, *Institutions*, "Préface", 7~8.

1. 지도의 원칙

"지도받지 않은 사람들은 낙엽처럼 떨어지기 마련이다."《잠언집Pro-verbes》에 실린 이 성구36는 수도원과 관련된 서지에서 수도사의 생활이 '지도' 없이 수행될 수 없다는 원칙을 뒷받침하는 근거로 빠짐없이 인용된다. 수도사가 고독한 은둔자의 삶을 살고자 하더라도 수도사의 생활은 지도 없이는 이루어질 수 없다. 그래서 아무리 공동의 규칙이 엄격한 수도원 생활이라고 해도 지도가 없어서는 안 된다. 어떤 경우라도 제자와 스승을 연결하는 관계가 있어야 하고, 제자에게는 스승의 지속적인 감독을 받게 하고, 스승의 사소한 명령이라도 따르면서 그에게 속내를 숨김없이 털어놓는 개별적 관계가 필요한 것이다. 완전한 생활을 지향하는 사람에게 지도는 필수적이다. 고행에 대한 개인적 열정도, 보편적 규칙도 지도를 대신할 수는 없다.

18번째 강연에서, 카시아누스는 피아문 수도원장의 말에 따라서 수도사를 3가지 혹은 4가지 유형으로 구분한다.37 그가 비난하는 두 부류 — 타락한 수도사들과 바로 직전에 나타난 가짜 수도사들 — 에 대해서 말할 때, 그는 무엇보다도 지도의 수행을 거부하는 그들의 불성실한 태도를 지적한다. 타락한 수도사들은 "공동 수도생활의 규율에

---

35 J. Cassien, *Conférences*, I, 2. 또한 *Conférences*, II, 11과 II, 26, 수도생활의 기술과 규율의 특징 참고. De même: *Conférences*, XIV, 1; XVIII, 2; X, 8.

36 〔Prov., 11, 14 (Septante).〕

37 이 강연은 3가지 유형의 수도사들, 즉 수도원 생활자, 공동생활 수도사, 외딴 곳에서의 고독한 수도 생활자가 있음을 알려 준다. 그러나 4번째는 § 8에 덧붙여 있다.

는 관심도 없고", "고참 수도사들의 권위에 복종하지도 않는다". "수도사가 갖춰야 할 기본 교양도 없고, 지혜로운 분별력에 따른다는 원칙도 없다." "통제받는다는 것을 결코 원치 않는 …" "그들은 일시적인 기분을 만족시키는 온갖 방종을 일삼기 위해 선배들의 구속으로부터 자유롭고자 한다."38 마찬가지로 가짜 수도사들은 부끄러움이나 인내심이 없기 때문에 지도에 따른 훈련생활을 감당하지 못한다. 39 나쁜 수도사는 지도받지 못한 사람이다. 그가 지도받기를 거부한 것은 나쁜 의도를 갖고 수도원에 들어왔기 때문이고, ─ 그가 갖고 싶었던 것은 오직 수도사의 겉모습일 뿐, 수도사의 실제 생활은 아니었으므로 ─ 또한 지도를 거부하기 때문에 그의 나쁜 버릇은 계속 악화되기 마련이다. 40

그러므로 사람들이 수도원 생활에 입문하는 주된 목적은 지도를 받는다는 사실 때문이다. 카시아누스는 '수도생활의 명소'를 찾으려는 사람들에게 우선 금욕생활을 제대로 수행할 수 있는 합법적인 수도원에 들어갈 것을 권고하고, 41 다음에는 고독한 수도생활을 배울 수 있는 스승을 찾도록 한다는 것이다. 그는 성 안토니우스의 충고를 상기시키면서, 그렇게 힘든 수련과정을 마치기 위해서는 한 사람의 스승뿐 아니라 여러 스승을 가까이 하면서 그들의 모든 미덕을 본보기로

---

38 〔Jean Cassien, *Conférences*〕, XVIII, 7.

39 *Ibid.* , 8.

40 "그들의 악습이 전혀 교정되지 않는다고 말하는 것으로는 충분하지 않다. 그들은 아무에게도 자극을 받지 않는다는 사실만으로도 나빠진다."

41 생활과 수업에 관한 페누티우스의 3번째 강연에 그러한 내용이 언급되어 있다.

삼아야 할 필요성을 말하기도 한다. "정신적인 꿀을 비축하려는 수도사는 매우 신중한 꿀벌처럼, 누구보다 친숙한 관계로 잘 알고 지내는 사람의 미덕을 모아들여야 하고, 그것을 정성스럽게 마음의 항아리에 담아야 한다."[42]

수도원에 들어가려는 사람은 우선 중요한 문턱 넘기 시험을 치러야 한다. 수도원 사람들은 입회를 간청하는 지원자를 문 앞에서 기다리게 하고, 지원자의 타산적 동기를 의심하는 척하면서 열흘이나 문 앞에서 돌려보낸다. 지원자를 "모욕과 비난으로 기진맥진하게 만들어" 그의 동기와 항심을 시험한다. 그의 입회가 허용되면 그에 대한 교육은 두 단계로 이루어진다. 첫 번째 단계에서 그는 수도원에 들어와 얼마 동안 혼자 지내다가 이방인들과 방문객을 책임지는 선배 수도사의 교육을 받는다. 그는 봉사와 겸손, 인내심의 훈련을 수행한다. 1년이 지난 후, 그에 대해 별 불평이 없으면 그는 공동체의 일원으로서 10인의 청년으로 구성된 그룹에 소속되어, 다른 선배 수도사로부터 교육과 지도를 받는다. 수련기간에 대해서 카시아누스는 지침을 제시하지 않는다. 그것은 아마도 개인의 능력과 발전에 따라 수련기간이 다르기 때문일지 모른다. 카시아누스는 고참 수도사들 사이에서 가능한 지도관계의 존재 여부에 대해서도 전혀 언급하지 않는다.[43] 또한 고

---

42 J. Cassien, *Institutions*, V, 4, 2. 그에 반해 좀더 위쪽에서 카시아누스는 피누피우스 사제의 견해에 따라 수도원에서 공동생활 수도사들은 여러 사람의 스승들에 의존하는 것보다 한 사람의 스승에 고정되어 지도를 받는 것을 높게 평가한다(IV, 40).

43 이와 관련하여 다음을 참고할 것. O. Chadwick, *John Cassien. A Study in Pri-*

참자들 역시 정기적이건 비정기적이건 간에 지도자의 도움을 받게끔 되어 있다는 것을 분명히 알려 주지도 않는다. 그러나 다른 한편으로 카시아누스는 그 시대의 모든 저자들과 마찬가지로 수도자가 어떤 사람이건 간에 누구나 예외 없이 지도를 받아야 할 필요가 있다는 원칙을 강조한다. 44 그 이유는 오랜 수행과정이 끝난 다음이라도, 또는 아무리 성덕의 명성이 매우 높은 수도사라도, 사람은 누구나 다시 죄를 지을 수 있기 때문이다. 45 그래서 가장 엄격한 수도사들 중에서도 죽는 날까지 자신이 지도받을 필요를 느끼는 사람이 있다는 것이다. 《수도원 교육》과 《강연집》에서 카시아누스는 두 번이나 피누피우스의 위대한 성덕을 환기시킨다. 피누피우스로부터 "그가 추구하는 순종의 미덕 속에서 발전해 나갈 수 있는 가능성"을 빼앗아 버린 것은 그를 둘러싼 과도한 추앙 때문이었다는 것이다. 그는 두 번이나 수도원을 몰래 빠져나가 다른 곳에서 수련 수도사novice 생활을 다시 시작했

---

mitive Monasticism, Cambridge, 1950.

44 성 파코미우스는 자신이 나이가 아주 어린 사람들의 훈계를 받기도 했다는 것을 죽음을 앞두고 술회한 바 있다(Fragments captés de la vie de Pacôme, traduits par R. Draguet, in Les Pères du Désert, Paris, 1949, pp. 116~117).

45 "내가 알고 있는 어떤 수도사는 뛰어난 업적을 남긴 후에 자신의 일을 과대평가한 나머지 잘못된 추론을 하여 '아버지께 물어보면 그가 답하리라'고 말한 하느님의 계율을 따르지 않았다", saint Antoine, P. G., t. 65, col. 88b(I. Hausherr 옮김, Direction spirituelle …, p. 16). 분별력에 대한 두 번째 강론에서는 혼자서 수행하겠다고 고집을 부리다가 타락을 하게 된 일련의 많은 수도사들을 예로 든다. 그들 중에서 한 수도사는 그 어떤 유혹에도 벗어나 있다고 생각하여 가혹하게 제자를 지도하다가 처벌 문제로 유혹에 빠지게 되어 결국 아폴로 수도원장의 도움으로 구원을 받을 수 있었다(§ 13).

다. 그런데 그를 찾아냈을 때, 그는 자기가 애써 찾은 순종의 미덕 속에서 일생을 끝마칠 수 없게 되었다고 하며 비탄에 잠겨 울었다고 한다.[46] 어쨌든 카시아누스의 관점은 순종을 배운 사람만이, 그리고 "고참들로부터 받은 교육을 통해 나이가 어린 신참자들에게 전수해야 할 것"을 체득한 사람만이 통솔의 능력을 갖는다는 것이다. 그는 더 나아가서 최고의 지혜이자 성령의 "가장 고귀한 선물"은 "다른 사람을 잘 지도하고" 동시에 "다른 사람의 지도를 잘 따르는" 능력에 있다고 본다.[47] 고참 수도사의 성덕을 특징짓는 것은 그의 지도능력이 지도자가 되어야 할 필요성을 대신할 만큼 출중해서가 아니다. 다른 사람을 지도할 수 있는 능력은 무엇보다도 지도자가 되기를 기꺼이 받아들인 사람의 수락하는 태도와 결부되어 있다. 성자는 스스로를 지도하는 사람이 아니라, 하느님의 지도를 잘 따르는 사람이다.

그러므로 지도하는 사람과 지도받는 사람의 관계에는 보편적 원칙이 존재한다. 모든 수련 수도사가 공통된 규칙을 따르도록 만들어진 치밀한 제도적 장치에 의해서 교육받는 입문 단계가 있다고 하더라도, 지도를 수락하는 의지와 지도를 받아들이는 자질은 수도원 생활 전체를 특징짓는 불변의 요소가 된다.[48] 카시아누스는 이러한 지도와 지도가 실행되는 방식이라는, 두 가지 중요한 관점을 제시한다.

－ 지도는 복종을 가르치는 엄격한 훈련이며, 이것은 타인의 의지

---

46 *Institutions*, IV, 30~31; *Conférences*, XX, 1.

47 *Conférences*, II, 3.

48 '성 브느와의 계율'에는 수도사들이 이렇게 언급된다. "*ambulant alieno judicio et imperio*"(chap. 5).

에 복종함으로써 자신의 의지를 포기한다는 것을 의미한다. "젊은 수도사를 정신적으로 최고의 완전한 경지에 이르도록 향상시키려는 교육의 중요한 목표와 관심은(이것이 수련 수도사를 지도하는 사람의 문제인데) 우선 수련 수도사가 자신의 의지를 억제하도록 가르치는 데 있다. 이 일을 수행하는 지도자는 열심히 집중해서 수련 수도사를 훈련시키고, 그의 기질과 상반되게 보일 수 있는 요소들을 특별히 통제하는 일에 유념하도록 한다."49

　– 또한 이처럼 완전하고 철저한 복종의 단계에 이르기 위해서, 그리고 포기-대체(자기 의지의 포기, 타인의 의지로의 대체)의 상호작용이 효과적으로 이뤄지기 위해서는 지속적인 자기성찰과 끊임없는 고백의 훈련이 필수적이다. "이러한 상태(완전한 복종과 겸손의 마음)에 이르기 위해서, 우리는 초보자들에게 거짓된 수치심 때문에 마음을 괴롭히는 어떤 생각이라도 감추지 말 것을 가르친다. 또한, 괴로운 생각이 떠오르면 즉시 그것을 선배 수도사에게 말하게 하고, 올바른 판단을 위해서는 자신의 개인적 생각을 믿지 말고, 선배가 검토 후에 그것의 옳고 그름을 선언하면, 그의 말을 그대로 믿어야 한다는 것을 가르친다."50

---

49 J. Cassien, *Institutions*, IV, 8.
50 *Ibid.*, IV, 9.

2. 복종의 규칙

지도의 전제가 스승에 대한 제자의 완전한 복종이라는 것은 분명히 기독교 수도사 생활의 고유한 원칙이 아니다. 고대의 철학적 생활에서도 스승의 말을 충실히 들어야 했다. 그러나 이러한 복종은 목적성이 있고, 방법적인 것이며 제한적인 것이었다. 사실상 그러한 복종은 분명한 목적을 가진 것이었다. 이 경우, 복종은 정념에서 자유로워지게 하고, 애도나 슬픔을 극복하고 불안한 상태를 벗어날 수 있게 하는 것이었으며(세네카에게 상담한 세레누스의 경우처럼) 어떤 상태(평정심, 자기절제, 외부 사건에 대한 무관심)에 도달하기 위한 것이었다. 이러한 결과에 도달하기 위해서 지도자는 적절한 방법을 사용했고, 제자에게 요구되는 복종은 어디까지나 복종에 필수적인 형식일 뿐이었다. 결국 지도를 통해 추구하던 목적이 달성되면 곧 중단되어야 할 일시적인 복종이었다. 복종은 지도의 필요 때문에 사용된 하나의 도구일 뿐이었고, 유용하게 쓰일 수 있는 어떤 시기와 목적에만 제한적으로 사용하는 엄격한 경제논리를 따른 것이었다.

수도사의 복종은 완전히 다른 유형이다.

a) 수도사의 복종은 무엇보다 전면적이다. 복종이 어떤 목적을 이룰 수 있게 한다는 점에서만 복종하는 것이 아니라, 총체적으로 복종해야 한다. 인생의 어떤 국면이나 삶의 어느 순간도 복종의 형식을 벗어나는 것은 없다. 지도받는 사람은 자기 자신의 의지로 전혀 통제되지 않을 것 같은 사소한 행동이라도 그를 지도하는 사람의 의지에 따르도록 노력해야 한다. 복종의 관계는 생활의 미세한 부분에 이르기

까지 스며들어야 한다. 바로 이러한 순종이 수도사가 지도를 받으려면 취해야 할 모든 행동에 영향을 미친다. 규칙에 따라 움직이고, 수도원장의 명령에 따라 움직이고, 지도자의 지시에 따라 움직이고, 경우에 따라서는 동료 수도사들의 의지에 따라 움직인다.[51] 왜냐하면 수도사들의 의지는 상급자나 고참 수도사의 의지와는 다른 것이라 해도, 타인의 의지라는 특권이 있기 때문이다. 따라서 자기 자신을 위해서 하는 일과 타인의 충고에 따라 하는 일을 구별할 필요는 없다. 모든 일은 명령대로 해야 한다.

성 히에로니무스의 말을 따르면, 수도사의 역할은 복종하는 일이다.[52] 그러므로 수도사는 명시된 계율을 지키고 허용된 범위 안에서 모든 일을 해야 한다. "수도원장의 명령이나 승인 없이 하는 모든 행동은 도둑질이고, 죽음에 이르는 신성모독이며, 좋은 것처럼 보이는 일에서조차 유익하지 못하게 된다."[53] "젊은 수도사는 담당자의 인지나 동의 없이 자기 방을 떠날 수 없다. 그러나 그들은 생리적 욕구 해소를 위해서 담당자의 허가를 받는 것은 생각조차 하지 못한다."[54] 나중에 가자의 도로테우스는 병고에 지쳐서도 스승이 허락하지 않아 오랜 시간 죽지도 못한 채 참고 지냈던 바르사누피오의 한 제자의 무훈담을

---

51 〔J. Cassien, *Institutions*, IV, 30.〕

52 〔"*Nec de majorum sententia judices, cujus officium est obedire*", saint Jérôme, 수도사 Rusticus에게 보내는 125번째 편지(P. L., t. 22, col. 1081).〕

53 〔Saint Basile, *De renuntiatione saeculi*, 4(P. G., t. 31, col. 363b), 다음에서 인용: I. Hausherr, *Direction spirituelle* ⋯ , pp. 190~191.〕

54 J. Cassien, *Institutions*, IV, 10.

이야기한다. 55

b) 게다가, 이러한 복종의 가치는 규정에 따른 것인가, 허용된 것인가 하는 행동의 내용 속에 있는 것이 아니다. 복종의 가치는 무엇보다도 복종의 형식 속에 있다 — 타인이 요구한 일 자체에 중요성을 부여하기보다 타인이 복종을 원한다는 점에 치중하여 자신을 굽히고, 타인에게 복종한다는 데 복종의 가치가 있는 것이다. 중요한 것은 지도하는 사람의 의지에 전혀 반대하지 않고 복종하는 일이다. 자기 자신의 의지도 없고, 자기의 이성도 없고, 자기에게 정당한 것이라고 생각해도 관심을 보여서도 안 되며, 조금이라도 나태한 모습을 보여서도 안 된다. 지도자의 의지를 완전히 '따르고', 그의 의지를 공손하고 솔직한 태도로 받아들여야 한다. 지도자가 원하는 것을 모두 받아들여야 하고, 모든 일을 감내해야 하는 것이 인내심의 원칙이다. 카시아누스는 수도사 생활의 다른 증인들처럼 그러한 인내심을 시험하는 유명한 사례들을 이렇게 말한다. 우선 '부조리한 명령의 수행absurdité'이란 시험이 있다. 이 시험은 의미가 없는 명령일지라도 완벽하게 그 일을 실행해야 하는 시험이다. 복종의 영웅인 요한 신부가 그렇게 했다. 스승이 그에게 사막 한가운데에 심어 놓은 막대기에 1년 동안 물을 주라고 했을 때, 그 명령을 그대로 따랐다는 것이다. 56 또한 '즉각실행immédiateté'의 시험이 있다. 이것은 명령을 조금의 지체도 없이 이행해

---

55 Dorothée de Gaza, ["Vie de Dosithée", in *Œuvres spirituelles*, Paris, S. C., 1964, pp. 122~145].

56 J. Cassien, *Institutions*, IV, 24.

야 하는 일이다. 명령이 떨어지는 즉시 그 어떤 의무보다도 명령받은 일을 우선적으로 해야 한다. 명령의 현재성 앞에서 맞설 수 있는 것은 하나도 없다. 그렇기 때문에 가장 신성한 《성서》를 복사하는 일을 하던 수도사는 기도하라는 명령을 받은 즉시 펜을 멈추고 기도를 수행하여 그가 쓰고 있던 글자를 완전히 쓰지도 못하게 되었다는 것이다. 57 '반항하지 않기non-révolte'의 시험도 있는데, 이것은 진리와 상반되고 자연의 이치에도 맞지 않는 부당한 명령이라도 명령의 실행을 막지 못하고 그대로 실행해야 한다는 것이다. 이렇게 함으로써 오히려 복종이 최고의 가치를 갖는 것이다. 파프누시오는 다른 사람이 그에 대해 저지른 잘못으로 부당하게 고발당하면서도 그것을 자신의 죄로 받아들이고 기꺼이 그에게 부과된 속죄의 고행을 했다. 58 파테르무시오는 어린 아들과 함께 수도원에 들어간 다음, 자기 앞에서 아들이 학대받는 모습을 보면서도 인내심으로 참아 내고 사람들이 그에게 명령을 내리자마자 아들을 강물에 던지기 위해서 뛰어간다. 59 다른 사람이 요구하고 강요하는 모든 일에 반항하지 않는 태도로 이해되는 인내심은 사람을 지도자의 손 안에 놓인 일종의 생명력이 없는 물질과 같은 것이 되게 한다. "생명이 없는 시체처럼 또는 예술가가 사용하는 물질이나 다름없이 지내도록 하라. 예술가가 자신의 능력을 발휘하려고 할 때, 어떤 식으로건 그의 목적추구를 방해하는 물질이 되지 않도록 하

---

57 *Ibid.*, IV, 12.
58 *Conférences*, XVIII, 15.
59 *Institutions*, IV, 27.

라."**60**

c) 결국 수도사의 복종은 복종 이외의 다른 목적을 갖고 있지 않다. 복종은 어느 한 시기나 어느 한 단계에 국한되는 것이 아니며 그 단계를 끝내면 그것으로부터 벗어날 보상을 받는 것도 아니다. 수도사가 복종하는 것은 복종의 상태에 도달하기 위해서다. 왜 수련 중에 있는 수도사를 지도하는 데 있어 누군가에게 복종하도록 그에게 반복적인 훈련을 시키는가? 그것은 그를 절대적으로 "복종하는 존재"가 되게끔 인도하기 위해서다. 복종은 단순히 이런 사람이나 저런 사람과의 관계가 아니라, 일반적이고 영속적인 실존의 구조이다. 그러므로 그것은 자기와의 관계형식이다. 그러나 이 관계는 말하자면 지도의 메커니즘을 내면화하는 것도 아니고, 자기 자신의 지도자가 되어 우리 자신의 내부에 있는 모든 요소를 우리의 주권적 의지에 종속시키도록 하는 것도 아니다. 오히려 복종의 상태는 '겸손함humilitas'이라는 표현이 적절하다. 이것은 복종하면서 자기 자신의 주인이 되는 방법을 배우는 사람의 경우처럼, 닫힌 구조가 아니라 '열린 형상'이다. 이것은 다른 사람들이 자기 자신에 대한 영향력을 갖도록 하는 것이다. 겸손함 속에서 나는 너무나 낮은 곳에 있다는 자각을 하게 되고 어떤 사람보다도 열등한 존재라는 것을 인정할 뿐만 아니라, 결국 나의 의지보다 그의 의지에 따르고 모든 면에서 그에게 — 그가 아무리 보잘것없을지라도 — 복종할 준비가 되어 있음을 느끼게 된다. 반면에 내 자신의 의

---

60 Saint Nil, *Logos askētikos*, chap. xli (P. G. , t. 79, col. 769d~772a) 〔I. Hausherr 옮김, *Direction spirituelle* … , p. 190〕.

지에는 그 어떤 정당성을 부여하지도 않고, 원하는 일의 합리화도 전혀 하지 않게 된다. 수도사들에게 강요되는 복종은 그들에게 자신 위에 군림하는 어떤 지배력을 약속하는 것이 아니라, 결정적 상태가 된 복종, 모든 사람에게 자기를 마음대로 사용할 수 있게 하는 복종, 자기와 자기와의 끊임없는 관계일 뿐인 복종, 오직 그러한 복종일 뿐인 겸손을 약속하는 것이다. 그러한 복종은 복종의 오랜 훈련의 결과인 동시에 가장 고독한 수행자에게서라도 가능할 수 있는 모든 복종의 뿌리이다. 카시아누스는 겸손함의 표시에 관한 리스트를 작성하면서, "복종하는 존재"의 양태만을 기록한다. 자기 자신의 의지를 포기하기, 선배 수도사에게 아무것도 감추지 않기, 자기 자신의 분별력에 의지하지 않기, 앙심을 품지 않고 복종하면서 인내심을 수행하기, 욕설을 들어도 괴로워하지 않기, 오직 규칙과 모범을 따르는 행동만 하기, 가장 비천한 것에 만족하고 자기를 어떤 장점도 없는 사람처럼 생각하기, 자기 마음속 깊은 곳에 이르기까지 자기를 제일 형편없는 사람으로 자인하기, 그리고 절대로 발언하지 않기 등이 "복종하는 존재"의 표상이다. **61**

이러한 3가지 양상의 복종은 그러므로 의지 그 자체에 대한 훈련과 의지에 반反하는 훈련이 된다. 타인의 의지는 타인으로부터 온 것이기

---

61   J. Cassien, *Institutions*, IV, 39. 또한 *Conférences*, II, 10 참조: "겸손을 나타내는 첫 번째 증거는 자만하지 않고 선배 수도사들에게 자신의 모든 행동과 생각에 대한 평가를 맡기도록 하는 일이다. 모든 문제에서 그들의 결정을 따르도록 하고, 그들의 말을 존중해서 좋은 일로 생각해야 할 것이 무엇이고, 나쁜 일로 간주해야 할 것이 무엇인지를 깨달아야 한다."

때문에, 그것에 담겨 있는 본질적이고 명백한 특권에 의해서 타인이 원하는 일을 원하는 것, 그것이 바로 순종subditio이다. 원하지 않기를 원하는 것, 반대하지도 반항하지도 않기를 원하는 것, 자신의 본래 의지가 다른 사람의 의지에 방해가 되지 않기를 원하는 것, 이것이 바로 인내심patientia이다. 원하기를 원하지 않기, 자신의 본래 의지를 완전히 포기하기, 이것은 겸손함이다. 그리고 이러한 복종의 훈련은 지도하기 위한 단순한 수단이 아니라, 지도와 분리할 수 없는 원형 구조를 이룬다. 복종은 지도의 작업이 잘 이루어질 수 있게 하는 일차적 조건이다. 그렇기 때문에 지원자가 수도원의 문을 넘기도 전에 그는 복종의 시험에 처하게 되는 것이다. 복종은 지도행위의 본질적 수단이다. 그것은 지도하는 사람과 지도받는 사람 사이의 일반적 관계형태이다. 그것은 결국 지도의 결과이고, 지도받는 사람으로 하여금 그가 있는 장소와 자리에서 다른 사람의 의지를 무한정으로 받아들일 수 있게 만드는 결과이다. 복종은 그러므로 미덕 중에서 첫 번째로 꼽힌다. 첫 번째라는 것은, 수도사 교육과 수련 수도사들 교육이 모두 복종으로 시작되기 때문이다. 또한 복종은 완성의 단계로 나아가려는 사람에게서 지도에 의해 꽃을 피울 수 있는 모든 미덕의 근원에 있기 때문이다. 카시아누스의 말에 의하면, 수도사들이 "수공업 일, 독서나 침묵, 방에서의 휴식뿐 아니라 그 어떤 미덕보다도 복종을 너무나 좋아한 나머지 모든 일은 나중에 미루도록 하고, 말하자면 복종을 위반한 것처럼 보이는 일이 있기보다는 차라리 어떤 손해라도 자신이 감수하는"[62] 편

---

62 J. Cassien, *Institutions*, Ⅳ, 12.

이 더 좋다고 생각했다는 것이다.

우리는 카시아누스가 완성의 도정에서 한결같은 복종의 상태, 모든 복종의 수용, 원하지 않으려는 의지, 모든 의지의 포기 등으로 이해되는 겸손함에 큰 중요성을 부여했음을 알고 있다. 이러한 길의 출발점은 부정적 감정에서 시작된다. 즉, '하느님에 대한 두려움', 하느님의 징벌에 대한 두려움, 하느님을 거스름으로써 그의 분노를 촉발하지나 않을까 하는 두려움 등의 부정적 감정이다. 그것의 도착점은 '자비'인데, 이것은 말하자면 '선행 그 자체에 대한 사랑과, 미덕이 주는 기쁨'63을 위해서 행동할 수 있는 가능성이다. 그렇지만 두려움에서 자비로의 변화는 겸손함으로 실현되고, 또한 그것은 어디까지나 본래의 모든 의지를 포기함으로써 (그러므로 징벌을 피하려는 의지까지도) 이룰 수 있다. 그것은 또 겸손함이 타인의 의지를 모든 행동의 원칙으로 받아들이게끔 이끌어 갈 때 가능한 일이다(그런데 자비 안에서는 신의 의지가 행동의 원칙이 된다). 64 두려움이 자비로 변화하려면 마음의 준비와 함께 중간 과정으로 철저한 복종의 훈련과 겸손함의 미덕 실행이 필요조건이다. 물론 수도사에게 요구되는 고행은 단지 복종의 행위로만 요약되지 않는다. 단식, 불침번 서기, 기도, 노동, 자선행위도 똑같이 해야 할 일이다. 그러나 본래의 의지를 소멸시킬 정도로 완전한

---

63 〔*Ibid.*, Ⅳ, 39.〕
64 《강연집》 3장 1절에서 언급된 Pafnutius의 여정을 참고할 것. 한결같이 겸손하고 순종적인 수도사 생활을 통해서 그는 자신의 모든 의지를 제거하는 방법을 배우게 되었다. 그런 후에 천사들이 모이는 자리의 즐거움을 매일같이 맛보면서 절대적인 고독의 상태로 들어갈 수 있었다.

겸손에 이르기 위해서는, 모든 고행이 일반적으로 복종의 형식 안에서 이루어져야 한다.

우리는 이렇게 하여 기독교의 지도와 스토아주의자들의 예를 들어서 그들에게 통용되는 지도의 차이를 따져 볼 수 있게 되었다. 요컨대 후자의 목표는 자기 자신에 대한 주권적 의지 행사의 조건을 확립하는 일이었다. 중요한 것은 지도받는 사람이 그 자신과 그에게 속한 모든 것의 주인이 되게끔 근본적인 변화를 일으킬 수 있게 지도하는 일이다. 이러한 지도는 그의 의지에 속한 것과 그의 의지 소관이 아닌 것을 구별하는 능력을 갖추도록 가르치는 일을 전제로 한 것이다. 그래서 그는 그의 의지에 이성을 보강하는 방법을 배우면서, 그 두 영역의 구별을 분명히 하게 하고, 세상의 이치에 순응하게 하고, 무질서한 정념이나 과잉된 욕망을 초래하는 생각의 오류를 없애 주는 이성의 3가지 역할을 배우는 것이다. 65

이와 반대로 기독교의 지도는 개인의 의지 포기를 목표로 삼는다. 그것은 더 이상 원하지 않도록 집요하게 요구하는 역설을 근거로 한다. 이 일에 필수적인 방법으로서 스승에의 복종은 결코 우리가 자기 자신에 대한 주권성을 확립할 수 있게 하는 것도 아니고, 모든 지배력이 박탈된 고행자에게 하느님이 원하는 것만을 원할 수 있게 할 뿐이다. 그런데 카시아누스의 용어에 나타난 그리스어 'apatheia'와 동의

---

65 스토아주의자들과 마르쿠스 아우렐리우스에게서 스토아주의자들의 수련의 의미에 대하여 다음을 참조. P. Hadot, "Théologies et mystiques de la Grèce hellénistique et de la fin de l'Antiquité", *Annuaire de l'École pratique des hautes études,* 5ᵉ section, t. LXXXV, pp. 297~309.

어인 영혼의 평정심은 본래의 의미 그대로 무의지적인 마음의 움직임을 완벽하게 지배함으로써 우리가 동의하지 않을 때에는 더 이상 아무것도 움직이게 할 수 없는 상태를 의미하는 것이 아니다. 그것은 우리가 스스로 우리의 의지를 포기함으로써 우리의 힘은 오직 하느님의 권능에서 유래한 것일 뿐이고, 우리는 하느님의 권능과 대면한 존재임을 뜻하는 말이다. 그래야 묵상의 생활을 시작할 수 있는 것이다.

3. 하느님에 대한 의존

지도의 필요성과 복종의 의무를 정당화하기 위해, 카시아누스는 새로울 것도 없고, 예기치 못할 것도 없는 이유를 제시한다. 수도생활 기간에 완벽한 상태를 열망하는 사람은 두 가지 위험을 피해야 한다는 것이다. 하나는 고행생활의 임무에 대한 태만, 즉 영혼의 가장 심각한 약점이 될 수 있는 미세하고 사소한 자기만족 같은 것이다. 다른 하나는 다른 길을 통해서 나태와 마찬가지 결과에 이르게 되는 과도한 열정이다. "극과 극은 서로 통하는 법이다. 지나친 단식과 탐식은 끝이 똑같다. 무절제한 밤샘은 수도사에게 수면시간이 길어졌을 때의 나른한 몸 상태처럼 끔찍한 일이다. 지나친 궁핍은 실제로 몸을 쇠약하게 만들고 무관심과 무력감에 빠지게 만든다."[66] 이처럼 양극화된 지나침의 위험과, 인간의 행동에서 과대와 과소를 모두 피해야 한다는 원칙은 사실 진부한 주제이다. 고대인의 지혜는 종종 이러한 주제를 잘

---

[66] J. Cassien, *Conférences*, II, 16.

설명했다. 두 개의 극단적인 태도 중에서 자기의 적절한 길 찾기 능력을 보여 주기 위해 카시아누스는 그리스어 'diakrisis'(분별력, 차이를 구별하는 능력인 동시에 두 해결책 중에서 하나를 결정하는 능력이자 또한 신중한 판단행위)의 동의어로서 'discretio'(분별력)라는 용어를 사용한다. "상반되는 두 무절제에 똑같이 거리를 두는 분별력은 수도사에게 언제나 왕도를 걷도록 가르치고, 올바른 절제의 경계를 넘어서서, 어리석게도 교만한 미덕과 과장된 열정에 사로잡혀 오른쪽 길로 일탈하지도, 또한 태만과 방탕의 왼쪽 길로 일탈하지도 않게 한다."[67]

분별력에 대한 고전적 개념에 대해 카시아누스는 동시대의 수도생활 이론가들과 마찬가지로 근본적인 중요성을 부여한다. 그는《강연집》1장에서 수도생활의 목표와 결과를 설명하고 3장에서 수도생활의 다양한 양상과 투쟁과 의무를 고찰하기 전, 2장에서 위의 문제를 다룬다. 그러니까 분별력은 완성의 단계로 나아가기 위한 첫 번째 도구처럼 보이는 것이다. "육체를 밝게 이끄는 등불Lampe du corps", 우리의 분노 위에서 굴복하는 법이 없는 태양, 우리가 술을 마셨을 때라도 따를 수밖에 없는 충고 — 그 안에는 "지혜와 통찰력과 판단력이 깃들어 있다. 그것들 없이는 내면의 건축물도 세울 수 없고, 정신적 부를 쌓아 올릴 수도 없다".[68] 그런데《강연집》의 다른 구절에서도 저자가 같은 의미로 설명한 바 있는 이러한 분별력의 찬사는 독특한 색채로 표현된다. 분별력에 대한 찬사는 무기력함보다 오히려 과도한 열성을

---

67 2. *Ibid.*, II, 2.
68 *bid.*, II, 4.

더 비판하는 느낌으로 표현되어 있다. 여기서 지나친 것은 더 큰 위험으로 나타난다. 69 이렇게 원용된 모든 사례들은 수도사들이 자신의 역량을 과대평가하고 자신의 판단력을 과신함으로써 결국 열성과 과잉이 그들을 죄짓게끔 몰아간 사례들이다. 70 카시아누스는 성 앙투안의 권한 속에 무절제한 고행의 위험을 경고하는 역할이 포함된 것으로 생각한다. "철저한 단식과 철야수행에 몰두하고, 혼자 있기를 좋아하는 태도는 감탄할 정도였지만, 절대적인 궁핍 속에서 살면서 하루치의 끼니밖에 없어도 고통도 받지 않는 수도사들이 얼마나 많은지〔…〕. 그러다가 갑자기 환각상태에 빠져서 계획한 일을 완수하지 못하고, 뛰어난 열정으로 찬사를 받을 만한 삶을 살았음에도 불구하고 끔찍한 종말을 맞는 것이다."71 그래서 카시아누스는 지나친 고행과의 싸움을 무엇보다 힘들고 위험한 싸움이라고 말한다. 힘든 전투라고 하는 이유는 다음과 같다. "식탐의 유혹에 전혀 흔들리지 않던 사람이 과도한 단식의 결과로 타락하는 것을 여러 번 목격한 일이 있는데, 이것은 그들의 억제했던 정념이 몸의 쇠약을 틈타서 보복했기 때문이

---

69 이러한 강조는 수도원 생활을 시작하는 초보 수도사에 관한 이야기를 담은 "교육"에서보다 하느님과의 합일을 향해 나아가는 방법을 주제로 한 강론 등에서 더 분명히 나타난다.

70 그러므로 성 헤로니우스는 오지에서 50년간 금욕생활을 보낸 후에 자신의 공덕으로 어떤 위험에도, 가령 우물에 몸을 던져서 위험에 처하더라도 자신은 보호받을 수 있다고 생각했다. 식량 없이 사막을 횡단하려던 두 사람의 수도사, 아브라함의 희생을 모방하려 했던 사람, 또는 "비참하게 타락하여 유대주의와 할례에까지 이르렀던" 메소포타미아의 어떤 유명한 수도사, 제자의 유혹에 빠진 지나치게 엄격한 스승이 그러한 사례들이다〔(*ibid.*, Ⅱ, 5~8)〕.

71 *Ibid.*, Ⅱ, 2.

다."**72** 그래서 매우 끔찍한 실패를 겪게 되는 것이다. "이러한 탐식이나 단식과의 전쟁은 모두 악마가 일으키는 것이지만, 타락은 식욕의 충족보다 과도한 단식이 원인일 경우 훨씬 심각한 상태가 된다. 식욕을 충족시키면 양심의 가책을 받게 되어 그것이 절제에 상응하는 단계로 올라가는 데 유익할 수 있다. 그런데 과도한 단식에서는 이런 일이 불가능하다."**73**

분별력에 관한 모든 예찬을 동원할 정도로 신랄한 반反고행적 비판에는 잘 알려진 역사적 이유가 있다. 즉, 4세기 수도생활의 규율과 공식화된 고행 규칙, 사막에서의 은거와 준準수도사의 은둔생활에 관한 규정과 조언들은 — 카시아누스가 제시한 대부분의 교훈과 모범의 예들이 남부 이집트에 근거한 것으로서 — 야만적이고 무질서하고 개인적이고 경쟁적인 고행의 형태를 바로잡기 위해서 만들어졌다는 것이다. 고립된 은둔자들과 떠돌이 수도사들이 고행의 경쟁과 마술의 기적 문제로 싸움을 한다거나, 고행의 성과를 비교하고 다투는 일이 많아지면서, 수도생활에 대한 조정작업이 필요했고, 이것의 목적은 중도 노선을 결정하는 것과 다수의 수도사들에게 적용하는 것, 그리고 수도 공동체에 접목하는 것 등이었다. 분별력은 이러한 중도적 방침을 결정하고 과대와 과소의 영역을 구획 짓는 데 필요하다. 그런데 이것은 또한 고행에 대한 열성과 완성을 지향하는 열정 속에 과잉의 위험 가능성이 크다는 것을 인지할 수 있는 특별한 방법이기도 했다. 분

---

72 *Ibid.*, II, 16.
73 *Ibid.*, II, 17.

별력은 또 고행의 극한 지점까지 가보고 싶다는 열망 속에 뒤섞여 있는 수도사 자신의 약점과 자기만족, 집착을 구분할 수 있게 하며, 가장 위대한 성인으로 착각하게 만드는 외양 속에서 스스로의 거짓된 모습을 인정하게 만든다. 중용과 수도원에 적합하게 조정된 생활양식에 대한 지극한 관심 속에는 엄격함의 지나침과 약점을 피하려는 것뿐 아니라, 아마 무엇보다도 도를 넘는 모든 고행에 감춰진 약점을 찾아내려는 의도가 있었을 것이다.

이와 같은 역사적 상황은 분별력의 주제가 다른 방향으로 전환된 까닭을 설명해 준다. 고대적 발상으로는 지나친 과대와 과소를 구별하는 역량과 처신하는 방법에서 절도를 지키는 능력은 사람마다 자신의 이성을 사용하는 방법과 관련되는 일이었다. 카시아누스와 같은 수도 생활의 이론가에게[74] 절도의 원칙은 인간 자신에게서 연유한 것이 아니다. 수도사가 끊임없이 자기를 관찰하고 자기에 대해 주의 깊은 시선을 보내는 것은 내면의 올바른 균형원칙을 찾으려는 희망 때문이라기보다, 자신의 의식 밖에서 의지할 대상을 찾아야 할 이유를 발견하기 위해서다. 기독교인 수도사는 아무리 성덕의 길에서 발전이 있다 하더라도, 그가 자신의 척도가 될 수는 없다. 〈시편〉 낭송에 관한 카시아누스의 이야기가 그것을 잘 보여 준다. [75] 초기 기독교 상고시대에는 사람들이 제각기 열정적으로 마음껏 시편을 노래했다고 한다. 그러나 그들은 곧 '불협화음'과 단순한 변주조차도 미래에 "오류, 적대

성 히에로니무스도 마찬가지 견해임을 참고할 것.

75 J. Cassien, *Institutions*, II, 5.

〔1장. 새로운 경험의 출현〕

감, 분열"의 싹이 될 수 있음을 알게 되었다. 그래서 명망이 높은 교부들이 적당한 대책을 마련하기 위해 모였다. 그런데 그들 중에 슬며시 끼어든 어떤 이름 모를 수사가 혼자서 열두 시편을 노래하다가 갑자기 사라짐으로써, 그가 시편을 어떻게 적당히 제한할 수 있는지, 그리고 그러한 제한을 결정해 준 사람이 바로 하느님 자신이었음을 알려 주었다는 것이다.

규칙의 제정에 관한 이 불가사의한 이야기는 흔히 있는 일이다. 그러나 이 이야기의 의미는 분명하다. 인간의 타율성은 본질적이고 인간이 자신의 행동기준을 결정하기 위해서 의존해야 할 사람은 그 자신이 아니라는 것이다. 이것에는 이유가 있다. 인간의 타락 이후 악령이 인간을 지배하게 되었다는 것이다. 이 말은 악령이 인간의 영혼에 완전히 침투해 들어왔다는 의미도 아니고, 두 실체가 뒤섞이고 혼합되어서 결국 인간의 자유가 빼앗기게 되었다는 의미도 아니다. 이것은 인간의 영혼과 악령은 기원이 같고 동시에 닮은꼴이라는 말이다. 그러니까 악령이 인간의 몸속에 들어와서 영혼과 경쟁적으로 자리다툼을 하게 되었고, 이러한 닮은 모습을 이용해서 몸을 동요시켜 몸에 변화를 일으켰고, 몸의 관리를 혼란스럽게 만들었다는 것이다. 그래서 악령은 영혼을 약화시키고 영혼에 기원을 알 수 없는 유혹과 형상과 생각을 보낸다. 악마에게 속임을 당한 영혼은 몸속에서 자기와 동거하고 있는 대타자l'Autre●가 고취한 것을 모르는 채 그것들을 그대로

● 〔옮긴이 주〕 라캉의 용어로서, 소타자(l'autre)가 자아의 반영과 투사이고 상상계에 기입되는 것이라면, 대타자(l'Autre)는 근본적 타자성을 의미하며 언어와 법처

수용하게 된다. 그렇기 때문에 악령은 자기의 생각들을 위장시켜서, 그것들을 하느님이 보낸 영감으로 착각하게 만들고, 선으로 위장된 생각 속에 담겨 있는 악을 감출 수 있다. 사탄은 그러므로 생각 속에 있는 환상의 근원이다.[76] 그래서 고대의 현자는 자신의 의지와 상관없이 떠오르는 정념의 동요를 통제하기 위해 자기 자신의 이성에 기댈 수 있었던 반면, 기독교의 수도사는 그에게 가장 진실하거나 가장 신성해 보이는 관념들 속에서 확실한 도움을 발견하지 못한다. 그의 사유구조에는 언제나 잘못 생각할 위험이 따른다. 분별력은 두 위험 사이에서 올바른 길을 찾을 수 있게 하는 수단이다. 그것은 몸을 동요시키는 정념을 제어하는 이성의 훈련 속에 있는 것이 아니라, 사유를 관통하는 환상과 착각을 피하려고 애쓰는 자기반성적 사유의 작업 속에 있는 것이다.

사실 올바른 행동의 길로 나아가는 데 필수적인 분별력은 개인에게 요구될 수 있는 덕목이 아니다. 자기의 생각을 혼란스럽게 만들고, 떠오르는 상념의 기원과 목적을 은폐하는 함정에 빠지지 않으려면 외부의 도움이 필요하다. 이러한 도움은 우선 하느님의 은총이다. 하느님의 개입 없이, 인간은 분별력을 가질 수 없다. 분별력은 "인간의 술책으로 우연히 도달할 수 있는 시시한 미덕이 아니다. 우리는 그것을

___

럼 상징계에 기입된다. 라캉은 언어가 주체 속에서 기원하지 않고 대타자 속에서 기원한다고 주장한다. 언어가 우리의 의식적 통제를 벗어나는 것이기 때문이다. 그러므로 대타자는 주체가 예속되는 모든 근본적 타자이다.

76 인간의 영혼을 지배하는 악령의 행동방식에 관해서 다음을 참고할 것. VIIe *Conférence*, chap. 7~20.

하느님의 관대함에 의해서만 붙잡을 수 있다. 〔…〕 분별력의 선물은 절대로 세속적이거나 사소한 것이 아니라, 하느님의 은총을 담은 고귀한 선물이다. 만일 수도사가 그것을 얻기 위해서 모든 정성을 기울이지 않으면, 그는 분명히 함정과 벼랑의 희생자가 될 것이고 평탄하게 직선으로 뻗은 작은 길에서도 여러 번 넘어질 수 있을 것이다."[77] 그러나 분별력이 은총이라도 그것은 또한 미덕,[78] 즉 스스로 깨우치는 미덕이어야 한다. 그래서 카시아누스는 두 훈련을 병행하거나 더 나아가서 두 훈련을 영속적으로 결합해서 이 필수적인 수련과정을 규정한다. 이것은 한편으로는 자기 자신에 대한 끊임없는 반성을 수행해야 하는 일이고, 생각 속에 전개되는 모든 변화의 움직임을 주의 깊게 관찰해야 하는 일이다. 우리의 내면에 일어나는 변화를 탐구할 수 있게 하는 "내면의 눈"을 절대로 감아서는 안 된다.[79] 그러나 다른 한편으로는 이와 동시에 자신의 영혼을 다른 사람에게 ─ 지도자에게 그리고 자기의 속내 이야기를 털어 놓는 선배 수도사에게 ─ 열어 두어야 하고, 아무것도 감추지 말고 말해야 한다. "근거 없는 수치심으로 영혼의 비밀을 덮어 두려는 베일을 찢어 버리고, 우리의 선배들에게 그것을 모두 밝히자. 그리고 그들을 신뢰하는 마음으로 우리들의 상처를 치유하는 방법과 경건한 생활의 모범을 그들에게서 찾도록 하자."[80]

---

77 J. Cassien, *Conférences*, II, 1.

78 "*Discretionis gratiam atque virtutem*", *ibid.*, II, 26.

79 *Ibid.*, II, 2.

80 *Ibid.*, II, 13.

판별과 절제의 기술인 이 분별력은 성덕을 향해 나아가는 데 필수적이지만, 우리에게는 결핍된 것이다. 분별력의 결핍은 우리의 정념 때문만은 아니며, 우리의 생각을 끊임없이 위협하는 환상의 위력 때문이기도 하다. 오직 하느님의 은총만이 우리에게 분별력을 줄 수 있다. 그러나 우리가 그것을 알 수 있으려면, 영혼의 관찰력과 개방성이 결합되어야 하고, 성찰과 고백을 끊임없이 연결해서 수행해야 한다. 요컨대 계속적인 지도관계를 정당화하는 것은 언제나 유인과 유혹의 위험이 있는 극단적인 것을 피하고 중도적 입장에 머물러 있을 필요성이다. 이처럼 올바른 방향으로 나아갈 수 있는 것은 본래 근원적으로 인간에게 있지 않은 분별력을 사용함으로써만 보장될 수 있는 일이다. 물론 인간은 하느님으로부터 분별력을 받아야 하겠지만 또한 자기 자신에 대한 시선과 진실 말하기의 끊임없는 훈련을 통해서 그것을 획득하도록 노력해야 한다. 복종과 자신의 의지 포기라는 일반적 형식에서, 지도는 중동 지역의 기독교에서 '고해'라고 불리는 '성찰-고백'의 영구적 실천을 중요한 도구로 삼는다. "지도받는 입장에 놓인 모든 사람은 한편으로는 자신의 영혼 속에서 일어나는 어떤 변화라도 마음속에 감추지 않아야 하고, 다른 한편으로는 어떤 말이라도 무작정 내뱉듯이 말하기를 조심해야 하고, 공감과 이해심으로 병자를 치료하는 임무를 부여받은 믿음의 형제들에게 마음의 비밀을 털어놓을 수 있어야 한다."[81]

---

81 Saint Basile, P. G., t. 31, col. 985〔I. Hausherr 옮김〕. 동방지역의 신앙생활에서 고백의 의미에 대해서는 I. Hausherr, *Direction spirituelle* …, p. 155 sq.

4. 성찰-고백

많은 공통점이 있음에도 불구하고, 이러한 테크닉은 세네카의 《분노에 대하여》에서 보이는 것처럼, 과거의 행동을 상기시키는 일과는 기본적으로 다르다. 물론 잠들 무렵에 하루의 일을 돌아보는 묵상이 기독교인의 신앙생활에서 알려지지 않은 것은 아니다. 이러한 묵상은 성 요한 크리소스토무스가 고대철학자들의 용어와 거의 비슷한 용어를 사용하면서 권고한 것으로 보인다. "우리가 금전상의 지출을 알게 되는 것은 아침이다. 그리고 저녁이 되어서 식사 후 잠자리에 누웠을 때, 아무도 우리를 방해하지 않고 불안하게 만드는 일이 없을 때, 우리의 행동을 돌아보며 우리 자신에게 책임을 다했는지 물어보는 것은 바로 그때인 것이다."[82] 그러나 여기서 주목해야 할 것은 카시아누스가 수도생활의 의무 중에서 저녁때의 이처럼 책임을 묻는 일에 대해서는 한 번도 언급하지 않는다는 점이다. 이러한 관습은 엄밀한 의미에서 고해의 행위에 비해서 부차적인 것처럼 보일 수도 있다.

고해의 가장 명백한 특징은 그것이 과거의 행동을 대상으로 하지 않고 변화하는 생각들을 대상으로 한다는 점이다. 물론 생각이란 자신이 저지른 행동에 대한 기억일 수도 있고, 앞으로 실행할 행동에 대한 구상일 수도 있다.[83] 그러나 여기서 성찰의 목표는 생각 그 자체이다.

---

82 〔Saint Jean Chrysostome, *Qu'il est dangereux pour l'orateur et pour l'auditeur de parler pour plaire*, 4.〕

83 세네카에게서 알 수 있듯이, 이러한 성찰의 "관리적" 성격은 매우 강조되어 있다. "우리에게 유익한 것이 무엇이고, 해로운 것이 무엇인지를 살펴보자 〔…〕. 쓸데없

수도생활에서 성찰의 실행이 이처럼 과거의 행동을 대상화하지 않고 현재의 변화하는 생각에 초점이 맞추어 있다는 것은 별로 놀라운 일이 아니다. 이것의 의미는 한편으로 엄격한 복종 체제는 모든 일이 지도자의 명령이나 허가를 받고 이루어지며 또한 기획된다는 것을 의미한다. 그러므로 행동을 하기 전에 행동에 관한 생각을 통제할 수 있도록 충분히 고려하고 검토하는 일이 중요하다. 그런데 보다 근본적으로 생각해 보자면, 수도생활의 목적이 마음의 순결성에 의해 하느님께 다가갈 수 있는 묵상의 생활인 이상,84 그리고 이러한 목적을 위해서 나아가는 데 기도, 명상, 묵상, 하느님을 향한 정신집중이 필요한 이상, '생각cogitatio'을 정리하는 것이 주요한 문제가 된다. 어떤 의미에서, '생각'은 수도사가 그 자신에 대해서 수행해야 할 노역의 원료가 된다. 육체의 고행이 음식과 수면과 육체노동에 관한 매우 엄격한 규정과 함께 중요한 역할을 하는 것이 사실이지만, 육체의 고행을 통해서 잡다한 생각들이 가능한 한 정리되고 순수해질 수 있는 조건을 만들어 내는 일이 중요하다. 에바그리우스가 말했듯이, "악마는 속세에 사는 성직자들과 싸울 때 특히 물건을 이용한다. 그러나 수도사들과의 싸움에서는 종종 생각을 이용한다."85 그리스 정교에서 사용된 logismoi(생각)라는 말은 카시아누스에게서 '잡념'으로 번역되는데, 이 말은 에바그리우스에게서 볼 수 있듯이 부정적 의미를 갖는다. 카

이 소비하지는 말고 해로운 소비 대신에 유익한 투자를 하도록 하자."(같은 책)

84 J. Cassien, *Conférences*, I, 2~4.

85 Évagre le Pontique, *Traité pratique*, 48. 에바그리우스에게 *logismoi*의 의미는 A. Guillaumont, "Introduction" au *Traité pratique* (Paris, 1971, pp. 56~63) 참고.

시아누스에게 '잡념'은 단순히 여러 가지 생각들 중 하나가 아니라, 하느님과의 합일을 지향하는 영혼에게 매 순간 사고의 혼란스러움을 초래할 위험이 따르는 '생각'이다. 이러한 의미로 이해되는 '생각'은 단순히 생각하는 영혼의 행위라기보다 하느님을 찾으려고 노력하는 영혼이 겪는 위기이자, 내면의 위험이다. 그것에 대항하려면 끊임없이 의심하고 검토하는 경계심의 능력을 키워야 한다.

1) 내면의 투쟁

'잡념'으로 초래될 수 있는 '사고의 혼란'은 두 가지 주요한 양상으로 분류된다. 하나는 영혼의 질서와 안정과 변함없는 통일성이 필요한 지점에서 잡다하고, 변덕스럽고, 무질서하게 떠오르는 생각들이다. 유일한 존재에 대하여 유일한 명상을 지향한다는 것은 오직 한 가지 목적에만 생각이 매달려 있고, 그것으로부터 일탈하는 일이 전혀 없어야 한다는 의미이다. 그 일은 참으로 어렵다. "아무리 정의로운 사람이거나 명망이 높은 성인이라도 그가 죽을 수밖에 없는 육체의 굴레에 묶인 상태에서 하느님과 일체가 되는 명상으로부터 한 번도 일탈하지 않고, 한순간도 세속적인 생각 때문에 방심하지 않으면서 변함없이 절대적 선을 소유할 수 있는 상태에 이른다면, 과연 그 말을 믿을 수 있을 것인가?"**86** 정신은 끊임없이 흔들리기 때문에, 정신이 하나의 대

---

86 J. Cassien, *Conférences*, XXIII, 5. De même, *Conférence* VII, 3: "가끔 우리는 마음의 시선이 대상을 지향해 가는 것을 느낄 때가 있다. 그러나 우리의 정신은 본래의 방황하는 기질에 휩쓸려 가기 위해 우리도 모르는 사이에 그러한 높이에서 미끄러져 버린다."

상에 고정된다는 것은 절대로 정신적 의지만으로 할 수 있는 일이 아니다. "정신은 끊임없이 극단적인 운동성에 시달린다."**87** 높은 단계의 명상에 이르기 위해 노력하는데, "왜 우리의 뜻과 상관없이, 더구나 우리도 모르게 쓸데없는 생각들이 우리의 내면에 끼어드는지를" 묻는 독일인 교황대사에게 모세 노인은 물음 자체를 반복하는 내용으로 대답한다. "잡다한 생각이 정신에 끼어드는 일이 있어서는 안 된다는 말에 동의하겠네."**88** 세레누스가 변덕스러운 생각을 주제로 한 강연의 서두에서도 정신의 끊임없는 운동성이라는 문제는 계속 반복된다. 정신은 언제나 "운동의cinétique"**89** 다양한 형태로 존재한다.

그러나 불안정성의 위험과 뒤섞여 있으면서 또한 그 결과이기도 한 또 다른 위험이 있다. 이러한 무질서를 틈타 빠른 흐름으로, 우리가 주의하지도 않고 의심하지도 않은 채 받아들이게 되는 잡다한 생각들이 나타나는 것이다. 순수해 보이는 이런 생각들은 우리가 깨닫지도 못하는 사이에 어느새 위험한 것이 될 수도 있고, 영혼에 해로운 제안을 할 수도 있으며, 또한 부정한 것들을 끌어들일 수도 있다. 생각들은 바람에 흩날리는 솜털처럼 정신 속에서 날아다니지만, 어떤 것들은 더럽혀져서 젖은 깃털처럼 몹시 무거운 상태가 되어 아래쪽으로 내

---

87 〔*Ibid.*, VII, 4.〕

88 *Ibid.*, I, 16~17.

89 *Aeikinêtos kai polukinêtos.* 카시아누스는 그리스어를 사용하면서(같은 책 7장 4절) 자신의 생각이 중동지역의 영성에서 빌려 온 것임을 밝힌다. 에바그리우스에게서는 육체의 훈련과 마찬가지로 정신의 훈련의 필요성에 대한 설명이 발견된다 (chap. 15, 48 du *Traité pratique*).

려오기도 한다. **90**

　바로 이런 점에서 우리는 카시아누스가 성찰의 훈련에 부여한 역할이 무엇인지를 이해할 수 있다. 그는 훈련의 의미를 교부들의 강연과 관련시켜 3개의 은유를 사용해서 설명한다. 첫 번째는 방앗간의 은유이다. **91** 방앗간 주인이 아무런 일을 하지 않아도 흐르는 물에 의해 방아가 돌아가듯이, 영혼은 거품을 일으키며 급하게 흘러가는 생각의 물결로 동요된다. 영혼을 공격해 오는 충동의 힘을 영혼 스스로는 멈출 수 없다. 그러나 방앗간 주인이 좋은 곡식과 나쁜 곡식, 밀과 보리 또는 독보리를 구별해서 빻게 하듯이, 마찬가지로 영혼은 성찰을 통해 유익한 생각과 "죄가 되는" 생각을 선별해야 한다. 두 번째는 복음서의 백인대장百人隊長에 관한 적절한 비유이다. **92** 장교는 병사들의 거동을 살피다가 어떤 병사들에게는 나가라고 하고, 다른 병사들에게는 들어오라고 한다. 마찬가지로 성찰은 생각의 움직임을 통제하다가 우리가 원하지 않는 생각들은 내보내고, 적을 물리칠 수 있는 생각들은 오히려 붙잡아 두고 적절한 자리에 배치해야 한다. 세 번째는 주화를 받기 전에 위조 여부를 검사하는 환전상의 비유로서, 이것 역시 성찰의 역할을 보여 주는 한 방법이다. **93** 이러한 비유를 통해 다음과 같은 사실을 알 수 있다. 성찰의 역할은 영혼 앞에 억제할 수 없이 계속 밀려오는 생각의 물결을 지속적으로 경계하는 일과, 버릴 것과 받아

90 〔J. Cassien, *Conférences*, IX, 4.〕
91 *Ibid.*, I, 18.
92 *Ibid.*, VII, 5.
93 *Ibid.*, I, 20.

들일 것을 구분하는 선별의 메커니즘 속에 있다.

성찰의 특수한 임무를 파악하기 위해서 카시아누스가 환전상의 은유를 통해 전개한 논리는 의미심장하다. 사람들이 주화를 내놓으면 환전상은 "검사" 업무를 수행한다. 그는 주화에 새겨진 초상과 금속을 검사하는 것이다. 생각들에도 여러 가지가 있으므로 어떤 것들은(예를 들면 철학적 격언의 경우) 황금인 양 반짝이지만, 생각과는 달리 환상에 불과한 것일 수 있다. 그와 반대로 순수한 금속일 경우가 있다 — 《성서》에서 나온 격언이 그렇다. 그러나 우리의 내면에 있는 유혹자는 마치 어떤 횡령자가 주화를 주조하여 금속 위에 정당성도 없고 가치도 없는 초상을 만들어 붙여 놓았다는 식으로 가짜 해석을 덧붙여 놓을 수도 있다. 또한 주화가 품질이 좋은 금속이고 초상의 형태도 규정과 일치하지만, 사실은 나쁜 작업장에서 만들어진 경우도 있다. 이 경우는 사탄이 자신에게 유리한 행동원칙을 제안하고 우리에게는 해로운 목적으로 그것을 이용할 때이다. 사탄은 우리에게 단식을 제안하지만, 이 제안은 우리의 영혼을 완성시키기 위해서가 아니라, 우리의 신체를 허약하게 만들기 위한 것일 수 있다.[94] 결국 하나의 주화는 금속과 초상과 작업장의 모든 측면에서 완전히 정당성을 갖는 것일 수 있지만, 시간이 지나면 그것은 마모되고 변질되고 녹슬게 된다. 어떤 나쁜 감정이 훌륭한 생각과 혼합되어서 훌륭한 생각의 가치를 나쁘게 변질시킬 수도 있었다(허영심이 훌륭한 일을 하고 싶은 욕망과 혼합되는 경우가 그러하다).

---

94 *Ibid.*

그러므로 끊임없는 흐름으로 영혼을 공격하는 잡념에 대해서 성찰이 제시한 것이 바로 진실의 문제이다. 그러나 우리의 생각이 진실한 것인지 거짓된 것인지, 우리가 과연 옳고 그름의 평가를 할 수 있는지를 ― 스토아주의적 성찰의 임무가 그렇듯이 ― 아는 문제가 중요한 것은 아니다.[95] 간단히 말하면 우리의 생각이 잘못인지 아닌지를 아는 것이 중요하지 않고, 진실한 생각과 거짓된 생각을, 좋은 생각처럼 보이는 것과 사람들의 눈을 속이는 허위의 생각을 구분하는 것이 중요하다. 문제는 잘못 생각했는지를 아는 것이다. 성찰은 단식이 좋은지 아닌지를 결정하기 위해 숙고하는 것이 아니다. 수도사는 단식이 좋다고 알고 있다. 그러나 그는 생각이 떠오를 때, 그 생각이 겉으로는 유익한 원칙으로 보이지만 그 뒤에 은밀하게 숨어서 그의 추락을 준비하는 사기꾼 악마의 소행인지 아닌지를 알 수는 없다.

　　그러므로 성찰은 올바른 길을 갈 수 있는 분별력discretio의 작용을 목적으로 한다. 그러나 분별력이 진실한 생각과 거짓된 생각을 구별하는 것은 아니다. 분별력이 생각의 기원과 징표를 찾는 것은 거짓된 생각이 올바른 생각의 가치를 변질시킬 수 있기 때문이다. 중요한 것은 생각이 발생된 깊은 곳의 비밀과 도구로 쓰였을지 모르는 술책, 그리고 올바른 생각을 방해하는 환영이 아닐까 의문을 가지면서 "생각의 질qualitas cogitationum"[96]을 테스트하는 일이다. 여기서 잘못 생각하게

95　그렇기 때문에 세네카는 모든 사람을 교육할 수 있다고 생각하는 것이 과연 옳은지, 모든 진실이 누구에게나 좋은 것인지를 자문했다(*De ira*, III, 36).

96　이러한 표현은 다른 텍스트에도 있다. J. Cassien, *Institutions*, VI, 11.

만드는 환영의 대상은 생각과 관련된 사물 — 나중에 말하겠지만, 생각의 객관적 현실 — 일 뿐 아니라, 생각의 본성과 실체 또는 생각을 만들어 내는 존재가 포함된 생각 그 자체이기도 하다. 생각들을 세심하게 검토하고, 받아들여야 할 생각과 거부해야 할 생각들을 끊임없이 선별하면서, 복종을 잘 하고 지도를 잘 받는 수도사가 이러한 상념 속에서 어떤 생각이 떠오를지 예상하지 못하면서, 생각하는 사람에게서 떠오르는 생각의 변화를 검토의 대상으로 삼는 것이다. 이것은 카시아누스가 양심의 비결arcana conscientiae이라고 부르는 성찰이다. 생각의 주체에 관한 문제 그리고 주체와 그의 생각과의 관계에 대한 문제(나의 생각에서 생각하는 주체는 누구인가? 나는 어떤 식으로건 잘못 생각하는 것이 아닌가?), 이것은 더 이상 생각하는 대상에 대한 문제도 아니고 생각과 대상 사이의 관계에 대한 문제도 아니다. 우리가 정념의 변화에 대한 이성의 통제를 보다 확실하게 하기 위해서 우리의 견해가 올바른 것이었는지를 검증해야 했던 스토아주의적 성찰과 비교해 볼 때, 수도사의 이러한 생각의 변화와 생각의 기원, 주체에 의해서 생성될 수 있는 자기에 대한 자기의 환상, 이런 것들을 문제시하는 논리가 얼마나 큰 차이가 있는 것인지를 알 수 있다.

2) 고백의 필요성

이렇게 생각들을 검증하고 선별하는 일이 오직 내면적 성찰로만 이루어지는 것이라면 역설적 현상이 생길 수 있다. 실제로 자기를 성찰하는 사람이 어떻게 생각의 기원을 확실하게 인식할 수 있으며, 잘못 생각할 위험 — 물론 자기 자신에 대해서 잘못 생각할 위험까지 포함해서 ― 이 피할 수 없는 것인 반면, 자신의 생각에 가치를 부여한 것에 대해 잘못 생각하지 않았다는 것을 어떻게 확신할 수 있는 것인가? 성찰을 통해서 형성되는 생각이 어떻게 성찰된 생각보다 더 확실한 것일 수 있는가? 고백의 필요성이 근거를 두는 지점은 바로 여기이다. 물론 이러한 고백은 처음에는 엄격한 내면의 형식으로 이루어지다가, 그 다음으로는 속내 이야기 형식으로 결산이 제공되는 성찰의 결과로 이해되어서는 안 된다. 고백은 가능한 한 성찰에 가까워야 하고, 성찰의 외적 측면, 즉 타인을 향한 말이 되어야 한다. 자기 자신에 대한 시선과 그 시선으로 포착된 것을 담론화하는 일은 분리될 수 없는 하나의 것이다. 한 번의 행위로 보고 말하는 일 ― 이것은 견습 수도사가 추구해야 할 이상적 목표이다. "우리는 초심자들에게 마음을 괴롭히는 어떤 생각이라도 거짓 수치심 때문에 감추지 말고, 그런 생각은 떠오르자마자 곧바로 선배 수도사에게 말하도록 가르친다."**97**

그러나 고백이 어떻게 생각을 사로잡는 환상과 술책과 속임수를 일소할 수 있는가? 어떻게 고백의 언어가 검증의 역할을 할 수 있는가? 어쩌면 이렇게 할 수 있는 것은 속내 이야기를 들은 선배 수도사가 자기의 경험과 자신의 노력으로 얻게 된 분별력과 하느님으로부터 받은 은총을 이용해서 초심자가 보지 못하는 것을 보고, 충고와 대책 방안을 제시해 줄 수 있기 때문일지 모른다. 무경험자와 무지한 자를 속일 수 있는 악마는 고참 수도사의 분별력 앞에서 굴복하고 말 것이다. **98**

---

97 *Ibid.*, IV, 9.
98 *Ibid.*

카시아누스는 지도자의 이러한 충고에 대해서 중요한 역할을 부여하고 서투른 지도로 부정적 결과가 초래될 수 있는 여러 가지 예를 제시하기도 한다. **99** 그렇지만 그는 오직 언어의 표출이라는 사실에만 선별의 성과와 정화의 미덕을 부여한다. 말을 만들고, 말로 표명하고, 다른 사람에게 말을 하는 일은 — 어느 정도까지는 말해야 할 상대편이 누구라도 상관없는데, — 환상을 제거하는 힘, 내면에 있는 유혹자의 속임수를 쫓아 버리는 힘을 갖는다. **100** 이러한 고백의 힘이 정당하다는 것을 카시아누스는 마치 판별의 전문 기술자처럼 몇 가지 이유를 들어 설명한다.

우선 수치심이다. 만일 우리가 어떤 생각을 고백하는 데 어려움을 느끼고 생각을 표현하지 않아 계속 비밀로 남아 있게 된다면, 그것은 그 생각이 나쁘다는 것을 의미한다. "교활한 악마가 젊은이를 농락하거나 쓰러뜨리는 방법은 자신의 생각을 감추도록 그가 자존심이나 다른 사람들의 이목에 신경을 쓰게 함으로써 그를 유혹하는 것이다. 실제로 선배 수도사들의 주장에 의하면, 우리가 선배에게 마음속의 생각을 표현하는 문제로 얼굴을 붉히는 것은 일반적으로 악마 같은 생각의 분명한 표시이다."**101** 생각은 감추면 감출수록 그 생각을 포착하려

---

99 과도한 질책으로 견습 수도사를 절망에 빠뜨린 노인의 일화를 참고할 것. 그러한 젊은이가 유혹의 공격을 받아 희생된다는 사실에서 그에 대한 처벌을 알 수 있다 (J. Cassien, *Conférences*, II, 13).

100 성 앙뜨완느가 은둔자들에게 보낸 충고는 의미심장하다. 그들이 누군가에게 알려 주었듯이, 자신들의 행동과 영혼의 움직임을 늘 명심해야 한다는 것이다(saint Athanase, *Vita Antonii*, 55, 9).

101 J. Cassien, *Institutions*, IV, 9.

는 말로부터 빠져나가려고 하기 때문에 결국 그 생각을 악착스럽게 뒤쫓아 가서 빠짐없이 고백하도록 해야 한다. 수치심이란 우리가 어떤 행동을 할 때는 붙들어 두어야 하는 것이고, 마음속 깊은 곳에 숨어 있는 것을 말로 표현해야 할 때는 맞서 싸워야 하는 것이다. 그것은 의심할 나위 없이 악의 증거이기 때문이다.

악령의 생각이 양심 속에 계속 파묻혀 있으려는 것은 우주신학적인 이유 때문이다. 본래 빛의 천사였던 사탄이 어둠 속에 유폐된 것은 빛이 금지되어 그가 숨어 있었던 마음속 깊은 곳에서 빠져나올 수 없었기 때문이다. 사탄을 빛의 세계로 끌어낸 고백은 왕국에 있던 그를 내쫓아 무력한 모습으로 만들어 버린 것이다. 사탄은 오직 어둠 속에서만 군림할 수 있다. "빛의 세계에서는 나쁜 생각이 생기더라도 곧 독성을 잃고 만다. 분별력이 판결을 내리기 전이라도, 고백은 말하자면 어두운 땅속 굴에 숨어 있던 흉측한 뱀이 끌어내어져 빛이 있는 곳으로 내던져지고 자신의 부끄러움을 공개하는 일이어서, 흉측한 뱀은 서둘러 도망가 버린다."102 나쁜 생각은 그것이 말로 표현되고, 큰 소리로 발설되어 양심의 은밀한 내면에서 밖으로 나온다는 사실만으로도 유혹의 힘과 거짓의 위력을 잃어버린다.

카시아누스의 논리는 여기서 끝나지 않는다. 고백의 진술은 종종 물질의 추방으로 비유되기도 한다. 고백의 언어와 함께 악마가 육체에서 추방된다는 의미에서이다. 사라피온 신부의 회상에서 이끌어 내야 할 교훈도 그와 같은 것이다. 어렸을 때 그는 식탐하는 버릇이 있어

---

102 J. Cassien, *Conférences*, II, 10.

서 밤마다 빵을 훔쳐 먹었다. 그러나 그는 자기를 지도하는 노스승에게 자신의 '불법적 도둑질'을 부끄러움 때문에 이야기하지 못했다는 것이다. 결국 어느 날 테온 수도원장의 강론을 듣고 충격을 받아 울음을 터뜨리지 않을 수 없었다. "그는 자신의 공범자이자 은닉자인 자기의 가슴에서 훔친 빵을 꺼내어 〔…〕 모든 사람에게 보여 준다. 그는 땅에 엎드려 용서를 구하면서 매일의 식사 비밀을 고백하고, 하느님이 그를 견디기 힘든 포로 상태에서 해방시켜 주도록 눈물을 흘리면서 모든 사람이 기도해 주기를 애원한다." 그러나 곧 "불 켜진 램프가 그의 품에서 나왔고, 방에는 유황 냄새가 가득 찼다. 악취가 퍼지면서 방에 그대로 있기가 어려울 정도였다." 그런데 카시아누스의 이야기에 의하면, 이 장면에서 수도원장이 강론 중에 한 말이 중요하다는 것이다. 이 말에서 우선 강조되는 것은 해방이란 단어가 지도자의 말에서 직접 나온 것이 아니라, 103 고백하는 죄인의 입에서 이런 식으로 표현되었다는 사실이다. "너의 해방은 이루어졌다. 내가 아무 말을 하지 않고도, 너의 고백만으로 충분하다." 고백의 목적은 비밀의 어둠 속에 숨어 있던 것을 백일하에 드러나도록 하는 일이다. 즉, 이것은 빛의 작용이다. 그리고 빛이 작용함으로써 권력의 전환이 동시에 이루어진다. "지금까지는 너의 적이 너를 이겼겠지만, 오늘은 네가 승리한 것이다. 너의 고백은 그동안 침묵을 이용해서 그가 너를 쓰러뜨린 것보다 훨씬 철저하게 그를 꼼짝 못하게 만들었다. 〔…〕 그를 폭로함으로

---

103 그렇지만 테온 자신이 강조한 부분에서 간접적인 효과가 있는 것은 식탐과 자기만의 비밀에 대한 노인의 설교를 듣고 확신을 갖게 되었다는 점이다〔*ibid.*, II, 2〕.

써, 너는 이제 너를 불안하게 만든 사탄의 권력을 제거한 것이다." 이러한 권력의 전환은 물질적 추방의 의미로 표현된다. 엄격한 의미로 말하자면, 사탄을 빛으로 이끌고 나온 고백을 통해서 그는 자신이 점령하고 있던 자리에서 추방된 것이다. "주 예수는 〔…〕 네가 유익한 고백을 함으로써 너의 마음에서 추방된 그러한 정념의 선동자를 네가 눈으로 직접 볼 수 있기를 원했고, 또한 적이 패배의 도주를 함으로써 일단 정체가 드러난 이상 너의 몸 안에 적이 머물 자리가 없다는 것을 네가 깨달을 수 있기를 원했다."**104**

그러므로 비밀은 말로 표현되고 말은 다른 사람에게 건네는 말이 되어야 한다는 사실로 인해 고백이라는 형식 자체에는 특별한 힘이 있다. 이것은 카시아누스가 고백의 미덕이라고 부르는 것으로서 속죄와 영혼의 지도에 관련된 용어들 속에서 계속 나타나는 말이다. 고백은 고백에 적합한 특유의 조작적 힘을 갖는다. 고백은 말하고, 보여 주고, 추방하고, 해방시킨다.

그렇기 때문에 분별력 — 정신적 혼란을 해결하고, 혼합된 것들을 구분하고, 환상을 없애 주고, 주체 안에서 그 자신의 내부로부터 온 것인지, 대타자의 계시를 받은 것인지를 구별할 수 있는 실행능력 — 은 자기에 대한 자기의 성찰만으로 실행될 수 없고, 그것과 동시에 끊임없는 고백이 필요하다는 설명이다. 성찰은 ("생각들이 생겨나자마자") 즉각적으로 타자에게 보내는 효과적 담론의 형식을 갖춰야 한다. 자기 밖에 있는 타자他者가 자기보다 더 나은 심판자가 될 수 있을까?

---

104 〔J. Cassien, *Conférences*, II, 11.〕

어쩌면 그럴지도 모른다. 그러나 특히 타인에게 건네는 말의 행위는, 부끄러움의 장벽을 통해 어둠과 빛의 상호작용, 물질의 추방, 실질적 분리작업을 실행한다. 과대와 과소의 두 위험 사이에서 절대를 향한 올바른 길을 제시하는 데 필연적인 분별력, 악마의 유혹에 사로잡힌 인간이 본래 갖고 있지 않았던 이러한 분별력은 오직 성찰-고백의 상호작용에 의해서 하느님의 은총으로 길러질 수 있을 뿐이다. 자기에 대한 자기의 시선은 자기 자신에 대한 '진실-말하기'와 끊임없이 연결되어야 한다. 잡념의 기원, 특성, 원인에 대한 지속적인 분별행위가 있은 다음에 비로소 영혼은 하느님에게 도달할 수 있는 순결한 생각들을 받아들일 수 있다. 그 생각들은 오직 하느님에게서 비롯되는 것이기 때문이다. 그것이 바로 수도생활의 목적인 묵상의 조건이다. 《수도원 교육》의 5권 서두에서 카시아누스는 〈이사야서〉의 텍스트를 참고해서 하느님이 그의 종인 키루스에게 "이교인들을 쓰러뜨리고", "청동문을 무너뜨리고", "철제 빗장을 부수고", "감춰 있는 보물과 은닉된 재산"을 주겠다고 약속했음을 이야기한다(45, 1~3). 그런데 카시아누스는 이상한 설명방식으로 무너진 문과 부서진 빗장을 "백일하에 드러내기" 위해서 격파해야 할 "악의 어두운 심연"과 같은 것으로 해석한다. 이러한 조사indagini와 설명expositioni의 결과로, "심연의 비밀"은 밝혀지고 우리를 진정한 지혜와 단절시키는 모든 것이 무너져 버리면 "우리는 정화된 마음으로 완전한 회복의 장소로 인도되어 갈 수 있을 것이다".[105]

---

105 J. Cassien, *Institutions*, V, 2.

수도사 생활에서 타인에게 해야 하는 계속적인 고백과 연결되어 끊임없는 자기성찰의 실천으로 개발된 고해는 그러므로 어떤 공통점이 있음에도 불구하고 고대 그리스의 상담방식과도 아주 다르고, 철학자의 제자가 진리와 지혜의 스승에 대해서 갖는 신뢰의 관계와도 아주 다르다. 우선 성찰-고백은 의무와 영속적으로 결합되고, 의무는 다시 영속적인 복종과 결합된다. 영혼 속에서 일어나는 모든 일을 사소한 움직임까지 포함해서 타인에게 〔드러내야 하는〕 것은 완전한 복종을 인정하는 일이다. 겉으로 보아 전혀 중요하지 않은 행동은 물론이고, 스쳐 지나가는 일시적 생각이라도 타인의 권력에서 벗어나는 일이 되어서는 안 된다. 그 반면에 모든 문제에서 완전한 복종의 목적은 내면의 것이 그 상태로 고정되어 있지 않도록 하는 것이고, 또한 자신의 자율성에 만족하면서 그 안에 거주하는 거짓된 권력들의 유혹에 넘어가지 않도록 하는 것이다. 복종의 일반적 형식과 성찰-고백의 영원한 의무는 필연적으로 동행 관계에 있다.

게다가 성찰-고백은 정해진 요소들로 이루어진 범주(적법한 행동이건 위법행위이건)만을 대상으로 한 것이 아니어서 무한정의 일거리를 그 앞에 두고 있다. 그것은 영혼의 비밀 속으로 언제나 더 깊이 들어가는 일, 미세한 생각이라도 떠오르는 순간 언제나 가능한 한 신속하게 그것을 붙잡는 일, 모든 비밀과 비밀 뒤에 숨어 있는 비밀을 낚아채는 일, 가능한 한 깊숙이 그 뿌리를 찾는 일이다. 이러한 노역에서는 무시해 버릴 것이 하나도 없고, 지켜야 할 기존의 경계도 없다. 성찰-고백의 실천은 자기 자신의 거의 지각되지 않는 부분으로 무한히 기울어져 있는 경사선을 따라가야 한다.

그러므로 이것은 자신이 저지른 잘못을 말로 인정하는 것과는 다른 문제이다. 고해는 법정에서의 자백과 같지 않다. 그것은 재판권의 메커니즘 안에 자리 잡은 것도 아니고, 법을 위반한 사람에게 징벌을 경감하기 위해 그의 책임을 인정하도록 하는 방법도 아니다. 그것은 단지 타인에게뿐만 아니라 자기 자신에게도 마음의 비밀스런 부분과 희미한 어둠 속에서 생기는 변화를 드러내는 일이다. 중요한 것은 아직 아무에게도 알려지지 않은 일을 진실인 듯이 명백히 드러나게 하는 일이다. 이것은 두 가지로 전개된다. 하나는 아무도 포착할 수 없는 희미한 것을 빛이 있는 곳으로 가져오는 일이고, 다른 하나는 위조화폐를 진짜 돈처럼, 그리고 악마의 제안을 하느님의 진실한 계시처럼 착각하게 만드는 환상을 제거하는 일이다. 그리고 어둠에서 빛으로, 유혹의 혼합물에서 엄격한 분리로 이행하는 것에서 우리는 진정한 해방감을 기대할 수 있다. 이것은 당연히 우리가 저지른 행동에 대해 우리의 책임을 인정하는 재판권의 문제가 아니라, 우리 자신도 잘 모르는 비밀의 '진실 말하기' 문제이다.

　결국 고해가 자기 자신을 끊임없이 관찰하는 경향을 보이는 것은 자신의 주권성을 확립하기 위해서도 아니고 자신의 정체성을 알기 위해서도 아니다. 고해는 타인과의 관계에서 끊임없이 전개되는 일이다. 이러한 전개는 타인의 의지에 주체의 의지를 종속시키도록 하는 일반적인 지도방식으로 이루어지고, 자기의 마음속 깊은 곳에 있는 악마라는 대타자의 존재를 폭로하려는 목적을 지니며, 최종적인 목표는 완전히 깨끗한 마음의 상태에서 하느님을 우러러보는 것이다. 이렇게 순결한 마음을 자기 자신의 복원이나 주체의 해방 같은 것으로 이해해서는 안 된다. 그와 반대로 이것은 자신의 모든 의지에 대한 완전한 포기이자, 그 어떤 끈으로도 자기 자신에 매여 있지 않음으로써 자기 자신이 되지 않으려는 태도이다. 이렇게 기독교의 영성을 실천하는 일의 기본적인 역설은 자기 자신의 진실 말하기가 근본적으로 자신의 포기와 관련된다는 점이다. 자기 자신의 진실을 보고 말하기 위해서 끊임없이 수행하는 작업은 고행의 훈련이다. 그러므로 우리는 고해라는 하나의 복잡한 장치를 갖게 되는데, 이 장치에서 영혼의 내면에 무한히 몰두해야 할 의무는, 타인에게 말하는 담론 속에서 끊임없이 내면을 표출해야 한다는 의무와 연결되어 있다. 이러한 국면에서, 자신의 진실을 찾는 것은 어떤 의미에서는 자신의 목숨을 버리는 일이 되어야 한다.

제 2 장

[동정에 대하여]

Histoire de la sexualité

Les aveux de la chair

우리는 4세기에 동정童貞을 주제로 쓰인 책들의 중요성을 알고 있다. 동양의 기독교인 저자들의 책으로는 안키라의 바실리우스의 《완전한 동정에 관해서Sur la véritable intégrité dans la virginité》라는 개론서와 《동정에 대하여Sur la virginité》라는 그레고리우스의 책, 요한 크리소스토무스의 여러 책들 ― 《동정De la virginité》, 《의심스러운 동거Des cohabitations suspectes》, 《어떻게 동정을 지킬 것인가Comment observer la virginité》 ―, 에메사의 에우세비우스의 《복음서 해설Homélie》 제7권, 에바그리우스 폰티쿠스가 동정녀를 대상으로 한 《강론Exhortation》이 있다. 여기에 아타나시우스의 개론서, 나지안조스의 그레고리우스의 시詩들, 작자미상인 책으로 어느 가장에게 보내는 형식으로 쓰인 《복음서 해설》을 덧붙일 수 있다.1 라틴 작가들 중에는 특히 성 암브로시우스(《동정론De virginibus》, 《동정에 관하여De virginitate》, 《순결교육De institutione virginis》, 《동정에 관한 강론De exhortatione virginitatis》, 《타락한 처녀와 그녀를 유혹한 자들에 관하여De lapsu virginis consecratae》), 성 히에로니무스(《헬비디우스를 반박함Adversus Helvidium》, 《요비니아누스를 반박함Adversus Jovinianum》, 에우스토키움에게 보내는 편지), 그리고 성 아우구스티누스(《금욕론De continentia》, 《신성한 동정에 관하여De sancta virginitate》)를 꼽아야 할 것이다.

그 시대에 순결에 관한 책들이 이렇게 많다는 것은 성관계를 완전히 금지하는 관습이나 절대적 필요성이 그만큼 증가했음을 의미하지는

---

1 〔Dom David Amand, M. -Ch. Moons, "그리스어 미발표 원고로서 동정에 관한 흥미로운 강론", *Revue bénédictine*, 63, 1953, pp. 18~69.〕

않는다. 사실 동정을 중요시하는 것은 〈코린토 신자들에게 보낸 첫째 서간〉이라는 유명한 텍스트와 관련된 전통에 따르면 아주 오래전에 확인된 사실로서, 약 2천 년 동안 "남자가 여자와 관계를 갖지 않는 것은 좋은 일이다"라는 것이 모든 토론의 중심 주제였다. 이러한 자발적 금욕에 대해서는 많은 증언이 있다. 기독교 신자 중에서 아테나고라스는 다음과 같이 증언한다. "우리는 누구나 한 여자와 결혼해서 살 수 있을 뿐이다. 〔…〕 그런데 남자와 여자 모두 고령의 나이가 될 때까지, 오직 하느님과 일체가 되려는 희망으로 결혼을 하지 않고 사는 사람들이 많다. 만일 동정이 하느님과 가까워지는 것이고, 잡념과 욕망이 하느님에게서 멀어지는 것이라면 우리가 생각조차 하지 않으려는 그러한 행위를 더 이상 얼마나 더 멀리하는 것인가."**2** 테르툴리아누스는 성 〔암브로시우스〕가 이교문명의 도시 로마에서 베스타 여신을 섬기는 7명의 불행한 처녀들과 "순결한 서민들", "부끄러움이 많은 평민들", "모든 순결한 사람들"을 대비할 수 있을 정도로, **3** 그 당시에 "자발적으로 거세된 남자들"도 많았고, "그리스도와 결혼한 동정녀들"도 많았음을 회상한다. **4** 〔성 키프리아누스의 말〕에 의하면, 그렇게 많은 순결한 사람들의 숫자는 성모 수태가 그만큼 많았음을 보여 주는 증거라는 것이다. **5** 그러나 또한 기독교와 무관한 증언도 있다. 갈리아의 증언이 흥미로운 것은, 그가 사실을 증언하면서도 이러한 사실들이 별

---

2 Athénagore, *Legatio*, chap. xxxiii.

3 Saint 〔Ambroise〕, lettre 18 (*ad Valentianum*).

4 Tertullien, *De resurrectione carnis*, LXI.

5 Saint Cyprien, *De habitu virginum*, 3.

로 새로울 게 없다고 보는 점이다. 기껏해야 그는 그때까지만 하더라
도 소수의 진실한 철학자들이 수행하던 금욕생활을 그렇게 많은 사람
들이 실천에 옮길 수 있다는 사실을 놀라워할 뿐이다. "기독교인들은
진실한 철학자들에게 어울리는 품행을 고수한다. 우리는 그들이 실제
로 죽음을 두려워하지 않는 사람들로서 수치심 때문에 육체적 행위를
싫어한다고 생각한다. 그들 중에는 평생 부부관계를 삼가고 지내는
남자들도 있고 여자들도 있다. 또한 영혼의 통치와 제어에 있어서 진
실한 철학자들과 마찬가지로 성공한 사람들이 있다."6

　동정이나 철저한 금욕은 그러므로 2세기의 기독교인들에게 널리 퍼
진 관습이지만, 겉으로 보아 특별한 것이 없는 까닭은 이것이 기껏해
야 외적 형식의 면에서 잘 알려진, 그리고 이미 고결한 미덕으로 평가
된 품행방식이 널리 확산된 것에 불과했기 때문이다. 기억해 두어야
할 것은 로마 교황청의 교부들이나 호교론자들의 책에 인용된 중요한
금기들이 이교인들의 모럴에서 금지된 것처럼 간음, 우상 숭배, 어린
남자와의 성관계라는 점이다.7 그러므로 1세기의 기독교는 기독교 이
전의 고대 문화나 기독교 태동기의 주변 문화와 동일한 성모럴 방식을
가졌다는 것을 알 수 있다. 모든 사람이 처벌받을 수 있는 성문제와

6 〔Galien, *Liber de sententiis politiae platonicae*〕, 다음에 의해 인용되었음. Adolf
　von Harnack, *Die Mission und Ausbreitung des Christentums in den ersten drei
　Jahrhunderten*, Leipzig, 1906, 〔livre II, chap. v〕.
7 *Didakhé*에서도 이와 마찬가지이다. "사람을 죽이지 말 것, 간통을 하지 말 것, 아
　동과 동성애를 하지 말 것"(II, 2). *Épitre du Pseudo-Barnabé*: "간음을 하지 말 것,
　도둑질을 하지 말 것"(XIX, 4).

관련된 죄이건 일부의 사람들에게 엘리트주의의 철저한 금욕을 권장하는 것이건 마찬가지이다.

1세기와 2세기의 기독교에서 순결의 실천에 관한 역사는 금욕에 대한 '철학적' 권고의 확산으로 단순하게 이루어진 것이 아니다. 기독교인의 그러한 실천은 사실상 두 가지 행동유형으로 나누어진다. 기독교는 이교인의 지혜와 관련해서 금욕의 원칙에 다른 의미를 부여했다. 기독교에서는 금욕의 효과, 혹은 금욕에 대한 보상을 확정지었고, 그 범위를 넓혔으며, 특히 방법을 달리했다. 그러나 기독교에 남아 있으면서 이원론적 유혹으로 끊임없이 되살아나는 어떤 경향, 즉 금욕주의라고 불리는 것과는 다른 방법이 필요했다. 모든 기독교인에게 구원에 이를 수 있는 필수조건으로 성관계를 완전히 금지하려는 경향은 다양한 강도와 다양한 형태로 초기 기독교 시대에 끊임없이 나타났다. 타시아노가 쥘 카시아누스와 함께 종파를 이루어서 (마르키온의 그노시스설에서건, 영적 인식에서건, 마니교인들에서건) 어떤 이단의 기본적 특성을 만드는 일도 있었고, 클레멘스에서 코린토인들까지의 《성서》 외전인 2차 〈사도서간〉과 에우세비우스가 "많은 문제점"을 고려하지 않고 "정절의 무거운 짐을 모든 인간에게" 부과하려 했던 크노소스의 주교, 피니토스에게 가한 비판이 증명하듯이, 수도회의 규율을 실천하는 일로 나타나기도 했다. 8 또한 다른 관점에서 보자면 교리에 충실한 것으로 인정할 수 있는 사상의 방향이 정립될 수 있었다. 성 히에로니무스의 《요비니아누스를 반박함》이 촉발한 스캔들과 논쟁이

---

8 〔Eusèbe de Césarée, *Histoire ecclésiastique*, IV, 23, 7.〕

그 증거라고 할 수 있다. 그런데 금욕주의에 대한 비판에서 중요한 것은 동정이 구원을 받으려는 모든 사람에게 부과된 법칙인가 아닌가를 아는 문제가 아니라, 모든 성관계의 거부가 절대적인 법칙이 아닌 것으로 되었을 때, 동정이 얼마나 특별하고 상당히 희귀하고 긍정적인 경험이 될 수 있는지를 결정하는 문제였다.

그러므로 두 가지 점을 주의해야 한다. 기독교 사상이 5세기와 6세기까지 공들여 완성한 것으로서, 성찰의 중심점이 되고, 사상적 변화의 장소가 되는 것은 많은 금지사항들의 목록이 아니라 동정의 문제에서이다(그리고 나중에 알 수 있듯이, 결혼생활의 관리술도 포함된다). 기본적으로 금지하는 행위의 항목은 변화가 없다. 다시 말해서, 근친상간, 수간獸姦, '성적 도착contre-nature'처럼 범위가 넓어지면서 금지사항들의 체계가 재편성된 것은 훨씬 나중의 일이다. 그러나 기독교 초기에 실천의 문제와 마찬가지로 이론의 목표는 모든 성관계를 (생각부터 욕망에 이르기까지) 엄격하고 결정적으로 자제하는 태도에 가치와 의미를 부여하는 일이었다. 하지만 다른 한편으로 이러한 동정의 문제를 단순히 욕망의 자제라는 원칙, 말하자면 일반적으로 금욕을 권장하면서 특별한 금지사항들을 보완한다는 의미로 이해해서는 안 된다. 또한 동정에 대한 찬미와 권장의 열기를 성관계의 모든 영역에서 예전에 금지했던 것을 확장한 것으로, 다시 말해서 이런 것, 저런 것만 금지하지 않고 결국 모든 것을 금지하는 일종의 극단적 변화로 이해해서도 안 된다. 동정의 높은 가치가 고대의 어떤 현자들이 부분적으로 권장한 금욕과 금욕주의자들의 엄격한 절제 사이에 있게 됨으로써 점차적으로 개인과 그 자신, 그의 생각, 그의 영혼, 그의 육체에 대한 모든 관계의 정의를 분명히 할 수 있게 되었다. 간단히 말하면, 간통이나 미성년자와의 성관계를 금지하는 한편, 다른 한편으로 동정을 권장하는 일은 상호적으로 연결되어 있지 않다는 것이다. 이 두 가지 조처는 비대칭적이고 성격이 다른 것이다. 그런데 육체에 대한 기독교의 개념이 형성된 것은 금지를 강화함으로써가 아니라, 동정의 논리를 공들여 만듦으로써였다.

한마디로 말하자면, 거의 항구적으로 존속해 온 성적 금지의 도덕적 규범 옆에서 동정의 실천이라는 특이한 실천방식이 발전하게 된 것이다.

〔1〕

〔동정과 금욕〕

4세기 이전에 있었던 이러한 동정의 실천 형식과 내용에 관해서는 알려진 것이 많지 않다. 우리가 알고 있는 것은 실천의 범위일 뿐이다. 물론 그러한 실천은 서약에 의해 제도적 절차를 밟아 수도원 같은 곳에서 생활하면서 이루어진 것이 아니었다. 반면에, 특히 여성들 사이에서는, 수련 강도가 매우 높은 종교생활에 헌신하고 결혼을 거부하는 모임들이 있었다. 과부들의 경우 재혼을 포기하는 모임도 많았다. 그러나 또한 어느 정도 가족들의 부추김으로1 미혼 여성들은 부모의 집에 살면서 동정녀의 생활을 보내는 일도 있었다. 어쩌면 우리가 갖고 있는 3세기의 자료들이 여자들의 동정童貞에 관한 것이고, 자기의

---

1   자녀의 동정성이 부모의 속죄를 위한 희생적 가치를 갖는다는 이 생각에 관해서는 뒷부분에서 다시 검토할 것이다.

집에서 사는 미혼 여성과 동정녀들의 서클이라는 두 입장을 보여 주기 때문에 이렇게 말할 수 있는 것일지 모른다.

나의 눈길을 끌게 된 것은 다음과 같은 두 종류의 책이다. 하나는 라틴어로 쓰인 책으로서 가족과 함께 사는 동정녀의 생활에 관한 것인데, 길이가 짧고, 무엇보다도 실제적인 충고를 담고 있다. 다른 하나는 그리스어로 쓰인 책으로서, 여자들이 모여 자기들의 동정에 관해 찬양의 노래를 부르는 어떤 가상의 그룹을 등장시킨다. 이것은 동정에 대한 기독교의 신비주의 신학이 펼쳐 보인 첫 번째 증언이다. 성 키프리아누스가 쓴 첫 번째 책은 3세기 전반기에 나온 것인 데 비해, 올림푸스의 메토디우스의 《향연 Le Banquet》은 271년경에 쓰인 책으로 추정된다. 이 책은 내용으로 보면, 4세기의 중요한 책들과 연결점에 놓인 것임을 알 수 있다.

성 키프리아누스의 《동정의 생활방식 De habitu virginum》은 3세기 전반기의 라틴 기독교 세계에서 동정의 관습을 주제로 한 가장 풍부한 개론서이다. 물론 테르툴리아누스가 여러 번에 걸쳐 동정의 주제를 다루고 있기는 하지만, 그의 다양한 글들은 언제나 특이한 소재를 다루고 있다. 가령 《베일을 쓴 동정녀》에서는 젊은이들과 기혼 여성들의 평소의 옷차림이, 《아내에게》 개론에서는 과부들의 재혼 문제가, 또한 《정절에 대한 강론》에서는 홀아비들의 재혼 문제가, 몬타누스 교리의 시대에 쓴 《순결론》에서는 간통에 대한 속죄와 사회복귀가 주제이다. 테르툴리아누스가 발전시킨 생각들은 계속해서 다시 등장한다. 예를 들자면, 그리스도와의 혼례를 다룬 것, 영적인 실재에 가까워지는 조건으로서 동정의 주제를 다룬 것 등이 있다. [2] 그러나 테르툴리아누스가 동정에 대해 엄밀한 의미에서 특별한 지위를 부여하지 않았다는 것에 주목해야 한다. 《베일을 쓴 동정녀》라는 짧은 논설은 이러한 관점에서 의미 있는 글이다. 이 글에서 그는 동정녀들이 유부녀들과 마찬가지로 베일을 쓰고 다녀야 한다고 주장한다. 그의 주장은 3가지 논거로 전개된다. 첫째는 《성서》에 근거한 것으로서, 하와는 여자로 만들어졌고 구세주는 분명히 여자의 몸에서 태어났으며 '남자들의 딸'은 여자로서 천사를 유혹했다는 것이다. 두 번째는 나중에 나온 동정성에 관한 논설에서는 보이지 않는 특이한 것으로서 자연에 근거를 두고 있는데, 테르툴리아누스가 《성서》에 의존해서 설명한 바에 의하면, 여자는 동정녀가 되기 이전에 이미 여자이고, 모든 동정녀는 자발적으로, 결혼하기 전부터 여자라는 것이다. 동정녀가 되는 것은 여자가 자기 자신을 여자로 의식하기 때문이고, '남자들의 육욕'의 대상이 되고, 여자는 어쩔 수 없이 결혼을 감수해야 한다는 사실에 의해서이다. 모든 동정녀는 더 이상 동정이 될 수 없을 때 동정성은 끝나버린다. 성적 타락이 눈과 마음속으로 들어오게 되었다는 사실에 의해서다. "스스로 동정녀라고 해도 결혼에 대해 기대하는 생각이 있고, 몸에 변화가 오면 이미 유부녀와 다름없다." 끝으로 신체의 성장, 목소리의 변화, 월경 같은 자연의 변화에 의해서 동정녀가 되지 않기도 한다. "그러니까 동정녀는 여자로서 우연한 사고를 당할 수 있으니까 자신이 여자라는 것을 부인하라."**3** 세 번째의 논거들은 테르툴리아누

---

2 첫 번째 주제에 대해서는 Tertullien, *De virginibus velandis*, XVI, 두 번째 주제에 대해서는 *Exhortatio ad castitatem*, X 참조.

스가 규율과 훈련의 필요성 때문에 이끌어 온 것들로서, 결혼한 여자들은 주변의 위험으로부터 보호받아야 한다는 것이다. 베일은 이러한 보호를 보장하고 상징하는 수단이다. 그러나 동정은 유혹의 공격, 투창처럼 위험한 스캔들, 의심, 수군거리는 소리, 질투, 이런 것들로부터도 보호받아야 하지 않겠는가?4

테르툴리아누스는 홀아비로 지낸 후에 수사가 된 사람을 대상으로 쓴 《정절에 대한 강론》에서 그와 반대로 동정 생활에 따라야 할 일련의 모든 행동지침과 여러 규약들을 포함시켜 말한 것처럼 보인다. 그러나 이 글도 사실 엄격한 의미에서의 동정은 어떤 생활방식이나 특별한 경험처럼 예외적인 것은 아니라는 관점이다. 일반적으로 동정은 '영혼의 구제', 즉 하느님의 뜻이 반영된 영혼의 구제로 정의된다. 하느님의 뜻이 원하는 것은 그의 형상을 본떠서 만든 우리가 그와 닮으려고 하는 일이다. 그러므로 3등급의 동정이 있다. 첫째, 태어나면서 갖게 된 것으로, 그것을 보존한다 해도 나중에 그것으로부터 자유롭게 해방되고 싶은 것을 모를 수 있는 정도의 동정, 둘째, 제2의 탄생을 의미하는 세례를 받으면서 갖게 된 것으로, 결혼생활에서건 홀아비생활에서건 실천할 수 있는 동정, 셋째, 테르툴리아누스가 일부일처제라고 부른 것으로서, 결혼생활이 중단된 이후부터 성생활을 단념하고 지내는 동정이다. 이러한 3등급에 대해서 테르툴리아누스는 개별적인 특성을 부여한다. 첫 번째에는 행복felicitas을, 두 번째에는 미

---

3   Tertullien, *De virginibus velandis*, XI.
4   *Ibid.*, XIV-XV.

덕virtus을, 세 번째에는 이러한 미덕에 덧붙여 절제modestia의 의미를 부여하는 것이다. 5 그런데 이러한 명칭과 등급에 부여할 의미에 대해서는 《베일을 쓴 동정녀》의 한 구절이 명확히 설명해 준다. 6 테르툴리아누스는 ─ 홀아비 상태에서 실천하는 금욕이건, 결혼생활에서 부부간의 합의로 실천할 수 있는 금욕이건 ─ '금욕la continence'이 동정보다 우월하지 않은가를 자문해 본다. 동정은 은총을 받을 수 있고, 금욕은 미덕을 얻을 수 있다. 한편에서는 육욕과의 어려운 싸움이 있고, 다른 한편에서는 경험할 수 없기 때문에 욕망을 쉽게 포기할 수 있다.

이 두 텍스트에서 이끌어 낼 수 있는 두 가지 경향은 다음과 같다. 한편으로는 성관계를 삼가는 일에 일반적 가치를 부여해서 그것이 마치 부활한 육체가 더 이상 성의 차이를 알 수 없을 때를 예고하는 단계로서, 영혼의 구제가 이루어질 수 있는 수단처럼 되는 경향이다. 7 다른 한편으로는, 이러한 절제abstention의 일반적 범위에서 아무리 동정의 자리와 특성이 분명하다 하더라도, 엄밀한 의미에서 동정에 특별한 지위나 우월한 자리를 인정하지 않으려는 경향이다. 사실 테르툴리아누스의 텍스트들을 관통하는 것은 동정에 대한 영적 가치부여보다도 엄격한 금욕의 모럴에 대한 강조이다. 우리는 여자들의 순결에

---

5   Tertullien, *Exhortatio ad castitatem*, X.

6   Tertullien, *De virginibus velandis*, X. 다음에서도 같은 생각이 발견된다. *Ad uxorem*, I, 8: "모르는 것을 탐내지 말아야 한다. 〔…〕 이보다 더 쉬운 것은 없다. 금욕이 더 위대한 까닭은, 〔…〕 그것은 경험을 통해 알고 있는 것을 멸시하기 때문이다."

7   Tertullien, *De cultu feminarum* 〔*De la toilette des femmes*〕, I, 2.

특별한 지위나 의미를 부여하는 모든 관습에 대한 저자의 거부감을 알 수 있다. **8**

3세기 중엽에 쓰인 《동정의 생활방식》은 그와 반대로 동정녀의 신분으로 품행을 지키는 여자들을 대상으로 한 책이다. 그렇다고 해서 이 책이 수도원 교육과 흡사한 여성교육을 주제로 한 것은 아니다. 이 책은 저자인 키프리아누스가 대화를 직접 나눌 수 있을 만큼 신앙심이 깊은 사람들을 대상으로 하여**9** 그들에게 영광이 돌아올 날의 그 순간에 반드시 기억하도록 요청할 만큼 (자기를 포함해서) 충분히 성덕이 높은 독실한 신자들에 관한 것이다. **10** 동정을 일반적으로 예찬하는 것도 아니고 끝난 일에 대해 비판하는 것도 아닌 이 텍스트는 강론 형식으로 만들어져서 '동정녀들의 올바른 품행은 어떤 것인가?'라는 실제적 문제를 다룬 논설로 보인다. 이 텍스트가 일반적으로 규율에 대한 예찬으로부터, 보다 정확히 말하자면 많은 사람들이 되풀이하는 티투스 리비우스의 유명한 경구로부터 시작하는 것은 매우 의미 있는 논의방식이다. **11** 그렇지만 이 책의 다른 점이 있다. "규율, 과오를 범하지 않게 하는 수호자"라고 로마의 역사가가 말한 것을 키프리아누스는 "규율, 희망을 갖게 하는 수호자"라는 대응적인 표현을 사용한다.

---

8 이것은 《베일을 쓴 동정녀》 10장의 한 구절에서 특별히 감지되는 내용이다. 여기서 테르툴리아누스는 "동정남도 많고", "자의적으로 환관이 된 사람들도 많으며", 하느님이 그들을 영광스럽게 하기 위해 그들에게 아무것도 주지 않았는데, 동정녀의 신분을 밖으로 나타낼 수 있는 근거가 무엇인지를 비판한다.

9 Saint Cyprien, *De habitu virginum*, 3.

10 *Ibid.*, 24.

11 "*Disciplina custos infirmitatis*", Tite Live, *Histoire romaine*, XXXIV, 9.

이것은 하느님의 보상이 있기까지 인간을 향상시키는 데 있어 규율의 긍정적 역할을 분명히 나타내기 위해서다. "희망의 수호자, 믿음의 밧줄, 구원의 길의 안내자, 올바른 태도의 양식, 용기의 교사인 규율이야말로 그리스도 안에 머물게 하고 하느님을 믿는 충실한 삶을 살게 하는 힘이다."[12]

키프리아누스는 세례의 정결의식과 관련하여 동정을 정의한다. 세례의 정결의식은 우리와 우리의 신체와 신체의 모든 부분들을 하느님의 성전으로 만든다. 그러므로 우리는 이 신성한 장소에 부정한 것과 세속적인 것이 하나도 들어오지 않도록 주의하고 있어야 한다. 어떻게 보면 우리는 몸의 성전을 지키는 사제들로서 "나이와 성의 구분 없이 남자와 여자, 소년과 소녀"[13] 모두에게 부과되는 임무를 수행해야 한다. 그런데 이러한 일반적 의무에 비하여, 동정은 특권적 자리를 차지한다. 키프리아누스는 테르툴리아누스보다 훨씬 더 분명하게 동정의 상태를 특별한 것으로 만들어, 그것을 특이한 찬사의 표현으로 감싸고, 동정으로 하여금 고유한 역할을 수행하도록 한다. "교회의 씨앗에서 피어오른 꽃, 영적인 은총의 명예와 자랑, 행복한 마음가짐, 순결하고 염결한 피조물 … ."[14] 키프리아누스에게 동정이 이렇게 특별한 자리를 차지하는 것은 두 가지 이유에서이다. 동정은 세례의 물로 실행된 정결의식을 온전히 보존한다. 동정은 새 신도가 타락한 본성

---

12 Saint Cyprien, *De habitu virginum*, 1.

13 *Ibid.*, 3.

14 *Ibid.*

에서 벗어난 순간에 일어난 변화를 연장하고 완성하는 것이다. 동정녀의 욕망 포기는 "육체의 모든 욕망"**15**을 죽게 했다는 점에서 다른 어떤 것보다 완벽하다. 평생토록 이처럼 완전한 순결을 보존함으로써, 동정녀는 이 세상에서 사후에 구원받을 사람들에게 예정된 생활, 즉 염결한 삶을 시작한다. "당신은 이미 미래의 어느 날 우리가 갖게 될 삶을 살기 시작했지요. 이 세상에서 부활의 영광을 갖게 된 당신은 타락한 시대를 살면서도 오염되지 않고 이 시대를 건너갈 수 있습니다. 당신이 정숙하고 순결한 모습으로 있을 때, 당신은 하느님의 천사와 같지요."**16** 그렇기 때문에, 세례에서 부활까지 동정은 죄의 더러움과 관계없이 삶을 살아가는 방법이다. 그것은 출생 상태 — 기독교인의 삶으로 영혼이 태어날 때의 상태 — 에 가장 가까이 있으면서 동시에 부활의 영광 속에 있는 내세의 삶에 가장 가까이 있다. 이러한 특권은 현세와의 관련에서 특권이자 시간과의 관련에서도 특권이다. 그것은 어떤 의미로 현세에 살면서 내세를 사는 방식이다. 동정녀들의 생활에서 처음의 순결성과 끝의 염결성은 서로 일치한다. **17**

키프리아누스는 이처럼 귀중한 삶을 상처받기 쉬운 것 — 악마의 공격에 노출되었기 때문에**18** — 으로 표현하는 동시에, 힘든 일 — 힘겨운 상승, 땀과 노력 — 로 표현한다. "끈기 있게 노력하는 자에게는 불멸을 주고 영생을 갖게 하며 주 예수가 하느님의 왕국을 약속한다."**19**

---

15 *Ibid.*, 23.
16 *Ibid.*, 22.
17 *Ibid.*
18 *Ibid.*, 3.

따라서 이 삶은 도움과 격려와 경고와 권고를 필요로 한다. 20 키프리아누스는 체계적 지도에 관해서는 아무 말도 하지 않는다. 그가 어떤 생활규범을 제안하지 않는 것은 분명하다. 그는 다만 자기가 아버지처럼 말한다는 것을 보여 줄 뿐이다. 21 그러나 그는 또한 동정이 육체의 미덕으로만 이루어질 수 없음을 강조한다. 22 그렇기는 하지만 텍스트의 내용에는 매우 놀라운 점이 있다. 여러 가지가 한 묶음으로 된 세트형으로 제시된 권고안들이 첫 번째는 부富에 관한 것이고(오직 하느님에게만 있는 유일하고 진정한 부를 중요시하고, 장신구와 장식품, 화려한 옷을 좋아하지 말아야 한다), 두 번째는 몸치장과 멋 부림에 관한 것이며, 세 번째는 공중목욕탕과 자주 드나들지 말아야 할 장소에 관한 것으로 보인다는 점에서이다. 그러니까 이 텍스트가 특별히 말하고자 하는 내용은 결국 이러한 생활규범에서 '옷차림', '몸치장', '장신구'에 관한 것이라고 할 수 있다. 23

그러나 이러한 주제를 거의 배타적으로 주장하는 것은 동정의 상태에 대한 키프리아누스의 일반적 생각이라는 점에서 쉽게 설명된다. 실제로 내세의 염결한 상태까지 세례의 순수성을 유지하는 것이 순결

---

19 *Ibid.*, 21.

20 *Ibid.*

21 *Ibid.*

22 *Ibid.*, 5.

23 *"Continentia vero et pudicitia non in sola carnis integritate consistit, sed etiam in cultus et ornatus honore pariter ac pudore"*("그러나 부끄러움은 육체를 완전히 순결한 상태로 간직하려는 태도만이 아니다. 그것은 장신구와 옷차림의 검소함을 필요로 한다", abbé Thibaut 옮김), *ibid.*

의 목적이라면, 지켜야 할 원칙은 어떤 사람과도 관계를 맺지 않고 처음 그대로, 종말의 시간까지 바람직한 그대로의 순결 상태를 보존하는 일이다. 이 텍스트에서 다음과 같은 일련의 표현들이 산재해 있는 것에 주목할 필요가 있다. 키프리아누스는 동정녀에게 이렇게 말한다. "부활의 날, 조물주가 너를 알아보지 못할까 하는 걱정 때문에 두려워하는 일이 없이 지내도록 하라. 너의 모습은 변함없는 그대로일 테니까."24 그의 또 다른 말은 이렇다. "조물주인 하느님이 너희들을 만든 그대로의 모습으로 지내도록 하라. 하느님 아버지의 손으로 너희들을 창조한 모습 그대로 있기를. 당신들의 마음속에 염결한 얼굴이 머물러 살기를."25 끝으로 다음과 같은 말도 있다. "너희의 삶이 시작할 때 그대로의 모습으로 남아 있기를. 미래에도 당신 모습 그대로 변하지 않기를."26 그러므로 동정녀에게 기본적으로 중요한 것은 천지창조의 본래적 모습이자, 죄로 인해 지워졌다가 세례에 의해서 복원된 하느님과 닮은 모습을 보존하는 일이다. 동정의 상태에서는 피조물이 자신의 창조자인 하느님의 작품을 변조하여 본래의 모습을 은폐시키는 모든 '장신구'와 '장식품', 몸치장과 아름답게 꾸미기의 방법을 버려야 한다. 피조물을 만든 하느님의 손에서 나온 그대로의 모습이자, 종말의 날 하느님이 "알아볼 수 있는" 모습 그대로, 동정녀는 한결같이 순결한 모습으로 살아야 한다. 동정녀는 현세에서 순결한 상

---

24 *Ibid.*, 17.
25 *Ibid.*, 21.
26 *Ibid.*, 22.

태의 표명이자 확인이 되어야 한다. 그에 따라 성 키프리아누스는 그의 책 전체 문맥과 전혀 배치되지 않는, 아니, 오히려 책의 핵심이라고 할 수 있는 다음과 같은 동정녀의 순결을 권고하는 말을 하고 있다. "동정녀는 현재의 모습 그대로 지내서는 안 된다. 사람들이 그녀가 동정녀임을 알아보고 믿을 수 있어야 한다. 동정녀를 보면서 그 누구도 동정녀라는 것을 의심하는 일이 없어야 한다."27 부富와 장식품과 몸치장으로 꾸밀 수 있는 모든 인공적인 화려한 모습을 포기하면서도, 동정녀의 삶 자체가 모든 사람에게 그녀가 동정녀임을 뚜렷이 알게 해주어야 한다. 창조주의 손에서 나온 모습 그대로, 말하자면 창조주가 만든 모습 그대로, 오직 창조주에게 돌아가기 위해서 염결한 상태를 보존해야 하는 것이다.

그러므로 동정녀들에게 보내는 이 간략한 권고문을 읽고 나서 — 얼핏 보면 매우 피상적인 권고문 같은데 — 이 글이 단순히 몸가짐에 관한 규범서라고 잘못 생각해서는 안 된다. 이 글에서 동정녀의 문제를 인식할 수 있는 특별히 중요한 증언을 보아야 하는데, 이것은 동정의 생활에 단순히 엄격한 금욕적 생활이 아닌, 완전히 정결한 생활로 이해될 수 있는 영적 의미를 부여함으로써, 결국 동정에 부여한 가치도 하느님과의 관계에 대한 절대적으로 특권적인 형식에서 찾을 수 있다고 하는 것이다. 어쩌면 이러한 의미들이 매우 함축적이기는 하나, 성 키프리아누스의 현실적 권고안들 중에서 간략하고 또한 중요하지 않게 보일 수 있는 내용을 정확하게 설명해 준 것은 사실이다.

---

27 *Ibid.*, 5.

올림푸스의 메토디우스의 《향연Banquet》은 기독교 사상에 동정의 주제를 도입해서 쓴 책이 아니다. 또한 이 책은 기독교의 동정과 이교인의 금욕 사이에 있는 기본적인 차이를 강조한 것도 아니다. 그러나 이 책의 대화는 3세기 말에 동정에 대한 체계적이고 진전된 개념을 처음으로 상술한 노작勞作이다. 이것은 수도원 교육이 발전하기 훨씬 전에 일반적 단체생활이거나, 적어도 여성들의 모임을 통해서 집단적인 동정의 실천이 있었음을 증명하고 동정에 매우 높은 영적 가치를 부여했음을 증언한다. 이 책에서는 — 안키라의 바실리우스부터 요한 크리소스토무스까지, 그리고 암브로시우스부터 카시아누스까지의 — 4세기 저자들이 육체와 영혼, 생각과 마음에서 어떻게 엄정한 순결을 지킬 수 있는지를 중점적으로 가르치는 데 필요한 방법과 과정이 기술되어 있지도 않았고, 동정의 기술이라고 할 만한 것이 구성되어 있지도 않았다. 그러나 3세기의 알렉산드리아 학파와 신플라톤주의의 영성과, 4세기의 제도화된 금욕주의 형태로 전환되는 시점에서 이 책은 동정의 현실적인 실천방식의 몇 가지 기본 문제들을 공식화한다. 《향연》의 문학적 형식은, 다양한 담론들이 병치되면서 연속적이고 상승적인 흐름으로 이어지는 가운데, '정복자'라는 말을 통해 이 책이 나온 결정적 시기를 알 수 있게 해준다. 우리는 이처럼 유연하고 일관성 있는 대화에서 다양한 관점과 흐름의 주된 방향을 알 수 있다. 사실, 많은 반복에도 불구하고 이것은 이런저런 사례들로 정절을 권유하는 강론의 단순한 나열로 볼 수는 없다.

마르셀라의 첫 번째 연설에서 논의된 동정은 3가지 상승의 흐름과 연결되어 있다. 우선 개인적인 상승은 완전히 플라톤주의자의 영성적 문체로 기술된다. 여기서 동정은 영혼의 수레를 '높은 곳'을 향해 현세를 넘어 하늘로 뛰어오를 때까지 구동시키는 힘이다.28 이러한 상승의 끝에서 영혼은 염결한 천국에서 하느님과의 합일을 이루게 된다. 태초의 시간으로부터 인간을 하늘나라에 가까이 가게 하는 역사적 상승, 이것은 일련의 관습이자 법칙이다. 세계가 비어서 세계를 채워야 했을 때, 남자들은 "자신들의 누이와 결혼했다". 이런 일은 아브라함이 "할례를 받을" 때까지 계속되었다. 할례는 스스로의 살을 베어 내야 한다는 것을 의미한다. 그 다음 단계에서 남자들은 "발정기의 종마"라는 말을 들을 때까지, 그리고 체액의 원천이 오직 각자에게 귀속된 것이라는 말을 들을 때까지 여러 여자들과 관계를 가졌다. 그러고 나서 그들은 금욕을 배웠고 결국 이제 동정을 배우게 되었는데, 이것은 그들이 육체를 경멸하고 염결한 안식처에서 편안히 쉬는 방법을 배울 수 있는 최고의 교육이다.29 결국 마르셀라의 연설은 구원에 이르는 역사-신학적 틀에서 앞서 기술된 일련의 관습과 마지막 두 시기, 즉 금욕과 동정 사이의 단절을 환기시킨다. 그리스도 이전에, 하느님은 더욱더 엄격한 교사들에게 자식을 맡기는 아버지처럼 인간을 금욕으로 인도한 것이다. 그러나 하느님의 형상대로 만들어진 우리 인간이 하느님과 닮을 수 있고, 또한 닮은 모습이 완성에 이를 수 있게 하는 동정의 단계로 가기 위해서 그리스도의 강생이 있어야 했다. 하느님의 말씀이 인간의 몸으로 나타나야 했고, 인간에게 "신성한 삶의 모

---

28 Méthode d'Olympe, *Le Banquet*, Premier discours, I.

29 *Ibid.*, II et III.

델"30을 보여 주어야 했다. 《향연》의 첫 번째 연설은 독특한 상승의 모형을 통해 인간이 하느님과 닮은 모습의 상태에 가장 가까이 갈 수 있는 완성의 정점에 동정을 배치하여, 3개의 변화 흐름(구원의 은총, 율법의 점진적 변화, 상승에 대한 개인의 노력)과 절제와는 현격하게 다른 기독교인의 동정을 엮어 놓았다.

테오필라와 탈레이아의 두 번째와 세 번째 연설은 결혼의 가치에 대한 토론을 대립적 입장에서 전개한다. 그러나 이러한 토론은 형식과 내용에서 'ei gamêteon'[결혼을 해야 하는가]라는 주제로 이루어진 고대의 토론과는 거리가 멀다. 테오필라는 인간이 단계적으로 동정의 완성을 향해 상승한다는 생각에 동의하면서도, 동시에 결혼의 중요성을 말한다. 그러나 그녀의 생각으로는, "빛이 어둠과 완전히 분리될 수 있는" 때가 아직 오지 않았고, 사람들의 수가 아직 충분할 정도에 이르지 못했다는 것이다. 결혼은 동정보다 덜 소중한 것이라 해도, 유익하고 실천에 옮길 만한 것이다. 그러나 면밀히 검토해 보면 결혼의 당위성은 어쩔 수 없는 양보이거나, 임시방책 같은 것만은 아니다. 메토디우스가 탈레이아의 입을 통해서 한 추론은 결혼에 대해서 긍정적 의미를 부여한다. 그 말에 의하면, 사람들은 "자손을 많이 낳고 번성하여라"는 시대적 명제의 영향을 벗어날 수 없다. 그런데 몸에서 몸을 낳게 하는 이러한 번식에서 알아야 할 점은 창조의 행위, 즉 조물주의 행위이다.31 메토디우스의 텍스트는 이러한 우주창조의 3가지 양상을

---

30 "*Theion ektupôma biou*", [*ibid.*, IV].

31 "*To ek tôn osteôn ostoun kai hê ek tês sarkos sarx* [⋯] *hupo tou autou tekhnitou*

차례차례로 강조한다. 몸에 의한 몸의 생식, 즉 여성의 밭을 비옥하게 만드는 "거품에 싸인 액체성의 덩어리"인 종자가 만들어지는 것은 남자의 모든 신체기관 각각으로부터이다.32 그러나 이것은 또한 하느님과 인간의 공동작업이기도 하다. 이러한 공동작업은 "창조주인 하느님이 자신의 몸에서 갈비뼈를 뽑아 갈 수 있도록 제공한" 아담의 예에서 알 수 있다. 결국 태아를 만드는 조각가인 하느님의 작업장과 인간의 몸을 상세히 비교한 테오필라의 설명처럼, 인간의 몸속에서 하느님의 활동이 이루어진다. 마치 밀랍을 주무르듯이 하느님은 "미세한 몇 방울의 종자로부터" "영혼을 부여받았으며, 매우 이상적인 형상, 즉 하느님을 닮은 우리들"을 정교하게 만들어 낸 것이다. 태아의 초기 형성과정에서, 임신에서, 출산 후 신생아의 발육에서 하느님은 최고의 장인 역할을 한 것이다.33

우리는 이러한 주제가 알렉산드리아의 클레멘스가 《교사》에서 자세히 설명한 것과 같은 주제임을 쉽게 알아볼 수 있다.34 이것은 클레멘스가 생식을 설명하는 부분에, 창조주의 권능과 피조물의 행위가 결합한 것이 서술되어 있다는 점에서이다. 《향연》의 저자에게 클레멘스가 직접 영향을 미쳤기 때문일까? 물론 지금 이 자리에서 논의할

---

dêmiourgethosi", *ibid.*, Deuxième discours, I.

32 〔*Ibid.*, II.〕성관계에서의 쾌락은 그 유형에 있어서 하느님이 아담을 잠들게 하고 그의 갈비뼈로 하와를 만들었을 때, 그러한 잠과 관련된다. 쾌락에 관한 《성서》의 정당화.

33 *Ibid.*, VI.

34 앞의 책 pp. 26~27 참고.

문제는 아니다. 어쨌든 이러한 주제들은 창조신학을 활용하면서, 또 스토아주의자들로부터 어느 정도 직접 영향을 받은 것으로 보이는 의학적 고찰을 통해서, 아마도 3세기에는 일반화되었을 것이다. 이러한 주제들이 《향연》의 서두에 나타난 것은 매우 흥미롭다. 물론 테오필라의 연설은 신앙심이 깊은 경건한 부인들의 어떤 연설보다 더 격이 떨어진다고 할 수는 없다.35 그러나 탈레이아가 이어서 한 연설에서 〈창세기〉의 일차적인 의미에 고착되어서는 안 된다는 제안이 촉발한 고조된 분위기 속에서 테오필라의 연설은 뒤처지는 것이 될 수밖에 없었다.

탈레이아의 연설과 테오필라의 연설이 다른 점은 마치 영적인 해석과 글자 그대로의 해석이 다른 것과 같다. 후자가 잘못되었다는 것이 아니라,36 그것으로 충분치 못했을 것이라는 의미에서이다. 왜냐하면 《성서》는 단순히 "남녀 사이에 육체관계의 원형"37과는 다른 것을 보여 주기 때문이다. 그리고 무엇보다도 〈창세기〉에서 세계의 완전한 통치를 조화롭게 보장한 — 현재도 마찬가지이지만 — 하느님의 부동不動의 절대적 명령을 보는 일이 옳다고 한다면, 우리가 이제는 예전의 자연법칙이 다른 경향으로 바뀌게 된 새로운 시대에 진입하였음

---

35 게다가 그는 "기분 좋은 박수갈채"를 받는다(세 번째 강연 7장). 그리고 탈레이아는 "자신의 연설에는 비난할 요소가 하나도 없다"고 말한다(*ibid.*, Troisième discours, I).

36 "테오필리아, 너의 연설이 어떤 계획으로 구상된 것인지를 알겠다. 발표된 텍스트의 내용을 완전히 무시하는 일은 신중하지 못하다", *ibid.*, II.

37 *Ibid*, I.

을 잊어서는 안 된다는 것이다. **38**

여기서 면밀히 검토해야 할 것은 새로운 경향이 담긴 텍스트이다. 메토디우스는 이 텍스트를 〈코린토 신자들에게 보낸 첫째 서간〉에서 발견한다. 이런 점에서 메토디우스를 출발점으로 삼아 〈창세기〉를 해석해야 한다. 그러나 메토디우스는 아담과 하와의 관계에서 이제 그리스도와 교회가 결합된 것의 단순한 전조나 모형으로서의 가치도 인정하려 하지 않는다. **39** 그는 그리스도의 강생에서 진정한 재창조와 개조된 아담의 모습을 보고 싶어 한다. 아담이 아직 딱딱하게 굳어지지 않았을 때, 즉 그를 만든 하느님의 손에서 나온 후에, 그의 온몸에 넘쳐흘러서 형체를 잃어버리게 한 죄의 물결을 만나게 되었다. 그래서 하느님은 그를 다시 만들어 동정녀의 품에 안겨서 하느님의 말씀과 일체가 되게 했다. 그리스도는 그러므로 아담을 계승하고 아담의 역할을 떠맡게 된 것이다. 그러면서 그리스도의 강생으로 인해 타락의 질서는 무너지고, 결합과 출산의 형태가 새로워졌다. "죽음을 물리친 염결한 존재인 주 예수가 육체를 위해 육체가 다시는 타락의 권능에 사로잡히지 않도록 부활의 기쁨을 찬송가로 울려 퍼지게 했다."**40**

메토디우스는 앞의 연설에서 박물학자처럼 문자 그대로 해석한 〈창세기〉를 재론한다. 그는 〈창세기〉를 영적 의미의 장으로 보고 다양한 해석을 시도한다. 처음에는 그리스도와 교회의 집합적 차원에서

---

38 *"Heterô diatagmati tous prôtous tês phuseôs analusê thesmous"*, *ibid.*, Troisième discours, II.

39 이것이 원래의 해석이었다.

40 *Ibid.*, VII.

해석하고, 다음에는 정의로운 사람들 중에서 가장 정의로운 사람—예를 들면, 이러한 해석의 창시자라는 점에서 계속 등장하는 성 바오로—으로 보는 개인적 차원의 해석을 하고 있다. 그는 성 바오로가 아담에 대해서 말한 것을 그리스도에게 적용하여 그들의 연관성을 파악하려 한다. 그의 분석 용어들은 매우 중요하다. 그 용어들은 자연의 질서가 보여 준 것을 지워 버리지 않고, 그것이 어떻게 전환되었는지를 알려 주기 때문이다. 최초의 인간이 빠져든 잠—우리가 알고 있듯이, 육체적 쾌락의 향유를 상징하는 이러한 황홀감—은 이제 그리스도의 자발적인 죽음, 즉 그리스도의 수난이 되었다. 교회는 그의 살과 뼈로 만들어졌고, 그리스도의 선행으로 교회는 정화된 배우자가 되고 "축복을 받은 영적 자손"[41]을 품 안에 받아들인다. 그리스도의 법열法悅은 끊임없이 새롭게 부활한다. 교회인 배우자를 포용하기 위해 하늘에서 내려올 때마다 그는 자기를 비우고, 자기의 옆구리를 내밀어 세례를 받으러 오는 모든 사람이 태어날 수 있게 한다.[42] 그러나 교회 전체를 위해서 일어나는 일은 그리스도에 의해서 풍요롭게 된 가장 완전한 영혼에게도 일어나는 법이어서, 그 영혼은 그리스도의 순결한 배우자가 되는 것이다. 이렇게 하여 성 바오로는 그의 품 안에 생명의 종자를 받아서 "분만의 일을 하여" 새로운 기독교인들을 "낳게" 되었다.[43]

동정의 영적 형식인 이러한 결합과 수태에 비하여, 결혼은 이 세상

---

41 "*To noēton kai makarion sperma*", Troisième discours, VIII.

42 다음과 같은 표현에 주목할 것: "*Ho Khristos kenōsas heauton*", 또는 "*proskollētheis tē heautou gunaiki*".

43 이 마지막 표현은 다음에서 발견된다. Saint Paul, Épître aux Corinthiens, 4, 15.

에 사람들이 번성해야 할 필요성과 관련시켜 볼 때, 앞의 연설에서 언급했듯이 그렇게 필연적인 일은 아니다. "자식을 많이 낳고 번성하여라"는 것은 이제 다른 의미를 갖는다. 44 결혼의 의미가 있다면, 그것은 허약한 사람들을 배려한 양보와 같다는 것이다. 예를 들면, 금식의 날이 되었을 때라도 음식을 주어야 할 병자들이 있다는 것을 생각해 보자. 그러니까 허약한 사람들에게는 금식의 규정을 자율에 맡기도록 하자는 것이다. 이 말의 의미는 메토디우스가, 언제나 그렇듯이 〈코린토 신자들에게 보낸 서간〉에 의존해서, 동정이 의무적이 아니라는 것을 결론지은 데 있다. "자기의 몸을 '순결하게' '지킬 수' 있고, 동정을 명예롭게 생각하는 사람은 아주 잘한 것이고, 동정녀로 지낼 수 없는 사람은 수치스러운 불법행위가 아닌, 합법적 '결혼'에 자기 몸을 바친다면 그것도 '괜찮은' 방법이 될 수 있다. "45

그렇기 때문에 《향연》에 실린 앞의 세 연설은 역사-신학의 관점에서 동정의 시기에 근거를 제공한다. 문제는 그리스도의 강생을 통해 최초의 창조행위가 재개되면서 동시에 새로운 시대가 열린 것 이상도 이하도 아니라는 것이다. 따라서 이런 의미에서 동정은 인간의 행동 중에서 금지해야 할 것과는 다르다. 하느님과 피조물 사이의 관계에서 기본적 형상과 같은 동정은 이제는 행동과 생식과 인척관계와 영적 관계의 질서 속으로 전환되어 있다. 그러한 동정은 하느님과의 근본적 관계를 구원의 차원에서 복원한 것이다. 다음의 네 연설은 하나의

---

44 Méthode d'Olympe, *Le Banquet*, Troisième discours, VIII.
45 *Ibid.*, XIV.

전체를 구성하며 연결된 요소들로 이해될 수 있다. 이것들은 먼저 새로운 시대를 노래하는 것으로 시작하고 — 새로운 시대는 인간의 실존에 무게를 둔다(이것은 테오파트라와 탈루사의 연설이다), 다음에는 하느님의 보상 쪽에 비중을 둔다(이것은 아가타와 프로실라의 6번째와 7번째 연설이다). 그 연설들은 동정의 길, 다시 말해서 최종적인 구원을 향해서 동정을 실천하는 영혼의 길을 따라간다. 이것이 메토디우스가 천국으로의 급격한 방향전환이라고 부르는 것이다.[46]

4번째 연사인 테오파트라의 발언은 순결pureté의 중요한 개념을 소개한다. 이것은 동정과 순결이 다르다는 점에서 중요하다. 실제로 앞에서 동정에 관해 결정된 역사-신학적 의미와 비교하면, 순결은 인간적인 것이다. 이것은 구세주와 함께 동정의 시대가 도래했을 때 구원의 길을 선택한 사람들의 생활방식이다. 그러나 육체적으로 완전한 상태라는 전통적 의미와 관련지어 생각할 때, 순결이 확실히 보다 넓은 의미를 갖는다. 우선 이것을 단순히 자발적 금욕의 결과로 생각해서는 안 된다. 이것은 하느님에게서 오는 것이기 때문이다. 순결은 인간에게 타락하지 않도록 자기를 지킬 능력을 준 하느님의 선물이다. "하느님은 우리들의 처지를 불쌍히 여기셨다. 우리가 자신의 처지를 감당하지도 못하고 다시 일어서지도 못하는 것을 보고서, 하느님은 하늘나라에서 최고로 좋은 것이자 최고의 영광인 구원, 즉 순결을 보내 주셨다."[47] 그 보답으로 인간은 보물 같은 이러한 순결을 가꾸어야

---

46 "*Hê eis ton paradeison apokatastasis*", Quatrième discours, II.
47 *Ibid.*

하고, 그야말로 "특별히 단련"**48**시켜야 한다. 이러한 순결은 인생의 어떤 특정한 나이에 한정된 것이 아니라, 초기부터 말년까지 삶의 어느 순간에서도 실천해야 한다. "어린 시절부터 하느님의 지도 아래 고개를 숙이고 지내는 것이 좋다."**49** 순결의 실천은 몸과 마음으로, 성관계에서건 그 어떤 비정상적 행동에서건 자신의 존재 자체를 다하여 해야 하는 일이다. **50** 결국 순결을 실천하는 일은 단순히 악을 삼가는 행위로서가 아니라 하느님과의 적극적인 관계, 즉 하느님에게 헌신하는 태도로서이다. **51** 그렇기 때문에 탈루사는 순결을 육체와 영혼 위에 인장이 찍힌 것처럼 묘사한다. 그런 의미에서 입은 어떤 공허한 말이라도 하지 않도록 하고, 오직 하느님에 대한 찬송가만을 부를 수 있어야 하며, 눈은 육체적 매력과 음란한 광경을 외면하고 높은 곳을 지향할 수 있어야 한다. 손은 비열한 불법거래를 뿌리쳐야 하고, 다리는 빈둥거리며 다니지 말고, 계율을 지키며 반듯한 자세로 서둘러 걸어가야 한다. 끝으로 생각도 마찬가지이다. "나는 어떤 비열한 생각도 하지 않고, 어떤 세속적인 계산도 하지 않는다. 〔…〕 나는 밤낮으로 주님의 율법을 깊이 생각한다."**52**

그러면 보상의 시간이 오는 법이다. 그때가 되면, 우리의 영혼은

---

48 *"Diapherontôs askein"*, *ibid.*, VI.
49 *Ibid.*, Cinquième discours, III.
50 *Ibid.*, IV.
51 메토디우스는 '*eukhé*(*ibid.*)'라는 용어를 사용하지만, 그것이 제도적이고 의식화된 서원을 가리키는 것인지는 확실하지 않다.
52 *Ibid.*, IV.

현세와는 달리 "변화도 없고, 노쇠하지도 않고, 결핍도 없고, […] 생식능력은 없으면서도 비물질적인 아름다운"[53] 영혼으로 변화한다. 영혼은 이 세상에서 주님의 사원이 될 수 있고, 또한 그리스도가 돌아올 때를 위해 준비되어 있어야 한다. "우리의 영혼은 그것에 덮여 있는 육체와 함께 하늘의 영광이 광채로 빛나는 별처럼 되어 […] 램프를 들고 그리스도를 만나러 구름 위에 올라갈 것이다."[54] 그리고 프로실라는 아가雅歌에 주석을 달면서 이렇게 설명한다. 하늘에서 그리스도는 그의 약혼녀들을 맞이할 것이다. "약혼녀는 자기를 데리러 온 사람과 같은 이름을 갖고 언제나 함께 지내야 하지 않겠는가? 그러나 그녀는 또한 완전하고 순결한 모습으로 마치 하느님의 정원처럼 봉인된 상태로 있어야 하지 않을까? 물론 하느님의 정원은 오직 그리스도만이 비물질적 종자에서 피어오른 꽃을 꺾을 수 있는 정원이고 하늘의 향긋한 기쁨의 냄새가 진동하면서 모든 식물이 자라나는 천국의 동산이다."[55]

마지막 세 연설은 상승의 절정을 이룬다. 그중에서 가장 중요한 것은 테클라의 8번째 연설이다 — 게다가 그는 다른 사람들의 연설이 모두 우수했음에도 불구하고 그들을 제치고 수상자가 된다. 테클라가 성 바오로의 아내로 유명했다는 것과 《바오로와 테클라의 행전Acta Pauli et Theclae》이 금욕주의자들은 물론이고 모든 성관계의 엄격한 절제

---

53 [*Ibid.*, Sixième discours, I.]
54 *Ibid.*, IV.
55 *Ibid.*, Septième discours, I.

를 권장하는 타시아노의 제자들이 교본처럼 참고삼아 읽는 텍스트라는 사실을 잊지 말아야 할 것이다. 메토디우스가 테클라라는 인물에 의존하는 것은 자기의 말에서 바오로의 특징을 강조하려는 의지와 자신의 동정 예찬이 절대적이고 무조건적인 금욕의 계율에 의거하지 않고, 최초의 동정녀-순교자의 모습을 모델로 삼으려는 의지를 나타낸다는 점에서이다. 요컨대 금욕주의의 모델로 내세운 기독교인 동정녀 테클라에게 동정에서 새로운 의미를 찾아보라는 임무를 맡겼다는 것이 중요하다. 8번째 연설이 엄밀한 의미에서 '중요'하다는 것이 사실이라면, 그 이유를 밝히기는 쉽다. 실제로 메토디우스의 종말론은 8이라는 숫자에 매우 특별한 의미를 부여한다. 〈창세기〉의 일주일과 이스라엘의 모든 자손들이 영원한 율법으로 지키는 7번째 달에 7일간의 축제일이 있는 〈레위기〉의 달력에 의존해서,[56] 메토디우스는 세계가 7천 년간 지속될 것이라고 생각했다. 그렇다면, 앞의 5천 년은 어둠과 율법의 시대이고, 인간의 창조와 일치하는 6천 년대는 그리스도가 도래한 시대이고, 7천 년대는 휴식과 부활과 장막제帳幕祭의 시대일 것이다. 8천 년대는 영원의 시대가 된다.[57] 8번째 차례인 테클라의 연설은 모든 연설을 마무리 짓는 것이었다. 그의 연설이 시간의 끝에 있는 것처럼 보인 것은 하느님을 발견했기 때문이다. 그것은 그때까지 말해진 모든 것의 결말이자 근거이다.

---

56 〈레위기〉의 이 구절(23장 39~43절)은 《향연》의 9번째 강연에서 인용된다.
57 《향연》에서는 숫자 8의 의미를 환기시키는 여러 가지 요소들이 발견된다. 예를 들면, 테클라 자신의 순교가 덧붙여 있는 《성서》에서 읽을 수 있는 7가지 순수성의 예들.

메토디우스는 그 어느 때보다 플라톤주의자의 용어를 사용해서, 영혼이 세상의 더러운 죄에 물들지 않고 자기를 지키기 위해서는 염결성으로 충만한 영역까지 상승하는 지속적인 변화를 추구해야 한다는 식으로 설명한다. 테클라가 영혼의 날개를 묘사하는 대목에서 알 수 있듯이, 영혼은 순수성의 수액을 공급받고 "더욱 강력해지며, 매일같이 인간의 세속적 관심사로부터 멀리 날아오르는 습관을 갖게 됨으로써" 영혼의 비상은 더욱 가벼워진다.[58] 테클라는 또한 "날개를 잃어버리고, 쾌락에 탐닉하여" 어떤 명예로운 출산을 하지도 못할 만큼 "몸을 함부로 굴리는 사람들"[59]을 떠올린다. 그녀는, 자기보다 먼저 발언한 사람들과 마찬가지로, 상승하는 영혼들에게 천국의 염결한 세계로 들어갈 것을 약속한다. 그 영혼들은 "현세를 초월한 천국에 도달하여 그 누구도 본 적이 없는 불멸의 초원들 — 찬란히 빛나고 매력이 넘치고 꽃들이 가득한 곳 — 이 펼쳐진 풍경의 세계를 멀리서 바라본다!"[60] 그들이 하느님과 같은 삶을 살 수 있는 이 세계는 플라톤주의 철학이 끊임없이 가상의 세계에서 벗어나는 영혼들에게 약속한 실재의 세계와 같다. 메토디우스는 "완전히 절정에 이른"[61] 순결한 생활이라는 매우 포괄적인 의미를 동정에 부여하면서 동정의 생활에서 하느님과 일체가 되는 결합을 보려 한다.

그러므로 플라톤주의의 주제를 계속 되풀이하는 테클라의 연설은

---

58 〔*Ibid.*, Huitième discours, I.〕

59 〔*Ibid.*, II.〕

60 〔*Ibid.*〕

61 "*Koruphaiotaton* 〔…〕 *epitêdeuma*", I.

그 어떤 다른 발언보다 결정적인 발언을 하게 됨으로써 매우 특별한 가치를 갖는 것이기는 하지만, 앞에서 연설한 사람들의 경우와 비교할 때 새로운 것은 하나도 없다. **62** 그렇지만 처음의 몇 줄부터 주목해야 할 표현이 있다. 그것은 인생을 연극에 비교하는 부분에서 나타나는 것으로서, 철학적 용어의 사용법에서 플라톤주의라기보다 스토아주의적이라고 할 수 있는 일반화된 표현이다. 그러나 이러한 통속적 비유가 무엇보다도 인생의 덧없는 환상을 표현하거나 우리는 배우이고 우리의 역할은 미리 결정되어 있다는 식으로 인생의 연극적 성격을 표현하는 데 목적이 있는 반면, **63** 또한 플로티누스가 장면과 의상의 전환이 많고, 비명과 탄식의 소리가 들리는 연극 공연으로 살인과 전쟁을 환기시키면서, 이 세상에서 벌어지는 일은 "이방인이 울먹이고, 한탄하면서도 자기의 역할을 완수하는" 여러 가지 장면일 뿐이라고 말하는 반면, **64** 메토디우스는 천상의 염결한 세계로 상승하는 과정에서 공연되는 진실의 드라마를 이야기한다. **65** 쾌락에 집착하고 지내는 사람들은 추방되고, 그와 반대로 "천국의 행복"을 추구하는 사람들은 끝까지 공연에 참가한다. 동정은 하나의 조건이고, 보다 정확히 말하면

---

62 일반적으로 메토디우스는 다른 책들에서 플라톤의 영향을 받아 이루어진 여러 경향들과는 다른 진정한 플라톤주의를 주장한다(J. Pargès, *Les Idées morales et religieuses de Méthode d'Olympe*, Paris, 1929 참고).

63 Épictète, *Manuel*, 17 참고: "너는 작가가 생각하는 드라마의 배우일 뿐임을 명심하라"; Marc Aurèle, *Pensées*, XII, 36, 또한 Cicéron, *De finibus*, III, 20 참고.

64 Plotin, *Ennéades*, III, 2, 15.

65 "*To drama tês alêtheias*", Méthode d'Olympe, *Le Banquet*, Huitième discours, I. 이 표현은 같은 강연의 다음 장에서 다시 나타난다.

일반적인 삶의 형태로서 진실의 드라마가 진리의 화신●으로 나타날 때까지 이어질 수 있게 하는 조건이다. 그것은 연극이라기보다 "그리스도를 위해 참으로 충실한 동정녀의 삶을 살아온" 영혼들이 천국을 향해 가는 자신들의 행렬을 보여 주면서 "그들 앞으로 다가와" "환영사"를 노래하고 그들을 불멸의 초원으로 "인도하며", 그들에게 "승리의 상賞"을 주는 천사들의 합창단을 만나는 일종의 전례의식이다. **66** 그러면 꿈에서 어렴풋이 본 것 같은 모든 광경을 이제는 "경이롭고, 빛나고, 행복이 가득한 아름다움"으로 볼 수 있게 된 것이다. **67** 그것들은 정의 그 자체이고, 금욕 그 자체이고, 사랑 그 자체이고, 또한 진리와 예지이다. 요컨대, 8번째 연설 — 합창대장의 연설 — 은 앞의 연설자들이 일깨운 상승적 전개라는 주제를 되풀이한 것이다. 그러나 앞의 사람들의 연설이 염결, 불멸, 영원한 행복을 약속한 것에 비해, 여기서 예고된 것은 진리이다. 동정녀들은 보물들의 수장고가 있는 곳까지 들어갈 수 있었고, 하느님은 보상으로 그들에게 계시를 주었다.

테클라의 연설이 다른 모든 연설을 마무리하는 내용이라는 것은 이런 의미에서이다. 그러나 그의 연설은 그가 앞으로 발견하게 될 진리의 보물이 동정 그 자체에 관한 것이라는 의미에서 모든 연설의 토대

● 〔옮긴이 주〕진실을 뜻하는 vérité는 대문자로 시작하는 Vérité일 경우, 진리의 '화신'이라는 의미로, 거울을 들고 우물에서 나오는 우의적인 벌거벗은 여성상을 뜻한다.

66 다음의 용어를 주목할 것: *parapempein, ta nikêtêria, tois anthesi stephtheisai* (*ibid.*, Ⅱ).

67 *Ibid.*, Ⅲ.

가 된다고 할 수 있다. 이렇게 본다면, 테클라의 연설에서 핵심 내용을 이루는 것이자, 〈요한묵시록〉에 대한 해석과 천체의 결정론에 관한 고찰이라는 점에서 놀랍기도 한 다음의 두 논의를 잘 이해할 필요가 있다. 한쪽이 시간의 종말과 시간의 완수라는 관점에서 동정을 이해하는 것이라면, 다른 한쪽은 우주의 정상에서, 그리고 어떤 의미에서는 천상계의 가장 높은 곳에서의 조망으로 동정의 문제를 이해하는 것이다.

테클라가 주석을 붙인 묵시록의 대목은 "하늘에 나타난 중요한 징조"를 묘사한 구절이다. 햇빛이 에워싼 가운데 진통 중인 산모와 하늘에 있는 별 중에서 3분의 1을 지상에 떨어뜨리는 용龍을 묘사한 것이다. 어쩌면 전통적인 해석은 이 구절에서 분명히 동정녀의 표상, 그리스도의 탄생, 여자와 뱀의 싸움, 그리스도 앞에서 뱀의 예고된 패배를 보려고 했을 것이다. 68 메토디우스는 이러한 해석을 단호히 거부한다. 69 그는 이러한 해석에 반대하고 묵시록은 그런 텍스트일 수가 없다고 주장하는 것이다. 묵시록이 하늘을 향한 상승의 주제를 다룬 것이므로, 뱀의 공격이라든가 여자의 몸에서 태어난 아이와는 거리가 멀다고 말한다. 그런데 그리스도는 악마를 물리치기 위해 하늘에서

---

68 중요한 것은 (유대인들이 그렇게 하듯이) 예언적 의미를 나타내는 이 도형을 과거에 의존해서 해석하지 말아야 한다는 점에 대해서, 아홉 번째 강연의 1장과 2장을 볼 것.

69 자신의 입장과는 다른 해석의 지지자들을 가리키기 위해서 그가 "트집을 잘 잡고", "싸움을 좋아하는" 사람이라는 표현을 사용한 것은 묵시록의 의미에 대한 논쟁이 실제로 있었음을 알려 준다.

강림했다. 메토디우스는 또한 방법의 기본 원칙을 강조한다. 묵시록은 예언서이므로 그것을 묵시록이 쓰이기 이전에 있었던 그리스도의 강림과 관련시켜서는 안 된다고 말한다. 묵시록은 "현재와 미래"에 관계되는 내용일 수밖에 없다. 요컨대 과거에 있었던 성령의 하강이라는 해석 대신에, 메토디우스는 하느님을 향해 가는 현재와 미래의 상승이라는 해석을 제안한다. 사실, 테클라의 입을 통해서 그가 제안한 해석이 독창적인 것은 아니다. 왕의 침상이 있는 곳까지 인도 받게 된 약혼녀처럼 몸을 꾸민 여자의 모습에서, 그는 실제로 교회의 형상을 볼 것을 제안한다. 그것이 3세기에 통용되는 주제였기 때문이다. **70** 여자에게서 태어난 아이는 세례를 통해 영적인 삶으로 다시 태어난 기독교인의 영혼이다. 그러나 이 아이는 왜 남자아이로 묘사되는 것일까? 왜냐하면 기독교인들이 수많은 남자들로 구성되기 때문이고, 그들은 "나약한 정념"을 버렸기 때문이고, 또한 그들은 남성적인 열정으로 씩씩한 모습을 갖추었기 때문이다. 그들은 "하느님의 말씀과 같은 형상"을 지니고 있다는 점에서, 진정한 기독교인은 그리스도로 태어난다고 보는 것이다. 그러므로 분만 중인 여성 인물은 그리스도의 표상으로 동정이 봉인된 영혼을 잉태하는, 교회의 순결한 생식능력의 형상으로 이해해야 한다. **71**

---

70 기독교의 해석으로 인해 하느님과 백성과의 약속이라는 헤브라이의 주제는 그리스도와 교회 사이의 관계로 바뀌게 된다. 이렇게 되어 성 이폴리트와 오리게네스는 교회를 성모 마리아와 같은 존재로 만들었다.

71 오리게네스는 어떤 때는 교회에서, 어떤 때는 기독교인의 영혼에서 성모 마리아를 보았다. 그와 반대로 메토디우스는 하느님의 약혼녀이자 성당인 교회가 "하느님의

용은 그 안에 사탄이 들어 있는 형상으로 이해해야 하지만, 사탄은 그리스도의 적이 아니라, 언제라도 영혼을 기습할 태세를 갖춘 영혼의 적이다. 묵시록에 그려져 있는 7개의 머리는 7가지 미덕과 대립하는 것이고, 10개의 뿔은 십계명을 공격하는 것이다. 메토디우스는 그 10개의 날카로운 뿔이 간통, 거짓말, 탐욕, 도둑질을 의미한다고 하면서 더 이상은 열거하지 않는다. 그러므로 묵시록의 이 구절에서 그리스도의 승리를 상기할 필요는 없지만, 교훈적 해석에 따라 투쟁을 권고한 의미로 이해할 필요는 있다. "따라서 저 짐승 같은 무리의 함정과 중상모략을 두려워하지 말라. '구원의 투구'를 쓰고, 갑옷을 입고, 각반을 차고, 무장을 하여 용감하게 전투에 임하도록 하라. 너희가 마음의 각오를 단단히 하고 용감하게 싸울 태세를 갖추면, 그들은 무서운 공포심을 갖게 되리라. 적은 자기보다 훨씬 강한 자가 전열을 갖추고 대비하는 모습을 보면 분명히 굴복할 것이다."[72]

천년설의 관점에서 본 동정의 시대는 그러므로 염결한 하늘나라로 영혼이 승천하는 시대이다. 동정에는 그 자체로 두 가지 측면이 있다. 하나는 교회가 중심 역할을 하는 영적 친자관계의 측면으로서, 구세주의 수태를 받은 동정녀 교회가 순결한 영혼들을 교육하여 그들의 순결이 하늘에 이를 수 있도록 하는 것이고, 다른 하나는 영혼이 악마의 끊임없는 공격에 대항하여 싸워야 하는 영적 투쟁의 측면이다. 테클

자녀와는 다른, 그 자체의 권능"이고, 인간은 교회의 중재와 모성의 힘에 의해서만 기독교인으로 태어날 수 있음을 강조하고 싶어 하는 것 같다. 이러한 교회론의 논쟁에 대하여 F. -X. Arnold를 참고할 것.

72 Méthode d'Olympe, *Le Banquet*, Huitième discours, XII.

라의 연설에 담긴 이 마지막 논의는 이와 같은 시대의 모습을 천상의 세계와 질서의 관점에서, 말하자면 우주적 전망에서 볼 수 있게 한다. 사실상 메토디우스는 철학적 구조와 요소들이 분명히 담긴 논의를 한 것이다. 그에게 중요한 것은 천체가 인간의 운명을 결정한다는 견해를 반박하는 일이다. 이처럼 지루한 토론의 쟁점이 무엇인가 하는 문제는 내버려 두자. 천체의 문제가 동정을 주제로 한 《향연》에서 의미를 갖는 것은 메토디우스의 다음과 같은 주장 때문이다. 즉, 하느님은 악에 대한 책임이 없으며, 하느님과 하느님의 통치를 받는 천상의 모든 존재들은 인간이 "도달할 수 없는 아주 먼 곳에 있고, 또한 사악한 행위와 온갖 세속적 행동과는 동떨어진 세계에 있다는 것", 의무를 부과하고 금지하는 법의 존재가 모순이 아니라는 것(운명이 단 한 번에 결정적으로 만들어지는 것이라면 이런 일이 있겠지만), 정의로운 사람들과 부정한 사람들 사이의 "격차는 타락한 사람들과 욕망을 절제하는 사람들 사이의 차이와 같다는 것", "선은 악의 적이며 악은 선과 다르다는 것", "악의 행위는 비난 받아야 마땅하다"는 것, "하느님은 미덕을 소중히 여기고 찬양한다"는 것 등이 그의 주장이다. 이러한 모든 원칙들을 상기시키는 것은 우리가 사는 이 세계에서 자유가 없을 경우 정절의 모든 가치가 박탈당할 만큼 중요한 그 자유에 정당한 자리를 찾아주어야 하기 때문이다. "선이나 악을 실행하는 것은 우리가 결정할 수 있는 문제이지, 천체가 결정할 수 있는 문제가 아니다. 왜냐하면 우리에게는 두 가지 욕망의 움직임, 즉 육체의 생리적 욕망과 정신의 욕망이 있기 때문이다. 그것들은 이름부터 다르다. 한쪽은 미덕이고, 다른 쪽은 타락이다."[73] 테클라가 이전에 설명한 영적 친자관계와 내면의 투쟁은 《성서》에서 예고되고, 천년주기에 이어서 나타난 동정의 시대를 가리키는 것이다. 또한 이 동정의 시대는 인간의 자유와 차별에 정당한 의미를 부여하면서, 공덕에 따라 하느님의 구원을 받게 될 사람들과 파멸하는 사람들을 구별할 수 있게 한다.

《향연》의 마지막 두 연설자는 테클라와 그의 뛰어난 연설의 동반적 역할을 한다. 9번째 연설자는 7천 년대가 약속하는 축제를 위해 최선을 다하도록 권고하고 이렇게 말한다. 어떻게 "미덕의 열매로 자신을 치장할 수 있는가?", 어떻게 "순수의 나뭇가지를 이마에 드리워지게 하는가?", 어떻게 "자신의 성전을 장식하는가?" 이러한 물음에 메토디우스는 〈레위기〉에 의거해서 대답한다.[74] 우선 "잘 익은 열매"를 먹어야 하는데, 이것은 천국에 있는 생명의 나무에서 자란 열매이기 때문에 인간의 생활과는 거리가 멀어져서, 지금은 "복음서의 과수원에서 경작된다". 그 다음에 중요한 것은 "종려나무의 깃털장식"이다. 이것은 정신을 정화시키고, 영혼에 덮여 있는 정념의 먼지를 제거하는 데 필요하다. 그리고 또 정의를 의미하는 버드나무 가지도 중요하다. 끝으로 당연히 금욕생활을 상징하는 서양 모형牡荊식물의 나뭇가지도 필요한데,[75] 이것은 모든 미덕을 장식하기 위해서다. 그러나 이러한 정절chasteté이 독신생활과 반드시 일치되지는 않는다는 것은 매우 중요한 지적이다. 왜냐하면 "아내와 함께 살면서 금욕적으로 생활하는 사

---

73 *Ibid.*, XVII.
74 〈레위기〉 23장 39~43절.
75 그리스어로 말장난을 표현한 것이다.

람들"이라면, 완벽하게 순결한 생활을 엄수하는 사람들처럼 나무의 제일 높은 곳이나 제일 중심에 있는 나뭇가지에 도달하지 못한다 할지라도, 정절을 실행할 수 있기 때문이다. 정절은 또한 육체관계를 완전히 거부하는 것도 아니고 성관계의 완벽하고 단순한 회피와 동일시하는 것도 아니다. 동정의 목적은 모든 욕망과 탐욕까지 뿌리째 뽑는 데 있다. 모든 미덕 중에서 최고의 미덕이자 시간의 완성을 준비하는 데 필요한 동정은 육체에 대한 거부가 아니라 영혼의, 영혼에 대한 작업이 되어야 한다.

끝으로, 마지막 연설자인 돔나는 이러한 동정의 노고를 하느님이 인간에게 차례차례 부과했던 여러 가지 의무들과 구별하는 일을 책임진다. 아담이 지키지 않은 것으로서 무화과나무가 상징하는 낙원의 율법, 인간에게 불행의 종언과 기쁨의 귀환을 약속하는 포도나무로 상징되는 노아의 율법, 그 기름으로 램프의 불을 붙일 수 있는 올리브나무로 상징되는 모세의 율법이 그것이다. 그런데 이러한 율법들을 인간이 지키지 않은 것은 사탄이 이러한 나무들과 열매를 모조품으로 만들어서 인간을 농락했기 때문이다. 오직 동정만이 절대로 모방할 수 없는 것이므로, 사탄은 인간을 제압하는 방법으로 동정을 이용할 수 없다. 그러나 이 최종 연설에서 중요한 것은 동정이 마치 다른 율법들 중의 하나인 것처럼 아담과 노아와 모세의 율법과 구별되지 않는다는 점이다. 동정은 율법이 아니다. 그런데 무화과나무, 포도나무, 올리브나무가 상징하는 세 형태는 일반적으로 모두 율법이고, 동정은 바로 이 율법에 맞서는 것이다. 한쪽에 율법이 있다면, 다른 한쪽에는 그것을 계승하는 동정이 있는 것이다. **76** 그런데 동정이 율법을 계승해서 나온 것이라는 이러한 생각은 두 가지 의미에서 중요하다. 우선, 메토디우스의 신비주의 신학에서 동정은 규정의 대상이 아니라는 것이 분명하기 때문이다. 동정은 하느님과 인간의 관계방식이고, 세상의 역사와 구원의 전개 국면에서 중요한 순간을 표시한다. 이러한 구원의 단계에서는 하느님과 피조물이 더 이상 율법과 율법에의 복종이란 관계로 소통하지 않는 것이다. 동정은 다른 한편으로 단순하게 명령에 따라 복종하는 방식이 아니기 때문에, 영혼의 영혼에 대한 훈련이며,[77] 육체의 불멸화에 이르기까지[78] 영혼을 이끌어 간다. 육체의 종말이 없는 삶이 실현되는 영혼과 자기와의 관계인 것이다.

---

76 "Hê parthenia diadexamenê ton nomon", Méthode d'Olympe, Le Banquet, Dixième discours, I.

77 "Hê athanatopoios tôn sômatôn hêmôn hagneia", ibid.

78 "Hê ergazomenê tên psukhên askêsis", ibid., VI.

〔2〕
───────

〔동정의 기술〕

동정을 논의한 초기 텍스트들과 4세기 무렵에 나온 많은 텍스트들 사이에 분명한 차이와 단절이 있다는 것을 굳이 밝힐 필요는 없을지 모른다. 초기의 텍스트들은 금욕에 관한 규정으로부터 동정의 원리를 이끌어 내어, 그것에 확실하고 강력한 영적 의미와 함께 특별한 지위를 부여했고, 많은 주제들을 발전시킴으로써 그 이후에 니사의 그레고리우스로부터 아우구스티누스까지의 저자들은 이 텍스트들을 다시 손질하면서 풍요롭게 만들거나 재구성하기만 하면 되었다.

그렇지만 4세기의 동정 문제는 중요한 부분에서 수정될 상황에 놓이게 되었다. 가령 고행의 발전, 수도원 제도의 조직화, 자기 자신과 타인에 대한 통치기술의 실행, 영혼의 진실에 대한 복잡한 규정들의 정비와 같은 일들이 이러한 상황 변화와 관련된다. 우리는 니사의 그레고리우스의 다음과 같은 한 구절을 상기함으로써 이러한 변화를 간략하게나마 특징지을 수 있다. "다른 어떤 직업에서도 오래전부터 계속해 온 일을 성공적으로 수행하기 위해서는 특별한 기술이 필요한 것과 마찬가지로, 내게는 동정의 서원誓願이 하나의 기술이자, 신성한 삶의 지식이라고 여겨진다."[1] 동정은 이미 높은 영적 지위를 가진 것으로 간주되며 특별한 영적 가치를 부여받아, 하느님과 영원 그리고 천상의 실재계와의 영속적 관계를 만들어 낼 수 있는 것이다. 이것은 세밀하게 조정된 생활방식일 뿐 아니라, 독자적인 절차와 기술, 도구들을 갖고 있는 사람이 자기 자신과 맺는 일종의 관계유형이다. 테르툴리아누스부터 메토디우스에 이르기까지 우리는 동정-금욕이 동정의 실제 상태가 되는 것을 알게 되었다. 4세기에 '동정의 기술'이 고안된 것은 바로 이러한 상태에서이다.

A

첫 번째 문제점은 동정의 테크닉과 금욕의 이교적 실천 사이의 관계에 관한 것이다. 이것은 그 시대에 이미 "지나간" 문제로 생각될 수 있겠지만, 금욕생활이 "철학적 삶"으로 규정된다는 사실에서 이 문제에 대한 의미와 현재성은 분명하다. 니사의 그레고리우스는 그의 계획을 설명한 《동정론》의 서문에서 일상생활의 불편한 점들을 강조한 후, "좋은 방법"을 따른다면 "철학적 생활"을 권할 수 있겠다고 설명한다.[2]

---

1 "*To tês parthenias epitêdeuma tekhnê tis einai kai dunamis tês theioteras zôês*", Grégoire de Nysse, *De la virginité*, IV, 9.

따라서 기독교인들의 동정과 이교인의 금욕을 가능한 한 명확히 구별하려는 의지가 분명한데도, 동시에 이교인의 금욕을 정당화하는 많은 주제들이 재활용되는 것을 발견한다고 해서 놀랍게 생각할 필요는 없다. 특별한 조정을 거쳐야 한다는 유보가 따르긴 하지만, 일반적으로 그러한 사례들은 이교인 사회에서 특정한 지위나 종교적 임무와 연결된 동정에 대한 기피, 여성의 미덕을 명예롭게 한 조치의 인정 및 추천, 결혼과 마음의 평화에 대한 토론의 활성화 등이다.

어떤 기독교인 저자들은 이교인들이 순결을 존중했다는 것을 단호히 부정한다. 그런 주장을 한 것은 아타나시우스이다. "오직 우리 기독교인들만이 순결을 영광스럽게 만들었을 뿐이다."3 크리소스토무스는 보다 신중한 입장에서, 또 자신의 역사-종교적 서열상의 직분 때문에 그리스인들이 순결을 찬미하고 존중했다는 것을 인정한다. 그런 까닭에 그는 순결의 가치를 인정하지 않았던 유대인들 — 그들이 동정녀에게서 태어난 그리스도를 증오하는 것에서 알 수 있듯이 — 보다 그리스인들을 높이 평가하지만, 그의 이러한 평가는 자신에게 열성을 쏟았던 하느님의 교회에 비하면 훨씬 떨어지는 것이다. 4 그러나 로마 가톨릭 교부들은 그들이 속한 사회계층 때문에5 비교적 이교인의 금욕생활 실천을 중시하는 경향을 보였다. 어쨌든 성 히에로니무스는

---

2   *Ibid.*, Préambule, 1.
3   Athanase, *Apologia ad Constantium*, 33(P. G., t. 25, col. 640).
4   Saint Jean Chrysostome, *De la virginité*, I, 1.
5   이것은 다음에 나타난 의견이다. F. de B. Vizmanos, *Las vírgenes cristianas de la Iglesia primitiva*, Salamanque, 1949.

《요비니아누스를 반박함》의 끝부분을 모두 이교인과 관련된 글로 채우고 있다. 가령 그리스와 로마에서 존경받는 동정녀들의 예라든가, 남편을 추모하면서 정절을 지키다가 남편의 무덤 앞에서 마침내 자살하기에 이른 과부들의 영웅적 모습에 대한 회상, 금욕생활로 명성이 높은 몇몇 귀족들에 대한 예찬, 결혼하지 않기를 권하는 테오프라스토스 같은 모럴리스트들의 성찰이 그런 내용이다. 그래서 성 히에로니무스는 정확하기보다 좀 과장된 어조로 이런 주제를 뒷받침하기 위해 아리스토텔레스, 플루타르코스, 그리고 "우리의 세네카" 같은 철학자들의 견해를 원용한다. [6]

물론 여러 가지 정당한 근거를 갖는 기독교인의 동정과 영혼의 구제라는 의미와 상관없는 이교인들의 금욕이 다르다는 점을 강조할 필요가 있다. "선행을 하지 않는 독신생활은 유용하지 않다. 왜냐하면 선행을 중시하지 않을 경우, 헤스티아에 봉헌식을 올린 처녀들과 한 번만 결혼했던 주노의 여제들 모두 성녀의 반열에 오를 수 있기 때문이다."[7] 일반적으로 기독교인 저자들은 고대인들이 미덕이나 가치로 내세운 것을 원용하는 대목에서 성 히에로니무스보다 훨씬 신중한 입장을 취한다. 그들은 고대인들의 생각이 얼마나 기독교의 영혼구제와 다른지를 강조할 뿐이다. 대부분의 저자들이 이러한 차이의 원칙을 설명하는 근거는, 본질적으로 (결혼이나 성관계에 대해서) 이교인들이 순결의 특성이라고 본 단순한 금지의 형태와 관련시켜서이다. 완전한

---

6   Saint Jérôme, *Adversus Jovinianum*, I, 41~49.

7   *Ibid.*, I, 11.

금지이건 일시적 금지이건, 또는 절대적 규정이건 신중한 충고이건, 이교인의 순결을 자기들의 동정과 다른 것으로 생각하는 기독교인 저자들의 관점에서 그것은 그저 결혼이나 성관계를 거부하거나 회피하는 것일 뿐이다. 《동정론》 서두에서 성 암브로시우스는 그 점을 매우 분명하게 밝힌다. 이교인의 순결이 기독교인들의 동정과 다른 것은 순결을 임무로 받아들인 사람들이 남자이건 여자이건, 그들에게 순결은 외적인 규범의 형태이기 때문이다. 베스타 여신을 섬기는 처녀는 절대적으로 순결해야 하지만, 그것은 잠정적인 것일 뿐이다. 젊은 날의 정숙함을 약속하는 것은 늙어서 추잡해지는 것을 상쇄시키려는 시간 끌기일 뿐이다.8 게다가 처녀가 자신의 약속을 지키는 것은 체면 차리기를 좋아하거나 특권을 기대해서이고, 지키지 않을 경우 평판이 나쁘게 되거나 벌을 받을 것이 두려워서이다. 그렇기 때문에 처녀는 자신의 순결을 봉헌하는 것이 아니라 파는 것과 같다. 이것은 매춘보다는 나은 것일까, 아니면 다른 문제일까?9 얼핏 보기에는 반대되는

---

8 1. "*Aetate non perpetuitate praescribitur*", saint Ambroise, *De virginibus*, I, iv, 15.

9 성 암브로시우스는 18번째 편지에서 같은 견해를 말한다. 그가 순결한 처녀들을 어떻게 묘사하는지는 다음과 같다. "*Vix septem vestales capiuntur puellae. En totus numerus, quem infulae vittati capitis, purpuratarum vestium murices, pompa lecticae ministrorum circumfusa comitatu, privilegia maxima, lucra ingentia, praescripta denique pudicitiae tempora coegerunt*"〔"어쩔 수 없이 자신들의 신분에 묶이게 된 7인의 순결한 처녀들! 신성한 머리띠의 유혹, 진홍빛의 화사한 옷, 노예들, 엄청난 특권들, 막대한 수입 등 온갖 종류의 혜택으로 둘러싸인 호사스런 가마, 그리고 그들의 금욕에 대한 합법적인 해방, 이런 것들이 그러한 지위에서 누릴 수 있는 것이었다", Mgr Baunard 옮김〕.

것 같지만, 성 요한 크리소스토무스의 진술 속에도 그와 같은 견해가 표명되어 있다. 이교인들의 순결은 어떤 보상을 바랄 수가 없는 것이다. "그리스인들에게 그러한 미덕은 쓸데없는 일이다."10 그러나 이교인 처녀들이 내세에서 아무것도 기대할 수 없는 것은 현세에서 그들의 금욕이 "하느님의 사랑에서" 고취된 것이 아니기 때문이다. 명령에 의한 것이건 율법에 의한 것이건 그것을 준수하는 사람들은 "어떤 특권도 기대할" 수가 없다.11

그렇지만 이교인의 금욕과 기독교인의 동정을 구별하려고 세심한 주의를 기울였음에도 불구하고, 4세기의 저자들은 그리스인 철학자들의 영향을 받아 그리스인의 생활규범에서 상당히 많은 부분을 차용해 왔다. 어떤 규범들은 그대로 옮겨 놓기까지 했다. 대표적인 예로 두 가지가 있는데, 하나는 결혼생활에 대한 비판이고, 다른 하나는 자립생활에 대한 예찬이다.

결혼에 대한 비판은 4세기의 금욕주의 저자들이 고대철학의 상식적인 윤리를 거의 수정하지 않고 차용했음을 보여 주는 것이다. 결혼의 문제, 즉 "결혼을 해야 하는가, 하지 말아야 하는가?"의 문제는 모든 철학학교에서 동어반복적 형식으로 끊임없이 되풀이되었다. 성 히에

---

10 Saint Jean Chrysostome, *De la virginite*, IV, 2.
11 *Ibid.*, II, 2. 그렇지만 크리소스토무스가 이원론의 영향을 받은 이단자들의 동정을 특별히 비판한 것을 주목해야 한다. 따라서 그의 비판은 두 가지이다. 모든 결혼이 나쁘다면, 금욕은 당연히 의무적인 것으로서 특별한 장점이 없다. 그러나 하느님을 모독하는 잘못을 고려해서 금욕을 할 경우 이단자들은 동정의 상태에서도 엄중하게 처벌을 받아야 하는 죄를 범하는 것이다.

로니무스가 길게 인용하고 있는 테오프라스토스는 이처럼 진부한 문제들 중 한 가지 사례일 뿐인데, 여기에는 3개 혹은 4개의 주요한 주제들이 나타난다. "우리는 여자와 책을 동시에 사랑할 수 없다"에서처럼 철학적 삶과 결혼생활은 양립할 수 없다는 것, 질투심, 탐욕, 변덕스러움 같은 여자들의 결점들, 남편들의 영혼을 동요시키고 생활을 불안하게 만드는 일, 여자들 때문에 돈 걱정을 해야 하는 문제(여자들을 가난한 상태로 부양하기란 매우 힘든 일이고, 여자들이 사치스럽게 사는 것을 보면서 참고 지내는 일은 고통이다), 여자들에 대한 감시의 필요성 등이다. 그러니까 우리가 가깝게 지내는 친구들을 여자들과 비교해 보거나 사정을 잘 아는 사람을 후계자로 정할 경우를 생각해 보면, 여자들이 결혼해서 남편을 보살펴 주고 자식을 갖게 해준다는 생각에 너무 큰 비중을 둘 필요는 없다는 것이다. **12**

결혼의 문제점에 대한 본격적 논의는 동정을 주제로 한 기독교인들의 저서에서 거의 필수적으로 나타난다. 각기 장황함의 차이는 있지만, 다음의 텍스트들에서 그러한 주제를 다룬 글들을 볼 수 있다. 니사의 그레고리우스의 《동정론*Peri parthenias*》(III, 2~7), 요한 크리소스토무스의 《동정론》(특히 XLIV장과 LI-LXII장의 일련의 연속된 논의), 안키라의 바실리우스의 《완전한 동정론》(XXIII), 에메사의 에우세비우스의 《복음서 해설》(VII, 15~16), 성 암브로시우스의 《동정론》(I, 6), 성 히에로니무스의 《헬비디우스를 반박함》(XX), 에우스토키움

---

12 〔Théophraste, *Du mariage*: saint Jérôme, *Adversus Jovinianum*, I, 47에서 인용함.〕

에게 보낸 22번째 편지, 《요비니아누스를 반박함》이 그러한 예들이
다. 이 모든 텍스트들 중에서 니사의 그레고리우스의 책은 결혼의 장
점과 단점에 관한 이교인의 열광적인 화려한 문체에 담긴 신랄한 비판
에 근거하여 만들어졌다는 점에서 좋은 예가 될 수 있다. 그레고리우
스는 자신의 의견을 분명히 밝히지는 않았지만, 그들의 논의 가운데
서 3가지 주요 쟁점을 그대로 따와서 쓰고 있다. 결혼을 찬성하는 사
람들이 부부의 생활에서 누릴 수 있는 행복, 자녀를 갖는 기쁨, 병이
들거나 늙게 되었을 때 돌봐줄 가족이 있다는 결혼의 이점을 차례차례
논의한다. 부부의 삶이 과연 행복한가? 그레고리우스는 이 물음에 대
하여 행복이 있다고 가정해도, 그것은 끊임없이 시기심의 대상이 될
수 있으며, 살아 있는 한 욕망의 위협을 받을 수 있고, 어느 때라도 죽
음이 찾아와 그 행복을 파괴할 위험이 있는 법이라고 대답한다. 어쨌
든 나이 듦과 노화가 결혼의 행복을 조금씩 무너뜨린다는 것이다. "결
국 소멸해 버리고 마는 파도처럼" 일시적으로 아름다운 모습은 "어떤
자취도, 어떤 추억도, 어떤 흔적도" 남기지 않는다. 현재의 이점을 실
제로 이용하지 못하게 만드는 변화에 대한 두려움 때문에 내부로부터
침식당하는 부부생활의 행복은 결국 겉모습만 그럴 뿐이다. 자식은?
자식이 있으면 좋겠지만, 분만의 고통이 따르고 분만 중에 종종 사고
가 발생하기도 한다. 나이가 들기 전에 어렸을 때 죽음이 찾아오거나
나이가 들어서도 뒤늦게 자식들의 죽음이 발생할 경우, 그러한 죽음
은 종종 부모에게 끊임없는 걱정의 근원이다. 자식이 없는 사람들이
나 자식이 있는 사람들, 자식이 죽어서 슬퍼하는 사람들과 자식이 살
아 있다 해도 그들을 불만스럽게 보는 사람들 모두가 슬퍼지기는 마찬

가지다. 부부가 서로에게 도움을 주고 살아야 하는 노년의 삶을 생각해 보더라도, 젊었을 때부터 종종 과부가 되어 의지할 데도 없고 돈도 없이 지내는 경우도 있다.13

독신생활의 예찬은 어떻게 보면 "결혼의 문제점"을 다른 측면에서 환기시키는 전통적 방법이다. 결혼의 속박으로부터 자유로운 생활에 대한 기독교인 저자들의 묘사는 독신자들이 평화롭고 안정된 생활을 누릴 수 있다고 말한 고대철학자들의 표현과 거의 비슷하다. 크리소스토무스는 예를 들어 결혼생활과 결혼에 따르는 "위험이 없고" "문제가 없는" 생활,14 즉 남자가 자기 자신의 의지에 따라 자유롭게 지낼 수 있는 독신자 생활을 비교한다.15 그는 적어도 결혼생활의 몇 가지 양상과 관련하여, 인간적 지혜와 철학적 행복의 용어를 사용하면서 독신생활을 묘사한다. "결혼하지 않고 검소하게 생활하면 불화의 여지가 없다. 면전에서 큰 소리가 전혀 나오지 않는다. 평화로운 항구처럼 마음속에는 고요가 지배하고 고요보다 더 완전한 평온이 영혼에 가득하다. 〔…〕 그처럼 다 갖춰진 영혼이 즐기는 행복을 어떤 말로 표현할 수 있겠는가? 〔…〕 나는 지금 극도로 혼란스럽다. 왜냐하면 거의 모든 사람이 정신의 안정과 평온 속에서 누리는 행복이 제공되었을 때, 즐거움조차 느끼지 못하면서, 근심과 불화와 불안 속에서 자신의 가장 큰 기쁨을 찾으려 하는지를 이해할 수 없기 때문이다."16

---

13 〔Grégoire de Nysse, *De la virginité*, III, 2~7.〕

14 Saint Jean Chrysostome, *De la virginité*, XLIV, 2.

15 "*Kath' heauton ôn ho anêr*", ibid.

16 *Ibid.*, LXVIII, 1-2. Noter les termes: *apéllaktai tarakhês*, *ataraxia*, *hê euphro-*

따라서 동정에 대한 격려는 많은 책 속에서 철학자들이 장점이 많다고 인정하는 "독립적" 생활의 예찬으로 이어진다. 외적인 제약이 없기 때문에, "발걸음이 가볍고 속박을 받지 않고" 지낼 수 있는 사람은 발목에 굴레가 없는 자유인이다. **17** 우리가 결혼의 이점이라고 생각하는 것의 기본적 요소들, 즉 출신, 가문의 명성, 영광, 미래의 전망 등은 허울과 같은 것이어서 걱정할 필요가 없다고 보는 것이다. **18** 외적인 상황 때문에 겪게 되는 문제들 — 분노, 폭력, 사랑의 맹세, 모욕, 위선 같은 것들 — 때문에 영혼을 불안한 상태에 빠뜨리게 하는 온갖 정념에서 벗어날 수 있다. **19** 결국 무엇보다도 영혼의 내면이 외적인 모든 문제들로부터 멀어짐으로써, 자기 자신과 온전히 대면하여 명상에 잠길 수 있는 것이다. "독립적으로 생활하는 독신자는 결혼에서 생기는 온갖 문제에서 벗어나 자유롭고 수월하게 난관을 극복할 수 있다. 왜냐하면 그는 자기 자신에 대해 명상할 수 있고 다른 일로 마음이 흐트러질 염려도 없기 때문이다."**20** 그레고리우스는 예언자 엘리야와 세례자 요한 같은 사람들이 "톱니바퀴처럼 돌아가는 인간사로부터 떨어져 지내면서" 또한 "평정심과 완전한 평안을 누리고" 안정을 유지하는 모습에서 그러한 모범적 생활방식을 찾을 수 있었다. **21**

---

sunê tês outô diakeimenês psukhês, eukolia.

17 *Ibid.*, 〔XLIV, 2〕.

18 Grégoire de Nysse, *De la virginité*, IV, 4.

19 Saint Jean Chrysostome, *De la virginité*, XLIV, 2.

20 Grégoire de Nysse, *De la virginité*, III, 9.

21 *Ibid.*, VI, 1.

이처럼 평정심의 상태로 동정을 묘사하고 평온한 삶을 철학적 어휘에 의존해서 표현하는 것은 역설적이라고 할 수 있다. 그러한 묘사와 표현은 처음부터 동일한 저자들이 동정의 끊임없는 투쟁과 순교와의 상관관계에 대해 말한 것과는 모순되게 보인다.[22] 다른 한편으로 그 저자들은 결혼한 사람들의 생활에 보다 많은 위험과 시련이 있고 그것을 겪음으로써 공덕을 쌓는 것이라고 말한다. 크리소스토무스의 모순된 진술은 다음과 같다. "〔결혼의〕 그러한 제약이 있음에도 불구하고, 올바른 길을 가는 사람은 당연히 높은 보상을 받아야 하는 것이 아닐까? 〔…〕 그는 결혼함으로써 훨씬 힘든 시련을 감당하게 된다."[23] 알렉산드리아의 클레멘스는 이러한 생각으로 결혼에 대해 분명한 도덕적 가치를 부여하게 되었고, 결혼의 공덕을 동정에 필적할 만한 것으로 만들었다.[24] 크리소스토무스는 이러한 반론을 배제하면서 사람들이 위험을 무릅쓰고 결혼하는 것은 완전히 자유의사에 따른 결정이므로, 결혼의 위험요소들은 구원과 상관없음을 강조한다.[25]

철학자들이 예전에 발전시킨 평온한 삶의 주제를 교부들이 이렇게 참고한 것은 중요한 의미를 갖는다. 어쩌면 중요시해야 할 것은 수도원 교육과 금욕주의 교육이 발전하게 된 이 시기에, 오랜 전통 속에서 인정된 이러한 가치들을 되살리는 일이 호소력을 갖게 되었다는 점일지 모르겠다. 게다가 평온한 삶의 주제는 이중으로 특별한 의미를 갖

---

22 다음 책 p. 〔224〕 참고.

23 Saint Jean Chrysostome, *De la virginité*, XLV, 1.

24 Clément d'Alexandrie, *Les Stromates*, III.

25 Saint Jean Chrysostome, 〔*De la virginité*, XLV〕.

는다. 이 주제는 진정한 인식과 참된 행복의 필요조건에 대한 전통적 생각과 현세에 대한 기독교인의 근본적인 초연함이 만나는 지점에 있는 것이지만, 또한 기독교의 내부적 문제의 핵심인 수도원에 은거한 생활의 지위와 그러한 생활에 이르는 방법, 그리고 그것의 고유한 공덕사항 등에 관련되어 있기 때문에 중요성을 갖는다. 사실, 기독교인 저자들은 서로 강조하는 것의 차이는 있지만, 거의 모두가 일상적인 걱정 없이, 세속적 관심사로부터 벗어난 동정의 생활이 바로 평온한 삶이라는 원칙을 갖게 된다. 성 아우구스티누스는 《시편 132의 주석》에서 노아, 다니엘 그리고 욥, 이렇게 세 인물을 통해서 3가지 유형의 삶을 환기시킨다. 노아는 교회를 관장하고 교회의 성과를 보장하는 성직자들의 활동을 상징하고, 욥은 열성적으로 하느님을 섬기는 신자들을 상징한다. 다니엘은 수도사 생활을 하기 위하여 결혼을 포기한 사람들의 생활과 관련된다. 노아는 들판에 나가서 일하는 두 남자의 모습을, 욥은 방앗간에서 일하는 두 여자들의 모습을 연상시킨다. 다니엘은 침대에 누워 있는 두 남자들의 모습과 연결된다. 따라서 이들은 "휴식을 좋아한" 사람들이자, "군중과 뒤섞이지 않고" "소란스런 인간사"에 관여하지 않으면서, "평온한 상태에서 하느님을 섬기는"[26] 사람들을 가리키는 것이다.

그러나 곧 성 아우구스티누스는 결혼하지 않고 지내는 평온한 생활에 어떤 의미를 부여해야 할지를 제시한다. 정절을 잘 지키는 사람으로서 다니엘은 사자들 틈에 있으면서도 "평온한" 모습이었고, "안전한"

---

26 Saint Augustin, *Discours sur le psaume 132*, 4 (P. L., t. 37, col. 1730).

상태였다는 것이다. 이 사자들은 마음을 공격하는 욕망과 마음을 점령하는 유혹의 형상이다. 다니엘은 "욕망의 남자vir desideriorum"로 불리기도 했다. 그러므로 그의 평온한 상태는 고전적 의미의 표현인 철학적 삶의 평정심과는 다른 것인데, 그 이유는 이러한 평온함이 끊임없는 악마의 공격에 맞서는 태도와 분리할 수 없는 것이기 때문이다. 그리고 이것은 두 가지 의미로 이해해야 한다. 하나는 불안의 원인이 될 수 있는 속세의 모든 것에 대한 초연함이고, 다른 하나는 신의 은총이 승리를 가져다주는 전투에서의 자신감이다. '평온함transquillitas'과 '침착함otium'의 주제가 계속되어, 사실상 자제력과 금욕이라는 부정적 관리술이 복합적이고, 긍정적이고, 불가지론적인 경험, 즉 동정의 개념으로 변화했음을 보여 준다.

B

기술로 이해되는 동정의 상태를, 4세기의 저자들은 어김없이 자유롭고 개인적인 선택의 결과라고 설명한다. 그러나 이러한 선택은 그 의미와 결과가 인류 구원의 전체 역사 속에 포함되는 것이다.

동정은 3가지 의미에서 자유로운 선택이다. 우선 이러한 선택은 모든 사람이 할 수 있는 것이 아니다. 오직 충분히 강한 사람만이 할 수 있는 선택이다. 성 암브로시우스는 "동정은 소수의 사람들만이 할 수 있는 일이고, 결혼은 모든 사람이 할 수 있다"고 말했다. [27] 선택은 명

---

[27] Saint Ambroise, *De virginibus*, I, 7, 35.

령에 따라 또는 강제적으로 할 수 있는 일이 아니다. 가장들을 대상으로 동정을 주제로 한 강론에서, 이름이 알려지지 않은 어떤 저자는 부모들에게 동정에 헌신하려는 자녀들의 결정에 반대하지 않기를 권고한다. 그는 부모들이 오히려 자녀들에게 동정에 "헌신하도록 권장하되", 강제적으로 해서는 안 된다고 말한다. **28** 강제성이 없는 이러한 선택의 원칙은 매우 중요한 것이어서 성 아우구스티누스는 마리아가 그러한 원칙을 보여 주는 보증인과 같은 존재라고 생각한다. 마리아를 통해서 하느님이 원하는 그리스도의 강생이 이루어진 것이므로, 마리아는 동정녀로 지내라는 명령을 받아들였을 것이고, 이것은 예수 그리스도를 그녀에게 예속된 상태로 만들기 위해서였을 것이다. 그렇지만 그녀의 동정은 "소망"의 결과였지 "계율"의 결과는 아니었으며, "사랑의 선택"이었지 "복종의 필연성"은 아니었다. **29** 결국 그녀의 결정은 하느님을 영광스럽게 해야 한다든가 간통을 범하지 말아야 한다는 계율의 명령에 따른 것이 아니라, 자유로운 선택인 것이다. "구세주는 자연의 법칙에서나 복음서에서 동정을 강요하지 않았다."**30** "그리스도는 금욕에 계율의 의무적 성격을 부여하지 않는다. 그는 우리의 영혼에 선택의 자유를 준다."**31**

　　여러 텍스트에서 이처럼 동정의 비非의무적 성격을 반복해서 강조

28　이 텍스트는 Dom David Amand에 의해 출판되었다("Une curieuse homélie grecque inédite sur la Virginité", *loc. cit.*).

29　Saint Augustin, *De la virginité*, IV, 4.

30　Basile d'Ancyre, *De l'intégrité de la virginité*, 55 (P. G., t. 30, col. 780).

31　Saint Jean Chrysostome, *De la virginité*, II, 17.

하는 것은 동정녀가 태어날 수 있게 하려면 어떤 사람들이 결혼해야한다는 논거 외에도, 다각적으로 정당성의 논리를 찾기 위해서다. 32 무엇보다 중요한 것은 모든 형태의 이원론이나 그노시스설 신봉자들의 영성적 경향에 맞서는 것이었다. 그노시스트들은 성관계의 금지를 엄격한 의무조항으로 만들어서, 결국 결혼이나 생식을 금지하도록 했던 것이다. 33 또한 동정의 긍정적 가치를 부각시키는 일도 중요했다. 자주 반복되는 명제는 이런 것이다. 동정이 의무적이라면, 그것을 지켜야 할 만큼의 특별한 장점은 무엇일까? 도둑질하지 않고, 살인하지 않는 사람이 명예로운 것은 아니다. "금지된 일을 하지 않는다고 해서 그것이 관대하고 열정적인 영혼의 징표는 아니다. 완전한 미덕은 모든 사람의 지탄을 받을 만한 행동을 하지 않는 것이 아니라, 사람들이 감히 하지 못하는 행동을 용기 있게 함으로써 남다른 특별한 모습을 보이는 데 있다."34 동정은 단순히 금지하는 일을 하지 않는 것보다 훨씬 가치 있는 일이다. 결국 중요한 것은 동정이 율법 —《구약성서》의 특징을 이루는 것 — 체계에 속해 있지 않고, 하느님과 인간의 새로운 관계 형태에 속해 있음을 보다 일반화시켜 강조하는 일이었다.

이렇게 함으로써 우리는 동정의 또 다른 측면, 즉 인간의 구원과 세속의 시간이 관련되는 측면을 검토하기에 이른다. 사실 이것은 역설이다. 동정은 자유로운 개인적 행동일 수밖에 없지만, 이러한 행동 속

---

32 saint Ambroise, *De virginibus*, I, 7; Eusèbe d'Émèse, *Homélie* VI, 6 참고.
33 성 요한 크리소스토무스의 *De virginitate*의 모든 1장들이 이와 같다.
34 Saint Jean Chrysostome, *De la virginité*, VIII, 4.

에는 인간과 하느님 사이에서 전개된 것이자, 아직 끝나지 않은 극적인 요소가 맞물려 있기 때문이다. 동정은 과거에 의미를 두고 있으면서도, 미래를 향한 변화에서 효력을 발생시킨다. 그것은 율법이 아닌 선택이다. 그러나 이것은 개인의 자유로운 해방인 동시에 세계의 형상이거나, 더 나아가 세계의 변화된 모습이다. 우리는 이미 3세기의 책들에서 이러한 주제들이 많이 나타나는 것을 알 수 있었다. 키프리아누스와 특히 올림푸스의 메토디우스는 이러한 기본적인 주제들의 내용을 명확히 설명한 바 있다. 그러나 우리는 무엇보다 수도원 제도의 발전이 동정의 주제들을 강화시켰고, 어떤 어조에는 수정을 가하면서 몇몇 주제를 정교화하는 작업에 기여했다고 생각할 수가 있다. 여하간 수도원 교육은 동정의 다음과 같은 세 측면 — 첫째, 결혼의 상태와는 아주 다른 것이면서 현세에서의 생활과 동화되고 나중에 긍정적 결과를 만들어내기 위한 어떤 실천과 기술, 특별한 테크닉이 요구되는 신분이라는 것, 둘째, 어떠한 규범으로도 강요할 수 없고, 모든 사람에게 적용되는 법의 형태도 아니며, 몇몇 소수의 사람들에게 부과되는 계율의 형태도 아닌, 개인의 자유로운 선택의 문제라는 것, 셋째, 개인의 구원을 위한 기획이 인류의 대속이라는 문제와 깊이 관련된 생활 형태라는 것 — 을 성찰할 수 있는 장소, 혹은 기회가 되었다.

4세기의 저자들은 구원의 역사에서 동정의 역할을 우선 낙원의 시절, 그리고 타락 이전과 이후의 남녀관계와 관련시켜 정의한다. 오리게네스로부터 아우구스티누스에 이르기까지 〈창세기〉의 처음 두 장 — 1장의 27절과 2장의 18~24절에 대한 교부들의 오랜 해석 논쟁을 여기서 자세하게 살펴볼 필요는 없다. 나로서는 다만 낙원에서의 동정과 천지창조에서 이루어진 성의 구별과의 상관관계에 대한 문제가 어떻게 제기되었는지를 밝히고 싶을 뿐이다.

성의 차이가 하느님의 작품이라는 것은 이원론자의 영향을 받은 많은 운동단체들에 의해 부정된 바 있다. 그 반면에 교회에서 인정한 저자들은 성의 차이를 긍정적으로 받아들인다. 성 아우구스티누스에 의하면, 기독교인으로 자처하는 사람이 "성의 차이는 악마의 작품이지, 하느님의 작품이 아니다"[35]라고 주장할 정도로 《성서》에 무지한 것은 어리석은 일이다. 《성서》의 〈창세기〉 2장은 하와의 형성에 관한 이야기가 나오기 전에 하느님이 인간을 창조하겠다는 뜻을 처음으로 언급하고(1장 26~27절), 그 후에 곧바로 "남자와 여자"가 만들어지게 되었음을 보여 준다. 이 구절은 그러므로 성의 구별이 천지창조부터 존재한다는 생각에 확실한 정당성을 부여한다. 그러나 이 구절이 인간을 하느님과 닮은 형상으로 창조했다는 단언 이후에 뒤따라 나온 말임을 고려한다면, 곧 다음과 같은 이의가 제기될 수 있다. 어떻게 유일한 존재인 하느님이 자기와 닮은 모습이면서 동시에 이원적인 남녀의 모습으로 인간을 창조할 수 있을까? 이 문제에 관해 필로니우스는 인간창조에서 창조주와 닮았다는 것과 피조물의 특성을 구별하여 대답한다. 한 사람의 인간은 "그의 유일성으로 세상 사람들과도 비슷하고 하느님과도 비슷"하지만, 인간은 그러한 "이원적 본성"의 특성을 갖는 존재로서, 모두가 그런 것은 아니지만, 죽을 수밖에 없는 인간의 형질을 인정하게 된다는 것이다.[36] 기독교적 해석이 지향하는 것은 바로

---

35 Saint Augustin, *De continentia*, IX (23).

이러한 방향이다. 그렇기 때문에 오리게네스는 창조되는 모든 것을 이원성의 논리로 이해한다. "하느님의 사업은 하늘과 땅, 해와 달처럼 집단적이고 통합적이다. 《성서》가 보여 주려고 했던 것은 인간도 마찬가지로 하느님이 만든 작품이라는 것, 그리고 하느님이 적절한 보완책이나 인간에게 알맞은 결합방안을 마련하지 않고 인간을 만들지는 않았다는 것이다."[37] 히에로니무스는 하느님을 닮은 모습과 남녀의 이원성 사이에는 많은 차이가 있음을 밝힌다. 그는 둘이라는 숫자가 외부에서 "결합을 깨뜨리려고 한다면" 분리될 수 있는 숫자라는 점 때문에 좋지 않은 것임을 지적한다. 더구나 하느님이 인간을 만든 날 당신이 만든 작품에 대해 만족스럽지 않다고 했던 그때의 시간은 정확히 말하자면 첫날이 아니라 두 번째 날이다. 〈창세기〉는 그런 점에서 둘이라는 숫자에 불리한 의미를 나타낸다.[38] 어쨌든 니사의 그레고리우스나 요한 크리소스토무스는 물론이고 나중에 아우구스티누스에게도 하느님의 형상을 찾아야 하는 것은 영혼 속에서이지 양성의 이원성에서는 아닌 것이다.[39] 동정에 대한 모든 신비주의 신학의 중요한 주장은 다음과 같다. 즉, 동정이 실제로 하느님을 닮으려는 상승의 의지임을 고려한다면, 그것은 단순히 다른 성性을 포기하는 것이 아니다. 동정은 이러한 성의 차이를 초월하고, 그러한 차이를 만든 창조행위까지도 초월하여 신성한 합일을 지향하는 재상승이다.

---

36 Philon d'Alexandrie, *De opificio mundi*, 151.

37 Origène, *Homélies sur la Genèse*, I, 14.

38 Saint Jérôme, *Adversus Jovinianum*, I, 16.

39 Saint Augustin, *De Genesi ad litteram*, III, 22.

그러나 낙원의 상태가 이미 양성의 이원성을 허용하는 것이라면, 이러한 이원성의 의미와 기능은 무엇일까? 타락 이전에, 그러니까 완전히 순결한 상태로 낙원에서 성관계가 있었다는 것을 인정해야 할까? 필로니우스에 뒤이어 오리게네스가 주장하듯이, 그 자체로 순결할 수 없기 때문에 타락을 촉발하게 만든 것이 성관계라고 가정하건,**40** 첫번째 성관계가 타락 이후에 타락의 결과로 이루어진 것이라고 가정하건 간에,**41** 이 문제에 대한 대답은 한결같이 부정적이다. 그러나 낙원에서 성관계가 존재하지 않았다는 것은 모든 사람이 납득할 수 있는 이유도 되지 못하고, 의미를 갖지도 못한다. 이러한 해석의 근거는 다음 두 텍스트로 한정된다. 하나는 남자와 여자에게 축복을 내리는 하느님이 자식을 많이 낳고 번성하여 땅을 가득 채우라고 말했다는 〈창세기〉 1장 28절이며, 다른 하나는 하느님이 남자에게 그를 닮은 협력자가 되도록 여자를 만들어 주기로 결정했다는 2장의 구절이다.

이러한 협력자의 주제는 하와의 역할이 배우자가 아니라 동반자라는 주장을 확실하게 뒷받침할 수 있다. 니사의 그레고리우스에 의하면, 이러한 "협력"은 타락 이전에 아담의 유일한 희망이었던, 하느님의 얼굴을 바라보는 일에 동참하는 것으로 이해되어야 한다는 것이다.**42** 이것은 크리소스토무스의 《동정론》의 한 구절에서 타락 이전

---

40 〔Philon d'Alexandrie, *De opificio mundi*, 151 et 167.〕

41 M. 오비노가 주목하듯이(Grégoire de Nysse, Paris, 1966, *De la virginité*, p. 420, note 1), 쾌락이 특별히 성적 쾌락이 아니더라도, 쾌락의 매혹 속에서 타락의 이유를 보는 것이 니스의 그레고리우스의 견해이다. 크리소스토무스, 히에로니무스, 아우구스티누스는 모두 성행위를 원죄라고 보지 않는다.

의 여자 역할이 뒤바뀌게 되어 그 다음부터 남자의 영적 생활에 장애가 되었음을 설명하는 중에 제시된 견해이다. **43** 그러나 낙원에서의 여자 역할이 그런 것이라면, 두 가지 문제를 제기할 수 있다. "자손을 많이 낳고 번성하라"는 계율은 무엇을 의미하는가? 그레고리우스가 이름을 말하지 않고 비판하는 반대 입장의 사람들처럼, **44** 인류는 타락한 후에야 비로소 자식을 낳을 수 있었고, "타락이 없었다면 인류는 최초의 부부에 머물렀을 것"이다. 그렇다면 타락은 좋은 일이라고 가정해야 하는가? 그레고리우스는 천사들끼리 결혼하지 않았는데도 "천사의 군대는 무수히 많은 천사들로 구성된다"는 점을 강조한다. 이러한 천사의 본성 때문에, 우리들 인간의 입장으로는 생각할 수도 없고 공식을 만들 수도 없는 엄청난 증가방식이 있다는 논리가 가능하다. 그러나 분명한 것은 그러한 증가방식이 있었고, 창조주의 손에서 만들어져 나왔을 때 인간은 천사의 생활을 했으며, 또한 천사의 번식력을 가질 수 있었다는 점이다.

그렇다면 곧 두 번째 문제가 제기된다. 왜 하느님은 최초의 부부에게 천사의 생식방법을 갖게 했으면서 기존과는 다른 양성의 차이를 갖게 한 것일까? 그 대답은 하느님의 예지력에서 찾을 수 있다. 하느님은 인간이 탈선할 것이며 천사로서의 가치를 상실하게 되리라는 것을

---

42 Grégoire de Nysse, *De la virginité*, XII, 4.

43 Saint Jean Chrysostome, *De la virginité*, XLVI, 5. 〈창세기〉 4장에 대한 15번째 '강론'에서 그는 이러한 도움을 언급하지만, 도움의 정확한 기능이 무엇인지를 규정하지는 않는다.

44 Grégoire de Nysse, *De la création de l'homme*, XVII, 188 a-b.

분명히 알고 있었다. 하느님이 그렇게 하지 않았다면 세상은 결코 많은 사람들로 가득 찰 수도 없었고, 완성될 수도 없었을 것이다. 하느님은 미리 "우리들 모두에게 생명을 전수하는" 수단을 주었지만, 우리가 하느님과 닮은 모습을 잃어버린 지금, 앞으로의 인간에게 적합한 방식, 즉 "이성이 없는 짐승이나 생물"의 생식과 비슷한 방식을 갖게 했다.[45] 요컨대 낙원에서의 인간은 무한히 번식할 수 있지만 그것은 양성의 결합과는 완전히 다른 방식이었다. 그렇지만 하느님이 성의 차이를 결정하지는 않았다 해도, 인간의 특징적인 성의 차이에 의해 앞으로 인간이 타락할 것이며 생식기능을 갖게 되리라는 것을 예상할 수 있었다.[46] 낙원에서의 성에 대한 이상한 사변적 논리는 어떻게 그 시대의 신앙생활에서 (하느님이 창조한) 양성의 구별과 (타락과 하느님과의 분리 이후에만 가능한) 양성의 결합을 분리하고, 어떻게 인간의 생식을 천사의 번식과 동물의 출산으로 나눌 수 있었는지를 보여 준다.

이제 이러한 사변적 논리의 또 다른 측면을 돌아봐야 한다. 이것은 기원과 타락의 문제가 아니라 오늘의 세계와 시간의 완성에 관련된 문제이다. 얼핏 보아서 동정의 실천은 인간이 하느님의 손으로 만들어져 아직도 하느님의 형상을 갖고 있었을 때로, 타락을 넘어서서 낙원의 상태로 돌아가려는 시도로 이해된다. 그렇기 때문에 그레고리우스

---

45 *Ibid.*, XVII, 189d.

46 〈창세기〉에 대한 17번째 강론에서 이 문제에 대한 성 요한 크리소스토무스의 입장이 니스의 그레고리우스보다 더 분명한 것은 아니다. 그러나 계속되는 죽음의 지배로 인한 인구감소를 피하기 위해서 그는 타락 후에 성적 생식의 중재 방안과 함께 순결한 생활을 인정하는 입장을 취한다.

는 "육체의 타락으로 감추어진 하느님의 형상을 본래의 상태로 회복시키고, 최초의 인간, 최초의 삶을 지향하자"[47]고 말한다. 동정을 실천하는 사람은 어떻게 보면 시간의 흐름을 거슬러 올라가서 그의 내면에 최초의 완전한 상태를 회복시킨다고 할 수 있다.[48] 그는 잃어버린 드라크마drachme● 같은 신성의 징표를 다시 찾을 수 있는 자신의 영혼 속에서 그러한 상태를 회복한다. 그는 또한 타락한 세계로부터 빠져 나오면서 우리의 〔선조들〕은 알지 못한 것이지만, 타락한 행동의 대가인 죽음으로부터 벗어날 수 있으며, 동시에 최초의 완전한 상태를 회복한다. 최초의 우리 선조들이 처음부터 영생의 존재로 창조되었건, 타락 이전의 인간에게 하느님이 예지력으로 죽음의 운명을 부과하려고 했다가 그것을 현실화하지는 못했건 간에 결국 하느님은 인간에게 죽음의 운명을 갖게 했다. "죽음의 필연성을 갖는 육체에 의존한 삶으로부터 벗어나서, 더 이상 죽음을 계속 끌고 다니지 않는 생활방식을 찾아야 한다. 그것이 바로 동정의 생활이다."[49]

그렇기 때문에 동정의 신분을 선택하고, 그러한 신분을 충실히 지키는 일은 혼란과 정념과 근심으로부터 벗어날 수 있고, 쾌락에 탐닉해서 지내거나 생각 없이 쾌락에 굴복하고 지내는 일반적인 생활의 악습에서 벗어날 수 있는 단순한 욕망의 포기와는 완전히 다른 것이라고

---

47 Grégoire de Nysse, *De la virginité*, XII, 4. 하느님의 손으로 만들어진 최초의 인간을 가리키기 위해서 사용된 이 말은 '세포원형질체(*prôtoplastos*)'이다.

48 그레고리우스는 *palindromein*라는 동사를 사용한다.

● 〔옮긴이 주〕 고대 그리스의 화폐단위.

49 〔*Ibid.*, XIII, 3.〕

생각해야 한다. 동정의 신분은 — 아무리 훌륭한 보상을 약속한다 할지라도 — 보상받을 만한 어떤 미덕의 실천보다 훨씬 가치 있는 일이다. 50 동정은 실존방식의 현실적 변화라고 할 수 있다. 그것은 개인의 존재를 기원의 상태 속에 복원시키면서 세속적 한계와 죽음과 시간의 법칙으로부터 벗어나게 하고, 개인의 육체와 영혼을 변화시키면서 동정의 첫날부터 당장 종말이 없는 삶에 이르게 하는 혁명적 행위이다. 동정은 천사의 삶을 시작하는 일이다. 그것은 아직도 우리들 가운데 남아 있는 세속적인 것들을 천국의 염결한 세계와 영생에 〔이를 수〕51 있도록 고양시킨다. 에메사의 에우세비우스의 말에 의하면, "동정은 천국에 가는 길이고, 현세에서 천사들과 함께 사는 방법이다". 52 또한 동정은 천국의 생활원칙을 지상에 옮겨 놓는 일이다. "동정녀들은 천사들처럼 하늘에 올라갈 수 없다. 왜냐하면 육체가 그들을 붙잡고 있기 때문이기도 하지만, 현세에서 육체와 정신이 신성한 상태일 때 하느님을 직접 맞이하는 것이 그들에 대한 최고의 위로이기 때문이다. 지상에 사는 사람들에게 천국의 주민들이 누리는 것과 같은 생활조건을 부여한 것이 동정의 높은 가치라고 생각하는가? 순결한 육체의 존재가 육체가 없는 신비로운 힘의 화신보다 열등한 지위에 있는 것을 동정은 원하지 않으며, 아무리 인간이라도 순결한 육체의 존재라면, 동정은 그를 천사들의 경쟁자로 만든다."53 무절제한 행동 때문에 속

---

50 〔비어 있는 주〕
51 육필 원고: "succéder".
52 Eusèbe d'Émèse, *Homelié* VII, 5.
53 Saint Jean Chrysostome, *De la virginité*, XI, 1~2.

세에 굴러떨어진 추락한 천사들과 순결함으로 인해 속세에서 하늘로 올라가는 동정녀들을 비교하면서 성 암브로시우스는 "동정을 잃지 않는 사람이 천사다"[54]라고 주장한다.

사람들이 동정의 순결주의를 간청하는 것은 단순히 은유적 의미에서도 아니고 정신의 어떤 태도를 나타내기 위해서도 아니다. 그것은 본질적이며, 물질세계를 꿰뚫고 나아가고, 세상이 그 힘을 작용하여 상황을 변화시킨다. 그것은 단지 다른 세상을 기다리면서 이 세상에 있는 것이 아니다. 그것은 실제적이고 실천적이다. 그렇기 때문에 크리소스토무스는 엘리야, 엘리사 그리고 세례자 요한을 "진실로 동정을 사랑한 사람들"로 묘사한다. "만일 이들에게 아내와 자식이 있었다면, 사막에서 사는 일이 쉽지 않았을 것이다. 〔…〕 이들은 그러한 모든 관계로부터 자유로웠기 때문에 하늘에서 사는 것처럼 땅 위에서 살수 있었고, 벽과 천장, 침대와 식탁, 그리고 어떤 실내가구도 필요하지 않았다. 하늘이 그들의 지붕이었고, 땅이 그들의 침대였으며, 사막이 그들의 식탁이었다. 또, 사람들을 굶주림에 빠뜨릴 수 있는 불모의 사막은 이 성자들에게는 풍요의 원천이었다. 〔…〕 샘과 강의 물은 그들에게 감미롭고 풍성한 음료를 제공했고, 천사는 그들에게 놀라운 식탁을 차려 주었다. 〔…〕 그래서 요한은 자신의 육체적 생명을 유지하게 만든 것이 밀이나 와인, 기름이 아니라 메뚜기와 야생의 꿀이었다고 말한다. 이들이 바로 땅 위에 사는 천사들이다! 이것이야말로 동정의 권능이다!"[55]

---

54 *"Castitas enim angelos fecit"*, saint Ambroise, *De virginibus*, I, 8.

그러나 동정에는 어떤 의미에서 하늘과 땅의 이러한 공간적 충돌을 넘어서는 것이 있다. 개인의 동정은 또한 시간의 경제적 사용과 관련된다. 우리는 이러한 동정의 개념이 오랜 시간에 걸쳐서 몇 가지 주제들로 다양하게 발전했다는 것을 다음과 같이 요약할 수 있다.

세계의 역사는 두 단계로 나누어진다. 하나는 아직 비어 있는 세계의 단계이고, 다른 하나는 충만한 세계의 단계이다. 천지창조 이후의 세계는 비어 있었고, 이 세계를 채우고 완성의 지점에 이르도록 한 것은 동물의 성적 번식이었지, 인간의 성적 번식은 아니었다. 타락은 두 가지 부정적 결과를 가져왔는데, 하나는 인간을 천사처럼 번식할 수 없게 한 것이고, 다른 하나는 인간을 죽음의 운명에 처하게 만들었다는 것이다. 성적 생식은 죽음과 양면성의 관계를 갖는다. 성적 생식은 죽음과 마찬가지로 타락의 결과이지만, 죽음이라는 재앙을 끊임없이 보정한다. "하느님에게 복종하지 않음으로써 죄를 범한 인간을 죽음의 운명에 처하도록 단죄한 후, 전지전능한 하느님은 지혜로운 결정으로 인류의 번성에 유념해서, 인류가 성적 결합으로 증가할 수 있도록 했다."**56** 이것이 바로 《구약성서》가 우리에게 보여 준 결혼한 족장들과 그들의 뒤를 이은 수많은 가족들이 번성하게 된 이유이고, 또한 — 몇 가지 특이한 인물들을 제외하고는**57** — 동정이 특별히 명예로운

---

55 Saint Jean Chrysostome, *De la virginité*, LXXIX, 1~2.

56 Saint Jean Chrysostome, XVIIe *Homelié* sur la Genèse, 같은 의미의 Grégoire de Nysse, *De hominis opificio*, XVII를 참고할 것.

57 Grégoire de Nysse, Athanase, Ambroise에 의해서 인용된 Myriam; Méthode d'Olympe와 Grégoire de Nysse에 의해서 인용된 Élie.

것으로 존중받지 못한 이유이기도 하다. 죽음의 법칙 아래에서 결혼은 하나의 계율이었다. 그러나 이제부터 결혼은 세계를 지배하는 그러한 율법이 아니다. 인류는 이제 "충만하고", "완성된" 세계의 시대, 크리소스토무스가 말하듯이 "유년기"를 지나서 성년의 시대에 들어서게 되었다. **58** 그것은 하느님의 지혜에 의한 결과였다. 인간이 아직은 출산과 죄에 너무나 가까이 있어서 하느님에게 순종하지 않는 생활을 하는 한, 그들로서는 동정의 가르침과 같은 규정을 따를 수는 없었다. 주님은 그러므로 인간에게 결혼의 율법을 지키며 "입문할 수 있도록" 했다. 그러나 동정의 실천이 끝나는 세계와 결합하게 되는 시대, 완성의 시대가 도래했다. 이러한 결합은 현실화되었을 뿐 아니라, 이제 필연적이 되었고, 또한 역설적으로 풍부한 것이 되었다.

이러한 결합이 가능해진 까닭은 그리스도가 동정녀의 태중에 있으면서 완전한 순결생활을 실천하고, 세례의 영적 생성으로 인간을 다시 태어나게 함으로써 인간에게 단순히 미덕의 모델을 제시했기 때문이 아니라, 인간에게 육체의 반항을 제압하는 힘을 갖게 하고, 육체가 영광 속에서 다시 태어나게 했기 때문이다. 그리스도의 강생 이후에, 또한 그리스도의 강생으로 동정은 이 세상의 현실과 육체적 굴레 속에서도 천사의 생활로 복귀하는 형태로 가능하게 되었다. **59**

동정이 필요한 것은 또한 "시간이 많지 않다"**60**는 이유 때문이다.

---

58 Saint Jean Chrysostome, *De la virginité*, XVI-XVII, et 〔미완성 주〕.

59 〔Saint Jean Chrysostome, *De la virginité*, XI.〕

60 Saint Jérôme, *Adversus Helvidium*, chap. 20〔성 바오로의 인용문, "*Tempus breviatum est*", 1 Cor., 7, 29〕.

그리스도가 돌아올 순간이 멀지 않았다. 4세기 신앙생활의 중요한 특징이었던 이러한 약속의 말 때문에 부정적 영향이 초래되었다. 세계가 완성되어 가는 시점에서 왜 세계를 걱정해야 하는가? 미래가 끝나는 시점에서 왜 미래 세대에 신경 써야 하는가? 왜 우리는 서둘러서 가까운 내세의 현실로 생각의 방향을 전환하지 않는가? 우리는 지금까지 "유년기의 문제"에 전념해 왔다. 그런데 이제는 "유년의 장난감이나 다름없는 지상의 모든 재물을 버리고, 하늘과 찬란한 빛과 천국의 모든 영광을 향해 우리의 생각을 전환시킬"[61] 때이다. 동정의 실천에 반대하는 사람들은 인류가 완전히 소멸될 것이라고 걱정하지만 이런 걱정은 오늘날 별 의미가 없다. 만물회복설萬物回復說, l'apocatastase이 이루어질 무렵, 천지창조에서 인간이 축복받은 생활을 할 때는 "국가도, 직업도, 집도 없었다는 것"[62]을 상기해 보자. 그러면 동정이 세계의 완성 시점에서 어떤 긍정적 역할을 할 수 있고, 해야 하는지의 생각이 떠오를 수 있다. 그레고리우스의 한 구절은 이 문제를 분명히 밝혀 준다.[63] 동정에는 생식력이 없다. 그러나 이러한 생식불능은 육체적 출산만을 대상으로 한 말인데, 이러한 출산은 두 가지 방식으로 죽음과 관련된다. 첫째는 죽음은 출산의 결과이기 때문이고, 둘째는 그것이 바로 죽음의 운명에 이르는 원리이기 때문이다. 생식의 거부나 다름없는 동정은 그러므로 죽음을 거부하는 것이다. 이러한 동정은 이

---

61 Saint Jean Chrysostome, *De la virginité*, LXXIII, 1.

62 *Ibid.*, XIV, 5.

63 Grégoire de Nysse, *De la virginité*, XIV, 1.

세상에 죽음의 출현과 더불어 시작되어 이제는 한 세대에서 다음 세대로, 다시 말해서 죽음에서 죽음으로 이어지는 그 무한한 연속을 중단시키는 방법이기도 하다. "동정에 의해서, 죽음이 더 이상 멀리 가지 않도록 죽음에 어떤 경계를 정한 것이고", 동정을 선택한 사람들은 "스스로 삶과 죽음 사이의 경계에서, 앞으로 나아가려는 죽음의 충동을 제지한 것이다". 타락 이후에 시작된 일련의 흐름은 이렇게 하여 중단되었다. 죽음의 권능이 더 이상 활동할 수 있는 방안을 찾지 못하는 상황이므로, 동정의 생식불능 속에서 죽음으로의 느린 도정을 보는 대신, 죽음에 대한 승리와 더 이상 죽음이 자리 잡을 수 없는 세계의 도래를 발견하게 되는 것이다.

동정은 그러므로 죽음이 없는 세계의 기본 요소이자 동시에 이 세계의 씨앗이다. 즉, 이 세계 속에 한 조각으로 존재하는 것이면서 동시에 이 세계에서 형성된 천국의 현실에 접근하는 것이기도 하다. 그러나 동정은 이러한 현실과의 관계에서 영적 관계들을 연결하고 발전시키는 방법으로 이해된다. 이것은 결합의 형식이고, 동족관계의 방식이며, 풍요와 창조의 원리이다. 이것이 바로 동정의 기독교적 신비주의 신학의 가장 독특한 점이고, 또한 오래된 금욕의 개념에서 동정을 멀리 진전시킨 특징적인 면모이다.

동정녀는 약혼녀이고 배우자이다. 이 주제는 기독교에서 매우 오래된 것이다. 테르툴리아누스는 이러한 주제에 대해서 여러 차례 진술한 바 있다. 그는 《육체의 부활》에서 자의적으로 거세된 남자들과 "그리스도와 결혼한" 동정녀들의 문제를 단도직입적으로 거론한다. **64** 《아내에게》 보내는 글에서는 "그리스도를 위해서 싸우는 군대에 들어가서", 재혼보다는 "하느님과 함께 살고, 하느님과 이야기를 나누며, 낮이나 밤이나 하느님을 떠나지 않고, 하느님에게 많은 기도의 재산을 가져다주는 생활을 선택한" 과부들을 찬미한다. 〔…〕 "현세에서 하느님의 배우자인 이 동정녀들은 천사의 가족이다."65 이러한 생각은 또한 《동정녀들의 베일》의 끝에서 두 번째 장에도 나타난다. 테르툴리아누스는 전통적으로 결혼의 징표라고 할 수 있는 이러한 베일 착용에 동의할 뿐 아니라, 미혼 여성에게도 이것이 그리스도와의 혼례를 표시한다는 점에서 규범화되어야 한다고 주장했다. 이러한 표시는 두 가지 기능을 갖는다. 하나는 결혼해서 남편에게만 종속된 여자들이 자기 얼굴을 감추어야 한다는 의미이고, 다른 하나는 당연히 그래야 하는 것처럼 이러한 예속의 사실을 드러내는 일이다. "네가 배우자임을 나타내는 것이 거짓말을 하는 것은 아니지만, 오직 하느님에게만 진실을 보여 주기 위해서는 너의 마음속에 있는 어떤 것을 감춰야 한다. 왜냐하면 너는 그리스도와 결혼했기 때문이다. 너는 그리스도에게 너의 몸을 바쳤고, 분별력을 갖춘 상태에서 그와 결혼했다. 너의 약혼자가 원하는 길을 걸어가라. 그리스도는 다른 사람들의 약혼녀와 배우자들에게도 베일 착용을 원하는데, 하물며 자신의 약혼녀에게 그렇게 하기를 원하는 것은 당연한 일이다."66 그러나 우리가 보았듯이, 이 텍스트 전체에서 드러난 테르툴리아누스의 의도는 동정에 특별한 지위를 부

---

64 Tertullien, *De resurrectione carnis*, LXI.
65 Tertullien, *Ad uxorem*, I, 4.
66 Tertullien, *De velandis virginibus*, XVI.

여하려는 것이 아니라, 오히려 동정을 금욕과 정절에 관한 규범들 중에서 일반화된 규율의 범주 속에 포함시키려는 것이다. **67**

나중에 그리스도의 배우자 지위는 테르툴리아누스의 의도와는 달리 오직 동정에만 한정된 특권일 뿐만 아니라 특별한 내용을 담은 경험으로 결정된다. 그렇지만 이것에는 두 가지 의미의 가능성이 있다. 하나는 그리스도에게 약속된 동정녀가 교회 전체를 뜻하는 것일 수도 있고, 영원히 속세를 떠난 개인의 영혼일 수도 있는 것이다. 이런 점에서 메토디우스의 《향연》 마지막에 나오는 찬가는 의미심장하다. 동정녀들은 각자의 이름으로 자기들 모두를 위해서 후렴을 합창한다. "당신을 위해 나는 순결을 지켰어요!/ 우리의 단단한 손으로/ 밝은 빛의 램프를 들고서/ 그리스도 당신을 만나러 왔어요!" 그러나 동정녀들은 또한 교회-성모 마리아를 따르는 시녀들이고, 그들의 노래는 결혼을 약속한 그리스도의 도래를 예고하는 것이다. "당신 앞에서, 나는 참으로 행복한 배우자예요. 당신의 시녀인 우리는 당신에게 영광을 바칩니다. 우리는 당신을 위해 노래합니다. 순수하고 순결한 교회이시여."**68**

동정의 경험을 통해서 그리스도의 배우자가 되는 개인의 주제는 교회의 주제로부터 파생된 것이다. 그렇다고 해서 교회의 주제가 사라진 것도 아니며, 오히려 개인과 교회의 상징적인 상호관련성은 지위

---

67 인용된 구절의 앞줄을 참조할 것. 여기서 테르툴리아누스는 모든 여자들에게 베일을 쓰도록 한다.

68 Méthode d'Olympe, *Le Banquet*, "Refrain et couplet", XX.

지지 않는다. 여하간 주님의 약혼녀인 동정녀는 4세기 저자들에게서 끊임없이 나타난다. 가령 니사의 그레고리우스의 경우—"그녀는 염결한 신랑과 함께 살았다"[69]—에서, 안키라의 바실리우스,[70] 에메사의 에우세비우스의 경우—"이 동정녀들은 인간의 시녀가 아니라 그리스도의 배우자이다"[71]—에서, 암브로시우스의 경우—"천국에 갈 수 있는 후보자들 가운데, 당신이 왕과 결혼하기로 예정된 사람처럼 앞으로 나아갔다 …"[72]—에서, 크리소스토무스의 경우—"동정녀의 배우자와 비슷한 사람도 없고, 그에 필적할 만한 능력을 가진 사람도 없으며, 조금이라도 그와 가까운 자리에 있을 만한 사람도 없다"[73]—에서 나타난다. 우리는 이러한 주제가 기독교 신비주의 신학의 역사가 전개되는 동안 얼마나 풍부했으며, 또한 이것이 어떻게 다른 관점을 압도했는지를 알고 있다.

나는 다만 여기서 니사의 그레고리우스가 결혼의 두 유형에 관해서 쓴 논문 20장에서 이미 지적한 바 있는 이 주제가 어떤 방향으로 전개되었는지를 매우 간략하게 설명해 보려 한다. 두 유형의 결혼은 가능하기는 하지만 절대적으로 양립할 수 없는 것으로서, 하나는 육체적 결혼이고, 다른 하나는 영적 결혼이다. 전자의 경우, 인간과의 육체적 결합이란 말로 이해해야 하겠지만, 엄밀한 의미의 결혼이란 세속

---

69 Grégoire de Nysse, *De la virginité*, III, 8.

70 Basile d'Ancyre, *De l'intégrité de la virginité*, 27.

71 Eusèbe d'Émese, *Homélies*, VI, 16.

72 Saint Ambroise, *De lapsu virginis consecratae*, V, 19.

73 Saint Jean Chrysostome, *De la virginité*, LX.

의 한 구성요소이고 원인이며 상징이라는 점에서, 일반적으로 현세에 대한 애착과 관련지어서 이해해야 한다. 또한 영적 실재의 세계에서 관계를 맺는 후자의 결혼은 어디까지나 전자의 결혼을 포기해야만 실현될 수 있다. 결혼의 두 형태에 대한 이러한 포기를 동정으로 명명하면서, 그레고리우스는 이러한 동정이 특별하고 일반적인 것이므로 영적 결혼의 "협력자이자 공급자"[74] 역할을 한다고 말할 수 있었다. 바실리우스는 이러한 생각을 좀더 비유적으로 표현했다. 주님과 약속한 동정녀는 주님의 시종 역할을 하는 사람들의 요청에 따라 행동해야 하고, 그녀를 유혹하려는 남자들의 접근은 약혼자에 대한 모욕과 같은 것이므로, 그것을 단호히 거부하는 몸가짐을 해야만 주님의 약혼녀가 될 수 있다는 것이다.[75] 간단히 말해서, 그리스도와의 결혼은 엄격한 의미의 결혼이건 세계와의 상징적인 관계를 맺는 것이건 간에, 그 어떤 결혼과도 양립할 수 없다.

이러한 영적 혼인은 그러므로 남녀의 결합이 중요하다는 사실을 뜻하는 것이 아니다. 모든 결혼과 마찬가지로 영적 혼인은 두 배우자가 서로에게 기대하던 보상과 필요한 희생이 이루어지는 일종의 교환체계에 포함된다. 주님의 배우자가 되기를 자청한 영혼은 무엇을 내놓겠다는 것인가? 젊음을? 젊음이라면 회심으로 더 젊어지고, "정신의 쇄신"이 이루어질 것이다. 부富를 내놓는다면? 그것은 세속의 재물이 아니라 "천국의 보물"이 될 것이다. 훌륭한 가문이라면? 운명적으로

74 〔Grégoire de Nysse, *De la virginité*, XX, 1.〕
75 Basile d'Ancyre, *De l'intégrité de la virginité*, 37.

예정된 가문이 아니라 미덕에 의해서 만들어진 명문 집안이 될 것이다. 끝으로 힘과 건강은? 중요한 것은 정신의 힘과 육체의 쇠약으로 얻을 수 있는 힘과 건강이 되어야 한다.[76]

이러한 영적 결합은 물질적인 것이 전혀 없더라도 욕망과 사랑이라는 고양된 정신에 의해 유지되는 것이며, 또한 상호적 소유감에 이를 수도, 현실적 존재감에 이를 수도 있다는 것을 이해해야 한다. "'그리스도가 모든 것이고 또한 모든 것들 속에 존재'(Col., 3, 11) 하게 되었을 때, 지혜의 연인이 진정한 지혜인 하느님에 대해서 욕망의 목표를 갖고, 염결한 배우자에 충실한 영혼이 진정한 예지의 하느님을 사랑하는 것은 당연한 일이다."[77] 그레고리우스가 영혼의 상승원칙으로 내세우는 이와 같은 영적 욕망의 주제로부터, 크리소스토무스는 또 다른 관점을 전개시킨다. 그것은 주님이 순결한 영혼의 아름다움에 매혹되는 변화의 움직임이다. "그렇다. 동정녀의 시선은 그토록 큰 아름다움과 매력으로 인간의 사랑을 일깨우는 것이 아니라, 신체가 없는 권능의 절대자 하느님의 사랑을 일깨운다." 이러한 내면의 아름다움이 너무나도 커서 육체적 욕망과는 반대되는 존경심을 자아내고, 육체를 변화시키고 빛나게 만든다. "그처럼 동정녀를 에워싼 정숙한 분위기는 그녀를 주의 깊게 바라보기만 하면 아무리 방탕한 사람이라도 얼굴을 붉히고 당황스러워 하며 곧 자신의 무절제한 감정을 진정시키게 만든다. […] 순결한 영혼의 감미로운 향기는 감각의 활동에 스

---

76 Grégoire de Nysse, *De la virginité*, XX, 4.
77 [*Ibid.*]

며들어 내면에 숨어 있는 미덕을 드러나게 한다."[78] 결국 동정의 상태에 내재된 이러한 결합은 풍요로운 것이 된다. 그레고리우스가 다른 구절에서 쓴 내용을 보면, 고통이 없는 출산의 생식력은 다산성을 의미하기도 한다. "실제로 수태나 임신은 더 이상 죄악도 아니고 원죄도 아니다. 출산은 더 이상 피나 남자의 의지나 육체의 의지에 따라 이루어지는 것이 아니라, 오직 하느님의 뜻에 달려 있는 것이다. 그것은 우리의 마음속의 맑은 원천에서 염결한 정신을 생각할 때마다 이루어질 수 있다."[79]

나는 이러한 개괄적 논의가 지나치게 도식적이거나 지나치게 산만해 보일 수 있다는 것을 알고 있다. 중요한 것은, 4세기에 동정에 관한 신비주의 신학의 몇 가지 중요한 특징을 강조함으로써, 완전하고 근원적이고 결정적인 금욕의 가치를 높이 부각시키는 일이 어떤 금지 규범을 동반하지도 않았고, 그것이 육체의 쾌락을 제한하는 관리술의 단순한 연장도 아니었다는 것을 보여 주는 일이다. 기독교인의 동정은 고대의 철학적 윤리에서 잘 알려진, 또 그 고대철학의 윤리를 계승한 기독교 초창기의 근본적이고 과격한 형태의 금욕규범과는 완전히 다른 것이었다.

엄격한 의미에서 보자면, 동정의 주제는 누구에게나 의무적인 것은 아니라고 해도, 모든 사람에게 다소 강도 높게 권장되던 금욕에 관한

---

78 Saint Jean Chrysostome, *De la virginité*, LXIII, 2~3.

79 Grégoire de Nysse, *De la virginité*, XIV, 3. 또한 다음을 참고할 것. Ambroise, *De virginibus*, I, 6.

규정으로부터 조금씩 벗어난 것이 사실이다. 그러나 동정은 그러한 규정을 벗어나면서 또한 눈에 띄게 달라진다. 사실 금욕의 원칙은 일반적인 규범이나 교훈의 소극적 형태로 표현된 반면에, ― 메토디우스가 이미 증언했듯이 ― 동정은 몇몇 소수의 사람들에게 선택의 형식으로 마련된 적극적이고 복합적인 경험을 나타낸다. 선택은 단순히 행동의 한 측면이 아니라, 삶 전체와 관련되는 것으로서 삶을 변화시킬 수 있는 결정적인 것이다. 금욕에서 동정에 이르는 변화는 소극적이고 일반적인 권고에서 적극적이고 특별한 경험으로의 전환이다.

　동정의 신비주의 신학은 세계의 역사와 구원의 초超역사적 개념과 관련된다. 이것은 고대의 관점과 비교하면 중요한 변화이다. 실제로 고대의 관점은 성관계, 욕망, 생식을 자연세계의 한 구성요소로 보았고, 그것들을 자연세계와 연결시켰다. 클레멘스는 인간의 생식과 하느님의 천지창조 사이에 있는 긴밀한 관계 전체를 수립함으로써 고대의 관점에 충실하려고 했다. 그러나 천국의 순결 주제를 통해서 천지창조와 생식 사이의 단절이 표출된다. 이러한 단절로부터, 성적 행위는 세계의 역사에서 중요한 역할을 한다. 이것은 죽음의 법칙이 완전히 승리하지 못하도록 해야 하고, 그리스도의 강생과 함께 속죄의 시간이 왔을 때, 세상이 사라지기 전에 세상을 가득 채워야 한다. 세상이 완성되는 시대이기도 한 동정의 시대는 율법과 죽음과 성의 결합이 상호적으로 연결된 시대를 마감하는 것이다. 동정의 실천은 그러므로 개인의 금욕과 자연의 메커니즘 사이의 관계와는 완전히 다른 의미를 갖는다. 결국 동정의 신비주의 신학은 [인간의 행동 영역에서]80 이루어졌던 성적 욕망과 성행위, 성관계가 각각 분리되면서 증가한 온갖 변화와 결합, 관계와 생식의 모든 것을 교회의 영적 형상 속에 투사하는 일과의 단절을 초래한다.

동정을 중요시하는 것은 그러므로 성관계를 무조건 금지하거나 폄하하는 것과는 완전히 다르다. 그것은 개인과 그 자신의 성적 행위와의 관계를 중요시한다는 의미인데, 그 이유는 동정이 이 관계를 역사적이자 초역사적이고 영적인 의미를 갖는 긍정적 경험으로 만들기 때문이다. 이러한 모든 문제에서 분명한 것은 기독교에서 성행위의 의미를 긍정적으로 평가하지 않았다는 것이다. 오히려 성행위에 대한 부정적 평가는 주체와 성적 행동과의 관계에 대해 그리스나 로마의 도덕에서는 전혀 생각할 수 없었던 중요성을 부여하는 전체적 맥락과 연결된다. 서양의 주체성에서 성의 중요성은 이미 동정의 신비주의 신학의 형성에서 뚜렷하게 나타난다.

우리가 잘 알고 있듯이, 4세기의 그레고리우스, 크리소스토무스, 암브로시우스와 같은 저자들은 영적 경험으로서의 동정의 주제에 대한 해석의 관점이 다르고 의견이 대립된다 할지라도, 대체로 메토디우스가 발전시킨 주제에 대해서는 근본적으로 이견을 보이지 않는다. 그러나 우리의 관심을 끄는 가장 두드러진 차이는, 그레고리우스가 "지혜의 기술"〔《동정론》 4장, 9절〕이라고 부른 것과 관련된다. 즉, 이것은 동정을 자기와의 관계에 대한 반성적이고 열성적인 실천의 기술, 형식으로 이해한 것이다.

───────

80 〔원고에서 이 말은 지워 버린다는 뜻으로 줄이 그어져 있다.〕

동정의 실천에 많은 노력이 필요하다는 것과, 동정의 실천이 한 번의 결정으로 영원히 지속되는 단순한 절제의 행위가 아닌, 지속적으로 노력해야 하는 것임을 4세기 작가들이 처음 말한 것은 아니다. 그러나 이들은 이러한 실천 원칙에 대해 특별히 3가지 방법을 강조했다. 첫째, 그들은 동정의 실천 방법을 다각적으로 발전시켰다. 바실리우스는 이 문제에 대해서 "천국은 치열한 의지를 가진 사람들의 것"[81]임을 환기시킨다. 크리소스토무스는 "동정 실천에 엄청난 노력이 필요하다는 생각 때문에 많은 사람들이 시작하기도 전에 물러선다"[82]는 점을 강조한다. 그는 "계획의 어려움", "이러한 투쟁의 엄격성, 이러한 전투의 무거운 부담"[83]을 인정한다. 이러한 점에서 결혼의 부정적 측면과 동정의 신분에서 누리는 평온함에 대한 오랜 전통적 대립이 심도 있게 논의된다. 크리소스토무스의 논의를 따르다 보면, 대립은 교차하면서 반복되는 것임을 알 수 있다. 결혼이 불안과 근심의 원인으로 표현되는 반면에 동정은 영혼의 고요한 투명성을 보장하는 것으로 나타난다. 그러나 동정이 끊임없이 고통스러운 투쟁인 반면, 결혼은 파도가 높은 바다에서 언제나 폭풍우에 맞서야 하는 동정녀로서는 알 수 없는 안식처와 휴식으로 이어지는 편안한 길이다.[84] 그러므로 동정의 힘든 상태는 그 당시 고행에 관한 모든 문헌에서 끊임없이 등장하는 두 가지 은유, 즉 군인의 전투와 운동선수의 훈련에 비유된다. 동정녀

---

81 Basile d'Ancyre, *De l'intégrite de la virginité*, 4.

82 Saint Jean Chrysostome, *De la virginité*, XXII, 2.

83 *Ibid.*, XXVII, 1.

84 *Ibid.*, XXXIV, 1~2.

는 포위당한 도시국가이다. 그러니까 "언제나 눈을 뜨고, 모든 시련에 버틸 수 있는 인내심을 가져야 하고, 튼튼한 장벽과 외벽을 쌓고 빗장을 채우고 경계를 게을리하지 않는 용감한 보초를 세워야 한다." 밤낮으로 그의 생각들은 "전투태세를 갖추고 있어야 하고", 사방에서의 공격에 대한 "방어를 강화"[85]해야 한다. 또한 동정녀는 경쟁자와 맞서 싸워야 하는 격투기 선수이다. "이제부터는 양자택일을 해야 한다." 경기장을 떠날 때 "영예의 화관을 머리에 두르거나, 치욕스럽게 땅바닥에 쓰러져 있거나 둘 중 하나이다".[86]

그렇기 때문에 금욕주의적 고행의 실천이 분명한 동정은 다른 모든 고행들과 동일한 원칙의 지배를 받는다. 그것은 지도자의 관여 없이 성공적으로 수행될 수 없다. 메토디우스는 단 하나의 여자들의 모임을 언급하면서 — 그들 모두가 뛰어난 사람들이었지만 — 그들 중 한 여자가 자신의 견해와 모범적 태도에서 다른 사람들을 압도할 만큼 특출했음을 회상한다. 또한 키프리아누스는 동정녀의 길을 선택한 사람들을 훈계하고, 충고하고, 조언하면서, 종교 전체의 바탕이 되는 《성서》의 "준수"로서의 규율의 중요성을 강조한다. 다양한 복음서 해설들은 모두 똑같이 동정의 신분을 선택한 자녀의 부모들이 해야 할 아버지의 역할과 어머니의 역할을 강조한다.[87] 그레고리우스는 《동정론》의 마지막 장을 동정녀의 신분으로서 지켜야 할 규범을 그의 지도

---

85 *Ibid.*, XXVII, 1~2; 마찬가지로 XXXVII, 4를 참고할 것.
86 *Ibid.*, XXXVIII, 1.
87 Dom David Amand de Mendieta에 의해서 출간된 《복음서 해설》도 이와 같다.

자로부터 배워야 할 필요성의 기술에 바친다.

이런 점에 대해 그는 논리 정연하게 몇 가지 이유를 들고 있는데, 동정의 기술에서의 잘못은 다른 어떤 기술에서의 잘못보다 중대한 것이라는 일반적 원칙으로 정리될 수 있다. 그가 정한 목표는 바로 우리 자신이고, 그렇기 때문에 잘못은 바로 우리의 영혼에 피해를 주고 우리는 죽음의 위험에 노출되는 것이다.[88] 우리가 우리 자신을 신뢰할 수 없다는 것은 우선 동정의 신분과 지켜야 할 규범이 인간의 본성에 내재되어 있는 것이 아니기 때문이다. 그레고리우스의 말에 의하면 어떤 의미로 그것은 "이방인의 방언"을 배우는 문제처럼 낯설다. 생활방식으로서의 동정은 자연의 이치를 따르는 인간과 관련시켜 보면 "신기한 일"에 가까운 특징을 갖는다.[89] 그러나 그레고리우스는 이 논리를 훨씬 더 발전시킨다. 동정은 단순히 자연과 단절된 위치에 있는 것이 아니라, 예를 들면 의학처럼 일종의 기술 같은 것이다. 혼자서 의학을 깨우친다는 것은 불가능하고, 소용없고, 위험한 일이 될 수 있다. 의학은 경험에 의해서 점진적으로 발전하는 것이고, 선배들의 충고는 미래의 발전에 교훈이 되는 것이다. 그러나 좀더 면밀히 검토해 보면, 그레고리우스가 의학을 단순히 비유의 대상으로만 이용하지 않았다는 것을 알 수 있다. 그는 철학이 영혼을 치료하는 기술임을 상기시키는데, 이것은 "영혼에 피해를 주는 모든 정념"을 치료한다는 의미

---

88 Grégoire de Nysse, *De la virginité*, XXIII, 2.
89 *Ibid.* 동정을 실천하는 사람들이 실천하지 않는 사람들과의 관련에서 쓰일 수 있는 표현이다.

에서이다. 그래서 그가 앞에서 동정의 신분을 신성한 철학적 삶의 방식이라고 명명했듯이, 결국 이러한 기술은 엄격한 의미에서이건 어떤 특성에 의존해서이건, 자기 자신의 영혼을 돌보는 방식으로 이해해야 한다. 90 젊은 영혼은 과오를 범하지 않고 혼자서 그 기술을 실행할 수 없다. 그러한 과오는 무지의 결과이기도 하고 또한 절제의 원칙을 갖지 못해 생기는 문제이기도 하다. 91 그래서 자기 한계에 부딪히게 된 영혼은 충동적인 행동으로 위험에 처하게 된다. "어떤 사람들은 이처럼 고결한 삶에 대한 희망으로 행복한 열정에 빠지기도 하지만, 이러한 삶을 선택한 순간부터 완전한 상태에 도달할 수 있다고 생각하면서 자신들의 무모한 자만심 때문에 또 다른 오류에 빠져 비틀거리기도 하고, 그들의 생각이 그처럼 아름다운 상태를 지향하면서도 분별력을 잃어버리기도 한다."92 그러므로 그레고리우스가 쓴 《동정론》 마지막 장의 시작 부분에 있는 이 구절에서 우리는 일반적인 지도관습을 정당화하는 데 쓰였던 논법들을 다시 발견하게 된다.

그레고리우스는 동정의 기술을 터득하기 위해서는 "행동"의 지도가 필요하다는 점을 주장하고, 지도자의 역할과 교본의 가르침은 다르다는 것을 집요하게 강조한다. 93 사실 교본에는 이처럼 힘든 동정녀의 생활 태도가 상세하게 기술되어 있지는 않다. 교본은 기본적으로 모범을 보여 주는 사람의 역할만 언급한다. 94 그러나 교본은 다음과 같

---

90 *Ibid.*, XXIII, 2.

91 "*Enkrateias metra*", *ibid.*, XXIII, 1.

92 *Ibid.*, XXIII, 3.

93 "*Hē dia tōn ergōn huphēgēsis*", *ibid.*, XXIII, 1.

은 동정의 모델로서의 두 가지 의미를 번갈아 가며 말한다. 하나는 우리의 삶에 모범이 되고 전범이 되어야 한다는 것이고, ― 그레고리우스는 누구나 본받으려는 지도자의 행동을 제시한다 ― 다른 하나는 우리가 시선을 고정시켜서 늘 지켜봐야 할 지표나 목표에 관한 것이다. 목표가 중요한 까닭은, 이를 통해서 결국 하느님의 뜻이 있는 곳에 가까워졌을 때 동정의 신분이 어떤 역할을 했는지 알 수 있기 때문이다. 그곳에 도달한 사람들은 "고요와 평온 속에서 영혼의 평화를 누린다". 그들은 혼란스러운 현실을 초월하고 의연한 태도를 견지하며, 그들의 삶의 광채는 찬란한 신호등 같은 형태가 된다. 95 그러므로 우리는 여기서 순결한 평화의 주제가 고양되어 완성된 상태에 이르렀음을 알게 된다. 그러나 결과적으로, 이러한 상태를 통과하고 지속시키는 데 필요한 노력과 훈련과 투쟁에서 지도자의 역할이 분명하게 나타나지 않으며, 지도자가 사용하는 기술과 지도자가 제시하는 규범이나 충고 또한 분명하게 드러나 있지 않다.

---

94 그가 모범을 보여 주는 형상은 마치 하나의 빛이 다른 사람들에게 불을 밝히는 것과 같다(*ibid.*, XXIII, 5).

95 *Ibid.*, XXIII, 6.

〔3〕

〔동정과 자기인식〕

동정의 생활에 대한 이러한 지도는 오히려 다른 책들에서 매우 분명하게 나타난다. 두 권의 책에서 이러한 지도와 관련된 예를 들어 보겠다. 첫 번째는 수도원 교육과는 무관한 오리엔트 지역의 것으로서, 여성을 대상으로 한 책이다. 이 책은 카이사레아의 바실리우스의 여러 저서에 오랫동안 실려 있다가, 4세기 초부터 안키라의 바실리우스의 작품으로 알려진 《완전한 동정에 관해서*De l'intégrité de la virginité*》이다. 두 번째는 《수도원 교육》과 《강연집》에서 카시아누스가 수도생활에서 지켜야 할 순결 문제와 관련된 부분들에서 적당한 범례를 빌려온 것이다. 그러므로 이러한 두 가지 예는 각각 문맥도 다르고 시사하는 내용도 다르지만, 4세기에 이루어진 '자기 테크닉*techniques de soi*'의 발전과, 동정의 실천에서 '자기 테크닉'이 갖는 자리의 의미를 증언하고 있다.

I

안키라의 바실리우스의 책이 나온 시기는 4세기 중엽으로 추정되는
데, 여하간 358년 이전인 것은 분명하다. 그는 이 책의 첫 줄에서부터
스스로 자신의 상황을 밝히면서 고행의 실천(재산 포기, 단식, 땅바닥
에서 누워 자는 고행)을 어떻게 하고 있는지 말한다. 그러나 바실리우
스는 그 당시 사람들이 흔히 그랬던 것처럼 자기 책이 무엇을 찬양하
는 문학작품이 아니라고 힘주어 말한다. 그는 자기 책을 실용서라고
소개하고 있다. 그렇다고 해서 그의 책이 4세기의 영성과 관련된 주제
들의 책에서 흔히 볼 수 있는 것과 아주 다른 내용을 보여 준다는 말은
아니다. 이 책의 첫머리부터 제시된 그리스도-배우자의 형상은 책이
끝날 때까지 계속 등장한다.[1] 신부의 아름다운 모습과 결혼에 대한 생
각, 그리스도에 대한 사랑, 그녀가 지켜야 할 변함없는 충실성, 그의
마음에 들어야 한다는 당연한 욕구, 이러한 내용들이 상세하게 기술
된다.[2] 또한 동정의 생활로 영혼은 염결한 상태가 될 수 있고, 그렇기
때문에 현세에서 천사의 생활을 유지할 수 있다는 주장도 보인다.[3] 이
러한 내용은 두 시대를 똑같이 근거로 삼아 기술된 것인데, 처음의 것
은 아담으로부터 시작한 결혼의 시대이고, 두 번째는 그리스도에 의
해서 동정의 순수한 생활 형태로 씨가 뿌려진 미래의 시대이다.[4] 이러

---

1   Basile d'Ancyre, *De l'intégrité de la virginité*, 1.
2   *Ibid.*, 24~29; 36~39.
3   *Ibid.*, 2; 51.
4   *Ibid.*, 54, 55.

한 관점에서 안키라의 바실리우스의 논의는 동정에 대해 쓴 중요한 종교서적들과 직접 연결되어 있다.

그러나 그의 논의가 목표를 위해서 목적과 관련된 수단을 결정하려는 점은 여전히 문제로 남는다.[5] 이것의 목적은 선행이 어떤 것인지를 이미 알고 있는 사람들을 가르치기 위한 것이 아니라, 선행이 좋다는 것을 깨달은 사람들에게 그들이 원하는 선행의 경지에 어떻게 도달할 수 있는지를 가르치기 위한 것이기 때문이다. 결과적으로 이 책은 수도원 교육과 관련된 언급이 전혀 없다는 점에서 규정에 관한 체계적인 자료집이 아니라, 결국은 생활교본이라고 할 수 있다. 다만 첫 줄에서부터 분명한 것은 이 책이 (바실리우스의 대화 상대자인) 레토이우스 주교 덕분에 선행을 좋아하게 된 사람들을 대상으로 쓴 책일 뿐, 이들이 창설된 수도회의 공동체 생활자라는 것을 확실하게 알려 주는 대목은 전혀 발견되지 않는다는 점이다.[6] 어떤 해명이나 보충설명이 전혀 없이 줄거리만을 따르다 보면, 이 책이 여성들의 생활규범에 관한 내용으로 구성된다는 것을 알 수 있다. 이러한 관점에서 보자면, 이 책은 4세기 후반에 에바그리우스나 일명 아타나시우스, 암브로시우스가 쓴 실용적인 저작들에 가깝다고 할 수 있다. 그렇지만 이 책의 다른 점은 상세하게 논의된 일련의 많은 의학적 지식에 근거해서 쓰였다는 것과, 의학적 지식에 근거를 둔 품행의 규범들을 (물론 이것들을 참조하기는

---

5 *Ibid.*, 1.
6 어쨌든 그는 자기의 충고가 뜻밖의 독자들에게 모두 도움이 될 수 있다는 생각을 나타낸다.

했지만) 작성하려고 했다기보다, 의학적 지식에 의거해서 육체와 영혼의 상관관계와 관련된 테크닉, 실행방식, 행동방식, 존재방식 등을 심사숙고해서 고안해 냈다는 것이다. 옷차림이나 교우관계보다 감각, 욕망, 심상, 추억의 문제들이 이 책의 주된 목표가 된다. 타인에 대한 태도나 타인들과의 관계에서 취해야 할 행동보다 자기와의 관계에 대한 문제가 훨씬 더 중요하다. 그래서 바실리우스는 모든 장식과 몸치장을 반드시 포기해야 한다고 강조할 때, 우리가 알고 있는 논거(여자는 하느님이 만들었을 때의 모습과 같아야만 하느님의 마음에 든다는 것[7])를 떠나서, 〔다른 논거에 의존해서〕 말한다. 즉, 모든 몸치장은 보는 사람들뿐 아니라 몸치장을 하는 여자의 영혼 속에 감각, 심상, 욕망을 유발한다는 것이다.

바실리우스에 의하면, 동정의 기술은 두 가지 관점을 제시한다. 첫 번째로 그것은 우리가 분리나 단절의 테크놀로지라고 부를 수 있는 내용에 관한 것이다.

우선 자연적 욕망을 중단시키는 일이다. 바실리우스는 인간과 동물에게 모두 동일하게 적용될 수 있는 일반원칙으로 양성의 매력을 설명한다. 하느님은 땅을 가득 채우기 위해 남자의 몸에서 한 '부분'을 떼어서 '원형의 생식세포'를 이용해 번식의 가능성을 열어 놓았다. 그래서 이 떼어 놓은 부분이 한 남자가 재결합하려는 여자의 몸을 이루게 된 것이다. 바실리우스는 한 몸으로 결합하려는 이러한 성향을 두 개의

---

7 "*Areskei de toiautê hoian autos autên plasai êthelêsen*", *ibid.*, 17. 같은 논거가 키프리아누스에게서도 발견된다. 앞의 책 pp. 159~160 참고.

형식으로 설명한다. 하나는 남자와 여자를 좌우대칭으로 (존재론적으로 이것은 한 사람을 둘로 나눈 것이다) 자리 배정한 것 같은 상호적 이끌림이고, 다른 하나는 '생리적' 비대칭으로, 한쪽에는 끌어당기는 힘의 원칙을 배치하고 다른 쪽에는 운동의 힘을 배치하여 만들어진 여자에 대한 남자의 성적 충동이다. 여자가 자석이라면, 남자는 금속이다. 남자가 여자 쪽을 향해 가기 마련인 이상, 여자는 수동적이다. 그러나 여자는 남자를 유혹하는 쾌락의 중심이므로, 남자를 움직이게 하는 운동의 원칙이라 할 수 있다. 남자 쪽에 있는 더 강한 힘은 보호의 욕망으로 순화되고 완화된다. 어쨌든 이러한 자연의 역학을 통해서(이 역학을 묘사하기 위해서 바실리우스는 단지 한 번, 그것도 《성서》와는 아주 거리가 먼 비유를 했을 뿐이다. 역학의 기본 구조는 박물학에서 빌려온 것이다) 우리는 여자 쪽이 특별한 '전략적' 위치에 있음을 알게 된다. 끌어당기는 자리에 있으면서 움직이지 않는 여자는 기원에서부터 자연에 내재된 이 운동을 중단시킬 수 있다. 이러한 것이 동정녀의 역할인데, 이것은 끌어당기는 전체 과정의 작용을 중단시키는 일이다.

그러나 바실리우스의 말을 그대로 믿는다고 할 때, 이처럼 여자의 끌어당기는 힘을 갖게 한 것이 하느님의 뜻이라고 한다면 왜 새삼스럽게 이러한 이끌림을 중단할 필요가 있을까? 왜냐하면 그 자체로 평등하고 본성이 동일함으로써 성의 차이가 없는 영혼들[8]은 육체의 움직임에 연동되어 있으므로 그 영향을 받기 때문이다. 그 영혼들은 어떻

---

8 인간의 성적 차이의 문제는 오래전부터 논의된 문제였다. Ainsi Tertullien〔(*Du voile des vierges*, 7~8; *De l'âme*, 27, etc.)〕.

게 보면 육체적 성의 수정을 받아서 남자가 되거나 여자가 되는 것이고, 이러한 이끌림의 감정을 단절시켜야만 형체가 없는 하느님의 사랑을 받을 수 있을 것이다. 바실리우스는 이러한 단절을 상이하지만 동등한 가치를 갖는 쾌락의 개념에 근거해서 두 가지 형태로 나누어 설명한다. 하나는 양성 간의 본질적인 매력 원칙으로서의 쾌락이고, 다른 하나는 육체적 반응으로 영혼이 몽롱해지고 흐릿해지는 일반적 형태의 쾌락이다. 바실리우스는 우선 쾌락이 종의 번식과 관련된 특이한 것이므로, 우리의 성적 결합 욕구를 자극하는 쾌락을 억제해야 할 뿐 아니라, 다른 모든 쾌락도 억제해야 한다고 설명한다. 쾌락의 흐름은 오감을 통해서 감지될 수 있는 대상을 향해, 그리고 역으로 감지될 수 있는 대상에서 영혼에 이르기까지 끊임없이 왕복하고 분주히 움직이면서 불안을 초래하기 때문에, 쾌락의 출구와 통로를 감시해야 하고 — 이것은 동정의 기술에서 매우 중요한 부분이 될 것이다 — 감각의 문 앞에서 경계를 게을리하지 말아야 한다는 것이다. 쾌락의 흐름에 대한 모든 관리는 육체와 외부세계의 경계에서 지각되는 모든 대상에 대해서 주의를 기울여 안전을 지키도록 해야 한다. 눈으로 포착되는 것을 무턱대고 모두 보아서는 안 된다는 시선의 관리술과 아무 말이나 다 듣지 말고 배움의 가치가 있는 말에만 귀를 기울여야 한다는 청각의 관리술이 필요하다. 요컨대 혼란을 자아내고 어떤 방식으로건 영혼을 흥분시키는 쾌락의 움직임에는 본질적으로 위험이 따르기 때문에, 외부세계에 대해 육체의 문을 선별해서 열어 주거나 닫고 있어야 하는 것이다.

그런데 적어도 부분적으로 닫고 있어야 할 모든 감각들 중에서 바실리우스가 가장 중요하게 보는 것은 촉각이다. 그는 촉각의 중요성을 여러 가지 이유로 설명한다. 촉각이 성적 쾌락을 자극하는 점에서는 다른 어떤 감각들보다 강력하다는 것이다. 또한 촉각은 미각에도 중요하다(바실리우스는 미각을 일종의 촉각의 구성요소로 생각하는 것 같다). 그런 중에, 음식과 술은 성적 쾌락을 자극하는 데 가장 중요한 요소이다. 결국 무엇보다도 촉각이 모든 감각들에 대한 총괄적 형태의 기능을 수행하는 것이라고 바실리우스는 생각한다. 감각들 하나하나에서 육체를 자극하는 온갖 종류의 외부적 형상을 영혼에까지 전달하는 것이 바로 촉각이기 때문이다. 촉각이야말로 외부적인 것들이 육체를 관통해서 영혼을 진동시키는 출발점이다. 촉각은 어떤 의미에서 모든 육체적 감각능력에 작용하는 총체적인 매체 역할을 한다. 그것은 모든 감각 속에 많든 적든 자리 잡고 있으면서 어느 정도 능동적이고 결정적으로 작용한다. 그러므로 우리가 감각의 통로를 질주하는 쾌락의 움직임을 통제하고 싶다면, 가장 많은 주의를 기울여야 하는 것은 촉각이다. "접촉을 피하라"는 말은 반드시 말 그대로 지켜야 할 계율이다. 바실리우스는 이 계율이 특별히 적용된 몇 가지 예를 제시하고 있다. 동성 간 두 사람이 하는 포옹은 위험이 따르지 않는 것에 비해, 형제와 자매들이라 할지라도 남녀 간의 접촉인 포옹을 피해야 한다. 9 그러나 보다 일반적인 의미로 받아들일 수 있는 것들은 다음과 같다. "육체의 힘을 약화시켜야 한다", "육체의 반향反響능력을 감퇴시켜야 한다", "원기 왕성한 육체의 움직임이 영혼을 과도하게 자극하는

9   Basile d'Ancyre, *De l'intégrité de la virginité*, 44~45.

일이 없도록 해야 한다" 같은 주의의 말들이다. 마침내 더욱 일반적으로 적용할 수 있는 조언들이 제시된다. 모든 육체의(육체는 접촉의 장소이므로) 영혼과의 접촉을 피해야 한다는 것이다. 영혼과 육체를 분리하고 서로를 격리시켜야 한다는 이러한 주제는 이 책 전체에서 다양한 형태로 반복해서 나타난다. 창문을 온통 열어 놓고 끊임없이 자기 모습을 드러내는 매춘부처럼 있지 말고,10 세심한 주의를 기울이며 창문을 닫아 두고, 군인들이 민가 숙소를 찾기 위해 거침없이 집안으로 들어오려 할 경우를 대비해 철저하게 문단속을 하는 집주인 같은 영혼이 있는 법이다.11 그래서, 물과 기름처럼 영혼과 육체는 뒤섞여서 혼탁해지지 않도록 분리해 놓아야 한다.12 영혼과 육체가 철저히 분리되어야 하는 까닭은 그것들이 모두 "자기의 자리, 자기의 서열, 자기의 용도"에 따라서 정해진 위치에 있어야 평화가 유지될 수 있기 때문이다.13

그러나 이처럼 다양한 분리방식들 — 감지될 수 있는 대상에 대한 감각의, 세계에 대한 육체의, 육체에 대한 영혼의 — 은 바실리우스의 관점에서는 동정의 한 기술적 측면일 뿐이다. 이것과 완전히 다른 관점은 영혼 자체의 문제와, 영혼이 자기에 대해 실행해야 할 작업에 관한 것이다. 영혼의 순결 없는 육체의 순결이 아무것도 아니라는 것은 바실리우스가 여러 가지 각도에서 설명한 매우 전통적인 주제이다.

---

10 *Ibid.*, 15.
11 *Ibid.*
12 *Ibid.*, 46.
13 *Ibid.*, 47.

육체의 순결과 영혼의 순결이라는 이중의 순결 형식이 갖는 의미는 육체의 움직임과 마찬가지로 영혼의 움직임에 대해서도 세심한 주의를 기울여야 한다는 것이다. 우리는 영혼과 육체가 모두 순결해야만 순결한 사람으로 간주될 수 있다. "우리가 단식으로 육체의 정념을 끊어 버리면서 영혼의 고유한 속성인 질투와 위선 그리고 또 다른 정념의 움직임을 그대로 남겨 두어 영혼을 불안하게 한다면, 우리는 육체의 금욕이 정신의 미덕에 유익한 것이 되게 할 수 없다. 또한 영혼을 정념으로부터 분리해 정화시키면서 육체를 식욕에 대한 쾌감과 다른 쾌락에 빠지도록 내버려 둔다면, 우리는 방탕하고 난잡한 행위를 하지 않더라도 우리의 삶을 완전한 미덕의 경지에 이르게 할 수가 없다."[14] 영혼의 근원적 순결성은 육체의 완전한 순결성과 일치하는 최고의 결정적인 요소이다. "사실 영혼이 타락하지 않는다면, 육체 또한 타락하지 않고 보존될 수 있다. 그러나 사악한 생각들로 영혼이 타락하게 되면, 아무리 육체가 타락하지 않은 상태에 있는 것처럼 보일지라도, 육체가 더러운 생각들로 타락한 이상, 타락하지 않은 순결성이라고 생각할 수는 없는 것이다."[15] 끝으로, 신체적 거세去勢에 대해서 바실리우스는 고의적인 생각이야말로 죄의 구성원칙임을 강조한다. 의도적으로 신체의 일부분을 거세한 남자가 되는 것은 미덕이 아니다. 그뿐 아니라, 욕망을 죄의 원인으로 생각하는 것은 그가 영혼의 동정을 스스로 지키는 일에 동의하지 않고 행동을 취하지 않으면서 욕망에는 동의

---

14 *Ibid.*
15 *Ibid.*, 43; *ibid.*, 13 참고.

하기 때문이다. "신체의 일부가 절단된 모습은 그가 간통한 사람이라는 것을 드러낸다." "그러니까 그는 육체적으로 간음하지 않는다고 사람들이 생각하게 하기 위해서 간통의 수단을 제거하여 스스로 안전장치를 만들지만, 의도적으로 간음한 것이다."16

영혼의 정결을 위해서는 육체의 정결에 필요한 모든 금욕과 육체에 대한 정신의 분리 및 단호한 방어 외에도 특별히 해야 할 일이 있다. 바실리우스는 우선 잔상殘像의 문제를 거론한다. 감각에 강한 인상을 주는 대상들은 사라져 버릴 수 있어도 그것들의 영상은 영혼에 남아 있기 때문이다. 그것들은 화재를 일으키기 위해 던져진 투창처럼 목표물에 남아서 불이 나게 하거나, 밀랍 위에 뚜렷한 흔적을 남길 수 있다. 그러니까, 육체의 눈을 언제나 뜨고 있을 수도 없으므로, 그러한 영상들이 남아 있지 않도록 해야 한다. 이런 생각을 지속적으로 키운다면, 단식하기와 육체를 쇠약하게 만들기와 같은 방법은 아무 소용이 없다. 어떤 영혼이 "형체가 없는 생각의 손길로" 자기가 사랑하는 대상을 포옹하고 있을 경우에 그를 과연 순결하다고 말할 수 있을 것인가? 영혼과 늘 섞여 있으면서 영혼의 움직임을 따라가는 육체는 그처럼 영혼에 의해 타락할 수 있고, 꿈속에서 영혼의 동반자가 될 수 있을 것이다.17 그러므로 끊임없이 그러한 영상들을 지워 버리도록 해야

---

16 *Ibid.*, 61. 생식기 결여에 대한 반론으로, 바실리우스는 생리학적 고찰로부터 출발해서 육체를 엄습한 욕망의 찌꺼기들이 출구를 찾지 못하게 되어 더욱 격렬해지는 현상을 주장한다.

17 잠자는 동안에 떠오르는 영상이나 그것이 몸 안에서 야기하는 더러운 흔적, 그리고 그것을 촉발한 성적인 자기만족, 이러한 문제의 중요성을 우리는 뒤에서 살펴

하고, 묵상을 통해서 영혼의 밀랍 위에 성상이나 신성함을 상징하는 "기호들"을 남겨 놓도록 해야 한다.18

그러나 또한 영혼 속에서 행위가 저질러질 수 있다는 것을 생각해야 한다. 행위에 대해서 말하자면, 행위는 반드시 육체에 의해서 실행되는 것만이 아니다. 그렇지만 바실리우스는 여기서 완전한 고의를 계획의 실행과 등가적으로 보는 법적인 개념에 의존하지 않는다. 그는 영혼의 생리학을 이용해서 아무리 망각이나 부주의가 생각들을 덮어버린다 해도 지워지지 않는 그림처럼 모든 생각들은 반드시 영혼의 '목록' 위에 등록되는 것이라고 주장한다. 모든 생각은 행위이고, 행위의 구상이 남아 있는 한, 그것은 영혼 속의 행위로 남는다. 바실리우스는 이런 점에 대해 문자기호와 비교하는 방법을 이용한다. 문자기호를 배우는 사람은 자신의 영혼 속에 그 기호를 등록시켜서, 문자가 자신의 영혼 속에 새겨질 수 있게 하기 위해서 실제로 글자를 쓸 필요가 없다. 이러한 등록이 없다면, 글쓰기를 하려고 할 때 어떻게 글을 쓸 수 있을 것인가? 마찬가지로 생각들은 영혼 속에 흔적과 같은 증거를 남겨 놓는다는 것이다. 그래서 죽음이 도래하여 영혼이 해방될 때에 이르면, 그때까지 베일로 가린 듯이 감추어 있던 이 모든 사소한 생각의 문자들이 백일하에 드러나게 된다. 어떤 은밀한 생각이라도 생각 속에 이루어진 행위들은 모든 것을 내려다보는 하느님의 시선을 피해 갈 수 없다. 순결한 상태를 간직하려는 영혼은 그러므로 가장 은

볼 것이다.

18 *Ibid.*, 13.

밀한 생각의 움직임이라도 끊임없이 경계하고 있어야 한다.

결국 영혼의 순결성은 영혼의 내부에서 환상을 갖게 하고 영혼을 속일 수 있는 것에 대해서 지속적으로 경계하지 않으면 안전이 보장될 수 없다. 그것은 언제나 불시에 기습당할 수 있다. 온갖 종류의 유사한 것들 속에 감춰 있는 닮은 것들과 상반된 것들의 유희작용으로 기습받을 수 있는 것이다. 바실리우스는 악덕이 미덕과 이웃사촌이라는 그리스 속담을 상기시키면서, 모든 미덕의 문 앞에 미덕과 매우 비슷한 악덕의 문을 배치했다는 속담을 악마의 술책과 관련시켜 재해석한다. 사람들은 미덕의 문을 두드린다고 생각하는데, 정작 열리게 되는 것은 악덕의 문이다. 그렇기 때문에 용감해지려는 사람들은 경솔한 사람으로 밝혀지고, 경솔함을 피하려는 사람들은 겁 많은 사람으로 나타난다.[19] 그러나 또한 가까이 있다는 점 때문에 착각이 생길 수도 있다. 영혼은 주님을 사랑한다고 생각하면서 주님을 섬기는 사람들과 사랑에 빠지기도 하는 것이다. 또, 인간은 어떤 영혼의 아름다움을 사랑하는 것으로 사랑을 시작하지만, 영혼의 아름다움이란 우리가 바라보는 육체와 우리가 듣는 목소리를 통해서 드러나는 것이므로, 인간이 사랑하게 되는 것은 말하는 사람이 아니라, 말의 수단인 목소리인 것이다.[20] 이것은 마치 음악가를 좋아하는 대신에 그의 악기에 반하게 된 것과 마찬가지이다.

우리가 살펴보았듯이, 잔영이라든가 자발적인 생각의 움직임, 착

---

19 *Ibid.*, 36.
20 *Ibid.*

각하게 되는 것들과 비슷하게 보이는 것들, 이러한 3가지 문제들을 경계하는 일이 양심지도에서 얼마나 중요한 것인지를 보여 주기 위해 바실리우스는 영혼을 완전히 들여다볼 수 있다는 가시성의 원칙에서, 정당화의 논리와 모델과 제재 방법을 제시한다. 영혼에 대한 가시성이란, 어떻게 보면 영혼 속의 모든 움직임이 변치 않는 흔적으로 남는 그림처럼 물질화되고, 다음의 3가지 방식으로 구체화되는 것과 같다. 첫째, 미래에 다가올 죽음은 영혼의 진실을 해방시켜 주고, 영혼의 진실은 영원한 빛의 세계에 나타날 것이다. 둘째, 그러나 하느님은 항구적으로 우리의 영혼 깊은 곳까지 볼 수 있고, 영혼의 어떤 은밀한 움직임이라도 하느님의 시선을 벗어날 수 없다. [21] 셋째, 수호천사가 영혼을 감시하는 것도 마찬가지로 항구적이다. 수호천사는 〔동정녀〕[22]를 예수 그리스도에게 인도해야 하는 안내자이다. [23] 수호천사 이외에도 모든 천사들의 군대와 모든 사제들의 정신을 생각해야 한다. 모든 천사와 사제들은 어디서나 모든 문제를 숙고한다. 영혼은 아주 작은 주름의 부분까지 가시적으로 드러날 뿐 아니라, 실제로 투명하게 보인다. 이러한 시선, 보다 정확히 말해 무수히 많은 시선들은 자기의 시선이 아니다. 가능한 한, 거침없이 자기의 비밀을 샅샅이 훑고 지나가는 모든 타인의 시선들이 보는 방식으로 자신을 보려고 애썼는지와 영혼 속에 일어나는 모든 움직임을 얼마나 잘 지켜보았는지에 따라 영혼

---

21 *Ibid.* , 27.

22 * 〔푸코의 원고에는 다음과 같이 되어 있다: "동정성"〕

23 *Ibid.* , 28.

의 동정은 보장될 것이다.

　바실리우스가 책을 쓰던 그 시기에 수도원 교육은 한창 발전단계에 있었지만, 금욕생활의 모든 실천은 규율화되고, 통제되고, 심사숙고되어 보다 일반화된 방식으로 널리 확산되었다. 그가 레토이우스에게 쓴 글이 정확히 누구에게 보낸 것인지를 분명하게 말하기는 어렵다. 그러나 그가 제시한 충고와 제안한 방침은 체계적인 것은 아니라 해도 이후에 나온 책들에서 우리가 발견하게 되는 것처럼, 세밀하게 서술된 영적인 지도와 자기성찰과 같은 중요한 주제들에 영향을 미친다. 이러한 논의를 통해서 우리는 금욕의 원칙에서 나온 것으로, 그리고 확실한 영적 경험으로 정의된 동정의 실천이 육체뿐 아니라 육체와 영혼의 관계, 감각의 열림, 육체를 매개로 한 쾌락의 움직임, 불안한 사유의 흔들림 등과 관련된 자기와의 한 관계유형으로 체계화되었음을 알게 된다. 또한 우리는 동정의 실천이 감각, 영상과 잔상의 효과, 사유의 활동, 영혼 속에서 착각이나 일천한 수행과정으로 인해 자기 자신이나 타인이 지각할 수 없는 그 모든 것이 문제가 되는 내적 인식의 영역과 통해 있다는 것을 알 수 있다. 결국 동정의 실천은 타인의 권력과의 관계 속에, 그리고 개인의 예속화와 동시에 개인의 내면성의 객관화를 표시하는 시선과의 관계 속에 들어가게 되는 것이다.

　나는 바실리우스의 책을 중심으로 이와 같은 전개과정을 보여 주면서 이 책이 이러한 과정의 출발점이 된다거나 결정적 변화의 원인이라고 주장하고 싶지는 않다. 다만 이 책이 4세기 중엽에 나온 책으로서, 사목활동이 정의되지도 않았던 시대에, 이토록 공들여 만들어진 자기 테크닉이 있었음을 증언하고 있기 때문에 좀더 관심을 기울여 논의했을 뿐이다. 내가 또한 이 책에 주목하는 까닭은 동정의 원칙에서 금지된 성관계를 중심으로 거대한 영역(육체와 영혼, 감각, 심상, 생각들로 이루어진)이 형성되는 것을 볼 수 있었기 때문이다. 물론 사람들은 성관계의 배제가 성관계의 절제나 마찬가지로 적극적인 신앙의 의미와 상관관계를 갖는 것으로 보고, 동정을 위해서 관련된 영역에 개입해야 한다고 생각했을 것이다. 우리는 동정의 원칙이 육체의 전체이거나 영혼의 전체에 똑같이 적용되는 것은 아니라 하더라도, 그러한 원칙이 감각에 의한 대상의 포착으로부터 가장 비밀스러운 마음의 움직임에 이르기까지 육체와 영혼을 모두 관통하는 것임을 분명히 확인할 수 있다.

II

카시아누스의 분석은 안키라의 바실리우스의 분석과는 매우 다르다. 분석을 위한 참고 범위는 대체로 수도사의 실천과 관련된 내용들로 한정된다. 은둔 초심자들을 대상으로 쓴 《수도원 교육》은 공동 수도생활에 관한 것이고, 이전보다 훨씬 진전된 영적 경험을 상세히 기술한 《강연집》은 은둔 수도사 생활에 관한 것이다. 어쨌든 카시아누스가 다룬 주제와 그가 제시한 규칙과 규범들은 모든 형태의 성관계의 포기가 이미 상당히 진행된 상황에서의 생활 형태에 적용할 수 있는 것이다. 그러므로 이러한 단계에서는 결혼의 신분보다 동정의 신분이 더 특권을 갖는다는 문제는 더 이상 고려의 대상이 아니다. 다만 동정의 신분을 미리 선택함으로써 어떤 결과를 얻을 수 있는지에 대해서만 논의를 전개할 필요가 있을 것이다. 카시아누스는 동정이란 용어를 별로 사용하지 않는다. 그의 《강연집》에는 이 단어가 두 번 나타나는데, 두 번 모두 동정을 결혼과 대립되는 것으로 보는 대목에서이다. 하나는 "결혼으로 소모되는 것보다 동정으로 끈기 있게 노력하는 것을 더 좋아한"[24] 엘리아와 예레미아에 관한 대목이고, 다른 하나는 배우자가 없었던 이런저런 여자들을 동정녀라고 부르던 상황에서 두 부류의 동정녀들, 즉 육체의 순결만을 실천한 무모한 동정녀들과 현숙한 동정녀들에 관한 부분에서이다.[25] 니사의 그레고리우스, 안키라의 바실리우스, 크리소스토무스, 그리고 일반적으로 그리스의 교부들이 동정의 실천과 동정의 신분에서 지켜야 할 규칙들의 문제나 주제들을 논의할 때 연관시켜 쓰는 용어는 바로 카시아누스의 '정절chasteté'이란 용어이다.

카시아누스는 자기의 선임자들이 동정에 대해서 정의했듯이, 금욕과 정절을 구별한다. 《수도원 교육》에서 그는 그리스어의 전통적 사용법에 의거하여 이렇게 구별하는 한편, 동시에 두 용어에 담겨 있는 가치의 서열을 강조한다. "우리는 공동체 생활자들 중에 금욕생활자들이 있다는 것을 부정하지 않겠다. 그런 생활은 누구나 쉽게 할 수 있는 일이라는 것을 우리는 알고 있다. 사실 금욕생활을 한다는 것과 정절을 지킨다는 것은 다른 문제이다. 말하자면 우리가 '순결hagnos'이라고 부르는 완전한 상태이거나 염결한 상태가 되는 것이 정절을 지킨다

---

24 J. Cassien, *Conférences*, XXI, 4.
25 *Ibid.*, XXII, 6.

는 것인데, 이것은 예레미야와 다니엘26이 그랬던 것처럼 육체와 정신에서 순결하게 지내는 사람들만이 인정받았던 미덕의 상태이다."

두 개념 사이에는 부정적인 것과 긍정적인 것의 큰 차이가 있다. 한쪽이 성에 대한 외적 금욕이라면, 다른 쪽은 마음의 내적 움직임이다. "육체의 염결성은 여자에 대한 욕망을 완전히 금지한 상태에 있지 않고, 하느님에 대한 두려움이나 정절에 대한 사랑으로 신성한 마음을 간직한, 마음의 온전한 상태에 있다."27

《강연집》에서 카시아누스는 금욕과 정절에 대한 이러한 구별을 훨씬 자세하게 재검토한다. 그는 기본적으로 금욕과 정절에 동일한 가치를 부여하면서 금욕이 거부이고 거절이라면 정절은 긍정적인 상승의 힘이고 "자신의 순결성에 따라 획득할 수 있는 환희"의 지속적인 힘이라고 정의한다.28 그렇기 때문에 이교인들이 할 수 있었던 것은 금욕생활일 뿐이다. 소크라테스는 소년들에 대해서 느끼는 사랑의 감정을 소모하지는 않았지만, 정절을 지킨 사람은 아니었다. 그는 자신의 '나쁜 욕망'과 '악에 대한 쾌락'을 억제했지만, 그것들을 자신의 마음속에서 제거하지는 않았다.29 그렇지만 이러한 모순에 어떤 양면성이 없는 것은 아니다. 카시아누스는 사실 육체적 욕망이 조금이라도 남아 있는 한, 금욕적인 생활태도를 늘 견지해야 한다는 것에 대해 이렇게 기술한다. "쾌락에 대한 욕구가 어느 정도 남아 있는 한, 우리는 정

---

26 J. Cassien, *Institutions*, VI, 4.

27 *Ibid.*, VI, 19.

28 *"Propriae puritatis delectatione subsistit"*, J. Cassien, *Conférences*, XII, 10.

29 *Ibid.*, XIII, 5.

절을 지키는 사람이 아니라 금욕적인 사람일 뿐이다. 〔…〕 우리가 육체의 저항을 느끼는 한, 우리는 필연적으로 결과가 의심스러운 지속적인 전투에 지친 모습으로 금욕의 허약한 지배 아래 놓여 있음을 인정하자."**30** 금욕에 대한 이러한 노력에 비해서, 정절은 "육체적 성욕의 모든 움직임"과 굳이 맞서서 싸우지 않아도 되는 최후의 상태처럼 보인다. **31** 바로 그러할 때, 오직 그때에만, 영혼은 결코 "금욕의 전투" 속에 있지 않고, "정절의 평화" 속에 있는 "주님의 거처"가 될 수 있는 것이다. **32** 그런데 카시아누스는 그의 책 전체를 통해서 — 이것은 정확히 말해서 정절을 주제로 한 12번째 강론의 주제인데 — 육체의 공격에 대항하는 싸움은 결코 완전히 끝난 것으로 간주될 수 없는 싸움임을 강조한다. "우리는 불쌍한 짐바리 짐승과 다름없는 육체를 갖고 있다."**33** 육체의 공격은 완전히 격파되었다고 생각될 때 다시 시작되는 것일 뿐 아니라, 우리가 나중에 알 수 있듯이, 그러한 공격의 위협은 미덕을 위해 긍정적 가치를 갖는다. 육체의 공격은 우리가 영혼의 평화 속에서 안주하기를 원하지 않는 하느님의 자비로운 뜻의 결과일 수 있다. 그래서 금욕과 달리 영적 의미를 갖는 정절은, 완전히 도달할 수 있다는 확신도 없지만, 끝없이 나아가야 할 어떤 이상적 단계를 설정한다. **34** 그러나 카시아누스는 또한 금욕(거부의 부정적 태도)과

---

30 *Ibid.*, XII, 10.

31 *Ibid.*, XII, 11.

32 *Ibid.*

33 *Ibid.*, XI, 15.

34 우리가 알게 되듯이, 오직 은총만이 거기에 도달할 수 있게 해주며, 아마도 그 시

정절을 비교하면서, 정절을 금욕보다 두 배의 힘을 갖는 것으로서 금욕을 뒷받침해 주고, 힘을 불어넣어 주며, 단순한 욕망의 절제를 하느님을 향한 상승의 움직임으로 변화시키는 긍정적인 힘으로 묘사한다. "우리가 제거해 버렸으면 하는 나쁜 성향의 자리에 아무리 유익한 성향을 대체시킨다 할지라도, 우리는 우리 주변에 있는 것들에 대한 욕망을 통제할 수도 없고, 추방할 수도 없다. 〔…〕 우리는 마음속에서 육체의 탐욕을 몰아내 버리고 싶다. 지금이라도 당장 영적인 기쁨에 자리를 만들어 주자."**35**

정절은 그러므로 상태라는 말과 전투라는 말로 생각해야 한다. 더 이상 아무것도 방해할 수 없는 평온이란, 더 이상 "세속적인 인간의 미덕이 아니라, 오히려 하늘의 특권이자 천사들의 특별한 선물인 것 같다".**36** 정절은 승리할 수 있게 하는 열의와 정열이 요구되는 대결의 힘이자, 맞서 싸우려는 상대편과 유사성이 없지 않은 욕망이다. 카시아누스는 그의 주목할 만한 책에서 정절에 이르기 위해서는 "탐욕에 사로잡힌 구두쇠, 명예를 갈망하는 야심가, 아름다운 여자를 보면 참을 수 없는 강렬한 열정에 사로잡히는 사람, 이러한 사람들이 지나치게 조급한 열성을 보이면서 욕망을 충족시키려 할 때와 마찬가지의 욕망과 사랑으로 불타오르는 마음을 가져야 한다"고 주장한다. **37**

4세기의 동정에 관한 문제를 다룬 중요한 이론가들과 많은 공통점

도 자체가 은총일 것이다.

35 *Ibid.*, XII, 5.
36 *Ibid.*, XII, 14.
37 *Ibid.*, XII, 4.

을 갖고 있음에도 불구하고, 카시아누스가 금욕과 정절 사이에 확립한 구별방식에는 실제로 현저히 다른 풍경이 나타난다. 그 풍경을 지배하는 개념들은, 카시아누스가 에바그리우스의 영향을 받아 수도생활의 특성을 고려해서 만들어 의미를 갖게 된 '마음의 순결'과 '영적인 투쟁' 같은 것들의 지배를 받는다.

✣

1. 마음의 순결. 완전한 동정의 상태를 나타내기 위해서 카시아누스는 올림푸스의 메토디우스로부터 크리소스토무스에 이르기까지 변함없이 존재했던 결합·혼례épousailles라는 어휘에 의존해서 설명하지 않는다. 물론 어느 정도까지는 그것과 비슷한 의미의 용어들을 종종 사용하는 것이 사실이다. 그들의 중요한 용어 중에서 카시아누스가 차용한 4개의 용어를 찾아낼 수 있다. 카시아누스는 영혼이 하느님과 합쳐진다는 의미에서 결합을 말하고,**38** 영혼이 하느님의 품속에 잠기게 된다는 점에서 "융합"을 말한다.**39** 또한 주 예수가 영혼 속에 최종적으로 들어오게 된 상태를 이야기하거나,**40** 그러한 변화를 통해서 주 예수가 영혼을 사로잡아 소유하게 되었음을 이야기한다.**41** 그렇지만,

---

38 *Ibid.*, X, 8: *"Deo jugiter inhaerere"*.

39 *Ibid.*, IX, 18: *"in illius dilectio resoluta atque rejecta"*.

40 *Ibid.*, IX, 19.

41 *Ibid.*, XI, 13: *"Quem semel sua virtute possederit, non partem, sed totam ejus occupet mentem"*("그리스도가 영혼을 지배하게 되면, 영혼의 부분만을 점유하는

이러한 경험을 말하기 위해 암묵적이건 명확한 표현을 통해서건, 모델의 역할을 하는 것은 두 사람의 성적 결합이 아니라 시선과 대상과 빛의 관계로 생각되는 인식의 행위이다. 하느님과 결합한 영혼은, 카시아누스의 관점에서 보자면, 마침내 배우자와 만난 약혼녀가 아니다. 하느님과 결합한 영혼은 오히려 시선 집중의 대상에서 눈을 떼지 않고 더 이상 다른 것에 눈길을 돌리지 않는 상태로 고정되어 있다. 카시아누스는 하느님과 일체가 되는 영혼을 말할 때, 영적인 결합에 마음을 빼앗긴 배우자의 모습 대신에 명상의 대상과 일체가 되는 묵상의 행위를 생각한다. 하느님이 빈틈없이 온통 영혼을 점유하고 존재하는 모습을 설명하면서, 카시아누스는 결혼식 날의 침상에 있는 주 예수의 존재가 아니라, 영혼 속에 그늘진 구석이 하나도 없는 상태에서 주 예수를 환하게 비추는 빛이 영혼 속으로 하강하는 장면에 의존한다.

카시아누스가 기술과 규율을 정의하는 수도생활의 목적은 묵상이다. 속세를 포기하는 사람은 "이론 속에서, 즉 묵상 속에" 확립된 "진정한 행복"에 도달하려고 노력한다. 하느님과의 합일에 이르면, "영혼은 하느님을 알고 하느님의 아름다움에서 느낄 수 있는 기쁨 이외에 다른 양식을 필요로 하지 않게" 된다. 앎의 관계야말로 하느님과 영혼 사이의 관계를 맺게 하는 기초가 된다. 그리고 그 관계가 결합과 융합과 소유가 되는 순간에도 카시아누스는 앎의 형태에서, 보다 정확히 말하자면 시선과 빛의 형식에 의해서 앎의 관계를 숙고한다. 그의 견해에 의하면, 그때부터 정절은 우리가 앞에서 언급한 저자들이 생각

것이 아니라 전체를 점유하게 되는 것이다", E. Pichery 옮김].

했던 동정과 같은 역할을 하지 않는다. 그 저자들에게 중요한 것은 영혼이 죄로 오염되지 않고 그리스도가 있는 곳까지 도달할 수 있을 만큼 완전한 순결성을 간직하는 일이다. 카시아누스에게 정절은 앎의 관계를 가능하게 만드는 '마음의 순결'이나 '정신의 순결'을 보장하는 역할을 한다. 그러한 순결의 상태에서, 시선에는 어떤 불안의 빛도 보이지 않고, 빛을 피해 가려는 어두운 그림자도 없고, 투명성에 장애가 되는 더러움의 흔적도 없다. 요컨대 카시아누스는 바실리우스와 같은 저자들에게서 발전된 것으로 보이는 일련의 '관계들, 즉 동정 – 완전한 순결성 – 영적인 혼례'의 관계를 에바그리우스처럼, '정절 – 마음의 순결 – 묵상'의 관계로 대체한다.

정절과 앎의 관계는 그러므로 두 개의 축에 따라 발전한다. 한쪽에서 정절은 영적인 지혜를 얻기 위한 필수적 조건으로 나타난다. 순수한 마음을 갖게 하는 정절을 실천하지 않고서는 어느 누구도 영적인 지혜에 도달했다고 말할 수 없다. 카시아누스는 《수도원 교육》의 서두에서 수도사의 겉옷에 의미를 부여하면서 (모든 사치의 싹을 제거하려는 의지를 나타내는) 허리띠는 "순결한 마음에서 형성되는 영적인 발전과 숭고한 지혜"를 얻기 위한 고행자의 열정을 증명하는 것으로 설명한다.**42** 그러나 카시아누스가 이 주제를 본격적으로 다룬 것은 네스테로스 수도원장의 강론으로 되어 있는 14번째 '강연'에서이다. 영적 인식에 필요한 것은 순수한 마음과 정절인데, 이것은 일반적으로 혼란스러운 생각, 상상력의 무질서한 움직임, 세속적인 일에 대한 모

---

42 J. Cassien, *Institutions*, I, 11.

든 관심 등과는 양립할 수 없다. "당신이 마음속에 영적인 지혜의 신성한 감실龕室을 세우려고 한다면, 모든 악덕의 더러운 흔적을 깨끗이 씻어 버리고, 현세에 대한 걱정을 버려야 합니다. 속세에서 몰려오는 걱정거리에 조금이라도 관심을 기울이는 사람은 영적 통찰력이 풍부하거나 《성서》의 가르침을 온전히 깨우쳤거나 간에 지혜의 능력을 부여받지 못할 것입니다."[43] 그러나 좀더 정확하게 말하자면, 육체적 정념을 억제한다는 의미에서의 정절은 영적 지혜를 얻는 데 필수적인 것이다. 영적 지혜는 향기와 같아서 더러운 항아리 속에서는 살아 있을 수 없다. "극심한 악취가 스며든 항아리는 최고로 감미로운 향기도 매우 빨리 오염시켜 버리고, 달콤하고 기분 좋은 향기를 약간이라도 얻기가 어려운 것입니다. 왜냐하면 순수한 것은 부패한 것이 정화되는 속도보다 더 빠르게 부패하기 때문입니다. 그러므로 당신이 참으로 염결한 향기를 맡고 싶다면, 우선 모든 힘을 다해서 주 예수로부터 정절의 순수성을 얻어 낼 수 있도록 노력해야 합니다."[44] 결국 육체의 정절은 잠시라도 일탈하지 않고 영적 인식을 향해 나아가려는 정신이 갖추어야 할 일련의 "정결한 생활" 중에서 으뜸가는 것임을 알아야 한다. 《성서》를 제대로 이해하고 싶다면 육체관계를 포기하고, 또 다른 형태의 "간음"이라고 할 수 있는 우상숭배의식, 이교인들의 미신, 점술과 예언을 멀리해야 하고, 또한 유대인의 방식으로 율법을 준수하

---

43 J. Cassien, *Conférences*, XIV, 9. "순결하지 못한 영혼은 영적인 지혜의 능력을 소유할 수 없다"(*ibid.*, XIV, 10).

44 *Ibid.*, XIV, 14, 16.

는 우상숭배, 또 다른 이교의 우상숭배는 물론이고, 늘 충실하게 머물러 있어야 할 하느님으로부터 조금이라도 벗어나게 만드는 모든 이단을 멀리해야 한다. 각양각색의 우상숭배를 멀리하고, 더욱더 영적 의미에서 정절을 지키게 됨에 따라, 《성서》의 신비롭고 난해한 의미가 밝혀질 것이며, 《성서》는 더욱더 영적인 가치를 드러내게 될 것이다. 45 정절의 실천과 계시의 이해는 동시에 영성으로 발전할 것이다. 카시아누스는 《수도원 교육》에서 극단적인 논법으로, 완전한 형태의 정절을 갖추면 《성서》를 충분히 이해할 수 있다고까지 말할 정도였다. 카시아누스는 테오도르라는 사람의 《성서》에 대한 지식도 근면한 독서의 덕택이 아니라(이 사람은 그리스어 몇 단어밖에 알지 못했다), "오직 순결한 마음의 덕분으로" 얻어진 것이라고 말한다. 46

그러나 이러한 마음의 순결은 완전히 다른 방향의 지식과 연결된다. 그것은 성찰 속에서 영혼 자체와 영혼의 심연과 감춰진 것을 향해 가는 지식이다. 이러한 앎과의 관계에서 순결은 단순히 하나의 조건이 아니라, 동시에 결과이기도 하다. 묵상을 방해하는 모든 것을 물리치면서, 내면에서 일어나는 움직임을 주의 깊게 지켜보고, 자신을 집중적으로 경계하지 않는다면 마음의 순결은 없는 것이다. 그러나 역

---

45 *Ibid.*, XIV.

46 J. Cassien, *Institutions*, V, 33. En VI, 18, 카시아누스는 다음과 같이 신중한 견해를 피력한다. "지혜의 능력 없이 순결한 생활을 하는 사람들이 있을지는 몰라도, 완전한 순결생활 없이는 영적인 지혜를 소유할 수는 없다." 사실 테오도르의 모범적 실천이 증명해 주듯이, 무지하고 순결한 그에게 복음서의 신비한 교리를 이해할 수 있게 만든 것이 그리스도의 은총이다.

으로, 내면의 시선이 내밀한 마음속까지 뚫고 들어와 빛을 전달하고 어둠을 사라지게 하는 것은 오직 순결 덕분이다. "우리의 내면적 시선의 순결성으로 악덕의 사악한 암흑을 무찌르면, 우리는 악덕을 백일하에 드러낼 수 있고, 악덕의 원인과 본질을 밝힐 수 있을 것이다."[47] 그런데 카시아누스의 이러한 분석에서 주목해야 할 것은, 그런 식으로 마음속에 전달된 빛이 마음속에 숨겨져 있는 모든 불순한 요소를 내쫓는 일을 하면서도, 단 한 번의 행위로 마음을 환하게 빛나도록 하지는 못한다는 것이다. 빛은 숨어 있는 것을 밖으로 드러나게 한다는 의미에서 암흑을 사라지게 한다. 그러나 숨어 있는 것이 불순한 요소이고, 그것으로부터 조금씩 벗어나기 위해서는 내면에 대한 주의 깊은 성찰, 절대로 늦춰서는 안 될 경계, 지속적인 후회와 고백, 이 모든 일을 지속적으로 수행해야 한다. 자기 인식에 대한 이러한 고행의 중심에 있는 순환논리의 특성으로, 우리는 순수하면 순수할수록 더욱더 자기를 잘 알 수 있는 빛을 더 많이 갖게 된다. 우리는 자신을 잘 알면 알수록 자신의 부정한 모습을 인정하게 된다. 자신의 더러운 점을 인정하면 할수록 더욱더 영혼의 암흑을 사라지게 하는 빛이 자신의 내면 깊은 곳까지 비추도록 해야 한다. 카시아누스는 위대한 영성의 지도자들이 "공허한 논쟁"에 몰입하지 않으면서 미덕의 경험과 실천을 쌓아 온 사례를 환기시키면서 이렇게 말한다. 순결은 "그들에게 특히, 죄 때문에 더욱더 쇠약해진 자기 모습을 깨닫게 했고, — 왜냐하면 영혼의 순결에 진전이 있을수록 죄에 대한 양심의 가책도 날마다 더 커

---

47 *Ibid.*, V, 2.

졌기 때문에 — 생각의 미세한 부분에서도 죄의 흔적을 찾아볼 수 있는 만큼, 자기들은 결코 죄의 얼룩과 오염된 부분을 피하지 못하리라는 것을 직감하면서 끊임없이 마음속으로 한숨짓게 했다".**48**

기도에 관한 '강론'의 한 구절에서 영혼은 깃털에 비유된다. 죄의 얼룩은 영혼을 무겁게 만들고, 그 반대로 순결은 미풍에도 하늘로 날아갈 수 있을 만큼 가벼운 존재감을 갖게 한다.**49** 그것이 바로 정절과 빛의 기본적 관계를 나타내는 것이다. 그러나 우리는 고행의 실천에서 이러한 관계가 매우 복잡한 양상을 취한다는 것을 알 수 있다. 《성서》의 이해, 영적 의미의 열림, 정신의 올바른 방향, 하느님에 대한 묵상에 이르기까지 수행해야 할 영혼의 시선 집중, 이 모든 것에 이를 수 있게 하는 조건이 바로 정절이다. 그러나 하느님과 합일할 수 있는 경지는 우리의 순결치 못함을 우리에게 드러내 주는 우리 자신에 대한 인식 없이는 불가능하다. 그런데 우리의 내면에 스며들어서, 스스로는 보지 못하는 있는 그대로의 우리의 모습을 알려 주는 하느님의 말씀이 아니라면, 도대체 어디에서 그와 같은 인식의 빛과 힘을 이끌어 낼 수 있을 것인가? 하느님의 말씀은 그러므로 "우리를 조사하고 우리의 죄를 공시함으로써 우리를 굴복하게 만들고, 또한 무지의 '문을 부수고', 우리를 참된 지혜로부터 멀어지게 하는 악행의 '빗장을 깨뜨리면서' 우리를 은밀한 비밀이 있는 곳으로 인도하여, 성 바오로의 말처럼, 우리에게 '암흑의 비밀'을 환하게 비춘 후 그 정체를 드러나게 하

---

48 *Ibid.*, XII, 15.
49 J. Cassien, *Conférences*, IX, 4.

고, '우리의 마음속에 있는 생각들을 분명히 보여 줄 것'이다".**50** 그러므로 하느님에 대한 앎의 조건이자 동시에 결과이기도 한 마음의 비밀을 밝히는 과정과, 하느님에 대한 인식으로 가능하게 된 자기 인식 없이는 이를 수 없는 영적 지혜를 향해서 가는 길, 이러한 두 과정이 있음을 잘 생각해야 한다.

2. 영적인 투쟁. 영적인 투쟁에 관련된 논의가 4세기의 동정성에 대한 개론서들에서 빠져 있는 것은 아니다. 니사의 그레고리우스에게서 드문드문 보이던 이 논의는 요한 크리소스토무스에게서 훨씬 빈번하게 나타난다. 이것은 시련을 감내하고 극복함으로써 포상을 받은 순교자의 주제와 관련되어서 순결서원의 힘든 과정을 특징적으로 보여 준다.**51** 카시아누스에게서 투쟁의 개념은 단순히 참고 가치를 지니는 데 그치지 않고, 분석의 중심 주제가 된다.**52** 수도생활의 규칙을 설명한 다음 나오는 《공동생활 수도사 교육*Institutions cénobitiques*》의 2부 전체는 마치 영적 투쟁의 개론서처럼 보인다.**53** 카시아누스는 티모테우스에게 보낸 두 번째 사도서간의 내용을 환기시키면서, 투쟁은 — 합법적인 — 규정대로 정당하게 이루어져야 한다는 것을 끈기 있게

---

50 J. Cassien, *Institutions*, V, 2.

51 특히 다음을 참고할 것. saint Jean Chrysostome, *De la virginité*, XXXVIII. 다음도 마찬가지로 참고할 것. VII, 17, 22; IX, 24; LXXXIV, 3.

52 투쟁은 에바그리우스와 파코미우스에게도 중심적인 개념이다.

53 "수도원 교육에 관한 4권의 책을 쓴 다음에, 우리는 이제 중요한 8가지 악습과 싸울 〔…〕 전투태세를 갖추게 되었다.", J. Cassien, *Institutions*, V, 1.

강조한다. 54 이것은 수도사가 명상생활의 평정상태에 도달하지 못했을 만큼 활동적 생활을 하고 있는 한, 수도사의 생활은 무기와 전술의 방법을 깨우쳐야 하는 전투처럼 전개되어야 한다는 의미이다. 《수도원 교육》은 이러한 입문 수업의 교과서이다. 이 교과서는 일반적 규칙들을 알려 주고, 싸워야 할 적들의 유형에 따라 어떤 전투태세를 갖춰야 하는지를 명시하며, 또한 끝으로 그러한 전투방법을 특별한 상황과 각자의 능력에 따라 적용할 필요가 있다는 것을 강조한다. 이와 같은 일반적 규율은 하나의 '구별'55 원칙에 의해 만들어져야 한다.

어떤 유형의 전투가 문제인 것일까? 카시아누스가 폭넓게 사용하는 용어들은 결투colluctatio, 경쟁agon, 투쟁certamen, 싸움pugna, 전쟁 bellum 등 매우 다양하다. 이 단어들 중 앞의 것들은 경쟁자와 대결하고 경쟁자를 격파하기 위해서, 준비과정을 거치고 출전자격을 획득하여, 규정에 맞는 방법을 사용해서 최종적으로 영광의 승리자로 인정받을 수 있는 격투기 선수의 전투와 관련된 말이다. 그러나 그것들 외에 다른 단어들은 전쟁 용어에서 빌려 온 것들로서, 적을 물리치는 일, 계략을 무력화하는 일, 적군의 공격을 물리치는 일 같은 경우이다. 한쪽은 영적 투쟁을 격투기 선수의 모델과 관련시킨 것이고, 다른

---

54 투쟁의 "올바른 행동(correction)"과 관련된 표현은 매우 많다. 예를 들자면, *ibid.*, V, 17, 18; VI, 5; VII, 20; VIII, 5; IX, 2; XI, 19; XII, 32.

55 식탐과의 투쟁에 대한 것은 다음과 같다. "일률적인 단식 규정을 지키기란 쉽지 않은 일이다. [⋯] 사람들마다 일정하지 않은 육체적 저항도 문제지만, 나이와 성별에 따라 시간도 조정해야 하고 음식의 양과 질도 조정할 수 있어야 한다. 그러나 금욕의 내적 미덕은 모든 사람에게 동일한 금욕의 의무를 부과하는 데 있다", *ibid.*, V, 5.

쪽은 군인의 모델에 의존한 것이다. 사실상, 첫 번째와 두 번째 사이에 의미의 단절은 없다. 5장의 긴 구절은 수도사가 수행해야 할 첫 번째 전투(식탐과의 전투)의 규칙을 제시하면서 일반적 투쟁방식을 개괄적으로 기술한다. 이 구절이 특징적으로 보여 주는 것은 전투와 관련된 설명이다. 이 구절은 운동경기와 시합방법을 암시하는 표현들로 시작하면서, 경쟁자를 끌어들이고 후보자를 결정하는 시험에 관한 것과 투창선수들이 사용하는 방식, 권투선수들의 준비와 경험을 서술한다.56 그러나 카시아누스는 어느새 적대적 관계에서 벌어지는 전투의 주제로 옮겨간다. 운동선수는 군인으로 대체되고, "군대", "적의 무리들"은 군인이 자신의 영토 밖으로 물리쳐야 할 대상으로 묘사된다. 외부의 적들뿐 아니라, "내부의 투쟁"으로 군사력을 약화시키는 내부의 적들도 있다.57

이러한 두 가지 은유들의 뒤얽힘은 영적 투쟁의 두 가지 본질적 요소를 드러나게 한다. 운동경기로서의 투쟁은 한편으로는 연습, 훈련, 자기극복의 의지, 자기 자신에 대한 극기 훈련, 자기 자신의 체력에 대한 통제와 절도를 전제로 한다. 이것은 말의 엄격한 의미에서 고행 ascèse이다. 그러나 적(공정한 시합에서의 경쟁자가 아니라, 모든 계략을 동원할 수 있고 지칠 줄 모르는 적)과 싸우는 전쟁으로서의 투쟁은 타자와의 싸움으로 전개된다. 스포츠로서의 전투가 자기 자신과의 관계방식을 받아들이도록 하는 것이라면, 호전적인 전투는 환원 불가능한

---

56 *Ibid.*, V, 12.
57 *Ibid.*, V, 19~21.

이타성異他性의 한 요소와의 관계인 것이다.

이러한 전투의 상대편, 즉 전투를 해야 할 적으로서의 타자는 무엇인가? 《수도원 교육》의 2부(5~12장)는 필연적으로 싸워야 할 8개의 대상을 식탐, 성욕, 탐욕, 분노, 슬픔, 권태, 헛된 영광, 교만이라고 열거한다. 우리는 이것들이 나중에 7가지 원죄의 목록을 구성하는 초안의 요소들임을 알 수 있다. **58** 그러나 우리는 원죄péché capital와 대죄 péché mortel를 혼동하지 말아야 하듯이, 카시아누스가 앞에서 가리킨 8개의 적들을 하지 말아야 할 행동의 규칙이나 위반하면 처벌받을 수 있는 법률과 혼동하지 말아야 한다. 여기에는 구조적인 것도 전혀 없고, 법률적 가치도 전혀 없다. 유념해야 할 것은, 카시아누스가 제시한 항목들의 출처가 에바그리우스라는 점이다. 에바그리우스는 죄와 금기의 항목을 작성하려고 한 것이 아니라 생각의 유형론을 만들려고 했을 뿐이라고 하면서, "생각의 종류는 8가지"**59**임을 분명히 밝혔다. 그 생각들이 계속 영혼을 불안하게 만들고, 영혼의 평화를 방해하고, 영혼의 시선을 어지럽히는 한, 그것들은 악마가 슬그머니 집어넣은 생각이라고 할 수 있다. 그러한 생각들이 우리를 공격하는 것은 우리의 의지와 상관없는 악마의 소행이다. 그 반대로 그러한 생각들이 공격을 늦추거나 늦추지 않을 수 있는 문제, 또는 정념을 불러일으키거나 아니거나의 문제는 우리의 의지로 결정된다. **60**

---

58 원죄에 관한 목록의 역사에 대해서 참고할 것. A. Guillaumont, 〔"Introduction" au volume I du *Traité pratique d'Évagre le Pontique*, p. 67 sq. 〕.

59 Évagre le Pontique, *Traité pratique*, 6.

60 〔*Ibid.* 〕

카시아누스는 영적 투쟁이 보다 세분화되어 맞서 싸워야 할 8개의 적들을 지칭하면서 '악마démon'라는 용어를 사용하지 않는다. 그 대신 그는 귀신esprit이라고 명명하면서, 식탐의 귀신, 간음의 귀신, 탐욕의 귀신 등의 이름을 붙인다. 그는 이집트의 수도생활에서 매우 중요한 귀신 연구에 의존하여 설명하면서 상당히 신중한 태도를 보인다. 《수도원 교육》에서보다 사변적인 논의를 담은 《강연집》에서 볼 수 있는 그의 귀신 연구는 일반적이고 체계적인 것이 아니다. 그의 글은 귀신의 정체는 무엇이고, 귀신이 이끄는 '적군'의 기원은 무엇인지 그리고 행동방식은 어떤 것인지를 알게 하는 필수적인 정보를 담고 있다. 61 귀신들이 영혼 속으로 직접 침투해서 정착한다고 생각해서는 안 된다. 어쩌면 귀신과 인간의 영혼 사이에는 근본적인 동질성과 유사성이 있을지 모르지만, 영혼은 외부로부터 뚫고 들어갈 수 있는 것이 아니다. 귀신은 자기와 가장 가까운 곳에, 말하자면 육체 안에서 자기에게 자리를 내어주는 육체의 약한 부분에 훨씬 쉽게 자리 잡을 수밖에 없다. 귀신은 이렇게 물질적 틈입을 출발점으로 삼아 육체 속에 생각, 심상, 기억 등을 유발하는 움직임을 만들어 낸다. 이 생각들은 영혼의 내부에서 발생하는 것이라고 이해될 수 있으므로 생각의 기원이 감춰져 있는 만큼 더욱 위험한 것이 되어, 영혼 속으로 은밀히 스며들어 간다. 그러나 이것이 다가 아니다. 영혼이 그러한 암시에 어떻게 반응하는지를 악마가 알 수 있다. 악마가 위험한 것은 그의 시선이 영혼의 내부로 침투해 들어갈 수 있어서가 아니라, 악마가 육체의 내부에 매복하

---

61 〔J. Cassien, *Conférences*, VIII, 13.〕

고 있다가 내부에서 발생하는 움직임에 따라 그의 유혹을 어떻게 받아들이고 거부하는지를 관찰할 수 있기 때문이다. 악마는 유혹을 계속하고, 강화하고, 수정할 수 있다. 그는 또한 공격 방향을 완전히 바꿀 수도 있고, 생각의 '유형'이 어떤지를 보고 나서 범주가 완전히 다른 공격을 시험해 볼 수도 있다. 요컨대, 변화가 시작되고 수용되는 육체를 매개로 하여 생각들이 발사되고, 반복되고, 수용되고, 새롭게 재개되는, 영혼과 그의 적 사이에서 벌어지는 복잡한 게임이 문제인 것이다. 이러한 움직임에서 악마는 영혼의 행동을 인도하는 신호들을 탐지하고, 영혼은 그러한 신호들에서 적의 존재에 대한 징후들을 식별해야 하는 것이다. 영적 투쟁은 그러므로 타자와의 떼어 놓을 수 없게 된 대결이고, 영혼에서 육체로 그리고 육체에서 영혼으로 이동하는 운동의 역학이며, 자기 자신의 외양 속에 감춰진 것을 포착하기 위한 해석 작업이다.

전투의 용어가 영혼의 평화에 의해서 이상적으로 정의된다 해도 그것의 현실성은 모호하다. 카시아누스는 많은 실패 후에 마침내 적의 공격을 중지시킬 수 있는 가능성을 떠올리고, 정상에 도달한 성인들을 인용한다. 그러나 우리가 알게 되었듯이,**62** 적의 공격이 중지된 상태는 결코 기득권을 갖는 것이거나 난공불락의 진지로 간주될 수 없다. 안전한 상태라고 생각하다가 무너지고, 안전한 상태에 있다고 생각했기 때문에 몰락한 사람들이 얼마나 많은가. 보다 정확히 말하자면, 이렇게 무너진 사람들은 자신을 방어하는 것이 자기 자신, 자신의

---

62 〔앞의 책 pp. 218~219 참고.〕

훈련, 자신의 발전과 자신의 힘 덕분이라고 과신했기 때문이다. 사실 그들이 위험에 처한 것은 그들의 자신감 때문이고, 그들이 약하게 된 것은 그들이 안심했기 때문이다. 적이 더 이상 아무 공격도 할 수 없는 사람들은 하느님이 도와주지 않으면 아무것도 할 수 없다는 것을 아는 사람들이다. "경험과 《성서》의 수많은 증언들이 일깨워 주는 것은 인간의 힘이 아무리 강해도 오직 하느님만이 우리에게 줄 수 있는 도움에 의지하지 않는다면 그처럼 강력한 적들을 물리칠 수 없으므로, 우리는 날마다 거둔 모든 승리의 영광을 하느님에게 돌려야 한다는 것이다."[63] 그때부터 사악한 생각들의 공격은 완전히 다른 의미를 갖는 것으로 해석된다. 적의 공격이 진정되거나 힘을 잃어버리면, 영혼은 자신감을 갖고 안심하면서 곧 잠들어 버리거나, 안전한 곳에 있다는 자만심으로 의기양양해질 수 있다. 적의 세력이 저항할 기회조차 주지 않고 기습적인 공격으로 영혼을 제압할 수 있는 것은 바로 그때이다. 그러므로 전투의 영속성과 치열함에는 긍정적 가치가 있다. 따라서 이렇게 끊임없이 계속되는 고통스러운 악의 위협을 은혜라고 생각해야 한다. 그러니까 위협은 하느님이 주신 은혜의 효과이다. 우리가 경험하는 전쟁, "나는 이것이 하느님의 섭리에 의한 결과라고 말하겠다. 〔…〕 그렇기 때문에 창조주의 뜻으로 우리의 내면에서 초래된 전쟁은 어떤 면에서 유익한 것이다. 그것은 우리를 자극하고, 우리를 보다 나은 사람이 되게 한다. 전쟁이 중단되는 상태가 되면, 불길한 평화가 뒤이어 오기 마련이다."[64] 카시아누스는 이런 논리로 천성이 순결한

---

63 *Ibid.*, V, 15.

사람들을 불쌍히 여긴다. 그들의 미온적 태도가 그들을 위협하는 요인이기 때문이다. "육체의 계율에서 자유로운 그들은 금욕의 고된 수고를 할 필요도 없고, 후회하는 마음을 갖지 않아도 된다. 늘 안심하고 지내는 상태 때문에 그들은 무사안일에 빠져서, 완전한 순결의 마음을 쓸데없이 추구하거나 소유하려 하지 않고, 귀신의 악행으로부터 자기를 지키려는 정화의 노력도 하지 않는다."65 영적 전투의 기본적인 역설은 전투가 계속되어야만 전투의 종말에 이를 수 있고, 그렇지 않고 전투가 끝나면 패배할 위험에 처한다는 것이다. 그의 아픔, 그의 노력, 그의 고통은 필수적 미덕이다. 평온한 상태에서 누리는 보상은 무서운 위험이 될 수 있다. 우리는 하느님을 완전히 믿지 않고서는 전투를 계속할 수도 없고, 하느님의 힘에 의지하면서도 자신의 모든 힘을 다해 싸우지 않는다면, 하느님의 버림을 받게 될 것이다.66

그렇기 때문에 이제 유혹에 대한 개념의 본질적 역할이 나타난다. 물론 이러한 개념의 복잡한 생각을 도입한 원인이 수도사의 신앙생활은 아니다. 그러나 확실한 것은 수도사의 신앙생활에서 이 개념이 특별히 중요한 것으로 부각되었고, 이것을 중심으로 하여 테크놀로지의 가장 결정적인 몇 가지 요소들이 만들어질 수 있었다는 것이다. 유혹은 전혀 사법적인 범주가 아니다. 유혹은 죄도 아니고, 죄의 시작도 아니고, 죄를 범할 의지와도 상관없다. 유혹은 첫째, 영혼의 외부와

---

64 *Ibid.*, Ⅳ, 7.
65 *Ibid.*, Ⅳ, 17.
66 이 모든 논의에 대한 각주는 빠져 있다.

내부 사이의 관계에서 작용하는 역동적 요소이다. 유혹은 영혼 밖의 어떤 강한 세력으로부터 유래된 생각이 영혼 속으로 슬그머니 잠입한 것이다. 유혹이 있는 것은 이러한 생각이 영혼의 생각이라고 할 수 있을 만큼 영혼 속에 이미 존재하기 때문이다. 그러나 유혹은 밖에서 온 어떤 움직임이 영혼 속에 남긴 흔적이고, 타자의 의지의 결과이며, 타자가 지나가며 남긴 자국이 영혼 속에 만들어 놓은 것이다. 둘째, 유혹은 이길 수도 있고 질 수도 있는 투쟁이나 전투, 혹은 전투의 한 단계에서 전개되는 극적인 에피소드이다. 영혼은 유혹의 기습과 침입을 받을 수도 있고, 반대로 유혹을 거부하고 물리칠 수도 있다. 유혹은 욕망을 끌어들여 함께 올 수도 있고, 반대로 유혹을 멀리하고 유혹으로부터 벗어나려는 강렬한 의지를 촉발할 수도 있다. 끝으로 유혹은 분석이 필요한 주제이다. 왜냐하면 유혹이 영혼에 대한 공격을 격렬하게 혹은 감지할 수 없을 만큼 은밀하게, 정면에서건 속임수를 쓰건 간에 감행해 올 때, 이러한 공격은 악마로부터 올 수도 있고(물론 하느님은 적의 공격이 실패할 수 있도록 조치를 취하겠지만), 아니면 하느님으로부터 올 수도 있는 것이기 때문이다(하느님은 당신의 방법으로 영혼을 시험하고, 훈련하고, 보강하고, 따라서 영혼을 구제하려고 한다). 유혹의 중심에는 늘 유혹을 제거할 수 있는 비밀이 있다. 악마는 악의적인 환상의 술책을 써가면서 선행의 외양 속에 자기를 감출 수 있지만, 하느님의 뜻과 자비는, 무분별한 영혼이 알아차리지 못하더라도, 영혼이 겪는 위기 속에 언제나 함께 있다.

실제로 기독교 윤리의 형성단계에서 기독교가 영혼의 테크놀로지 혹은 자기의 테크놀로지를 발전시킨 것은 확장되거나, 내면화되거나 간에 죄의 범주와 관련되어서가 아니라, 유혹의 개념과 관련되어서라는 것은 매우 중요한 사실이다. 유혹의 개념은 자기와 외부세계와의 관계에서 형성된 역동적인 단위이자, 동시에 후퇴나 거부, 발생과 추방의 단위이고, 또한 자기에 대한 자기의 성찰을 통해 타자와 타자의 존재를 은폐하는 내면의 형상에 대한 인식을 요구하는 분석단위이다.

정절의 주제는 그러므로 두 가지 원칙에 의해 지탱된다. 하나는 하느님에 대한 명상의 목표와 연결되고 동시에 앎의 의무와 연결되는 그러한 마음의 순결성 원칙이고, 다른 하나는 유혹의 개념을 통해서 영혼의 내밀한 곳에 숨어 있는 타자를 판독해야 할 의무와 연결되는 영적 투쟁의 원칙이다.

카시아누스는 정절을 위한 투쟁을 《수도원 교육》 6장 "간음의 귀신에 관해서"와 《강연집》의 여러 부분, 즉 4장 "육욕과 귀신", 5장 "8가지 주요한 악덕", 12장 "정절", 22장 "밤의 환상들" 같은 부분에서 논의한다. 정절의 투쟁은 간음의 귀신과 싸우는 문제를 다룬 8가지 투쟁 리스트**67**의 두 번째 자리에 나타난다. 이처럼 간음과 관련된 문제는 3개의 하위 범주로 다시 세분된다.**68** 나중에 중세 교회가 재판권을 모델

67 나머지 7가지는 우리가 본 바와 같이 식탐, 탐욕, 분노, 〔슬픔〕, 권태, 헛된 영광, 교만이다.

68 다음 책 pp. 234~235 참고.

로 삼아 고해성사를 준비하는 과정에서 이 문제를 죄의 항목에 포함시킨 것을 보면, 이것은 사법적 형태의 리스트라고 할 수 있다. 그러나 카시아누스가 간음을 특별히 정의하려 했던 것은 사법적인 것과는 다른 의미에서일지 모른다.

우선 다른 여러 악의 귀신들 중에서 간음의 귀신이 있는 자리를 검토해 보자.

1. 카시아누스는 내적 연관성에 따라 8가지 죄악의 귀신들의 목록을 재구성해서 완성시킨다. 그가 "연결성"과 공통성의 특별한 관계로 악덕의 귀신들을 묶은 바에 의하면, **69** 교만과 헛된 영광, 나태와 권태, 탐욕과 분노가 짝을 이룬다. 간음은 식탐과 한 쌍을 이룬다. 이것에는 여러 가지 이유가 있다. 우선, 간음과 식탐은 우리의 내부에 있는 천성적인 것이어서 결과적으로 쫓아내기가 매우 어려운 "본성적" 악덕들이기 때문이다. 둘째로, 이것들은 욕망의 형성뿐 아니라 욕망의 목표를 달성하기 위해서 육체의 관여를 전제로 하기 때문이다. 끝으로, 이것들 사이에는 매우 직접적인 인과관계의 연결고리가 있다. 영양과잉이 육체 안에서 성욕을 촉발하는 것이다. **70** 그래서 이것이 식탐과 강한 연관성을 갖고 있어서건, 반대로 자기 자신의 본성에 의해서건, 간음의 귀신은 그것과 관련된 다른 악덕들과의 관계에서 특별한 역할을 한다.

---

69 *Ibid.*, V, 10.
70 J. Cassien, *Institutions*, V, 그리고 *Conférences*, V.

우선 인과관계부터 말해 보자. 카시아누스는 어떤 악덕이 특별하게 개별적인 공격을 받을 경우 악덕은 독립적으로 반응하지 않는다는 것을 강조한다.71 원인이 되는 매체가 그것들을 연결시키기 때문이다. 매체는 식탐과 함께 시작하고 육체와 함께 태어나서 성적 욕망을 촉발한다. 그런 후 간음과 식탐의 이 첫 번째 한 쌍은 세속적인 이익에 집착하는 것으로 이해되는 탐욕을 불러일으킨다. 탐욕은 경쟁, 분쟁, 분노를 유발한다. 그것으로부터 슬픔과 낙담이 생기고, 그것은 다시 수도생활의 모든 것에 대한 싫증과 권태를 촉발한다. 이러한 연쇄적 현상은 우리가 하나의 악덕과 의존관계에 있는 다른 악덕을 이겨 내지 못할 경우, 결코 어떤 악덕도 물리칠 수 없다는 것을 전제로 한다. "첫 번째 악덕의 패배는 그 다음의 악덕을 잠잠하게 한다. 그런데 첫 번째 악덕이 정복되면, 그 다음의 악덕은 더 이상 버티려고 하지 않고 기운을 잃어버린다."72 다른 악덕들의 근원에 있는 식탐-간음의 한 쌍은 "멀리 그림자를 펼치는 거대한 나무"73와 같아서 그것의 뿌리를 뽑아내도록 해야 한다. 그러니까 식탐을 무찌르고, 간음을 종결짓는 방법으로 단식의 고행은 중요하다. 단식의 고행이 고행 훈련의 기본인 까닭은 그것이 인과관계의 시작이기 때문이다.

간음의 귀신은 또한 다른 악덕들과의 관계에서, 특히 교만과의 관계에서 특별한 논리적 연관성을 갖는다. 사실 카시아누스의 관점에서

---

71 *Conférences*, V, 13~14.

72 *Ibid.*, V, 10.

73 〔*Ibid.*〕

는 교만과 헛된 영광은 다른 악덕들과의 연쇄적인 인과관계에 속해 있지 않다. 이것들은 다른 악덕들에 의해서 생성되기보다는, 오히려 인간이 다른 악덕들을 제압하여 거둔 승리로 인해 촉발되는 것이고,[74] 다른 사람들 앞에서 단식과 정결과 가난 등을 과시함으로써 갖게 되는 "육체의" 교만이다. 그리고 이러한 성과를 오직 자신의 공적으로만 돌리려는 "정신의" 교만이다.[75] 악덕들을 물리친 후 뒤따라오는 악덕은 보다 높은 곳에서의 추락이라는 점에서, 무엇보다 무거운 추락이다. 그리고 모든 악덕들 중에서 가장 수치스러운 간음, 가장 얼굴을 붉히게 만드는 간음은 교만의 결과이다. 이것은 징벌이지만 또한 시험이고, 하느님이 교만한 자에게 부과하는 시련이다. 또한 이것의 목적은 은총이 그를 구원하지 않으면 육체의 결점이 그를 언제나 위협하는 요인임을 상기시키는 데 있다. "어떤 사람이 마음의 순결과 육체의 순결을 오랫동안 간직하게 되었다면, 자연스럽게 〔…〕 자기 자신의 마음 속에서 어느 정도 자만심을 가질 수는 있다. 그러나 주 예수는 그의 행복을 위해서 그를 버리는 시늉을 한다. 그에게 그렇게 많은 자신감을 갖게 했던 순결은 혼탁해지기 시작한다. 정신적 풍요 속에서 그는 자신의 비틀거리는 모습을 본다."[76] 끊임없이 전투가 이어지는 가운데

---

74 *Ibid.*

75 J. Cassien, *Institutions*, XII, 2.

76 J. Cassien, *Conférences*, XII, 6. *Conférences*, II, 13에서 알 수 있듯이, 교만과 자만심에 기인한 우상숭배의 생각 속에서 여러 가지 타락의 예를 보게 된다. 특히 J. Cassien, *Institutions*, XII, 20~21에서 하느님에게 겸손하지 않음으로써 저지르는 죄는 자연적인 관습을 거스르는 욕망의 유혹과 "더러운 정념"의 불결한 유혹과 같은 가장 치욕스러운 시험에 들게 하는 벌을 받는다.

영혼이 오직 그 자신과의 싸움에 몰두할 수밖에 없을 때, 이러한 전투는 필연적으로 미완의 전투임이 드러나고, 끊임없이 새롭게 시작하는 전투의 위협은 육체로 하여금 날카로운 침에 찔리는 듯한 아픔을 느끼게 한다.

결국 간음은 다른 악덕에 비해 특별한 금욕의 중요성이 인정될 수 있는 어떤 존재론적 특권을 갖는다. 사실 그것은 식탐과 마찬가지로 육체에 뿌리를 두고 있다. 그것은 고행으로 극복하지 않으면 물리칠 수 없다. 분노나 슬픔이 "영혼의 수완으로" 제압될 수 있는 반면, 간음은 "육체적 고행, 철야, 단식, 육체를 기진맥진하게 만드는 노동"을 하지 않고는 뿌리를 제거할 수 없다.**77** 간음은 생각이나 심상, 기억에서 생겨날 수 있는 것이므로, 그것은 영혼이 자기 자신과 치러야 하는 전투를 배제하지 않는다. "악마가 교묘한 술책을 써서 우리의 마음속에 어머니, 누이, 친척 또는 독실한 여자들부터 시작해서 여자에 대한 기억을 슬그머니 끼워 놓으면, 우리는 가능한 한 빠른 시간에 우리 자신에게서 그 기억을 내쫓아 버려야 한다. 우리가 그 일을 너무 주저하게 되면 악마는 우리가 모르는 사이에 곧 다른 여자들을 떠올리게 만드는 기회를 잡으려 하기 때문이다."**78** 그렇지만 간음은 식탐에 비해서 중요한 차이를 나타낸다. 식탐과의 전투는 우리가 모든 음식을 중단할 수 없는 이상, 절도 있게 수행해야 한다. "생명에 필요한 것들을 공급해 주어야 한다. [⋯] 이것은 우리의 죄로 인해 지쳐 버린 육체가

---

77 J. Cassien, *Conférences*, V, 4.
78 J. Cassien, *Institutions*, VI, 13.

더 이상 정신에 필요한 훈련을 수행하지 못할 것이 염려되기 때문이다."[79] 우리는 음식에 대한 본래의 성향에 대해서 거리를 두어야 하고 그것을 담담하게 받아들여야 하지만, 그것을 뿌리째 뽑을 필요는 없다. 그것은 본래적인 정당성을 갖는다. 그것을 소멸시킬 정도로 완전히 부정해 버리는 행위는 "그의 영혼에 죄를 짓는 일"이 될 수 있을 것이다.[80] 반면에 간음의 귀신과의 싸움에는 한계가 없고, 우리를 간음의 귀신에게로 데려가는 모든 원인은 근절되어야 하고, 이러한 국면에서는 그 어떤 생리적 욕구라고 하더라도 그러한 욕구의 만족을 정당화시킬 수 없다. 신체가 죽음에 이르지 않을 만큼 신체의 어떤 성향을 없어지게 하는 일이 중요하다. 간음은 8가지 악습 중에서 유일하게 그 기원이 선천적인 것이면서 동시에 본래적이고 신체적인 것이며, 탐욕이나 교만 같은 악덕들에 대해서 당연히 그렇게 해야 하듯이, 완전히 제거해야 하는 것이다. 그러므로 우리를 육체로부터 해방시키면서 육체 속에 살게 하는 근본적인 고행이 필요하다. "육체 안에 머물면서 육체로부터 빠져나올 것."[81] 간음과의 싸움은 현세의 생활 속에서 내세의 초월적 삶을 누릴 수 있는 길을 열어 준다. 이것은 "세속의 진흙탕에서 우리를 빠져나오게 한다". 이것은 우리로 하여금 현세에서 현세가 아닌 삶을 살게 한다. 이것이 가장 근본적인 일이기 때문에, 고행이야말로 바로 이 세상에서 살고 있는 우리에게 가장 고귀한 약속을

---

79 *Ibid.*, V, 8.
80 *Conférences*, V, 19.
81 *Institutions*, VI, 6.

가져다주는 것이다. 이것은 성자들이 육체적인 타락에서 자유로워진 다음에 가질 수 있는 구원의 약속 같은 "시민권"을 "연약한 육체 속에" 부여하는 행위이다.82

우리는 그러므로 간음이 어떻게 악덕의 목록에 들어 있는 8가지 요소들 중 하나이면서도 다른 악덕들에 비해서 특별한 위치에 있는지를 알게 된다. 그것은 인과관계의 정점에 있고, 끊임없는 추락과 전투의 재개 원칙을 따르며, 고행의 전투에서 가장 힘들고 가장 결정적인 지점에 자리 잡고 있다.

2. 카시아누스는 5번째 '강론'에서 간음의 악덕을 세 종류로 나눈다. 첫 번째는 "양성의 결합"이고, 두 번째는 "여자와의 접촉 없이" 이루어지는 행위 — 오난Onan이 유죄 판결을 받게 된 것 — 이며, 세 번째는 "마음과 생각으로 떠올린 것"이다.83 12번째 '강론'의 거의 모든 단어들은 동일한 구별방식으로 반복된다. 여기서 카시아누스는 육체의 결합을 한정된 의미에서 '간음'이라는 용어로 표현한다. 그 다음에 나오는 것은 우리가 잠들거나 깨어 있을 때, 여자와 접촉하지 않고도 발생하는 일로서 "경솔한 마음의 나태함"에서 비롯되는 음란한 행위이다.84 세 번째는 "영혼의 깊은 곳"에서 "육체의 정념"이 없어도 자라나는 리비도libido이다.85 이처럼 명확한 분류가 중요한 것은, 오직 이것

---

82 *Ibid.*
83 *Conférences*, V, 11.
84 *Ibid.*, XII, 2.
85 *Ibid.* 카시아누스가 간음의 악덕을 세 종류로 나누는 것은 성 바오로의 〈콜로새 신

만이 카시아누스가 "남녀관계"라는 일반적 용어를 어떤 의미로 썼는지를 이해할 수 있게 하기 때문이다. 그는 다른 관점에서는 이 용어에 총괄적인 정의를 내린 적이 없었다. 그러나 이러한 분류가 특히 중요한 것은, 세 종류로 나누는 방법이 이전의 많은 책들에서 볼 수 있는 것과는 매우 다르다는 점에서이다.

사실, 육욕의 죄에 대해서는 전통적인 3가지 분류방식이 있기는 했다. 이것은 간통, 간음죄(이것은 'porneia'라는 그리스어를 번역한 것으로서 혼외정사를 가리킨다), 그리고 소년과의 성관계이다. 어쨌든 《12사도의 가르침Didakhê》에서 볼 수 있는 것은 이 세 종류이다. "간통을 하지 말라, 간음죄를 범하지 말라, 소년들을 유혹하지 말라."[86] 이 3가지 교훈은 바르나바스의 편지에서 다시 나타난다. "간음죄를 범하지 말라, 간통을 하지 말라, 소년들과 성관계를 하지 말라."[87] 그 후에 사람들은 종종 앞의 두 항목만 명심하게 되었다. 간음죄는 일반적인 모든 성범죄를 가리키고, 간통은 결혼생활에서 정조의 의무를 위반하는 행위를 가리킨다.[88] 그러나 어쨌든 생각이나 시선에 나타난 욕망의 문제이건 금지된 성행위를 범하는 문제이건, 이것들과 관련된 계율들을 한자리에 모아 둔 것은 완전히 관례적인 일이 되었다. "탐욕

자들에게 보낸 서간〉 3장 5절에 의존해서이다.

86 *Didakhê*, II, 2.

87 *Épitre du Pseudo-Barnabé*, XIX, 4. 약간 위쪽에 있는(X, 6~8) 금식에 대한 구절에는 음식물로 하이에나를 먹지 말아야 한다는 것은 간통 금지로, 토끼 고기 금지는 미성년자 유혹 금지로, 족제비 고기 금지는 구강성교 금지로 해석하는 내용이 담겨 있다.

88 saint Augustin, *Sermon*, 56, 12.

을 갖지 말라. 왜냐하면 탐욕은 성욕과 통하는 것이기 때문이다. 음란한 언사와 뻔뻔스러운 시선을 삼가야 한다. 왜냐하면 그것들은 간통의 원인이 될 수 있기 때문이다."[89]

 카시아누스의 분석이 보여 주는 특징은, 좁은 의미에서 간음죄의 범주에 들어가는 간통을 특별히 강조하지 않는다는 것과, 무엇보다도 우선해서, 두 개의 다른 범주에 속하는 죄에만 주의를 기울인다는 것이다. 그는 정절을 지키기 위한 투쟁을 거론하는 다른 책들에서는 엄밀한 의미에서의 성관계를 전혀 언급하지 않는다. 그 어디에서도 저지른 행위에 따라 가능한 여러 가지 '죄péchés'의 유형들, 즉 행위의 상대, 상대편의 나이와 성, 친척 간의 성관계, 이런 문제들은 전혀 검토되지 않는다. 중세에 이루어지게 될 음란죄에 대한 중요한 법전화 작업과 관련된 유형별 분류도 여기에서는 보이지 않는다. 아마도 카시아누스는 모든 성관계를 포기하겠다고 맹세한 수도사들을 대상으로한 책에서 굳이 이러한 전제조건을 분명히 밝히고 재론할 필요가 없었을지 모른다. 그렇지만 주목할 것은 카이사레아의 바실리우스나 크리소스토무스에게는 명백한 명령으로 받아들여졌을 수도생활의 중요한 문제에 대해서, [90] 카시아누스는 다음과 같은 은밀하고 비유적인 표현

---

89 *Didakhê*, III, 3.
90 Basile de Césarée, *Exhortation à renoncer au monde*, 5: "너희 나이 또래의 어린 친구들과 성관계를 갖지 않도록 하라. 불을 멀리하듯이 그들을 멀리해야 한다. 적이 그들을 매개로 불을 질러 영원히 타오르는 불길에 빠져 죽은 사람들이 많다는 것은 얼마나 슬픈 일인가." *Grandes règles* (34) 와 les *Règles brèves* (220) 에 나타난 주의사항들을 참고할 것. Saint Jean Chrysostome, *Contre les détracteurs de la vie monastique* (P. G. , t. 47, col. 319~386) 도 참고할 것.

들로 만족했다는 점이다. "그 누구도, 특히 아주 어린 사람은 다른 사람과 잠시라도 같이 있거나, 둘이서만 자리를 떠나 있어서도 안 되고, 손을 잡아도 안 된다."[91] 모든 일은 카시아누스가 마치 하위 개념으로 (성관계 없이 그리고 육체에 대한 정념 없이 일어나는 일과 관련하여) 세분화해서 말한 끝의 두 항목에만 관심을 갖고 있었던 것처럼 되었고, 두 사람의 결합이라는 성관계를 생략한 것처럼 되었다. 과거에 엄밀한 의미에서의 성행위를 단죄할 때는 본질적이 아닌 부수적 의미를 지녔던 요소들에만 중요성을 부여하고, 단죄하는 것처럼 되었다.

그러나 카시아누스의 분석이 성관계를 빠뜨리고, 수도생활의 고독한 세계에서 내면적인 무대에서 전개된 것을 다뤘다고 하더라도, 그것의 논거를 단순히 부정적인 것으로 볼 수는 없다. 정절을 위한 투쟁의 핵심은 행위나 관계의 차원에 있지 않은 어떤 목표를 대상으로 한 것이기 때문이다. 즉, 그것은 두 사람의 성관계에 관한 현실성이 아닌, 다른 현실성에 관한 문제를 제기한다. 12번째 《강론》의 한 구절은 이 현실성이 어떤 것인지를 가르쳐 준다. 카시아누스는 정절의 진전을 보여 주는 6단계의 특징을 규정한다. 그런데 이러한 규정에서 중요한 것은 정절 자체의 성격을 보여 주는 것이 아니라, 정절의 진전을 알 수 있는 부정적 징표들 ─ 차례차례로 사라지는 여러 가지 부도덕

---

91 J. Cassien, *Institutions*, II, 15. 이러한 법을 위반하는 사람들은 중죄를 범하고 "*conjurationis pravique consilii*"의 혐의를 받게 된다. 이 말은 사랑의 행위를 가리키는 비유적인 표현인가? 아니면 같은 공동체의 구성원들 사이에서 특별한 관계를 가졌을 경우 그것의 위험을 겨냥한 말인가? 똑같은 권고의 말은 *Institutions*, IV, 16에도 있다.

한 사례들의 흔적들 ─ 을 보여 주는 것이므로, 우리는 여기서 정절을 위해 싸워야 할 대상에 관한 정보를 알게 되는 것이다.

이러한 진전의 첫 번째 표시는 수도사가 잠에서 깨었을 때, 육체의 공격을 받고도 "기진맥진"하지 않는다는 것이다. 따라서 의지를 빼앗아 가는 어떤 움직임이 있더라도, 그것이 영혼에 침입하는 일은 더 이상 없게 된 것이다.

두 번째 단계는 "관능적인 생각들"이 머릿속에 떠오를지라도, 수도사는 그런 생각들에 오래 머물지 않는다는 것이다. 그는 자기의 의지와는 상관없이, 또한 자기로서도 어쩔 수 없이 떠오르는 것을 생각하지 않는다. 92

지각을 불러일으키는 외부세계의 요인이 있더라도 그것이 더 이상 욕망을 유발하지 않을 때가 세 번째 단계이다. 앞에서 오는 여자를 보고 지나가도 아무런 욕망이 생기지 않을 수 있다.

네 번째 단계는 깨어 있는 동안에 육체의 가장 순수한 움직임조차 더 이상 느껴지지 않는 상태이다. 카시아누스는 육체의 어떤 움직임도 발생하지 않는 평정의 상태를 말하고 싶은 것일까? 그래서 자기 자신의 육체를 완전히 제어할 수 있다고 말하려는 것일까? 그가 육체의 무의지적인 움직임의 지속성을 이렇게 빈번히 강조하는 까닭에, 오히려 이 말은 진실처럼 보이지 않는다. 그가 사용하는 '감당한다perferre'

---

92 정신이 이런 생각들에 대해 느리게 반응한다는 사실을 가리키기 위해서 카시아누스가 사용한 말은 "부도덕한 즐거움"이다. "병적인 즐거움"이란 말은 그 후에 중세의 성윤리에서 나타난 중요한 범주에 들어 있다.

는 용어는 어쩌면 이러한 움직임들이 영혼에 영향을 미칠 수 없다는 것과 영혼은 그러한 움직임에 영향 받을 필요가 없다는 것을 보여 주기 위한 것 같다.

다섯 번째 단계는 다음과 같다. "인간의 생식에 관련된 강연 주제나 어떤 독서의 필연적 결과로 성에 대한 생각을 갖게 되더라도, 정신은 쾌락적 행위의 연상 속에서도 조금도 욕망에 흔들리지 말아야 하고, 그러한 행위를 평온하고 순수한 시선으로 바라보고, 아주 간단한 일이거나 인류에게 부과된 임무로 생각하고, 마치 벽돌을 제조하는 일이나 어떤 직무를 수행하는 일처럼 생각하면서 전혀 영향을 받지 말아야 한다."

끝으로, 마지막 단계는 다음과 같다. "잠자는 동안에 여자들의 환영이 유혹해도 어떤 성적 환상도 떠올리지 않아야 한다. 우리는 이러한 환상을 비난받아 마땅한 죄라고 생각하지는 않지만, 이것은 우리의 뼛속 깊이 숨어 있는 욕망의 징후이다."[93]

이처럼 정절의 진전이 이루어지는 정도에 따라 간음 귀신의 특징들이 사라지는 과정에서 결국 타인과의 어떤 관계도, 어떤 행위도 없는 단계, 행위를 저지르고 싶은 의도조차 없는 단계에 이를 수 있다. 용어의 협소한 의미로 사용되는 간음의 생각조차 없다. 고대철학자들뿐 아니라, 알렉산드리아의 클레멘스 같은 기독교인의 성윤리에서 논의되는 두 요소들 — 적어도 《교사》 2권에서 언급된 두 개인의 성적 결합과 아프로디지아의 쾌락 — 은 이 고독한 수도사의 소우주에는 존재

---

93 *Conférences*, XII, 7.

하지 않는다. 문제가 되는 요소들은 육체의 움직임과 영혼의 움직임, 심상, 지각, 기억, 꿈에 나타나는 형상, 자발적인 생각의 흐름, 의지의 동의, 깨어 있음과 잠 등이다. 물론 이것들은 양극적인 내용들로 분류할 수 있지만, 여기서 분명히 알아 두어야 할 것은 이것들과 육체와 영혼은 일치하지 않는다는 점이다. 양극적 내용들의 한쪽에는 의지와 상관없는 것들, 즉 육체적 움직임이나 외부의 원인으로 생기는 지각들, 불시에 나타나 마음속에 퍼지면서 의지를 포위하고, 소환하고, 끌어당기는 추억과 영상들이 있다. 다른 한쪽에는 의지의 힘으로 좌우되는 것들, 즉 수용하거나 거부하고, 무시하거나 복종하며, 시간을 끌고 동의하는 것들이 있다. 그러므로 한쪽에는 영혼을 농락하면서 불순한 것들이 가득 차서 사정까지 하게 만드는 육체와 생각의 역학관계가 있고, 다른 쪽에는 생각과 생각이 대결하는 싸움이 있다. 여기서 우리는 카시아누스가 양성의 결합이라는 주제와 가깝게 넓은 의미로 성관계를 정의하면서, 두 가지 성문제를 중심으로 분석작업을 계획했음을 알게 된다. 그 둘 중 하나가 깨어 있건 잠들어 있건, 타인과의 관계 없이도 자기 감시를 할 수 없는 영혼을 기습하여 수음에 이르게 하는 더러운 물질의 문제라면, 다른 하나는 영혼의 깊은 곳에서 전개되는 리비도의 문제이다. 카시아누스는 '리비도'와 비슷한 뜻의 '리베libet'라는 용어를 사용한다. 94

영적 투쟁에 관한 작업과 카시아누스가 6단계로 기술한 정절의 진전 상태는 그러므로 '의지의 관여를 분리하는 일tâche de dissociation'로

---

94 *Ibid.*, V, 11; XII, 2. 앞의 책 pp. 231~234 참고.

이해될 수 있다. 이것은 쾌락의 절제와도 다르고, 쾌락을 허용된 행위에만 엄격히 제한하는 일도 아니다. 또한 영혼과 육체 사이를 가능한 한 근본적으로 분리하자는 생각과도 거리가 멀다. 문제는 생각의 움직임(이것이 육체의 쾌락을 연장하고 전달하는 것이건 유인하는 것이건 간에)과 기본적인 생각의 형태들, 또는 생각의 움직임을 촉발하는 요소들에 대해서 어떻게 주체가 절대로 관여하지 않는 방식으로, 어렴풋하고 '무의지적'인 의지의 형태로, 끊임없이 생각의 움직임에 관여하는 작업을 할 수 있는가이다. 우리가 보았듯이, 정절의 진전 상태를 구분하는 6가지 등급은 의지의 관여를 끊어 버리는 과정에서의 6단계를 나타낸다. 육체의 움직임에 대한 관여를 없애는 일 — 이것이 첫 번째이다. 그 다음이 상상 속의 관여를 없애는 일(마음속에 떠오르는 생각을 지체 없이 버리는 것)이고, 그 다음은 감각의 관여를 없애는 일(육체의 움직임을 더 이상 감각적으로 느끼지 않는 것)이다. 다음은 표상적 관여를 없애는 일(실제의 대상을 욕망이 가능한 대상으로 생각하지 않는 것)이다. 5번째가 꿈속의 관여를 없애는 일(꿈속의 무의지적 영상으로 욕망이 나타날 수 있기 때문에)이다. 의지적 행위이거나 행위를 저지르는 의지가 매우 분명히 나타나는 관여, 고행의 훈련이 시작될 때 반드시 배제해야 하는 나쁜 의지의 관여, 가장 비의지적인 것에서 일이 발생하게 될수록 더욱 위험할 수 있는 주체의 관여, 이러한 관여의 대상에 대해 카시아누스는 육욕concupiscence이란 이름을 부여한다. 영적인 투쟁이 대상으로 삼은 것은 바로 이러한 육욕이고, 이러한 투쟁에서 계속 추구되어야 하는 것이 분리의 일이자, 관여의 중단이다.

그렇기 때문에 '간음'의 귀신과 이러한 투쟁을 하는 동안 지속적으로 나타나는 정절의 기본적 문제, 즉 유일한 문제라고도 할 수 있는 것이 수음의 문제라는 사실이 이해된다. 수음의 의지적 형태로부터 잠이나 꿈에서 뜻하지 않게 나타났다고 해서 무의지적 형태라고 자기만족적으로 이름붙이는 것에 이르기까지, 수음의 문제는 중요하게 인식된다. 카시아누스가 정절의 가장 높은 단계에 이르렀다는 증거를 에로틱한 꿈과 몽정夢精이 없는 상태라고 말했을 만큼, 이것은 대단히 중요한 문제이다. 그는 종종 이 문제를 재론한다. "이러한 순결에 도달했다는 증거는, 우리가 휴식을 취하고 잠속에서 긴장이 풀렸을 때 나타나는 어떤 영상도 우리를 속일 수 없다는 점이다."[95] 또한 이런 글도 있다. "그것이 바로 완전한 순결의 결과이자 결정적 증거이다. 이런 상태가 되면, 우리가 잠자는 동안에 어떤 관능적 흥분도 불시에 나타나는 일이 없고, 우리는 자연의 강제에 의한 수음을 의식하지도 않게 된다."[96] 22번째 《강론》은 모두 밤에 일어나는 "몽정"의 문제와 "그러한 문제로부터 해방되기 위해서 모든 노력을 기울여야" 할 필요성에 관한 내용으로 구성된다. 카시아누스는 여러 차례에 걸쳐서 세레누스 같은 몇몇 성인들을 예로 들면서, 이들은 한 번도 그와 같이 어려운 상황에 처한 일이 없었을 만큼, 미덕의 최고 경지에 도달했다고 말한다.[97]

모든 성관계의 포기가 기본 생활규범으로 되어 있는 상황에서, 이

---

95 J. Cassien, *Institutions*, VI, 10.

96 *Ibid.*, VI, 20.

97 J. Cassien, Conférences, VII, 1; XII, 7. 주제에 대한 다른 암시와 관련하여서는 J. Cassien, *Institutions*, II, 13; III, 5 참조.

주제가 그처럼 중요하게 취급되는 것이 너무나 당연하다고 말할 수 있을지 모른다. 또한 다소간이라도 직접적으로 피타고라스 철학의 영향을 받은 사람들은 삶의 질을 나타내는 잠과 꿈의 현상에 대해, 그리고 평정심을 보장하는 정결의식에 대해 그러한 가치를 부여했다는 점을 떠올릴 필요가 있을 것이다. 결국 무엇보다도 깊이 성찰해야 할 것은, 어떻게 몽정이 전례적인 순결의 용어에서 문젯거리가 되었는가 하는 것이다. 22번째 《강론》은 바로 이러한 것을 문제 삼는다. 밤에 몽정으로 몸이 더러워졌는데, 그런 사람이 어떻게 '성단'에 가까이 다가서서 〔영성체 의식'에 참가〕[98]할 수 있겠는가?[99] 그러나 수도생활의 이론가들에게서 이러한 문제가 관심사가 되는 까닭을 그 어떤 이유로 설명하건 간에, 그러한 이유로 의도적 수음인가 무의지적 몽정인가의 문제가 정결의 전투를 분석하는 자리에서 어떻게 핵심적 논의의 대상이 될 수 있는지를 해명할 수는 없다. 수음은 단순히 다른 것에 비해 더 강한 금기의 대상도 아니고, 지키기에 더 힘든 것도 아니다. 수음이 육욕에 대한 '분석장치'인 것은 수음을 하기 위해서 준비하고, 자극하고, 마침내 사정하는 동안 내내 떠오르는 심상이나 지각, 영혼의 기억, 이런 것들을 중심으로 해서 의지적인 것과 무의지적인 것들이 어떻게 작용하는지를 알 수 있다는 점에서이다. 자신을 훈련시키는 고행자의 모든 노력은 육체에서 영혼으로, 영혼에서 육체로 이동하는

---

98 * 〔원고에 의하면, "성단에 가까이 가다"는 표현은 1982년에 "영성체 의식에 참가하다"로 수정되었다.〕

99 *Ibid.*, XXII, 5.

움직임에서는 물론이고, 이러한 움직임을 도와주거나 중단시키기 위해 생각의 움직임을 통해, 의지가 영향력을 행사할 수 있을 때라도 절대로 고행자의 의지를 개입시키지 않도록 하는 것이다. 정절의 진전 상태를 보여 주는 앞의 5단계는 이처럼 수음을 하기까지의 움직임들이 더욱더 미세해지는 것과 관련하여, 의지의 교묘하고 연속적인 개입을 하지 않도록 하는 과정이다.

그러므로 이제 마지막 단계를 논의할 차례이다. 이것은 성덕에 의해 도달할 수 있는 단계로서, 잠자는 동안 그 어떤 "완전히" 비의지적인 몽정도 없는 상태이다. 더욱이 카시아누스는 잠자는 동안 발생할 수 있는 몽정이 완전히 의지와 상관없는 것은 아니라는 점을 지적한다. 물론 과도한 음식섭취나 그날 있었던 부정한 생각들이 몽정을 준비한 것은 아니라 하더라도, 그러한 원인이 몽정을 하게끔 도와 준 것일 수는 있다. 그는 또한 몽정을 동반한 꿈의 성격과 꿈에 나타난 영상의 음란성 정도를 구별한다. 몽정을 겪은 사람이 몽정의 원인을 육체와 잠 탓으로 돌리는 것은 잘못이었을지도 모른다. "몽정은 밤 시간이 태어나게 한 것이 아니다. 그것은 마음속에서 품고 있던 악의 징후가 영혼의 가장 깊은 곳에 파묻혀 있다가 잠의 휴식으로 인해 표면 위로 올라온 것이다. 우리가 하루 온종일 부정한 여러 생각에 사로잡히게 되면서 긴 낮 시간 동안, 그 부정한 생각들은 우리 내면에 정념의 숨은 열기로 자라고 있었던 것이다."[100] 결국 수음은 어떤 공범의 흔적이 남아 있는 행위도 아니고, 누가 동의해서 생긴 쾌락도 아니며, 최소한

---

100 J. Cassien, *Institutions*, VI, 11.

의 몽환적 영상을 동반한 것도 아니다. 어쩌면 이것은 충분히 자기수련에 익숙한 고행자가 도달할 수 있는 상태일지 모른다. 몽정은 주체가 전혀 참여하지 않은 하나의 "흔적"일 뿐이다. "불건전한 욕망을 가질 필요도 없이, 또 정절을 위한 투쟁을 촉발할 필요도 없이 넘치는 체액을 제거함으로써 육체가 욕망을 자극하는 일 없이 자연의 요구를 만족시킬 때까지 육체의 정념과 영혼의 동요를 억제하도록 노력해야 한다."[101] 이것은 그야말로 하나의 자연현상일 뿐이므로, 자연보다 더 강한 권능만이 우리를 그것으로부터 자유롭게 할 수 있다. 그 권능은 은총이다. 그렇기 때문에 꿈에서라도 수음하지 않게 되는 것은 성덕의 표시이고, 있을 수 있는 가장 고결한 정절의 인증이며, 우리가 바랄 수는 있어도 획득할 수는 없는 은혜이다.

인간은 자기 자신과의 관계에서, 육체에서건 정신에서건 발생할 수 있는 그 어떤 사소한 움직임이라도 지속적으로 지켜보는 경계태세를 갖추어야 한다. 밤낮으로 감시하고, 밤에는 낮을 위해서, 그리고 낮에는 저녁을 생각하면서 감시해야 한다. "낮 동안의 순결과 경계는 밤에 정결할 수 있는 준비를 갖추기 위한 것이고, 마찬가지로 밤의 경계는 마음을 굳건히 하고 낮 시간의 정절을 지킬 수 있는 힘을 준비하는 것이다."[102] 이러한 경계는, 우리가 앞에서 보았듯이,[103] 에바그리우스의 계시로 발전된 신앙생활의 지침에서 자기 자신에 관한 테크놀로

---

101 *Ibid.*, VI, 22.
102 *Ibid.*, VI, 23.
103 앞의 책 pp. 128~133 참고.

지의 중심에 있는 "분별력"의 실행이다. 낱알을 골라내는 방앗간 주인, 병사들을 분산 배치시키는 백인대장, 주화를 받기 위해서건 거부하기 위해서건 그 무게를 달아 보는 환전상, 이들의 작업은 수도사가 유혹을 담고 있는 것인지 아닌지를 식별하기 위해 끊임없이 자기 자신의 생각을 대상으로 수행해야 할 일이다. 이렇게 일해야만 생각의 출처에 따라 그 생각들을 분류하고, 생각들의 고유의 가치를 식별할 수 있으며, 연상되는 대상과 그 대상이 환기시킬 수 있는 쾌락을 분리할 수 있게 되는 것이다. 그것은 자기 자신에 대해서, 그리고 고백의 의무를 통해 다른 사람들과의 관계에서 끊임없이 수행해야 할 분석의 작업이다. 104 카시아누스가 정절과 "성욕"에 대해 갖고 있었던 전체적 구상이나 그러한 주제들을 분석하는 방법, 그가 상호적 연결관계로 설명한 상이한 요소들(수음, 리비도, 육욕), 이것들은 모두 수도생활과 그 생활을 가로지르는 영적 투쟁을 특징짓는 자기에 관한 테크놀로지와의 관련성 없이는 이해될 수 없다.

---

104 다음을 참고할 것. *Conférence* XXII, 6에는 성체배령이 있을 때마다 전날 밤의 성적 환상으로 성사에 참가하지 못하게 된 수도사에 대한 "상담"의 예가 실려 있다. 여러 가지 질문과 토론이 있은 다음에, "정신의 병을 치료하는 의사"(médecins spirituels)는 수도사가 원하는 성체배령에 가지 못하도록 악마가 그러한 환상을 보낸 것이라고 진단한다. 그러므로 아무 일도 안 하는 것은 악마의 함정에 빠지는 셈이며, 어떤 일이 있더라도 성체배령에 참석하는 것이 악마를 물리치는 방법이라는 것이다. 이렇게 결정한 다음에 악마는 더 이상 금지된 부정한 행동을 도발할 이유를 찾지 못하고 물러났다.

테르툴리아누스부터 카시아누스까지 "금기"의 강화, 철저한 금욕의 중요성 강조, 성행위에 대한 폄하의 증가, 이것을 어떻게 봐야 하는가? 물론 이것들의 관계 속에서 문제를 제기해야 할 것은 아닐지도 모른다.

수도원 교육의 편성, 그리고 수도사들의 생활과 평신도들의 생활 사이에서 확립된 동종이형의 관계는 성관계를 포기하는 문제에서 중요한 변화를 가져왔다. 이것들은 상호적으로 연결되면서 매우 복잡한 자기의 관리기술을 발전시킨 것이다. 그렇기 때문에 이러한 포기를 실천하는 데 있어 그 둘 사이에는 가시적인 연속성이 있음에도 불구하고, 역사의 발전과 함께 생활규범과 분석방식에서 중요한 차이가 나타난다. 테르툴리아누스에게서 동정의 상태는 태도, 행동, 생활방식의 규칙들로 완성되는 외적이고 내적인 금욕생활의 태도를 전제로 한다. 3세기부터 발전하며 동정을 다룬 수많은 신비주의 신학에서, (이미 테르툴리아누스에게서 나타나는 그리스도와의 결합을 주제로 한) 포기의 엄격성은 부정적 금욕을 영적 결혼의 약속으로 전환시킨다. 창안자가 아니라 다시 한 번 더 증인의 역할을 하는 카시아누스에게서는, 내면에 깊숙이 들어 있는 모든 것을 빼내는 일종의 인출작업이 내면의 분해작업처럼 이루어진 것이다.

그러나 행위를 금지하던 것이 의지의 힘으로 금지할 수 있는 일로 바뀌게 됨에 따라, 금기의 목록을 내면화하는 것은 전혀 중요한 문제가 되지 않는다. 문제는 불규칙적이고 자연적인 흐름, 떠오르는 영상과 기억과 지각, 육체에서 영혼으로 그리고 영혼에서 육체로 통하는 움직임들과 인상들, 이 모든 것들과 함께 나타난 생각을 (그레고리우스와 특히 바실리우스의 책들에서 이미 그 중요성이 강조된 바 있는) 대상으로 한 분야가 개설되었다는 것이다. 그러므로 허용된 행위나 금지된 행위의 규범이 아니라 생각의 출처, 생각의 특성, 생각의 위험성, 유혹적인 생각의 위력, 생각의 외형 속에 숨어 있을 수 있는 모든 정체불명의 힘들, 이 모든 것들을 감시하고, 분석하고, 진단하기 위해 마련된 모든 기술이 문제가 된다. 그래서 최종적 목표가 모든 부정한 것과 그 부정한 것을 유발한 요소를 추방하려는 것이라 해도, 그 목표에 도달할 수 있는 방법은 절대로 긴장의 끈을 늦추지 않는 경계와, 어디에서나 매 순간 자기 자신을 살펴봐야 하는 의심뿐이다. 영혼의 가장 깊은 곳에 숨어 있을지 모르는 은밀한 "간음"의 모든 요소를 쫓아내기 위해서 끊임없이 문제를 제기해야 한다.

이러한 정결의 고행에서, 우리는 행위의 절제에 초점을 맞춘 성윤리를 멀리 추방해 버린 "주체화" 과정을 인식할 수 있다. 그러나 이러한 인식과 함께 두 가지 점을 강조해야 한다. 우선 이 주체화가 인식과정과 분리될 수 없다는 것이고, 이 과정은 자기 자신의 진실을 찾고 말해야 하는 의무를 윤리의 필수적이고 영속적인 조건으로 만든 것이다. 주체화 과정이 있다 하더라도, 이것은 자기에 의한 자기의 무한한 객체화를 전제로 한다. 여기서 무한하다는 것은 이러한 객체화가 절대로 단 한 번에 이루어지는 것이 아니라 시간적으로 끝이 없다는 의미에서이다. 또한 생각의 움직임이 아무리 미세하고 순진한 것으로 보일 수 있다고 해도, 언제나 생각의 움직임에 대한 검증을 가능한 한 멀리 밀고 나가야 한다. 두 번째로 강조해야 할 것은, 다른 관점에서 보면 자기의 진실을 찾는다는 이러한 주체화가 다른 사람들과의 복잡한 관계를 통해서 실행된다는 점이다. 그 이유는 첫째, 자기 속에서 자기 자신의 외양 속에 숨어 있는 대타자大他者인 적의 세력을 쫓아내는 일이 중요하기 때문이고, 둘째, 그러한 대타자에 대해서, 대타자보다 훨씬 강하고 전능한 하느님의 도움 없이는 이길 수 없는 전투를 수행하는 일이 중요하기 때문이며, 셋째, 다른 사람들에게 하는 고백, 그들의 충고를 따르는 일, 지도자들에 대한 변함없는 복종이 이러한 전투에 필수적이기 때문이다.

성윤리의 주체화, 자기 자신의 진실에 대한 무한한 생산, 타자에게 의존관계에 있으면서도 타자와 싸워야 하는 상황에서의 관계 설정 등, 이 모든 것들은 그러므로 하나의 유기적인 전체를 구성한다. 이 구성 요소들은 초기 기독교 안에서 점진적으로 공들여 만들어졌다. 그러나 이러한 것들은 수도생활에서 발전된 자기관리의 테크놀로지에 의해 상호적으로 연결되고, 변형되고, 체계화되었다.

제 3장

결혼

Histoire de la sexualité

1

부부의 의무

고대 기독교에는 동정의 논의와 같은 결혼의 논의가 없다. 결혼생활은 특수한 계율의 실천과 특별한 영적 의미를 갖는 것으로서 서원pro-fession의 대상이 되는 정신적 작업이 아니기 때문이다. 앞에서 검토한 《교사》의 한 장면에서 고대의 모럴과 매우 흡사한 주제가 논의된 부분을 예외로 한다면, 결혼생활의 기술이나 테크닉의 논의는 어디에서도 보이지 않는다. 물론 이 말은 결혼의 원칙과 결혼의 정당성 또는 타당성에 대한 성찰이 없다는 것을 의미하지 않는다. 금욕주의에 대한 모든 토론, 그노시스설 신봉자들과의 모든 논쟁, 그리고 이원론적인 운동들, 이 모든 것에는 이러한 결혼 문제가 중심을 이루었다. 우리가 알 수 있듯이, 알렉산드리아의 클레멘스의 〔3번째〕《문집Stromate》에서 보이는 많은 토론들은 일찍부터 이러한 결혼 문제가 다양한 형태로 다음 시대까지 연장되었을 만큼 풍성한 논의로 이루어졌음을 보여 주는 증거이다. 그러나 결혼에 대한 '권리'와 엄격한 금욕과 독신생활에 대한 상대적 가치에 관한 문제가 너무 이른 시기에 제기된 것이라고 해도, 이 문제가 결혼생활의 기술art을 만든 결과로 끝난 것은 아니다. 하지만 테르툴리아누스가 《마르키온에 대한 반론Adversus Marcionem》에서 ― 말하자면 그와 적대적인 그노시스설의 신봉자를 비판하는 책에서 ― 결혼의 원칙에 관한 문제를 제기하고, 동정이건 홀아비 생활이건, 결혼하지 않고 오직 독신자로 사는 방법과 관련된 텍스트를 통해서만 부부생활에 대해 조언한 것은 의미 있는 일이다.

결혼한 기독교인들에게 원만한 결혼생활과 부부관계를 유지하도록 도움을 주기 위해 만들어진 성찰록과 텍스트들은 특히 4세기 말에 이르러서 번창하게 되었다. 이전보다 훨씬 분명하게, 결혼은 기독교인이 서원할 수 있는 일로 부각되고, 금욕생활의 엄격성보다 완화된 것이긴 하지만, 부부관계는 금욕생활에서 지켜야 할 자기와 자기와의 관계나 마찬가지로 분석과 훈련의 영역이 된다. 이러한 변화는 주변의 여러 가지 현상들과 관련된 것일 수 있다.

여기서 우선 주목해야 할 것은 결과이자 동시에 평행추의 관계로서 세속생활에 대한 근본적 포기와 수도생활의 극단적인 의미부여 사이의 상관관계이다. 기독교의 무게 중심을 도시사회 밖으로, 모든 공공생활로부터 멀리, 그리고 한정된 엘리트 그룹 쪽으로 이동시킬 수 있는 강도 높은 금욕주의가 실행된 것과는 대조적으로, 4세기 후반에는 특히 수도원 제도가 발전한 동방국에서는 일상생활의 종교적 의미를 강화하고, 기독교인의 생활방식에서 확립된 동종이형同種異形의 금욕주의를 완화시키려는 노력이 있었다. 금욕이 계율도 아니고 구원의 필수 조건도 아니라는 것은 더 이상 말할 필요가 없는 문제라고 하더라도, 현세의 삶을 영위하는 사람들에게는 금욕의 가치를 일깨워 주고, 지켜야 할 규범을 알기 쉽게 가르쳐 줄 필요가 있었다. 요한 크리소스토무스는 고행자의 생활과 결혼한 사람의 생활 사이에 기본적 차이는 없어야 한다는 견해를 여러 번 강조한다. "속세에 사는 사람이 수도사보다 유리한 것은 하나뿐이어야 한다. 그것은 합법적으로 배우자와 함께 살 수 있다는 점이다. 그가 이러한 권리를 갖는 것은 당연하다. 그러나 또한 그는 수도사처럼 수행의 의무를 갖기도 한다."[1]

크리소스토무스의 텍스트는 금욕생활에서 특별한 중요성을 갖는 일련의 모든 가치와 관심, 신앙의 실천방식을 세속의 생활 속으로 전파시키려는 움직임이 있었음을 보여 준다. 새로운 엄격주의rigorisme의 현상일까? 그럴지도 모른다. 그러나 수도사의 이상을 확산시키려는 움직임뿐 아니라 어느 정도까지는 그러한 효과를 제한하려는 노력도 있었다는 것을 통찰해야 한다. 또한 그러한 움직임에 직면해서 양자 간의 현격한 차이가 부각되지 않을 만큼 세속의 생활에 종교적 힘을 부여하는 일이 중요시되었다. 이러한 변화에서 4세기 말의 유명한 사제들은 증인이자 동시에 주동자였다. 일정한 시기에 수도생활을 경험하고, 고행의 규율 속에서 성장한 이들은 교회의 최고지도자 반열에 오른 다음에, 자신들의 근원적 경험에서 영감을 얻어 사제의 실무경험을 확장시킬 수 있었다. 카이사레아의 바실리우스, 나지안조스

---

1 Saint Jean Chrysostome, VIIᵉ *Homélie sur l'Épître aux Hébreux*, 4. 마찬가지로 *Contre les ennemis de la vie monastique*, III, 14도 참조할 것.

의 그레고리우스, 니사의 그레고리우스 그리고 크리소스토무스 자신이 바로 그러한 사람들이었다. 매우 상이한 조건에서이지만, 서양에서는 성 히에로니무스와 성 아우구스티누스가 어느 정도까지는 그와 같은 역할을 수행했다. 이들은 개인에 대한 영성지도의 실무경험과 수도생활의 금욕적 가치관을 속세의 생활에 적용하는 목적으로 조정함으로써 사목활동의 발전에 기여할 수 있었다.

그렇지만 이러한 현상은 같은 시대에 기독교와 제국 사이에 확립된 새로운 관계들과 별개의 현상으로 이루어진 것이 아니다. 그 당시 두 기관의 발전 과정은 상호 교차되어 있었기 때문이다. 교육기관으로 먼저 알려지고, 나중에 공식화된 기독교 교회는 훨씬 더 수월하고 가시적으로 사회의 조직, 관리, 통제, 법규 제정 같은 여러 가지 역할을 떠맡았다. 제국의 관료주의는 전통적 조직의 수준을 넘어서서, 더욱 더 개인에 대한 지배를 강화했다. 2 이 두 기관의 발전과정은 상호 교차되면서 역설적인 결과가 생겨나게 된다. 본래 교회의 신앙실천과 가치들은 속세와 단절하고, 시민사회와도 분명히 단절된 생활방식에서 발전하거나 강화되었는데, 이것들은 이제 완화되거나 변경됨으로써, 지지를 받건 후원을 받건 국가조직과 전반적인 정치구조에 의해서 제도적인 형태가 되어 효력을 나타내기 시작한 것이다. 이러한 결과로 이중의 압력이 발생했다. 하나는 전통적 사회생활의 형태와는 상관없이, 오히려 그것의 반대급부로 금욕주의의 이상이 강화되는 압

---

2 이 점에 대해서는 〔J. Daniélou와〕 H. -I. Marrou, *Nouvelle histoire de l'Église*, Paris, 1963, t. I, p. 268 참고.

력이었고, 다른 하나는 교회기관과 국가조직이 상호적으로 지원을 주고받을 수 있게 됨으로써 발생하는 압력이었다.3 개인적이고 일상적이고 특수한 요소들로 구성되는 개인의 삶은 교회나 국가가 책임을 지는 것이 아니라 해도, 그러한 기관들로부터 최소한의 관심과 감시의 대상이 되었고, 이러한 관심과 감시는 이전에 그리스 국가에서 확립된 방법과도 다른 것이었고, 초기 기독교 공동체에서 실행한 방법과도 다른 것이었다.

여기에는 이의를 제기하기 어려운 새로운 요소가 있을지 모른다. 그렇지만 급격한 변화가 일어난 것은 아니다. 일상생활에서 이루어진 사목활동의 두드러진 특징 중 하나는, 많은 중요한 문제에서 플루타르코스, 무소니우스, 세네카, 에픽테토스 같은 철학자들에게서 볼 수 있는 철학적 윤리와 연속성이 있다는 것이다. 그래서 이교인 저자들을 분명히 참고했다는 증거가 보이지 않더라도 — 이러한 참고는 두세기 전 알렉산드리아의 클레멘스의 경우와 비교해 보면, 크리소스토무스에게서는 참고의 횟수가 훨씬 적고 훨씬 덜 실증적임을 알 수 있는데 — 우리는 그리스 철학의 특징적 주제들이 지속적으로 나타나거나 재등장하였음을 주목할 수 있다. 그러나 한편으로, 이러한 주제들은 어떤 특수한 이론적 문맥 속에 다시 포함되어, 금욕생활의 가치와 실천의 문제와 연결된다. 아무리 완화된 형태의 금욕생활이라도, 그것은 결국 속세를 등져야 한다는 일반적 의무와 어느 정도 직접적인

---

3 이들 사이의 상호의존과 갈등에 대해서는 같은 책 p. 282를 참고하고, 결혼생활에 대한 것은 pp. 362~364를 참고할 것.

연관성을 갖기 마련이다. 〔다른 한편으로〕, 이 주제들은 사제의 권위적 관계와 유기적으로 연결된다. 이러한 모든 이유 때문에 고대의 철학 윤리와 기독교 윤리에 공통되는 요소들은 상이한 결과를 초래하게 되었다. 기독교의 확장, 기독교의 국교 제정, 교회기관들의 중요성 ─ 결국 기독교는 교회당국으로 조직된 최초의 종교가 되었지만 ─ 은 고대철학이 아무리 대중적 형태라고 해도, 고대철학보다 훨씬 광범위하게 대중 속에 침투해 들어갈 수 있는 역량을 교회로 하여금 갖추게 했다는 것을 굳이 덧붙여 말할 필요가 있을까? 물론 사태를 왜곡하지는 말아야 한다. 기독교의 모럴이 5세기 초의 모든 사람에게 일상의 도덕적 의무로 받아들이고 실천할 수 있는 생활규범이 된 것은 아니기 때문이다. 게다가 기독교는 전체 역사에서 한 번도 그런 상태에 도달한 적이 없었다. 그러나 기독교는 인간에게 보편적인 의무를 부과하는 종교였고, 이러한 보편적 의무는 실질적으로 무한히 일반화될 가능성이 있다는 일반원칙(예를 들면 스토아주의 윤리가 그럴 수 있는 것처럼)과는 다르게 국가의 제도적 지원을 받을 수 있었다.

이러한 윤리에서, 결혼 ─ 부부관계, 부부를 중심으로 한 가족의 형성과 유지 ─ 은 어쩌면 본질적인 부분들 중 하나일지 모른다. 그 이유는 첫째, 고행의 생활과 세속 생활 사이의 가장 큰 차이는 결혼과 관련된 것이기 때문이다. "당신이 세속인과 수도사에게 요구하는 것이 다르다고 생각한다면, 그것은 크게 잘못 생각하는 일이고 또한 큰 잘못을 저지르는 일이다. 둘 사이의 차이는 한쪽은 결혼했고, 다른 쪽은 결혼하지 않았다는 것이다. 그 밖의 모든 문제에 관한 한, 그들에게는 똑같은 의무가 부과된다."**4** 이러한 차이 그 자체에 관해서, 그리고 차이가 가장 중요시되는 문제 — 부부의 성관계 — 에서, 두 생활 형태 중의 어떤 생활이 고행을 적게 한다고 해서 종교적 가치가 감소되지 않고, 구원의 희망이 박탈되지 않도록 모든 규범과 신앙의 실천을 분명히 정의하는 일이 중요하다. 그러나 다른 한편으로 제국의 행정이 발달하고 전통적 권력이 점차 사라짐에 따라, 부부생활의 기본단위로 이해되는 가족은 점점 더 중요한 역할을 떠맡게 된다. 가족은 사회의 기본요소이자, 개인의 도덕적 행동과 보편적 법률제도 사이에서 기본적 연결점의 역할을 하는 요소가 되었다. 그래서 우리는 첫눈에도 역설적으로 보일 수 있는 다음과 같은 결과에 이르게 된다. 이제 금욕주의의 강화와 국가구조의 확장 사이에서 가족이라는 기본단위, 부부의 성관계, 부부의 일상생활과 성행위에 이르기까지의 모든 문제가 중요한 쟁점이 된다.

이러한 문제들은 일찍이 플라톤의 《공화국》과 《법률》, 또는 아리스토텔레스의 《정치학》에서 논의된 것이 아닐까? 물론이다. 그러나 논의의 방식은 달랐다. 4세기 말과 5세기 초에 이 문제를 주제로 쓴 기독교인들의 텍스트를 검토해 보면, 이들의 방식은 고대 그리스인들의 방식과도 다르고, 당시의 일반적 해석으로 추정해 보아도 다르다는 것을 알 수 있다. 이들의 텍스트에서 부부의 성관계가 중요시되는 것은 부부가 생식과 출산을 할 수 있고 또한 해야 한다는 당위성 때문이 아니다.

나는 마지막 장에서 성 아우구스티누스의 견해를 별도로 논의하겠

---

4 Saint Jean Chrysostome, *Contre les ennemis de la vie monastique*, III, 14.

다. 그 이유는 그의 견해가 정절의 금욕과 결혼의 윤리에 대해 등가적 의미를 부여한 가장 엄정한 이론적 틀을 갖추고 있기 때문이고, 또한 그것이 서양의 기독교 성윤리의 항구적인 기준이 됨으로써 후속 연구의 출발점이 되기 때문이다. 지금 이 장에서 나는 사목활동의 중요한 수단이었던 주제, 즉 강론에 수록된 여러 참고문헌들 중에서 4세기 말에 볼 수 있는 부부생활의 기술을 검토해 보려 한다. 이 방대한 문헌들 속에서 나의 관심이 분산되지 않도록 하기 위해, 크리소스토무스의 강론들을 특별히 참고할 것이다. 이것은 그의 독특한 개성적 표현과 함께 당시의 모든 경향이 함축된 보편성을 강조하기 위해서다. 그가 결혼에 관해서 표명한 많은 생각들은 그와 같은 시대에 살았던 사람들 — 가깝게는 니사의 그레고리우스이고, 멀게는 성 히에로니무스 — 의 생각과 거의 일치한다고 할 수 있다. 어떤 생각은 오리게네스에게서 비롯된 것이다. 그러므로 내가 참고하려는 저자는 그러므로 결혼의 새로운 윤리를 확립한 크리소스토무스가 아니라, 그가 글을 쓰던 시대에 이미 널리 알려진 부부생활과 관련된 사목활동의 증인이자 귀감이 되는 크리소스토무스이다. 덧붙이고 싶은 말은 크리소스토무스가 안티오케이아로 돌아오기 전에 수도생활을 경험하고 그것을 신앙생활에 옮긴 사람이었다는 것이다. 또한 그곳에 돌아온 후 몇 년 동안 그가 쓴 책들, 가령 《수도생활의 적들에 대한 반론》 같은 책에는 금욕을 실천한 사람의 경험이 잘 나타나 있다. 비슷한 주제로 382년경에 쓴 《동정론》도 그렇다. 안티오케이아에서 부사제로 지낼 때부터 콘스탄티노폴리스에서 주교단에 오르기까지 그가 쓴 책의 주요 부분은 (386년부터) 선교와 강론에 관한 것이다. 요컨대 그는 결혼생활에서의 올바른 품행방식에 관해 여러 번 자신의 견해를 피력한 것이다. 그의 강론들, 특히 〈에페소 신자들에게 보낸 서간〉 20절, 〈코린토 신자들에게 보낸 첫째 서간〉 19절, 〈콜로새 신자들에게 보낸 서간〉 10절, 《내가 주님을 보았다*Vidi Dominum*》 텍스트를 해석한 4번째 강론, 끝으로 5세기 초에 콘스탄티노폴리스에서 3차례에 걸쳐 강연한 《결혼에 관한 3편의 강론》5으로 불리는 텍스트들은 모두 결혼생활에 관한 훌륭한 지침서들이기 때문이다. 이 책들에서는 매우 구체적인 많은 문제들이 검토대상이 되었는데, 결혼생활을 잘하기 위해서는 자녀를 어떻게 양육해야 하는가, 배우자를 어떻게 고르는가, 결혼식을 어떻게 치러야 하는가, 일상생활에서 아내와의 관계를 어떻게 해야 하는가, 성관계는 어떤 절제의 원칙을 따르는 것이 옳은가 등의 문제가 그것이다.

이 텍스트들이 종종 《동정론》의 주장과 다르고 결혼을 과소평가한 대목의 논리와 대립적인 것은 결혼의 부정적 측면에 대한 장황한 서술, 동정의 우월성에 대한 반복적 주장, "종말의 시간"이 가까워졌기 때문에 이제는 "더 이상 결혼을 생각할 때가 아니다"라는 주제와 관련되기 때문이다. 6 여기서 크리소스토무스의 일관된 생각을 평가하려는 것은 중요한 문제가 아니다. 나는 다만 여전히 금욕주의를 주장하는 이 텍스트에서 분명히 표현된 여러 주장들의 전제조건이 무엇인지를 환기시키고 싶을 뿐이다. 결혼은 그 자체가 악으로 간주될 수 없다

---

5   이 강론들은 성 아우구스티누스의 《올바른 결혼생활》과 동시대의 것이다(401).
6   〔Saint Jean Chrysostome, *De la virginité*, LXXIII.〕

는 것(이 경우에는 동정을 지키는 것이 특별히 명예롭지 않기 때문인데),
하느님은 우리가 결혼하지 않기를 바라지만 결혼을 완전히 금하도록
하지는 않았다는 것, 모범적인 결혼은 평화가 보장된 우정관계를 전
제로 한다는 것, 남편의 정당한 금욕의 관심은 부인에 대한 의무를 피
하려는 태도가 아니라는 것, 또한 부인은 남편에 대한 존경심을 가져
야 한다는 것 등이 그의 주장이다. 7 크리소스토무스가 결혼에 대한 강
론에서 발전시킨 새로운 주제나 변화된 특징이 무엇이건 간에, 우리
는 여기서 결혼을 완전히 단념하도록 촉구하는 텍스트들과 모순되지
않게 연결되는 주장들을 볼 수 있다.

　물론 변함이 없는 것은 그의 강론에서 긴장관계를 갖는 고대철학과
기독교의 두 축의 논리가 발견된다는 점이다.

　그 첫 번째 축은 부부관계의 개념 속에 교회와 그리스도의 관계에
대한 복잡한 교리와, 고대 이교문명의 모럴리스트들에게서 볼 수 있는
교훈과 매우 유사한 지혜의 말들이 공존하는 특징을 갖는다.

　고대철학과 기독교의 이러한 긴장관계는 결혼에 대한 3번째《복음
서 해설》의 어떤 구절, 가령 젊은 남자와 젊은 여자를 서로 끌어당기
는 강렬한 힘과 그들 사이에서 형성되는 견고한 관계를 논의하는 구절
에서 분명히 나타난다. 그들은 서로 만나기 전까지는 태어나서 오랜
시간의 공동생활을 통해 부모와 결합해서 살 수 있었다. 어느 날 갑자
기 한 청년과 한 처녀가 대면한 다음부터 서로가 자신의 가족관계를
잊어버리고, 가족 사이에서 형성된 오랜 친밀성을 무시하고, 가족관

7　*Ibid.*, I, II, III, XLVII, XLVIII, LIV, LXXXV.

계보다 더 강렬한 관계가 형성되는 일이 발생한다. **8** 이런 일은 유아기 때 일어나는 일, 즉 어린아이가 말을 하기 전이라도 부모를 알아보는 일이 반복되는 것과 같다. "이렇게 되어 아무도 그들을 가까운 사이로 만들지 않았고 그들을 가깝게 지내도록 부추기지도 않았으며 서로를 존중하도록 가르치지 않았는데도, 그들은 하나로 결합되기 위해서 만나야만 했다."**9** 그리고 그들이 스스로 이러한 갑작스런 만남의 절대적 성격과 고귀한 가치를 받아들이듯이, 부모들도 이런 일에 대해 어떤 후회나 원한이나 고통을 느끼지 않게 되었다. 오히려 그들은 감사하는 마음을 갖는다. 크리스소토무스는 〈에페소 신자들에게 보낸 서간〉을 참고해서 이렇게 덧붙인다. "바오로는 이 모든 것을 알아차리고, 두 배우자가 부모를 떠나는 것은 하나로 결합하기 위해서이고, 두 사람의 이러한 우연적 결정은 가족 안에서 형성된 오랜 습관보다 더 많은 영향력을 갖는 것이라고 생각한다. 게다가 이것은 더 이상 인간이 관여할 수 있는 문제가 아니라고 〔…〕 판단함으로써 결국 이렇게 말한다. '**참으로 불가사의한 일이로다.**'"**10** 〈에페소 신자들에게 보낸 서간〉에 대한 강론은 이 불가사의한 일의 3가지 형태를 분명히 밝힌다. 첫째, 자연에는 다른 모든 힘들보다 강력한 힘이 있다는 것이다. 그것은 우리로 하여금 다른 사람들과 관계를 맺게 하거나 우리에게 어떤 물건을 갖고 싶게 만드는 힘들보다 더 절대적이고, 더 지배적인 힘

---

8   Saint Jean Chrysostome, IIIe *Homélie* sur le mariage, 3.

9   〔*Ibid.*〕

10   *Ibid.*

이다. 역설적이게도 그것은 금지된 것에 대한 욕망epithumia 같은 것이어서, 일반적으로 양립할 수 없는 두 가지 상반된 특성들, 즉 지속성과 격렬함이 결합된 힘이다.[11] 둘째, 문제는 그 힘이 갑자기 나타나다가 우리 자신의 내면으로 숨어 버린다는 것이다. 그것은 "우리의 본성속에 숨어" 있어서, 우리는 그것을 의식하지 못한다.[12] 셋째, 이러한 관계의 성격을 가리키기 위해, 크리소스토무스는 이 텍스트들의 많은 부분에서 전체적으로건 개별적으로건 두 용어를 동시에 사용한다. 하나는 강제적으로건 아니면 적어도 의무에 따른 것이건, 두 사람을 결합하는 구속, 속박이고[크리소스토무스는 예속의 주제와 관련하여 종종 'desmos'(구속)란 말을 사용한다], 다른 하나는 두 사람의 물질과 두 사람의 육체를 하나로 합치고, 새로운 일체성을 만들어 내는 결합이고 교착이다.

우리의 본성 속에 자연 그 자체보다 더 강한 힘이 어떻게 우리도 모르는 사이에 슬그머니 들어올 수 있었을까? 남자와 여자가 지속적인 결합을 위해 가까워지는 이러한 사랑에서, 즉 성 바오로가 말한 이 "불가사의한 일"에서 크리소스토무스는 하느님의 뜻이 담긴 징표를 본다.

우선 하느님의 뜻은 창조주의 의지이다.[13] 하느님이 여자를 만든 것은 남자로부터이고, 또한 남자의 몸으로부터이다. 동일한 물질에서 태

---

11 "*Outôs pasês turannidos autê hê agapê turannikôtera*", saint Jean Chrysostome, XXe *Homélie* sur l'Épître aux Éphésiens, 1.

12 "*Emphôleuôn tê phusei, kai lanthanôn hêmas*", *ibid.*

13 이 주제는 〈에페소스인들에게 보내는 서간〉 1에 대한 20번째 강론의 도입부에서 매우 상세하게 논의된다.

어난 아담과 하와는 물질적으로 결합할 수 있었다. 그리고 그들의 자손 역시 동일한 물질의 특성을 갖는다. "그러므로 어떤 이물異物의 본질적 요소도 우리의 몸 안으로 들어올 수 없다." 여러 세대로 이어져 오는 동안, 인류는 자기 자신과의 관계에 변함이 없었고, 자기 자신의 물질적 한계에 고정되어 있었다. 인류가 한 번도 벗어나지 못한 상태의 출발점인 그러한 근원적 동질성의 관계에서 근친상간은 두 가지 역할을 한다. 태초에 필연적이었던 이 근친상간은 모든 사람을 하나의 동일한 물질의 정체성과 연관시키는 점에서, 존재론적으로 가치 있는 일이다. 하느님이 "남자는 자기 자신의 누이나 딸, 보다 정확히 말해서 자기 자신의 육신과도 결혼할 수 있도록"[14] 허락한 것은 인류를 하나의 나무처럼 만들어서, 한 뿌리에서 무성한 나뭇가지가 뻗어 나가는 거대한 나무의 아름다운 모습을 구상했기 때문이다. 오늘날 사람들이 아무리 흩어져 살더라도, 그들은 이러한 뿌리에 의해서 하나로 통합되고 결합된다. 우리 모두를 인척관계로 만든 점에서, 이것은 행복한 근친상간이다. 그러나 오늘날 근친상간의 금지는 이러한 본래의 원칙과 모순되지 않는다. 근친상간의 금지는 오히려 원칙의 결과를 따라가게 하여 그것의 혜택을 증가시킬 뿐이다. 크리소스토무스의 설명에 의하면, 하느님은 이제부터 남자들에게 그들의 누이와 딸과 결혼하지 못하게 하고, 그들이 공동의 뿌리에서 물려받은 힘을 외부로 전환시킴으로써, 그들의 애정이 하나뿐인 대상을 향해 집중되지 않도록 한다. 원초적인 친척관계는 말하자면 우리의 직계 혈족이 아닌 사람들과의 관계로 현실화된다.

14　〔*Ibid.*〕

우리의 누이와 결혼하지 못하게 됨으로써 우리는 외부 사람들과 결합할 수밖에 없게 되었는데, 이것은 말하자면 우리를 미지의 친척들과 재-결합하게 만든 것이라고 할 수 있다. **15**

그러나 남자와 여자를 결합시키는 힘은 동일한 기원의 흔적만은 아니다. 그 힘은 또한 다른 결합의 형상, 즉 그리스도와 교회를 결합하는 형상인 것이다. 이제는 속죄의 실현이 문제이지 천지창조가 문제는 아니다. 크리소스토무스는 부모와의 오랜 가족애를 끊고, 남자와 여자가 그렇게 갑자기 관계를 맺은 까닭을 이렇게 설명한 후, 그리스도가 "하느님 아버지를 떠나서 교회로까지" 내려온 것도 그와 같은 방법이었음을 계속 주장한다. **16** "이제 결혼이 얼마나 불가사의한 일이고 위대한 일의 상징인지를 알겠는가."**17** 이러한 생각은 오리게네스에서 비롯되었다. **18** 이것은 그리스도가 교회와 맺은 관계를 결혼관계로 형상화한 것인데, 여기서 그리스도는 배우자이고, 영혼이고, 머리이며, 명령하는 사람이다. **19** 반면에 교회는 약혼녀이고, 영혼의 육체이고, 육체의 구성요소이므로, 교회가 그리스도에 복종하는 것은 당연하다. 사람들이 교회를 미워하고, 혐오하고, 모독했음에도 불구하고, 그리스도가 이러한 교회까지 찾아 온 것은 사랑 때문이다. **20** 그는

---

15 가족이 아닌 타인과 친척관계를 맺어야 한다는 의무로 그 이유를 설명할 수 있는 근친상간의 금지는 성 요한 크리소스토무스나 다른 기독교 저자들에게 모두 특별한 것이 아니다.

16 〔Ibid., 4.〕

17 〔Saint Jean Chrysostome, IIIᵉ Homélie sur le mariage, 3.〕

18 〔예를 들어, Origène, Homélies sur le Cantique des cantiques 참고.〕

19 〔Saint Paul, Épître aux Éphésiens, 5, 23.〕

교회가 가질 수 있는 모든 결점과, 교회가 지니고 모든 죄의 얼룩을 교회와 함께 받아들였다. 그러나 이것은 밤새워 일하기 위해서이고, 교회를 가르치기 위해서이고, 빛을 주기 위해서이고, 결국은 교회를 구원하기 위해서이다. 완전한 배우자로서 그는 모든 것을 참고, 수많은 고통을 겪으면서, 교회를 위해 자신을 희생했다.[21] 그러나 그 대신, 그리스도와 교회와의 관계는 모든 결혼의 모범이 되는 역할을 한다. 남자와 여자를 결합시키는 원칙은 그와 같은 복종이고, 그와 같은 남자의 우월성이고, 그와 같은 교육의 의무이고, 여자를 구원하기 위한 그와 같은 희생의 동의이다. 부부관계가 가치 있는 것이 되느냐 여부는 그리스도와 교회를 연결 짓는 사랑의 형태를 부부가 어떻게 자기 식으로 소화해서 만들어 내는가에 좌우된다. "부부는 하나의 작은 교회이다."[22]

남편과 아내의 관계에 대한 두 가지 신학적 원리의 근거는 한쪽이 천지창조라면 다른 쪽은 구원이고, 한쪽이 육체의 물질적 결합이라면 다른 한쪽은 그리스도의 강생이고, 한쪽이 시간의 기원이라면 다른 한쪽은 시간의 종말이 가까워졌다는 것이다. 이런 논리는 크리소스토무스로 하여금 결혼의 가치와 동정의 가치를 연결 지을 수 있게 한다. 보다 정확히 말하자면, 결혼을 단순히 완전한 금욕생활이 불가능한 상태라고 생각하지 않게 만드는 것이다. 이제부터 결혼은 높은 수준

---

20 Saint Jean Chrysostome, IIIe *Homélie* sur le mariage, 2.

21 Saint Jean Chrysostome, XXe *Homélie* sur l'Épître aux Éphésiens, 2.

22 〔*Ibid.*, 6.〕

의 가치는 아닐지라도, 직접적으로 실제적 가치를 갖게 될 수 있다. 동정은 지상에서 천사의 생활을 실현함으로써 천국의 상태를 복원하는 것이다. 결혼관계는 동정보다는 못할지 모르지만, 천지창조에서 물질의 결합을 연상시킨다. 동정은 영혼을 그리스도의 배우자로 만드는 수단이고, 결혼은 구세주와 교회의 결합에 대한 상징이다. 그러므로 크리소스토무스의 《동정론》이 결혼을 경멸하는 저자의 책으로 잘 알려져 있다 해도, 이 책의 저자가 결혼한 사람들에게 매우 높은 공덕과 보상을 약속하는 것을 보고 놀라워 할 필요는 없다. 결혼생활이 계율에 복종하는 생활이라면, "그것은 수도생활에 비해서 별로 열등한 것이 아니다. 부부는 독신자들을 부러워하지 않아도 된다."[23] 또한 이런 말도 있다. 당신이 훌륭하게 결혼생활을 이용할 수 있다면, "당신은 천국에서 일등석을 차지하고, 모든 행복을 누릴 것이다".[24]

이처럼 결혼의 영적인 지위향상은 결혼생활에 대한 발전적인 생각을 갖게 하고, 동정의 생활 테크닉에 대항하도록 하면서, 높은 수준까지는 아니라 해도 어느 정도까지는 양자 간에 균형을 이룰 수 있는 차원에서, 남자와 여자의 성관계 기술을 정당화한다. 그런데 결혼생활의 이러한 규범들을 특징짓는 것은, 제국시대의 모럴리스트들과 그들에게서 이끌어 온 것이 분명해 보이는 알렉산드리아의 클레멘스의 모럴을 비교할 때, 그들 사이에 상당히 많은 유사성을 발견할 수 있다는 점이다. 이런 의미에서 결혼에 대한 신학적 정당화는 과잉의 금욕주

---

23 *Ibid.*, 9.
24 Saint Jean Chrysostome, VIIe *Homélie* sur l'Épître aux Hébreux, 4.

의를 금할 수 있게 하고, 특히 부부생활에 대한 거부의 논리 속에 함축된 이원론의 결과를 피할 수 있게 하고, 이미 일반화된 모든 결혼윤리의 원칙을 제공함으로써 이교인의 결혼윤리가 기독교 안에서 정착되는 (이미 클레멘스에게서 감지될 수 있는) 움직임이 계속될 수 있었던 것처럼 보인다. 실제로, 요한 크리소스토무스에게서 (나중에 상세히 분석할 필요가 있는 한 가지 중요한 사항을 제외하고는) 부부관계에 대한 격조 높은 신학의 논리는 무소니우스, 세네카, 에픽테토스, 클레멘스 같은 철학자들이 친숙하게 만든 결혼생활의 계율과 놀라울 정도로 가깝게 연결되어 있다. 감정의 어조가 달라진 것들도 있지만, 대부분 논의의 전개방식은 더욱 풍부해졌고, 사랑la charité의 가치는 더욱 강조되었다. 그러나 기본적인 주제가 같다는 것은 분명하다.

— 자연적 불평등의 원칙. 〈창세기〉에 의하면, 하느님은 먼저 남자를 창조하고, 남자에게 여자를 '보조자'로 만들어 주면서, 남자에게 첫 번째 줄에서 명령하는 역할을 맡긴다. 그는 머리이다. "남편을 우두머리 자리에 있는 사람으로, 여자를 몸통의 자리에 있는 사람으로 상상해 보자. 〔…〕 바오로는 남자와 여자의 자리를 지정한다. 한쪽이 권위와 보호의 자리라면, 다른 한쪽은 복종의 자리이다."25

— 상호보완성의 원칙. 이것은 이러한 불평등에 긍정적 내용을 부여하는 것으로서, 결혼생활에서 질서의 원칙으로 작용할 수 있게 하고, 부부생활이 갈등을 겪게 될 때 화합을 이룰 수 있게 한다. "우리의 인생이 공적인 일과 사적인 일로 나뉘는 만큼, 하느님은 남자와 여자

---

25 〔Saint Jean Chrysostome, XXᵉ *Homélie* sur l'Épître aux Éphésiens, 1.〕

의 일을 구분하였다. 여자에게는 가사를 돌보게 했고, 남자에게는 국
사를 맡도록 했다." 남자는 창을 던지고, 여자는 집안의 도구를 다룬
다. 한쪽은 공적인 토론에 참가하고, 다른 쪽은 집에서 자기의 의견을
관철하도록 한다. 남자는 공금을 관리하고, 여자는 집안의 '보물'인
자녀를 양육한다. 그렇기 때문에 하느님이 "한 사람에게 두 가지 능력
을 주지 않은 까닭은, 양성 중의 한쪽이 다른 쪽의 빛으로 가려지면 쓸
모없는 존재가 될 것을 염려했기 때문이다. 또한 하느님이 양성에게
똑같은 능력을 나누어 주지 않은 까닭은, 이러한 평등이 갈등을 야기
하고, 여자들이 첫 번째 자리를 놓고 남자들과 다툴 만큼 자만심이 커
질 것을 염려했기 때문이다. 그러나 서열에 따른 예절과 평화의 필요
를 조정하면서, 하느님은 우리의 생활을 둘로 나누어 남자에게는 가
장 본질적이고 중요한 일을 맡도록 했고, 여자에게는 매우 사소하고
보잘것없는 일을 부여했다. 그 결과 남자는 생활의 필수품 때문에 여
자를 공경하게 되었고, 여자는 자신의 일이 열등하다고 해서 남편에
게 반항하지 않을 수 있었다."[26]

이러한 상호보완성이 잘 이루어질 수 있기 위해서 남자가 자기보다
부유한 여자와 결혼하는 것은 바람직하지 않다. 왜냐하면 부유한 여
자와 결혼하는 남자는 '상전'을 맞아들인 셈이기 때문이다. 그와 반대

---

[26] saint Jean Chrysostome, IIIe *Homélie* sur le mariage, 4를 참고할 것. 《한 번뿐
인 결혼에 대하여》 4장도 이와 같은 주제를 논의한다. 이 마지막 텍스트에 대한 주
석에서 B. Grillet는 이 구절을 크세노폰의 텍스트와 비교한다. "하느님은 원래부
터 남자는 바깥의 일을 할 수 있도록 하고, 여자의 본성은 가사를 돌보는 일에 적합
하도록 만들었다", *Économique*, VII, 21.

로 자기보다 가난한 여자를 고른다면, 그는 여자에게서 '보조자, 지지자 〔…〕'를 찾은 것이다. 자신의 가난 때문에 갖게 된 불편한 생각으로, 여자는 남편에 대해서 온갖 정성과 관심을 쏟고, 복종하고, 헌신함으로써 모든 부부싸움의 원인은 제거된다. **27**

　－ 부끄러움에 대한 존중과 관련된 교육 의무의 원칙. 남편은 머리이기 때문에 아내를 지도하고, 교육자 역할을 하면서 아내에게 미덕을 기르도록 가르쳐야 한다. "아내가 남편의 집으로 들어온 첫날밤부터, 남편은 아내를 경건한 존경심으로 대하고, 아내에게 절제와 겸손과 온화함을 가르쳐서 아내가 늘 정숙한 생활을 하고, 돈을 좋아하지 않고, 기독교 철학을 실천하고, 귀와 얼굴과 목에 비싼 장신구를 걸지 않도록 한다."**28** "아내에게 올바른 품행규범의 지침을 가르치기 위해서는 억제력과 같은 효과의 부끄러움으로 아내가 불평이나 주장을 할 수 없게 되는 때를 이용하도록 하라. 〔…〕 아내 교육을 위해서라면, 아내가 남편 앞에서 부끄러움으로 얼굴을 붉히고 남편을 계속 무서워할 때보다 더 좋은 때가 어디 있겠는가? 아내에게 의무를 가르쳐 주기 위해서는 기회를 잘 이용하도록 하라. 그러면 어쨌든 자진해서건 마지못해서건, 아내는 당신에게 복종할 것이다."**29** 우리가 잘 알고 있듯이, 배우자를 가르치는 일이 남편의 권리이자 의무라면, 그 대신 아내의 입장에서 무지함이 존중받는 분야가 있는데, 이것은 부끄러움과

27　Saint Jean Chrysostome, IIIe *Homélie* sur le mariage, 4.
28　〔Saint Jean Chrysostome, XXe *Homélie* sur l'Épître aux Éphésiens, 7.〕
29　*Ibid.*, 8.

관련된 모든 일이다. 고대의 모럴리스트들이 제시한 바 있는 신중한 충고도 이와 같다. **30** "여자가 아무리 조심스런 근심 걱정에 사로잡혀 있어도 오랜 시간 그대로 내버려 두어야 하지, 한 번에 없애려고 해서는 안 된다. 〔…〕 우선 아내의 조심스러운 태도를 존중해야 한다. 어떤 남자들의 방탕한 행동을 따라하지는 말아야 한다. 오랜 시간 참고 기다릴 줄 알면 좋은 결과가 있을 것이다."**31**

– 관계의 지속성과 의무의 상호성에 대한 원칙. 결혼관계는 단 한 번에 맺어지는 것이고, 불륜을 저지르지 않으면**32** 그 관계를 끊을 수 없는 것이다. 불륜의 성관계가 단지 상대편이 유부녀라는 사실 때문에 성립되는 것이 아니라는 점을 잘 알아야 한다. 불륜의 문제는 사실상 법률적 판단으로 결정되지 않는다. 이런 문제에 대해서 크리소스토무스는 여전히 무소니우스 같은 저자들의 견해에 의존해서 '하느님의 율법'에 명시된 것이라고 말한다. **33** "많은 사람들은 우리가 불륜을 저지르는 까닭이 오로지 유부녀의 유혹 때문이라고만 생각한다. 그러나 결혼한 남자는 누구라도 그 대상이 창녀이건 하녀이건 어떤 미혼 여성이건 간에, 잘못된 부정한 관계를 맺고 불륜을 저지를 수 있다는 것이 내 생각이다. 실제로 그런 사람은 수치스런 사람일 뿐 아니라, 수치스러운 불륜의 행동을 책임져야 하는 사람이다."**34** 또한 이런 말

---

30 *L'usage des plaisirs* 중 "La maisonnée d'Ischomaque"를 참조할 것.

31 *Ibid.*, 7.

32 Saint Jean Chrysostome, XIXe *Homélie* sur la Ire Épître aux Corinthiens, 2.

33 앞의 책 Ire partie, p. 15 참고.

34 Saint Jean Chrysostome, Ire *Homélie* sur le mariage, 4.

도 있다. "당신의 부인이 자기의 아버지와 어머니, 모든 가족과 헤어져서 당신에게 온 것은 당신이 아내 대신에 화류계 여자와 관계를 가지면서 아내를 모욕하지 않는다고 기대했기 때문이네."35 부부의 신성한 관계는 남편이 어떤 여자 노예와 일시적인 관계를 갖게 되어 더럽혀지는 경우가 있어도 절대로 해체될 수 없는 관계임을 우리는 알고 있다. 크리소스토무스는 재혼에 대해서 대부분의 기독교인 저자들과 몇몇의 신新스토아주의 저자들과 마찬가지로 조심스럽게 비판하는 입장을 취한다. 재혼은 완전히 금지된 사항이 아니다(젊은 사람에게는 특히 그렇다). 36 그러나 무엇보다도 "죽음을 기다리고, 자기의 약속에 충실하고, 금욕을 지키고, 자녀들 옆에 머물고, 그렇게 함으로써 하느님의 풍성한 은혜를 받을 수 있는 편이 낫다."37

  ― 올바른 결혼생활의 목적이자 동시에 영원한 조건이 되는 애정관계의 원칙. 우리가 많은 정성을 기울여서 배우자가 될 사람을 결정해야 하는 까닭은(결혼에 대한 3번째 강론은 대부분 이러한 선택의 원칙을 정의하는 내용으로 구성된다), 배우자를 평생 사랑할 수 있어야 하기 때문이다. 자기에게 필요한 여자를 배우자로 삼으려면 "앞으로 그녀와 절대로 이혼해서는 안 될 뿐 아니라, 깊은 애정으로 그녀를 사랑할 수 있어야 한다."38 《한 번뿐인 결혼에 대하여》라는 작은 개론서(이 책은

---

35 *Ibid.*

36 이혼당한 여자와의 재혼은 간통이다. 이혼한다고 해서 부부관계가 해체되는 것이 아니기 때문이다. saint Jean Chrysostome, IIe *Homélie* sur le mariage, 3.

37 〔*Ibid.*, 4.〕

38 〔Saint Jean Chrysostome, IIIe *Homélie* sur le mariage, 2.〕

동정을 논의한 책과 같은 시대에 나온 것으로 추정된다)의 한 구절은 무엇보다 결혼의 실제적 문제 중 하나라고 할 수 있는 이러한 애정에 관한 현실적 해석을 보여 준다. 남자는 자기가 주인이 되기를, 특히 최초의 유일한 주인이기를 원한다. 옷이나 가구 같은 물건도 마찬가지이다. 하물며 배우자를 결정하는 것이 문제일 때는 더욱 그렇다("남자에게는 제일 귀중한 재산이므로"). 남자들은 자기가 여자의 첫 번째이자 유일한 소유자라는 것을 알게 될 때, '열정'과 '애정'과 '친절'을 베풀면서 여자를 받아들인다.39 이것은 훗날의 강론에서 보이던 논조와는 분명히 다르다. 특히 다른 것은, 이상적인 기독교인 남편이 젊은 부인에게 가상의 연설을 한 부분에서이다. 여기서 애정은 소유와 지배의 관계와는 상관없고, 다음과 같은 영혼과 영혼의 다양한 관계방식들과 관련된 감정으로 표현된다. 이것들은 여자의 내면적 품성을 알아보는 능력, 그녀의 사랑을 쟁취하려는 욕망, 그녀와 오직 한 가지 같은 생각을 공유하려는 의지, 최종적 결합은 오직 내세에서만 이루어질 수 있다는 신념이다. 이런 것이 결혼의 최종 목표가 될 때, 현세의 삶은 별로 중요하지 않다. 그리고 남편은 이런 목적을 위해 자신의 삶을 기꺼이 희생하려고 한다. "나는 그 어떤 보물보다 높은 가치를 갖는 당신의 품성만을 보고, 다른 모든 것을 무시할 수 있었습니다. […] 그렇기 때문에 나는 진심으로 당신을 사랑합니다. 그렇기 때문에 무엇보다 나는 당신을 사랑하고, 내 자신의 생명보다 더 당신을 사랑합니다. 왜냐하면 현재의 생활은 아무것도 아니기 때문이지요. 하지만 나는 당

---

39 *Prothumia, philia, eunoia*: saint Jean Chrysostome, *Sur le mariage unique*, 5.

신을 위해 기도하고 충고하렵니다. 서로의 사랑 속에서 현재의 삶을 보낸 후에 우리가 내세에서 결합하고 행복하게 살 수 있기 위해서 무슨 일이든지 하겠습니다. 〔…〕 당신의 사랑은 무엇보다도 나에게 기쁨을 주고, 어떤 일을 하더라도 당신을 생각하지 않는 일처럼 괴로운 일이 없습니다. 내가 모든 것을 다 잃어버릴 수밖에 없고, 이러스●보다 더 가난하게 되고, 극도로 위험한 처지가 되어서 극심한 고통을 겪을지라도, 당신의 사랑을 얻기만 한다면 더 이상 아무것도 괴롭지 않고, 아무것도 두려울 게 없겠지요."**40** 이 텍스트가 매우 특징적으로 보이는 것은 크세노폰의 유사한 연설문 서두와는 판이하게 다른 표현으로 끝난다는 점이다. 크세노폰의 연설은 남편이 아내에게 자기가 그녀를 결정한 것과, 그녀의 부모가 자기에게 결혼을 허락한 것은 두 사람이 이룰 가정과 앞으로 갖게 될 자녀들의 행복을 위해서라는 말로 시작한다.**41** 그런데 크리소스토무스에게서는 내세에서의 결합을 예고하는 이러한 영혼의 결합이 현세에서 실현될 때에만 남편이 자녀를 갖기 원하는 것으로 설명된다. "당신이 나에 대한 애정을 가질 때, 아이들을 가질 수 있게 되기를 바랍니다."**42**

크리소스토무스의 말에 의하면, 이러한 원칙의 존중은 결혼생활의 에티켓과 같은 규범의 근거가 된다. 이런 규범을 지킴으로써 영혼의

● 〔옮긴이 주〕《오디세이》에 등장하는 걸인의 이름. "이러스보다 더 가난하다"는 말은 극도로 가난한 상태를 나타내는 관용구적인 표현이다.

40 〔Saint Jean Chrysostome, XXe *Homélie* sur l'Épître aux Éphésiens, 8.〕

41 〔Xénophon, *Économique*, chap. vii.〕

42 Saint Jean Chrysostome, XXe *Homélie* sur l'Épître aux Éphésiens, 8.

평화가 보장되는 것에 반해, 혼외정사, 특히 창녀들과의 정사는 당연히 영혼에 해독을 끼치는 행위이다. 실제로 창녀들과 관계를 갖게 되면, "모든 일이 쓰라림과 후회의 감정일 뿐이다". 남는 것은 낭비, 창피함, 마법의 분위기, 성욕자극제이다. "당신이 쾌락을 추구하더라도, 화류계의 여자들은 피하도록 하라." 반대로 "당신의 집에서 아내 곁에 지낸다면 쾌락, 안전, 휴식, 존중, 배려, 양심을 동시에 찾을 수 있다. 당신이 수중에 맑은 샘물을 갖고 있는데, 무엇 때문에 진흙탕 늪으로 달려가는가?"[43] 이러한 영혼의 평화는 가정의 질서와 번영과도 일치한다. "장군이 자기의 군대를 강하게 조직하면, 어떤 적군도 공격해 올 수 없다. 가정도 마찬가지이다. 부인, 자녀, 하인들이 같은 목적을 위해서 협력할 때, 화목한 가정을 이룰 수 있다. [⋯] 그러므로 우리의 아내와 자식, 하인들을 돌보는 일에 세심한 주의를 기울이도록 하자."[44] 부부관계는 자녀와 하인들이 앞으로 가정의 모든 질서를 책임지는 자리에 있을 때, 본받을 만한 모델이 된다. 그래서 부부관계가 사랑과 절제, 존경심과 모든 사람으로부터 인정받을 수 있는 권위에 의존해서 견고해지면, 주위 사람들이 모두 그 혜택을 누릴 수 있을 것이다. "그렇게 덕이 높은 부모 밑에서 자란 아이들과 그런 주인들을 섬기는 노예들, 그리고 그들과 가까운 모든 사람이 앞으로 어떻

---

43 Saint Jean Chrysostome, Ire *Homélie* sur le mariage, 5. 3번째 《복음서 해설》 9에서도 마찬가지임을 참고할 것. "만일 우리가 그처럼 서로 노력을 기울인다면 이혼하는 일도 없고, 간통의 의심이나 질투의 이유, 싸움이나 언쟁이 있을 리 없고, 화목하고, 평화롭고, 즐거운 생활을 누리게 될 것이다."

44 Saint Jean Chrysostome, XXe *Homélie* sur l'Épître aux Éphésiens, 6.

게 될지는 분명한 일이 아니겠는가! 〔…〕 대체로 하인들은 주인을 본받기 마련이어서, 주인의 감정표현을 흉내 내고, 주인이 좋은 것이라고 가르쳐 준 것을 그대로 좋아하고, 주인처럼 기도하고, 주인처럼 살기를 원하는 사람들이다."[45] 이러한 윤리규범의 기반에서 형성된 부부관계로 화목한 가정을 이루면, 남자는 번잡한 외부세계를 피해 집에서 안식처를 찾으려 할 것이다. "규범에 따른 결혼생활은 매우 중요한 문제이다. 예의를 지키면서 결혼생활을 하지 못하는 사람들에게는 수많은 불행한 일들이 기다리고 있다. 〔…〕 실제로 부부생활의 규범을 따르지 않는 남편은 그를 공격해 올 수 있는 모든 공적인 불행과 사적인 불행에 대처할 수 있는 위안이나 안식처를 집에서도 찾지 못하고, 아내에게서도 찾지 못한다. 이와 반대로 남자가 공적인 자리에 편하게 있을 때라도, 이러한 결혼생활의 문제를 깊은 생각 없이 경솔하게 처리하는 사람은 집에 돌아와서 위험한 암초와 바위에 부딪힐 수밖에 없을 것이다."[46]

'완전한 결혼생활Kalon ho gamos'에 대한 논의는 《동정론》에서 이루어진 바 있다. 크리소스토무스는 (다른 관점에서 자녀가 속세를 등지고 싶어 하더라도 부모에게 그들의 결정을 반대하지 않도록 권장했는데) 청년들이 결혼을 준비하는 문제를 중요하게 생각했다. 티모테우스에게 보낸 첫 번째 서간을 주제로 한 9번째 강론의 일부는 바로 이러한 문제를 다룬 것이다. "미혼 여성이 결혼하기 위해서 부모의 집을 떠나는 것은

---

45 *Ibid.*, 9.
46 Saint Jean Chrysostome, IIe *Homélie* sur le mariage, 1.

마치 격투기 선수가 격투기장을 떠날 때처럼, 충분한 훈련과 자기수련을 쌓은 다음이어야 한다."**47** 이러한 준비는 영혼과 육체 모두 "길들이기 어렵고", "감독자, 지도자, 교사, 보호자, 통치자"를 필요로 하기 때문이다. **48** 이러한 준비에서 중요한 것은 미혼 남성과 미혼 여성에게 결혼 전의 성관계를 금지하도록 하는 일이다. 그것에는 두 가지 이유가 있다. 하나는 결혼 전에 조심해야 할 문제들로 머릿속이 가득 찬 사람은 결혼 후에 더욱더 그래야 할 것이고, 결혼 전에 사창가에 자주 드나들던 사람은 결혼 후에도 변함이 없을 것이기 때문이다. 다른 하나는 결혼해서 처음으로 관계를 가질 만큼 조심스러운 신혼부부라면 서로가 서로에게 "보다 강렬한 애정을 느낄 수 있기 때문이다". **49** 이것은 정절에 의한 사랑의 준비이지만, 그 준비기간이 너무 오래 계속되어도 신중하지 못한 일이다. "젊은이들의 결혼이 너무 늦지 않도록 서두르게 하자."**50** 또는 크리소스토무스가 다른 자리에서 말한 것처럼, "뜨거운 불길이 어떻게 타오르는지를 보다가 하느님의 율법에 따라 결혼을 시킬 수 있도록 하자". **51**

---

47 〔Saint Jean Chrysostome, IXe *Homélie* sur la Ire Épître à Timothée, 2.〕 결혼 생활을 준비하는 연습과 동정의 길을 선택한 사람들의 내면적 격투 사이의 관계는 〈테살로니카 신자들에게 보낸 서간〉에 대한 강론에서 나타난다. 결혼하기 전의 자녀들은 인화성이 있는 물질과 같다. 그들은 '은거생활을 하는 동정녀들'처럼 늘 지켜서 돌봐야 한다〔Ire *Homélie* sur Anne, 6〕.

48 〔Saint Jean Chrysostome, IXe *Homélie* sur la Ire Épître à Timothée, 2.〕

49 *Ibid.*

50 〔*Ibid.*〕

51 Saint Jean Chrysostome, LIXe *Homélie* sur la Genèse, 3〔P. G., t. 54, col. 517~518〕.

우리가 알고 있듯이, 크리소스토무스는 초기에 쓴 글들의 경직된 측면을 완화하면서 동정에 대비한 가정생활의 규범을 적절하게 조정하려 할 때 그리고 가정을 외부의 소란에 대비한 사적인 평화의 공간, 인간이 추구하는 행복에 이를 수 있는 공간으로 만들려고 할 때, 원칙적으로 특별히 기독교적이라고 할 만한 요소는 전혀 없다. 이러한 모든 주제들은 이미 만들어진 것이다. 그렇다고 해서 어쩌면 크리소스토무스가 이미 만들어진 이 모든 주제들을 본질적으로 기독교인들이 참고해야 할 항목 속에 끼워 놓은 것이라고 오해하지는 말아야 할 것이다. 그는 남자와 여자 사이의 '자연적' 서열을 천지창조와 관련시킨다. 그는 결혼의 미덕 중에 내세의 보상에 대한 약속이 포함되어 있음을 안다 ─"그렇게 함으로써 우리는 주님을 기쁘게 할 수 있고, 현재의 모든 생활을 순결하게 보낼 수 있으며, 요컨대 하느님을 사랑하는 사람에게 약속된 소중한 선물을 얻을 수 있을 것이다."[52] 그는 규범에 따른 모범적인 부부생활의 번영이 은총의 결과라고 생각한다.[53]

그렇지만 이들의 차이는 ─ 이것은 중대한 차이이다 ─ 크리소스토무스와 4세기에 그와 같은 분석작업을 한 모든 사람을 단순히 클레멘스와, 하물며 고대의 모럴리스트들과의 연속된 흐름 속에 자리매김할 수 없다는 것이다. 그것은 결혼생활에서 성관계의 문제이다. 보다 정확히 말하자면, 생식을 결혼의 중요한 목적 중 하나로 인정하지 않는

---

[52] Saint Jean Chrysostome, XXe *Homélie* sur l'Épître aux Éphésiens, 9. 또한 다음도 참고: "절도를 지키면서 결혼생활을 보내도록 하시오. 그러면 천국에서의 일등석은 당신이 차지하게 될 것이오", VIIe *Homélie* sur l'Épître aux Hébreux, 4.
[53] 〔Saint Jean Chrysostome, IIIe *Homélie* sur le mariage, 9.〕

것은 성관계를 부부 사이에서 지켜야 할 의무라고 생각하는 주장과 분리되어 있지 않다.

결혼의 목적은 생식이 아니다. 실제로 크리소스토무스는 이런 식으로 말하지는 않았다. 우리는 그의 견해가 3가지 계열로 진술된다고 생각한다. 그는 하느님이 결혼제도를 창시한 목적들을 열거하는 진술에서, 생식의 문제를 전혀 언급하지 않는다. 결혼에 대한 3번째 《강론》에서 그는 이렇게 묻는다. 왜 하느님은 인간에게 이러한 제도를 만들어 주었는가? "우리가 간음죄를 저지르지 않게 하기 위해서이고, 우리의 육욕을 억제하기 위해서이고, 우리가 정결한 생활을 하도록 하기 위해서이고, 우리가 아내만으로 만족하면서 하느님을 기쁘게 하기 위해서이다."54 다른 텍스트에서 크리소스토무스는 결혼의 목적 중에 생식을 포함시키지만, 이것은 어디까지나 부차적인 의견이고 임시방편으로서이다. 《동정론》의 주장은 이렇다. "결혼이 생식을 목적으로 한 것은 확실하지만, 이것은 어디까지나 우리의 본성에 내재해 있는 욕망의 불길을 진정시키기 위해서다. 바오로는 이렇게 증언한다. '간음죄를 피하려면 누구나 아내를 갖도록 하라.' 그는 이렇게 말할 뿐, 아이를 갖기 위해서라고는 말하지 않는다. 그가 (남편과 아내에게) 공동생활을 허용한 것은 많은 자녀를 갖게 하기 위해서가 아니다."55 그

---

54 Saint Jean Chrysostome, IIIᵉ *Homélie* sur le mariage, 5. Ou encore: "결혼은 그 자체로 찬양되지 않고, 간음과 유혹, 무절제의 위험 때문에 찬양된다", *De la virginité*, XXXIX.

55 Saint Jean Chrysostome, *De la virginité*, XIX.

러나 결혼에 대한 《복음서 해설》에서 그는 그 밖의 다른 말은 하지 않는다. "결혼제도가 만들어진 것은 두 가지 이유에서이다. 하나는 우리의 금욕생활을 위해서이고, 다른 하나는 아버지가 되기 위해서이다. 그러나 이 두 가지 이유 중 무엇보다 중요한 것은 금욕생활이다."[56] 그리고 이렇게 중요한 이유와 하느님이 결혼을 새로 만들어 낸 동기를 설명한 다음에, 그는 결혼의 유일한 목적이 오직 간음죄를 범하지 않게 하는 데 있다고 결론 내린다. 그렇기 때문에, 분석의 끝부분에 이르면 생식의 문제는 사라져 버린다. 결국 크리소스토무스는 결혼과 생식 사이의 신학적 상관관계를 확립하려는 시도를 거부한다. 결혼은 자녀출산이 없이도 완전히 가치 있는 일이 될 수 있다는 것과, 다른 한편 하느님의 뜻이 없이는 결혼 그 자체만으로 땅이 번성할 수 없을 것이라는 이유에서이다. 땅에 관해서 말하자면, 하느님은 결혼생활이나 육체관계를 거치지 않고도 완전하게 땅의 번성을 보장할 수 있으리라는 것이다. [57]

이러한 분리는, 모든 그리스 문화에서 결혼과 자녀출산의 연관성이 얼마나 되풀이하여 강조되었는지를 생각하면, 중요한 문제이다. 부인의 역할은 적출의 자손을 많이 갖게 하는 일이고, 결혼의 신분은 부부가 자녀를 얼마나 낳는가에 따라 인정받게 된다고 말한, 진위가 확실하지 않은 데모스테네스Pseudo-Démosthène의 글과, 생식을 결혼의

---

[56] Saint Jean Chrysostome, Ire *Homélie* sur le mariage, 3.
[57] Saint Jean Chrysostome, *De la virginité*, XV. 아브라함의 예는 결혼이 그 자체로 생식을 결정하지 않는다는 것을 증명한다.

중요한 목적으로 만든 모든 철학자들을 생각해 봐도 그렇다.[58] 알렉산드리아의 클레멘스가 고대의 이러한 주장[59]을 자명한 사실처럼 받아들였던 것을 생각하면 크리소스토무스의 견해는 놀라운 것이지만, 아우구스티누스로부터 초기의 기독교에서 생식문제가 일반적으로 결혼과 성윤리에 관한 신학의 전면에 다시 등장하게 되었다는 점을 생각하면 더욱 놀라운 일이다. 생식은 성사와 충실한 사랑과 비교해서 결혼의 이점들 중 하나로 정의될 수 있고, 또한 부부 사이의 성행위에 예정된 정당한 목적 중에서도 으뜸가는 것으로 정의될 수 있다. 크리소스토무스의 주장은 예외적인 것일까? 그의 입장은 단순히 교리와 실천 어느 쪽에서도 확실한 입장을 정하지 못하고 망설이는 순간에 나온 에피소드에 불과한 것일까? 물론 그의 입장이 예외적인 것은 아니다. 왜냐하면 오리게네스로부터 그에 이르기까지, 결혼문제가 검토대상이 된 것은 생식의 목적과 관련해서가 아니라, 동정과 자발적 독신생활과 관련된 서열의 지위에서였기 때문이다. 논쟁의 핵심 주제는 자녀의 문제가 아니라, 금욕의 문제였다. 크리소스토무스는 성 히에로니무스가 증인이기도 한 서양의 이 모든 사상적 흐름 속에 있는 사람으로 간주되어야 하고, 그에게 제기된 문제는 금욕의 윤리를 바탕으로 (금욕생활을 중시해야 한다는 일방적 주장만으로 면제될 수 없는) 부부관계에 대한 사제의 강론을 어떻게 확립할 것인가이다. 이러한 흐름 속에서 우연히 에피소드가 만들어진 것이라 해도, 이것은 중요한 문

---

58 앞의 책 p. 15 참고.
59 앞의 책 pp. 15~16 참고.

제이다. 왜냐하면 결혼생활에서 성관계의 문제가 심사숙고해서 재구성된 것은 바로 이 에피소드에서이기 때문이다. 크리소스토무스 때문에, 생식이 결혼의 목적이라는 명제는 성 아우구스티누스와 그의 후계자들에 이르러서 무소니우스 같은 이교인들이건, 알렉산드리아의 클레멘스 같은 기독교인들이건 고대의 저자들에게서와는 다른 의미를 갖게 된다.

크리소스토무스는 인간의 타락과 구원의 전체 역사가 시작되는 단계부터 결혼과 생식을 분리한다. 실제로 그는 〈창세기〉에서 하느님이 인간을 창조할 때 "번식하고 번성하라"[60]고 했으므로 여자가 만들어지기 전에, 타락 이전에, 타락의 벌을 가하는 죽음과 고통이 있기 전에 생식이 예고된 것임을 강조한다. 결혼과 생식의 분리는 그러므로 결혼 제도가 만들어지기 전의 일이다. 하느님이 혼자 있는 사람에게 제시한 이 계율은 무엇을 의미하는가? 우리가 알고 있듯이, 니사의 그레고리우스는 이 계율의 의미를 생식이 천사에게서처럼 순결한 방식으로 이루어지고, 하늘이 천사들로 가득 차 있듯이, 에덴동산도 사람들로 번식할 수 있음을 예고한 것으로 이해한다. 크리소스토무스는 오히려 인간이 창조될 때부터, 그 후에 실행될 수 있는 가능성의 토대에서 예고와 약속의 의미를 이해한다.[61] 그래서 인간의 타락 이후에 번식의 가능성이 실현되었다는 것이다. 이것이 타락 때문일까? 타락이 직접적인 이유는 아니겠지만, 타락이 죽음을 유발하고, 그 보상으

---

60 〈창세기〉 1장 28절.
61 〔비어 있는 주〕

로 인간에게 생식능력을 갖게 했다는 점에서, 간접적인 이유는 될 것이다. 또한 생식은 죽음으로 급속한 인구감소가 이루어질 수 있는 땅을 가득 채우기 위해서가 아니라, 미래의 자손들을 생각하는 인간에게 은총을 잃은 불멸의 영상이건 그를 구원해 줄 수 있는 부활의 영상이건, 그러한 영상을 갖게 하기 위해서라는 것을 주목해야 한다. 결혼에 대한 3편의 《복음서 해설》 중 첫 번째 강론에서 거론된 것은 잃어버린 불멸의 영상으로서의 생식이다. "부활의 희망이 사라졌을 때 [⋯], 하느님이 인간에게 아버지가 될 수 있는 능력을 갖게 하면서 위로한 까닭은 어차피 죽을 사람들에게 살아 있는 듯한 영상으로 명맥을 유지할 수 있게 하기 위해서다."**62** 〈창세기〉에 관한 18번째 《복음서 해설》은 생식을 죽음 이후의 삶이 도래한다는 약속의 형상으로 해석한다. 하느님은 인간에게 '무서운 죽음의 징벌'을 가하면서도 인간에게 '부활의 영상처럼 자손들이 계속 이어질 수 있게 만드는 능력'을 부여함으로써 당신이 인간을 얼마나 사랑하는지 — 얼마나 박애주의자인지 — 를 보여 주려고 했다. **63** 구체적 의미로 이 말을 이해하자면, 생식은 그러므로 시간의 문 앞에 함께 있는 죽음과 부활의 주제와 관련되었을 때만 의미를 갖는다. 생식은 인간의 타락이 있기 이전에는 존재 이유가 없었고, 부활의 시간이 도래할 때에만 존재 이유를 갖고 있었던 그러한 영상을 만들어 내는 역할만 할 뿐이다. 그러한 생식은 이제 쓸모가 없어지게 되었다. 하느님이 인간을 창조한 다음에 표현

---

62 Saint Jean Chrysostome, Ire *Homélie* sur le mariage, 3.

63 Saint Jean Chrysostome, XVIIIe *Homélie* sur la Genèse, 4.

한 말이자, 시대를 지배해 온 "번식하고 번성하라"는 계율은 이제 새로운 의미를 갖게 된다. 우리가 이제부터 주의 깊게 검토해야 할 것은 육체의 생식기능보다 더 아름답고 더 영적인 생식기능의 문제이다. **64**

결혼에 대해서 말하자면, 결혼이 인간의 타락과 관련되는 것이라 해도, 그것이 관련되는 방식은 동일하지 않다. '번성'이 창조행위에서 존재론적으로 정당화되었을 때, 그러므로 에덴동산에서부터 번성의 가능성이 나타나게 되었을 때, 인간의 타락으로 물질적 현실성 — 영적인 실재성과 관련된 이미지의 기능과 마찬가지로 — 을 갖게 되었을 때, 인간이 아직 타락을 경험하지 못한 조건에서, 결혼은 완전히 없어도 되는 것이었다. 《동정론》은 이 문제를 분명히 밝히고 있다. "하느님이 만든 인간이 천국에서 사는 한, 결혼은 전혀 문제가 되지 않았다."**65** 하느님은 남자의 동반자를 만들어 주기 위해서 여자를 창조했다. 그러나 동반자의 의미는 조력자이거나 보조자이지, 배우자는 아니다. "그래서 결혼조차 필요한 것으로 보이지 않았다. 실제로 결혼의 흔적도 남아 있지 않았고, 두 사람 모두 결혼하지 않고도 잘 지낼 수 있었다."**66** 결혼의 문제가 부각된 것은 타락과 함께, "죽음의 부패, 저주, 고통, 인생의 괴로움"을 동반하면서부터이다. **67** 이런 의미에서

---

64 〔비어 있는 주〕

65 "*Gamou logos oudeis ên*": saint Jean Chrysostome, *De la virginité*, XIV, 3.

66 "*Kai oude houtôs ho gamos anankaios einai edokei*", *ibid.* 타락 이전에 여자가 갖고 있던 조력자의 역할에 어떤 의미를 부여할 수 있는지의 문제에 대해서: 〔앞의 책 p. 190, 다음 책 pp. 297~304 참고〕.

67 〔*Ibid.*, XIV, 5.〕

결혼은 육체의 생식과 마찬가지로, 타락의 결과라고 말할 수 있다. 그러나 육체의 생식이 위로인 데 반해, 결혼은 육체의 욕망에 제한을 가하는 방법으로서, 타락으로 인해 무절제의 자유가 주어진 상황에서 제시된 정지선과 같다. 결혼에 대한 《복음서 해설》은 10여 년 전에 나온 《동정론》에서 '결혼의 결정적 계기le moment historique'에 대하여, 그리고 히브리 율법에서의 결혼의 역할에 대하여, 오늘날 통용되는 것과 같은 결혼의 현실적 기능에 대하여 설명한 방식을 그대로 따른다. 《복음서 해설》의 다른 점이 있다면, 크리소스토무스가 이전의 텍스트에서 결혼을 하느님이 인간에게 베푼 "호의"의 선물로 표현하고, 중병에 걸린 사람이 복용해야 할 쓰디 쓴 약으로 비유한 대목과, 허약한 아이들이 성인의 식이요법을 감당하지 못하는 상태에서 과도한 음식을 먹게 한 것처럼 비유한 대목을 어느 정도 완화시켰다는 것이다. **68** 결혼은 특히 제한과 율법처럼 표현된다. "무절제한 생활을 끝내고 남자로 하여금 한 여자에 만족하도록 한 결혼의 시작은 바로 육체적 욕망의 문제가 시작된 날이다."**69** 생식이 타락 이후의 인간에게 위안이 될 수 있는 전제조건이었던 것에 반해, 결혼은 타락 이후에 영혼에 대한 육체의 반항 속에서 존재이유를 갖는 율법이자, 또한 욕망을 굴복시키는 것을 목적으로 한 율법이다. 결혼은 그러므로 일종의 "구속복"이다. 《한 번뿐인 결혼에 대하여》라는 글에서는 이와 같은 이상

---

68 *Ibid.*, XVI et XVII.

69 Saint Jean Chrysostome, Ire *Homélie* sur le mariage, 3. 율법과 죄의 관계는 치료제와 병의 관계와 같다는 견해에 대해서는 *De la virginité*, XVII, 3 참고.

한 표현이 나타난다. 여기서 결혼은 "결합"의 의미처럼, 성적 결합을 할 수 있다는 사실로 언급되지 않는다. 왜냐하면 모든 간음죄도 당연히 성적 결합을 의미하는 것이기 때문이다. 결혼의 특징은 여자가 한 남자에게, 하나뿐인 남자에게 만족하는 데 있다. **70** 결혼의 본질은 결국 제한이다.

결혼의 역할에 대한 이러한 정의는 중요하다. 이것은 결혼관계를 일반적이고 자연적인 또는 사회적인 생식의 경제 논리에서 보지 않고 (적어도 오늘날 땅은 충분히 번식하고, 때가 되었으므로), 개인의 욕망이나 육욕 또는 금지된 것에 대한 욕망의 논리에서 보는 것이기 때문이다. 이런 의미에서 결혼의 역할에 대한 정의는 결혼의 윤리를 금욕생활에 대한 배려와 엄격한 금욕주의의 관심과 일치시킨다. 결혼은 동정의 옆에 있건 아래쪽에 있건, 육욕의 문제를 조정하는 방법이다. 육욕은 결혼을 포기한 사람들이 수행하는 고행 단계에서도 그렇듯이, 결혼생활에서 지켜야 할 윤리의 중심에 있다. 육욕은 결혼생활의 규범과 동정의 서원에 따른 테크닉에서 공통적으로 중요한 주제이다.

그렇지만 결혼생활의 규범과 이러한 동정의 테크닉을 구별하는 근거는 단순히 결혼생활에 자유가 더 많이 따르고, 동정의 신분에서는 원천적으로 허용되지 않는 배우자와의 관계가 가능하다는 데 있지 않다. 결혼생활의 규범은 또한 법률적이다. 법률의 종류도 여러 가지이다. 우리는 동정이 의무적인 것은 아니라는 점에서 어디까지나 권고

---

70 *"Dia to stergein heni tên gamoumenên andri"*, saint Jean Chrysostome, *Sur le mariage unique*, 2.

사항일 뿐 규범이 아닌 반면, 결혼은 순결한 생활의 완성에는 이를 수 없는 모든 사람에게 의무라는 것을 알 수 있었다. 결혼은 그 자체로 율법이다. 그러나 결혼은 또한 여러 가지 의무들을 만들어 낸다. 그것들은 정확히 말해서 결혼의 존재이유와 관련된 의무들이다. 말하자면 결혼은 육욕의 관리술이기 때문이다. 사실 한 사람에게 자신의 욕망을 한정하기 위해 결혼한다는 것은 육체관계의 단일성을 약속하는 것이지만, 또한 배우자 앞에서 한 사람이자 오직 하나뿐인 사람과의 관계에서 자신의 욕망을 충족시킬 수 있다고 약속하는 것이기도 하다. 육욕의 관리술이 결혼하는 두 사람의 공통된 목적인 이상, 두 사람은 모두 이러한 목적에 도달하기 위해서 상대편이 자기에게 기대하는 역할을 해야 한다. 그래서 모든 결혼에 예정된 육욕 "제한"의 결말은 두 사람 모두 자기가 원하는 형태의 완화된 금욕생활을 찾을 수 있도록 성행위에 상호적 동의가 따라야 한다는 필연적 결과를 갖게 된다. 역설적으로 보이겠지만, 결혼과 동정이 가까워지면서 결혼과 동정에 대한 공통된 주제 — 육욕의 관리술 — 의 정의는 양쪽에 똑같이 만족스런 해결책이 되지는 못한다 해도, 결국 두 배우자에게 상대편과 성관계를 가져야 한다는 엄격한 의무를 부과하기에 이른다. 물론 이것은 어떤 조건의 전제에서이고 또한 규정의 범위 안에서이다.

〈코린토 신자들에게 보낸 첫째 서간〉에 대한 《복음서 해설》 19장의 서두에서, 요한 크리소스토무스는 성관계에 대한 부부의 상호적 의무를 설명한다. 그는 여기서 성 바오로가 말한 "남편은 아내에게 의무를 다하고, 마찬가지로 아내는 남편에게 의무를 다해야 한다"[71]는 구절을 해설한다. 크리소스토무스는 이러한 의무를 무엇보다도 금욕생활의 고행과 다름없는 절제와 금욕의 실행방식 그대로 결혼생활에 적용해서는 안 된다고 설명한다. 일단 결혼을 자신의 생활방식으로 결정한 이상, 배우자는 다른 생활방식을 모색할 수 없다. 엄격한 정절의 생활을 할 것인가 아니면 결혼할 것인가의 문제이다. 어쩌면 이러한 두 생활방식이 개별적으로 상호 간에 완전한 균형을 이룰 만큼 비교대상이 되는 것은 아닐지 모른다. 정절에는 어떤 형태라도 예외가 있을 수 없지만, 결혼생활에서 성행위의 회피는 가능한 일이기 때문이다. 이러한 회피는 관례적이면서 의무적인 것이기도 하다.[72] 물론 자발적 거부도 가능하다. 그러나 이것은 항상 두 사람의 합의로 결정되어야 하는 일이지, 한 사람의 일방적 결정으로 가능한 일이 아니다. 어쨌든 이러한 회피와 거부가 절대로 결정적인 것이 되어서는 안 된다. "당신이 배우자와 합의해서 관계를 갖지 않더라도 그 기간은 일시적이 되어야 한다."[73]

크리소스토무스는 결혼생활에 요구되는 행동의 성격이나 방식에서 부끄러움이나 조심성을 간직해야 한다고 말하면서도, 그것에 관한 어떤 지침도 제시하지 않는다. 생식에 관한 어떤 계율도 없을 뿐 아니라, 부부관계의 적절한 시기는 언제이고, 금지된 성적 행위는 무엇인지를 가르쳐 주지도 않는다. 〈로마 신자들에게 보낸 서간〉을 설명한 4번째 《복음서 해설》에서, 크리소스토무스는 소돔이 저지른 죄와 남

---

71 Saint Jean Chrysostome, XIXe *Homélie* sur la Ire Épître aux Corinthiens, 1.

72 *Ibid*.

73 *Ibid*.

녀의 역할이 전도된 것에 대해, 그리고 자연의 법칙이 뒤바뀐 것에 대해 오랜 시간에 걸쳐서 많은 고찰을 했다고 밝힌다. 그렇지만 그가 관심을 가졌던 것은 부부관계의 실행방식이 아니라, 요컨대 남자들의 무기력이나 매춘, 여자들끼리의 동성애 문제였던 것 같다. 어쨌든 그의 강론은 〈코린토 신자들에게 보낸 첫째 서간〉에 대한 강론과 마찬가지로, 생식능력을 가질 수 있기 때문에 결정되고 정당화될 수 있는 성관계를 권고하는 내용으로 구성된다. 그에게 결정적인 주제는 성관계의 유형론이 아니라 형식적이고 율법적인 평등의 원칙이다. 그는 다른 어떤 분야에서 남자와 여자 사이의 차이와 서열이 있다거나, 부인이 남편을 두려워하고 남편에게 순종해야 한다고 해도, 성관계의 차원에서는 어떤 불평등도 없어야 한다고 생각한다. "다른 분야에서는 어디서나 남자가 특권을 갖는다 하더라도, 금욕의 문제에서는 그렇지 않다. 이 문제에 대해서는 어느 편이 더 유리하고, 더 불리한지를 구별할 필요가 없다. 금욕의 권리는 같기 때문이다."〔같은 책〕크리소스토무스는 이 문맥에서 분명히 정치적이고 사법적인 용어를 사용하면서, 한쪽이 다른 쪽보다 "더 많은 권력"이나 "더 많은 힘"을 갖고 있다는 표현을 사용하지는 않는다. 그는 특권의 평등원칙을 주장한다. 그가 부부에게 결정한 의무는 그러므로 한쪽의 권리가 다른 쪽의 의무를 결정하는 점에서 성관계에 관한 한 일종의 정치적 평등을 이루게 된다.

그렇지만, 크리소스토무스가 이러한 의무체계를 정당화한 것은 부부의 동등한 결정권과 합의의 전제에서가 아니다. 부부의 의무체계 형식은 정치적 평등의 형식이고, 그것은 육체의 소유권에 근거한다.

성 바오로의 텍스트를 다시 읽어 보면, 남자의 몸은 남자의 소유가 아니라 여자의 소유이고 이것은 역으로도 마찬가지이다. 그의 이런 주장은 결혼생활에서 부부가 육체의 상호적 소유권을 갖게 됨으로써, 한쪽이 다른 쪽의 요구를 거부하지 못한다는 것이 의무라는 결론에 이르게 한다. 소유의 문제는 두 가지 상황을 만들어 낼 수 있는데, 하나는 소유권이 있다는 사실을 강조할 때이고, 다른 하나는 이러한 소유권이 인간의 육체에 근거한다는 사실을 강조할 때이다. 두 번째 상황에서 우리는 노예의 모델을 생각할 수 있다. 그러나 여러 가지 많은 이유가 있겠지만 — 특히 결혼의 평등성isotimie은 자유로운 개인의 평등을 전제로 한다는 의미에서74 — 노예의 주제는 어디까지나 비유적75이고 은유적인 표현일 뿐이다. 반대로, 소유의 개념은 부채의 개념을 야기한다. 자신의 육체가 타인의 소유로 되어 있는 사람은 그에게 어떤 빚을 지고 있는 것인데, 이것을 육체의 사용권이라고 말할 수 있다. 크리소스토무스는 이러한 의미를 나타내기 위해서 사도 바울의 부채를 갚을 의무opheilomenên라는 표현을 사용했고, 여기서 opheilê는 부채의 의미임을 지적한다. 부부 사이의 의무는 부채이다. 이처럼 사법적이고 경제적인 주제로 부부관계를 생각했기 때문에, 크리소스토무스는 이러한 의무를 회피하는 사람들의 행위를 사기행위라는 말로 표현하기도 한다. 어쩌면 그의 설명이 이상하게 보일 정도로 균형을 잃어버렸다는 점을 주목해야 할지 모른다. 그는 이렇게 말한다. "당신

---

74 자유로운 두 개인 간의 관계로서의 결혼에 대하여 다음을 참고. 〔미완의 각주〕.
75 *Ibid.*

이 나의 물건을 가져가는 것에 대해 내가 동의한다면 당신은 도둑질한 것이 아니지만, 동의하지 않는 사람에게서 강제로 빼앗아 가는 행위는 도둑질이다." 이와 같은 원리에서 배우자는 상대편의 요구를 거부할 자유를 갖는다는 결론을 예상할 수 있을지 모른다. 그러나 결혼이 육체의 소유권을 이전하는 일이라고 하더라도, 크리소스토무스는 상대편의 요구를 거부하는 사람은 그에게 폭력을 행사한 것과 다름없다고 생각한다. 결혼이 그에게 소유권을 갖도록 했는데, 거부는 이것을 강제로 빼앗아 간 행위이거나 넘겨준 것을 되찾아 간 행위라고 할 수 있다는 점에서이다. 그렇기 때문에 남편의 동의 없이 정절을 실천하기로 결심한 부인들의 예를 들면서 그들의 행동을 사기행위라고 그가 말한 것은 매우 논리적이다. 그 여자들은 "정의"에 어긋나는 무거운 죄를 범한 것이다. 76

소유권과 부채의 모델은 크리소스토무스에게 매우 중요하다. 그는 육체의 소유권 이전의 원리와 결혼의 경제적 교환의 주제를 집요하게 교착시키면서 여러 번 이러한 예를 든다. 이따금 그는 결혼이란 두 사람의 육체가 하나의 존재로 합쳐지는 것이고, 두 사람의 재산이 합해서 하나의 재산이 되는, 이중의 병합임을 강조한다. "당신들은 동일한 존재이고, 동일한 생명인데, 아직도 내 것이니, 네 것이니 구별해서 말하다니! 〔…〕 하느님은 우리에게 재산보다 더 필요한 것을 공유하게 해주셨느니라."77 그는 또한 남편이 아내의 지참금을 자기의 것으

---

76 "*Meizona tês dikaiôsunês amartian*".
77 Saint Jean Chrysostome, XXᵉ *Homélie* sur l'Épître aux Éphésiens, 9.

로 생각하는 것은 아내가 남편의 육체를 자기의 소유로 생각할 수 있는 근거가 된다는 점을 자주 강조하기도 한다. "너의 아내가 가져온 지참금을 네가 무엇보다 중요시하면서, 너는 은밀히 아무것도 포기하지 않으려 하고, 지참금보다 훨씬 귀중한 금욕과 정절 그리고 너 자신의 인격을 [···] 낭비하고 타락하게 만드는 일을 한다면, 이것이야말로 참으로 이상한 태도가 아니겠는가?" 이처럼 아내의 지참금/남편의 육체라는 유추에 덧붙여서, 크리소스토무스는 이러한 비교와 상호적인 이중의 소유권에 대한 자신의 생각이 얼마나 모순되는지를 잘 보여 주는 말을 하기도 한다. "네가 아내의 지참금에 손을 대는 행위를 한다면, 네가 그 앞에 가서 해명해야 할 사람은 너의 장인이다. 그런데 네가 아내의 정절을 침해한다면 하느님이 너에게 해명을 요구할 것이다. 결혼을 창설한 분이 하느님이고, 너는 하느님으로부터 너의 아내를 얻은 것이기 때문이다."[78] 사실, 결혼에 대한 전망에서 자녀 출산의 문제가 나타나지 않는 이상, 육체적 결합과 재산 상속의 관계는 다소 유추적으로 생각할 수밖에 없다. 그렇지만 크리소스토무스가 이러한 논리에 의존해서 형식적이고 사법적인 유형의 의무가 있음을 강조하려 한 것은 유념해야 할 점이다. 결혼에 내재한 권리는 부부가 절대적으로 균등하게 나누어 갖는 것이고, 그것은 육체의 상호적 소유권에서 비롯된다는 것이 그의 생각이다.

그러나 크리소스토무스는 왜 결혼을 두 사람이 하나의 존재로 결합하고, 융합하고, 형성되는 것이라고 생각하기보다는 소유권의 이전

---

78 Saint Jean Chrysostome, Ire *Homélie* sur le mariage, 4.

이라고 생각한 것일까? 그가 여러 차례 환기시킨 이러한 주제는 두 사람의 사법적 유형의 관계를 정당화시키지는 못하는 것 같다. 정확히 말하자면, 그 이유는 인간의 타락 이후에 육체가 성욕과잉의 장소가 되었기 때문이고, 이러한 성욕과잉의 한계를 정하기 위해서 결혼할 때 상대편에게 제한에 관한 약속을 요구할 수 있기 때문이다. 우리는 저마다 자신의 성욕을 통제할 수 있는 범위에서 상대편의 육체를 지배하고 소유할 수 있다. 그래서 우리는 상대편의 요구를 거부함으로써, 그의 욕망으로부터 발생할 수 있는 문제들을 책임지는 것이다. 이러한 문제들을 크리소스토무스는 두 가지로 서술한다. 우선 부부생활의 무질서, 부부싸움, 가정불화이다. 크리소스토무스는 가정의 질서는 부부의 화합에 바탕을 둔 것이고, 그것은 일정 부분 성관계에서의 정의의 존중과 관련된다는 것을 밝히려 한다. 가정의 질서를 위반할 때 "큰 불행이 생기고", "혼외정사, 불륜, 가정불화는 그런 불행의 결과" 라는 것이다. 자신의 권리를 빼앗긴 남편은 "아내와 말다툼을 벌이고, 아내를 매우 난처하게 만든다."**79** 그러나 보다 심층적으로 말하자면, 부부관계에서 정의의 균형을 받아들이지 않는 사람의 죄는 상대편의 영혼을 불안하게 만들었다거나, 자신의 욕망과 욕정을 제어하지 못해서 발생한 것이다. 실제로 그에게 결혼의 의미는 배우자를 구원에 이르게 하는 데 자신이 기여할 수 있다는 것이었다. 육체적 소유권의 깊은 곳에는 이러한 역할이동의 논리가 있다. 이런 관점에서, 부부가 결혼할 때 암묵적으로 계약을 맺은 '육체의 부채' 관계가 정당화되는 것

---

79 〔Saint Jean Chrysostome, XIXe *Homélie* sur la Ire Épître aux Corinthiens, 1. 〕

은 자녀를 갖기 위한 두 사람의 공통된 목적에 있지 않고, 서로가 상대편의 죄를 책임지는 데 있다. 따라서 문제가 되는 '결실'이란 영적인 것이다. 이것은 상대편을 통한 서로의 구원이다. 구원의 교차인 것이다. 크리소스토무스는 이처럼 분명한 문제에 대해서 부부애와 정절의 이중적 의미를 갖는 '아가페'라는 말을 사용한다.

이러한 주제를 논의한 《동정론》이 나중에 나온 강론들과는 분명히 같은 입장을 보여 주지 않는다는 것을 인정해야 한다. 크리소스토무스는 《동정론》에서 금욕을 지키기 위해서라도 아내가 부부로서의 의무를 저버려서는 안 된다고 강조한다. "남편의 의사에 반해서 금욕을 지키려는 부인은 금욕에 대한 보상을 받지 못하지만, 그의 남편이 불륜의 행동을 할 경우, 그것에 책임을 지고 남편보다 더 상세하게 자신의 입장을 해명해야 한다. 왜 그래야 하는가? 부인이 남편에게 합법적인 결합을 못 하게 함으로써, 남편을 방탕의 구렁 속으로 빠지게 했기 때문이다."80 그렇지만 그는 이러한 의무에 대해 극도로 제한적인 의미를 부여한다. 이러한 양보는 면죄를 줄 만큼 신체적으로 불가피한 문제가 있어서 발생한 일이기 때문에, 일방적 거부로 인해서 상대편의 욕구를 금지한 것이라고 보아서는 안 된다.81 그러나 이러한 양보에 대해서 영적 가치를 부여할 수는 없다. "부인이 남편을 구원할 수 있는 것은 배우자로서 부부의 의무를 이행해서가 아니라, 복음서의

---

80 Saint Jean Chrysostome, *De la virginité*, XLVIII, 1.
81 *Ibid.*, LXXV: "육욕은 그러므로 관대한 아량을 베풀 수 있는 자연스러운 본능이다. 부부의 한 사람은 다른 사람의 의향을 꺾을 수 없다."

생활을 공개적으로 실천함으로써이다. 뿐만 아니라, 많은 부인들이 결혼생활의 외부적 활동으로도 복음서의 생활을 실행한 바 있다."[82] 부부의 상호협조는 아무리 잘 유지된다 하더라도 늘 원만하게 이루어 질 수 있는 것은 아니다. "나는 영적인 문제에서 도움을 줄 수 있는 (여자의) 역할을 절대로 취소하지 않겠다. 그런 일은 당치도 않은 일이다! 나는 다만 여자가 도움을 주는 것은 결혼생활에서가 아니라 육체적으로는 아내로 지내면서도 자신의 본성을 넘어서, 하느님의 축복을 받은 사람들의 미덕으로 자신을 향상시키는 데 있다는 것을 주장하고 싶을 뿐이다."[83] 주로 결혼생활의 부정적 측면이 제시된 이 논설에서, 부부관계는 결국 결혼생활에서 충분히 초연한 입장이 되었을 때, 그리고 남편이 아내와 "전혀 별일 없는 듯이" 지낼 때 존속될 수 있는 것으로 나타난다.[84] 그에 반해, 훨씬 나중에 나온 강론들에 의하면, 이

---

82 *Ibid.*, XLVII, 2. 이 텍스트에서 *para to suneinai* —"성관계에서"— 라는 표현을 "부부 간의 성적 의무를 이행함으로써"라는 뜻으로 번역해서는 안 될 것 같다. 이렇게 번역할 경우 그 의미가 왜곡되고 제한되기 때문이다. 부인이 부부관계에서 의무를 이행하건 만족을 추구하건 간에 문제가 되는 것은 성관계이다.

83 〔*Ibid.*, XLVII, 1.〕 다음의 텍스트를 참고할 것: "*hotan mề ta tou gamou prattế alla menousa tềi phusei gunế.*" 여자는 "기질적으로", "신체적으로" 본래의 모습을 그대로 간직해야 하겠지만 여자를 유익하고 가치 있는 존재로 변화시키는 것이 결혼생활은 아니다. 여기서 사람이 어떤 모습을 그대로 유지하는 상태와 의미 있는 변화일 수도 있고 아닐 수도 있는 생활의 실천 사이에는 모순이 있는 것 같다. 물론 부부 간의 성적 의무를 요구하는 것과 인정하는 것의 차이에 따른 속죄에 관한 법해석에서 이 문제가 그 결과에 따라 크게 달라지는 것은 아니다.

84 〔*Ibid.*, LXXIV-LXXV.〕 니스의 그레고리우스도 《동정론》에서 부부의 부채관계를 언급하지만, 동시에 이 문제를 사소한 것, 쓸데없는 것, 무익한 것이라고 지적한다.

러한 의무의 이행은 세월이 지나 결혼생활의 여러 가지 문제들이 사라진 다음에도 여전히 부부가 지켜야 할 최소한의 의무로 흔적처럼 남아 있는 것이 아니다. 의무의 이행은 이중의 가치를 갖는다. 하나는 정절의 관계를 나타내는 점에서 영적인 것이고, 다른 하나는 가정의 질서에 영향을 미치는 부부의 화합을 확고하게 만든다는 점에서 윤리적인 것이다. 결혼이 특별한 테크닉을 필요로 하고, 또한 그럴 만한 가치를 갖는 직분이자 상태로 생각될 때부터, 부부관계는 더 이상 자유의 권리가 없는 장기적 구속이 아니라 서로의 구원을 위해서 필요한 기본요소가 된다.

다시 말하지만, 당시의 크리소스토무스가 부부관계와 결혼의 신분을 최초로 분석한 사람으로 생각되지는 않는다. 그는 그보다 앞서 그와 같은 생각의 요소들이 발견되는 오리게네스를 계승한 한 사람의 증인일 뿐이다. 그래서 오리게네스가 나중에 수도생활 교육에 기준이 될 만한 몇 가지 기본 원칙들을 제시했듯이, 마찬가지로 크리소스토무스는 구체적인 형태의 결혼생활이 성찰과 특별한 규정의 대상이 되기 전에, 기독교인의 윤리와 영성의 몇 가지 원칙을 매우 분명한 논리로 작성한다. [85]

크리소스토무스의 강론들은 어쨌든 결혼생활에 관한 사목활동이

---

[85] 특히 *Journal of Theological Studies*, t. IX (1908) 에 발표된, 〈코린토 신자들에게 보낸 첫째 서간〉에 관련된 부분 원고들을 참고할 것. 여기서는 부부관계의 부채가 논의된다. 또한 *Commentaires sur saint Matthieu*, chap. xiv, 24에서는 욕망을 실행하지 못함으로써 아내를 불륜녀로 만든 남편의 문제가 논의된다.

존재했으며, 이러한 활동을 통해 부부의 성관계를 의무-부채의 개념과 매우 밀접한 것으로 연결시킴으로써, 이러한 개념이 기독교에서 부부관계를 생각하고, 정당화하고, 체계화하고, 규범체계에 따라 분류할 수 있게 하는 기본적 범주가 된 것임을 보여 준다. 중세에 부채, 청구, 동의, 거부 등과의 복잡한 관계 속에서 부부를 권리의 주체로 드러내는 거대한 사법체계는 이렇게 구축된다. 적어도 성에 관한 많은 금지사항들과 마찬가지로, 이러한 법규는 교회 당국에 부부 사이의 가장 은밀한 관계에 대해서 권한을 행사할 수 있도록 길을 열어 준 근거인 동시에 성적 행위를 법률화하는 데 기여하게 된다. 그런데 이처럼 이상한 개념의 역사를 쓰려고 할 경우 중요하게 강조해야 할 점은 이러한 개념이 결혼의 목적은 생식에 있다는 생각에서 비롯되지 않는다는 것이다(이것은 결혼과 생식의 관련성이 부차적이고 간접적으로 나타나는 경우를 제외하고 한 말이며, 또한 사전에 배치된 지원구조 같은 요소가 나중에 발견되었기 때문이다). 반대로, 이러한 의무-부채의 개념이 분명하게 모습을 드러내기 시작한 것은 기독교 사상에서 고대부터 누구나 쉽게 동의했던 이러한 생식의 목적과 결혼을 분리했을 때부터이다. 어쩌면 생식을 더 이상 생각할 필요가 없어졌을 때, 시간의 종말이라는 종말론 주제가 나타난 것이 본질적 이유였을지 모른다. 그러나 국가행정과 제국사회와의 관계가 더욱더 깊고 다양해지는 가운데, 교회가 수도원 제도와 동정의 생활, 자기관리 기술에 대항하는 논리로 결혼하는 사람들에게 부부생활을 어떻게 하고, 어떻게 처신해야 하는지를 가르쳐 주는 사목활동의 주제를 발전시키지 않았다면, 종말론의 주제만으로 의무-부채라는 개념의 토대가 형성될 수는 없었을 것이다. 그리고 이러한 부부생활의 기술은 금욕생활의 기술과 같은 문제, 즉 생활 그 자체와 분리될 수 없는 갈등 속에서 어떻게 육욕을 관리하고, 공격하고, 억제하는가의 문제를 중심으로 정리된다. 첫눈에는 서로가 모순되는 것으로만 보일 뿐인 수도생활의 기술과 결혼생활의 기술에서 가공해야 할 "원료"가 되는 것이 욕망이나 육욕이다. 두 기술의 차이는 한쪽이 오직 자기와 함께, 그리고 자기 자신의 (넓은 의미에서의) "생각들"과 영적 투쟁의 형식 속에서 어떤 가능한 해결책도 없는 반면(꿈속에서의 무의지적 수음이 오직 하느님만 결정적으로 해결할 수 있는 이러한 부도덕한 행위의 "가장 순수한" 형태라고 말할 수 있겠지만), 다른 쪽은 아무리 "합의에 기초한" 방법이라고 할지라도, 적법한 해결책이 있다. 그러나 이러한 적법성은 두 사람 모두 상대편에게 자기 자신의 육욕의 유혹으로부터 벗어날 수 있게 한다는 사실과 관련된다. 말하자면 수도생활에서는 자기 자신과의 관계가 주제인데, 결혼의 경우에는 이러한 관계가 다른 사람과의 관계 없이는 해결되지 않는다는 것이다. 또한 명심해야 할 것은 수도사의 동정에 필수적으로 따르는 요소, 즉 다른 사람과의 관계형식이 있는데, 이것이 바로 지도관계이다.

수도생활의 기술과 부부생활의 기술 사이의 유사성이 지나치게 평가되어서는 안 된다. 물론 둘 사이의 다른 점은 셀 수 없을 정도로 많다. 그래서 육욕이라는 분명한 주제를 논의하려면, 수도사의 고행이 과연 자기 자신에 대한 지속적인 감시, 자신의 비밀에 대한 판독, 내면의 깊은 곳에 대한 무한한 탐구, 자기 자신과의 관계에서 생길 수 있는 환각과 오류, 착각 같은 것에 대한 해명을 야기할 수 있는지를 확인해야 한다. 결혼생활의 계율이 수도사의 진실 말하기보다 훨씬 더 사법권에 관련된 형태로 나타나게 되었다거나, 부채의 주제가 끊임없이 법전화의 작업과 법해석에 대한 오랜 성찰을 야기한 것이라고 할지라도 이것은 마찬가지 논리이다. 양자 간의 동종이형은 이미 크리소스토무스의 텍스트에서 명백히 드러났을 뿐 아니라, 서양에서 성적 행동에 대한 성찰과 규제 방식을 더욱더 심화시킨 결과로 나타났다. 이것은("구원받고" 싶다면 자기 자신의 내면에 담긴 비밀을 무한정으로 밝혀야 한다는 점에서) 진실의 표현방식과 (부채와 의무의 법과 마찬가지로 금지와 위반의 법으로 표현된다는 점에서) 법의 표현방식으로 나타난다. 이러한 동종이형은 소멸되기는커녕 다양하게 분산되어 존속한다. 그러나 이러한 원인에서 고대 기독교의 결혼법과 그 이후에 속세를 완전히 등지고 사는 수도생활을 비교하고, 그것들 사이에 일치되는 요소를 찾아볼 필요는 없는 것 같다. 사제의 권한 행사와 관련하여 부부생활의 테크닉 ─ 이것은 수도생활의 기술보다 열등한 것이지만, 그렇다고 해서 이질적인 것은 아니다 ─ 을 정립해야 한다는 움직임은 부부의 개별적 육욕을 (공동의 목적인 생식과 관련되지 않은 것으로서) 부부관계의 기본 형태로 만들면서 동시에 두 사람의 고독 사이에 책임의 교차와 부채의 연결고리를 조직하기에 이른다. 결혼의 이원적 형태에서도 기본적 문제는 자기 자신의 육욕을 가지고 무엇을 해야 하는가의 문제이다. 그러므로 그것은 자기와 자기와의 관계이다. 그래서 부부의 성에 내재된 권리는 우선 타인을 통하여 자기와 자기의 기본적 관계를 관리하는 방식으로 조직되었다.

2

결혼의 좋은 점과 이로운 점

결혼은 악이 아니고 동정은 의무가 아니라고 해도, 동정은 결혼보다
우월하다. 성 아우구스티누스가 이러한 일반적 견해를 받아들인 것은
분명히 오래전부터 내려온 전통에 근거해서였다. 이것은 그의 모든
저작에 일관되게 나타나는 생각이다. 그는 결혼과 동정의 문제를 논
의할 때에 집필한 두 계열의 책들에서 이러한 견해를 분명히 밝힌다.
그중 한 계열은 그가 주교의 직을 맡고 있던 초기의 몇 년 동안 마니교
의 이원론적 생각을 담은 명제들(396년경에 쓴 《금욕론》에서)과 동시
에 요비니아누스의 명제들(401년에 쓴 《올바른 결혼생활》 또는 《신성한
동정에 관하여》에서)을 논의해야 했을 때의 것이고, 다른 계열은 약 15
년 후에 육욕은 악이라는 주장을 하기 위해서 펠라기우스와 논쟁을 벌
였을 무렵, 그 당시 적이었던 사람들, 특히 에클라눔의 율리아누스가
받아들인 것으로서 엄격하고 완전한 금욕생활의 우월성을 지지할 때

의 것이다.[1]

《신성한 동정에 관하여》의 한 구절은 여하간 소극적인 입장에서 일
반원칙을 제시한다. 강조점이 다르고 논쟁적 측면이 다르기는 하지
만, 이러한 원칙은 니사의 그레고리우스, 요한 크리소스토무스, 또는
히에로니무스의 《요비니아누스를 반박함Adversus Jovinianum》에서 발견
된다. "동정을 원하는 어떤 사람들은 결혼을 간통과 똑같이 혐오스러
운 것으로 생각했다. 결혼을 옹호하는 사람들은, 지속적인 금욕생활
이 아무리 훌륭한 것이라 해도, 그것이 부부의 정절보다 더 많은 장점
을 갖지는 못한다고 주장했다. 그것은 마치 수잔의 장점이 마리에게
는 수치스러운 점이 된다거나, 마리의 훨씬 더 큰 장점이 수잔에게는
비난할 만한 점이 된다는 상대적 논리와 같다."[2] 한쪽은 결혼을 비난
하는 점에서 잘못이 있고, 다른 쪽은 결혼보다 동정을 더 좋아하지 않
는다는 점에서 잘못이 있는 것인데, 이러한 두 가지 잘못에 대해서 아
우구스티누스는 결혼과 동정은 선과 악처럼 구별되는 것도 아니고,
두 개의 등가적 재화처럼 비교할 수 있는 것도 아니라는 점을 강조한
다. 그것들은 보다 큰 좋은 일과 보다 작은 좋은 일로 비교하고 측정하
고 분류해야 한다는 이유에서이다. 동일한 풍경 속에 두 개의 높은 산
이 있지만, 한쪽 산이 다른 쪽 산보다 훨씬 더 높은 경우가 있다는 것
이다. "그러므로 결혼을 원하지 않는 사람들은 결혼을 마치 죄의 구렁

---

1 많은 텍스트들이 똑같은 주제를 다루고 있는데, 이것들은 사목제에 관한 핵심적인
   문제들(De bono viduitatis, 414)과 사법적인 주제들(comme le De conjugiis
   adulterinis, 419, à propos du privilège paulin)에 대한 논의와 강론들이다.
2 Saint Augustin, De sancta virginitate, XX(19).

텅이와 같은 것으로 보고 피해 가지는 않도록 하라. 그러나 정절의 보다 높은 산 위에서 휴식을 취하려면, 좋은 산이지만 높지는 않은 산, 그와 같은 결혼을 넘어서 가야 한다."3

이처럼 두 개의 서로 다른 좋은 일이라는 일반적인 이해에서, 아우구스티누스는 기왕에 구축된 학설과 별로 다르지 않은 결론을 이끌어 낸다. 여기서 성 아우구스티누스가 구상한 것이 무엇인지를 밝히기 위해서는 우선 그의 결론을 정리해서 알려 줄 필요가 있다.

— 결혼이 악이 아닌 한, 그것은 금지시킬 수 없다. 또한 동정이 아무리 우월하다고 해도, 그것은 강요될 수 없다. 성 바오로가 "네가 결혼의 속박에서 자유롭게 되려면, 배우자를 굳이 힘들게 찾지 말거라"고 한 말4은 금지가 아니라 충고로 이해해야 한다. 만일 동정이 만인을 위해 제정한 율법을 준수하는 것일 뿐이라면, 그리고 합법적으로 결혼할 수 있는 사람들의 자유로운 의지로 결정된 것이 아니라면, 어떻게 동정을 "신성"하다고 말할 수 있겠는가? "우리는 그러므로 배우자를 찾아볼 수는 있겠지만, 굳이 그렇게 하지 않는 편이 더 낫다."5

— 동정의 이러한 우월성을 현세의 삶에서 동정이 가져다 줄 수 있는 특혜로 이해할 필요는 없다. 동정이 어떤 '평안'을 가져다준다면, 결혼은 필연적으로 "현재의 시간"을 위해서 존재한다. 금욕생활에 따르는 여러 가지 힘든 내면적 투쟁을 고려해야 하겠지만, 이 말은 사실

3   *Ibid.*, XVIII (18).
4   〔〈코린토 신자들에게 보낸 첫째 서간〉 7장 27절.〕
5   Saint Augustin, *De sancta virginitate*, XV (15).

처럼 보인다. 그러나 결혼하지 않으려는 이유가 오직 동정에서 해방될 수 있는 "세속적인 걱정거리"[6]로 고민하지 않기 위해서라면, 그것은 잘못된 생각일지 모른다. 결혼의 어려운 문제들을 피하는 것이 더 좋은 이유는 그 문제들이 영혼의 휴식을 방해하기 때문이 아니라, 그것들이 영혼의 목적이 되어야 할 것으로부터 관심의 방향을 분산시키기 때문이다. "그러한 문제들은 만인의 세속적 관심사와는 달리 하느님의 영광을 얻기 위해서 필요한 하느님의 말씀을 깊이 생각하지 못하게 만드는 원인이다."[7] 어쩌면 부부관계에서 "부부의 성덕聖德" 가능성을 찾을 수 있을지 모르겠다. 그러나 이러한 가능성이 거의 없는 것은 "세속적인 쾌락의 생각으로 온갖 걱정이 생길 수 있기 때문이다. 남편의 마음에 들기 위해서 필요한 것을 찾느라고 소진되는 영혼의 주의력은 미혼의 기독교인 여성이 하느님을 기쁘게 하려는 생각에 집중 투자하기 위해 절약해 둔 주의력과 비교할 수 있다."[8]

  — 동정의 특권이 "영혼의 의지"를 집중시키고 관리할 수 있는 가능성과 연결되는 까닭은 동정의 목적이 결혼생활과 양립할 수 없는 하느님과의 어떤 관계를 확립하는 것이기 때문이다. 천사들의 생활을 특징짓는 것으로서, 하느님의 선민들을 보상해 주고 또한 하느님과 직접 대면할 수 있게 하는 염결성이야말로 동정의 생활이 지향하는 것이다. "자신의 순결한 육체를 간직하고 경건한 마음으로 모든 육체관계

---

6 〔*Ibid.*, XIII (13).〕

7 *Ibid.*, XIV (14).

8 Saint Augustin, *De bono viduitatis*, XIX (23).

를 삼가는 일은 천사처럼 지내는 것이다. 이것은 타락할 수 있는 육체 속에서 영원한 염결의 성을 갖도록 계획하는 일이다." 완전한 금욕생활에 헌신하는 사람들은 그들의 육체 안에서 "더 이상 육체적이라고 할 수 없는 어떤 것"[9]을 보여 줌으로써, 결혼생활에서는 불가능한 내세의 삶을 어떤 식으로건 예고하는 것이다.

— 내세에서는 동정이 더 많은 장점을 갖게 되어 보다 많은 보상을 받을 수 있을 것이다. 키프리아누스나 아타나시우스처럼, 아우구스티누스[10]는 〈마태오복음서〉에 나오는 씨앗의 잠언을 인용하고(사람에 따라 100을 생산하는 사람도 있고, 60을 생산하는 사람도 있으며, 오직 30을 생산하는 사람도 있다), 이것을 동정과 결혼의 장점과 보상에 대한 비교에 적용한다. 그뿐 아니라 그는 여러 가지 해석의 가능성을 제시하기도 한다. 가령 동정이 100을 생산하고, 홀아비나 과부의 생활이 60을 생산한다면, 결혼은 30을 생산한다고 할 수 있다는 것이다. 또한 순교는 동정 100의 2배라고 할 수도 있고, 동정과 순교를 각각 60으로 나눌 수도 있다. 아우구스티누스는 아마도 이러한 상징적 계산에 과도할 정도의 많은 중요성을 부여하려고 했을지 모른다. "선물들이 너무 많아서 세 등급에 맞추어 골고루 돌아가게 할 수는 없다." 그러나 이것들 사이의 다양성은 인정해야 한다. 인간은 과감하게 어떤 것을 결정한 다음, 하느님이 자기의 선택을 최종적으로 결정해 주기를 원할 수 있기 때문이다. "그렇지만 분명한 것은 하느님의 선물들

---

9 〔*De sancta virginitate*, XIII(12).〕
10 *Ibid.*, XLIV(45) ~XLV(46).

이 다양하게 많아도, 최상의 선물은 현재를 위해서가 아니라 내세를 위해서 유익하다는 사실이다."[11]

이러한 사항들 중에서 성 아우구스티누스의 독창적인 견해로 볼 수 있는 것은 하나도 없을지 모른다. 그렇지만 이러한 주제들을 논의하는 그의 방식에는 많은 차이점들이 곧 나타난다.

간단히 말하자면, 아타나시우스, 니사의 그레고리우스, 안키라의 바실리우스, 크리소스토무스는 모두 결혼이나 동정을 논의하면서 그것들의 다른 생활방식을 규정하고, 내면의 전투와 위험과 보상에 관해 기술하고, 기독교인의 공동체 안에서 그것들의 개별적인 자리가 어떤 것인지를 밝히려 했다. 게다가 분명한 것은 결혼과 동정의 테크닉을 비교하는 그들의 관점에서 동정은 강점이자 기준점이 될 뿐 아니라, 동정의 생활을 통해 최고의 완전한 상태에 이를 수 있다는 것이다. 아우구스티누스와 같은 시대에 결혼생활의 규범을 작성한 크리소스토무스조차도 주저하지 않고 동정을 힘든 금욕의 기술과 관련짓고, 이 기술의 윤리적이고 존재론적인 우월성뿐 아니라 방법론의 특권을 갖는 점을 당연하게 보았다. 그는 올바른 결혼생활의 품행을 정의하면서, 이것을 욕망에 대한 철저한 투쟁을 감행할 힘도 없고 용기도 없는 기혼자들이 욕망을 관리할 수 있는 특별히 나쁘지는 않은 행동으로 정의한다.

---

11 *Ibid.*, XLVI(46). *Quaestiones in Evangelium secundum Matthaeum*, I, IX을 참고할 것. 아우구스티누스는 여기서 지적된 두 번째 해석을 제안한다.

성 아우구스티누스의 텍스트들이 정확하게 이와 같은 방향을 따른 것은 아니다.

우선 그는 결혼에 대한 강조점에서 다른 입장을 보인다. 그렇다고 해서 우리가 잘 알고 있듯이, 아우구스티누스가 진정한 의미에서 실천에 옮긴 동정과 결혼을 결코 등가적인 것으로 생각하지는 않았다고 ─ 하물며 결혼을 더 좋게 본 것은 절대로 아니라고 ─ 오해하지도 말아야 한다. 결혼은 앞으로도 계속 그렇겠지만, 동정과 같은 가치를 갖지는 않는다. 그런데 아우구스티누스가 열중하면서 어느 정도까지 성과를 거두고 그 의미를 숙고하게 된 문제는 바로 이처럼 '가치가 낮은' 결혼의 주제이다. 한편으로 그는 결혼에서 그야말로 확실하게 가치 있는 것이 무엇인지를 정의하려고 했다. 가령 천지창조에서 결혼의 자리는 무엇이며 또는 무엇이었는지를, 그리고 교회 공동체에서 결혼의 원리는 어떤 것인지를 숙고하면서 그는 결혼의 '열등한' 가치를 동정의 높은 가치가 낮아진 것이라거나 부분적으로 떨어진 것이라고 생각해서는 안 된다는 결론에 이른다. 결혼은 가치가 높지는 않더라도 자기 나름의 고유한 가치를 갖는다는 것이다. 다른 한편으로 그는 결혼과 결혼에서 지켜야 할 규범, 올바른 품행의 '기술적 문제'에 대한 성찰의 요점을 작성한다. 이 말은 결혼에서 정절을 실천하는 데 필요한 다양하고 정확한 지침들이 없다는 것을 의미하지 않는다. 이것은 요비니아누스의 제자들과 논쟁할 때 금욕적으로 사는 방법과 기술보다 정절의 예찬이 훨씬 더 우세한 논지로 쓰인 《신성한 동정에 관하여》보다는 펠라기우스의 주장을 반대하는 입장에서 벌인 논쟁12이나 강론13에서 분명히 나타난다. 그러나 아우구스티누스가 생활〔형식〕에 적합한 품행 규범과 테크닉을 발전시킨 것은 결혼에 관해 쓴 텍스트들 —《올바른 결혼생활》과 그 이후에 나온《결혼과 육욕》, 그리고《율리아누스를 반박함》— 에서이다. 우리는 이것들이 어느 정도까지 결혼과 결혼의 기술 또는 부부의 신분에 적합한 품행기술을 고려해서 방법론적 우월성을 전환시킨 것이라고 말할 수 있다.

그러나 아우구스티누스에게 중요한 것은 두 가지 생활유형을 비교하고 정의하는 일이 아니었을지 모른다. 대부분의 선임자들이나 동시대의 교부들과 다르게, 그의 최종 목표는 동정의 수련과 결혼의 실행, 그것들의 긍정적 측면과 가치의 차이를 포괄적으로 생각할 수 있게 하는 전체의 틀을 정의하는 것이었다. 동정과 결혼생활을 구분하는 위계적 가치를 통해서, 또는 그러한 생활에 절대적으로 필요한 행위를 통해서 아우구스티누스가 구축한 것은 그 둘을 모두 아우르는 전체적 이론이다. 간단히 말하면 아우구스티누스는 그 이전에 많은 교부들이 충분히 발전시킨 비교방식, 즉 동정녀와 배우자 또는 금욕생활과 부부생활을 비교하는 방식을 넘어서서 제3의 인물이나 절충식으로 혼합된 인물들을 제시하지 않고, 동정녀와 배우자에 모두 공통적으로 관련된 기본요소, 즉 욕망의 주체를 부각시킨 것이다.

다음 장에서 육욕의 이론이 어떻게 구성되었는지를 분석하기 전에, 이 장에서 우선 거론된 첫 번째 관점을 검토해 보려 한다. 이것은 그의

---

12 *Contra Julianum*, III에서도 마찬가지이다.
13 특히 강론 205~211을 참고할 것. 또한 이 점에 대하여 다음을 참고할 것. L. Verheijen,《성 아우구스티누스의 계율에 대한 새로운 접근(*Nouvelle approche de la Règle de saint Augustin*)》, Bégrolles-en-Mauges, 1980, pp. 153~200.

강조점이 결혼 쪽으로 이동하게 되었다는 것, 그리고 결혼을 동정보다 우월한 것으로 만들지는 않더라도, 그 자체의 가치를 통해 결혼을 정당화할 수 있는 결혼의 긍정적인 '좋은 점'을 정의했다는 것이다. 아우구스티누스에게서 이러한 강조점의 이동은 교회를 영적 신체로 구상하는 부분에서, 천지창조와 타락 이전의 생활과 관련된 《성서》 해석에서, 끝으로 부부생활과 성관계에서 결혼의 고유한 좋은 일을 실행할 수 있는 규범체계에 관한 구상작업에서 뚜렷이 나타난다.

I

교회가 동정에 최고의 지위를 부여하더라도, 기독교 공동체에 소속되기 위해 동정녀가 될 필요도 없고, 결혼을 포기하고 완전한 금욕을 실행할 필요도 없다. 아우구스티누스가 나중에 이 말을 되풀이하면서 특별히 강조하는 것은 결혼이 아무리 가치 있는 일이라 해도, 또는 동정이 아무리 신성한 가치를 갖는다 해도, 결혼과 동정보다 더 우월한 것은 그것들이 하나의 공통성으로 결합되고, 또한 교회의 일체성 안에서 공존할 수 있다는 점이다. 개별적인 요소가 아름답기보다 전체가 훨씬 더 아름답다는 것이다. "신자들의 몸은 〔…〕 그리스도와 일체가 되어 성전을 이룬다. 여기서 신자들의 몸이란 당연히 양성의 신자들을 가리킨다. 그러므로 교회에는 서로 다른 장점을 갖는 결혼한 사람들과 결혼하지 않은 사람들이 있을 뿐이어서, 어떤 신자들이 다른 신자들보다 우월하다고 할 수도 있지만, 그렇다고 해서 그리스도와의 일체성과 분리되는 것은 아니다. 〔…〕 특별히 어떤 사람이 다른 사람보다 더 좋은 사람이라고 해도, 모든 사람은 전체로 보았을 때 그 어떤 개별적인 존재보다 훨씬 더 좋은 사람들이 된다."14 그러나 동정과 결혼의 공존이 오직 동정뿐일 경우보다 더 아름다운 것은 결혼이 좋은 일이면서도 동정보다는 강도가 약하고 질이 좀 떨어진다고 말하는 것으로 충분치 않다는 것이다. 왜냐하면 동정의 훌륭한 점을 뺄셈하는 일이 필요하기 때문일 수 있다. 여기서 전제로 해야 할 것은 이 둘을 나란히 놓고 단순 비교하는 일이 아니라, 의미와 가치가 있는 상호관계를 고찰하는 방법이 필요하다는 것이다. 이러한 상호관계에 의해 결혼이 동정에서 보충요소를 찾을 수 있다면, 동정은 결혼에서 보완요소를 찾을 수 있다. 기독교인들의 공동체 안에서 생활방식이 다를 수는 있겠지만, 교회가 구성하는 공동체 안에서 결혼과 동정의 필연적인 관계는 당연히 있어야 한다.

오리게네스나 올림푸스의 메토디우스로부터 크리소스토무스나 히에로니무스에 이르기까지, 동정은 어떤 영적 결합의 방식과 분리된 적이 한 번도 없었다. 동정은, 제도적으로 인류와 연결되는 결혼이건 일반적으로 육체의 세계와 결합되는 결혼이건 간에, 모든 '결혼'을 거부하는 것으로 정의되었다. 그러나 이러한 금욕은 그리스도와의 관계를 상호관련성 ─ 결과이자 동시에 조건이고, 보상이자 동시에 보증이다 ─ 의 관계로 갖고 있었다. 동정녀는 그리스도의 약혼녀이거나 배우자였고, 이러한 결합에 의해서 무한히 영적인 자녀들이 태어났다.

---

14 Saint Augustin, *De bono viduitatis*, VI(8~9).

성 아우구스티누스에게서 동정, 결혼, 영적인 수태 사이의 관계는 훨씬 더 복잡하다. 그 이유는 이러한 관계들이 그리스도와 동정-약혼이라는 상호관계와는 다른 형태로 나타나기 때문이고, 동시에 무엇보다도 그것들이 하느님과 교회, 교회와 그리스도, 그리스도와 신자들, 신자와 모든 공동체 생활자들, 이들의 모든 관계 속에 포함되어 있기 때문이다. 일반신자들과 동정녀들을 분리하는 차원을 넘어서서, 결혼한 사람들, 미혼자들, 홀아비들, 금욕생활을 수행하는 사람들, 서약을 통해서 수도생활에 전념하는 사람들, 이 모든 사람에게 나타나는 신분의 차이를 넘어서서, 형식과 생활규범의 문제를 넘어서서, 성 아우구스티누스는 교회를 유일하고 영적인 실체로 구성하게 만드는 요소를 통해 동정과 결혼, 약혼과 순결, 결혼의 모성 또는 부성과 동정의 완전한 정절, 이 모든 것을 전제로 한 관계들을 보여 준다. 이제는 더 이상 개인들에게 영향을 미칠 수 있고 그들을 동정녀, 배우자 혹은 부모라고 지칭할 수 있게 만드는 신분의 특성은 중요하지 않고, 구성원 각자가 다른 사람들과의 관계에서 동정녀인 동시에 배우자, 부모인 동시에 자녀가 되는 영적 관계들, 마치 올이 촘촘한 직물처럼 빈틈없이 연결되는 관계들이 중요시된다. 그 결과로 동정과 결혼은 이러한 차원에서 양자택일적인 두 개의 생활방식으로 대립되지 않고, 교회를 영적 합일체로 구성하는 관계들의 영속적이고 동시적인 양상으로 결합된다. 이러한 관점에서 보면, 수태할 수 있는 동정의 형식이건 순결한 결혼의 형식이건, 동정과 결혼 사이에는 가치의 차이가 없다. 그러나 성 아우구스티누스가 동정과 육체적인 의미로 이해되는 결혼 사이에서 고려해야 할 교계제도l'hierarchie를 정당화해서 설명하려는 것은, 이처럼 교회를 통해서 하느님과 인간의 영적 관계를 확립하려는 생각에서 비롯된 것이다.

《신성한 동정에 관하여》의 도입부는 이런 점에서 의미 있는 강론이다. 이것은 특히 교회-동정녀를 주제로 광범위하게 설명한다는 점에서 중요하다.[15] 여기에는 혈연관계를 넘어서는 영적 관계와 친자관계의 거대한 조직망이 묘사된다. 결혼과 동정, 동정과 모성은 결코 분리된 것이 아니다. 그것들의 상호관련성은 "동정의 혼례로 영성결합을 이룬다virginali connubio spiritualiter conjugatus", "동정녀의 배우자, 예수 virginum sponsus", "동정이라고 해서 수태를 못하는 것도 아니고 수태한다고 해서 동정이 없어지는 것도 아니다virginitas fecunditatem non impedit, 〔…〕 fecunditas virginitatem non adimit"[16] 등의 표현들로 계속 나타난다.

몇 가지 도식적인 정보에 한정된 관점에서 우리는 이 구절과 관련된 수많은 복잡한 관계들을 다음과 같은 내용으로 작성해 볼 수 있다. 그리스도는 성모 마리아의 아들이다.[17] 그는 그녀의 몸에서 물질적이고 신체적으로 태어났다. 그의 탄생은 한 남자가 "능욕했을지도 모르지만", 단순히 순결을 보존한 상태에서 이루어진 것이 아니라, 자발적으로 하느님과의 결합에 헌신한 동정의 결실로 이루어진 것이다.[18] 그 남자는 동정의 신분을 가진 사람으로서 교회의 배우자이고, 그녀 역

---

15 특히 다음 강론들을 참고할 것. 〔138, 188, 191, 192, 195, 213〕

16 Saint Augustin, *De sancta virginitate*, II(2).

17 *Ibid.*

18 *Ibid.*, IV(4).

시 영적인 결혼으로 그와 결합한 동정녀이다. 그러나 그는 또한 매우 특별한 의미로 교회 안에서 순결한 혼례에 의해 결합된 동정녀들의 배우자이다. **19** 그리스도의 영원히 순결한 어머니인 마리아는 단순히 육체적으로 순결하지는 않지만, 하느님에게 헌신하여 자신의 의지로 그리스도를 태어나게 한 이상, 하느님에게 자신의 의지를 바치고 자신의 몸에서 그리스도를 태어나게 하는 모든 영혼들의 모델이고, 영적으로 순결한 존재이다. **20** 그런데 하느님의 뜻을 섬기는 모든 사람은 이미 땅 위에서 하느님의 뜻과 그 뜻을 따를 수 있는 길을 보여 주려고 태어난 그리스도의 형제들이다. 성모 마리아는 그러므로 그리스도의 누이동생이기도 하다. **21** 그러나 그녀는 또한 그리스도의 딸이기도 하다는 것을 고려해야 한다. 왜냐하면 그리스도를 믿는 모든 사람은 그의 자녀들이고, 마태오 성인이 말하듯이, "배우자의 자손들"로 불릴 수 있기 때문이다. **22** 교회에 대해 말하자면, 교회는 그리스도와 영적으로 결합한 "그리스도의 동정녀"이다. **23** 그리고 신체적으로 교회는 자신의 어떤 구성원들 때문에 동정녀일 수밖에 없는 반면, 결혼한 신자들을 생각하면 동정녀의 입장이 아니기도 하다. **24** 그리스도의 배우자-동정녀인 교회는 세례를 통해 교인들을 받아들이고 그들을 성령에

---

19 *Ibid.*, II(2).

20 *Ibid.*, V(5).

21 *Ibid.*

22 *Ibid.*, VI(6) (Mt., 9, 15).

23 *Ibid.*

24 *Ibid.*

의해 태어나게 하기 때문에 기독교인들의 어머니이다. **25** 그러나 교인들을 양성하고 배출함으로써 성자들의 교단이 그리스도의 신비체를 구성하는 한, 교단은 또한 "하느님의 뜻을 따르는" 사람들이 그렇듯이, 그리스도의 어머니이기도 하다. "하느님의 왕국을 소유하게 될 성자들에게서 교회는 성령에 의한 그리스도의 완전한 어머니이다."**26** 또한 덧붙여 말해야 할 것은, 개인적으로 깊은 신앙심을 갖고 있는 모든 영혼은 교회와 그리스도의 혼례로부터 태어난 이상 그리스도의 자녀이고, 그리스도와 마찬가지로 교회가 하느님의 뜻에 따르는 이상 그리스도의 누이동생이고, **27** 교회가 성모 마리아의 형상을 본받아 하느님이 원하는 일을 하면서 교회 안에서 그리스도를 태어나게 한 이상 그리스도의 어머니라는 것이다. **28**

성 아우구스티누스는 그러므로 동정녀들과 배우자들, 낳아 준 사람들과 자녀들로 구성된 전체의 4요소들 — 그리스도, 마리아, 교회, 영혼들 — 을 통해서 재생되고 전복되는 영적 관계망을 기술한다. 결혼, 수태, 동정, 이것들은 하나하나의 고유한 특성이나 자리를 규정하지는 못하지만, 각자가 동시적으로 다른 것들과 맺고 유지하는 다양한 관계들을 기술할 수 있게 한다. 우리는 그러므로 영적 관계들의 체계 안에서 결혼과 동정은 분리될 수 없지만(그것들의 비非분리성은 생식능력으로 나타난다), 그것들의 어느 것도 다른 것보다 우월하거나 열등

---

25 *Ibid.*, II (2) ; V (5).
26 *Ibid.*, VI (6).
27 *Ibid.*, V (5).
28 *Ibid.*

한 것으로 간주될 수 없다고는 말할 수 있다. 그런데, 결혼과 동정이 영적 관계에서 상호적인 관련을 갖는다는 설명에서 성 아우구스티누스는 육체의 동정과 부부관계 사이에 영적 가치가 일치한다는 결론을 이끌어 내지 않는다. 반대로, 그는 요비니아누스 신봉자들과 에클라눔의 율리아누스의 주장에 맞서서 양자 사이의 엄격한 교계제도의 원칙을 내세운다. 실제로 그에게 육체적 동정은 영적 동정을 의미하는 것이기 때문이다. 동정녀들은 사실상 현세에서 영적인 결실을 생산하는 순결한 관계들의 표상이다. 그리고 육체의 동정이 현실적으로 가능하고, 동정이란 이름을 가질 수 있는 것은 어디까지나 육체의 동정이 마음이나 생각의 순결에 의해 유지되고 그것들의 영향을 받음으로써일 뿐이다. "동정이 명예로운 일이 되는 것은 자기 자신에 의한 것이 아니라, 하느님에게 자신을 바침으로써이다. 우리는 육체 안에서 동정을 간직하지만, 우리가 동정을 지키는 것은 종교와 완전히 영적 신앙심에 의해서이다. 따라서 육체 그 자체의 동정은 영적인 것으로서 금욕과 신앙심에 의해서 봉헌되고 보존된다. 자신의 마음속에서 악의를 품지 않으면 아무도 자기의 몸을 부정하게 건드릴 수 없는 것과 마찬가지로, 자신의 마음속에 정절의 뿌리를 심지 않고서는 자신의 몸속에서 순결을 간직할 수 없다."**29** 이러한 조건으로 육체의 동정은 자기가 할 수 있고, 자기가 약속을 받기도 한 출산을 초래하게 된다. 동정녀는 자신의 몸 안에서 그리스도를 출산한다. 동정녀는 자신의 모범을 통해서 다른 사람들의 마음속에 똑같은 그리스도를 태어나게 할

---

29 *Ibid.*, VIII (8).

수 있다. 또한 동정은 교회 안에서 영혼들을 개종하도록 함으로써 새로운 자손들을 출산하게 될 것이다.

반대로, 결혼으로 만들어지는 것은 영적인 결실이 아니다. 남자와 여자의 육체적 결합으로 태어나는 것은 기독교인들이 아니라 오직 인류일 뿐이다. 인류가 그리스도와 일체가 되고, 하느님의 자녀가 될 수 있는 것은 오직 성사의 영적 작용에 의해서일 뿐이다. "부부생활에서 육체에 의해 자녀를 낳게 되는 여자들은 그리스도의 어머니가 아니라, 아담의 어머니가 된다."30 따라서 결혼을 거부하고 하느님에게 헌신한 여자들은 동정녀이자 동시에 그리스도의 어머니인 성모 마리아의 역할을 통해 영적이면서 육체적인 동정의 모습을 유지한다고 말할 수 있다. 그러나 이러한 여자들과는 대조적으로, 결혼해서 자녀를 갖게 된 여자들이 성모 마리아의 육체적이고 영적인 모성을 되찾게 되었다고 말할 수는 없다. 왜냐하면 성모 마리아는 하느님의 관여로 그리스도를 출산했기 때문이다. 결혼한 여자는 자연의 결과로 기독교인이 아닌 인류를 낳는다. 또한 교회 안에서 그리스도와 결합하여 하느님에게 자신의 자녀를 봉헌하도록 한 이러한 마음의 동정은 영적으로 어머니가 될 수 있다. "이처럼 신성한 출산에 협력함으로써 어머니들은 자기들의 몸에서 태어난 아이들이 아직은 기독교인이 아니더라도, 남편과의 육체적인 결합만으로 태어난 것이 아님을 알게 된다. 그렇지만 그 어머니들은 또한 그리스도의 동정녀와 어머니들의 한 사람이 됨으로써, 말하자면 정절에 영향을 주는 신앙심으로 협력에 기여한 것

---

30 〔*Ibid.*, VI(6).〕

이다."**31** 그러므로 동정과 육체적인 생식 사이에는 대칭적 균형이 존재하지 않게 된다. 또한 결혼을 통해서 동정과 영적인 혼례의 관계가 육체 속으로 이동함으로써 본래의 의미는 사라지고, 결혼이나 육체에 의한 생식은 성모 마리아의 모성의 유산으로 간주되지 않는다. 그러한 반면, 마음과 몸으로 결혼하지 않기를 맹세한 여자들의 정절은 성모 마리아처럼 이 세상에서 하느님에게 몸을 바친 것이다. 결혼한 여자들은 그러므로 동정녀들에게 이렇게 말할 필요가 없을지 모른다. "당신들은 동정녀이고, 우리는 어머니예요. 그러니까 당신들의 완전한 동정은 당신들에게 자식이 없는 것에 대한 위안이 될 것이고, 우리에게 자식이 있다는 우월성은 우리의 잃어버린 동정을 보상해 주겠지요."**32**

그렇기 때문에 아우구스티누스는 어떻게 보면 그의 입장에서 선결해야 할 문제였던 예수 그리스도와의 결합인 동정의 주제와 그리스도와 약혼한 교회의 주제들을 확대하고 증폭시켰다고 할 수 있다. 그는 동등하게 영적인 동정들을 영적인 방식으로 결합시키는 일련의 조밀한 관계들을 만들었다. 또한 육체적 결합이 아닐지라도, 순수한 상징과는 다른 이러한 혼례의 무수히 많은 결실을 기술했다. 그는 교회의 영적 일체성을 이루는 관계들의 차원에서 결혼과 동정을 분리될 수 없는 것으로 배치했다. 현세의 삶에서 결혼의 자리가 아무리 열등한 것이라 하더라도, 동정과 분리될 수 없는 영적 결혼의 형상이 존재한다

---

31 *Ibid.*, VII(7).
32 *Ibid.*

는 의미에서이다. 그는 결혼을 등급이 낮고, 그저 '좋은 일'에 불과한 것이 아니라, 타락의 역사에서 현세에 통용되는 결혼의 형태가 될 수 있게 했다.

여기서 다음과 같은 질문이 떠오른다. 결혼과 타락의 관계란 어떤 것인가? 타락 이전에는 영적 결합 — 동정이 현세에서 자기 식으로 계속 재생시킬 수 있는 — 밖에 없었다는 것을 인정해야 하는가? 결혼이 육체적 결합을 포함하는 것이라고 해도, 결혼은 이전부터 존재했다는 사실을 인정하지 말아야 하는가? 결혼이 도입된 것이 아니라 타락에 의해서 변화되었다는 것을 어떻게 받아들여야 하는가?

II

오리게네스처럼, 대부분의 기독교인 해석학자들은 천국에 성관계가 있었다는 것을 부정했고, 타락 이전에 최초의 부부가 육체관계를 갖게 됨에 따라 물질적으로 생식할 수 있게 되었다는 것도 부정했다. 그렇기 때문에 니사의 그레고리우스가 천지창조부터 인간이 번식할 권리와 가능성을 받아들였다고 인정한 것은 성관계의 결과에 의한 것이 아니라, 우리가 알지 못하는 어떤 작용의 결과에 의한 것이다. 그가 말하는 이러한 작용의 결과로 하늘에는 천사들이 가득하게 되었고, 또한 마찬가지로 무수히 많은 천사들을 번식할 수 있게 되었다. 그렇다면 왜 천지창조부터 성의 차이가 표시된 것이며, 하느님은 왜 남자와 여자에게 번식하라는 명령을 내린 것인가? 그레고리우스는 예지력이 있는 하느님이 인간의 타락 가능성을 알고 있었다고 대답한다. 인간이 죄를 지어 선고받은 죽음을 초월해서 종족을 영원히 보존하고 살 수 있는 방법을 인간에게 미리 갖게 했다는 것이다.[33] 이런 해석에서 우리는 성행위가 타락과 타락의 결과에 속한다는 것을 알게 된다. 성 행위는 원죄, 죽음, 생식이 모두 포함된 한 덩어리에 속해 있는 요소 일 뿐이다. 성행위는 행위의 실현(인류 최초의 부부의 존재를 통해)과 가능성(하느님의 예지력을 통해)조차도 하느님에 대한 불복종으로 결 정된 것인 이상, 이것은 결국 최초의 불복종으로 좌우되는 문제이다. 이것은 성행위의 결과이자 존재 이유인 생식력과 관련된다. 또한 이 것은 인간의 불멸성을 박탈하게 된 타락의 한 형태이고, 인간이 그 결 과를 감당할 수밖에 없는 이상 죽음과 연결된다. 결국 성행위는 탐욕 과 분리될 수 없다. 실제로 타락을 촉발시킨 것이 욕망이기 때문이다. 이것은 일반적인 욕망이자 쾌락에 대한 탐욕일 뿐, 성욕은 아니다.[34] 타락과 죽음을 초래한 것은 현세의 쾌락에 대한 욕구 때문이지, 하느 님의 뜻을 따른 것이 아니다. 인간으로 하여금 생식을 부추긴 것은 종 의 영속에 대한 욕망이다. 성행위는 그러므로 결과로서건 수단으로서 건, 성행위를 부추기거나 초래하는 일련의 4가지 요소들 — 욕망, 타 락, 죽음, 생식 — 의 일부를 이룬다.

그 당시에 전통적이라고 할 수 있는 이러한 해석의 틀 안에서, 아우 구스티누스는 변화와 분리의 작업을 실행한다. 그는 타락한 세계로부

---

33 Grégoire de Nysse, *De hominis opificio*, XVII.

34 니스의 그레고리우스는 성욕을 본래의 죄로 생각하지 않는다. 오직 일반적인 견지 에서 쾌락에 빠져든 것이 문제일 뿐이기 때문이다. *De sancta virginitate*의 번역에 대한 M. Aubineau의 주석(p. 420)을 참고할 것.

터 창조주의 손에서 만들어져 나온 그대로의 천국 생활까지, 성적 결합이 아닌 결합의 합법적 가능성을 찾아서 거슬러 올라간다. 그러나 이런 가능성이 수용되기 위해서는 낙원의 성관계에서 타락한 생활의 어떤 흔적이라도 제거될 수 있어야 한다. 아우구스티누스는 부부관계에 함축된 타락의 흔적들을 분리시키면서 부부관계를 초역사적인 관점에서 새롭게 해석하고, 그것을 단계적으로 나누어 설명한다.

그가 세례받은 지 얼마 후에 작성한 《마니교인을 논박한 창세기 해설De Genesi contra Manichaeos》은 여전히 니사의 그레고리우스나 크리소스토무스의 주장에 가깝다. 여기서 천국의 인간은 진흙으로 된 육체의 모습을 하고 천국에 어울리는 품성을 갖춘 사람으로서, 염결하고 모든 육체적 욕구로부터 자유로우며, 영혼의 모든 무절제한 움직임에 휩쓸리지 않고, 육욕을 알지도 못하는 사람으로 묘사된다. 35 아우구스티누스는 그러므로 그의 선배들이 겪은 것과 같은 문제에 봉착한다. 죄도 없고, 죽음도 없고, 탐욕도 없는 천국의 생활에 관해 쓰인 〈창세기〉의 다음과 같은 구절들, 즉 하느님이 남자와 여자를 만들었다(1장 27절), 하느님은 그들에게 자손을 많이 낳고 번성하라고 말했다(1장 28절), 창조주는 여자로 하여금 남자의 협력자가 되기를 원했다(2장 18절)는 구절들에 과연 어떤 의미를 부여할 수 있을까? 이러한 협력자의 주제와 양성의 다른 존재들로부터 만들어진 자손의 탄생이란 주제를 어떻게 관련시키지 않을 수 있는 것일까? 어떻게 천국의 생활과 같은 염결한 영생의 생활에서 성적인 생식에 자리를 마련하지 않을 수

---

35 Saint Augustin, *De Genesi contra Manichaeos*, II, 7(8), I, 19(30).

있는 것일까?

아우구스티누스는 그의 선임자들과 마찬가지로 영적인 해석 방법을 중요시한다. 그렇지만 그의 입장이 모호한 것은 분명하다. 보다 정확히 말해서, 그의 입장은 〈창세기〉를 "영적으로" 이해할 수 있다는 것이지만, 최소한의 '암시적 간과법'을 사용한 것으로 볼 때, 이 말은 "육체적으로"라는 해석을 가능하게 한다. 그러나 실제로 아우구스티누스는 두 가지 해석 중에서 영적인 의미만 발전시킬 뿐이다. 여자가 남자를 도와주어야 한다는 "협력"의 역할을 그는 명령과 복종의 관계로 해석한다. 그러므로 남자와 여자의 차이에 근거하여 확립된 관계에서는 성문제가 중요시되지 않을 수 있다는 것이다. 아우구스티누스는 증가와 번식을 영적인 결실로 이루어져야 하는 것처럼 해석한다. 《마니교인을 논박한 창세기 해설》 1권의 "이해하기 쉬운 영생의 기쁨"[36]이나 2권의 "하느님에 대한 찬양의 선행"[37]이 그러한 예들이다.

이러한 해석에서 가장 이해하기 어려운 문제는 남자가 여자로부터 받는 도움의 정확한 의미가 무엇인가 하는 점이다. 왜 하느님은 아담으로 충분하지 않다고 생각하여 무수히 많은 기쁨의 결실을 만들려고 한 것일까? 왜 아담은 하느님에 대한 찬양의 노래를 부르기 위해 다른 사람이 필요하게 된 것일까? 아우구스티누스는 《입문자 교리교육》에서 찬양과 모방의 관계로 본 해석 방법을 제안한다. 하느님이 인간을 자랑스럽게 생각한 것은 당연히 진흙으로 인간을 빚어내어서가 아니

---

36 〔*Ibid.*, I, 19(30).〕
37 〔*Ibid*, II, 11(15).〕

라, 인간이 그의 모습과 흡사하다는 점에서이다. 또한 그와 흡사하다는 것은 그의 모상模像대로 만들어졌을 뿐 아니라 인간이 자신의 의지에 따른 이성적 판단으로 하느님의 지혜를 모방하려 하기 때문이다. 마찬가지로 남자는 여자가 자기를 따르고, 자기를 본받으려고 하고, 자기가 보여 준 지혜의 모범을 그대로 재현하려고 한다면, 그만큼 자신이 떠받들어지는 존재가 되는 셈이다. 그래서 하느님은 그와 흡사한 존재가 모델이 되면 될수록 그만큼 찬양받을 수 있다.[38] 아우구스티누스는 《마니교인을 논박한 창세기 해설》에서처럼, 타락 이전의 성관계를 인정하는 육체적이고 물질적인 해석을 완전히 배제하지 않는다. 그는 직접적으로 이러한 해석을 상정하지는 않지만, 조심스럽게 영적인 해석의 입장을 표명하면서, 이러한 해석에는 타락 이전에 여자가 남자에게 "관능적인 육욕"과 관련된 일에 협력자가 될 수 있었다는 생각이 배제되었음을 주의하도록 한다. 다시 말해서 두 사람의 몸이 아직 타락하지 않았을 때, 어떻게 여자가 이런 의미의 협력자가 될 수 있었을까 하는 생각을 주목하도록 했다는 것이다. 우리는 이러

---

38 Saint Augustin, *De catechizandis rudibus*, XVIII, 29: "*Fecit illi etiam adjutorium feminam* 〔⋯〕 *ut haberet et vir gloriam de femina, cum ei praeiret ad Deum, seque illi praeberet imitandum in sanctitate atque pietate, sicut ipse esset gloria Dei, cum ejus sapientiam sequeretur.*"("그 다음에 하느님은 그에게 도움이 될 수 있는 여자를 만들었다. 하느님이 여자를 만든 목적은 남자가 하느님의 지혜를 본받으려 할 때, 그 스스로 하느님에게 영광스러운 존재가 되려고 하듯이 남자가 여자의 면전에서 하느님을 향해 나아갈 때 신성한 뜻과 경건한 마음으로 하느님을 본받으려는 일에 전념하는 모습을 여자에게 보임으로써 남자를 영광스러운 존재가 될 수 있게 하는 것이었다", G. Combès 옮김〕

한 해석에서 육욕이 없는 성관계도 가능하고, 육체의 죽음으로 상쇄할 필요가 없는 번식도 가능하다는 해석의 여지를 볼 수 있다. 그러나 아우구스티누스는 이러한 해석의 가능성을 완전히 무시한다. 그는 이것과 관련된 말을 한 번도 하지 않기 때문이다. 이 텍스트들에서 언급되지 않은 것이 은연중에 다른 해석의 가능성으로 나타난 것을 분명히 알기 위해서는 그의 나중에 나온 텍스트들에서부터 검토를 시작해야 한다.

《올바른 부부생활》의 서두는 이러한 해석들 중에서 어떤 입장을 분명히 결정하지 않고 이러한 해석들의 상관성을 제공한다는 점이 특이하다. 그렇지만 우리는 이 책의 내용과 결혼의 좋은 점에 대한 분석이 사실상 한 가지 특별한 가설을 전제로 한 것이며, 이것은 아우구스티누스가 해석의 차원에서 더 이상 천착할 필요도 없이 당연하게 받아들인 것임을 알게 된다. 왜냐하면 여기에는 각각의 해석에 대한 깊이 있는 검토가 없고, 또한 자신의 분명한 의견도 보이지 않기 때문이다. 이 구절은 그러므로 타락 이전에 최초의 부부에게 하느님이 명령을 내린 번식과 증가에 대한 수많은 다양한 해석의 지침으로 나타난다. 물질적 생식이긴 하지만, 성적 생식이 아닌 해석에 입각한 이러한 가설은 예전에 니사의 그레고리우스가 제안한 가설에 가깝다. 그러나 그레고리우스는 천사의 영혼들이 불가사의하게 번식했다는 내용과 관련시켜 논의를 전개한다. 아우구스티누스는 성적인 것이 아닌 생식의 3가지 모델을 설정한다. 그 3가지 모두 육체와 관련되는 것으로서, 첫번째는 하느님이 최초의 남자와 최초의 여자를 만들었다는 것이고, 두 번째는 성모 마리아의 태중에서 그리스도의 신체가 형성되었다는 것이며, 세 번째는 무신론자들에게 당연한 논리로 말하는 꿀벌의 번식 같은 것이다. 이러한 3가지 생식들은 하느님의 자비로 이루어졌거나 이루어진다는 것이다. 이러한 논리를 따르다 보면 하느님은 최초의 부부가 성관계를 갖지 않고서도 육체적으로 생식능력을 갖게끔 만들었다고 가정해 볼 수 있다.

두 번째 해석은 널리 알려진 것으로서, 번식이 "신비적이고 비유적"인 의미로 이해될 수 있다는 것이다. 하느님이 제안한 번식 — 권장하는 말이면서 동시에 약속하는 말이기도 한 — 은 사실 영혼이 발전하고 미덕이 풍부해지기를 바라는 의미에서 쓰인 말이다. 이런 경우라면, 타락 이전에는 실제적인 출산이 불가능했을 것이고, 타락이 인간의 죽음을 야기한 것이므로, 결국 인간이 영속할 수 있기 위해서는 그에게 자손을 갖는 능력을 부여할 수밖에 없었을 것이다. 이것이 우리가 앞에서 본 니사의 그레고리우스의 해석이다.

성 아우구스티누스가 어떤 사람들의 주장이라고 하면서 인용한 세 번째 가설은 어쩌면 일반화하기가 어려울지 모르겠다. 이 가설에 의하면 천지창조에서 인간에게 부여된 신체는 영적이 아니라 동물적이고, 이러한 이유에서 인간은 본래 죽음의 가능성을 가진 존재였다는 것이다. 그러나 인간이 죄를 저지르지 않았다면, 인간이 하느님에게 계속 순종하고 지냈다면, 이러한 죽음의 운명은 현실적인 죽음으로 연결되지는 않았을 것이고, 인간은 곧바로 영적인 목적지를 향해 갈 수 있었을 것이다. 요컨대 인간은 그에게 주어진 지상의 낙원으로부터 하느님을 정면에서 바라볼 수 있는 천국으로 직접 갈 수 있었다는 것이다. 이성적이고 순수한 동물이자, 죽음을 피할 수 있는 존재로서의 인간은 그러므로 완벽하게 출산할 수 있었고, 동물적인 방식에 의한, 말하자면 성관계에 의한 자녀출산은 약속에 의해서 조상의 빈자리를 완전히 대체하는 방법이 아니라, 조상들과 자리를 함께하면서 수많은 자손들이 땅을 가득 채울 때까지 가능할 수 있었다. 이러한 해석에 의하면, 최소한의 신체적이고 동물적인 성관계가 전적으로 가능한 곳이 천국이다. 성관계는 타락의 결과도 아니고, 원인도 아니다. 성관계는 하느님의 창조행위에 의해 인간의 본성 속에 포함된 것이다. 성관계는 그러므로 죄와 육욕에서 벗어난 것이 된다. 그렇다고 해서 성관계는 죽음에서 벗어난 것일까?

성급한 판단으로 말한다면, 인류가 죽지 않고 지구 면적에 적절한 인구로 증가할 수 있는 한, 성관계를 죽음에서 벗어난 것으로 생각할 수 있을지 모른다. 사망이 없는 생식은 어떤 파멸이 와도 억제되지 않는 인구증가일 뿐이다. 그렇지만 주목해야 할 것은 이렇게 거론된 3가지 해석 가능성에 대한 설명을 하기 전에, 아우구스티누스는 누구나 주장할 수 있고 실제로 그렇게 주장하기도 했던 하나의 의견이 아니라, 일반원칙과 같은 명제를 진술했다는 점이다. 이 명제에 의하면, 인간은 죽음의 조건 속에 살아가는 존재이고, 어차피 죽게 마련인 육체들 사이에서만 성적 결합concubitus이 가능하다는 것이다. 그런데 바로 이러한 3번째 해석의 특별한 차이가 없는 한, 대체로 이러한 일반원칙의 명제는 그의 3가지 해석들에서 그대로 발견된다. 실제로 성적 결합은 하느님에 의해 창조된 모습 그대로의 인간적 본성에 속하는 죽음의 운명 혹은 죽음의 가능성과 연결된다. 성적 결합은 그러므로 인류에게 죽음의 실제 조건을 단순히 끌어들인 원죄 이전에 존재했을 가능성이 높다. 이러한 해석은 원죄와 타락과 죽음이 출현하기 전에, 그리고 이것들이 서로 연결된 관계들로 나타나기 전에 죽음의 운명과 성관계가 본래 동시적으로 모든 피조물의 동물성 안에서 상호적 연관성을 갖고 존재했음을 알려 준다.

《창세기의 문자적 의미De Genesi ad litteram》(이 책의 집필이 시작된 것은 《올바른 결혼생활》이 나온 후 얼마 지나지 않아서였지만, 원고가 완성된 것은 훨씬 나중이었다) 안에서, 그리고 《신국론La Cité de Dieu》 4권과 거의 동시대에 나온 반反펠라기우스파의 글에서 결국 이것에 대한 재론이 진전을 이룬 것은 바로 3번째 해석이다. 《창세기의 문자적 의미》 9권 3장은 하느님이 인간에 대해서 말한 다음과 같은 구절, 보다 정확히 말하자면 《성서》(〈창세기〉 2장 18절)의 "그에게 알맞은 협력자를 만들어 주겠다"는 구절을 해설한다. 한 번 더 강조하자면, 천국에서 성관계가 가능한지의 문제를 제기하는 부분에서 핵심적인 것은 바로 이 협력자의 성격이다. 같은 책 3권 21장에서도 성 아우구스티누스는 "자손을 많이 낳고 번성하라"는 말의 의미를 해석한 바 있다. 그의 설명에 의하면, 이 명령은 부부관계에 의해서만 실현될 수 "있을 것처럼" 보인다 "할지라도", 번성의 "다른 방식"을 생각할 수도 있는데, 이것은 타락의 육욕을 포함하지 않은 것일 수 있고, 신앙심의 결과일 수 있다는 것이다. 이 구절의 모호한 점 때문에 이러한 "다른 방식"이 부부관계를 배제한 것인지 (따라서 하느님이 사용할 수 있었고 계속 사용할 수 있기도 한 신비로운 작용들 중 하나인) 는 알아야 할 문제이다. 또한 인간이 타락할 수밖에 없는 존재임을 이해하는 사람들의 입장에서 놀랍게 생각되는 특성, 즉 육욕에 의하지 않고, 그것과는 완전히 다른 영혼의

작용으로 이루어지는 특성의 부부관계가 무엇인지를 알아야 하는 것
이다. 39 《창세기의 문자적 의미》 9권에서는 아마도 이러한 모호성의
문제가 제거되었을지 모르겠다.

하느님이 여자에게 그 역할을 맡긴 협력의 성격은 과연 무엇일까?
이 책40 안에서 5번이나 반복되는 대답은 다음과 같다. "자녀출산을
위해서"(3장 5절), "생식을 위해서"(5장 9절), "자손을 위해서"(7장 12
절), "잉태를 위해서"(8장 13절), "후손을 위해서"(11장 19절). 이러한
대답들은 아우구스티누스가 여자의 협력이 영적인 것이었고, 묵상이
나 기도의 기쁜 일에 기여할 수 있게 하는 데 목적이 있었다는 견해를
완전히 포기했음을 보여 준다. 41 그런데 〈창세기〉에는 문제의 이 구
절 속에 이러한 주장을 정당화할 수 있는 말이 하나도 없기 때문에, 성
아우구스티누스의 주장은 어디까지나 자신의 추론을 근거로 한 것이
다. 보다 정확히 말하자면, 그의 추론은 두 가지이다. 하나는 의문점
을 제거하는 방식의 추론이다. 42 가령, 천국에서 여자가 어떤 일에 쓸
모가 있었을까? 농경생활의 일이었을까? 물론 아니다. 왜냐하면 그
당시에 그런 일은 필요하지도 않았고, 필요한 일이라고 할지라도 그
런 일에는 남자가 돕는 것이 보다 효과적일 수 있기 때문이다. 그렇다

---

39 이 구절에 대해서는 P. Agaësse와 A. Solignac의 해설을 참고할 것. *Œuvres de saint Augustin*, t. 49, *De Genesi ad litteram*(VIII~XII), Paris, Desclée de Brouwer, Bibliothèque augustinienne, 1972, pp. [516~530], note 42.

40 * [육필 원고: "chapitre".]

41 결혼생활에서 부인이 영적인 역할을 할 수는 없다. 여기서는 본래의 목적이 중요하다.

42 Saint Augustin, *De Genesi ad litteram*, IX, 5, 9.

면 남자가 외롭게 지내지 않도록 함께 살면서 대화를 나눌 수 있는 사람을 마련해 주기 위한 것이었을까? 이것도 아니다. 왜냐하면 남자의 가장 좋은 친구compagnon는 남자이고, 이런 친구들 사이가 평화롭기 위해서 위계적 불평등이 필요하다면, 두 남자 중에서 먼저 만들어진 사람에게 우선권을 인정하고, 그것을 근거로 계약을 맺으면 이 문제가 충분히 해결될 수 있는 것임을 우리는 잘 알고 있기 때문이다. 그렇다면 공동체를 위해서도 아니고, 일을 위해서도 아니다. 여자의 협력이란 오직 자녀 출산과 관련된 일밖에 없을 것이다. 또 다른 추론의 근거는 최초의 인간들에게 후손의 장점과 땅 전체의 인구 증가에 대한 장점이 무엇인지를 보여 주려는 데 있다.[43] 주목해야 할 것은 아우구스티누스가 "자손을 많이 낳고 번성하라"는 계율을 단순히 천국에서의 생식이란 의미에 적용하기 위해서 이용하지는 않는다는 점이다. 그는 타락 이전에, 죽음의 문제를 떠나서, 죽는 사람들의 자리를 어떻게 보충할 수 있을까 하는 걱정과는 상관없이, 인류의 번성은 반드시 추구해야 할 과제라는 것을 보여 주려고 한다. 실제로 인류는 번성함으로써 땅의 아름다움을 넓혀 갈 수 있다. 타락 이전에 정의로운 사람들의 번성이 어떻게 위대한 자랑거리가 되지 않을 수 있겠는가의 문제는 다음의 4가지를 생각하면 분명히 알 수 있다. 동물들은 열등한 세계의 아름다움을 증대시킨다는 것, 인간이 타락해도 동물보다 우월하다는 것, 몇몇 올바른 사람들이 모범을 보임으로써 많은 죄인들로 구성된 인류가 평화를 유지한다면 그 자체로 아름답다는 것, 끝으로 최초의

---

43 *Ibid.*, IX, 9, 14, 15.

부모들로부터 태어난 인간은 부모의 죄가 없었다면 영생하면서 동시에 정의로운 사람들이었을 것이라는 게 그러한 생각들이다. 그러므로 번식은 (죽음의 보상에 의해서가 아니라) 그 자체로 좋은 일이다. "오직 한 사람으로부터" 자손이 계속 퍼져 나가는 것이 아니라면, 이 넓은 세계의 표면에 이러한 사회를 구성하기 위해 그 이상 어떤 좋은 방법이 있겠는가?

한 사람의 몸으로부터 출발해서 이러한 번성이 이루어짐으로써, 인류는 하느님이 원하는 대로 땅의 표면을 덮을 수 있게 되어, 태초에 창조주가 인류의 특징을 나타내고 싶었던 그대로의 일체성을 보존할 수 있게 된다. 원죄의 결과와 육욕을 주제로 한 《신국론》 14권은 바로 이러한 번성의 논의부터 시작된다. 인류의 번성과 일체성, 즉 유사성과 친척관계로 결합된 인류가 평화의 관계 속에서 공동체를 구성한 것은 모든 죄와 모든 타락과 모든 죽음 이전에 나타난 현상이고, 하느님이 천지창조부터 추구한 목적도 그것이다. "하느님은 인간을 유사한 본성의 모습으로 공동체 안에서 결합되기를 원할 뿐 아니라, 친척관계의 매듭으로 평화의 관계를 맺고 조화로운 일체성을 이루어 인간이 하나로 결합되기를 원함으로써 한 사람의 조상을 기원으로 인류를 창시한 것이다. 모든 사람이 이렇게 공동체의 구성원으로 사는 한, 인류는 소멸되지 않을 것이 분명하다."[44]

요컨대, 이 문제에 관한 《성서》의 기본적인 3가지 소재를 양성의 창조, 증가와 번성에 관한 명령, 남자를 위한 협력자 역할로서의 여자

---

44 Saint Augustin, *La Cité de Dieu*, XIV, 1.

의 배속으로 나눈다면, 이전의 해석학자들은 앞의 두 가지 소재를 해석하는 일에만 노력을 기울여 왔던 것 같다. 그들은 성행위의 존재뿐 아니라, 타락 이전에 성행위가 가능할 수 있다는 생각조차 하지 않으려 했다. 그렇기 때문에 성의 차이에서 빚어지는 결과와 의미가 죄로 규정되기 전까지는 그 문제는 표면에 부각되지 않았고, 성의 차이와 사용법에 관한 문제는 '나중으로' 미루어질 수밖에 없어서, 번성에 영적인 의미를 부여하게 된 것이다. 따라서 3번째 요소는 모호한 채로 내버려 둔 상태였고, 여자의 협력은 정확한 내용이 밝혀지지 않은 주제로 남게 된다. 그들과는 달리, 아우구스티누스가 분석자료로 삼은 것은 바로 이 3번째 요소이다. 그는 가능한 한, 이러한 협력에 어떤 의미를 부여할 수 있는지를 천착하고, 죄의 여부를 떠나서 타락 이전에 남자-여자 관계가 어떤 것이었는지를 정의하는 문제에 노력을 기울이고 그들의 결합 형태와 목적이 무엇인지를 밝히려 했다. 그는 연쇄적인 제거의 추론 방식으로 최초의 부부에게 내린 명령에 "물질적", "신체적", "육체적" 의미를 부여하고, 본래의 성 차이에 즉각 현실화할 수 있는 가치를 부여하게 된다. 남자에게 만들어 준 보조자가 여자라는 "타자" — 말하자면 그와 닮은 사람일 뿐 아니라, 그보다 열등한 사람이고 또한 닮음-열등함이 성 차이의 모습으로 나타났으므로 — 의 논리에 근거해서, 아우구스티누스는 이러한 타자의 이타성을 땅위에 하나의 공동체, 즉 본성의 동질성과 기원의 동류성으로 연결된 수많은 사람들의 모임을 창설하고 발전시킬 수 있는 남자의 일에 협력하는 역할로 추론한다. 아우구스티누스에 의하면, 연속적으로 이어지는 수많은 인간의 탄생이 세계의 역사에서 처음 도입된 것은 죽음의 한계를 보상하기 위해서가 아니라 세계를 풍요롭고 아름답게 만들려는 '사회'의 근원적 특성 때문이다. 여자가 남자에게 도움을 주는 보조자인 것은 어디까지나 남녀관계와 관련되어서이다. 인류와 함께, 무수히 많은 종족의 동반자들을 만들려고 씨를 뿌린 자는 당연히 땅이 풍요로 워지기를 원하기 마련이다. **45**

아우구스티누스는 최초의 부부 사이에서 이루어진 '결혼'이 영적 관계와는 다른 의미를 갖는 것으로 생각했다. 그는 양성의 근원적 차이에서, 적어도 후손의 육체적 생식을 약속할 수 있는 육체적 결합의 가능성을 추정했다. 성관계와 생식기능은 더 이상 타락과 구원의 논리와 필연적이고 획일적으로 연결되지 않는다. 그것들은 하느님이 원해서 만든 최초의 두 사람이 이미 부부관계로 지내면서 타락으로 인해 아직 변질되지 않은 천지창조의 질서 속에 적합한 자리를 갖게 되었기 때문이다.

아우구스티누스는 이러한 견해를 그 이후에 한 번도 바꾼 적이 없다. 《신국론》 14권에는 그의 생각이 포괄적으로 설명되어 있다. 하느님은 최초의 인류를 "남성과 여성"으로 창조했다. 하느님은 인간의 육체 속에 성의 차이가 나타나도록 했고, 이것은 "자녀를 출산하기 위

---

45 "*Propter quid aliud secundum ipsum quaesitus est femineus sexus adjutor, nisi ut serentem genus humanum natura muliebris, tamquam terrae fecunditas, adjuvaret*" [여자의 본성이 비옥한 대지처럼 인류를 파종시키는 일에 도움을 줄 수 있는 것이 아니라면, 하느님이 무엇 때문에 남자에게 그를 닮은 여성 조력자를 만들어 준 것일까?", P. Agaësse, A. Solignac 옮김], saint Augustin, *De Genesi ad litteram*, IX, 9, 15.

한 것으로서 자손을 많이 낳고, 번성하여, 땅을 가득 채울 수 있도록"
한 것이다. 하느님은 그러므로 "우리가 오늘날 인간들 사이에서 다양
한 남성들과 여성들을 보고 식별할 수 있듯이" 인류를 창조하였다. **46**
이러한 그의 견해는 반反펠라기우스적 입장에서 쓴 글에서는 물론이
고, 그 어떤 논쟁적인 글이나 반론에 대한 답변의 필요성으로 쓴 글에
서도 변함없이 나타난다. "다양한 남성들과 여성들은 생식능력이 있
는 사람들의 생식기관과 관계가 있고, 그들의 결합은 자녀의 출산과
관계가 있으며, 생식능력 그 자체는 결혼의 축복과 관계가 있는 것이
다."**47**

그러나 천국에서 최초의 부부에게 양성결합이 허용될 수 있는 것이
라면, 오늘의 세계에서 이러한 결합을 과연 그 어떤 규범체계 속에 종
속시켜야 하는 것일까?

III

기독교인의 결혼생활과 부부관계에 대한 최초의 중요한 체계화 작업
이 이 책에서 이루어졌는지 아닌지의 사실 여부와는 상관없이, 《올바
른 결혼생활》은 여하간 중세와 근대 기독교에서 결혼에 대한 도덕적

---

46 Saint Augustin, *La Cité de Dieu*, XIV, 22. 복음서에 타락 이전의 성관계가 언급
되지 않았다는 이견에 대해, 아우구스티누스는 천지창조 이후 타락의 행위가 너무
빨리 저질러졌기 때문이거나 하느님이 최초의 부부에게 결합하도록 하는 결정을
그 전에 내리지 않았기 때문이라고 대답한다.

47 Saint Augustin, *De nuptiis et concupiscentia*, II, 5 (14).

신학의 중요한 참고문헌으로 알려져 있다. **48** 이 책의 권위를 근거 삼아 우리는 결혼의 이점과 목적에 대한 두 가지 이론을 관련시켜 볼 수 있을 것이다. 결혼의 가치를 금욕의 가치 옆에 두건 아래에 두건, 결혼으로 보장되는 이점들은 생식과 출산, 그리고 배우자들을 결합시키는 믿음, 그들에게 강력한 영향을 미치는 성사 등이다. 이것들은 결혼의 목적으로서 결혼의 '사용법'을 체계화할 수 있고, 성관계의 금지와 허용, 즉 육욕에 대한 대책과 생식을 정의할 수 있는 근거가 된다.

결혼에 관한 이론체계는 널리 알려진 그대로이다. 이러한 이론체계의 기본요소들이 성 아우구스티누스에게서 보이지 않는다고 말하는 것은 분명히 잘못된 일이다. 이것은 그의 책에 쓰인 많은 구절 속에서 쉽게 확인된다. **49** 또한 《올바른 결혼생활》의 내용과 그러한 이론적 요소들이 일치하지 않는다고 주장하는 것도 잘못이다. 이 책의 전체적인 주제가 요약된 끝부분에서 그의 입장은 매우 분명하다. "결혼은 모든 민족들에게 그리고 모든 인류에게 좋은 일이다. 왜냐하면 결혼은 자녀들을 갖기 위한 생식의 중심이자, 순결하고 변함없는 사랑을 서약하는 일이기 때문이다. 그러나 결혼은 하느님의 백성들에게서 이러한 권리에 성사의 신성함을 더하는 것이다. 〔…〕 결혼의 이점들은 다음의 세 단어, 즉 자녀, 변함없는 사랑의 서약, 성사에 요약되어 있다."**50** 나중에 쓴 다른 텍스트의 어떤 구절에서 아우구스티누스는 어

---

48 〔비어 있는 주〕

49 *De nuptiis et concupiscentia*, I, 1(1), I, 21(23)에서도 마찬가지이다. *Contra Julianum*, V, 46에서는 "두 가지 목적"과 "세 가지 이점"의 전형이 등장한다.

50 Saint Augustin, *De bono conjugali*, XXIV(32).

김없이 결혼의 두 가지 목적을 말한다. 하나는 "자녀를 낳기 위하여"
이고, 다른 하나는 "서로의 약점을 보완하기 위하여"이다.[51] 이처럼
간단하고 도식적인 견해는 아우구스티누스가 결혼에 대한 이해와 결
혼에 대한 분석 그리고 부부의 품행에 지침이 되는 규범체계에 관해
전혀 생각을 바꾸지 않았고, 그것을 개정하는 일에도 전혀 관여하지
않았음을 보여 준다.

우리가 알 수 있었듯이, 아우구스티누스는 결혼을 뒷받침하는 두
가지 논리, 즉 천지창조를 구성하는 요소로서 태초의 기원에 관한 논
리와 교회를 구성하는 영적 형태의 일부라는 논리를 제시한다. 결혼
은 그러므로 좋은 일이다.[52] 그 자체로 좋은 일이라는 말의 의미는 다
른 것과 비교해서 좋은 일이라는(육체관계의 죄악보다 더 좋은 일이라
는) 말이 아니다. 그렇다고 해서 결혼은 그 자체만으로 좋은 일이 되
는 것도 아니다. 전통적인 철학과의 차이에 근거해서 아우구스티누스
는 그 자체로 바람직한 것과 그 자체가 아닌 다른 것으로, 말하자면 어
떤 다른 것과 관련시킬 필요가 없는 목적들 중의 하나로 바람직한 것
을 구별한다. 그는 다음과 같은 도식의 논리를 작성한다. 그 자체로
목적인 것은 지혜sapientia이다. 또한 이러한 목적과 관련되어서 좋은
일은 교리doctrina인데, 이것은 그 자체만을 위해서가 아니라 지혜에
도달하기 위해 필요한 것이다. 그 자체로 목적인 것은 건강이고, 건강
과 관련된 좋은 일은 잘 마시고, 잘 먹고, 잘 자는 일이다. 지식이나

---

51 *Ibid.*, VI(6).
52 *Ibid.*, III(3).

음식, 잠과 마찬가지로 그 자체로 목적이 아닌 결혼이 주제일 경우, 이것은 그 어떤 좋은 일과 관련되는 것일까? 건강이나 지혜처럼 그 자체로 바람직한 것이 우정이란 점에서 결혼은 우정과 관련된다고 할 수 있다. 53

《올바른 결혼생활》 전체는 책의 첫 줄부터 이러한 우정의 개념을 중점적으로 논의한다. 우정은 그것의 특성 때문에 인간에게 상당한 영향력을 행사할 수 있는 목적이라는 것, 개인은 사실상 인류의 한 요소이고, 한 '부분'이라는 것, 개인은 그 자체로 인간이면서 사회적 존재라는 것이다. 54 그렇기 때문에 개인은 한 요소나 부분으로서 자연스럽게 이러한 전체와 우정으로 연결될 수 있고, 개인이 이러한 우정의 관계들을 형성하고 증가시키고 또한 튼튼하게 확립할 수 있는 한, 결혼은 바람직한 것이다.

이러한 주제에는 별로 새로운 것이 없다. 이것은 고대철학에서 매우 친숙하게 발견되는 주제이며, 기독교인 저자들의 글에서도 똑같은 내용으로 나타난다. 우리는 이러한 해석을 크리소스토무스의 강론에서도 볼 수 있었다. 그렇지만 아우구스티누스가 결혼과 부부관계에 대한 이론을 만들어 내고, 여기에 상당수의 결정적인 요소들을 도입한 근거는 이러한 '공동체'와 우정에 대한 견해에서 비롯된다. 이러한 요소들은 본질적으로 3가지이다. 구원의 일반논리에서 결혼의 역할,

---

53 "*Propter amicitiam sicut nuptiae vel concubitus*", *ibid.*, IX(9). Sur le "*vel concubitus*", 다음 책 pp. 308~309 참고.

54 "*Homo humani generis pars est et sociale quiddam est humana natura*", *ibid.*, I (1).

부부관계의 본질, 부부의 성관계에 대한 조정 원칙이 그것이다.

1. 크리소스토무스는 《올바른 결혼생활》과 거의 같은 시대에 나온 자신의 책에서 사람들 사이의 사회관계를 확립할 수 있는 방법이 결혼생활에 있음을 발견하고, 결혼에 부수적으로 따르는 이점을 제시했다. 결혼의 역할은 타락과 구원 사이에 있는 것이다. 이것은 타락 이후에 죽음의 파괴를 복원하고, 인간을 위로하기 위한 역할이다. 또한 이것은 구원이 임박하면 인류의 번성은 쓸모없다는 점에서 구원이 있기 전까지이다. 결혼의 가치는 그에게 율법과 죽음의 시간에 속한 것이다. 그 시간은 종말의 시간이다.

《올바른 결혼생활》은 크리소스토무스와는 다른 방식으로 인류 역사의 시간들과 공동체의 필요성을 연결 짓는다. 간단히 말하면, 이 책은 공동체의 필요성을 결혼의 부수적인 역할과 임시적인 지위로부터 벗어나게 한다. 공동체의 필요성은 지속적인 것이지, 순간적인 것은 아니라는 점에서이다. 그러나 이러한 지속성은 하느님과 인간 사이에서 빚어지는 관계의 드라마에 따라 중요한 변화를 가져온다.

우리가 앞에서 보았듯이, 인간이 '남자와 여자'로 창조된 것은 인류에 소속되기 위해 태어난 개인들의 본성 속에 있는 어떤 공동체의 필요성을 위해서이다. 인류는 죽음의 징벌을 기다리지 않고 필연적으로 '공동체'를 추구하게 되었고, 결혼을 좋은 일로 만들었다. 그러한 '공동체'의 흔적이 아직도 우리의 현재 속에 남아 있는 것일까? '공동체'는 그리스도가 강생한 시대에도 결혼을 권장할 만큼 장래성이 있는 것일까? 공동체의 본래적 역할은 이제 소멸된 것이 아닐까? 《올바른 결혼생활》은 실제로 인류의 번식이 더 이상 필요하지 않을 시기를 이렇게 언급한다. "'인간의 지식은 무너지게 될 것이다.' 〔…〕 마찬가지로, 현세에서 천사와 같은 금욕적 생활방식이 영원할 수 있는 한, 결혼의 목적이라고 하는 인간의 생식은 더 이상 존재하지 않을 것이다."⁵⁵ 이와 같은 진술은 내용부터 용어에 이르기까지 크리소스토무스와 그레고리우스, 바실리우스의 진술과 거의 같다. 그러나 "금욕의 시간"에 관한 주제에서 양쪽의 생각이 다른 점을 구별해야 한다. 앞의 텍스트에서 표현된 생각은 시간의 종말과 관련된 것으로서 실제로 천국에서 영적 관계만 허용되었을 때에는 육체관계의 설 자리가 없어진다. 다른 구절들 안에서 여러 번 언급된 또 다른 생각은⁵⁶ 인류의 실제적 상황에 관한 것으로서, 아우구스티누스는 이것을 사실과 임무의 특징으로 설명한다. 인류는 인구증가로 인해 인구과잉이 되었다. 이것은 기혼자건 미혼자건 간에, 금욕을 실천하지 않는 사람들이 대폭 증가함으로써 확실해졌고, 이러한 인구증가 현상은 계속된다. 사람들은 거대하게 이어지는 "계승의 자원"을 그런 식으로 공급한다. 이제 인간의 임무는 초기의 인류로부터 고결한 우정관계를 맺고, 점차적으로 모든 민족을 통하여 "방대한 영적인 친자관계", "신성하고 순결한 공동체"를 형성하는 일이다. 현재는 그러므로 조급하게 생각하기보다 장기적으로 생각해야 하고, 절박한 종말 같은 것이 아니라 느리게 이동시켜야 할 평형 같은 것으로 생각해야 한다. 《올바른 결혼생활》은 그때까

---

55 *Ibid.*, VIII (8).

56 XXIV (32), *ibid.* 도 마찬가지이다: "우리 시대에는 모든 관점에서 혈통을 추구하지 않고, 영적으로 그리스도를 따르는 것이 훨씬 훌륭하고 경건한 일이다."

지만 해도 필요한 것이었던 결혼을 포기하고 동정의 시대로 진입한다는 것을 예고하지 않는다. 이 책은 오히려 시간의 종말이라는 지평을 당연히 유지하면서, 동시에 육체적인 결합 덕분으로, 인류가 번성한 시대에 이러한 번성이 영적인 친자관계의 증가에 필요한 이유임을 설명해 준다. 동정과 부부생활이 모두 자기 자리와 자기 역할을 갖고 전체를 구성할 수 있을 때, 이것은 개별적으로 좋은 것보다 전체가 훨씬 더 좋다는 원칙에 의해서 결합된다.

아우구스티누스는 이처럼 이전에 일반적으로 통용되었던 구분방식, 즉 타락 이전에 순수했던 천국의 동정시대, 죽음의 법칙이 지배하게 된 시대의 결혼과 출산의 시기, 구원이 도래하고 시간의 종말이 완성될 무렵에 본래의 동정으로의 회귀, 이러한 구분을 심층적으로 개편한다. 《올바른 결혼생활》에서 나타나는 시대구분 방식은 매우 특이하다. 이것은 동정과 결혼을 순환주기로 교대하는 방식이 아니다. 오히려 이것은 어떤 방식으로건 인류의 목적인 공동체를 구성할 수 있는 다양한 방법을 보여 준다. 우선, 천국에는 육체적이면서 동시에 영적인 공동체의 가능성이 있었다. 그 다음에는 종족들이 번식하는 시대가 도래하면서 어떤 사람들은 "정념에 사로잡혀 몰락"하게 되었고, 또 다른 사람들 — 아브라함 같은 족장들 — 은 "신앙의 인도를" 받게 되었다. 만일 이들이 하느님의 허락을 받았다면 금욕적인 생활을 할 수도 있었을 것이다. 그러나 그들이 결혼하고 자녀 출산을 원하게 된 것은 그리스도를 위해서였고, 또한 자신들의 혈통을 다른 민족들과 구별하기 위해서였다. [57] 오늘날, 이런 구별은 달라지게 되었다. 신앙이 없는 사람들의 급속한 증가와 함께 고결한 혈통의 출신 구별은 없어지고, 영적인 관계에 헌신하는 사람들과 금욕생활을 하지 않고 계속 땅을 가득 채우고 번성하는 사람들로 구별될 뿐이다. 이들은 모두 미래의 천국을 준비하는데, 전자는 영적 관계를 증가시키는 방법으로 준비하고, 후자는 천국의 공동체에 기원을 둔 일체성을 상징적으로 나타내는 결혼, 즉 한 번뿐인 결혼의 율법에 복종하는 방법으로 준비한다.58 끝으로 네 번째는 천국의 시간이다. 그곳에서는 더 이상 성적 결합으로 태어난 인류의 증가와 번성은 존재하지 않고, 또한 일체성이란 한 번뿐인 결혼을 할 수밖에 없는 부부의 일체성이 아니다. 그것은 수많은 영혼들이 모여서 하느님과 하나가 되어 한 마음과 한 정신을 갖는 일체성이다. 천국에서 모든 관계는 이제 하느님을 향해 집중된 영적 관계일 뿐이다. 그렇게 함으로써, 이승에서의 '여행'이 끝난 후, 이전에 인류가 지향했던 공동체는 천국의 일체성 안에서 궁극적인 실체를 발견한다. 아우구스티누스는 그러므로 이제 더 이상 인류의 초기 상태와 시간의 궁극적인 지점을 나타내는 동정의 절대적인 선을 결혼의 가치와 연결시키지 않고, 결혼의 가치를 공동체의 보편적이고 항구적인 목적과 관련시킨다. 결혼이 언제나 같은 형태, 같은 역할, 같은 의무를 갖지 않고, 또한 늘 같은 방식으로 동정과 대립해 있지 않은 까닭은 타락 이전과 이후에, 그리스도가 강림하기 이전과 이후에, 인류가 미래의 천국을 지향하는 방식이 달라졌기 때문이다.

---

57 *Ibid.*, XVII(19), XIX(22).
58 *Ibid.*, XVIII(21).

2. '공동체'에 부여된 특성은 '관계'의 개념에 중심을 맞춘 결혼의 특징적 성격을 부여할 수 있게 한다. 결혼은 무엇보다도 결합이고, 그 자체로 사회의 기본요소이다. 그런데 이러한 관계의 가치가 결혼이란 합법적 형식으로 허용되는 자연적 생식행위 때문인가, 아니면 부부를 동등한 입장의 관계로 만드는 법적인 구조 때문인가? 부부관계는 친척관계를 갖는 조건인가, 아니면 계약의 결과인가? 《올바른 결혼생활》의 분석은 이러한 조건과 결과 중에서 어느 한쪽을 간단히 선택한 것이 아니라는 점에서 훨씬 복잡하다.

결혼에 대한 아우구스티누스의 문제제기에서 생식과 후손의 역할은 과소평가해서는 안 될 주제이다. 우리는 나중에 이 문제의 중요성을 검토해 볼 것이다. 자녀가 없다면, 그 결과로 자손이 이어지지 않으면, 인류는 사실상 자신의 동시대와 그 다음 시대의 구성요소를 만드는 공동체의 결합방식으로 연결될 수 없을 것이다. 59 인류의 전체와 인류의 목적지를 고려하면, 결혼의 필요성은 자손을 제외하고는 생각할 수 없는 문제이다. 그러나 부부관계를 그 자체로 한정해서 두 사람이 관계를 맺는 것으로 생각해 보면, 이것은 자손이나 출산에 종속되는 관계일 수가 없다. 결혼은 그 자체로 사회의 기본 고리를 구성하는 요소이고, 이러한 관계는 창조주가 "남자로부터 여자를 뽑아내어" 그리고 "한쪽에서 추출한 갈비뼈로 다른 쪽을 만들어 그들의 결합의 힘을 보여 주는 방식"에서 알 수 있었듯이, 출산의 관계보다 훨씬 강한 것이다. 60 모든 생식의 문제보다 앞서서 결혼이 그 자체로 좋은

---

59 *Ibid.*, I(1).

일인 까닭은, 이것이 남편과 아내 사이에서 관계를 맺게 하는 일이기 때문이다. 이 관계는 3가지 특성을 갖는 것으로서, 우선은 "자연적"인 일이고, 그 다음은 서로 다른 성의 결합이며,61 3번째는 사회를 구성하는 기본요소로서 우정과 친척관계의 결합을 이룬다는 것이다.62 그러므로 생식이 이러한 관계를 연장시킨다 해도 — 어떤 조건에서는 그렇게 되는 것이 좋은 일이지만 — 생식이 그러한 관계의 필요조건은 아니고, 생식이 없다고 해서 관계가 위태로워지는 것도 아니다. 이런 문제에 관해 아우구스티누스는 두 가지 예를 들어 증언한다. 나이가 많은 사람들이 출산능력이 없거나 그들의 자녀가 이미 죽었다고 해도 결혼생활이 가능하고, 자식이 없어도 부부관계는 존속한다는 것이다.63 마찬가지로, 자녀를 갖기 위해 부부관계가 맺어졌는데 부부의 노력에도 불구하고 불임이 되었다고 해서 이것이 이혼사유가 될 수는 없다.64

《올바른 결혼생활》은 이러한 부부관계에 대해서 분명히 법적 의미가 내포된 계약pactum이나 합의foedus라는 이름을 합법적으로 부여한다.65 아우구스티누스는 이 문제를 면밀히 고찰하면서, 이와 같은 두 가지 주제의 영역에서 이것을 깊이 있게 분석한다. 그가 실제로 참고

---

60 *Ibid.*

61 *"Naturalis in diverso sexu societas", ibid.*, III(3).

62 *"Amicalis quaedam et germana conjunctio", ibid.*, I(1). 주의할 점은 여기서 결합이 복종과 명령의 관계로 정의된다는 것이다.

63 *Ibid.*, III(3).

64 *Ibid.*, VII(7), XV(17).

65 이 주제에 대하여 다음을 참고할 것. 〔미완성 주〕

하는 주제는 합법적 규범이건 하느님의 계율이건, 제도적으로 보장받을 수 있는 관계에 대한 것이다. 때로는 올바른 부부관계의 양식을 설명하기 위해 민법의 논리가 원용되기도 한다. 이 논리에 의하면, 첫번째 결혼한 부인이 살아 있는 한, 그 남편은 재혼할 수 없도록 한 로마법이 이러한 관계의 절대적인 성격을 나타낸다는 것이다. **66** 또한 때로는 종교의 율법을 제시하고, 사회규범에서 무시된 올바른 원칙이 강조되기도 한다. 종교의 율법에서는 ─ 민법과 달리 ─ 부인이 불륜을 범했다고 해서 남편이 재혼할 수 있게 하지는 않기 때문이다. **67** 그러나 아우구스티누스는 또 다른 영역에서 영혼의 관계와 육체의 관계에 관한 계약, 즉 부부 사이에서 ─ 종종 육체적 욕망이 없어도, 또는 육체적 욕망과 상반되는 어떤 힘으로 연결될 수 있는 ─ 카리타스 수도회un ordo caritatis 방식으로 되어 있는 충실한 사랑의 결혼계약을 중요시하기도 한다. 그러나 여기서 육체의 관계란 두 배우자 모두 상대편을 위해 자신의 육체를 순결하게 지킨다는 의미에서이다. 〈코린토 신자들에게 보낸 첫째 서간〉의 유명한 구절 ─ "아내의 몸은 아내가 아니라 남편의 것이고, 마찬가지로 남편의 몸은 남편이 아니라 아내의 것입니다"(7장 4절) ─ 에서는 배우자들 모두가 상대편과 육체관계를 가질 권리가 있다는 일반화된 확언이 명시되어 있다. 그러나 아우구스티누스는 두 인용문 중 적어도 한 인용문 안에서 이러한 확언에 대해, 말하자면 부정적 의미를 부여한다. 이러한 확언은 "자기 자신의

---

66 *De bono conjugali*, VII(7).
67 *Ibid.*

충동적인 정념을 따른 것이건 타인의 유혹에 의한 것이건 간에, 남편이 다른 여자와 성관계를 갖거나 부인이 다른 남자와 성관계를 갖게 될 때" 발생하는, 결혼 계약을 위반하는 행위에 대한 금지를 표현하는 것일 수 있다. **68** 육체적 소유의 문제가 아니라 배신을 금하는 의미에서의 이러한 관계는 신의fides의 이치를 따른 것이다.

이러한 이치는 물론 정의와 다르지 않고, 종종 정의와 함께 변화하는 것이기도 하지만, **69** 아우구스티누스가 제시한 '신의'의 실례가 보여 주듯이, 정의의 개념으로 환원될 수 있는 것은 아니다. 어떤 일에서 한 줌의 지푸라기가 문제될 수도 있고, 한 무더기의 금이 문제될 수도 있겠지만, 정직성을 약속하는 믿음은 언제나 변함없고 한결같은 가치를 갖는다. 신의는 개인 간의 계약을 떠받치는 근거로서, 우리가 얼마나 엄격히 지키는가에 따라 그대로 나타나는 것이라고 생각해야 한다. 그러나 신의가 언제나 동일한 성격을 갖는 것은 아니다. 그것은 인간이 범할 수 있는 죄의 관점에서 보자면, 법률이 보장하는 그러한 계약과 같은 결과를 갖는 것이 아니다. 아우구스티누스는 3가지 예를 들어서, 자기의 생각으로는 ─ 적어도 계약을 순전히 법적 의미로 이해할 경우 ─ 신의와 계약이 일치하지 않는다는 것을 명확히 설명한다. 그가 말하는 3가지 예는 법의 범주이면서 동시에 신의를 위반한

---

68 〔*Ibid.*, IV(4).〕

69 정절을 지켜야 할 원칙에 대한 아우구스티누스의 표현을 주의할 것: "*Cui fidei tantum juris tribuit Apostolus ut eam potestatem appellaret.*"(〔M. F.에 의한 강조, "사도 바울은 이러한 정절에 대해서 권능이라고 부르는 정의의 성격을 부여한다", G. Combès 옮김〕), *ibid.*, IV(4).

간통의 문제를 기본 골격으로 삼고 있다. 얼핏 보아서 간통에 대한 단죄는 법적 관계와 사랑의 충실성의 일치를 나타내는 것처럼 보인다. 그런데 아우구스티누스가 인용한 다음 예들은 이 둘 사이의 불일치를 보여 준다.

— 애인 때문에 남편과 헤어지게 된 여자를 가정해 보자. 물론 이것은 충실한 사랑을 배반한 것이다. 그러나 남편과 헤어진 여자의 입장에서, 그리고 그녀의 도덕성의 관점에서, 애인에게 충실한 것과 아닌 것에 어떤 차이가 있는 것일까? 법적 계약의 관점에서는 하나뿐인 계약 — 그녀와 남편을 결합시켰던 것 — 이 파기된 이상, 어떤 차이도 없다. 그렇지만 그녀가 부정한 여자이면서 동시에 공범자인 애인에게 충실히 남아 있을 경우, 또다시 애인을 바꾸는 경우보다 덜 부정하다고 말할 수 있을지 모른다. 그러나 그녀가 버리고 떠난 사람에게, 즉 그녀의 남편에게 돌아온다면 그녀는 훨씬 정숙한 사람이 된다. 우리는 신의가 계약의 위반만으로는 알 수 없는 문제, 즉 위반의 정도에 따라 죄의 경중을 조정해야 할 문제임을 알 수 있다.

— 이제 함께 사는 남자와 여자를 생각해 보자. 이들은 자녀를 가지려고 하지 않는다. 물론 이들은 출산을 하지 않기 위해서 그 어떤 불법적인 행동을 하지도 않았다. 이들은 충실한 사랑을 맹세했고, 적어도 둘 중에서 한 사람이 먼저 죽을 때까지는 그러한 약속을 지키기로 했다. 어떤 법적인 증명이 뒷받침되어 있지 않은 결합이므로 내연관계라고 할 수 있는 이러한 관계에 대해서, 우리는 충실한 사랑이 존중되는 그 시대의 '결혼'이라고 말할 수 있다. 오직 신의만이 도덕성의 관점에서 법적으로 인정되는 계약을 맺은 경우와 같은 효과를 가질 수

있는 것이다.

― 끝으로, 결혼식을 올리지 않은 남자와 여자를 가정해 보자. 이들은 일시적인 애정관계를 가질 뿐, 남자 쪽은 재산이 많은 부유한 여자를 찾아보려고 기회만 노린다. 그러나 여자는 남자에 대해 충실한 사랑을 지키려 한다. 그러다가 일단 버림받은 다음에 여자는 그대로 금욕생활을 유지한다. 그녀가 결혼식을 올리지 않고 육체관계를 가진 이상, 우리는 그녀가 죄를 범하지 않았다고 말할 수는 없다. 그런데도 그녀를 간통한 여자라고 부를 수 있을까? 그녀가 남자와 관계를 맺는 동안 아이를 갖지 않으려고 특별히 어떤 방법을 취하지 않았다면, 간통하지 않았어도 오직 자신의 육욕을 충족시키기 위한 목적으로 결혼을 이용한 다수의 부인들보다 더 우월한 존재가 아닐까?

이러한 사례들[70]은 순전히 법적 관계라는 것과 신의가 완전히 일치하지 않는다는 것을 잘 보여 준다. 신의에는 ― 간통의 문제에 대해서 ― 동일한 형태와 동일한 결과를 갖고 있는 것처럼 보이는 경우에도, 단순히 합법적 의무로 환원될 수 없는 요소들이 포함되어 있다. 정신적인 사랑, 자기 자신에 대한 약속, 타인에 대한 존중, 이 모든 것은 긍정적으로 생각할 요소들이다. 그러나 간통죄를 조절해서 여러 등급으로 법률의 형태와 일치되는 행동들을 나눌 수도 있다.

아우구스티누스는 이러한 믿음[foi]을 기독교인의 고유한 결혼의 특성으로 만들지 않는다. 믿음은 "모든 백성들"과 "모든 인간들" 사이에서 결혼이 좋은 일이 될 수 있게 만드는 근거이다.[71] 하지만 믿음이 기독

---

70 이 사례들은 4장과 5장에서 찾아볼 수 있다.

교인들의 결혼에만 해당되는 것은 그 자체로 '성사'이기 때문이다. 《올바른 결혼생활》에서 이 말이 갖는 의미는 나중에 중세 기독교에서 통용되는 '혼인성사'와는 다르지만, 성직자에게 부여하는 '서품성사'와 유사하다는 점을 고려할 때, 이것의 성격을 명확히 설명하기는 쉽지 않다. 그러나 아우구스티누스가 〈코린토 신자들에게 보낸 첫째 서간〉에서 빌려온 인용문처럼, 이 둘을 비교하는 방법을 통해서 기독교인의 결혼이 성사가 될 수 있는 요소를 찾아볼 수는 있다.

《성서》에 의하면 "아내는 남편과 헤어져서는 안 된다. 만일 헤어졌으면 혼자 지내든가 남편과 화해해야 한다"(〈코린토 신자들에게 보낸 첫째 서간〉, 7장 10~11절). 아우구스티누스에게 이 구절은 성사를 설명하는 것일 뿐, 충실한 사랑을 설명하는 것이 아니다. 성 바오로는 부부가 각자 상대편의 몸에 대해 권한을 행사할 수 있다고 말하면서 충실한 사랑을 기준으로 삼았을지 모른다. 충실한 사랑은 상호성을 전제로 한다(그에 따라 우리는 법적인 것과는 다른 의미로 계약이란 말을 적용할 수 있다). 부부 중의 한 사람이 이 관계를 끊으려고 할 때, 어떻게 충실한 사랑의 의무가 제재의 힘을 발휘할 수 있을 것인가? 부인이 남편과 이혼하더라도 — 아우구스티누스는 분명히 부인의 간통 때문이 아니라 남편의 간통 때문에 혹은 남편의 일방적인 버림으로 헤어진 부인의 경우를 생각한다 — 성사는 부인에게 재혼할 권리를 박탈한다. 결혼은 오직 한 사람과 한 번의 관계로 맺어질 수밖에 없는 것이므로, 배우자가 자기의 권한으로 일방적 결정을 내려 파혼했다 하더라도,

---

71 *De bono conjugali*, XXIV(32).

두 사람 모두에게 책임이 부과된다. 어떻게 보면 이것은 개인적 보복의 성격을 갖는 문제일 수 있다. 이런 점에서 결혼과 사제서품은 유사한 의미를 갖는다. 아우구스티누스에 의하면, 서품의 가장 기본적인 특징은 수도사로서 일단 하느님에게 몸을 바친 다음에 수도회의 성사를 받은 사람이라도 신자를 받지 못할 수도 있고, 자신의 직무에서 물러날 수도 있고, 성직에 그대로 머물러 있을 수도 있지만, 성사에 의한 표시의 흔적은 영원하다는 것이다.[72] 그런데 이러한 표시는 어디에서 유래한 것일까? 물론 이것은 법적으로 문제가 해결된 다음에 개인에 대한 구속을 강제할 수 없다는 어떤 법적 관계에서 유래한 것이 아니다. 또한 자발적 의지의 상호성을 전제로 하는 어떤 충실한 사랑을 근거로 한 것도 아니다. 그렇지만 이것은 하느님이 보증한 증거와 표시의 흔적으로서, 하느님 자신이 배우자를 자기 앞으로 소환할 수 없는 오랜 시간 동안 개인을 결혼 상태에 묶어 두는 것에 가깝다. "피조물인 두 사람이 처음으로 결합한 이후, 혼례가 신성한 성격을 갖게 된 하느님의 나라에서 결혼이 일단 합법적으로 이루어지게 되면 부부 중 어느 한 사람이 죽는 때 말고는 절대로 파기될 수 없다."[73]

결국 《올바른 결혼생활》에서 기술된 것과 같은 결혼관계가 법적 관계와 다른 것은 '충실한 사랑'과 '성사'라는 두 가지 방식에서이다. '충

---

[72] *Ibid.*, XXIV(32), 또한 VII(6)을 참고: *"Usque adeo foedus illud initum nuptiale cujusdam sacramenti res est, ut nec ipsa separatione irritum fiat"*(그리고 다음에)〔"부부의 계약은 그만큼 신성한 것이므로 이혼한다고 해서 그 계약을 깨뜨릴 수 있는 것이 아니다", G. Combès 옮김〕.

[73] *Ibid.*, XV(17).

실한 사랑'과 '성사'는 부부 중 한 사람이 자기 자신을 위해서 추구하는 것을 보장하는 데 한정되지 않고, 어느 한 사람을 공동체 안에 들어가게 만드는 일을 하는 한, 결혼의 '이점들'이 될 수 있다. 결혼의 공동체는 부부의 영혼과 육체가 변함없는 사랑의 충실성으로 결합된 것이고, 하느님이 그들에게 지울 수 없는 결혼의 표시를 함으로써, 그들을 개별적이고 결정적으로 참여할 수 있게 만든 것이다.

3. 기독교적 결혼의 본질을 충실한 사랑의 관계와 성사의 표시로 정의한 이상, 이제 부차적으로 보이는 생식의 문제를 재검토해야겠다. 아우구스티누스는 생식이 결혼의 3가지 '이점들' 중 하나라는 것을 분명히 여러 번 설명했다. 이것은 금욕보다 못한 것으로 취급된 결혼이 그 자체에 의해서가 아니라, 적어도 그 자체로 좋은 일이라는 것을 인정할 수 있게 하는 한 요소이다.

그렇지만 나중에 나온 책들과 마찬가지로 《올바른 결혼생활》은 결혼의 3번째 좋은 일에 특별한 지위를 부여하는 듯한 표현들을 사용한다. 한편으로, 아우구스티누스가 이 3번째 요소가 다른 두 요소들보다 덜 중요하다고 말한 것은 — 그의 분석을 통해서 설명한 것처럼 — 사실이다. "우리들의 결혼에서 성사의 신성함이 갖는 가치는 모태의 생식보다 훨씬 중요하다."[74] 결혼의 구성요소로서 자손을 다른 두 가지 좋은 일보다 덜 중요하다고 보는 것은 자손이 없거나 죽게 됨으로써 결혼관계가 끊어지는 것이 아니고, 그 반대로 애정관계가 결혼으

---

74 *Ibid.*, XVIII(21).

로 발전하는 것은 자녀를 갖으려는 생각에서가 아니기 때문이다. **75** 그러나 다른 한편으로 그의 책에서 생식이 결혼의 목적이자 유일한 목적이 되기도 한다는 주장들은 많이 있다. 모든 나라에서 결혼은 자녀 출산이라는 동일한 목적을 갖는다. **76** 혼례가 제도화된 이유도 자손 때문인 것이다. **77**

어쩌면 결혼의 '좋은 일'과 '결과'의 두 개념 사이의 관계에서 그 이유를 찾아야 할지 모르겠다. 우리가 결혼의 '이점들'에 대한 일반이론을 기억해 보면, **78** 어떻게 자손을 성사와 충실한 사랑과 비교해서 결혼의 좋은 일로 간주할 수 있는지는 쉽게 이해된다. 결혼이 바람직한 결과이자 그 자체로 가치 있는 다른 결과, 즉 같은 인류의 한 부분들인 개별적 인간들을 서로 결합시키는 우정이나 인간관계를 갖게 하는 수단임을 우리는 잘 알고 있다. 자손은 개인들을 결합시키고 그렇게 함으로써 공동체를 만들거나 발전시키는 방법이다. 그러나 여기서 곧 강조해야 할 것은 자손이 성사나 신의처럼 결혼생활에서 이러한 공동체의 관계를 실행하지는 않는다는 점이다. 성사나 신의는 결혼관계의 본래적 특징이고, 본질적으로 결혼관계의 일부를 이룬다. 생식은 결혼의 한 결과이거나 결과 중 하나일 뿐이다. 그래서 부부관계는 그 자체로 사회의 한 구성요소가 되는 것이지만, 자손을 통해 단순한 부부

---

75 *Ibid.*, XXIV(32). 그와 반대로 정절의 계약을 포함하는 부부관계는 자손을 가질 의도가 없더라도 결혼이라고 부를 수 있다는 것을 우리는 알게 되었다.

76 *Ibid.*, XVIII(22).

77 *Ibid.*

78 XVI(18)에서 설명되었음. 앞의 책 pp. 〔305~306〕 참고.

관계 이상으로 이 사회에 필요한 관계들을 발전시킬 수 있는 수단을 찾는다. 결혼의 '목표'를 자손으로 정할 수 있는 것은 결혼을 통해 개인들 사이의 지울 수 없는 관계를 맺게 하는 본질적 목적에 도달하기 위해서이다. 그러나 덧붙여 말해야 하는 것은 이러한 자손이 없다면 부부관계는 그것만으로 인류의 목적에 부합되도록 사회를 발전시킬 수 없다는 점이다. 그렇다면 오직 최초의 부부만 세상에 남아 있었을 것이다. 그러므로 자손proles은 그것이 개인들을 결합한다는 점에서 그 자체로 결혼의 좋은 일이라고 말할 수 있다. 물론 자손 없이도 결혼생활이 존재하는 이상 자손은 결혼의 필수적 조건이 아닐 수 있겠지만, 결혼이 그러한 결과에 도달하기 위한 수단인 이상, 자손은 결혼의 목적이라고 말할 수 있다. 자손은, (결혼관계를 구성하는 본질적 요소들로서) 성사와 사랑의 충실성과는 달리, 인류의 범위 안에서 개인들의 일체성을 이루게 하는 필수적 성격에 따라, '유일한' 목적이 된다.

그러나 결혼생활에서 생식의 역할은 성관계의 지위와 분리될 수 없다는 사실로 인해 여전히 어려운 문제로 남는다. 물론 성관계가 자손을 만들 수 있는 필수요인이기 때문이 아니라, 자손을 가지려는 것은 성관계의 조절원칙이 되기 때문이다. "사회의 연속성은 남편과 부인의 단순한 결합이 아니라, 그들의 육체적 관계의 유일하고 충실한 결실이라고 할 수 있는 자손들에 의해 이루어진다."[79] 아우구스티누스가 결혼을 통한 두 개인의 '결합'에서 남녀 간의 행위의 의미를 배가한 원인에 자손의 필요성이 있다고 생각한 것은 사실이다. 그러나 아우

---

79 〔*De bono conjugali*, I(1).〕

구스티누스의 분석을 무조건 자녀출산에 대한 가능성과 당위성의 논리에 성관계를 예속시킨다고 보는 것은 잘못일지 모른다. 그에게는 결혼과 성관계와 자녀출산이 하나의 집합체로 연결되어 있기는커녕 (그리스와 로마 시대의 어떤 모럴리스트들과 알렉산드리아의 클레멘스는 그렇게 연결시켰지만), 상호 간의 분리와 차이도 많다는 것을 확인할 수 있다.

우선 《올바른 결혼생활》이 성관계의 불결함에 대한 문제를 정면에서 다루지 않고 피해 가는 방법을 강조해야겠다. 80 〈레위기〉의 규정들이 종종 기독교인 저자들에게 좋은 자료가 될 수 있는 것은 모든 육체관계가 합법적으로 결혼한 부부 사이에서도, 정결의 의식을 요구하는 이상, 그것은 그 자체로 악과 죄의 어떤 요소를 내포한다는 것을 보여 준다는 점에서이다. 이 문제에 대해 아우구스티누스는 두 가지 논거를 들어서 대답한다. 하나는 일반적인 수준의 것으로서, 불결한 것은 그 자체로 죄가 아니라는 주장이다. 그는 여자들의 월경은 불결하고, 시체도 불결한데, 그것들이 죄와 무슨 관련이 있는지를 묻는다. 또 다른 논거는 성관계의 특징적 요소인 정액이 불결한 것이 분명하다고 말한 대목에서이다. 그러나 결정적이고 완전한 형태가 되기 위해서는 그 이전에 조잡하고 불완전하고 잡다한 요소들이 있다가 사라져야 하듯이, 정액도 그렇다는 것이다. 따라서 〈레위기〉의 규정들을 이런 식으로 이해한다면, 이 규정들은 성행위 자체의 불결성이 아니라 정액의 불결성을 가리킨다. 또한 이 규정들은 정액을 목적성에 도달

---

80 *Ibid.*, XX (23).

하기 전에 없애 버려야 한다는 것과 관련되어 있을 뿐이다. 결국 이 규정들이 상징적 의미를 갖는 것은, 이 규정들이 교리와 지식의 형태를 갖춘 것으로서, 인간에게 품위 없는 생활을 하지 않고 자기 몸을 순결히 가꾸는 방법을 가르쳐 주기 때문이다. 81 그러므로 아우구스티누스는 성행위의 관습을 정당화하면서 동시에 성행위 자체에 대해서 부정적 의미를 부여하지 않는다. 그는 인류의 발전을 위해서, 성행위의 유용성이 갖는 본래의 자연스런 지위를 그대로 유지하도록 한다. "인간과 음식과의 관계는 남녀의 결합과 인류의 건강과의 관계와 같다. "82

성행위가 그 자체로 나쁜 것이 아니라는 말은 모든 형태와 모든 경우의 성행위가 용납될 수 있다는 것을 의미하지는 않는다. 아우구스티누스는 여러 가지 허용될 수 없는 형태들을 제시한다. 여기에는 이미 오래전부터 모럴의 일부가 된 것들도 있고, 기독교 교리의 특징을 잘 보여 주는 새로운 것들도 있다. 허용을 제한하는 첫 번째 형태는 일반적으로 "절제"와 모든 "무절제"의 거부를 규정하는 것들이다. 그런데 절제는 어떻게 정의되는가? 이것은 "자연적 관습"에 따른 몸가짐에 의해서다. 83 이러한 자연적 관습은 아우구스티누스와 오래된 전통의 관점에서는 경우에 따라 생식을 허용하는 형태로 가능한 성행위이다. 그러나 이러한 자연적 관습과 관련하여 인간은 두 가지 유형의 죄를 범할 수 있다. 아우구스투스는 이 두 가지 죄의 윤리적 차이는 크다고

---

81 *Ibid.*

82 *Ibid.* , XVI (18).

83 절제는 쾌락을 조절하는 역할을 한다. *"in usum naturalem"*, *ibid.* , XVI (18).

말하면서도 이것들의 성격을 명확히 구별하지는 않는다. 첫 번째 유형의 죄는 단순히 양적인 무절제로서 "번식의 필요성을 넘어서", 오직 "자연적" 성행위에 필요한 일이 아니라, 그 행위에 곁들여서 또는 행위를 준비하는 과정에서 취할 수 있는 모든 몸짓과 쾌락에 관련된 것이다. 두 번째 유형은 종의 번식을 목적으로 하지 않는 것으로서, 여자의 몸의 한 부분을 사용하는 행위로 정의될 수 있는 반反자연적 행위이다.84 첫 번째 유형의 죄는 별로 중요하지 않지만, 두 번째 유형의 죄는 매우 중대하다. 아우구스티누스는 둘 사이의 이러한 죄의 서열화를 조건으로 삼아서, 고대철학자들에게서 볼 수 있는 관례적 문구, 즉 "부부의 명예는 생식에서의 순결성이다"85라는 표현을 사용해서 이러한 죄를 비난한다.

그러나 그는 또한 성행위에 관한 다른 조절 원칙을 적용한다. 같은 시대에 크리소스토무스는 이것을 참고의 기준으로 삼았다. 부부 사이의 이 조절 원칙은 생식의 목적이 아닌 성행위를 정당화할 수 있는 가능성을 열어 준다. 즉, 이것은 두 사람 중에서 어느 한쪽이 다른 한쪽에게 혼외정사에서건 자연의 법칙을 위반해서건 큰 죄를 짓지 않도록 한다는 조건을 전제로 한다. 이제는 더 이상 결혼의 '자연적' 목적이 문제가 아니라, 결혼으로 맺어진 인간관계의 결과와 약속에 의한 의무의 차원이 문제이다. 상대편의 육욕에 대한 배려, 상대편의 구원을 도와주어야 한다는 이러한 배려는 부부의 성적 의무를 정당화하는 근

---

84 *Ibid.*, XI(12).
85 *Ibid.*

거이다. 남편의 지배를 받는 부인의 몸과 부인의 지배를 받는 남편의 몸에 관한 성 바오로의 텍스트를 논의하는 중에, 아우구스티누스가 성행위를 소유권의 직접적 결과라는 표현으로 설명하지 않은 것은 의미심장하다.[86] 부부의 한 사람이 다른 사람의 몸을 요구할 수 있고, 다른 사람이 그 요구를 거부할 수 없다는 것은 그가 절대적 지배자의 위치에 있기 때문이 아니라, 그 자신의 입장에서 죄를 지을 위험에 빠지지 않도록 하는 일이 중요하기 때문이다. "부부가 금지된 관계를 갖지 않으려면, 서로의 약점을 보완해 줄 수 있는 일종의 상호적인 예속의 의무를 가져야 한다."[87] 요컨대, 부부가 모두 이러한 봉사와 예속의 의무를 갖는 것은 배우자의 몸에 대한 지배와 관련된 문제가 아니라, 자신의 몸에 대한 자신의 약점과 관련된 문제이다.

이러한 원칙에서 아우구스티누스는 이미 잘 알려진 것처럼 어떤 일반적 결론, 즉 그 누구도 상대편의 동의 없이 금욕을 계속 고집할 수 없다는 논리를 이끌어 낸다. 그는 그 이후에 많은 중요성을 갖는 만큼 많은 논란을 불러일으키기도 했던 차별적 비교의 논리를 확립한다. 즉, 출산을 목적으로 한 부부관계는 완전히 무죄이고, "육욕을 만족시키기 위해서" 이루어진 부부관계는 용서받을 수 있는 정도의 잘못이며, 결혼관계를 위반한 행위나 혼외정사(간음이건 간통이건 간에), 또는 결혼생활에서 자연에 반反하는 행위들은 무거운 죄라는 것이다. 그

---

86 이와 같은 텍스트의 다른 인용문과, 이것을 충실한 사랑의 규범으로 해석한 것에 관해서는 앞의 책 p. [316] 참고.

87 *De bono conjugali*, VI(6).

러나 아우구스티누스는 부부관계에 대한 체계적 규범화의 논리를 훨씬 더 발전시킨다. 이러한 결과로 오직 육욕의 만족을 목적으로 한 행위를 가벼운 죄로 보았던 그의 생각은 모호하게 된다. 사실 부부의 의무는 생식과는 상관없이 어떤 죄의식에 사로잡히지 않고 서로의 육욕을 만족시킬 만한 행위를 보여 주는 데 있는 것이 아닐까? 그러므로 부부간의 성적 의무를 이행하도록 요구하는 사람과 그 의무를 이행하는 사람을 구별해서 판단해야 한다. 의무를 이행하는 사람은 자기의 배우자가 적어도 무거운 죄를 저지르지 않도록 동의하는 범위에서 기혼자의 신분으로 지켜야 할 규범을 따르기만 하면 되는 이상, 그의 행위는 어떤 가벼운 죄도 범하지 않은 것이다. **88** 그러나 부부간의 성적 의무를 요구하는 사람은 어떤가? 이것에 대한 아우구스티누스의 입장은 분명하지 않은 것 같다. 한편으로 그는 "육욕의 굴레 속에 있는" 사람들, 즉 그의 생각으로 생식과는 다른 것에 대해 의무를 요구하는 사람들이 저지를 수 있는 가벼운 죄89에 대해서 말한다. 그러나 다른 한편으로 그는 집요하게 그러한 성적 의무를 요구하는 사람들의 과도한 욕망의 표현에 대해 성 바오로가 관용을 보여야 했다는 것을 말한다. **90** 물론 이런 점에서 그들은 가벼운 죄를 저지른 것으로 볼 수 있을지 모른다. 그렇다면 어떤 중죄의 위험을 피하기 위한 생각으로 부부관계에서 의무를 요구한 사람들은 전혀 죄를 범한 것이 아닐 수 있고, 의무

---

88 *Ibid.*, X(11).
89 *Ibid.*, XI(12).
90 *Ibid.*

를 이행한 사람들이나 마찬가지로 무죄일 수 있다는 것을 어떻게 이해해야 할까? 이 문제는 그 자체로 어렵게 보이지만, 이것에 대한 유일한 해결책은 과도하게 의무를 요구하는 사람들의 행위를 가벼운 죄와 일치시켜 생각해 보는 일이다. 합의에 의해서 상호간에 성적 의무를 요구하는 부부에 관한 아우구스티누스의 텍스트는 해석하기가 쉽지 않다. 이 책은 상대편이 죄를 범하지 않도록 의무를 이행하는 배우자에게는 죄를 완전히 면죄시켜 주자는 제안에 동의하는 내용으로 구성된다. "그렇지만 부부인 두 사람이 모두 그러한 육욕의 굴레에서 벗어나지 못한다면, 그들은 결혼의 본래 의미와는 완전히 다른 생활을 하고 지내는 것이다. 그러나 반대로 그들이 결혼에서 불명예스러운 일보다 명예로운 일에 더 많은 매력을 느낀다면, 다시 말해서 결혼의 의미에 적합하지 않은 일보다 적합한 일에 더 많은 매력을 느낀다면, 그들은 성 바오로가 관용을 보장한 대로 잘못을 용서받을 수 있는 것이다."[91] 부부관계가 양쪽 모두 서로 간의 육욕 때문에 실행되는 것이라면 이것은 엄격한 결혼규범과 어긋나는 일이고, 따라서 심각한 문제가 될 수 있다. 그렇지만 그것이 용서받을 만한 죄의 범주에 해당되는 것은 다음과 같은 조건에서 가능하다. 부부가 정숙한 행동(말하자면 생식의 의지가 없더라도 그러한 의지와 관련된 행위의 범위 안에서)을 유지하고, 일반적으로 '결혼의 의미'와 일치하는 행동, 말하자면 자손의 출산과 의무의 이행에 어긋나지 않는 행동을 한다는 조건이 그것이다.

사실상 《올바른 결혼생활》은 훗날, 특히 중세 후반기에서 18세기

---

91 〔*Ibid*., X(11).〕

까지 부부의 성관계에 관한 최초의 기본적 판례를 개괄적으로 기술한 매우 중요한 책으로 평가된다. 이 책은 그러므로 부부의 성생활에 관한 대단히 복잡한 규범집이 될 수도 있다. 이 책이 그렇게 발전하려면 일련의 모든 사회적·문화적 조건이 필요할 것이다. 또한 《올바른 결혼생활》에서 제시된 어떤 제안들은 수정하거나 완전히 다시 만들어야 할 것이다. 이러한 제안들은 결혼생활에서 성관계가 질적으로 변화되는 방식과 성관계로 인한 쾌락과 관련된다. 특히 다음과 같은 두 종류의 구절들은 매우 중요하다. 첫 번째 구절은 리비도의 절제에 관한 것이다. 이 논의가 시작되는 첫 부분에서 "부부관계는 육욕의 악을 선으로 변화시킨다"는 것은 숙명처럼 간직해야 할 지침으로 언급된다. 그리고 이러한 변화는 성적 쾌감이 절정에 이른 상태에서도 생식의 의지가 내면적 절제의 역할을 할 수 있는 것으로 이해된다. "부부관계는 [⋯] 흥분이 고양된 상태에서도 쾌감을 억제하고, 격정 속에서도 일종의 조심성을 유지하고, 부자관계라는 생각으로 흥분을 진정시킬 수 있다. 부부관계는 실제로 남자와 여자가 합치되는 순간, 그들이 앞으로 아버지가 되고 어머니가 된다고 생각하면 쾌감의 절정에서 정체를 알 수 없는 어떤 엄숙한 기운이 뒤섞이게 되는 법이다."**92** 이 책의 뒷부분에서 아우구스티누스는 올바른 부부생활이란 육욕을 억제하는 일이라는 점을 계속 강조한다. 심지어 결혼생활의 쾌락은 더 이상 리비도와는 상관없는 것이라고 말하기도 한다. 그는 남녀의 결합을 식생활과 같은 것에 비유하고, "어느 쪽이건 육체적 쾌락이 따르기 마련이

92 *Ibid.*, III(3).

며, 쾌락이 절제에 의해 자연스러운 만족감을 갖도록 조절되고 축소된다면 이것은 육욕으로 간주될 수 없다"[93]고 말한다.

아우구스티누스는 《결혼생활 재론Retractationes》[94]에서 위의 구절을 다시 논의하며, 자신은 결혼생활에서 리비도를 제거하도록 하지 않았고, 리비도를 올바르고 규범에 맞게 사용한다면 그것은 그 자체로 리비도가 아닐 수 있다는 것을 강조한다. 리비도에 대한 이러한 정확하고 빈틈없는 논리는 그동안 그가 계속 발전시킨 육욕의 이론과 분명히 일치한다. 그러나 그의 빈틈없는 논리가 《올바른 결혼생활》에서 표명된 생각과 그대로 일치하는 것 같지는 않다. 타락 이후에 육욕이 없는 성관계는 존재하지 않고, 오직 사용법에서만 윤리적 차이가 생긴다는 원칙은 《올바른 결혼생활》에서는 보이지 않는다. 두 번째 계열의 텍스트들이 이것을 증명해 준다. 이것들은 아브라함 같은 족장들에 관한 것인데, 우리는 이들의 부도덕성이 일부일처제의 기준에서 기독교인 성서해석학자들에게 얼마나 많은 문제를 제기했는지를 잘 알고 있다. 아우구스티누스에 의하면 이 조상들은 결혼을 했을 때, 자녀를 출산했을 때, 어느 때이건 "육욕의 지배를 받지 않았다"는 것이다.[95] 이들은 오늘날 《신약성서》의 성인들이 빵을 먹으면서 쾌감을 느끼듯이 자연적 쾌락을 느꼈다. 그렇지만 이들에게는 "비이성적이고 범죄적인 육욕"이 전혀 없었다. 그리스도의 백성이 태어나기 위해서

---

93 *Ibid.*, XVI(18).

94 〔*Retractationes*, II, 22(2)〕.

95 *De bono conjugali*, XIII(15).

는 생식이 필요했고, 그들의 후손이 예언의 실현l'économie prophétique대로 번성하리라는 것을 알고 있으면서도, 그들의 욕망은 영적이었다는 것이다. 이러한 욕망의 영적 형태를 설명하기 위해서 아우구스티누스는 '성사'라는 중요한 용어를 사용한다. 예언자들의 욕망은 "그 시대의 성사와 일치하는 것이었다". 96 여기서 이러한 용어 사용은 그가 이전에 쓴 어떤 구절에서처럼 "예언의 성사"가 그리스도의 강림 이전에는 내세의 구원이란 의미가 감춰져 있다는 명백한 증거로 이해된다. 예언자들은 이러한 징표를 갖고 있었고, 이들의 행동은 그 자체로 하느님의 분명한 뜻을 보여 주는 것이었다. 이것은 같은 텍스트 안에서 기독교인의 결혼에 대해 언급된 것처럼 "성사"의 개념과 일치한다. 그래서 후세의 사람들과 비교해 볼 때 우월한 입장이 분명한 예전의 족장들의 결혼은 그야말로 완전한 "성사"라고 말할 수 있을 것 같다. 그것이 성사인 까닭은 그들의 내면에 현재와 미래의 영적인 친자관계의 징표가 있기 때문이다.

우리는 예언자들의 결혼에서 성사가 모든 육욕의 흔적을 지워 버린 반면, 오늘날 기독교인들의 결혼에서 육욕은 약화되고, 감소되고, 변화되었다고 도식적으로 말할 수 있다. 그러나 이러한 변화의 형태와 가능성은 불가사의한 것으로 남아 있는 까닭에, 결국 아우구스티누스가 부부의 성관계를 규범화하려고 했던 몇 가지 요소들은 분명하게 알 수 없는 문제가 되었다. 또한 결혼생활에서 육욕을 어떻게 관리하는가도 여전히 문제이다. 달리 말하자면, 결혼 상태의 특징이라고 할 수

---

96 *Ibid.*, XVII (19).

있는 결혼관계와 생활규범에 대한 정의는 리비도의 이론 없이 완성될 수 없다. 많은 관심과 분석의 중심점이 동정이나 금욕으로 되어 있는 만큼, 순결의 관리에 따른 절제의 규범들은 충분히 많았다. 그러나 생활과 부부관계의 테크닉을 원리에 이르기까지 정의해야 할 때 필요한 것은 육욕의 이론과 욕망의 관리술이다. 그런데 아우구스티누스는 이러한 테크닉을 확립하기 위해 타락으로 인한 성관계의 차이를 정의하려 한다. 또한 타락한 인간의 내면에서 성욕의 고유한 형태를 규명하려고 했으며, 리비도와 리비도의 사용법을 엄격히 구별하는 작업을 했다. 이렇게 함으로써 그는 서양의 기독교 모럴을 심층적으로 나타낼 수 있는 욕망의 인간에 대한 일반적 개념과 동시에 성행위에 대한 섬세한 결정권의 원리를 제공할 수 있었을 것이다.

〔3〕

〔성욕과 리비도〕

결혼생활에서 양성의 육체적 결합이 생식을 목적으로 하여 이루어질 때, 이것은 그러므로 《올바른 결혼생활》에서 말한 것처럼, 죄를 짓지 않는 행위가 된다.[1] 이러한 논의를 더 발전시킬 필요가 있을까?

우리는 양성의 육체적 결합이 인류가 창조되었을 무렵, 인간의 죄와 타락이 있기 전에, 따라서 현실성이 없는 이야기라고 할지라도 인류를 "공동체 사회"로 구성하려는 하느님의 사업임을 알 수 있었다. 오늘날의 근대적 결혼에서 육체적 결합은 생식에 필요한 것이므로, 여전히 그 나름의 역할을 갖는다. 물론 이러한 생식은 결혼의 한 목적이자 이로운 점이 된다. 그렇다면 우리는 육체적 결합이 하느님의 본래 의도로 마련된 것이자 타락 이후에도 계속 보존된 일 — 그야말로

---

1   〔Saint Augustin, *De bono conjugali*, X(11).〕

좋은 일이라고 생각할 수는 없는 것일까? 올바른 결혼생활이 올바른 성생활로 전환될 수는 없는 것일까?

《신국론》에서 성행위의 형태와 실행방법에 관한 저자의 간략한 언급은 이 문제를 분명히 파악할 수 있게 한다. 아우구스티누스는 성욕의 절정에 이르는 기본적인 3단계의 과정을 고전적인 서술기법으로 충실히 묘사한다. 그 3단계는 첫째, 우리가 통제할 수 없는 육체의 물질적 진동이고, 둘째, 영혼의 의지와 상관없이 쾌락에 사로잡힌 영혼의 흔들림이고, 셋째, 죽음에 가까운 상태처럼 생각의 공백으로 끝나는 상태이다. "육체의 부끄러운 부분들이 흥분해서 그것의 자극을 받은 욕망은 외면적으로건 내면적으로건 육체를 완전히 점령하는 정도에서" 만족하지 않는다. "욕망은, 육체의 모든 쾌감 중에서 제일 으뜸가는 것이라고 할 수 있는 이러한 쾌감을 이끌어 가기 위해, 영혼의 정념과 육체적 욕구를 결합하고 혼합하면서 사람의 정신을 완전히 뒤흔들 정도의 충격을 준다. 그 결과로 쾌감이 절정에 이르면 모든 예민한 감각과 긴장된 생각이라고 부를 수 있는 요소들은 대부분 사라져 버린다." 이 글의 결론은 쉽게 도출된다. "결혼생활을 통해 지혜와 신성한 기쁨의 가치를 아는 사람이라면, 그 누가 이러한 '리비도' 없이 자녀 출산이 이루어지기를 바라지 않겠는가?"**2** 이러한 표현방식은 주목할 필요가 있다. 여기서 말하는 "지혜를 아는 사람들"이란 신체장애의 문제와 격렬한 행위로부터 자유롭게 된 평정한 삶을 추구하는 사람들이고, 신앙의 지혜를 넘어서서 천국의 기쁨을 추구하는 기독교인들처럼

---

2 〔Saint Augustin, *La Cité de Dieu*, XIV, 16.〕

미덕을 실천하려고 노력한 이교인일지 모른다. 아우구스티누스는 성행위가 육체적으로건 정신적으로건 위험한 결과를 초래할 수 있는 신체적 사건이므로, 가능한 한 성행위를 자제하는 것이 바람직하다는 오래된 전통의 이해방식에 따라 그렇게 생각했을 뿐이라고 말한다. 어쩌면 그의 머릿속에는 《율리아누스를 반박함》에서 다른 관점으로 인용한 바 있는 호르텐시우스의 글이 떠올랐을지 모른다.**3** "쾌락에 탐닉해서 건강의 악화가 초래되는 현상은 너무나 자주 있는 일이 아닐까? 〔…〕 쾌락의 움직임이 격렬해지면 격렬해질수록, 그것은 평정심의 적이 될 수 있다. 〔…〕 모든 쾌락 중에서 으뜸가는 이러한 쾌락에 몰입하게 되면, 이것은 근본적으로 정신의 발전과 이성의 확장, 진지한 생각의 함양을 모두 무력화하는 일이 되지 않을까? 이것은 우리의 감각을 격렬하게 자극해서, 밤낮으로 끊임없이 극단적 쾌락을 추구하게 만드는 욕망의 심연이 아닐까? 그 어떤 현자가 자연이 우리에게 모든 쾌락을 허용하지 않기를 바라지 않을 것인가?" 그러므로 양자택일을 해야 한다. 하나는 창조주의 손에서 완전하게 만들어진 인간이 관능의 격정이나 영혼의 약점, 죽음의 상태와 비슷한 가벼운 간질 증세를 경험하게 된다는 점에서 이것은 다른 피조물들이 복종해야 할 인간의 주권성과는 모순된다는 것을 인정해야 하는 일이다. 다른 하나는 이러한 행위에 수치스러운 약점이 있다는 것을 무시하고 이런 약점을 본래 인류가 만들어질 때부터 있었던 것으로 생각해야 한다는 것이다. 하나는 처음부터 이미 인간의 몸이 본성과 구분할 수 없는 악의 근본

---

3 Saint Augustin, *Contra Julianum*, IV, 72; 또한 *ibid.*, V, 42 참고.

적 약점을 갖고 있었다는 생각이고, 다른 하나는 오늘날의 성적 쾌락을 원초적 상태에서의 순수성이 우리에게까지 연장된 것으로 보는 생각이다. 아우구스티누스는 펠라기우스파들이 천지창조에 내재한 악을 비난하는 마니교와 자기들의 주장을 대립시켜서 인위적으로 만든 그러한 양자택일식 논법을 비난한다. 그들의 입장은 타락 이후의 남녀관계를 가능한 한 리비도나 육욕이라는 용어를 피하면서 생리적 욕구4의 단순한 결과로 이해하려는 것이다. 5

사실, 일반적으로 펠라기우스파들의 입장에서건 특별히 에클라눔의 율리아누스의 입장에서건, 본성의 표현이란 이유로 성관계를 정당화하고 어떤 이유로건 그것을 인정하는 것은 중요한 문제가 아니었다. 아우구스티누스는 그의 적들이 주장하는 금욕적 실행방식의 정당성을 인정한다. 6 그러나 이 논쟁에서 결정적인 것은 성관계에서 받아들일 수 있는 것과 거부해야 할 것 사이의 경계지점이 과연 어디에서부터이고 무엇을 위한 것인지를 결정하는 일이다. 모든 성행위를 나쁘다고 거부하는 것이 문제가 되지 않고, 결혼생활에서 성관계를 갖게 된 이상 성관계를 허용한다는 말이 만족스럽지 않게 될 때, 이러한 경계의 분할선은 어디로 사라진 것일까?

우리는 에클라눔의 율리아누스의 입장을 알고 있다. 그는 성관계에

---

4   Saint Augustin, *De nuptiis et concupiscentia*, II, 7(17).
5   더구나 아우구스티누스는 《결혼과 육욕》과 《율리아누스를 반박함》에서 종종 율리아누스에 대해 근거가 불확실한 비난을 한다.
6   아우구스티누스는 이러한 이유를 내세워서 펠라기우스파들이 스스로 육욕의 악을 인정할 수밖에 없다고 결론짓는다(《율리아누스를 반박함》).

서 작용하는 생리적 욕구에 대해 모든 철학-의학의 전통과 상당히 일치하는 성격규정을 제시했다. "그것의 종류는 생명의 불이다. 그것의 유형은 생식기의 움직임이다. 그것의 방식은 부부 사이에서 이루어지는 행위이다. 그것의 무절제는 과도한 육체관계이다."7 그는 이러한 논리를 근거로 삼아 윤리적 분할점을 쉽게 표시할 수 있었다. 종류와 유형으로 성격이 규정된 이 욕구는 인간의 몸을 만든 창조주의 작품이다. 창조주의 작품이기 때문에 욕구는 죄가 될 수 없다. 그런데 그 방식에서, 욕구는 인간의 의지에 속하는 것이 되고, 인간의 의지가 정해진 방식대로, 말하자면 부부관계의 규범을 따르게 되면 무죄인 것이다. 결국 우리가 죄를 논의하는 것은 무절제한 관계를 가졌을 때, 말하자면 의지가 불량할 때이다. 그러므로 유죄성을 규정하는 근거는 무절제이다.

이러한 무절제의 개념은 중요하다. 이것이 중요한 까닭은 "과도한 행위"라는 죄를 범하면서 욕망의 본성은 죄를 범하지 않은 상태가 되기 때문이고, 동시에 경계를 "넘어섰다"는 것을 나타낼 수 있는 행동을 결정하는 문제에서 많은 유연성을 갖게 만들기 때문이다. 그런데 이것은 절제와 억제와는 대립된 의미로서 고대에 빈번히 등장하는 윤리적 범주에 속하는 것이었고, 모든 기독교 모럴에 거의 반복적으로 나타나는 것이었다. 이러한 개념에 의존하여 아우구스티누스가 《올바른 결혼생활》에서 사람들이 생식에 필요조건으로 활용하는 육체관계는 "무죄"라고 말한 것은 강조할 필요가 있다. 그러나 육체관계가

---

7 〔Saint Augustin, *Contra Julianum*, III, 26.〕

결혼생활의 일부이고, 결혼의 좋은 점이라는 것은 오직 이러한 경계 안에서 이루어질 때이다. 육체관계가 경계를 넘는 과도한 행위가 되고, "이러한 필요성"을 넘어서는 행위가 된다면, 그것은 더 이상 이성에 속하는 문제가 아니라, 육욕에 속하는 일이다.[8] 악은 그러므로 무절제와 함께 시작하는 것이고, 이러한 경계 이전에 리비도는 존재하지 않으며, 따라서 리비도가 과도하지 않으면 그것을 나쁘다고 말할 수 없는, 자연 그대로의 상태임을 가정해 볼 수 있다.

아우구스티누스는 그 이후에, 특히 412~413년부터 착수한 작업에서 펠라기우스파 사람들이 구축하려고 한 양자택일적 결정방식을 피하는 동시에 무절제의 금지non-excès라는 윤리의 문제로부터 자유로울 수 있는 방법을 문제시한다.[9] 그의 노력에서 평가할 만한 첫 번째 측면은 그의 시도가 기독교 신학을 발전시키는 데 중요한 역할을 했다는 것이고, 두 번째 측면은 서구인의 모럴의 역사에서 그것이 절대로 필요한 작업이었다는 것이다. 부부의 생식을 천지창조의 질서와 결혼의 실제적 목적 중 높은 자리에 배치함으로써, 그는 성관계를 부도덕하다고 보는 윤리-종교적 폄하의 시선을 어느 정도 바로잡는 역할을 했다. 그러나 그는 죄와 무죄의 분할선을 변경하고 성행위 자체에 어떤 악의 형태를 새겨 놓음으로써, 그것에 단순히 무절제의 외적 한계를 정하는 일보다 문제가 더 많은 부정적 시각을 갖게 했다. 아우구스티

---

8 Saint Augustin, *De bono conjugali*, X(11).

9 펠라기우스의 무절제의 주제에 대한 토론에 관해서 특히 saint Augustin, *Opus imperfectum*, IV, 24 참조.

누스가 15년 이상 주도적으로 이끌어 간 펠라기우스파 사람들과의 무한한 논쟁은 우리에게 윤리체계와 행동규범을 받아들이게 했는데, 이것들은 그리스·로마 시대와 초기 기독교에서 기본적으로 중요시한 두 가지 범주의 큰 문제들 — 부도덕과 무절제 — 을 당연히 사라지게 하지는 않았지만, 지배적이고 조직적인 역할의 한 부분은 없어지게 만들었다.

펠라기우스파의 양자택일식 논법을 피하기 위해서, 또는 보다 일반화시켜 말하자면 성행위를 전체적으로 부도덕한 것으로 폄하하는 시각에서 벗어나고, 무절제라는 순전히 외부적인 경계설정의 문제에서 벗어나기 위해 아우구스티누스는 두 가지 작업을 완성시켜야 했다. 하나는 성행위 속에 내재한 죄악을 나타낼 수 있는, 무절제 이전의 분할선이 무엇인지를 정의하는 일이고, 다른 하나는 인간의 타락이 있기 전까지는 전혀 알지 못했던 자연스러운 성행위에 이러한 규정을 끌어들인 메커니즘이 무엇인지를 규명하는 일이다. 요컨대 그는 성행위를 본래 형태대로 재편성해서 초역사적 사건l'événement métahistorique을 확립해야만 했다. 이것은 성행위가 어떻게 전개되는 것인지를 생각할 때 우리가 고대철학자들과 함께 인정할 수 있는 악의 요소가 포함되도록 천국에서의 성욕과 '리비도'라고 부를 수 있는 것을 찾아내는 일이었다. 그는 또한 육욕의 — 리비도의 — 이론을 우리가 현재 알고 있는 것과 같은 성행위의 내적 구성요소로서 명확히 규명하려고 했다. 이러한 작업으로부터, 아우구스티누스는 더 이상 동정과 금욕의 주제에 분석의 초점을 맞추지 않고, 결혼과 결혼생활에서의 의무관계에 관심을 집중함으로써 성행위의 윤리를 개괄적으로 기술할 수 있었다. 그리고 이러한 윤리는 동의의 개념과 사용법 개념이 유기적으로 연결되면서, 부도덕과 무절제라는 주제를 배제하고, 법적 모델이 작용할 수 있도록 했다. 펠라기우스파 사람들이나 에클라눔의 율리아누스와 논쟁을 벌이는 동안 그가 쓴 책들, 즉 《신국론》 14권, 《결혼과 육욕》, 《펠라기우스파들이 보낸 두 통의 편지를 반박함》, 《율리아누스를 반박함》 그리고 《미완성 작품》을 통해서 이러한 작업의 전체적 구상을 알아볼 필요가 있다.

I

《펠라기우스파들이 보낸 두 통의 편지를 반박함》에서 아우구스티누스는 천국에서의 성관계에 대한 관행을 다음의 4가지 유형으로만 상상해 볼 수 있다고 설명한다. 욕망이 생길 때마다 욕망에 이끌려 행동하는 인간 — 이것이 배제되는 이유는 이러한 행동이 하느님의 피조물을 노예로 만드는 일이기 때문이다 — , 욕망을 억제하고 적절한 시기가 될 때까지 욕망과 싸우는 인간 — 이것 역시 천국에서의 행복과 양립할 수 없다 — , 또한 필요할 때 자신의 의지에 따라 지혜로운 예측에 의해 성관계에 이르고, 이러한 관계에 따르는 욕망-리비도를 생기게 하는 인간, 끝으로 리비도가 하나도 없으면서 육체의 어떤 기관이나 마찬가지로 생식행위와 관련된 기관들을 쉽게 의지의 명령에 복종하도록 만드는 인간이다. **10** 이들 중에서 끝의 두 인간의 가능성만 하

---

10 Saint Augustin, *Contra duas epistulas Pelagionorum*, I, 17 (34).

느님의 작품인 인간의 아름다움과 선량함에 일치하는 모습으로 받아들일 수 있다. 그렇지만 아우구스티누스는 그의 적들에게 3번째 인간형을 단지 양보할 수 있는 유형으로만 인정한 것 같다. 지금 이 자리에서는 일단 그러한 양보의 의미가 무엇인지는 잊어버리도록 하자. 아우구스티누스에 의하면 천국에서의 성관계는 그러므로 제어할 수 없는 강력한 힘을 가진 리비도가 배제된 행위로 특별히 정의된다.

그런데 이처럼 리비도의 부재를 가정할 경우, 성행위는 무엇으로 이루어지는가? 행위의 전개를 방해하는 요소가 하나도 없는, 자연적이고 자발적인 움직임으로 성행위가 가능한 것일까? 전혀 아니다. 이 텍스트는 오히려 빈틈없는 통제 속에서 의지의 실패 없이 모든 요소들이 적절하게 작용하는 것이 중요하다는 것을 분명히 말해 준다. 모든 일이 순조롭기 때문에 인간은 모든 일을 원할 수 있었고, 실제로 원하기도 했다. 리비도가 없는 성관계는 완전히 의지의 주체에 의해 좌우될 수 있다. 이러한 발상이 이 책에서 처음 나타난 것은 아니다. 아우구스티누스는 이러한 생각을 자주 떠올렸다. 예를 들면 《창세기의 문자적 의미》에서는 적어도 가설 형태의 다음과 같은 구절이 보인다. "원죄 이전에 최초의 인간들이 자녀출산을 위해서 생식기관을 자유자재로 사용할 수 있었다는 것을 왜 믿지 않는가? 그들은 신체의 다른 기관들에게도 일을 시키기 위해서 어떤 제약도 받지 않고, 쾌락의 자극이 없어도 영혼이 그것들을 움직이게 할 수 있었다."[11] 《신국론》 14권에는 이러한 견해가 훨씬 상세하게 설명된다. 이것은 일련의 4가지 기

---

[11] Saint Augustin, *De Genesi ad litteram*, IX, 10(18).

준들에 의거한다. 첫 번째 기준은 팔과 다리뿐 아니라, 손, 손가락, 다리처럼 단단한 뼈로 구성된 모든 기관들이 의지의 명령대로 움직일 수 있는 것은 인간의 몸에서 생기는 현상이기 때문이라는 것이다. 그러나 이것은 또한 살과 신경으로만 되어 있는 기관들과 마찬가지로 숨을 쉬거나 고함치기 위한 의도로 사용되는 폐의 경우에도 해당된다. 12 둘째는 하느님이 동물에게도 몸에 파리가 앉아서 귀찮게 할 경우, 몸을 흔들어서 반응을 보일 수 있는 능력을 부여했다는 것이다. 13 셋째는 마음대로 귀를 움직일 수 있고, 머리털을 움직일 수 있고, 새가 우는 소리를 흉내 낼 수 있고, 땀을 흘리고, 울고, 죽은 체하고, 다른 사람이 자기를 때려도 아무런 느낌을 나타내지 않을 수 있는 사람들에게서 확인할 수 있는 것이다. 14 넷째는 직업상 필요한 행위를 능숙하게 잘하는 장인의 솜씨에 관한 것이다. "이러한 신체기관들이 본래 역할대로 움직이도록 하기 위해 우리가 가진 것이건 다른 사람들이 가진 것이건, 아니면 특히 각종 직업에 종사하는 장인들이 가진 것이건, 몸이 아주 허약하고 행동이 몹시 느린 사람을 우리 자신이 감탄할 만큼 능숙한 기술로 수월하게 도와주려 할 때, 우리는 자연스럽게 손과 발을 움직이게 되지 않는가? 우리는 생식의 행위에서 〔…〕 다른 기관들과 마찬가지로 이 기관들이 인간의 의지가 지시한 것을 따르지 않는다고 생각할 수는 없다."15 천국에서 성관계를 갖는 남자를 욕망의 움직

---

12 Saint Augustin, *La Cité de Dieu*, XIV, 24. Dans le *De nuptiis et concupiscentia*, II, 31(53), 아우구스티누스는 또한 방광과 소변의 예를 인용한다.

13 Saint Augustin, *La Cité de Dieu*, XIV, 24, 1.

14 *Ibid.*, 24, 2.

임이 그의 의지를 벗어나 있는 한, 무죄가 보장되는 욕망에 사로잡힌 비이성적 존재라고 생각해서는 안 된다. 그는 자신의 손을 사용할 줄 아는 사려 깊은 장인이다. 그의 기술은 성애술性愛術이다. 만일 죄를 지어도 그대로 머물 수 있게 된다면, 그는 에덴동산에서 열정 없이 그 저 열심히 씨 뿌리는 사람으로 지낼 수 있었을 것이다. "이러한 행위를 위해 마련된 신체기관은, 오늘날 손으로 밭에 씨를 뿌리듯이, 생식의 밭에 파종하는 일을 할 수 있었을 것이다."[16] 천국에서의 성기는 손가 락을 사용하는 방식으로도 순응해서 움직였고 분별력을 갖고 있었다.

실제로 아우구스티누스는 율리아누스와 논쟁을 벌이는 동안 성관 계에 대한 생각, 즉 손을 움직이듯이 의지에 따라 실행할 수 있는 것이 지만, 나중에 타락에 대한 처벌로 인해 자기에 대한 통제력을 잃어버 리게 되었다는 생각을 완화한 것처럼 보인다. 의지에 따른 행위도 아

---

15 *Ibid.*, 23, 2.

16 *Ibid.*, 23, 3. 파종이라는 전통적 은유를 재사용한다는 것에 주의하자. 알렉산드 리아의 클레멘스는 다른 사람들과 마찬가지로 밭고랑을 비옥하게 만들어야 할 필 요성을 보여 주기 위해 이 은유를 사용했다. 아우구스티누스는 낙원에서의 생식행 위가 남자 쪽에서는 의지의 측면을 갖는 것이고, 여자 쪽에서는 고통스럽지 않고 명예롭게 생각된다는 점에서 낙원에서의 생식을 특징적으로 나타내기 위해 이러한 은유를 사용했다고 한다. 이것은 *De nuptiis et concupiscentia*, II, 14(29)에 자세 히 설명되어 있다. 인류의 파종은 조금도 부끄러운 정념에 사로잡히지 않고 생식기 관이 "의지에 순종함으로써 행해지고, 밀알 심기 같은 두 번째 파종도 부끄러운 정 념에 사로잡히지 않은 농부의 손길로 행해질 수 있었을 것이다. 〔…〕 그 다음에 창 조주 하느님은 — 지금도 그렇듯이 — 남자의 정자를 받은 여자에게 영향을 미치어 마치 행복한 어머니들이 성적 쾌락도 경험하지 않고 고통스러운 신음소리도 내지 않으면서 자녀를 분만할 수 있게 했다는 것이다".

니고, 그렇다고 해서 타락의 결과와 연결할 필요가 없는 육체의 움직임들에 대한 용례를 보고, 천지창조 이후에 우리들의 몸과 기본적으로 다른 몸을 전혀 생각해 보지 않으려고 했던 아우구스티누스의 관심은 결국 그로 하여금 인간의 의지대로 시작하거나 중단할 수 있는 성행위, 따라서 이성의 명령을 피할 수 없고, 이성적인 범위 안에서 적절하게 실행할 수 있는 성행위가 처음부터 존재했다는 주장을 하게 만든다. 펠라기우스파들의 편지에 답장을 쓰면서 그가 인정하고, 《율리아누스를 반박함》의 4권과 5권에서 쉽게 받아들인 것이 바로 3번째 가설이다. 이 가설에 의하면, 타락 이전에도 "관능적 움직임"이 존재할 수 있었으며, 감각들이 "자극을 받을 수" 있었다. 그러나 이러한 감각의 자극은 의지의 지배를 받고 복종한다는 것이다.[17]

자발적 행위가 문제이건 의지의 통제를 받는 "성적 움직임"이 문제이건 간에, 천지창조에서의 성관계는 아무리 "리비도"의 특징을 보여준다 해도, 오늘날의 성관계처럼 육체와 영혼을 사로잡는 충격적 움직임을 포함한 것은 아니었다.[18] 리비도는 육체의 어떤 음란행위 속에 존재하는 것도 아니고, 과도하고 격렬한 행위 중에 발생하는 것도 아

---

17 Saint Augustin, *Contra Julianum*, IV, 62.

18 아우구스티누스에게서 육욕(*concupiscentia*)과 거의 같은 뜻으로 쓰인 '리비도'의 의미에 대해서 주의해야 할 것은, 이 용어가 우리가 갖고 있지 않은 욕망(영적인 것에 대한 육욕이라는 긍정적 가치를 가질 수 있다는 점에서)의 일반적 의미로 사용되거나, 《율리아누스를 반박함》에서 증명된 것처럼 낙원에서 의지의 통제 아래 나타날 수 있는 육체의 움직임이란 의미에서(이것은 매우 드물게 사용되는 방법이지만) 사용될 경우도 있고, 성적 매력으로 촉발된 무의지적 움직임이란 의미로 빈번히 사용되기도 한다는 점이다.

니다. 그것은 정확히 말하자면, 무의지적 형태의 움직임 속에 있다. 천지창조와 인간의 타락을 분리하는 결정적 지점, 따라서 성관계와 관련된 도덕적 기준의 경계선을 이동시켜야 할 그 지점은 그러므로 의지적인 것의 자리에 무의지적인 것을 집어넣으면 해결될 수 있는 지점이다.

이런 점에서 원죄와 타락의 표시, 보다 정확히 말하자면 상관관계를 갖는 자기와 자기 사이에서 이루어지는 복종과 지배의 관계가 어떻게 변경되어 나타난 것인지를 알아야 한다. 아우구스티누스가 자기에 대한 자기의 의지가 작용하는 주체의 구조를 통해 의지가 육체의 물질성에 도달하는 이러한 변화를 어떻게 정의했는지를 간단히 생각해 보자. 하느님이 인간에게 열매를 먹지 않도록 명령하면서 부과한 의무는 가벼운 것이었다. 따라서 인간의 반항은 그만큼 무거운 대가를 치르게 되었다. 선의의 하느님은 이러한 불복종의 결과가 결정적 처벌이 되기를 원하지도 않았고, 인간을 영원히 지배할 수 있는 영적이거나 물질적인 힘들에 인간이 굴복해 지내기를 원하지도 않았다. 하느님은 불복종의 결과가 죄와 인간의 힘과 구원의 가능성에 맞추어서 완전하면서도 정확하게 조정될 수 있기를 원했다. 하느님은 자기의 뜻을 따르지 않는 인간의 불복종이 계속 재현될 수 있게 했다. 죄에 대한 처벌-결과는 영혼과 육체 사이에, 물질과 정신 사이에 있지 않고, 이제부터는 자기에 대해 반항하는 주체(영혼과 육체를 포함해서) 그 자신 속에 들어가 있게 된다. 타락한 인간은 그를 완전히 속박하는 어떤 법이나 힘에 굴복해서 쓰러진 것이 아니다. 그러므로 분열은 이중화되고, 자기배반적이고, 원하는 것을 놓쳐 버린 자기 자신의 의지를 나타낸다. 아우구스티누스의 기본 입장은 이러한 분열이 곧 자기와 자기 사이의 상호적 불복종의 원칙이 된다는 것이다. 인간의 내부에서 전개되는 반항은 하느님에 대한 반항을 반복하는 것일 뿐이다.

이러한 원칙에서 출발한다면 우리는 성행위에 도입된 변화를 정확히 이해할 수 있을 것인가? 〈창세기〉 첫 구절에서 최초의 인간들이 죄를 저지르자마자 취한 동작이 부끄러움의 몸짓인 이상, 인간의 불복종과 하느님의 처벌 이후에 성이 문제가 된 부분에 대한 아우구스티누스의 해석은 참고할 필요가 있다. "그러자 그 둘은 눈이 열려 자기들이 알몸인 것을 알고, 무화과나무 잎을 엮어서 두렁이를 만들어 입었다."[19] 이 구절에 대해서 아우구스티누스가 제시한 일련의 해석들을 비교해 보는 것은 의미 있는 일이다. 《마니교인을 논박한 창세기 해설》[20]에서 이러한 부끄러움의 자각은 무죄와 다름없는 순진성이 결국 시선에 영향을 주고, 시선에 의해 나타난 타락한 모습으로 변화한 것이라고 정의된다. 남자와 여자가 자신들의 알몸에 대해서 "타락한 느낌의 시선"을 갖는 것은 그때부터 이미 그들의 몸에 죄악이 거주함으로써 모든 인간성을 변질시키고, 그들의 자존심 ―"교활한 자존심"― 을 부끄럽게 만들었음을 인정하는 일이다. 말하자면 이것은 그들이 죄를 지었다는 의미에서 죄의 원칙이다.[21] 옷으로 가리고 있어야 할

---

19 〈창세기〉 3장 7절.
20 또한 다음을 참조할 것. saint Augustin, *De nuptiis et concupiscentia*, I, 6(7).
21 "그들의 눈이 열리게 되자 곧 자기들이 알몸인 것을 알게 되었다는 것에서, 그들의 타락한 눈으로 볼 때 알몸이란 말이 지칭하는 순진성은 부끄러움을 나타낸다. 그들은 이미 더 이상 순진하지 않았으므로 '무화과 나뭇잎을 엮어서 두렁이를 만들어 입

성기와 열린 눈의 관계에서, 성기는 인간성 전체의 타락에 대한 표시로 나타난다.

나중에 《창세기의 문자적 의미》에서 아우구스티누스는 이러한 눈의 열림을 단순히 순진성의 상실이라는 비유적 의미로 해석해서는 안 된다는 것을 강조한다. 이것은 과거의 시선으로 물질적 현실을 새롭게 발견한 일이었고, 이러한 현실은 오직 타락의 덕분으로 새로운 것이 되었기 때문이다. 잘못에 대한 제재이자 또한 잘못의 무수한 결과를 근원적으로 나타내는 "이상한 어떤 것quelque chose"은 분명히 예전부터 그 자리에 있었고, 이미 보아 왔던 그 성기가 아니다. 그때까지만 해도 그들은 성기의 변화가 비의지적 자발성의 움직임인지를 확인할 필요가 없었다. 성기의 이러한 변화가 시선과 관계를 맺는 방식은 두 가지이다. 하나는 이러한 변화가 시선에 의해서 촉발된다는 것, 다른 하나는 시선의 구경거리가 된다는 것이다. "그들은 계율을 위반하고, 거만한 행동과 자신들의 힘에 대한 교만한 생각으로 하느님의 뜻을 거스르는 행동을 하고, 내면의 은총을 잃어버리자, 곧 눈길을 돌려 자신들의 몸을 바라보았고 그들이 알지 못했던 육욕의 변화를 느끼게 되었다."22 이러한 변화에 대해 최초의 인간들이 부끄러워하지 않을 수 없는 이유는 이와 같은 육체의 변화가 "짐승들의 교미"와 같은 행동을 할 수 있기 때문이고, 또한 앞으로는 "신체기관들의 법칙이 정신의

었다'는 구절의 의미는 몸을 가리기 위해서이고, 또한 그들의 교활한 자만심으로 순진성이 부끄럽게 느껴졌다는 것을 감추기 위해서이다.", saint Augustin, *De Genesi contra Manichaeos*, II, 15, 23.

22 Saint Augustin, *De Genesi ad litteram*, XI, 31(41).

법칙과 일치하지 않고"[23] 이러한 변화가 "계율을 위반한 결과"임을 나타내기 때문이다. [24]

새로운 현실에 충격을 받아서 눈이 열리게 되었다는 해석은 나중에 나온 텍스트들에서도 되풀이된다. 《신국론》 14권은 이런 점에 대해서 매우 분명하다. 원죄 이전에 인간의 눈이 멀었다고 생각해서는 안 된다. 하와는 "열매"가 먹을 만하고 보기 좋다는 것을 몰랐을까? 그들은 그러니까 자기들의 몸을 볼 수 있었다. 그러나 그들이 실제로 그들의 성기를 쳐다보았다는 것을 인정해야 하는가? 아니다. 왜냐하면 성기는 "은총의 옷"으로 덮여 있었기 때문이다. 옷의 역할은 한편으로는 그들의 신체기관이 그들의 의지에 복종하게 만드는 것이었고, 다른 한편으로는 그에 상응하여 그런 것에 주의를 기울이지 않게 하면서, 또한 그 옷으로 감춘 것이 무엇인지를 알려고 애쓰지 않게 하는 것이었다. [25] 그러나 죄와 함께 은총은 사라지고, 징벌이 나타난다. 이것은 하느님에 대해 반기를 든 반항의 의지에 대한 대가로서, 인간의 몸 속에서, 보다 정확히 말하자면 성기에 의한 육체의 재현이자 '반대급부적 불복종'인 것이다. 그런데 이러한 반항은 시선과 주의를 끌어당기게 된다. "상호적 불복종을 충격적으로 드러낼 수 있는 완전히 새롭

---

23 〔Saint Augustin, *Sermon* 162, 12.〕

24 Saint Augustin, *De Genesi ad litteram*, XI, 32(42). 주의해야 할 것은, 아우구스티누스의 관점으로 근원적인 부끄러움을 나타내는 행동에서 명확한 의식이 아니라 "어두운 본능"의 결과라는 점을 보아야 한다는 것이다.

25 "*Non adtenti, ut cognoscerent quid eis indumento gratiae praestaretur*", saint Augustin, *La Cité de Dieu*, XIV, 17(39).

고 추잡한 육체의 변화가 생기게 되었다. 이것은 그들의 알몸을 정숙하지 못한 모습으로 만들었고, 그들은 자신의 변화된 모습을 알아차리고 당황하게 되었다."[26] 은총의 상태에서는 시선의 무관심과 성기의 의지적 사용법이 결합되어 있어서, 성기는 노출될 위험이 없었고 날것으로 보여도 상관이 없었다. 타락은 그와 반대로 시선의 관심과 무의지적 변화를 연결시킴으로써, 인간은 성기가 노출되자 반항의 표시이고 결과인 그것을 외관상으로 보이지 않게 하려는 동작을 취하려 했는데, 이것은 너무나 거짓된 자존심 이후에 인간이 처음 경험하는 부끄러움과 수치심 때문이었다. 간단히 말해, 성기는 불복종의 표시로, 시선의 주의를 받으면서 "솟아오른다".[27] 성기와 남자의 관계는 복종하지 않는다는 점에서 인간과 하느님의 관계와 같다. 하느님 앞에서 하느님의 뜻을 거스르며 일어선 인간, 하느님이 만든 인간, 최초의 인간, 아담은 자신의 불복종 이후 곧 몸을 감추어야 한다는 것을 알게 되었다.

우리는 그러므로 타락과 더불어 천국에서는 가능했을지 모르는 성기의 순진한 사용법을 변화시킨 이 "이상한 어떤 것"을 이렇게 정의할

---

26 〔*Ibid.*, XIV, 17(39~40).〕

27 이 구절에서 아우구스티누스는 육욕의 유혹적 시선에 대한 *De Genesi ad litteram*의 지적을 되풀이하지 않는다. *Sur la grâce de Jésus-Christ, le péché originel*이라는 두 권의 책에서 그는 타락 이전에는 부끄러워 할 이유가 없었다는 것을 특별히 강조한다. "하느님이 만든 것은 인간에게 전혀 당혹스러움을 갖게 하지 않았다. 왜냐하면 하느님은 인간에게 적절하다고 판단되는 것을 만들었으므로 인간이 당혹스러운 느낌을 가질 이유가 없었기 때문이다. 원시적 상태에서 인간의 벌거벗은 모습은 하느님의 시선이건 인간 자신의 시선이건, 거스르게 하는 요소가 전혀 없었다", II, 34.

수 있다. 이것은 새로운 기관이 아니다 — 남성과 여성의 구별은 이전에 이루어진 일이고, 죄 때문에 성의 구별을 나쁘게 볼 수 있는 것은 아니다. 28 또한 성기의 변화는 행위가 아니다 — 성기는 이미 자기의 자리와 기능을 갖고 있었고, 이 기능을 계속 보존하고 있었다. 성기로 하여금 불복종의 주체가 되게 하고, 시선의 객체가 되게 하는 것은 무의지적 변화의 형태이다. 가시적이고 예측할 수 없는 발기.

물론 주목해야 할 것은 이렇게 이해될 수 있는 리비도가 본질적으로 남성의 성기와 그것의 형태와 속성으로 특징지어진다는 사실이다. 성욕은 본래 남근의 것이다. 아우구스티누스는 반대 논리가 가능하다는 것을 충분히 이해하고, 남자의 몸 안에서 이루어지는 반항과 실추의 현상에 주의를 환기시키면서, 남자를 부끄럽게 만드는 그러한 점잖지 못한 변화와 유사한 것이 여자에게도 있는지를 발견하려고 애쓴다. "여자가 감추려고 한 것은 가시적 변화가 아니다. 여자도 은밀한 방식으로지만 남자가 느낀 것과 같은 것을 느꼈다. 남자와 여자는 모두 상대편이 보는 앞에서 자기가 느끼는 것을 감추고 있었다." 어쩌면 아우구스티누스는 보이지 않는 것을 감추게 만드는 여자의 유사한 변화를 인위적으로 꾸민 태도라고 생각했기 때문에, 그리고 앞에서 언급한 것처럼 상호적 욕망에 관한 부끄러움의 주제를 그대로 유지하기 위해서 이렇게 덧붙여 말한 것일지 모른다. "남자와 여자가 얼굴을 붉힌 것

---

28 *Contra Julianum*, III, 16에서 성차별이 나쁘지 않다는 주장을 참고할 것; 오늘날 인간이 육욕의 지배를 받게 되어 모든 성행위가 법과 규범에 위배되는 행동이 될 정도가 된다고 할지라도, "하느님이 창조했을 때의 모습과 같은 육체의 조건"은 변함이 없을 것이다.

은 자기 자신을 의식했기 때문일 수도 있고 상대편을 의식했기 때문일 수도 있다."[29] 여자는 남자가 감추려고 한 변화의 촉발 원인을 감추려 하고, 남자는 여자가 감추려고 한 변화의 촉발 원인을 감추려고 한다. 어쨌든 남자 성기의 가시성이 문제의 핵심인 것이다.

그리고 또한 주목해야 할 것은 이러한 문제가 죽음의 지배 속으로 들어간 인간의 모습을 보여 준다는 점이다. 이것은 인간에게서 하느님의 은총이 사라진 것과 관련된 죽음이고, 또한 이제부터 죽음의 운명은 죽음의 병과 같다는 점에서 현세에서의 죽음이다. 또한 나중에 알게 되듯이, 원죄가 대대손손 이어지게 되는 것은 자녀출산이 성적 결합이라는 필수적인 역할에 의해서 이루어졌다는 점에서 죽음이다. 성기의 무의지적 변화와 성기에 결합된 가시성을 통해서 인간은 죽음을 인정할 수밖에 없다. "반역적인 영혼에 대항하여 육체의 발기와 그들의 알몸을 가려야 했던 반항의 이러한 움직임 속에서 그들은 영혼이 하느님으로부터 버림받게 되었음을 자각하는 상태에서 최초의 죽음을 의식하게 되었다."[30] 이전에 대부분의 해석학자들은 육체적 죽음에서 성기의 최초의 출현을 관련지어 해석하지 않고, 최소한 성기의 사용법을 해석하려고 했다. 아우구스티누스에 의하면, 성행위의 능력은

---

29 *Ibid.*, IV, 62. 또한 V, 23도 참조할 것.

30 Saint Augustin, *La Cité de Dieu*, XIII, 15. *Sermon* 179, 4 참조: "죄를 저지른 후에, 최초의 조상인 인간들은 우리에게 생명과 동시에 죽음을 주는 육체의 부끄러운 부분을 가리기 위해 두렁이를 만들어 입었다."; *Discours sur le Psaume 9*, 14: "죽음의 문"이라는 것은 "인간이 금지된 과일을 맛본 후에 육체의 감각과 인간에게서 열리게 된 눈과 같은 것으로" 해석해야 할지 모른다.

생식 기능의 소멸과 상관없이 계속 신장될 수 있다. 그러나 이제 성행위를 하는 동안 떠나지 않는 무의지적 욕망은 현세의 삶이 종말의 연속으로 끝나는 것에서 알 수 있듯이 영적 죽음을 의미한다. 육체가 인간의 의지대로 움직이지 않는다면, 이것은 또한 죽은 육체나 다름없다. 은총의 소멸은 의지의 통제력을 빼앗는 것이고, 동시에 죽음을 현실화하는 것이다. [31]

모든 성행위를 관통하고 격하게 만드는 변화의 움직임, 성행위를 가시화하면서 동시에 그것을 부끄럽게 만들고, 그것을 원인과 관련지으면서 동시에 영적인 죽음과 연결시키고, 성행위에 동반되는 것이면서도 육체적 죽음과 연결되는 그러한 변화의 움직임에 대해서, 또는 보다 정확히 말해서 무의지적 욕망의 형태와 힘에 대해서 아우구스티누스는 '리비도'란 이름을 부여한다. 이것은 은총을 잃은 인간의 성행위에 내포된 어떤 특별한 것을 가리키는 말이다. 이 말 대신에 다른 전문용어를 사용하더라도 마찬가지이다. 리비도는 성욕과 분석적으로 결합될 수 있는 성행위의 본질적 모습은 아니기 때문이다. 성욕은 죄, 타락, "상호적 불복종"의 원칙, 이것들이 종합적으로 결합된 한 요소일 뿐이다. 이러한 요소에 경계선을 정하고 새로운 역사해석에서 그러한 요소의 출현지점을 결정하면서, 아우구스티누스는 성행위와 그것에 본질적으로 위험이 따른다는 "한 덩어리의 경련현상bloc convulsif"을 해체하는 데 필요한 기본조건을 제시한다. 그는 새로운 분석의 장을 열면서 동시에 성관계의 절제 혹은 수용(다소간에 의도적 양보가 필

---

31 Saint Augustin, *La Cité de Dieu*, XIV, 15, 2.

요한 행위지만) 사이에서 어느 한쪽을 결정하는 양자택일과는 완전히 다른 방식으로 성행위의 "통치gouvernement" 가능성을 보여 준다.

II

타락은 그러므로 우리가 성행위를 리비도의 행위라고 부를 수 있게 한 원인이 되었다. 물론 이 말은 리비도가 전혀 없이, 죄를 짓지 않고 성행위가 이루어질 수 있었을 것이라고 인정하는 문제와는 상관없다. 또한 그 행위가 완전히 의지의 지배를 받고 이루어지는 것으로 보는 이상, 그것이 우리가 지금 알고 있는 리비도와는 아주 다른 리비도가 관련된 것으로 가정할 수도 없다.

리비도는 여하간 오늘날의 무의지적인 욕망의 형태와 같은 것으로 모습을 드러낸다. 이것은 의지를 초월해서 우뚝 솟아오르는 것, 그러나 오직 죄의 행위와 관련되어 타락의 결과로 나타난 부수적인 요소일 뿐이다.

성행위의 죄로 낙인찍힌 이러한 무의지적인 것의 흔적은 두 가지 주요한 측면을 갖는다. 우선 성기가 주체의 의도를 좌절시킬 수 있다는 점에서 기만의 측면이다. 아담의 반항적 성기는 갑작스러운 출현으로 자신의 모습을 알려 주었다. 그런데 아담의 후손들에게서 성기는 부적절한 변화를 보이기도 하고 괴로운 실패의 모습으로 나타나기도 한다. 타락한 성기의 무의지적인 것, 그것은 발기이기도 하지만 또한 성불능이 되기도 한다. 《신국론》의 한 구절은 이것을 분명히 말해 준다. 신체의 다른 기관들은 그것들의 개별적 기능에서 정신에 종속되어 "의지의 표상대로 움직일 수 있는" 반면, 성기는 그것과 다르게 작용하는 것이다. "이러한 성적 쾌락에 빠져 있는 사람들 자신은 부부관계에서건, 불륜의 행위에서 갖게 되는 수치심 때문이건, 그들 마음대로 흥분의 감정을 느낄 수 없는 때가 있다. 또한 이러한 성적 흥분은 가끔 우리의 의지와 상관없이 귀찮게 엄습해 올 수도 있다. 때때로 이것은 욕망의 열정을 기만하기도 한다. 영혼은 욕망으로 뜨거워지는데 육체는 차갑게 얼어붙는 경우가 있기 때문이다. 그렇기 때문에 참으로 이상한 현상은 자손을 가지려는 의지에서뿐 아니라 단순히 행위를 즐기려는 열정에서도 열정이 따르지 않는 것이다."[32] 따라서 아우구스티누스가 리비도를 "독립적인 것sui juris"이라는 용어로 번역한 것은 매우 주목할 만한 점이다. [33]

그러나 아우구스티누스는 우리가 통제하지 못하는 이러한 성적 변화와 그 움직임들을 끌고 가는 힘이 절대로 성행위와 분리될 수 없는 것인데도, 무의지적인 것의 형태를 분리시켜 보려 한다. 우리가 아무리 현명하다 해도, 또한 아무리 성적 결합을 통해서 계획하는 목적이 올바르고 합리적이라고 해도, 아무리 하느님의 율법과 선조들의 모범을 따른다 해도, 우리가 통제할 수 없는 육체적 진동 없이, 그리고 인간의 내면에 깊이 뿌리를 내린 리비도에 영향을 미치는 육체적 진동 없이 무의지적인 욕망은 만들어질 수 없다. 우리의 생각이 아무리 올

---

32 *Ibid.*, XIV, 16; *De nuptiis et concupiscentia*, II, 35 (59) 에서 참조할 것. 성적 기관이 의지를 실망시키게 하는 과도한 빠름이나 느림에 대한 비유.

33 *Ibid.*, I, 6 (7).

바르고 우리의 의지가 아무리 정당하다 해도, 속세에서 이루어지는 성욕과 성기의 사용법 사이에 연결된 관계를 단절시킬 수는 없다. 결혼생활에서도 부부의 성행위는 "의지로 좌우될 수 있는 것이 아니라 생리적 필요에 따르는 것이어서, 이것 없이는 부부가 원하는 자녀출산의 결과에 이를 수 없다."[34] 이것은 결혼의 목적이 누구나 알 수 있는 일이므로 결혼식을 성대하게 치를 수 있고, 부부의 합법적 행위는 "모두에게 알려지기를 바라면서도 남들에게 보이면 여전히 부끄러움이 느껴지는" 이유를 설명해 준다.[35] 이론을 정립하기 위한 많은 성찰과 해석을 통해서 아무리 성적인 결합과 리비도의 움직임을 분리시키려 해도, 이러한 분리는 반대로 의지를 초월하게 되어 현실적으로는 실천할 수 없는 일이다. 처음부터 생식행위를 위해서 마련된 이 기관들, 타락 이후에 이것과 분리될 수 없는 성욕의 움직임들로 흥분하게 된 이러한 기관들에 대해 인간이 "본성"이라는 이름을 부여한 것이라고 아우구스티누스는 설명한다.[36]

"본성Natura", "독립적인 것sui juris". 그렇다면 우리는 리비도가 주체와 무관한 본성에 속하는 것, 외부적 요소로서 주체에 부과되는 것, 어떤 의미에서 육체는 주체 없이 움직이게 되었다고 할 정도로, 주체

---

34 *Ibid.*, I, 8(9).

35 Saint Augustin, *La Cité de Dieu*, XIV, 18. 아우구스티누스는 이런 식으로 자녀들이 부모의 성관계 — 그들이 태어났을 때의 장면과 비슷한 관계 — 를 보지 못하게 한 사실을 설명한다(*ibid.*). 그리고 *De gratia Christi et de peccato originali* 참고; 부부관계는, "인간의 본성이 부끄러워할 만한 동물적 움직임"이 동반되어야 한다, II, 38(43).

36 Saint Augustin, *De nuptiis et concupiscentia*, I, 6(7).

는 육체에 대한 주도권을 잃어버린 것, 이렇게 생각하면 되는 것일까? 육체 속에서 일어나는 문제를 육체의 책임으로 돌릴 수는 없는 것인가? 리비도는 주체 밖에서의 일이라고 생각해야만 하는 것인가? 리비도가 본성이라면, 어떻게 하느님에게 그것에 대한 해명을 요구하지 않는가? — 그러니까 마니교인들의 주장처럼 나쁜 하느님이 리비도를 창조하게 되었다고 말하거나, 펠라기우스의 제자들처럼 리비도에는 본질적으로 나쁜 요소가 하나도 없다는 주장을 어떻게 받아들여야 하는 것인가? 요컨대 리비도가 '독립적인 것'이라면, 어떻게 이러한 '본성'을 주체의 책임으로 돌릴 수 있는가? 이러한 질문에 대답하기 위해서 아우구스티누스는 한편으로는 리비도와 영혼의 관계(이것은 책임 떠넘기기의 원칙이 분명한 것이므로)를 정의해야 했고, 다른 한편으로는 원죄와 관련하여 '리비도'의 지위(이것은 책임을 떠넘길 수 있는 확실한 근거를 마련해 주는 것이므로)를 결정해야 했다.

1) 첫 번째 문제에 대한 아우구스티누스의 생각에는 많은 변화가 있었다. 매우 도식적으로 말하자면, 《심플리치아누스에게 묻는다*Quaestiones ad Simplicianum*》**37**까지만 해도 그가 육욕의 움직임들에 관한 출발점을 설정한 것은 — 죽음이 엄습하고, 악의 원칙이 지배하는 육체에 — 무엇보다도 육체 안에서이다. 육욕의 무의지적 성격은 그 움직임들이 영혼에 대한 육체의 권능을 나타낸다는 의미에서, 육체적이라는

---

37 이 문제에 대해서는 A. Sage의 다음 논문을 참고할 것. "성 아우구스티누스의 사상에 나타난 원죄", *Revue d'études augustiniennes*, t. 15, 1969.

사실과 연결되는 것이다. 그러나 그 이후에 나온 책들에서부터 — 특히 《창세기의 문자적 의미》에서 — 그는 육욕의 원칙과 육욕을 관통하는 무의지적인 것의 출발점을 영혼에 설정하기 시작했다. 《신국론》에서 성적 움직임들에 대한 분석이 나오기 직전의 한 구절은 그러한 해석의 일반적 배경을 알려 준다. 38 여기서 아우구스티누스는 나쁜 의지가 육욕보다 앞선 것이 아니라면 죄가 되지 않는다는 원칙을 환기시킨다. 그런데 모든 죄의 원천이자, 원죄의 기원이고, 그러므로 타락의 기원이기도 한 이러한 의지는 하느님의 뜻을 거역하면서 자기 자신에 집착하고 자기만족적인 영혼의 움직임 속에 있다. 현세에서 육욕과 육욕의 무의지적 움직임을 이끌어 들인 것은 최초의 인간인 두 사람이 자유롭게 실행에 옮긴 이러한 육욕의 움직임에 의해서이다. 인간의 본성은 이런 식으로 타락하게 되었다. 그러나 이러한 "타락"에 어떤 의미를 부여해야 하는가?39 하느님에 의해서 만들어지고 하느님이 직접 손으로 빚은 인간의 속성이 어떻게 인간에 의해서 변질될 수 있었는가? 어떻게 자유로운 영혼의 의도적인 죄가 하느님이 본성을 결정한 육체 속에서 무의지적 움직임이라는 결과를 초래할 수 있는 것인가? 아우구스티누스가 제시한 설명에 의하면, 이것은 창조행위의 두 가지 측면과 관계가 있다. 우선 자연의 창조가 있었다. 그러나 이 창조는 무無에서 만들어진다. 말하자면 인간이 무시할 수 없는 존재가

---

38 Saint Augustin, *La Cité de Dieu*, XIV, 13~15.

39 Saint Augustin, *De nuptiis et concupiscentia*, I, 32(37). Il parle de *mutatio naturae*.

된 것은 오직 하느님의 뜻에 의해서일 뿐이다. 전능한 하느님에게서 생명을 얻은 인간은 하느님의 뜻을 거스르는 행위를 함으로써 결국 자기의 존재를 만들어 낸 하느님의 뜻을 거스르게 된다. 그러므로 타락한 본성에서 하느님에 의해 만들어진 존재의 변질을 볼 것이 아니라, 하느님으로부터 물려받은 존재의 타락, 즉 인간이 자기만족적인 행동을 함으로써 하느님의 버림을 받게 됨에 따라 점점 더 뚜렷이 부각된 존재의 타락상을 보아야 한다. "악은 무에서 나온 본성만을 타락하게 만들 수 있었다. 본성이라는 것은 하느님에 의해 만들어졌다. 무에서 만들어진 존재의 타락. 이러한 타락이 인간을 완전히 파괴한 것은 아니지만, 인간은 자기 자신을 작은 모습으로 만듦으로써 주권적으로 존재할 때의 모습보다 훨씬 왜소한 존재성을 갖게 되었다. 사실상 자기 자신을 위해서, 말하자면 자기만족을 위해서 하느님을 저버리는 행위는 매우 중대한 일이 아닐 수 없다."**40**

하느님을 저버리는 행동을 하고 하느님의 뜻을 따르지 않게 됨으로써 인간은 자기 자신의 주인이 된다고 생각했다. 인간은 자기의 본질을 무엇에도 구속받지 않는 존재라고 확신한 것이다. 그는 오직 하느님의 뜻에 좌우되는 존재의 단계에서 전락했을 뿐이다. 육체의 궁극적인 반항은 하느님의 뜻으로 이루어진 결과로서, 육체가 본래의 자기 모습을 찾으려고 반항할 때는 반항의 의지를 좌절시키고, 반항의 몸짓이 솟아오르려 할 때는 육체를 실추시키고, 또한 반항이 자기 통제를 지향한다고 생각할 때는 육체를 허약하게 만든다. 무의지적인

---

40 Saint Augustin, *La Cité de Dieu*, XIV, 13, 1.

육욕이 주체와 대립하거나 주체를 꼼짝 못 하게 만들기 때문에, 이것이 주체를 낮은 곳으로 이끌어 가는 본성이라고 생각할 필요가 없다. 이것은 모든 통제로부터 해방되어 영혼으로부터 멀어지는 육체가 아니라, 무엇보다도 가장 하찮은 존재이고, 의지가 원하는 것과는 정반대로 가기를 원하게 되는 주체의 결핍된 존재이다. 성행위와 분리되지 않으면서 성행위를 배가시키고, 또한 성행위와 동시에 발생하는 리비도의 움직임에서 주체와 무관한 본성의 출현, 즉 자기를 지배하는 것으로부터 해방되어 아무런 일을 하지 않으면서도 자신의 법칙을 멋대로 작용시킬 수 있는 그러한 본성의 출현을 보아서는 안 된다. 그것보다는 주체를 분리시켜서 주체로 하여금 원하지 않는 것을 원하게 만드는 분열을 보아야 한다. "죄에 대한 올바른 심판이 뒤이어 이루어졌다. 하느님에게 복종하고 지냈다면 하느님의 뜻에 따라 영적인 육체를 향유할 수 있었던 인간은 이제 자기의 영혼을 육체의 지배로 만든 것처럼 되었다. 인간은 자만심으로 자기만족에 사로잡히게 되었다. 그러나 자기 자신과 대립함으로써, 인간은 자기 자신의 주인이 되지 못하고, 자기가 원하는 자유를 얻기는커녕 죄를 지음으로써 자신 위에 군림하는 존재의 명령에 복종하는 힘겨운 생활을 하면서 비참한 예속상태에 놓이게 되었다. 자신의 뜻에 따라서 그는 영혼의 죽음을 갖게 되었다. 그는 본의 아니게 육체의 죽음을 맞이하는 운명에 처하고 만다."**41**

영혼과 육체 사이 또는 본성과 주체 사이의 어디엔가 의지적인 것과

---

41 *Ibid.*, XIV, 15, 1.

무의지적인 것이 구분되는 분할선이 있다는 것을 인정할 필요는 없다. 처음부터 분할선이 그어진 것은 주체의 내부에서이다. 그뿐 아니라, 경계선으로 분리되는 두 영역이 있다고 생각하지도 말아야 한다. 존재 안에서 고정된 경계선을 넘으려는 의지의 의도적 일탈행위가 경계선을 무화시키려는 것 — 비의지적인 것 — 속에서 끊임없이 경계선을 존재하게 만드는 것이 문제이다. 동물의 성본능과 비교하면 그 의미가 훨씬 분명해진다. 아우구스티누스는 《미완성 작품》에서 이러한 방법에 의존해서 설명한다. 에클라눔의 율리아누스가 주장한 바에 의하면, 동물들이 성적 욕망을 알고 있다는 것과 하느님이 그러한 욕망의 움직임들을 만들었다는 것은 부인할 수 없는 사실이다. 그러니까 이러한 육욕은 본래 좋은 것임을 인정해야 하거나, 하느님의 의도로 악이 창조되었음을 인정해야 한다는 것이다. 이러한 주장에 대해 아우구스티누스는 동물에게서 육욕의 악은 존재하지 않는다고 말하면서, 그 이유는 동물의 육욕이 의지에 의한 것이기 때문이 아니며, 육욕의 특징인 무의지적인 것이 동물에게는 반항이 아니기 때문이라고 대답한다. 동물의 무의지적인 것은 육체적 욕망과 정신적 욕망의 분리를 나타내지 않는다. "육체의 육욕은 그것이 인간을 지배하는 한 징벌이지만, 동물을 지배하는 한에서는 징벌이 아니다. 왜냐하면 동물에게서 육체는 절대로 정신과 대립된 욕망의 행동을 하지 않기 때문이다."42 동물의 성행위는 언제나 동일한 형태로 이루어질 수 있는데, 그렇다고 해서 그 행위가 동일한 육욕의 지배를 받는 것은 아니다. 보

---

42 Saint Augustin, *Opus imperfectum*, IV, 38.

다 정확히 말하자면, 인간이 갖는 육욕의 속성이 아무리 동물의 육욕과 유사성을 갖는다고 하더라도, 이것은 동물의 본성과는 완전히 다른, 자기와 자기 사이의 분열이나 반항의 결과이다. 주체는 타락의 결과로 자기 자신의 법칙을 갖고 있을지 모르는 동물의 '본성'에 갇혀 있지 않는다. 동물적 본능의 움직임을 갖는 육욕의 무의지적인 것은 인간의 타락으로, 이제 주체의 실제적 구조 속에 편입된다.

우리는 이제 성의 주체화 역사와 욕망의 인간 형성사에서 중요한 지점에 이르게 되었다. 물론 아우구스티누스가 기독교인 저자들 중에서도, 고대의 저자들 중에서도 일반적으로 성적 욕망을 무의지적인 것으로 확정하여 표시한 최초의 사람은 아니다. 우리가 알고 있듯이, 성적 욕망이 무의지적이라는 것은 이제 진부한 말처럼 되어 있다. 그러나 이러한 무의지적인 것은 다른 것들에 대한 우월한 특권을 유지하면서 욕망의 움직임들을 제한하거나 통제하는 일과 관련되어 영혼의 한 단계나 한 부분으로 정의되기도 했고, 육체에서 유래한 것으로 영혼이 자기 자신에 대해 갖는 주권성을 위태롭게 만들 위험이 있는 '정념' ― 파토스 ― 같은 것으로 정의되기도 했다. 그런데 아우구스티누스의 분석에 의하면, 육욕은 영혼 속에서 특별한 권능을 가진 것도 아니고, 영혼의 권력과 경계를 이루는 어떤 수동적인 것도 아니다. 그것은 말하자면 영혼을 하나의 주제로 만드는 의지의 형태이다. 그에게 육욕은 의지에 반하는 무의지적인 것이 아니라, 의지 그 자체의 무의지적인 것이다. 무의지적인 것이 없다면, 의지는 정확히 말해서 은총의 도움 없이 그 의지의 외적 형태인 '나약함'으로부터 자유롭기를 바랄 수 없다.

우리는 그러므로 육욕의 독립적 성격이 어떤 이유로 주체에 책임을 인정할 수 있게 되는지를 알게 되었다. 물론 육욕이 그 자체로 독립적이라는 사실은 그것이 어디까지나 '우리의 의지'에 좌우될 수 있다는 범위에서이다. 역으로 우리의 의지가 육욕을 피해 갈 수 있는 것은 육욕이 독립적이기를 포기함으로써만 가능하고, 또한 은총의 힘에 의지해서만 좋은 일을 할 수 있다는 것을 인정함으로써만 가능하다. 육욕의 '자율성', 이것은 주체가 자기 자신의 의지를 원할 때는 주체의 법칙이다. 그리고 주체의 성불능, 이것은 육욕의 법칙이다. 이러한 것은 책임 떠넘기기의 일반적 형태이자 — 보다 정확히 말해서 그것의 일반적 조건이다.

2) 그러나 책임 떠넘기기의 이러한 가능성은 정확히 밝혀져야 한다. 사실 앞의 분석들이 보여 준 바에 의하면, 육욕은 영혼 속에 있는 자율적 권능이 아니고, 나약한 영혼에 영향을 미칠 수 있는 외부의 힘도 아니다. 그것은 의지의 현재적 형태를 구성한다는 매우 분명한 의미에서 영혼에 속해 있다. 그것이 "죄의 법칙"인 것이다. **43** 그러나 육욕이 의지의 구조라는 특성을 갖는다고 해도, 우리가 죄를 저지른 사람에게 죄의 책임을 돌리듯이 그렇게 육욕의 책임을 의지에 떠넘기기는 매우 어려운 일인 것 같다.

의지가 의지를 구성하는 것에 대해 유죄의 책임을 질 수 있을까? 그러나 의지가 죄가 아니라면, 육욕에서 발생한 일이자 본성의 결과에

---

43 Saint Augustin, *De nuptiis et concupiscentia*, I, 23(25).

불과한 것을 어떻게 의지의 죄라고 비난할 수 있겠는가? 원죄와 세례에 대한 반反펠라기우스파의 논설들은 이러한 논쟁을 대국적으로 발전시킨 것이다. 논쟁에 관련된 상세한 내용을 이 자리에서 재론할 필요는 없다. 다만 중요한 것은 아우구스티누스가 원죄와 죄의 관계에서 육욕에 어떤 역할을 부여했고, 책임 소재의 법적 원칙을 무엇으로 대체했는지를 밝히는 일이다.

우리는 육욕을 "죄"라고 부르지만, 그것은 "일종의 말하는 방식"일 뿐이다.44 그런데 정확히 말해서 이렇게 말하는 방식이란 무엇인가?

세례를 받기 전에는 죄의 율법에 따라 모든 사람에게 현재의 죄가 규정될 수 있다. 그렇기 때문에 세례받지 못한 사람들을 기다리는 죄에 대한 징벌은 당연한 것일지 모른다. 아우구스티누스는 이러한 죄의 현재성에 대해 몇 가지 도식의 해석방법을 제시한다. 그중 하나는 근원적이고 공시적이라고 할 수 있는 것으로서, 아담에게서 "모든 인간은 종자의 상태로 존재한다"는 것이다. 하느님의 작품인 이 종자들에는 어떤 악도 포함되어 있지 않지만, 이것들이 죄의 행위에 관여함으로써 죄와 무관한 것이 될 수 없었다. 이것들은 그러므로 자기들이 관여한 행위와 징벌로 인해서 죄를 갖고 태어난다.45 또 다른 도식은 죄의 영원한 재출현이다. 아우구스티누스는 그가 자주 인용하는 올리브나무의 예를 들어 설명한다. 올리브나무는 정원사의 보살핌으로 건강하게 잘 자랄 수 있다. 그래도 역시 그 나무에서는 아무런 일이 없었

---

44 *Ibid.*

45 Saint Augustin, *Opus imperfectum*, V, 12.

던 것처럼 여전히 씁쓸한 맛이 느껴지는 열매를 맺는 야생의 올리브나무들이 태어나기 마련이다. 46 인간도 마찬가지이다. 세례가 인간을 다시 태어나게 할 수는 있어도, 세례에 의해서 태어나는 인간은 여전히 죄의 법칙을 벗어날 수 없다. 인간은 언제나 원죄의 현재성으로 각인된 존재이기 때문이다.

그러나 아우구스티누스에게서는 연속적으로 이어지는 원죄의 재활성화와 그것들의 연쇄성과 관련된 또 다른 도식의 해석방법이 있다. 사실을 말하자면, 문제는 이것이 다른 도식들과는 다른 별개의 도식이란 점에 있지 않고, 이것과는 다른 도식들이 옛날부터 전개되어 왔다는 점에 있다. 사실 부모의 성적 결합 없이 자녀의 탄생은 있을 수 없다. 그리고 이러한 성적 결합이 결혼생활에서 이루어지고, 이것이 결혼생활의 한 목적을 추구하는 일이라고 할지라도, 우리가 알고 있듯이, 성적 결합은 타락한 죄의 첫 번째 흔적이라고 할 수 있는 욕망의 무의지적 움직임 없이는 실현될 수 없다. 오늘날에 이르러서도 여전히 원죄의 표시인 이러한 육욕은 이 세상에 태어나는 모든 영혼에게 세례받기 전에는 원죄가 현재 진행 중인 죄의 형태로 존재한다는 죄의 법칙을 대물림하는 특징을 갖는다. 아우구스티누스가 자주 거론하는 이러한 논증은 윤리신학과 기독교 윤리의 역사에서 매우 중요하다.

우리는 그의 논증에서 중요한 두 주제를 이끌어 낼 수 있다. 하나는 성적 욕망의 자리에 관한 것이다. 아우구스티누스의 관점에서 육욕은

---

46 saint Augustin, *De nuptiis et concupiscentia*, I, 32 (37) 그리고 II, 34 (58) 참고; *Contra Julianum*, VI, 15.

원죄의 실제적 원인이 아니라 결과일 뿐이다. 그러나 이것은 끊임없이 이어지는 자손들을 출산하게 만든 모든 성행위의 시간적 연속성에 따라 모든 인간에게서 원죄의 현재성을 지속하게 만든다. 우리가 잘 알고 있듯이, 최초의 인간들이 금지된 열매를 먹은 사건을 성적인 방식으로 이해할 필요가 없는 것인가의 문제는 오랫동안 논의된 주제였다(게다가 이러한 논의는 여전히 계속되고, 앞으로도 계속될 것이다). 아우구스티누스는 원죄와 그것의 결과에 대한 문제의 중심에 성행위를 설정해 놓으면서, 인간의 성행위를 통해 원죄의 현재성이 끊임없이 전달되는 이유를 설명했다. 성행위는 최초의 결정적 잘못으로 인해 지워지지 않는 결과와 또한 늘 새롭게 되풀이되는 원인의 위치에 놓이게 된다. 누구에게나 원죄가 현실화되는 이러한 성욕이 세상에서 없어지게 될 날은 인간의 죄로 벌을 받게 된 '죽음 같은 육체'로부터 해방될 때, 즉 시간의 종말에 이르렀을 때뿐일 것이다. 우리의 부모들의 성기에서 태어난 우리는 시간을 가로질러 최초의 선조들이 저지른 죄와 연결된다.

그러나 우리는 아우구스티누스의 주장에서 훨씬 더 중요해 보이는 또 다른 주제가 만들어진 것을 알 수 있다. 우리가 이 주제를 훨씬 더 중요하다고 말하는 이유는 이것이 오직 기독교 신학과 관련된 문제만이 아니기 때문이다. 이 주제는 성에 대한 서양인들의 일반적인 생각과 관련된다는 점에서, 우리는 나중에 이 문제를 자세히 검토할 필요가 있을 것이다. 주제는 성행위의 형태와 주체의 구조 사이에 있는 기본적이면서 분리할 수 없는 관계에 관한 것이다. 아우구스티누스의 해석에 의하면, 이 세상에 태어난 모든 인간이 육욕의 주체인 까닭은 그가 필연적으로 원죄에 대한 징벌이 분명한, 무의지적 욕망의 수치스러운 부분을 포함한 성관계에서 태어났기 때문이다. 역으로 말한다면, 우리가 통제할 수 없는 이러한 육욕의 움직임들이 성관계에서 작용하지 않고 보다 훌륭한 목적을 위해서 작용한다고 하더라도, 결혼생활을 제대로 이용할 수 없는 것은 타락 이후에 모든 인간이 육욕의 의지를 갖는 주체로 태어나기 때문이다. 요컨대 인간이라는 주체의 진실은 모든 성적 행위가 따를 수밖에 없는 형태로 나타난다. 따라서 타락, 결함, 원초적 사건의 흔적을 갖고 있는 이러한 형태는 어떤 이질적인 본성과 관련된 것이 아니라, 주체 자신의 구조와 관련된다. 플라톤주의적인 생각에서 말하자면, 욕망은 모든 사람으로 하여금 자기의 짝을 찾아다니게 만드는(그가 동성이건 이성이건 간에) 분리된 상태의 표시이다. 그러므로 결함은 다른 반쪽의 결핍 때문에 생기는 일이라고 할 수 있다. 그러나 여기서 "결함"은 주체 자신에게서 욕망의 물질적이고 무의지적인 형태로 나타나 죄를 짓게 됨으로써 생긴 실추이고, 육욕과 같은 보잘것없는 것이다.

아우구스티누스가 욕망의 성적 형태라는 명확하지 않은 의미로 사용한 '리비도'는 그러므로 모든 인간의 내면에 담긴 죄의 현재성과 원죄를 연결하는 초超역사적 굴레이다. 게다가 이것은 성행위의 무의지적 형태와 주체의 '허약한' 구조가 상호 연결되는 방식이기도 하다.

3) 모든 인간의 내면에 있는 원죄의 현재성인 육욕은 그러므로 '어떤 의미에서' 죄이다. 육욕은 죄라고 할 수 있고 처벌할 만한 것이다. 그것은 세례받지 않고 죽는 사람들의 영벌永罰을 정당화할 수 있다.

그렇다면 세례의 효과는 무엇일까? 세례가 육욕을 사라지게 하지 않는 것은 분명하다. 아브라함과 같은 선조들에게서 하느님의 명령에 따라 자녀를 출산해야 했을 때 육욕이 있었던 것처럼, 일반적인 기독교인들뿐 아니라 명망이 높은 성인들에게도 육욕이 있었음을 우리는 잘 알고 있다.**47** 《결혼과 육욕》의 중요한 한 구절은 세례가 없애 주는 것이 무엇인지를 매우 분명하게 설명한다. 그것은 육욕의 "죄reatus"이다. 육욕은 그것을 갖고 있는 사람의 책임으로 돌릴 수 있는 실제의 죄이다. "육체의 욕망이 세례에서 용서받을 수 있는 것은 더 이상 그 욕망이 존재하지 않도록 하는 방식에서가 아니라, 더 이상 그것이 죄가되지 않도록 하는 방식에서이다."**48** 그러므로 육욕이 그 자체로 원죄의 실제적 존재인 한, 세례의 효과가 주체의 육욕에 영향을 미치는 것은 법적인 유형의 작용이다. 육욕은 자신의 존재에서 실제의 유죄성을 구성하는 요소를 사라지게 하지만, 주체의 영원한 구조가 형성되도록 도와준다. 세례를 받은 후에 육욕은 더 이상 그 자체로 주체 속에서 작동하는 죄로 간주되지 않을 수 있다. 그러나 이것은 "죄의 법칙"으로, 말하자면 주체가 저항하지 않을 경우 끊임없이 주체로 하여금

---

47 아브라함에 대해서 아우구스티누스는 하느님이 이삭을 태어나게 하기 위해 아브라함이 잃어버린 생식능력을 되살아나게 했는데, 몸속에서의 본능적 육욕 그대로는 아니었다고 한다. 율리아누스는 아우구스티누스에 대한 논문에서 하느님이 아브라함에게 나쁜 것이라고 선언한 육욕을 분명히 되살아나게 했다거나 또는 이삭이 모든 육욕과는 상관없이 태어났다는 주장을 이끌어 낼 수 있을 것이라고 생각했다, *Contra Julianum*, III, 23. 또한 saint Augustin, *Opus imperfectum*, V, 10 참고.

48 Saint Augustin, *De nuptiis et concupiscentia*, I, 25(28); *Opus imperfectum*, V, 10도 참조할 것.

죄를 짓도록 부추기는 것으로 남는다. "세례를 받고 다시 태어난 사람들 안에서 육욕은 그 자체만으로 더 이상 죄가 아니다."**49** 그렇지만 우리가 여전히 그것을 죄라고 부를 수 있는 것은 두 가지 이유 때문이다. **50** 첫째는 그것의 근원이 죄이기 때문이고, 둘째는 그것이 의기양양해서 죄를 짓기 때문이다. 육욕은 그 자체로 죄가 되지 않은 후라도, 여전히 원죄(육욕이 구조적으로 이것의 결과이므로)를 실제적인 죄(육욕이 유전학의 관점에서 이것의 원인이므로)와 연결시키는 것이다.

육욕은 어떤 형태로 존속하는가? 육욕은 어떤 의미에서 타락의 유사한 결과라고 할 수 있는 그림자, 투영으로 존속한다. 타락이 존재의 실추라는 사실 때문에, 육욕은 그 자체로 약점이고 결함이다. 기독교 문학에서 죄의 의미를 분명히 나타내기 위해 의학 용어를 자주 사용하듯이, 아우구스티누스는 개념의 차이를 강조하려고 할 때, 죄의 행위 자체를 말하기 위해서는 상처나 질병이란 용어를 사용하고, 육욕을 말하기 위해서는 성향이나 약점이란 용어를 사용한다. 《결혼과 육욕》의 마지막 몇 쪽 중 한 구절은 이러한 어휘의 사용법을 잘 보여 준다. "신체에 가해진 상처는 신체의 기관들을 원활하게 작동하지 못하게 하거나, 그것들의 움직임을 어렵게 만든다. [⋯] 우리가 죄라고 부르는 상처(여기서 아우구스티누스는 원죄를 말하려고 한다)는 인간이 정의롭게 산다는 의미에서 삶에 대한 상처를 가리킨다. [⋯] 그렇기 때

---

49 〔Saint Augustin, *De nuptiis et concupiscentia*, I, 23(25).〕다음 논문에 재수록된 부분을 참고할 것. *Contra Julianum*, VI, 60.

50 Saint Augustin, *De nuptiis et concupiscentia*, I, 23(25).

문에 최초의 인간이 저지른 이 중대한 과실로 인해 우리의 본성은 실추하게 되었다. 본성은 죄악에 물들게 되었을 뿐 아니라, 죄인들을 낳게 했다. 그렇지만 올바르게 사는 힘을 파괴한 이러한 약점은 그 자체로 본성이 아니라, 악덕인 것이 확실하다. 그것은 나쁜 건강상태가 신체의 본질이거나 본성이 아니라, 악덕이라는 논리와 같다. 항상 그런 것은 아닐지라도, 부모의 병적인 성향이 어떻게 보면 성행위에 의해 전달되어 자녀들의 신체에 나타나는 것은 매우 자주 있는 일이다."[51]

그러나 육욕의 특징을 나타내는 이러한 약점과 불가분의 상관관계를 갖는 요소는 이와 같은 육욕의 움직임들로 이루어진 힘이다. 주체 자신에 대한 주체의 의지처럼 육욕은 약할 때도 있고, 사악한 의지의 주체 속에 있기 때문에 강한 경우도 있다. 육욕을 현재의 죄로 만드는 책임 떠넘기기의 문제가 세례에 의해 없어졌다 해도, 이러한 육욕의 실제적 존재가 사라진 것은 아니다. 세례에 의해 다시 태어난 사람에게도 육욕은 어떤 식으로건 영향을 미치기 마련이다. "사악하고 부끄러운 욕망"이 아니라면, 이러한 활동의 형태는 무엇일까?[52] 인간 내면의 육욕의 존재에 대한 아우구스티누스의 기본적 주장들은 너무나 잘 알려져 있기 때문에 굳이 이 자리에서 재론할 필요는 없을 것이다.

다만 기억해야 할 것은 아우구스티누스가, 이러한 육욕의 존재 안

---

51 *Ibid.*, II, 34(57). 이 구절은 1권 25장(28) 지시내용을 상세히 설명한다. 에클라눔의 율리아누스는 이 두 텍스트를 비난했고, 아우구스티누스는 *Contra Julianum*, VI, 53~56과 l'*Opus imperfectum*, VI, 7에서 그에게 답한다.

52 "*Agit autem quid nisi ipsa desideria mala et turpia*", saint Augustin, *De nuptiis et concupiscentia*, I, 27(30).

에서 오늘날 우리의 육체가 그렇듯이, "죽을 운명의 육체"로부터 우리가 해방되는 날이 되어야만 영적 투쟁이 끝날 수 있다는 원리를 본다는 것이다. 그러나 또한 이러한 "죽을 운명의 육체"가 인간 타락 이후에 우리가 갇혀 있게 된 물질적 요소가 아니라는 것을 명심하자. 육체는 우리가 원하는 방식대로 움직이는 특징을 갖는 것으로서, 우리가 관련되지 않고 저지를 수 있는 죄는 하나도 없다. 여하간 우리의 의지는 죄에 연루되어 있기 마련이다. 죄인이 행동의 주체는 자기가 아니라 자기 속에 있는 육욕이라고 변명하거나 변명 뒤에 숨으려고 하지 않아도, 그러한 변명의 말은 죄인이 자기 자신을 모른다는 것을 증명할 뿐이다. "그의 결정하는 마음과 실행에 옮기는 몸이 하나의 전체가 되어 그 자신을 구성함에도 불구하고, 그는 여전히 그 자신이 죄에 관여하지 않는다고 생각한다."[53] 끝으로 명심해 두어야 할 것은 육욕이 인간의 타락한 의지의 구조에 소속되어 있는 이상, 타락한 의지가 그 자체로 육욕의 형태로만 욕망을 갖는 이상, 육욕과 의지가 서로 간에 적대적이면서 나란히 병치된 힘의 두 요소들로 충돌하지 않고 그것들이 타락의 본성 속에 결합되어 있는 이상, 육욕은 하느님의 은총이 관여하지 않으면 영적인 투쟁에서 절대로 패배하지 않는다는 점이다.

---

[53] *Ibid.*, I, 28(31).

III

아우구스티누스의 육욕에 대한 이론의 효과와 결과는 분명히 주목할 만한 것이었다. 나는 그의 이론을 검토하면서 다만 영혼의 통치에 관한 측면, 특히 부부의 성행위에 관한 그의 이론적 측면을 강조하고 싶었다. 그것들의 "법적인 문제화juridification", 보다 정확히 말해서 영적인 고행과 영혼의 정결의식에서 그때까지 법적 형태로 특별히 숙고해 왔던 실천, 규범, 규정, 권고 등의 요소들이 어떻게 확립되었는지가 문제인 것이다. 그는 육욕에 대한 분석을 더 이상 순결함과 부도덕, 영혼과 육체, 물질과 정신, 정념과 절제의 문제에 한정시키지 않고, 의지적인 것과 무의지적인 것, 또는 보다 정확히 말해서 의지의 구조에 관한 문제에 초점을 맞추어서 육욕을 법적 준거체계 속에 올려놓았다. 그는 서양의 기독교가 수백 년 동안 지켜야 하는 것으로서 16세기 종교개혁의 거대한 파괴(혹은 불가능한 파괴)에 원인을 제공한 규범화 작업에 착수했다. 이러한 작업은 말하자면 죄인을 권리의 주체로 생각하는 일이기도 했고, 다른 종류의 어휘를 사용해서 말한다면, 욕망의 주체와 권리의 주체를 동시에 하나의 형태로 생각하는 일이기도 했다. 육욕의 법적 문제제기에서 아마도 가장 중요한 두 개념이 있다면 그것은 동의의 개념과 사용법의 개념일 것이다.

1. 《결혼과 육욕》**54**은 육욕의 책임과 죄의 책임을 공들여서 구별한

---

54 *Ibid.*, I, 26(29).

작업이다. 첫 번째 것은 육욕을 이 세상에 태어난 사람이라면 누구나 갖기 마련인 원죄와 같은 실제적 성격으로 규정했다. 세례에 의해 이러한 책임은 없어져도 육욕은 그대로 남아 있는 것이다. 죄의 경우는 사정이 다르다. 한번 저지른 죄의 행위는 사라지더라도 그것에 대한 책임은 남아 있기 때문이다. 에클라눔의 율리아누스는 죄와 육욕을 구별하면서 "모든 대립된 것들의 상호성"이 작용하는 변증법적 현상을 보았다. 그는 사실 육욕이 죄의 책임에서 면제될 가능성을 보지 않았고, 인류에게서 중요한 죄악의 근원을 육욕의 책임으로 돌리지도 않으면서 죄의 원인에 대한 책임 — 육욕 — 을 지워 버릴 수 있다고 생각하지는 않았다. 아우구스티누스가 《율리아누스를 반박함》[55] 6권에서 답변한 것을 보면, 육욕과 관련해서 죄의 책임이 형성되는 지점이 어디에 설정될 수 있는지를 분명히 보여 준다. 세례받은 후라도 육욕은 존재한다. 세례를 통해 지워지는 것은 어디까지나 육욕의 유죄성을 결정짓는 법적 측면일 뿐인 이상, 육욕은 그대로 활동 중이다. 그러나 '활동 중'이란 것은 무엇을 의미하는가? 물론 이것은 언제나 활동한다는 의미도 아니고, 언제나 표면화되어 절박한 욕망의 형태로 끊임없이 집요하게 나타난다는 의미도 아니다. 왜냐하면 육욕은 욕망을 자극하는 대상이 없을 경우에는 '잠들어' 있기 때문이다. 따라서 소심한 사람은 두려워할 일이 전혀 없다. 그는 아무것도 두렵지 않더라도 현실적으로 소심한 태도를 보이기 마련이다. 육욕은 그러므로 사람의 '품성 qualité'과 관련되어 존재할 뿐이다. 그러나 육욕은 바로 이런 점에 근거

---

55 Saint Augustin, *Contra Julianum*, VI, 60.

하여 대상의 자극을 받아 촉발되는 욕망의 형태로 활성화되어 작용할 수 있다. 외적인 형태가 완전히 달라지면서 — 일반적인 성향에서 그것이 적극적 욕망으로 변화되었기에 — 책임이 없어진 원죄의 흔적으로 육욕이 남아 있는 이상, 그것은 아직 죄가 아니다. 말하자면 죄의 책임을 돌릴 수 있는 것이 아니다. 그러나 반대로 아무리 적극적인 기분의 상태가 되었어도 육욕은 절대로 영혼을 완전히 지배하지 못하고, 어떤 행위도 강요하지 못한다. 어떤 행위가 명분을 찾으려면 의지에 따른 특별한 행위가 먼저 발생했어야 한다. 육욕의 움직임이 아무리 강력하다 해도 육욕이 의지의 형태인 한 — 아무리 이것이 하느님에게서 받은 생명의 실추된 형태라고 해도 — , 이것은 의지에 따른 행위와 무관한 행위일 수 없다. 육욕이 원하는 것을 원하게 만드는 이러한 부수적 요소 — 아무리 그것을 미세하고 보이지 않는 것으로 생각하더라도 — 가 없는 죄란 있을 수 없다. 이런 점에서 동의의 문제가 있다. 동의야말로 자체의 책임이 없는 육욕에서 비롯된 것이므로 행위의 책임을 돌릴 수 있는 것이다. 《율리아누스를 반박함》의 다른 한 구절처럼, "정신은 나쁜 육욕에 동의하기를 거부할 때 좋은 일을 하는 것이지만, 나쁜 욕망들이 아직 사라지지 않는 한, 좋은 일은 완전한 것이 못된다. 육체에 관해서 말하자면, 육체는 나쁜 욕망을 만들어 내는 것이다. 그러나 육체가 정신의 동의를 얻지 못하는 한, 육체는 악을 완성시키는 단계에 이르지 못하므로 유죄의 책임을 물을 수 없다".[56]

어림짐작으로 생각해 본다면, 이러한 동의의 개념은 같은 시대의

---

56 *Ibid.*, III, 62.

서양에서 카시아누스가 증언한 영성의 개념과 크게 다르지 않은 것처럼 보인다. 이러한 개념으로 규정된 고행작업에서는 동의의 문제가 주요한 주제들 중 하나이다. 이것은 우리가 하느님의 계시를 받아들이는가, 악의 계시를 받아들이는가에 따라서 정신 앞에 나타나는 욕망을 받아들일 수도 있고 받아들이지 않을 수도 있다는 것이고, 동의할 수도 있고 거부할 수도 있다는 것이다. 그렇지만 두 사람에게서 이러한 동의는 완전히 같은 개념도 아니고, 같은 구조를 갖고 있지도 않다. 카시아누스에게서 의문을 가져야 할 주제는 영혼의 구성요소들 ― 생각, 영상, 행위의 암시 ― 이 영혼 속에서 어떤 가치를 갖고, 어떤 원인으로 자리 잡게 되었는지와 관련된다. 문제는 영혼의 문을 열어야 하는가, 닫아야 하는가이고, 영혼 속으로 들어와서 영혼을 부패시킬 위험이 있는 것을 거부하고, 결국 묵상의 맑은 시선을 영원한 세계로 향할 수 있도록 영혼을 보호하는 일이다. 동의는 무엇보다도 영혼의 문턱에서 모범적 결정을 따르는 일이다. 동의의 문은 외부와 내부로 구성된다. 그것은 선별작업을 할 수 있고, 열릴 수도 있고 닫힐 수도 있으며, 수용하거나 거부한다. 이러한 것에서 우리는 순수한 것과 부정한 것의 전통적 구별방식을 발견할 수 있다.

아우구스티누스에게서 동의는 그와는 다른 형태와 다른 행동양식을 갖는다. 그것의 본질적 이유는 다음과 같다. 카시아누스의 영성에서 욕망과 의지는 서로 다른 양상으로 작용하는 반면, 아우구스티누스에게서 육욕은 의지의 형태에 속해 있다. 동의는 그의 관점에서 의지에 의해, 의지가 육욕의 자격으로 원하는 것을 자유로운 행위로 원하는 방식이다. 동의에 있어서 ― 동의의 반대인 거부도 마찬가지이지만—의지는 자기 자신을 대상으로 생각한다. 의지가 동의할 때, 의지는 단순히 욕망으로 느껴지는 대상을 원하지 않고, 욕망 속에서 필요한 대상을 원하지도 않는다. 의지는 육욕의 형태로 나타나는 의지를 원하고, 자기 자신을 실추된 의지의 목적으로 생각한다. 의지는 스스로 육욕이 되기를 원한다. 상반된 관점에서 말하자면 동의의 거부는 영혼이 욕망의 대상을 표상하는 일에 동의하지 않는 방식으로 욕망을 제압하는 것이 아니라, 육욕이 원하는 것처럼 대상을 원하는 방식으로 욕망을 제압하는 것이다. 간략하게 말하자면, 카시아누스와 그와 가까운 사람들에게서 동의는 본질적으로 대상에 관한 것이다. 이것은 욕망의 대상을 의지의 대상이 되지 않도록 하기 위해 표상의 대상으로 쫓아 버리는 것이다. 그런데 아우구스티누스에게서 동의와 거부는 의지 그 자체 안에서 전개되거나, 의지가 원하건 원하지 않건 간에 모두 의지 그 자체의 움직임 속에서 전개된다. 그에게서 주체는 실추된 의지의 육욕적 형태를 원하건 원하지 않건 간에 동일한 시도를 하면서 자신을 의지의 대상으로 삼는다. 어떤 행위를 유죄로 만드는 데 필요불가결한 요소로서의 동의는 그러므로 내면의 욕망이 실제적 행위로 단순히 변화한다는 의미가 아니다. 그것은 단순히 기존의 표상적 형태로 생각 속에 나타난 욕망을 수락하는 일도 아니다. 그것은 의지 그 자체에 대한—의지의 대상보다 의지의 형태에 대한—의지의 행위이다. 주체가 동의할 때, 주체는 욕망의 대상에게 문을 열지 않고 자신을 욕망하는 주체로 구성해서 최종 결정을 내린다. 그때부터 육욕의 움직임은 주체의 책임이 된다. 동의는—이것이 아우구스티누스에게서 중심적 역할을 하거나 나중에 그러한 역할을 하게 되는 이유인데 — 육욕의 주체를 권리의 주체로 지정할 수 있게 한다.

2. 이러한 권리의 주체-육욕의 주체의 구조 문제는 부부관계에 대한 규범화 작업에서 중요한 결과를 갖는다. 우리는 아우구스티누스가 그 이전과 그의 동시대를 포함해서 기존에 허용되었던 규정들의 내용을 크게 변화시킨 것은 아니라고 주장할 수 있고, 이것은 옳은 말일 수도 있다. 이러한 규정들은 위반하면 중대한 과실로 처벌받을 수 있는 혼외정사의 금지, 부부 중 어느 쪽이라도 다른 사람과 결혼할 경우 처벌받을 수 있는 간통죄와 간음죄, 어떤 상황 — 기도할 때나 1년의 어떤 기간에 — 에서는 부부관계를 갖지 말아야 한다는 권고, **57** 생식의 관습에 어긋나는 모든 성행위들, 가령, 남자가 "출산의 용도로 쓰이는 여성의 성기"를 본래의 목적으로 사용하지 않을 때 가증스런 죄로 다스려 극형에 처하는 일, **58** 부부가 생식의 관습을 존중하면서도 엄격히 지켜야 할 관습의 선을 넘어서서 "무절제"한 행위의 가벼운 죄를 범하게 되었을 때 가해지는 징계 같은 것들이다. 이러한 금지들의 일반적 외형은 우리가 그 이전에 알고 있었던 것과도 차이가 없고, 기독교인들이 아닌 모럴리스트들이 오래전부터 진정성에 의한 권고로 제시한 것과도 다르지 않다.

그러나 아우구스티누스는 이 모든 일을 재검토하고 체계화시켜서, '사용법usus'의 개념으로 이 논리를 정당화한다. 실제로 이것은 아우구

---

57 〔비어 있는 주〕

58 Saint Augustin, *Opus imperfectum*, V, 17.

스티누스가 이전에 이 개념을 사용해서 이것에 훨씬 분명한 의미를 부여한 바 있는 복잡한 개념이다. 우리가 결혼의 사용법을 부부의 성관계로 이해하는 것은 결혼하지 않았을 때에는 처벌받을 수 있는 행위를 합법화해 주는 것이 결혼이기 때문이고, 동시에 이러한 행위가 타인의 신체에 대해 자신이 얻게 된 권리를 행사하는 일이기 때문이다. 결혼의 사용법은 그러므로 제도적인 것이면서 동시에 신체적인 것이고, 법적-성적인 의미를 갖는 것이다. 다시 말해서 우리는 신체를 이용하면서 권리를 이용한다.

아우구스티누스는 이처럼 기왕에 만들어진 개념 속에 새로운 차원을 도입한다. 부부의 성행위를 통해 우리는 단순히 결혼의 권리와 타인의 신체를 사용하는 것이 아니라, 우리 자신의 육욕을 사용한다는 것이 그의 생각이다. 사실 문제는 결혼의 권리였다. 타락 이후에 성행위와 생식이 무의지적이고, 따라서 수치스러운 육욕의 움직임 없이 실행될 수 없을 때, 모든 부부의 성관계가 그 자체로 나쁘다는 결론을 내리지 않을 수 있는 것인가? 결혼으로 정당화된 행위가 그 자체로 악이라면, 어떻게 결혼이 좋은 일이라고 말할 수 있는 것인가? 그렇지 않다면 우리는 결혼이 (간음죄에 비하면 이것은 전혀 나쁜 일이 아니라는 점에서) 확실하게 좋은 일이라는 주장을 받아들일 수도 없고, 육욕의 악이 모든 성관계에 필연적으로 동반되는 것이라는 주장에도 찬성할 수 없다. 그런데 '사용법'이란 개념은 이러한 두 주장을 다음과 같이 분리시키는 조건에서는 분명히 공존할 수 있다. 하나는 리비도의 움직임과 의지의 행위 사이에 있는 부부의 성관계에서이고, 다른 하나는 리비도의 움직임 그 자체에 '객관적'이라고 말할 수 있는 동의(우리는 이것이 성관계와 분리될 수 없는 것이므로 받아들일 수밖에 없다는 점에서) 와, 의지의 형태로 나타나는 육욕에 대한, 주관적인 동의 혹은 동의하지 않기를 결정하는 의지의 행위에서이다. 우리는 사실 이러한 성관계에서 육욕의 만족을 원하거나, 그렇지 않고 다시 말해서, 타락한 의지의 형태를 원할 수 있거나, 자녀 출산을 원할 수도 있으며, 자신의 배우자에게 간음죄를 저지르지 않도록 할 수도 있다. 부부관계에서 성행위의 전개가 육욕의 구조로 전환될 수는 없더라도, 동의는 전환될 수 있다. 동의는 자유롭다. 그러므로 '사용법'은 동의하기와 동의하지 않기 사이에서 이루어지는 어떤 작용방식이다. 이것은 주체가 실현조건이 갖추어진 육욕의 행위를 범할 때라도, 주체가 스스로 육욕의 주체가 되기를 원하지 않는다면 목표를 조정할 수 있다.

이러한 견해는 여러 가지 결과를 초래한다.

이것은 성관계를 필연적으로 악과 결합된 것, 즉 원죄의 직접적인 결과이자 원죄로 받게 된 최초의 가시적 처벌인 육욕과 결합된 것으로 생각할 수 있게 하고, 동시에 성관계에 몰두할 때 이러한 성관계에서 육욕의 형태를 원하는가, 원하지 않는가에 따라서 나쁜 것이 될 수도 있고 아닐 수도 있고, 죄가 될 수도 있고 아닐 수도 있는 특별한 의지의 형태를 생각할 수 있게 한다. 이것은 그 이후에 수천 년 동안 계속된 것으로서 너무나 잘 알려진 공식화된 견해이다. 부부의 성관계에서 사람들은 어쨌든 악의 방식을 이용한다. 그러나 이 악은 선용될 수도 있고 악용될 수도 있다. 죄의 가능성이 자리 잡는 것은 바로 여기에 있다. 이러한 생각의 중요성은 이것을 율리아누스의 주장과 비교할 경우에 뚜렷이 나타난다. 겉으로 보아서 율리아누스의 주장은 분명히 대칭적이고 상반된 것이다. 율리아누스는 이렇게 말한다. "합법적인 방식을 보존하는 […] 사람은 좋은 일을 선용하는 것이고, 그것을 보존하지 못하는 사람은 좋은 일을 악용하는 것이다. 신성한 동정을 좋아하기 때문에 합법적인 방식이라 해도 모든 방식을 경멸하는 사람은 더 좋은 결과에 도달하기 위해서는 아무리 좋은 일이라도 거부하기 마련이다." 그런데 아우구스티누스에 의하면, "육욕의 방식을 지키는 사람은 악을 선용하고, 그것을 지키지 않는 사람은 악을 악용한다. 합법적인 방식이라도 그것을 경멸하는 […] 사람은 보다 완전한 것에 열중하기 위해 악의 이용을 거부하는 것이다."[59] 두 사람이 교환한 이 편지들을 보면, 의견의 불일치가 크다는 것을 인정할 수밖에 없다. 율리아누스의 입장에서 성관계에 의한 쾌락은 천지창조에서 하느님이 직접 조정해서 좋은 것을 만들어 준 만큼, 그것이 섭리에 의해서 배치된 형태와 본성에 의해 나타났다면, 그러한 쾌락을 사용하는 일은 당연히 좋은 일이다. 죄는 일탈에서 시작하거나 무절제에서 시작하는 것이다. 그가 자신의 책에서 주장하는 사용법은 그러므로 성행위의 방식과 형태(이런 점에서 율리아누스의 생각은 무절제를 삼가야 한다는 모럴의 범위 안에 있다)에 관련된다. 아우구스티누스의 입장에서 육욕의 악은 "인간의 본성 안에" 있는 것이므로, 행위에서 추구하는 목적, 말하자면 의지의 형식에서 결정적 문제를 설정해 놓고 생각해야 한다. 성행위의 가치를 결정하는 것은 의지의 형식이다.[60] 그래서 아우

---

59 Saint Augustin, *Contra Julianum*, III, 42.
60 율리아누스는 (성행위의 형태에 관한 것으로서) "올바른 사용법"을 유지하는 사람

구스티누스와 함께 우리는 법적 주체에 중심을 둔 성윤리의 단계로 들어간다. 율리아누스에게서는 죄(과도한 행위)가 악을 결정하고 악을 드러나게 한다. 아우구스티누스에게서 악은 죄보다 선행하고, 필연적으로 성관계 속에 포함된다. 그러나 성관계에 원인을 둔 죄와 악이 구별되는 이유는 그 죄가 필연적인 것이 아니라, 다른 것에 책임을 돌릴 수 있는 행위이기 때문이다.

그렇기 때문에 아우구스티누스가 성행위를 분석하는 작업에서 육욕의 사용법에 대한 생각을 정당화된 결혼의 사용법과 육체에 대한 자연적 사용법 사이에 집어넣은 것은 개인을 — 말하자면, 두 배우자 중 한 사람을 — 욕망과 권리의 유일한 주체로 만든 것이라고 생각할 수 있게 한다. 욕망의 필요성에서 그리고 선과 악의 자유에서 움직이는 것은 모두 주체로서의 "동일한 존재"(두 사람의 본성이 병렬해 있는 것도 아니고, 낯선 세계로 영혼이 떠난 것도 아니라는 점에서)이다. 그러나 이러한 주체의 동질성에도 불구하고 욕망은 여전히 악으로 남아 있고, 욕망의 사용권은 독립적인 것임을 분명히 알아야 한다. 우리는 육욕을 절대로 육욕이 아닌 것처럼 사용할 수 있지만, 그렇다고 해서 육욕을 완전히 없앨 수는 없다. 우리는 육욕이 발동해서 그것이 걷잡을 수 없을 정도로 우리의 온몸을 사로잡게 되어 오직 육욕을 충족시키기 위해서만 그것을 사용할 경우가 있다. 그러나 이 경우에도 육욕의 사용은 인간이 책임져야 할 특별한 행위가 된다. 이처럼 환원 불가능한 책

에 대해 말하고, 아우구스티누스는 (의지의 형태에 관한 것으로서) "육욕의 사용법"을 준수하는 사람에 대해 말한다.

임의 행위 때문에 부부의 성관계에 대한 많은 법적 의미 부여의 가능성이 열리는 것이다. 성행위가 그 자체로 자연스럽게 좋은 일이라면, 성관계를 규범화하는 일은 우리가 '자연스럽다'고 생각하는 형태에 따라 단순하게 〔이루어질 수〕 있을 것이다. 그 밖의 것은 무절제, 방탕, 경계 위반, 반자연적 행위로의 변화일 뿐이다. 그렇게 하면 우리는 본성의 모럴을 그대로 유지하며 살 수 있을지 모른다. 그런데 성관계가 오직 그것에 고착되어 있는 악이라든가 더러운 것으로만 정의된다면, 규범화는 완전하고 이상적인 금욕과의 관계에서 만들어질 것이고, 행동의 가치는 금욕의 기준으로 등급이 정해질 것이다. 다시 말해서, 그렇게 되면 우리는 순결의 윤리 속에서 살아야 할 것이다. 결국 욕망의 악이 그것을 통제하고 제한하는 의지의 훈련으로 조금씩 해소될 수 있다고 생각한다면, 우리는 아직도 지혜의 규정들을 명심하고 살아가야 할지 모른다. 그러나 성행위에서 리비도를 선용하건 악용하건 간에, 리비도의 악과 그것의 사용 가능성을 분리함으로써 리비도의 사용법과 사용의 목적, 사용법이 바뀌게 되는 상황 등에 따라서 성적 행동은 규범화된다. 이제 합법적으로 인정될 수 있는 성적 행동의 두 가지 목적 ─ 생식과 상대편의 죄를 면하게 하는 방법 ─ 은 그러므로 성행위의 전개과정을 소단위로 나누어 경비망을 펴듯이, 어떤 조건과 어떤 시기에 허용될 수 있고 금지해야 하는지를 결정하기 위한 기본 방침으로 작용한다.

아우구스티누스가 이러한 논리의 가능성들을 크게 발전시키지 못한 것은 사실이다. 이것들이 오랜 시간이 지난 후에도 발전하지 못한 것은 단순히 논리적 발전을 이루지 못해서가 아니라, 다른 모든 전체

과정들이 중세사회와 교회에서 사법적으로 성관계에 대한 규제의 중요성을 강화시켰기 때문이다. 그래도 우리는 아우구스티누스의 육욕에 대한 분석에 그와 같은 발전가능성의 이론적 모태가 담겨 있다는 것을 인정한다. 신중함과 부끄러움 또는 서로에 대한 존중심을 권고하는 말을 통해서, 그리고 생식의 일반적인 궁극목적성에 의해서, 사적이고 공개할 수 없는 내용으로 남아 있는 부부관계는 수많은 규범들을 만들어 내고 의무의 이행과 마찬가지로 권리의 행사방식에 관해 발전된 결의론casuistique을 창출했다. 중세의 기독교 — 특히 13세기부터 — 는 아마도 부부의 성관계에 관해서 지나칠 정도로 많은 규정을 만들어 발전시킨 최초의 문명 형태일지 모른다. 다양한 형태로 구성된 사회에서 그리고 매우 다양한 속박의 메커니즘을 갖춘 대부분의 사회에서 볼 수 있는 결혼의 규범과 부부의 결합에 따르는 재산교환이나 양도에 관한 규범, 배우자들 상호 간에 지켜야 할 품행규범, 이런 규범들에 덧붙여서 아우구스티누스는 부부관계의 적절한 시기, 주도권, 유혹의 방법, 동의, 거부, 자세, 몸짓, 애무, 경우에 따라서는 성관계에서 나눌 수 있는 말에 이르기까지 모든 것에 대한 상세한 규정을 법전화하는 특이한 작업을 수행한다. 고대인의 생활을 특징적으로 보여 주었던 거대한 동종이형의 성관계 — 하나는 우리가 평소 말하거나 이야기를 나눌 수 있는 것으로서 불가피하게 혼외정사가 되기도 하는 성관계이고, 다른 하나는 사람들의 시선과 담론의 대상이 되지 않는 결혼생활의 성관계 — , 이 거대한 동종이형은 이제 사라진다. 사람들은 어떤 성관계이건 그것을 고백의 관습으로 말할 뿐이다. 이제 결혼생활에서의 성은 법적인 문제와 진실의 고백으로 다루어질 수 있는 주제가 되었다.

그러나 아우구스티누스와 그의 시대에 이러한 주제는 어디까지나 가능성으로만 존재했다. 당장에 그보다 훨씬 더 중요한 것은 육욕에 대한 악의 생각과 함께 동일한 영적 투쟁의 주제 속에 동정의 실천과 결혼의 관습을 결합시키는 일이다. 이러한 실천과 관습의 상태에서 일반 사람들과 관련되는 것은 육욕이란 악의 문제이다. 사람들에게 요구되는 것은 육욕의 형태를 의지로 포기하는 일이다. 결혼생활에서 육욕에 대한 동의의 거부는 동정의 어떤 사용법으로 능숙하게 방향 전환을 하게 만든다는 점에 차이가 있다. 결혼과 동정의 두 신분이 오늘날 우리가 정당화할 수 있는 이론을 갖는 육욕의 서로 다른 실행방식으로 정의될 수 있는 것은 그것들 사이의 가치의 차이와 본질적으로 연결되어 있기 때문이다. 특히 이러한 견해에서 우리가 알 수 있는 것은 동의consensus와 사용usus의 개념이 부부관계를 직접적으로 정의하기 위한 것은 아니라는 점이다. 동의와 사용의 개념은 부부가 각자 자신의 리비도에 부여하는 동의(혹은 동의의 거부)를 통해서거나, 각자 자기 자신의 리비도를(선용이건 악용이건 간에) 어떻게 사용하는가에 따라 규범화를 정당화시킬 수 있다. 이제 모든 성적 행동은 각자가 그 자신과 유지해야 할 관계에 따라 조정되는 것이라고 말할 수 있다. 성적 행동에 대한 문제제기 — 그러한 행동이 실제로 무엇인지를 알기 위해서건 아니면 그러한 행동이 어떻게 되어야 하는 것인지를 정의하기 위해서건 — 는 주체의 문제가 된다. 이러한 주체는 그 자신의 깊은 곳에서, 오직 그 자신에 의해서만 진실이 밝혀질 수 있는 욕망의 주체이고, 책임을 돌릴 수 있는 행동이 그 자신과 어떤 관계를 맺는가에 따라서 좋은 것인가 나쁜 것인가로 정의되고 분류되는 권리의 주체이다.

간단히 말하면, 고대세계에서의 성행위는 한 개인이 타인과의 성관계에서 죽음의 상태와 비슷할 정도로 쾌락에 빠지는 일이므로, 그것은 "한 덩어리로 쾌락의 절정을 지향하는 행위bloc paroxystique"이거나, 몸의 경련이 수반되는 일체성unité으로 생각되었다. 그러니까 이러한 일체의 현상을 분석하는 일보다 필요했던 작업은 그것을 쾌락과 힘의 일반경제 속에 재배치하는 일이다. 기독교에서 이러한 일체의 현상은 욕망과 타락과 죄에 대한 일반이론에 의해서 생활규범, 자기 자신의 올바른 처신, 다른 사람에 대한 지도기술, 성찰의 테크닉 혹은 고백의 방식들로 분리되었다. 그렇지만 '일체성'은 쾌락과 육체관계가 아니라, 욕망과 주체에 관한 문제로 재구성되었다. 그것은 회절回折●이 계속 남아 있다는 식으로, 그리고 분해가 가능할 것 같은 방식으로 재구성된다. 그것은 타인에 의해서건 자기 자신에 의해서건, 개인적 반성의 실천과 마찬가지로 이론과 사변적 논리의 형식으로도 가능하다. 그리고 이러한 형식에 의해서 그것은 단순히 권장하는 행위가 아니라 의무적 행위가 된다. 절정을 지향하는 쾌락의 경제논리와는 다르게, 육욕의 주체에 대한 분석학이라고 부를 수 있는 논리는 이렇게 재구성된다. 이런 과정을 거쳐, 우리의 문화는 성과 진실과 권리의 관계에 대한 속박을 느슨하게 하기는커녕, 오히려 긴장되게 조임으로써 이것들은 더욱 구속을 받는 상태가 되었다.

● 〔옮긴이 주〕 파동의 특유한 현상 중 하나로서, 파동이 장애물의 끝을 통과하여 전파할 때 그 후방의 음영 부분에 침입하는 현상을 말한다.

부록

부록 1

밝혀야 할 문제들

1. 기독교의 역사에는 거의 변함없이 나타나는 핵심 규정이 있다. 이 핵심 규정은 오래전부터 내려온 것이다. 이것은 기독교의 역사가 형성되기 이전에 그리스와 로마 시대의 이교인 저자들에게서 확인되는 사실이다.

2. 이러한 핵심 요소는 2세기의 호교론자들에게서도 큰 변화 없이 다시 나타난다. 알렉산드리아의 클레멘스는 이것을 스토아주의의 영향을 받은 도덕적 계율과 함께 플라톤의 영향을 받은 모든 신학과 통합한다.

3. 이처럼 오래된 핵심 규정에 새로운 의미를 부여하고, 쾌락과 쾌락의 관리 개념에 중요한 변화를 가져오게 한 것이 주체성과 진실 사이의 관계에 대한 새로운 정의이다.

4. 이러한 변화는 허용된 것과 금지된 것 사이의 분리에 영향을 주기보다 아프로디지아의 영역에 대한 분석과 주체와 아프로디지아와의 관계 방식에 영향을 준다. 그러므로 변화한 것은 법과 법의 내용이 아니라 인식조건으로서의 경험이다.

부록 2

I

초기 5세기 동안의 기독교는 그러므로 개인을 악에서 해방시키기 위한 개인의 진실표명 방법으로 두 가지 양식을 결정지은 것으로 생각할수 있다. 하나는 자신의 모든 삶에 관한 통합적이고 총체적인 거대한속죄의식이고, 다른 하나는 영혼의 심층적인 움직임을 포착해서 그것을 표현하려는 지속적인 성찰과 경계의 실천이다. 한편으로는 행동, 태도, 눈물, 고행, 생활방식의 '진실-나타내기'가 말로 표현하는 경우보다 훨씬 더 설득력 있어 보인다는 논리가 있고, 다른 한편으로는 '진실-말하기'가 영혼의 비밀을 가능한 한 완전하게 표현할 수 있다는 논리도 있다. 이런 의미에서 죄인의 감정을 나타내는 '고해exomologèse'와 생각의 움직임을 진술하는 '고백exagoreusis'은 대립적인 것이라고 할 수 있다. 이러한 대립은 모든 실천의 고유한 테크놀로지의 관점과 마찬가지로 제도적 상황의 관점에서도 타당성을 갖는 것처럼 보인다.

속죄자의 고해 기술은 생활의 정리와 결의의 강조, 모든 단절과 결별에 대한 명확한 태도 표명을 어떻게 하는가에 달려 있다. 여기서 모든 단절이란 과거의 생활방식과 흔적을 제거한다는 의미이고, 구태의연하게 지내는 일이 얼마나 무의미한 것인지의 깨달음을 보여 주기 위한 과거와의 결별이다. 또한 이것은 공동체 생활자들 앞에서 자신의 겸손함을 나타내는 일이기도 하고, 굶주림과 빈곤, 돌봐 주는 사람이 없는 외로움 속에 자기의 몸을 내맡겼다는 점에서 단절이기도 하다. 라자르처럼 무덤의 문턱에 있으면서 자신이 받아들인 육체의 죽음과 그것의 대가인 영혼의 영원한 삶을 대립시킨 점에서 삶과 죽음의 충돌일 수 있다. 대립과 충돌의 이러한 단절 관계에서, 진실은 명백히 드러난다. 죄를 지을 때의 상황과 죄를 지은 사람이 책임져야 할 부분과 함께, 모든 죄가 상세히 나타나는 것은 아니다. 원죄의 낙인이 찍힌 육체처럼 죽음의 운명을 갖는 육체, 불순한 행위로 더럽혀진 육체, 만족할 줄 모르는 욕구에 시달린 죄인의 육체, 죄를 지은 육체, 그러한 육체의 모습이 나타날 뿐이다. 이러한 나타남은 단순히 숨겨진 그림이 드러난다는 의미가 아니다. 그것은 주체를 위한 시험이거나, 보다 정확히 말해서 주체의 시험방식이라고 할 수 있다. 이 시험은 두 가지 의미를 갖는데, 하나는 가능한 가혹한 방법으로 오랜 시간에 걸쳐서 (최소한으로 정해진 기한까지) 엄격하게 수련생활을 해야만 죄인은 사면을 "받을 수 있다는 것"이고, 다른 하나는 불에 잘 견디는 금속처럼, 속죄자가 자기 자신과 벌이는 악착스런 싸움의 과정에서 영혼에 뒤섞인 더러운 죄의 요소들이 검게 탄 모양으로 떨어져 나간다는 것이다. 속죄자의 고백은 스스로 자기를 정화시키는 시련으로서 (그의 현재 모습을 포기한다는 것과 죽음과 더러운 죄의 생명을 포기한다는 의미에서) 이중의 표시이다.

오랜 시간에 걸쳐서 스스로 깨치고 자기를 훈련시키는 일종의 '기술 art'을 연마하는 동안, 수도사 자신도 자기를 포기하는 시련에 순응하게 된다. 그러나 수도사의 자기 포기의 의미와 방법은 다를 수도 있다. 수도사가 속세를 이미 떠난 이상, 그가 악의 진실을 나타내야 한다는 것은 속세와의 단절과 분리의 형식으로서가 아니라, 자신과의 3가지 연속성의 형식으로서이다. 그 연속성의 첫째는 자기 자신과 자기의 생각, 그 생각들의 자발적인 흐름, 그것들의 은밀한 움직임, 그 모든 것에 대한 끊임없는 경계이다. 둘째는 그로 하여금 말하게 하고 동시에 지도자의 말을 귀 기울여 듣게 하고, 고백하고 동시에 복종하게 만드는, 지도자와의 지도 관계를 유지하는 일이다. 셋째는 누구에게나 겸손하고, 공동체의 규범을 엄격히 따르는 일이다. 고해의 고유한 표현방식은 말이다. 고해자는 자신의 품행을 지도하는 책임신부에게 가능한 한 자주 그리고 숨김없이 고백을 해야 할 의무가 있다. 고해의 주요 목표는 영혼의 깊숙한 곳에 숨어 있는 것을 드러내는 일인데, 그것이 그렇게 숨어 있는 까닭은 예민하게 주의를 기울이지 않을 경우 눈에 보이지 않을 만큼 영혼의 미세한 움직임들이 있기 때문이고, 또한 속임수를 써서 자기의 정체를 감추는 악마의 유혹이 있기 때문이다. 그러므로 고해의 임무는 진실을 말하는 것이지만, 그것은 어디까지나 자기 자신의 깊숙한 곳에서 눈에 띄지 않는 것을 밝혀내고, 대타자의 존재를 추출해 내는 인식행위의 결과와 같게 만드는 데 있다. 그러므로 과거의 자신을 버리는 일은 자기 자신에 대해서 가능한 한 지속적이고, 세밀하고, 깊이 있는 주의를 기울여야 한다는 점에서 특별한 형태로 나타난다. 그렇지만 이렇게 주의를 기울이는 일은 영혼 속에 있는 것이 무엇인지를 알기 위해서도 아니고, 주체성의 어떤 진실하고 본래적이고 순수한 형태를 추출하기 위해서도 아니다. 이것은 영혼의 가장 깊은 곳에 있는 비밀스런 부분에서 악마의 속임수를 읽기 위해서이고, 따라서 의지의 힘으로 이 모든 유혹의 움직임에 참여하지 않도록 하기 위해서이고, 결국 개인의 의지를 버리면서 하느님의 뜻과 지도 신부의 가르침을 따르기 위해서이다.

개괄적으로 도식화하여 말하자면, 속죄자의 지위에 적합한 고해는 삶과 죽음의 경계에서 현실에 대한 포기를 통해 다른 세계를 약속하는 '더 이상 생활에 집착하지 않기ne plus être'와 관련되며, 수도사 생활에서의 성찰-고백은 영혼의 깊은 곳에 있는 진실의 표현을 통해 타자를 추방할 수 있는 '더 이상 욕망을 갖지 않기ne plus vouloir'를 목표로 한다.

게다가 이 두 가지 종교 의례는 모두 자체적으로 고유한 제도적 장소를 갖고 있는 것 같다. 속죄의 연극적 형식에서 적합한 장소는 신자들의 공동체 안에서인데, 여기서 죄를 지은 사람은 자신의 잘못에 대해 용서받을 수 있다는 희망을 갖게끔 이차적인 구원의 무대를 제시하고 동시에 보상의 분명한 광채가 치욕스러운 죄와 대응될 수 있도록 한다. 또한 성찰-고백에 적합한 자리는 수도원 생활일 것이다. 이 생활에서 묵상의 목표는 필연적으로 생각을 통제하는 일이고, 복종의 연습은 고행이라고 부를 수 있는 것이 되며, 영성지도의 실행으로 수도사가 절도 있고 올바른 고행의 길을 갈 수 있도록 한다.

이러한 두 가지 종교 의례 사이의 대립에 어떤 경계를 둘 수 있는지 그리고 대립을 완화시킬 수 있는 적절한 방법이 무엇인지는 나중에 알게 될 것이다. 대립이 상대적인 것이고, 여러 요소들이 통합된 어떤 전체와 관련된 것이라 해도, 그러한 대립이 있다는 것을 잊지 말아야 한다. 기독교 사회에서 세속적인 생활과 계율의 생활 사이의 동종이형은 너무나 지속적으로 나타난 중요한 현상이었으므로, 이런 문제뿐 아니라 다른 문제에서도 결정적인 영향을 미칠 수밖에 없었다. 실제로 6세기와 17세기 사이에 속죄의 절차가 많은 변화를 갖게 된 것은 수도원 사회에서 통용된 여러 가지 실행방식에 그 원인이 있었다. 7세기부터 비공식적으로 가격을 정해서 속죄의 고행을 치르도록 한 것은 수도원에서 시작된 일이다. 수도원에서는 정기적이고 체계적으로 이러한 양심 성찰이 시행되었고, 근대적 영성운동은 이것을 세속사회에 전파시켰다. 수도회가 세속사회에 신앙 지도를 확대하는 주요한 역할을 했는데, 이것은 16세기와 17세기에 매우 주목할 만한 현상이었다. (자기와 타인에 대한) 성찰의 테크닉과 잘못을 구술하는 절차의 중요성이 증가하게 되고, "진실 말하기"에 비해서 "진실 나타내기"의 몫이 상대적으로 줄어들도록 하는 일에서 수도원은 결정적인 역할을 했다. 수도원은 1천 년이 넘도록 지속적인 것은 아니었지만, 단속적으로 매우 강력하게 영혼의 관리기술을 연마할 수 있는 중심지였다. 수도원은 기술을 가공하고, 전파하고, 그 가치를 높이는 역할을 했다. 일반 사람들은 이러한 수도원의 기술을 빌려 쓰기도 했고, 그 기술을 이용해서 수도원의 기술과 경쟁하듯이 기술을 개발하기도 했는데, 이것은 수도원의 영향력을 제한하기 위해서였다. 많은 사람들에게 그것은 우리 사회에서 자기와 타인들의 경험을 특징짓는 지식의 의지와 담론화 경향을 크게 증대시키는 요인이었다. 우리가 17세기에 ─ 교리의 관점에서는 어느 정도 의심스러운 방식이지만 ─ 고백하는 일이 양심 지도의 방식이라는 말을 듣게 되면, 고백이 고해보다 더 성과를 거두었다거나 아니면 적어도 고해를 압도할 정도가 되었다고 말할 수 있다.[1]

여하간, 서양의 기독교에서 "죄의 행위"와 "진실-말하기" 사이의 관계의 역사, 특히 16세기와 17세기 내내 개인의 통치 문제가 종교의 관점에서건 정치의 관점에서건 주요한 문제가 되었던 이러한 역사는 이러한 두 가지 형태의 존재와 그것들의 차이와 긴장관계, 한쪽에 특권을 부여하면 다른 쪽이 희생될 수밖에 없는 완만한 움직임과 관련시키지 않고는 기술될 수 없다.

---

[1] 고백과 고해 사이의 대립과 상호보완의 관계는 14세기부터 특히 중부 유럽에서 매우 중요한 '속죄자' 운동에서 뚜렷이 나타난다(I. Magli, *Gli uomini della penitenzia*, Bologne, 1967 참고). 과시적인 속죄의 고행 표현은 구두의 참회와 영성지도를 강력하게 실천하는 일과 결합된다. 이것은 16세기 말의 프랑스인 속죄자들과 영성지도의 테크닉과 금욕의 표시인 동시에 발전하게 된 반(反) 종교개혁의 다양한 운동에서도 마찬가지이다.

II

그러나 이 두 가지 실행방식들이 상호관련성이 없다거나, 근본적으로 분리된 별개의 전체 제도에 속해 있는 것으로 생각하면 잘못일 것이다. 이 문제들은 예상보다 훨씬 복잡하다. 그 이유는 첫째, 제도에 대한 검토가 선행되어야만 이러한 실행방식들이 어떻게 서로 병치되고 뒤섞이게 되었는지를 알 수 있기 때문이고, 둘째, 실행방식들을 별도로 고찰함으로써 그 제도의 구성요소뿐 아니라 공통된 기반을 알 수 있기 때문이다.

1. 수도사의 신분과 속죄자의 신분이 양립할 수 없다는 것은 수도사가 모범적으로 속죄의 생활을 수행할수록 그의 존재가 더욱 뚜렷이 부각된다는 점에서 확실하다. "속세와 자신의 의무를 포기하고, 영원히 하느님을 섬기겠다고 약속한 수도사에게 왜 속죄를 강요하는 것일까? 〔…〕 수도사의 입장에서 공개적 속죄가 쓸데없는 까닭은 그가 자신의 죄를 깨닫고 뉘우치는 눈물을 흘렸기 때문이고, 또한 하느님과 영원한 약속을 했기 때문이다."2

그렇지만 수도사가 반드시 속죄자가 될 필요가 없다 하더라도, 속죄의식에 필요한 요소들은 수도생활에서 그대로 활용된다. 카시아누

---

2 〔Fauste de Riez, *Discours aux moines sur la pénitence* (P. L., t. 58, col. 875~ 876), cité in C. Vogel, *Le pécheur et la pénitence dans l'Église ancienne*, Paris, 1966, p. 131.〕

스의 텍스트들, 특히 공동체 수도생활의 실무에 관해 쓴 《수도원 교육》은 이 문제를 분명히 보여 준다. 이 책은 속죄자의 신분규정을 문제시하지는 않더라도 공개적인 속죄의 형식을 자세히 기술하고, "공개적 속죄"라는 표현도 여러 번 사용한다. 그렇기 때문에 파프누시우스는 중대한 과실을 범했다고 잘못 고발되어도 겸손한 마음으로 고행에 동의하고, 테르툴리아누스, 암브로시우스, 히에로니무스가 공개적 속죄에 관해 언급한 대목에서 나올 법한 속죄자의 대우를 그대로 받아들인다. "그는 곧 교회를 떠난다. 〔…〕 끊임없이 그는 눈물을 흘리면서 기도하고, 단식을 3배로 늘리고 사람들의 면전에서 정중한 자세로 허리를 굽힌다. 〔…〕 2주일 가까운 기간에 그는 이처럼 몸과 마음으로 깊은 회개의 뜻을 표명하고, 모든 사람의 발밑에 엎드리는 동작을 취한다. 그때까지, 토요일과 일요일에는 아침 일찍 교회로 달려가곤 했는데, 이제 그는 영성체를 배령하기 위해서가 아니라, 문 앞에 엎드려서 애원하고 용서를 간청하기 위해서 교회로 간다."3 그러나 중대한 과실에 대응하는 이러한 속죄의 표명에서 우리는 악마의 유혹에 대한 고백과 엄숙하고 시간이 오래 걸리는 고해 사이를 연결 짓는 역할을 하는 여러 가지 종교 의례의 증거를 볼 수 있다. 카시아누스는 다른 한편으로 사전에 분명하고 단호한 속죄행위를 요구하는 일련의 죄의 항목들을 이렇게 열거한다. 그 죄들이란 우연히 도자기를 깨뜨린

---

3 J. Cassien, *Conférences*, XVIII, 15. 파프누티우스가 속죄를 요청했다고 말하기 위해 사용한 "참회의 장소에서 고하는 간절한 청원"(*"locum paenitentiae suppliciter postulavit"*)의 표현은 속죄자의 자리와 지위를 청원하기 위해서 쓰이는 전통적인 형식의 표현이다.

일, 〈시편〉을 노래하면서 가벼운 실수를 범한 일, 퉁명스럽고 쓸데없이, 완고하게 대답한 일, 데면데면하게 복종한 일, 일하는 것보다 책 읽는 것을 더 좋아한 일, 신자들의 집회 후에 자기 방으로 돌아오지 않고 시간을 끌었거나 선배 수도사가 없는 자리에서 세속인과 이야기를 나누었던 일들이다. 4 이러한 죄에 따르는 징벌을 나타내기 위해 카시아누스는 "공개적 속죄"라는 표현을 사용한다. 그는 죄에 합당한 처벌을 나타내기 위해서 교회법에 의한 속죄 행사의 요소들이 중요한 연극 기법들, 즉 외딴 곳에 가두기, 애원하는 자세 취하기, 공손한 태도 등의 연출에서 빌려 온 것이 많다는 문제점이 보이긴 하지만, 그럼에도 불구하고 '공개적 속죄'라는 표현을 사용한다. 5 (신자들의 집회를 준비하는 수사들의 전체 모임에서 속죄자가 성무 일과시간 내내 땅에 엎드려 용서를 구하는 목적은 어디까지나 수도원장의 결정으로 일어나라는 명령이 떨어질 수 있기를 바라는 것이다.) 6

우리는 여기서 지속적이고 절대적인 복종 관계 속에서 행동과 생각의 통제가 속죄의식의 과시적 행사들과 결합된 모든 수도원 규율의 밑그림을 볼 수 있다. 이처럼 행동과 생각에 대한 통제는 두 가지 의미에서 중요성을 갖는다.

---

4   J. Cassien, *Institutions*, IV, 16.
5   성 히에로니무스가 파코미우스의 규범을 라틴어로 해석한 바에 의하면, 다음과 같은 표현들이 보인다. "*aget paenitentiam publice in collecta, stabitque in vescendi loco*", *Praecepta et Instituta*, VI, *in* Dom A. Boon, *Pachomiana Latina*, Louvain, 1932.
6   J. Cassien, *Institutions*, IV, 16.

이것은 우선 수도원 교육에서 '속죄의' 의미가 지속적으로 강화된다는 사실을 보여 준다. 다른 사람에게 겸손한 태도로 순종하고 마음을 정결하게 하는 방법으로 규율화된 명상의 기술을 기획하는 일은 수도원의 본래 목적이었던 것 같다.7 카시아누스는 수도원 생활의 목적이나 목표가 속죄를 수행하는 일이라고 말하지는 않는다. 그렇지만 그의 책들에서는 어떤 일관된 원칙이 나타난다. 그는 한편으로는 하느님이 궁극적으로 죄를 용서해 줄 수 있기까지 필요한 모든 속죄의 절차를 설명할 때는 속죄의 개념에 좁은 의미를 부여하지만,8 그 개념을 매우 일반화시켜 정의하는 자리에서는 속죄의 고행뿐 아니라 수도사 생활의 모든 영적 수련의 결과와 관련시켜 설명한다. 속죄는 그러므로 수도사가 노력해서 도달해야 할 어떤 상태로 규정된다. "속죄의 고행은 앞으로 더 이상 죄를 짓지 않도록 하는 데 있다."9 이러한 상태는 징표를 갖기 마련이고 — 즉, 죄를 짓게 만드는 유혹으로부터 마음이 해방되는 것과 같은 — 이러한 징표는 그 자체로 누구나 알아볼 수 있는 특징을 갖는다. 죄의 형상은 마음속의 비밀스런 자리에서 사라지

---

7 그러나 시리아의 수도원 제도는 수도사 생활에서의 속죄의 양상을 특히 강조했던 것처럼 보인다(A. Vööbus, 〔*History of Asceticism in the Syrian Orient*, Louvain, 1958〕 참고).

8 이것은 카시아누스가 다음과 같은 글을 썼을 때 참고한 속죄자의 행동이다. "*Dum ergo agimus paenitentiam, et adhuc vitiosorum actuum recordatione mordemur*" 〔"그러므로 속죄행위가 계속되고, 우리의 악행을 후회하는 동안 내내", Dom E. Pichery 옮김〕(*Conférences*, XX, 7).

9 *Ibid.*, XX, 5("속죄는 우리가 회개해야 하고 우리의 양심이 뉘우침을 갖는 그러한 죄를 앞으로는 더 이상 저지르지 않겠다는 의미이다").

고, 우리는 생각하면서 느끼는 환희의 의미를 알아야 할 뿐 아니라, 오직 환희의 기억만 떠오를 수 있다는 것을 알아야 한다.[10] 속죄는 그러므로 성찰, 겸손, 인내, 복종, 분별력, 선배들에 대한 신뢰, 선배들에게 아무것도 숨기지 않으려는 마음, 이러한 모든 행위를 통해서 하느님의 은총으로 영혼 속에서 만들어 낼 수 있는 마음의 순결이다. 수도생활의 목적과 다름없는 묵상은 이와 같은 마음의 순결에 의해서만 가능한 것이므로, 속죄의 고행은 용서의 절차뿐 아니라 지속적으로 유지되는 순결한 상태라는 의미에서 결국 수도생활 그 자체와 일치할 수밖에 없다는 것이 분명하다.

수도생활은 끊임없이 죄의 고백과 속죄의 표명, 마음속에 숨어 있는 비밀의 발견과 영혼의 열림을 지향해야 한다. 수도생활의 끊임없는 담론은 "그러므로 속죄가 지속되는 시간은 언제라도 〔…〕 겸손한 고백의 눈물이 마치 자비로운 비처럼 우리의 영혼 위로 떨어져서 우리의 양심으로 하여금 불이 붙은 징벌의 불길을 끄게 해야 한다"는 것이다.[11] 그러나 이런 일은 어디까지나 유혹을 자극하여 유혹을 처음 싹트게 하는 것이건 마지막 흔적을 남아 있게 할 수 있는 것이건, 모든 것을 제거하고 생각의 가장 깊숙한 곳까지, 모든 생각을 정화할 수 있도록 해야 한다. 그런 후의 망각과 마음의 침묵. 고백과 망각의 이처럼 강력한 진동 속에서, 수도생활은 최고의 속죄생활이 어떤 것인지, 그리고 속죄(상태)를 위한 속죄(훈련)가 무엇인지를 보여 준다. 물론

---

10 *Ibid.*
11 *Ibid.*, XX, 7.

이러한 상태는 끊임없는 반복적 훈련이 필요한 전투에서의 강인한 의지와 다름없는 것이다.

그런데 수도사 생활을 속죄하는 삶의 실천 그 자체로 이해하려는 경향은 역사적으로 매우 중요하게 평가되는 사회제도의 발전과 동시에 형성되었다. 공동 수도생활의 규율, 위계와 복종의 관계, 공동생활과 개인적 품행의 규범은 우리가 매개적이라고 부를 수 있는 실행방식들 (중요한 속죄의 행사들과 끊임없이 생각들을 구별하는 일 사이에서) 을 만들어 냈고, 그것들에 점점 더 많은 자리를 마련해 주었다. 또한 결정된 징계와 분명한 위법행위가 짝을 짓듯이 일치되는 그러한 법규를 법률적이고 규범에 맞게 시행되도록 분명히 정의할 수 있는지는 문제이다. 사실을 말하자면, 이러한 발전은 기껏해야 카시아누스가 밑그림으로 만든 것으로서, 아주 사소한 잘못이라도 그것에 대한 가혹하면서도 동시에 공개적이고 치욕적인 속죄의 행위가 어떤 것인지를 보여주려는 작업에서 이루어졌다. 그렇기 때문에 그는 렌즈콩 세 알을 떨어뜨렸다는 죄로 공개적인 속죄를 하게 된 어떤 주변 수도사의 일화를 말하기도 한다. 12 마찬가지로 성 히에로니무스는 바울라가 운영하는 수녀원 3곳에서 수다스러웠다는 이유로 공동의 식탁에 앉을 자격이 박탈되어 구내식당의 문 앞에 서 있는 처벌을 받았다는 이야기를 한다. 13 《공동생활 수도사 교육》과 《교사의 규범》이나 성 베네딕토의 규범을 비교해 보면, 앞에서 예로 든 것과는 아주 다르게 죄와 속죄의

---

12 J. Cassien, *Institutions*, IV, 20.
13 Saint Jérôme, lettre 107, 19.

관계와 처벌규범의 체계화로 그 중요성이 크게 증가했음을 알 수 있다. 죄와 속죄의 관계에는 우선 죄를 평가하는 일이 포함된다. 이러한 평가의 과정은 수도원 고위 성직자들의 잘못한 사람에 대한 질책으로부터 시작해서, 나중에 재판에서 절대적인 결정권을 행사하는 수도원장의 의견을 묻는 것으로 끝난다. 죄와 속죄의 관계에는 또한 죄형罪刑 균형원칙이 포함된다. "파문이나 처벌의 효과는 죄의 중대성에 비례해서 평가되어야 한다. 죄의 중대성을 평가하는 것은 수도원장의 결정에 맡겨진 문제이다." 이 관계에는 공공연한 죄와 "동기를 알 수 없는" 죄로 분리하는 판별 기준이 포함된다. "동기를 알 수 없는" 죄라도 수도원장만은 동기를 알아야 하고, "자신들의 상처와 다른 사람들의 상처를 치유해" 줄 수 있는 몇몇의 선배 수도사들도 알 수 있어야 한다. 끝으로, 이것에는 단계적인 교정 원칙이 포함된다(죄인이 대략 15살쯤이라면 처벌은 죄에 따라 다를 수 있다. 재범자에게는 형벌이 달라진다. 수도원장은 죄인을 훈계하고 그를 특별히 감시해야 한다). **14**

간략하게 말하자면, 수도원이 지속적인 속죄 생활의 장소로 부각되는 한, 이 기관은 죄의 용서를 보장할 수 있는 일체의 모든 방식 ― 추방과 교정과 치유 ― 을 구사할 수 있었다. 한쪽 끝에는 고해에 대한 의식적이고 과시적인 형태가 있고, 다른 쪽 끝에는 고백의 담론에 필요한 성찰과 고백의 테크닉이 있다. 그것들 사이에는 죄와 그것에 비례하는 처벌의 중대성을 규정한 법규의 여러 가지 처벌방법들이 있다. 속죄자의 신분에 맞게끔 '모든 행동'을 통해서 진실을 표명하는 일(일

---

14 *Règle* de saint Benoît, XXIV, XLIV, XLVI; *Règle du Maître*, XIV 참고.

종의 검증)과 지속적인 지도 관계에서의 진실 말하기(진실 표명) 사이
에서 수도원 규정으로 제시된 것은 결과적으로 서양의 기독교에서 죄
와 진실의 관계, '죄의 행위'와 '진실 말하기'의 관계에 대한 가장 중요
한 형태 — 즉, 재판권 — 의 근거를 이룬다.

2. 반대로, 세속인들의 입장에서 엄숙한 형식의 공개적인 속죄행사
를 구경만 한다고 보는 것은 잘못일지 모른다. 수도사들과 마찬가지
로 그 자리에 있는 세속인들은, 속죄자들의 수도회 소속을 나타내는
특정한 교회법의 형식에서부터 정교한 지도방식에 이르기까지 여러
단계의 행사 절차를 그대로 따라야 한다.

처음부터 지적한 사실이지만, 세례의 정결의식을 문제 삼게 되는
중대한 과실과 인간의 완성 단계에 크게 못 미치는 모습의 사소한 일
상적 잘못 사이의 차이를 우선 주목해야 한다. 2세기에 속죄에 대한
오랜 논쟁을 야기한 3가지 중대한 '타락' 행위는 우상숭배, 살인, 간통
이었다. 그 결과로 죄의 체계화가 이루어졌고, 교회법에 의거해서 속
죄를 해야 하는 잘못들과 속죄가 필요하지 않은 잘못들의 구분은 매우
복잡한 문제가 되었다. 두 개의 분리선으로 구별 지은 것을 구체적으
로 말하자면, 한쪽은 공개적인 것과 비공개적인 것의 구별이고, 다른
한쪽은 무거운 죄와 가벼운 죄의 구별이다. 한편에서, 속죄의 공개성
은 속죄자의 굴욕을 보여 주고 그에게 의사표현의 기회를 준다는 기능
이외에 무엇보다 죄를 공개하는 역할과 일치하도록 한다는 생각이 명
확히 드러난다. 그의 본보기를 통해서 행사의 소란을 상쇄시킬 수 있
어야 하는 것이다. 그러나 반대로, 죄가 밝혀지지 않고, 죄를 벌할 기

회도 마련하지 못하고, 나쁜 본보기를 찾지도 못하면 거창하고 성대한 고해행사는 해로운 결과를 가져올 위험이 따르게 된다. 그래서 죄를 밝힐 수 없다면 오히려 '비공개적' 속죄로 대체해야 한다는 견해가 나오게 된다. 성 아우구스티누스는 말한다. "모든 사람이 보는 자리에서 저지른 죄는 모든 사람 앞에서 공개적으로 비난해야 마땅하지만, 사람들이 알 수 없는 상태에서 저지른 죄는 은밀한 방식으로 속죄해야 한다."15 나중에 성 레오가 죄인들이 저지른 죄의 목록을 공개적으로 낭독하는 관례(그 지방의 관례이겠지만)를 비판하고,16 비공개적 고해를 통해서 자신의 죄를 자세히 고백하도록 권고한 것은 이와 같은 생각에서이다. 더구나 5~6세기에 나온 비공개적 속죄의 형식에 대한 논증들은 엄숙한 의식들에 대한 사람들의 무관심, 그와 같은 치욕스런 일에 대한 굴종의 거부, 인생의 모든 것을 상실해 버리는 속죄의 결정을 마지막 순간까지 미루려는 경향을 보여 준 점에서 흥미롭다. 그에 따라 성 레오는 신중한 인간적 관점에서 이렇게 조언할 수 있었다. 죄를 저지른 사람이 공개된 자리에서 부끄러움을 갖는 것은 당연하지만, 공개하지 않는 편이 더 나은 죄들이 있다는 것이다. 그것들이 죄를 공개적으로 자백하는 사람들의 적들에게 이용될 수 있기 때문이다.17 포메리우스가 《묵상의 생활》에서 죄를 고백하고 부끄러워하는 사람들에게 자기 스스로 속죄의 의무를 부과하고 교회를 떠나기를 권

15 "*Corripienda sunt secretius quae peccantur secretius*", saint Augustin, sermon 72 (P. L., t. 38, col. 11).

16 Saint Léon, lettre 168.

17 *Ibid.*

고한 것은 훨씬 더 진전된 방식이라고 할 수 있다. **18** 여하간 카롤링거 왕조 시대의 신학자들은 성 아우구스티누스의 권위에 의존해서 바로 이러한 이원체제(공개적인 죄-공개적인 속죄, 비공개적인 죄-비공개적인 속죄)를 주장하게 된다.

또 다른 방안은 무거운 과실과 가벼운 죄를 구별하는 방법으로 마련된 것이다. 우선 무거운 과실은 우상숭배-살인-간통의 3가지 죄로 규정되고, 어느 정도 십계명을 위반한 죄에 가까운 행위로 확대되고 체계화되었다. **19** 그래서 아를의 주교인 카이사리우스는 여러 번의 강론을 통하여 신성모독, 배교, 미신, 살인, 간통, 축첩, 간음죄, 유혈이 낭자하고 선정적인 구경거리의 연출, 도둑질, 위증, 거짓 선서, 중상모략 등으로 요약되는 죄의 리스트를 제시한다. **20** 이처럼 무거운 과실과 구별되는 가벼운 죄 또는 일상적인 죄는 우리가 거의 모르는 사

---

18 Pomère, *De vita contemplativa*, II, 7 (P. L., t. 59, col. 451~452).

19 세례 이전의 속죄, 자신의 모든 삶을 특징적으로 규정하는 의미에서의 속죄, 중죄에 대한 속죄, 이 3가지 형태의 속죄를 설명하면서, 아우구스티누스는 강론 351장 7절에서 속죄가 이루어져야 한다는 것을 말한다. *"pro illis peccatis* [···] *quae legis decalogus continent"*("10계명에 들어 있는 죄에 대해서"). 강론 352장 8절에서도 속죄의 3번째 형태에 관해 이야기하면서 이것은 중상과 같은 것이라고 말한다: "간통, 살인, 신성모독이 이와 같은 것일 수 있다. 여하간, 이것은 중대한 사건이자, 구원을 위태롭게 만드는 위험하고, 치명적인 상처이다."

20 Vogel, *La discipline pénitentielle en Gaule*, Paris, 1952, p. 91 참고. 이러한 치명적인 죄의 목록은 분명히 죄를 짓게 만드는 "귀신"의 뿌리를 규정해야 하는 것이 문제인 까닭에, 또 다른 분석 유형에 속하는 중대한 죄와 혼동해서는 안 될 것이다. 8개의 "나쁜 귀신"은 수도원에서의 관습으로 알려진 것이었다. 이것은 Évagre와 카시아누스에게서도 발견된다. A. Guillaumont, "Introduction" au *Traité pratique* [d'Évagre le Pontique] 참고.

이에 저지르는 죄이거나 아니면 우리가 별로 중요한 의미를 부여하지 않는 죄이다. 이러한 사소한 죄에 대해서 성 키프리아누스는 죄인이 사제들을 찾아가서 "아주 조용히 그들의 암묵적인 동의를 받고" 고해함으로써 그들이 치유책을 마련해 줄 수 있도록 양심의 짐을 밖으로 드러내는 방법을 권고하기도 했다.[21] 그런데 이처럼 사소한 죄를 벌하기 위해서는 속죄자의 신분에 필요한 형식적 절차를 따를 필요가 없고, 다른 방법을 이용할 수도 있다. 우리는 그러므로 카시아누스가 20번째 강론에서 상기시킨 면죄 방법들의 유명한 리스트를 참조해 볼 수 있는데, 자선, 적선, 눈물, 고백, 비탄, 생활개선, 성인들의 중재방안, 타인을 개종시키는 선교, 타인의 죄를 용서하기 등이 그것들이다. 그러나 우리가 특별히 생각해야 할 것은 죄와 죄인에 따라 어떤 속죄행위를 해야 할지를 치료사처럼 진단하고 결정하는 것이 사제의 임무라는 점이다. "인간이 죄를 짓는 방식이 여러 가지인 이상, 죄인을 다스리는 방법에 교육, 훈계, 관용, 질책이 있다 하더라도, 그러한 방식으로 인간을 치유할 수 없다는 것을 어떻게 생각하지 못할까."[22]

그렇기 때문에 평신도들의 공동체 안에서 사제는 인생의 안내자이자 영혼의 지도자 역할을 하는 모습으로 부각된다. 수도사들의 사회에서 동시적으로 보다 강력하고, 보다 숙고된 것이자, 보다 정교하게 이론화된 방식으로 만들어진 《최고의 기술》은 자신이 책임으로 지도

---

21 Saint Cyprien, *De lapsis*, XXVIII (P. L., t. 4, col. 488). 시푸리아누스는 아무리 가벼운 죄일지라도 교회법에 의거한 의식에 따라 일시적으로 속죄자의 신분을 정해 두어야 한다는 생각을 제시하는 듯하다(lettres XVI, 2, et XVII, 2).

22 Pomère, *De vita contemplativa*, II, 1.

해야 할 신자들에 대한 주교(혹은 사제)의 역할과 무관하게 작성된 것이 아니다. 이것은 두 가지 원칙에 의거한다. 하나는 완전한 기독교인의 생활은 속죄의 생활이 되어야 한다는 것이다. 세례와 함께 변화된 삶을 의미하는 회개metanoia는 한순간의 행위가 아니다. 이것은 한평생 "끊임없이 기도하는 겸손한 삶"을 보내야 한다는 것을 전제로 한다. 23 그러므로 주교가 신자들이 저지르는 죄의 악행에 대해 관심을 갖고, 죄의 내용을 자세히 알려 하고, 죄를 없애는 일에 관심을 갖는 것은 속죄를 '인정하고', 안수하고, 사면을 결정하는 역할뿐 아니라, 매 순간 모든 사람의 삶과 일상생활에 대해 주의를 기울이는 역할을 하기 위해서이다. 그에 따른 두 번째 원칙은 공동체의 지도자(그를 '주교'라고 부르건 '사제'라고 부르건 간에)라면, 그는 양 떼를 지키는 목자처럼 모든 사람에 대해서 그리고 개개인에 대해서 배려하고, 그들의 영혼 깊은 곳까지 잘 알도록 노력해야 한다는 것이다. 성 그레고리우스가 6세기 초에 말한 것처럼, 중요한 것은 모든 사람에 알려진 명백한 죄가 아니라, 감추어진 죄이다. 구멍을 뚫어야 할 벽이 있고, 열어야 할 비밀의 문이 있는 법이다. 24 신자들의 표면적인 행동을 세심하게 살펴보는 일이 목자에게 필요한 까닭은 그들의 마음속에 숨어 있을 수 있는 가증스럽고 사악한 요소를 발견하기 위해서이다. 25

---

23 Saint Augustin, *Sermon* 351.

24 그레고리우스, 교황은 여기서 나중에 양심지도와 성찰방법에 대해서 종종 인용될 수 있는 〈에제키엘서〉의 텍스트를 참고한다: "내가 그 벽을 뚫으니 입구가 하나 보였다."(8, 8)

25 Grégoire le Grand, *Le Pastoral*, livre I, chap. 9.

영성지도의 관계와 성찰-고백의 관습은, 이것들이 수도원에서 3세기에 가장 복잡하게 가공되었다 할지라도, 수도사 교육에 한정되어 있지는 않았다. 그러므로 박해받던 상황에서 성 키프리아누스는 특히 교육의 일반적 임무와 지원, 감시, 그리고 다시 죄를 범한 사람들에게 용기를 주는 격려의 방법을 주장하기도 했다.**26** 성 암브로시우스 역시 분명한 논조로 주교의 활동 중에서 제일 중요한 역할은 교육의 의무라고 말했다.**27** 그러나 6세기 초에 교황 그레고리우스 1세는 그의 책 《사제의 직책과 의무*Regula pastoralis*》 서두에서 명백히 나지안조스의 그레고리우스를 참고하여 주교나 사제의 역할이 수도원에서 수도원장이나 장로처럼 영혼을 지도하는 일이라고 명시한 것처럼 보인다. "영혼을 인도하는 기술은 기술 중의 기술이고, 지혜 중의 지혜이다. 육체의 상처보다 영혼의 상처를 치료하는 일이 훨씬 더 어렵다는 것을 누가 모르겠는가."**28** 그 누구도 치료법을 알지 못하고서는 자신을 의사라고 자처할 수 없을 것이다. "그렇지만 이처럼 신성한 지혜의 원칙을 알지 못하면서 아무런 두려움 없이 의사가 되어 영혼을 치료하는 자격을 가지려는 사람들이 있다."**29**

요컨대, 속죄의 의례에 대한 분석, 보다 정확히 말해서 죄를 범하는

---

26 saint Cyprien, lettres VIII, XXX, XLIII. 다시 죄를 범한 사람을 수도사로 복귀시키는 문제에 관한 것도 있다. "그의 품행과 활동과 공덕을 조사할 것. 죄의 성격과 특성을 고려할 것. … 우리에게 보내온 요청을 예외적으로 받아들여야 할지를 종교적인 의미에서 주의를 기울여 검토해서 결정할 것"(lettre XV).

27 Saint Ambroise, *De officiis ministrorum*, I, 1.

28 〔Grégoire de Nazianze, *Discours II*, 16.〕

29 Grégoire le Grand, *Le Pastoral*, livre I, chap. 1.

것과 진실 말하기 사이의 관계에 대한 분석은 두 가지 방식으로 논의될 수 있다. 하나는 고백과 고해의 두 방식을 보여 주는 '기술적'이거나 '실천적'인 시각이고, 다른 하나는 이러한 두 가지 도식의 방법들이 연속체처럼 병치되고 결합되고 매개적인 형상으로 연결되어 실무경험을 드러내는 제도적 시각이다. 그러므로 이원적인 진실 확인의 절차와 진위를 결정하는 이원적 논리양식, 또한 기독교인으로서 자기 자신을 — 자신의 육체와 영혼을, 자신의 삶과 담론을 — 정화하면서 죄의 진실이 출현하는 장소로 만드는 방법들이 있게 된다. 그러나 또한 제도화된 실행방식과 의식들이 있는 단계, 공개적이고 공식적인 고행으로부터 비공개적이고 거의 영구적인 고백에 이르기까지, 모든 행동을 통해서 죄에 대응하는 속죄 행위가 될 수 있도록, 개인에게 적합한 행동형식을 부과하는 단계가 있다.

진위를 결정하는 이 두 가지 거대한 형식논리들은, 그러므로 세속적인 생활과 수도원 생활 사이의 지위가 다름에도 불구하고, 두 생활의 어떤 일치성을 제시하는 제도적 장場에 의해서 상호적으로 이용되고, 지원받고, 연결되기도 한다. 이러한 생활의 일치성에 대한 논리는 매우 특이한 유형의 권력이 존재함으로써 만들어진다. 기독교 교회의 고유한 권력, 이러한 권력은 아마도 다른 사회와 다른 종교에서 유사한 사례를 찾기가 어렵다고 할 수 있다. 그 권력의 가장 중요한 역할은 신자들을 속죄의 생활로 인도하고 죄의 대가로 끊임없이 진실을 밝히는 절차들 — 고해나 고백 — 을 따르도록 요구하는 일이다.

III

목자가 양 떼에 대해 권위를 갖는 것처럼, 권력이 인간에 대해 그와 같은 영향력을 행사할 수 있다는 견해는 기독교가 형성되기 이전부터 있었다. 매우 오래전부터 일련의 모든 텍스트와 종교의식은 목자와 양 떼의 관계를 참고해서 왕이나 신이나 예언자들의 권능과 그들이 인도해야 할 민중들의 관계를 나타냈다.

이집트와 메소포타미아에서 목자(신이건 왕이건)의 주제는 매우 기초적인 단계이긴 하지만, 특별히 강조되는 것처럼 보인다. 대관식 행사에서 파라오들은 목자의 징표를 받았다.[30] 목자라는 용어는 고대 바빌로니아와 아시리아의 왕들이 신들의 대리인[31]이자 동시에 신들을 대신해서 양 떼의 행복을 지켜 주는 일을 한다는 표시로 왕들에게만 사용될 수 있었다.[32] 그러나 히브리인들에게서 목자의 직이라는 주제는 훨씬 광범위하고 복잡하다. 이것은 상당 부분 신과 백성 사이의 관계를 포함한 주제이다. 야훼는 인도하면서 통치한다. 그는 히브리인들과 함께 도시에서 나올 때 선두에서 걸어가고, 그들을 "그의 성덕이 퍼져 있는 방목장으로 인도한다".[33] 하느님은 대표적인 목자이다. 목동에 대한 기준이 다윗왕의 군주제를 특징짓는 까닭은 이것이 하느님으로부터 양 떼를 책임지는 역할을 부여받은 것이기 때문이다.[34] 다

---

30 H. Frankfort, *La Royauté et les Dieux*, Paris, 1951, p. 161.

31 〔육필 원고: "mandants".〕

32 C. J. Gadd, *Ideas of Divine Rule in the Ancient East*, Londres, 1948.

33 〈탈출기〉 15장 13절.

윗 왕정은 또한 백성들의 선두에서 있으면서 야훼의 의지를 전달하는 역할과 어린 양들을 잘 인도하기 위해 야훼의 인도를 충실히 수행하는 역할의 정치를 특징짓는 것이다. "너는 나의 백성을 마치 모세와 아론의 손에 이끌려 온 양 떼처럼 인도했구나."[35] 그것은 또한 메시아의 약속을 나타낸다. 이 땅에 와야 할 사람은 새로운 다윗 왕이다. 어린 양들을 흩어지게 만든 모든 나쁜 목자들과는 반대로, 앞으로 오게 될 그 사람은 하느님에게 자기의 양 떼를 데리고 오도록 하느님이 지명한 목자일 것이다.

고대 그리스에서 목자의 권력에 대한 주제는 그에 반해 대수롭지 않게 평가되었다. 호메로스의 시에 나타난 군주들은 "민중의 목자"처럼 지칭되지만, 그것은 어디까지나 오래전부터 내려온 어떤 관습적 직책의 흔적일 뿐이다. 그러나 나중에 그리스인들은 목자와 양 떼 사이의 관계를 시민들과 그들을 통솔하는 사람들 사이에서 맺어야 할 관계의 모델로 삼지는 않았던 것처럼 보인다. 목자라는 말은 정치 용어에 들어가 있지도 않았고, 이소크라테스나 데모스테네스에게서도 나타나지 않는다.[36] 예외가 있기는 하다. 피타고라스학파 중의 어떤 사람들은 중동 지역의 영향과 특히 히브리 문화의 영향을 받았다고 인정했지

---

34 Ph. de Robert는 다윗이 목자의 지위를 이용해서 혜택을 입으려 했다고 추론한다. 다른 왕들은 집단적으로 불릴 때이거나 특별히 "나쁜 목자"로 지칭될 경우에 한해서 목자로 불렸기 때문이다 (*Les Bergers d'Israël*, Genève, 1968, p. 44~47).

35 〈시편〉 77장 21절〔〈시편〉에서는 "나의 백성"이 아니라 "당신 백성"이라고 말한다〕.

36 이소크라테스에게서는 '최고법원'의 행정관이 목자의 역할과 미덕을 많이 가지면 가질수록 훌륭한 사람으로 평가된다는 사실이 인상적이다.

만, 다른 사람들은 그 영향을 특별하게 생각하지 않았다. 37 물론 플라톤의 《공화국》, 《법률》, 《정치가》의 예를 들 수 있다. 이 책들 중 앞의 두 권에서는 목자의 주제가 상당 부분 지엽적으로 취급되는데, 그 이유는 이 주제가 트라시마코스의 견해를 도덕적으로 비판하는 데 쓰였거나38 어떤 하급 행정관들의 역할을 정의하는 목적으로 사용되었기 때문이다. 39 그 대신 《정치가》에서는 이 주제가 중심의 위치에 있다. '왕'의 통치술이 무엇인지를 정의하려고 할 때, 제일 먼저 돌아보게 되는 문제가 '왕은 인간들의 목자가 아닌가?'라는 것이다. 우리가 알고 있듯이, 이 주제에 목자의 '역할 분리 방식la méthode de la division'을 적용함으로써 《정치가》의 대화상대는 토론에 실패한다. 그들이 실패한 것은 양 떼들에 대한 목자의 고유한 활동 — 먹이를 제공하고 돌보는 일, 음악의 소리로 인도하는 일, 번식할 수 있도록 결합을 조정하는 일 — 이 제빵업자나 의사, 체조 교사의 역할을 가리키는 것과 마찬가지라고 생각했기 때문이다. 보다 정확히 말하자면, 신화의 교훈에 따라서 세계의 발달 시기를 구별해야 한다는 것이다. 세계가 어떤 관점에서 자신의 축을 중심으로 변화 없이 돌아가고 있었을 때, 모

---

37 전자(前者)는 피타고라스학파 철학자 Archytas의 《단상(*Fragments*)》을 출간한 Grube의 견해이다. 후자(後者)는 《피타고라스학파의 정치에 대한 시론(*Essai sur la politique pythagoricienne*)》(Paris et Liège, 1922)에 나타난 A. Delatte의 견해이다. Stobée가 인용한 Pseudo-Archytas의 텍스트는 *nomos*와 *nomeus*를 비교하고 제우스를 *Nomios*라고 부른다.

38 Platon, *La République*, livre I, 343~345.

39 Platon, *Les Lois*, livre X: 목자와 "포식성 동물"은 대립적이지만 지도자 등과는 구별된다.

든 인류는 천재-목자의 인도를 받았고, 양 떼와 같은 인간은 '하느님'의 인도를 받았다. 인간은 식생활에 관한 한 모든 문제를 해결하고, 사후에 부활할 수도 있었다. "하느님이 인간의 목자이므로, 인간은 정치조직을 필요로 하지 않았다"[40]는 주장은 대단한 의미를 갖는다. 그러나 신神-목자가 떠난 후 세계가 역방향으로 돌아가기 시작하자, 인간은 지도자를 필요로 하게 되었다. 그렇지만 이러한 지도자는 단순히 한 사람의 목자가 아니라, 국가의 구성요소들을 어떤 직물의 실처럼 연결 지을 수 있는 지도력을 가진 사람이다. 그는 수많은 다양한 인간들을 하나의 튼튼한 직물로 연결 짓는 역할을 해야 한다. 정치가는 목자가 아니라 직조공이다. 플라톤은 그러므로 목자라는 인물을 완전히 배제하지 않고, 다만 그의 역할을 분리해서 한편으로는 그를 신화적인 역사의 과거로, 그리고 다른 한편으로는 그를 의사와 체육관장의 보조 역할을 하는 것으로 밀어낸다. 그러나 현실의 국가와 권력을 행사하는 사람의 역할을 분석하는 것이 문제일 때, 그는 목자와 완전히 결별한다. 그리스에서의 정치는 목자가 할 수 있는 일이 아니다.

목자의 역할이 최고의 권력형태를 표현하는 데 적합한 이미지로 나타난 것은 그리스와 로마의 문화에 동방지역의 주제들이 확산되어 침투할 무렵이다. 알렉산드리아의 필론은 "목자의 임무는 매우 고결한 것"이고, "우리가 목자를 왕과 현자들, 완전히 순결한 인간일 뿐 아니라 하느님과 같은 존재로 생각하는 것은 당연하다"고 말한다.[41] 로마

---

40 Platon, *Le Politique*, 271e.
41 Philon d'Alexandrie, *De agricultura*, 50.

제국 시대의 정치적 주제의 문헌에서, 군주와 백성이 상호적 애정으로 결합되어야 한다는 것을 표현하기 위해서건, **42** 목자와 양 떼의 관계처럼 백성들보다 뛰어난 능력을 가진 지도자의 우월성을 찬미하기 위해서건 간에, **43** 군주의 권력은 종종 목자의 권력과 관련되어 나타난다.

※

잠시 장소와 연보를 잊고 생각해 보자. 목자의 모습이 나타난 여러 나라의 문화에서 그것이 어떤 자리를 차지하고 있었고 어떤 의미를 가질 수 있었는지를 알려고도 하지 말자. 다만 목자의 모습을 기독교가 독점한 서양의 역사에서 처음으로 그것에 제도적 형태를 부여하려던 시기에, 그리스와 로마 사회에서 유통된 목자의 주제만을 생각해 보자. 그렇다면 목자의 모습에서 어떤 유형의 권력을 연상할 수 있을까?

1. 규합하는 일. 목자의 권력은 군중과의 본질적인 관계 속에 있다. 권력행사의 초점은 영토의 면적보다는 오히려 군중의 숫자(셀 수 없을

---

42 Dion Chrysostome, *Discours*, I.

43 칼리굴라의 생각으로 가축동물의 목자가 소나 염소, 양이 아니듯이, 인류의 목자는 보통사람보다 훨씬 우월한 인간이어야 한다는 것을 필로니우스는 이야기한다 (P. Veyne, *Le Pain et le Cirque*, Paris, 1976, p. 738에서 인용). 군주가 가축을 지키는 개가 아니라 가축 무리 중의 황소로 비유되는 것에 대해서 다음을 참조. Dion Chrysostome, *Discours*, II.

정도로 많을지라도) 이다. 다른 사람들은 국가와 도시와 기반이 튼튼한 궁전의 대건조물을 건설한다. 목자는 군중을 결합하는 일을 한다. "이스라엘을 흩으신 분께서 그들을 모아들이시고 목자가 자기 양 떼를 지키듯 그들을 지켜 주시리라."[44] 이러한 규합은 두 가지 의미로 작용한다. 하나는 통일성이다. 그 이유는 목자가 "백성들을 오직 자신만의 의지에 따르게 하면서" 양들을 규합하는 것은 그가 혼자이고, 유일한 사람이기 때문이다. 최고의 목자는 "충성스런 사람들이 모두가 보조를 맞추어 걸어가게" 한다.[45] 다른 하나는 즉각적인 영향력이다. 군중 속에서 끊임없이 양 떼를 태어나게 하는 것은 그의 목소리와 그의 몸짓이다. "내가 그들을 속량하였으니 휘파람을 불어 그들을 모아들이고 전처럼 많아지게 하리라."[46] 그가 없으면, 가축들은 흩어질 수밖에 없다. 제국의 창설자나 입법자와는 다르게, 그는 자기의 업적을 후세에 남겨 놓지 않아도 된다.

2. 인도하는 일. 목자의 특성은 나라의 경계를 확정하는 일도, 새로운 영토를 정복하는 일도 아니다. 그의 거주지는 그가 돌아다니는 길이다. 그는 초원을 가로질러 가고, 샘을 찾아다니고, 사막을 걷기도 한다. 이집트의 백성들을 인도하는 신神과 같은 목자 아몬은 "사람들을 모든 길로 인도했"고, 언제 어느 때이건 "최상의 계획을 세울 수

44 〈예레미야서〉 31장 10절.
45 C . J. Gadd, *Ideas of Divine Rule in the Ancient East*, p. 39.
46 〈즈카르야서〉 10장 8절.

있는 길로 양들을 인도했다". **47** 목자는 양 떼 이동의 최고 책임자이다. 다른 사람들은 권력을 행사할 때, 대부분 "위에서" 군림하는데, 목자는 "앞으로" 간다. "하느님, 당신께서 당신 백성에 앞서 나아가실 제 … ." **48** 이것은 여러 가지 본질적 차이가 있음을 가리킨다. 그의 권력은 권력의 본래 자리에 그대로 있을 이유가 없다. 그것은 늘 다른 곳으로 나중에 방향을 바꾸어 설정된다. 그것은 소명의 형태와 같은 권력이다. 그것은 한 번에 결정적으로 법을 제정하는 권력이 아니라, 목표를 정해서 상황에 따라 끊임없이 최상의 길을 선택하는 권력이다. 가르쳐 주는 권력. 결국 목자는 백성을 그 자신의 의지에 복종시키는 것이 아니라, 그들에게 그 자신이 진입해 들어가는 길을 가리키고, 모범을 보이고, 두려움을 주는 권능에 의해서가 아니라, 특이하고 어느 정도 신비스러운 힘에 의해서 그들을 지도한다. 그것은 인도하는 권력이다.

3. 생활을 보장하는 일. "나라의 모든 일을 돌보고, 생계를 책임지는 하느님의 목자 역할에 협력하는 찬란한 빛의 친구, 여유로운 목자." **49** 목자는 조세를 거두고 재물을 축적하는 사람이 아니다. 그의 역할은 가축들에게 마실 것과 먹을 것을 넉넉하게 주면서 그들을 번영하게 하는 것이다. 그는 부양하는 사람이다. 이것은 훌륭한 통치가 국

47 *In* S. Morenz, *La Religion des Égyptiens*, Paris, 1962, p. 94.

48 〈시편〉 68장 8절.

49 R. Labat, *Le Caractère religieux de la royauté assyro-babylonienne*, Paris, 1939, p. 352.

가를 부유하게 한다는 넓은 의미에서가 아니라, 모든 사람의 생활을 보장한다는 의미에서 하는 말이다. "오, 나의 목자인 당신의 자비로운 말 때문에 모든 사람은 초조한 심정으로 당신을 향해 간다."[50] 그는 식량을 제공하는 근원이다. 소피스트들과 트라시마코스는 목자의 권력이 다른 권력과 마찬가지로 자기의 이익을 위해서 — 맛있는 음식을 먹고 이익을 남기는 거래를 하며 — "밤낮으로" 가축들을 이용만 한다고 오해하기도 했다. "그들이 생각하는 것은 목자가 아니었다." 목자는 가축의 무리에게 최상의 가능한 조건을 마련해 주는 것 이외의 다른 관심을 가져서는 안 된다.[51] 또한 무엇보다 우선해서 오직 자기의 백성만을 생각하지 않았던 이스라엘 왕들에 대한 이러한 저주도 있다. "불행하여라, 자기들만 먹는 이스라엘의 목자들! 양 떼를 먹이는 것이 목자가 아니냐?"[52] 가축의 무리와 목자의 관계는 그러므로 3가지 특징을 갖는다. 추구하는 목표로 보자면, 그것은 풍부한 생산성을 이루는 관계이거나 적어도 생명을 유지하고 오래 살아 있는 관계가 되어야 한다. 형태적으로 보자면, 그것은 열성과 전념, 경우에 따라서는 걱정과 아픔이 따르는 것이다.[53] 끝으로, 그것은 가축의 무리에게서 아무것도 빼앗지 않으므로 유지되는 그들의 양호한 건강상태와 오직 가축

---

50 *ibid.*, p. 232 인용.

51 Platon, *La République*, livre I. *Critias*, 109b 참고: 목자와 같은 신들은 가축 같은 인류를 "사육하는 사람들"이었다.

52 〈에제키엘서〉 34장 2절.

53 "모든 사람이 잠들어 있을 때 불침번을 서면서 너의 가축에게 무엇이 좋은지를 모색하는 자, 오 왕이시여", Hymne égyptien, 다음에서 인용됨: S. Morenz, *La Religion des Égyptiens*, p. 224.

의 무리만을 생각하는 목자의 부 ^{fff} 가 전체적으로 일치성을 보여 주는 결과로 나타난다. … 에 대한 권력은 모든 권위적인 효과를 정당화하고 또한 감싸 안는 방식으로 끝나면서 … 에 대한 관심으로 방향전환을 하는 것 같다. **54**

4. 돌보는 일. 목자의 관심은 모든 가축들을 대상으로 하지만, 대상에 대한 관심의 기술은 개별적인 대상에 각별한 시선을 보내는 일이다. 왕이 일률적으로 복종만 하는 신하들을 상대하거나 행정관이 평등한 시민들만 상대하는 일을 한다면, 목자의 통치체계는 사람들을 개인적으로 대상화하는 체제이다. 이 말의 의미는 첫째, 가능한 한 차별 없이 대상을 고려해야 한다는 뜻이고, "말하자면 인간의 어떤 일도 항구적이지 않다는 것뿐만 아니라, 똑같은 사람도 없고, 똑같은 행동도 없다"는 것을 인간의 목자는 잊지 말아야 한다는 뜻이다. 둘째, 이 말은 만인에게 절대적으로 필요한 것으로서 동일하게 부과된 법이 집단을 통치하는 목자에게 반드시 "가장 적절한 통치방식"은 아니라는 것을 의미하는 것이기도 하다. 셋째로, 이 말의 의미는 목자의 역할을 잘하려면 양들이 있는 곳에 가까이 다가가서 개별적으로 관심을 보여야 한다는 데 있다. 나이, 성격, 능력과 약점, 특징과 필요한 것을 고려해서 모든 양들에게 개별적으로 "필요한 것을 빈틈없이 권해야" 한

---

54 프루사의 디온은 최고의 목자가 어떤 사람인지를 이야기하면서 부와 쾌락에 관심을 갖지 않고 자기 자신보다 인류의 행복을 중요시하는 사람, 자기 자신에 대해서는 엄격한 사람으로 설명한다. mais à l'*epimeleia* et aux *phrontides*, *Discours*, I.

다. **55** 아마도 이것이 목자의 권력양식이 갖는 가장 중요한 특징들 중 하나일지 모른다. 그는 모든 양에 대한 전체적 책임을 지고 있지만, 전체를 구성하는 개별적 존재에 대해서도 각별한 관심을 기울여야 한다. 다양한 다수를 통합하는 권력이자 동시에 개별적으로 다수를 분해하는 권력. 오랫동안 지속될 수 있는 표현을 빌려서 말하자면, 그것은 "전체적인 동시에 개별적으로Omnes et singulatim"인데, "목자의 역설paradoxe"이라고 부를 수 있는 이것은 권력의 사목활동으로 끊임없이 찾아내야 할 중대한 도전의 문제이다.

5. 구제하는 일. 목자의 궁극적 임무는 가축의 무리를 무사히 데리고 돌아오는 일이다. 이런 의미에서 구제에는 4가지 본질적인 임무가 포함된다. 우선 가축의 무리가 있는 자리에 위협을 주는 것이 있다면, 다른 곳으로 피신처를 찾아갈 수밖에 없기 때문에 목자는 모든 위험들로부터 가축의 무리를 피신하도록 도와주어야 하고, 적당한 출발시간을 정해서 잠든 가축들을 깨우고 결국 "나는 너희들을 현재의 민족공동체로부터 빠져나오게 하여, 다른 나라들의 영토 밖에서 너희들을 규합하겠다"라고 말하며 '소집하는 일appeler'을 해야 한다. **56** 두 번째로, 길을 가다가 적이 나타나면 적을 피해 가고, 가축을 지키는 개가 그렇게 하듯이 적이 있는 곳에서 가축들을 멀리 떨어져 있게끔 '지키는 일défendre'을 해야 한다. **57** 세 번째로, 위험한 길과 힘든 일, 굶주

---

55 Platon, *Le Politique*, 294a~295c.
56 〈에제키엘서〉 20장 34절.

560

림과 질병을 피해 갈 줄 알고, 상처를 치료하고, 가장 약한 가축들을 부양하는 일, 요컨대 '돌봐주는 일soigner'을 해야 하고,58 끝으로, 좋은 길을 찾아서 모든 가축이 우리로 안전히 '다시 데려오는 일ramener'을 해야 한다. 훌륭한 목자는 모든 영혼을 구제해야 하지만, 또한 가장 보잘것없는 존재라도 위험에 처하면 그를 구해야 한다. 목자의 역설은 이것이 결정적인 시험이 될 수 있다는 점에 있다. 양 떼 전체를 구하기 위해서는 다른 양들을 황폐화시킬 위험이 있는 병든 양을 제거해야 하기 때문이다—"건강한 양과 건강하지 않은 양, 혈통이 좋은 양과 혈통이 좋지 않은 양, 이 모든 양들을 선별해서" 어떤 양들에게는 세심한 주의를 기울이고 다른 양들은 쫓아 버려서, 오직 "건강하고 병들지 않은 양"만을 확보하고 있어야 한다.59 그러나 상반된 경우가 있는데, 이것은 목자가 갖는 권력의 특성이 행정관의 역할이나 유능한 군주의 역할과 완전히 다르다는 점이다. 행정관이나 군주는 만인을 구하기 위해서 이러이러한 사람이 죽더라도 언제나 도시, 국가, 제국을 우선 구해야 한다는 것을 알고 있다. 그런데 목자는 위험에 처한 한 마리의 양을 위해서는 한순간 마치 다른 양들이 존재하지 않는 것처럼 행동할 의지를 갖는다. 목자에게는 모든 양들 하나하나가 값을 따질 수 없을 만큼 가치가 있는데, 그 가치는 절대로 상대적인 것이 아니

---

57 가축을 지키는 개를 데리고 보초를 서는 목자에 대하여 다음을 참고할 것. Platon, *La République*, III, 416a et IV, 440d.
58 목자의 덕분으로 가축들은 굶지도 않고, 목마르지도 않았다. "열풍도 태양도 그들을 해치지 못하리니", 〔〈이사야서〉 49장 10절〕.
59 Platon, *Les Lois*, 735a~736c.

다. 자신이 이드로의 목자였던 시대에 모세는 한 마리의 양을 잃어버린 후 그 양을 찾으러 갔고, 샘물 가까운 곳에서 양을 찾게 되었다("네가 도망친 까닭이 목이 마르기 때문이라는 것을 내가 몰랐구나. 너는 지친 기색이 역력하다"). 그는 양을 어깨 위에 메고 돌아왔다. 야훼가 그 광경을 보더니 이렇게 말했다. "네가 한 마리의 양을 불쌍히 여기는 것을 보니 너는 나를 따르는 사람들의 목자, 이스라엘의 목자가 될 것이다."[60] 그러므로 절대적으로 필요한 명제인 만인의 구제와 개인의 구제 사이에서 목자의 권력은 결국 양립할 수 없는 의무들을 증가시키기 마련이다.

6. 설명하는 일. 기아와 죽음의 절박함, 끊임없는 보호의 필요성, 구원에 대한 배려가 양과 목자의 관계를 지배하는 요소들이다. 이것들은 양들에게 불행한 일이 있을 경우 목자가 그 일에 어떤 식으로건 책임을 져야 한다는 것이다. 목자의 사소한 잘못들 — 부주의, 탐욕, 이기주의, 과도한 엄격성 — 은 양들의 파멸을 초래할 위험이 있다. "하루만 몰아쳐도 짐승들이 모두 죽습니다."[61] 목자는 자신이 잘못한 일의 대가를 즉각적으로 치르게 마련이다. 왜냐하면 그가 양을 잃어버릴 경우, 잃어버린 것은 바로 그 자신이기 때문이다. 양을 굶주리게 한다면 나중에 그는 배고프게 될 것이다. "목자들이 어리석어 주님

---

60 Ph. de Robert가 인용한 바 있는, 헤브라이 민족의 이집트 탈출에 대한 유대교 사제의 해석. *Les Bergers d'Israël*, p. 47.

61 〈창세기〉 33장 13절.

을 찾지 않는 까닭에 그들은 성공을 거두지 못하고 그들의 모든 양 떼는 흩어지리라."[62] 그러나 그는 또한 양들을 잘 인도하도록 맡긴 사람에게 자기의 잘못을 설명해야 할 것이다. 목자의 권력에는 양면성이 있다. 그는 한편으로는 완전한 존재이므로, 세밀한 부분에 이르기까지 모든 것에 주의를 기울여야 한다. 목자는 가축의 무리에 관한 모든 문제를 책임져야 하고, 그의 유일한 한계와 유일한 법칙의 기준은 오직 가축들의 이익이므로, 그는 무한히 자신의 능력을 신장시킬 수 있다. 그러나 모든 것을 설명해야 할 때가 오기 마련이다. 목자의 자리는 아침에 태어나서 저녁에 죽는 권력, '과도기'의 권력이다. 그 이유는 권력이 대상이기 때문이 아니라 권력이 위임받은 것이고 또한 반환될 수 있는 것이기 때문이다. 목자가 가축의 무리를 받아들인 것은 오직 돌려주기 위해서였을 뿐이다. 그는 왕이라 하더라도 단지 자신이 선출된 존재이기 때문에 책임을 져야 하는 것이다. "당신은 첩첩산중에서 나를 붙들어 놓고, 사람들의 목자가 되라고 나에게 정의의 왕홀王笏●을 맡기셨습니다."[63] 그는 자신의 잘못을 해명해야 하고, 양을 잃어버린 대가로 처벌을 받을 수 있다. 야훼는 이렇게 책임을 묻는다. "너에게 맡긴 가축 떼가 어디에 있느냐? 그 영광스러운 양 떼가!"[64] 그는 목자가 의무를 저버린 것을 알고 이렇게 말할 수 있다. "너희는 내

---

62 〈예레미야서〉 10장 21절.
● 〔옮긴이 주〕 왕권의 상징인 지휘봉.
63 상기 인용문에서 Ph. de Robert가 인용한, 여신 이슈타르에게 보내는 앗수르바니팔 2세의 기도문.
64 〈예레미야서〉 13장 20절.

양 떼를 … 보살피지 않았다. 이제 내가 너희의 악한 행실을 벌하겠다."**65** 그의 과오가 즉각적인 제재로 연결되건 나중의 처벌로 미루어지건, 목자의 권력은 책임이라는 오랜 시간의 그물 속에 포획되어 있다. 그에게는 끊임없이 '설명'해야 할 숙제 — 자기에게 맡긴 가축들과 돌려준 가축들의 숫자를 조사하는 일, 살아 있는 가축과 죽은 가축을 계산하는 일, 잘못한 일과 실수한 일, 부주의해서 생긴 일, 그런 것들을 설명해야 하기 때문에 — 가 부과된다.

나는 체계적인 방법에 의존하지 않고, 이질적인 여러 자료들, 즉 플라톤과 《성서》, 이집트의 신들과 아시리아의 왕들에 관한 자료들을 뒤섞어서 설명했다. 이러한 방법으로 내가 밝히고자 한 것은 사람들이 신들과 왕과 예언자들 또는 가축의 무리들 앞의 선두에 있는 목자들과 행정관들에 관한 이야기를 하면서 친숙한 은유의 표현으로 그들의 권능이나 정당성을 찬양할 뿐만 아니라, 권력의 행사방식을 어떤 식으로 나타내려 하는지의 문제였다. 이것은 또한 체계성은 없어도 일관성은 있는 이러한 권력의 모든 고유한 기능들이 어떻게 나타나는지를 문제 삼는 일이기도 했다. 목자의 주제가 본래의 심층적 의미를 갖고 있었던 종교·정치의 상황과 분리되어 사용되었다 해도, 이러한 주제는 그 나름의 논리적 필요성을 갖는 것이기 때문이다.

---

65 〈예레미야서〉 23장 2절.

고대 세계의 중요한 두 사건은 기독교가 교회로 조직되는 최초의 종교라는 점, 그리고 이 교회가 신자들에게 — 신자 개인에 대해서건 모든 신자들에 대해서건 — 목자의 권력 행사에 대한 성격을 규정한다는 점이다.

목자의 형상은 기독교 안에서 권력의 어떤 양상을 나타내는 방식이 아니라, 반대로 교회의 모든 통치형태를 포괄적으로 나타내는 것이다. 이러한 통치형태는 그리스도-목자의 예를 따르고, 그의 인도로 인간 양들을(보잘것없는 어린 양을 포함해서) 영원한 방목장의 세계까지 안내한다는 사실로 정당화된다. 단순한 은유가 문제되는 것이 아니라, 어느 사회에서나 인간의 '행동'을 통제하는 용도로 마련된 제도와 방식들을 어떻게 정립하는가가 문제인 것이다. 이 용어의 의미를 정확하게 이해하자면, 그것은 인간을 지도하는 방식이고, 인간이 행동하는 방식이다. 기독교는 교회와 마찬가지로 인간의 '행동을 지도'할 수 있는 일반적 권력을 창설했는데, 이 권력은 고대 세계에 있었던 권력들, 즉 제국에 대한 군주의 권력, 도시에 대한 행정관의 권력, '가족'에 대한 가장의 권력, 평민에 대한 귀족의 권력, 하인이나 노예를 소유한 사회지도층의 권력, 제자들에 대한 학파 스승의 권력, 이러한 권력들과는 사뭇 다른 것이었다. 그리고 기독교가 아주 빠른 속도로 '로마시대의 체제' 속에 동화될 수 있었던 것은 어쩌면 일정 부분 기독교의 그러한 권력 운용방식 때문이었을지 모른다. 이것은 기존에 있었던 방식들과 즉각적으로 양립할 수 있을 만큼 충분히 새롭고 특별한 것이었고, 그 시대에 처음 나타난 모든 필요한 것들에 부합될 만큼 충분히 효과적인 것이었다. 목자의 권력은 전체적(원칙적으로 공동체의 모든 구성원들과 관련되어)인 동시에 전문화한(그 자체로 분명한 목적과 고유한 방법이 있다는 점에서), 그리고 상당히 자율적(이것과 충돌하건 의존관계에 있건, 다른 제도들과 어떤 관련이 있건 간에)인 제도가 되었다.

여기서 이러한 제도화 과정을 간략하게라도 요약하는 일은 거의 불가능하다. 다만 기독교가 '목자의 직무pastorat'를 마련하기 전에는 이러한 주제가 과거에 비해 변화가 있었고, 이 변화의 과정에서 '육체의 고백'이 어떤 중요성을 갖게 되었는지에 대해서만 지적해 보겠다. 이러한 변화를 말한다면, 목자의 직무가 개인의 진실을 드러나게 하는 방법으로 인간을 통치하는 일이 되었다는 것이다. 라틴계의 교부학은 이러한 변화가 두 가지 양상으로 전개되었음을 분명히 보여 준다.

1. 첫째로, 목자와 양들을 전체적이고 개별적으로 연결 짓는 관계의 성격과 형식에 관한 것이다.

a. '목자의 직무'에 대한 오래된 주제에서, 목자가 가축의 무리에게 열성과 관심, 경계와 감시, 헌신적 영성을 보여야 한다는 것은 목자가 가축의 무리에게 생존에 필요한 자비를 베풀어야 하는 관계에 있기 때문이다. 기독교에서는 가축의 무리에게 그리고 가축의 무리를 위해서 봉헌될 수 있어야 하는 것이 목자의 생명과 다름없는 일이다. 목자는 이리들의 공격으로부터 양을 지켜 주고, 양을 위해서 자신의 생명을 바치기도 한다. 기독교 신자들이 개별적으로 영원한 생명에 도달하는

것은 목자의 희생에 의해서이다. **66** 그리스도를 본받은 목자의 죽음, 적어도 현세에서의 그의 헌신적인 죽음은 모든 충실한 기독교 신자들을 구원할 수 있는 조건이다. 목자는 전체를 중시하면서 또한 개인을 중시하는 헌신적인 희생관계를 통해서 다른 사람들을 구제하는 행위로 그 자신의 공덕을 쌓아 간다. **67**

b. 목자와 가축의 무리 사이의 상호성은 기독교 이전에는 전체적인 인과관계, 즉 가축들의 건강과 목자의 부, 가축의 빈곤과 주인의 가난에 좌우되는 원칙의 관계였다. 목자의 직무에서 상호성은 단순히 인과관계의 유형이 아니라 대상에 대한 동일시의 유형이다. 게다가 이러한 동일시는 빈틈없이 이루어져야 한다. 개별적인 양들의 고통은 바로 목자가 겪는 고통이고, 양들의 발전은 바로 목자의 발전이다. 양에 대한 목자의 공감성은 대상에 대한 즉각적인 일치의 표현이다. 그는 "마음속에서 약한 자들의 장애를" 자신의 고통으로 받아들이고, 형제들의 발전을 보고, 그것을 자기의 발전처럼 기뻐한다. **68**

c. 기독교인 목자는 모든 신자들의 상태를 설명해야 할 뿐만 아니라, 그들의 모든 잘못과 타락, 발전단계를 설명해야 한다. 위험한 날에 신자들이 지은 죄는 그가 교육이나 주의, 엄격성과 자비의 태도로 미리 예방하게 할 수 없었다 해도**69** 그의 책임으로 질책을 받게 될 것

---

66 Évangile de saint Jean, 10, 11~18.

67 Saint Jérôme, lettre 58: *"Aliorum salutem fac lucrum animae tuae"*.

68 Grégoire le Grand, *Le Pastoral*, livre I, chap. 49. livre II, chap. 2도 참고할 것: "이웃의 행복과 좋은 일을 자신의 행복과 좋은 일처럼 생각해야 한다."

69 * 〔육필 원고: "s'il a pu".〕

이다. 이미 신앙을 버린 자들이라도, 타락한 자들조차도 목자에게 대항해서, 자기들은 주변에 지원해 주는 사람도 없었고, 격려의 말도 듣지 못했고, 유익한 교육과 충고를 받지 못했다고 주장할 수 있을 것이다.[70]

d. 목자의 죄는 가축의 무리들과 유지하는 관계의 기초가 된다. 그의 잘못이 그를 따르는 신자들의 실패를 초래한 것이므로(그만큼 더 나빠지기 마련이므로), 신자들이 저지른 죄는 그의 죄의식 속에서 쌓여 간다. 그러므로 목자는 가능한 한 순결하고, 결점이 없는 존재가 되는 일이 중요하다. "다른 사람들의 마음속에 어떤 부정한 생각도 깃들지 않도록 해야 하므로, 그는 자기의 마음속에서 부정한 생각을 전혀 갖지 말아야 한다."[71] 그러나 또한 중요한 것은 자만심으로 죄의 함정에 빠지지 않기 위해서, 그리고 자기 자신의 약점도 모르는 무분별한 상태가 되지 않기 위해서, 자신을 우월한 존재라고 생각하지 말고, 불완전한 존재라고 생각해야 하는 일이다.[72] 목자는 모든 사람의 하인이고, 죄인들 중 한 사람이며, 일반 신자들이 저지르는 죄에서 자신의 잘못을 인정해야 하기 때문에, 그의 죄는 더욱 중대한 것이 된다.

e. 그렇기 때문에 목자로 임명되었다고 해서 그는 자기의 직무를 자

---

70 Saint Cyprien, lettre XLIII 그리고 lettre VIII을 참고할 것.

71 Grégoire le Grand, *Le Pastoral*, livre II, chap. 2.

72 Saint Ambroise, *De officiis ministrorum*, livre II, chap. 24. 다행히도 하느님은 모든 사람의 찬양을 받는 의인이라도 결점을 갖게 하여, 그의 빛나는 미덕 속에서 그런 결점이 초래하는 난처한 문제로 인하여 언제라도 타락한 상태에 놓일 수 있게 한다.

랑할 필요도 없고, 통치력73을 행사할 아무런 이유도 없는 것이다. 성 그레고리우스를 본받는 목자가 신자들에 대한 영혼 인도의 책임을 맡게 되었을 때 그는 계속 불안에 떨어야만 했는데, 그 이유는 "자만심과 부정한 생각, 귀찮은 생각, 편벽된 생각들"을 쫓아버리려고 하면서도 신자들에 대한 걱정을 끊임없이 해야 했기 때문이다. 그렇지만 이러한 의무를 저버리고 충실한 신자들을 목자 없이 내버려두는 일은 죄가 될 것이다.74

기독교인 목자와 신자 사이에서 죄와 구원의 문제와 관련된 영혼의 인도, 죄의 전염과 증가, 희생의 주고받기, 다른 사람들에 대한 배려와 분리될 수 없는 자기 자신에 대한 경계는 고대의 목자에 관한 주제보다, 목자와 신자 사이의 훨씬 복잡하고 다양하고 견고한 관계들을 확립시켰다. 특히 목자와 신자의 개인적 관계는 매우 중요한 역할을 한다. 그 이유는 모든 신자의 신앙행위와 목자의 공덕 사이에 확립된 직접적 소통관계 때문이기도 하고, 목자라는 본래의 자리에 의해서건 제도적인 지위에 의해서건 간에, 목자가 더 이상 '선량'하지 않고, 모든 양들이 두려워하는 잘못을 범하게 될 죄인이라면 큰 문제를 일으킬 수 있기 때문이다.

---

73 *Ibid.* 암브로시우스는 여기서 〈베드로의 첫째 서간〉 5장 3절을 참고한다.
74 Grégoire le Grand, *Le Pastoral*, livre II, chap. 2; et livre I, chap. 6: "겸손함 때문에 남들에 대한 지도의 역할을 피하려는 사람들이라도 하느님이 그들에게 그러한 역할을 맡도록 할 경우 그러한 명령을 완강히 거부하지 않는 것이 진정한 겸손이다."

2. 기독교는 전통적으로 인간을 지도해야 할 목자에게 필요한 능력이나 경험을 훨씬 넘어서는 높은 지식을 갖도록 요구한다. 교회는 목자에게 사목활동 속에 진실에 대한 절대적 요청, 정확히 말하자면 다음과 같은 일련의 모든 절대적 진실의 필요성을 명심하도록 한다.

엄격한 교리의 필요성. 스스로 진실을 알지 못하고, 절대적으로 진실과 결부되지 않으면, 목자는 가축의 무리를 파멸에 이르게 할 수 있다. "목자는 최초의 안내자이므로 그를 따르는 사람들이 그들을 괴롭히는 죄의 무게에 굴복하지 않아야 지식의 빛을 잃어버리지 않을 수 있다."[75] 그래서 그는 끊임없이 공동체의 구성원들에게 이러한 진실에 그리고 진실에 의해서 연결될 수 있도록 주의를 기울여야 한다. 그들이 길을 잃고 멀리 흩어지게 하면 그들을 필연적으로 배척하는 결과가 될 수 있기 때문이다. 그들을 결합시키는 것이 진실이고, 그들을 갈라놓는 것이 오류이다. 이교들과 종파 정신 때문에 분열된 그들이 "울고 방황하는 어린 양들"이 되면 그들을 데리고 돌아오는 일은 목자의 몫이다. [76]

교육의 필요성. 진실의 목자인 사제는 모든 사람에게 올바른 교리의 형태로 정신의 양식을 제공해야 한다. 성 암브로시우스는 《성직 의무에 관해서》의 도입부에서 "사제의 교육의무"를 말했다. 그러나 이러한 교육은 단순한 강의보다 훨씬 힘들고 복잡하다. 그 이유는 우선 지식

---

[75] Grégoire le Grand, *ibid.*, livre I, chap. 10.

[76] Saint Cyprien, lettre XLV; 또한 Lydda의 사제인 Denys의 편지: "많은 잘못으로 자유롭지 않은 사람들, 흩어져 있는 그리스도의 가축 무리를 진실한 목자에게 데리고 오도록 하라"(in *Lettres de saint Jérôme*, t. IV, p. 159, lettre 94).

을 완전히 갖추지 못한 목자는 가르치면서 배워야 하기 때문이다. **77**
진실은 그의 열성과 자비를 담은 말 속에서 드러나는 법이다. 그 다음
에는 유일한 교리를 전달하는 역할은 문제일 수 없다. 그가 가르치는
것은 그의 생활과 행동과 덕행을 통해서 나타나야 하고, 강한 인상을
줄 수 있어야 한다. **78** 마지막으로 그는 모든 사람을 동일한 방법으로
가르칠 수 없다. 청중들의 생각은 제각기 팽팽하게 당겨진 키타라●의
줄과 같아서, 그 줄을 동일한 방식으로 연주할 수 없다. 어떤 사람들
에게는 해로운 방식이 다른 사람들에게는 유익한 방식이 될 수 있는
경우가 빈번하다. 남자와 여자, 부자와 가난한 사람들, 유쾌한 사람
들과 슬픈 사람들을 똑같이 가르칠 수는 없는 것이다. **79**

개개인을 잘 알아야 할 필요성. 공동체를 지도하는 사람은 그러므로
모든 개인을 잘 알아야 하고, 개인은 그에게 모든 속내 이야기를 할 수
있어야 한다. 개인이 유혹의 공격을 받게 될 때, 약한 사람들은 "마치
어린아이가 어머니의 품에 안기듯이" 목자의 품 안에서 안식처를 찾아
야 한다. **80** 그러나 또한 목자는 그들의 의지와는 상관없이, 그들이

---

77 Saint Ambroise, *De officiis ministrorum*, I, 1.
78 자기들이 가르치는 것을 실천하지 않는 사람들은 "그들의 나쁜 품행 때문에 그들의
가르침대로 행동하려는 사람의 계획을 무너뜨리기 마련이다". 그들은 맑은 물을 똑
같이 마시는 목자들과 같지만, 그들의 더러운 발로 물을 더럽히고 어린 양들에게
더러운 물을 마시게 하는 사람들이다. saint Grégoire le Grand, *Le Pastoral*, livre
I, chap. 2.
● 〔옮긴이 주〕 고대 그리스의 현악기.
79 성 그레고리우스는 〈사목제〉에서 신자들을 잘 가르치기 위해 주의해야 할 점들을
36가지로 구별해서 작성한다.
80 〔*Ibid.*, livre I, chap. 4.〕

숨기거나 인정하지 않으려는 죄를 알아내야 한다. 에제키엘의 말에 의하면, 장벽을 뚫고 숨겨진 문을 열어야 한다.81 말하자면 "그들의 마음속에 숨어 있는 가장 사악하고 가장 혐오스러운 것을 알아낼 수 있도록 죄인의 외적인 행동을 검사"해야 하는 것이다.82 의도적으로 감추려고 했건 자기도 모르게 감춘 것이건, 진실에 대한 강요는 사제 와 신자들의 관계를 구성하는 한 요소이다.

지혜의 필요성. 목자는 자신이 아무리 하느님의 세계와 연결되어 있 다 하더라도, 현실을 외면해서도 안 되고, 무시해서도 안 된다. 그는 "언제나 열중해서 모든 문제를 철저히 검토해야 하고, 선과 악을 올바 르고 정확하게 분간할 수 있어야 하고, 어떤 일을 말하거나 행동하려 할 때 시간, 장소, 방법, 사람들을 조사할 줄 알아야 한다."83 그는 또 한 말을 "경솔하게" 내뱉듯이 하지 않아야 하고,84 지나치게 관대하거 나 지나치게 엄격하지 않아야 하고,85 서투른 나무꾼의 손에서 도끼 가 빠져나와 동료를 다치게 하는 것처럼 벌을 줄 때 실수하지 않도록 주의해야 한다.86 충실성으로부터 순수한 교리에 이르기까지 아무것 도 잃어버리지 않고, "가장 고결한 대상에 대한 명상으로부터 마음이 멀어지지 않은" 상태에서, 목자는 "이웃이 필요한 것들"을 잊지 말아

---

81 〈에제키엘서〉 8장 8절.
82 Grégoire le Grand, *Le Pastoral*, livre II, chap. 9.
83 *Ibid.*, livre II, chap. 1.
84 Saint Ambroise, *De officiis ministrorum*, I, 1.
85 *Ibid.*, II, 24.
86 Grégoire le Grand, *Le Pastoral*, livre II, chap. 9.

야 하고, "형제들이 물질적으로 필요한 것들"을 보살펴 주어야 한다. 87

목자의 역할은 그러므로 진실의 형성과 전달의 관계에 있다. 목자의 능력 ― 대상과의 친화력이자 예견의 능력과 주의력을 포함한 ― 은 기독교 교회의 법칙과 방법을 동반한 매우 정확하고 복잡한 지식의 근거가 된다. 목자와 신자의 관계에서 진실이 결정적 작용요소가 되는 것은 어디까지나 교의를 알아야 하고, 알게 할 필요가 있다는 일치된 생각이다. 또한 경우에 따라서 벌을 주어야 할 일이 생기거나 교정시킬 일이 문제가 되었을 때, 목자가 신자에 대해서 개인적 비밀을 알아내야 하고, 그 비밀을 늘 염두에 두고 있어야 한다는 것도 목자와 신자의 특징적인 관계형태라고 할 수 있다.

---

87 *Ibid.*, livre II, chap. 1 ; livre II, chap. 5.

"너의 죄를 없애 주려고 하니 너의 죄를 말하라." 성 크리소스토무스
는 속죄에 대한 두 번째 강론에서 이렇게 말했다.

　그리고 그는 하느님이 살인죄를 저지른 카인에 대해 심문했음을 상
기시킨다. 하느님이 그의 대답을 요구한 것은 땅바닥에서 울부짖는
피의 소리가 무엇을 외치고 있는지를 알기 위해서가 아니다. 하느님
은 다만 살인자가 "네, 제가 죽였습니다. *homôs homologeis tauta.*"라고
자기의 죄를 인정하기를 원했을 뿐이다.[1] 그리고 하느님이 그를 처벌

---

[1]　나중에 알 수 있듯이, 여기서 사용된 이 말은 많은 속죄의 고행 절차에서 나타난 정
　　확하고 동시에 복잡한 의미를 갖는 표현이다. 〈창세기〉 2장에 대한 19번째 강론
　　에서 속죄의 고행을 어떻게 실천하는가의 문제부터 이루어진 《성서》의 재해석은
　　훨씬 분명하다. 병을 치료하는 의사로서의 하느님은 카인이 자신의 죄를 인정하기
　　만 하면 그의 죄를 용서하려고 했다. Dieu, *hiatros* 〔médecin〕, 하느님은 카인의

하려 한 것은 카인이 자신의 죄를 인정하지 않았기 때문이고, 자신이 '모르는 일'이라고 주장했기 때문이다. 성 요한 크리소스토무스가 이렇게 자기의 생각을 두 가지로 표현했다는 것은 명심할 필요가 있다. 카인이 먼저 자기의 죄를 고백하지 않았기 때문에, 하느님은 그의 행위를 곧바로 용서하지도 않았고, '그가 회개할 수 있는' 기회를 주지도 않았다. 이것은 카인이 죄를 고백하지 않음으로써, 회개하고 자신의 생각을 바꿀 수 있고, 자신이 범한 살인죄를 벗어날 수 있는(또는 벗어나게 되는) 가능성이 없어졌음을 의미한다. 죄를 벗기 위해서는 죄를 말해야 했다. 게다가 결과적으로 보자면, 하느님이 징벌하려는 것은 살인 그 자체라기보다 카인의 파렴치함이다.2 여기서 사용된 파렴치함anaideia이라는 용어는 매우 중요하다. 이것은 거짓이 분명한 경솔한 언행과 관련되어 쓰인 말이기 때문이다. 이것은 또한 자신이 저지른 범죄를 전혀 뉘우치지 않는 일, 자신이 부끄러움 없이 저지른 행동에 대해 고백하기를 부끄러워하는 모순된 모습, 끝으로 죄인에게 용서받을 기회를 마련해 준 하느님에 대한 모욕 등의 문제와 관련된다.3 고백을 거부하는 파렴치한 행동을 함으로써 아벨을 살인한 그의 죄는 하느님에 대한 모욕으로 옮겨진다. 여하간 하느님에게서 비롯된 진실을 부정한 죄는 동생에 대한 살인죄를 덮을 정도로 엄청난 것이다.

죄가 죄를 인정함으로써 해소될 수 있기를 원했다.
2 하느님은 인간의 죄보다 파렴치함을 꾸짖는다.
3 행동과 고백에서 부끄러움과 파렴치함의 요소는 속죄에 대한 기독교 규범체계의 중심에 있다. 〈창세기〉 2장에 대한 19번째 강론에서 카인은 '비열한', '부도덕한', '파렴치한'과 같은 형용사들로 묘사되는 인물의 전형이다.

그런데 이러한 파렴치한 행동의 징벌은 어떤 것인가? 아마도 살인죄를 범한 죄인이라면, 그는 당연히 사형을 받을 것이다. 그러나 카인은 분명히 징벌을 받고도 살아남는다. 그에 대한 징벌은 땅 위에서 육화된 율법으로 나타난다. 그 법은 "살아 있는 법"으로, "침묵 위에 봉인되어" 있으면서도 "트럼펫보다 더 귀청을 찢는 듯이" 쩌렁쩌렁한 목소리로 외치면서 세계의 어느 곳이든지 돌아다녀야 한다. 여기서 '소리Phônê'라는 말은 의미심장하다. 이 말은 밭고랑에서 마르고 있는 아벨의 피가 울부짖는 소리를 나타내기 위해 사용된 표현과 일치하기 때문이다. 죄를 감추기 위해서 고백하지 않았으므로, 카인의 징벌 속에는 계속 외치는 소리가 들려온다. 그러나 피의 외치는 소리cri와 카인의 입에서 울려 퍼지는 목소리voix는 두 가지 다른 점이 있다. 카인의 목소리는 살인의 대가로 자신의 죽음을 요구하지 않는다. 그 소리는 반대로 이 세상의 모든 사람에게 "내가 저지른 행동을 하지 말라"는 소리이다. 게다가 이 소리는 땅에 흘린 피와 유기된 시체의 소리가 아니라 이제 카인의 목소리와 일치된 소리이다. 그런 소리가 나오지 않게 할 수도 있는 고백을 하지 않았기 때문에 그는 스스로 입을 다물고 있지 못하는 법이 되어, 하느님에게서 그를 죽이는 자는 일곱 곱절로 앙갚음을 받으리라는 저주의 말을 듣기도 한다. 카인은 법에 포획된 존재가 되어서 법의 그물로부터 빠져나갈 수 없다. 그는 이제 어떤 고백의 말을 하더라도 중단시킬 수 없는 율법의 소리를 끊임없이 외치면서 신음소리를 내고 온 세상을 돌아다녀야 한다. 4

---

4 〈창세기〉 3장에 대한 19번째 강론에서, 크리소스토무스는 카인이 이렇게 분명히

전통적인 교부학은 죄를 숨기는 카인과 죄를 인정한 다른 두 사람, 하와와 다윗을 대립시켜 비교한다. 속죄를 주제로 한 두 번째 《강론》에서, 성 요한 크리소스토무스는 카인이 죄를 부정한 이후에 다윗이 했다는 고백을 환기시킨다. 사실 그는 두 인물을 통해서 항목별로 대립되는 진실과 죄의 두 순환주기를 작성한다. 카인은 자신의 죄를 알고 있었는데, 다윗은 그의 죄를 모르고 있었다는 것이 크리소스토무스의 주장이다. 《성서》의 그 어떤 구절에서도 정당화할 수 없는 이러한 사실을 확증하기 위해, 그는 정념에 대한 "철학적" 개념을 환기시키면서 영혼이 수레를 운전하듯이, 영혼이 육체를 인도해야 한다는 논리를 내세운다. 만일 영혼이 어떤 정념 때문에 눈이 멀거나 취하게 되면, 또는 단지 주의력이 약해졌을 뿐이라고 해도, 영혼은 더 이상 자기가 어디로 가는지를 알지 못하여 수레는 진흙 속에서 균형을 잃고 만다. 정념에 취해서 자기가 죄를 범하고 있는지를 알지 못했던 다윗의 경우가 이와 같다. 또 하나의 다른 점은, 카인 앞에 나타난 하느님은 전능한 분이어서 아무것도 감출 수 없었던 반면, 다윗 앞에 나타난 사람은 오직 나단일 뿐이었다. 나단은 다윗과 같은 예언자이므로, 그보다 전혀 우월한 입장이 아니었다. 그는 다른 사람을 치료하고 싶어하는 의사일지는 모르겠지만, 그렇기 때문에 다윗이 "당신은 누구인가? 누가 당신을 보냈는가 … ? 뻔뻔스럽게 당신이 … ?"라고 말하면서

고백했다는 것을 지적한다. "저는 용서받지 못할 만큼 큰 죄를 저질렀다고 생각합니다. 그러나 이러한 고백을 적절한 시기에 하지 못했기 때문에, 이제 와서 고백한다는 것은 가치 없는 일입니다." 어느 때에 고백을 하는가의 문제는 속죄의 행위에 대한 이론과 실천에서 똑같이 중요하다.

그를 되돌려 보냈을 것이라고 크리소스토무스는 추정한다. 여하간 어떤 권력도, 어떤 강제력도 다윗으로 하여금 그의 의지와 상관없이 고백하게 할 수는 없었다는 것이다. 게다가 카인은 그의 범죄행위를 가리키면서 "아벨은 어디 있느냐?"라고 물은 것에 대답해야 했다. 그런데 다윗은 어떤 부자가 자기의 양을 아끼기 위해서 가난한 사람의 전 재산이나 다름없는 양을 죽였다는 우화를 듣는다. 우리가 잘 알고 있듯이, 크리소스토무스에 의하면 이 우화의 기능은 두 가지로서, 하나는 왕의 재판에 대비한 시험이고, 다른 하나는 죄인을 알아내기 위해서 판독해야 할 우화의 교훈성이다. 이 시험에 다윗은 마치 그 자신이 판결을 내리듯이 "그런 짓을 한 사람은 죽어 마땅하다"고 대답한다. 그런데 수수께끼 같은 이 문제를 해결한 사람은 "그런 짓을 한 사람이 바로 당신"이라고 말한 나단이다. 그러나 다윗은 곧 그의 지적을 받아들이고, "내가 주님께 죄를 지었소"라고 고백함으로써 자진해서 나단이 죄를 인정하게 만든 죄인의 자리에 있으려 한다. 시험과 수수께끼에 대한 대답에서 다윗과 카인은 대조적이다. 카인은 그와 그의 아우를 결합하도록 한 율법을 부정했고("나는 그의 보호자가 아니다"), 그의 죄가 중대하다는 것을 결국 인정하고 자신이 죽어 마땅하다는 판결을 요구했지만, 그 시기가 적절하지 않았다. 나중에 피의 외치는 소리로 그를 고발했을 때는 이미 일이 벌어진 후였다. 다윗은 율법을 말하고, 판결을 내리고, 자기도 모르게 자책하는 말부터 시작했다. 그런 후 진실을 파악하고 그는 자신이 좀 전에 내린 판결의 당사자가 될 위험에 처한다. 그렇기 때문에 "적절한 시기에" 이루어진 다윗의 고백은 판결을 말하고 동의를 받았다는 것과, 자신의 죄를 인정했다는 두 측면에서 장점이 돋보이고, 또한 그 자신이 사전에 결정한 엄격한 판결을 자신에게 불리하다고 해서 바꾸지 않았다는 점에서 그의 장점은 더욱 돋보인다. 그렇기 때문에 다윗의 간통을 통해서, 보다 정확히 말하자면 성 요한 크리소스토무스가 앞에서 세밀하게 수정한 해석을 통해서 분석된 고백은 단지 자기가 죄를 저질렀다는 것을 인정하는 행위일 뿐 아니라 유죄판결을 그대로 인정한 미덕의 행위로 평가된다.5 기독교인의 본질적 주제인 속죄의 의식에 따라, 다윗처럼 죄를 고백한 죄인은 자신의 기소인이자 동시에 자신의 재판관이다. "너는 너 자신의 죄를 인정한 위대한 영혼이다. … 너는 너 자신의 죄에 대해 올바른 판결을 내렸구나." 용서가 고백에 대한 즉각적인 응답으로 나타난 것은 고백이 단순히 사실에 대한 정확한 진술이어서가 아니라, 법적 절차의 구성요소들을 온전히 자기의 책임으로 받아들였기 때문이다. 진실-말하기, "진실 밝히기"는 재판권과의 관계 — 죄를 범하고 자백하는 사람에게서 고소의 심급과 재판의 심급의 변화된 관계 — 속에서 용서의 효력을 발휘한다.

하와는 일반적으로 카인과 대립되는 인물로 나타난다. 〈창세기〉에

---

5 〈사무엘기〉 2장 11절에 대한 이 해석에서 크리소스토무스가 다윗의 무지한 과오에 부여한 역할은, 그가 나다니엘의 우화와 관련되어 있음을 모르거나 밧세바와 공범으로 죄를 저질렀다는 의식도 없으면 없을수록 그만큼 환경을 더욱 "완벽한 것"이 되게 하고 또한 "엄격한 것"이 되게 할 수 있다는 점에서 중요하다. 그런데 크리소스토무스는 이처럼 그가 저지른 죄의 성격을 모른다는 사실을 덧붙여 말한다. 이런 점에서 그리스 비극의 반영을 보아야 하는 것일까? 아니면 보다 일반화시켜서 말한다면, 결국에 가서는 죄를 지은 자신의 모습이 밝혀지는 그러한 죄인을 심판하는 사람의 도식에 부여된 가치가 반영된 것으로 보아야 할까?

대한 17번째 강론에서 크리소스토무스는 하와와 아담이 자신의 죄를 인정한 사람들이라고 말한다. 이들이 고백한 형식은 두 가지이다. 하나는 하느님의 부름을 듣고 잠시 숨어 있던 아담과 하와가 대답하기 위해 나와서 자기들이 금지된 과일을 먹은 것이 사실임을 인정할 때 사용한 말의 형식이다(크리소스토무스가 지적한 것은 하느님이 남자에게 나무 열매를 먹었느냐고 물었고, 여자에게는 어찌하여 나무 열매를 먹었느냐고 물었다는 점에서 그들의 행위에 대한 고백을 요구한 것이라면, 반대로 용서할 수 없는 죄를 저지른 뱀에게는 구원의 방법을 제시하지 않고, "너는 그런 짓을 한 이상, 저주받아 마땅하다"는 말만 했다는 것이다). 그러나 그들의 고백이 있기 전에 그들은 언어를 사용하지 않은 표현, 즉 양심에 의한 표현이자 동시에 몸짓에 의한 표현을 먼저 했다는 것이다. 과일을 먹자마자 아담과 하와가 곧 자기들이 알몸이라는 것을 알고 부끄러워하면서 몸을 가리려고 한 것이 그러한 표현이다. 여기서 부끄러움을 하나의 고백 형식으로 해석한 것을 중요시할 수 있는 까닭은 이것이 《강론》 19장에서 카인의 파렴치함을 기술한 대목의 의미를 이해할 수 있도록 했기 때문이다. 이처럼 부끄러움에 고백의 가치를 부여하면서, 크리소스토무스는 우선 고백이란 우리가 이미 스스로 알고 있는 것을 다른 사람에게 단순히 전달하는 것이 아니라, 무엇보다도 내면의 발견이라는 것을 말하고자 한다. 그는 또한 고백이란 감추면서 동시에 보여 주는 행위, 보다 정확히 말하자면 감추고 싶어 하면서 또한 보여 주는 행위임을 말하고 싶어 한다. 이렇게 감추려는 의지는 우리가 나쁜 짓을 했다는 양심의 가책을 인정하는 것이고, 보여 주는 행위는 만인에게 이러한 양심을 드러내는 일이 두렵지 않음을 나타내는 것이다. 고백의 중심에는 그러므로 이러한 부끄러움이 동반되어야 한다. 죄를 지었다는 부끄러움이 없고, 따라서 감추려는 욕구도 없다면 고백하지 않을 것이고, 파렴치한 죄인으로 남게 될 것이다. 그러나 이러한 부끄러움 때문에 고백하고 싶지 않을 정도로 우리의 죄를 숨기면서 카인처럼 자신의 범죄를 부정한다면, 이 부끄러움은 파렴치한 행위가 되는 것이다.

아담과 하와는 죄를 고백하지 않는 것에 대한 부끄러움이 있었기 때문에, 그들의 죄는 용서할 수 없는 죄가 아니었다. 만일 그들의 죄가 인간의 타락을 초래한 것이라면, 감추면서 드러난 그들의 부끄러움은 최초의 속죄 형태라고 해석될 수 있다. 저주받은 족속인 뱀과 카인 앞에서 아담과 하와는 물론이고 다윗 역시 구원의 계통수 위에 있게 된다. 물론 이것은 그들의 고백에 의해서 이루어진 결과이다. 우리는 크리소스토무스의 이러한 해석에서 기독교의 기본이념 같은 것이 매우 분명히 나타나 있음을 알게 된다. 죄를 지어 하느님의 뜻을 거스르고 하느님의 율법을 위반할 때, 죄는 진실에 대한 의무를 갖는다. 진실의 의무에는 두 가지 양상이 있는데, 하나는 죄를 저지른 장본인으로서 자신의 죄를 인정하는 일이고, 다른 하나는 죄의 행위가 악이라는 것을 인정하는 일이다. 아우를 죽인 피의 범죄에 하느님의 뜻인 진실을 거스른 죄를 추가할 수 있게 한 "나는 모릅니다"라는 대답으로 카인은 진실의 의무를 지키지 않았다. 아담과 하와와 다윗은 진실-말하기의 원칙에 복종함으로써 율법에 대한 거역을 속죄하고 이러한 의무를 다할 수 있었다. 기독교는 죄를 다스리는 문제의 중심에 진실-말하기의 의무를 배치했다. 그러나 이러한 의무가 예를 든 것일 뿐이고, 최초의 명령일 뿐이라는 성 요한 크리소스토무스의 해석은 이것이 용서의 절차에서 단순히 도구적 역할을 하는 것도 아니고, 용서를 받고 형벌을 완화시키는 수단의 역할도 하지 않는다는 것이다. 인간의 죄는 범하자마자 곧 하느님에 대해 진실의 빚을 지는 행위가 된다. 이러한 빚은 매우 본질적이고 매우 기본적인 것이므로, 아무리 무거운 죄라고 할지라도 하느님으로부터 용서받을 수 있다. 그러나 죄를 감추려고 하면 저지른 죄는 그대로 남아 있을 뿐만 아니라, 필연적으로 그 죄보다 훨씬 무거운 죄, 직접적으로 하느님에 대한 죄를 저지르는 것이다. 성 요한 크리소스토무스와 같은 입장에서 〈창세기〉의 같은 구절을 해석한 성 암브로시우스가 하느님이 카인에게 아우를 죽인 것보다 진실을 말하지 않은 것에 벌을 주었다고 주장한 것은 대단한 의미를 갖는다.[6] 크리소스토무스가 파렴치함impudence이라고 말한 것을 암브로시우스는 신성모독sacrilège이라고 말한다. 그들 사이에 어떤 엄격한 해석의 차이가 있는 것은 아니다. 크리소스토무스에게서 '파렴치함'은 하느님에 대해 죄의 빚을 지었다는 표시로서 부끄러움에 대한 위반을 의미한다. 암브로시우스는 라틴어로 쓰인 법률 용어에서 이러한 위반을 신성모독sacrilegium이라고 지칭한다. 얼마 후에, 성 아우구스티누스는 카인이 고백하기를 거부하는 것에 대해 다른 의미를 부여한다. 그 역시 하느님의 물음이 카인을 처벌하기 위해서가 아니라 오직 시험하기 위해서였음을 강조한다. 왜냐하면 하느님은 카인의 범죄행위를 묻지 않아도 잘 알고 있었기 때문이다. 그러나 카인이 "나는 모르는 일입니

6　〔Saint Ambroise, *De paradiso*, XIV, 71.〕

다"라고 대답함으로써, 그는 어떤 의미에서 주님의 말을 듣지 않는 최초의 유대인이 된다. 카인은 자신이 저지른 범죄의 진실을 인정하도록 요구한 하느님의 뜻을 거슬렀기 때문이다. 그래서 유대인들은 복음서의 진실을 인정하지 않은 사람들이다. 한쪽은 피의 목소리가 외치는 의미와 하느님이 상기시킨 말의 뜻을 무시했기 때문에 거짓을 말한 것이라면, 다른 한쪽은 그리스도의 희생과 《성서》의 예언이 거짓이라고 말한 것이다.[7] 그러나 성 아우구스티누스는 카인의 교훈을 죄의 고백이라는 문제에서 복음서에 대한 믿음의 문제로 전환하면서도 속죄를 주제로 한 《복음서 해설》이나 《신국론》에서 관련된 글의 내용을 바꾸지는 않았다. 그는 크리소스토무스와 암브로시우스가 문제의 책에서 암시적 표현으로 남겨 두었던 것을 분명히 관련지어 말한다. 죄에 대한 진실의 의무를 하느님의 계시에 대한 진실의 의무와 같은 것으로 생각했기 때문이다. 진실-말하기와 믿음, 자기 자신에 대한 진실의 인정과 계시에 대한 믿음은 분리될 수 없는 것이고, 또한 분리되어서도 안 될 것이다. 진실의 의무는 믿음으로건 고백으로건, 기독교의 중심에 있는 주제이다. '고해'라는 말은 전통적으로 이러한 두 가지 의미를 함축하고 있다. '고해'는 일반적으로 진실의 의무에 대한 인정이다.

나는 당연히 이 두 주제들 중에서 기독교의 신앙심으로 이해될 수 있는 진실의 문제는 일단 제쳐 두고, 고백으로 이해되는 진실의 의무와 죄와 구원의 관계에서 중요시되는 진실의 의무만을 검토해 보겠다.

---

7   Saint Augustin, *Contra Faustum*, XII, 10.

그러나 이러한 두 가지 양상의 관계는 끊임없이 관련지어서 생각해야 할 문제이다. 이렇게 말하는 까닭은 죄의 '진실-말하기'가 기독교에서 어쩌면 훨씬 더 중요한 자리를 차지하고 있으며, 또한 이 문제가 죄의 고백을 필요로 하는 대부분의 종교들 — 이러한 종교들은 무수하게 많지만 — 보다 훨씬 더 복잡한 역할을 한다는 점을 끊임없이 강조할 필요성이 있기 때문이다. 최소한 그리스와 로마의 종교들과 비교하더라도, 기독교는 신자들에게 끊임없이 그들 자신에 대한 '진실-말하기' 의무를, 형식의 측면에서 훨씬 더 엄격하게 부과했다.

기독교에서 육체를 주제로 논의한 부분을 이해하려면 이처럼 '진실을 밝히기'와 관련된 새로운 규범들의 검토과정을 거쳐야 한다.

부록 4

그러나 핵심적 문제는 여기에 있지 않다. 문제는 인간의 타락chute 이전에 있을 수 있는 성관계를 부패corruption의 범주를 떠나서 생각해야 한다는 데 있다. 아우구스티누스 이전의 대부분의 사람들이 이용한 바 있듯이, 부패는 사실 인간의 죽음과 양성의 결합 사이에서 본질적인 공통성과 동시에 상호적 인과관계를 확립한 원인이었다. 부정한 성관계는 육체를 파괴하는 죽음처럼 더러운 부패의 형태였기 때문이다. 성행위는 죽음이 인간에게 징벌로 부과되었을 때, 인간에게 엄습한 부패의 결과로 생각될 수 있었다. 그래서 역으로 우리는 성행위가 육체에 불순물을 가져옴으로써 부패하지 않는 염결성을 손상시켰으며, 육체를 파괴의 위험에 처하게 했다고 생각할 수 있다. 아우구스티누스에 의해서 이루어진 중요한 변화는 한편으로는 죽음le mort과 죽음의 운명la mortalité을 분리하고, 다른 한편으로는 양성의 결합과 육체의

587

부패된 상태를 분리함으로써 부패의 이러한 전체적 범주를 해체했다는 데 있다.

최초의 부부가 죄를 짓지 않았다면 인간은 죽지 않고 계속 살았을까 하는 문제는 아우구스티누스에 의하면 〈창세기〉(2장 17절)에 분명히 나타난다. " … 선과 악을 알게 하는 나무에서는 따 먹으면 안 된다. 그 열매를 따 먹는 날, 너는 반드시 죽을 것이다." 그러므로 죽음이 있게 된 것은 하느님의 명을 거역한 후에 그리고 거역했기 때문이지만, 이 사건이 있기 전에 죽음은 현실화될 수 있는 조건을 찾지 못한 상태에서 오직 가능성만 있었을 것으로 보인다. 죽음이 현실화된 까닭은 죄를 지어서가 아니라, 죽음의 가능성이 있었기 때문이다. 하느님은 굳이 시간의 흐름을 말하지 않고 필연적인 결과만을 이야기하다가 "너희가 그 열매를 따 먹는 날, 너희는 죽으리라"고 말했을지 모른다. 그러니까 우리는 창조주의 손으로 빚어진 인간이 처음부터 자기 안에 죽음의 가능성을 가지고 있었다고 생각해야 한다. 완전히 건강한 육체, 질병이건 노화건 간에 어떤 요인으로도 손상되지 않는 육체는 어차피 죽음의 운명을 갖는다고 말할 수 있다. 그러나 이 말은 병든 육체가 죽음의 위험에 처해 있다는 말과는 다르다. 타락 이후에 인류의 상태는 다음과 같은 것이었다. "나는 생명을 출생부터라고만 말하지 않고, 수태의 순간부터라고 말하겠다. 생명이란 우리를 운명적으로 죽음에 이르게 하는 일종의 병이 시작하는 과정과 과연 다른 것일까?"[1] 그러므로 죽음의 운명과 죽음은 구별해야 하고, 보다 정확히 말하자면 원죄

---

1   Saint Augustin, *De Genesi ad litteram*, IX, 9, 16~17.

이전의 죽음의 운명이란 창조되었을 때의 모습 그대로 인간의 존재론적 조건으로 정의해야 한다. 죽음의 운명은 죄에 대한 표시가 아니라, 인간이 하느님의 율법을 충실히 따르는 한, 오래도록 일반적 조건으로 유예되어 있었을 때 나타나는 미덕과 지혜의 표시일 수 있다. 그래서 원죄에 의한 죽음의 운명은, 모든 인간이 원죄 때문에 일종의 오랜 질병이나 다름없는 생명을 사는 동안 계속 이어지는 죽음의 실제적 도정으로 정의되어야 한다. 모든 인간이 육체의 부패로 인해 필연적으로 죽게 되는 날이 오더라도, 인간의 조건에서 죽음의 운명이 부패의 결과는 아니다. 2

다른 한편으로, 대칭적 관점에서 아우구스티누스는 적어도 원칙과 본래적인 가능성의 측면에서 성행위와 부패를 분리한다. 《신국론》의 한 구절은 이 점에서 특히 의미심장하다. 천국의 염결한 생활원칙을 부정하지 않으려는 생각 때문에, 많은 해석학자들은 타락이 있기 전의 아담과 하와의 육체관계를 인정하지 않았다. 타락 이전의 인류는 그러므로 순결했고, 따라서 오늘날의 동정 개념은 필요한 부분을 수정하여 이러한 기원의 지위로 돌아가자는 것이었다. 그렇지만 아우구스티누스는 실제적인 육체관계의 가능성을 인정하면서 동시에 여자의 순결 보존을 인정한다. "신랑은 영혼의 평온과 육체의 완전한 순결상태에서 매력적인 정념의 강렬한 자극이 없어도 신부를 임신시킬 수 있

---

2 아우구스티누스는 죽음의 필연성을 이야기할 때 인간의 죽음에 분명하고 강력한 의미를 부여한다. 타락한 인간의 불가피한 미래와 인류 최초의 조상에 부여한 죽음의 운명을 가진 인간의 지위를 구별하는 일이 중요한 것이다.

었다. 우리가 그것을 경험으로 알 수 없다고 해서, 그것이 의심할 이유는 되지 않는다. 왜냐하면 육체의 이러한 부분들은 혼란스러운 열정으로 자극받는 것이 아니라, 자기에 대한 통제력으로 조절된 생리적 욕구에 의해 사용되는 것이기 때문이다. 그렇기 때문에 종자는 마치 현재의 월경 유출이 동정에 어떤 손상도 입히지 않고 생성될 수 있듯이, 신부의 순결을 보호하면서도 신부에게 전달될 수 있었을 것이다. 왜냐하면 같은 방식에 의해서 어떤 것은 받아들이고, 다른 것은 거부할 수 있기 때문이다."3 완전히 의지에 따른 행위로서, 이혼하는 일이 없다면 언제든지 이루어질 수 있는 이러한 수태의 종자 유출의 의미에 관한 문제는 나중에 다시 검토할 필요가 있을 것이다. 여기서 강조해야 할 것은 성관계가 육체의 '타락' 없이 이루어진다는 점이다. 그리고 '타락'에 의해 여자의 온전한 육체적 순결성은 훼손되고 동시에 의지와 상관없이 남자의 육체를 사로잡는 격렬한 충동의 움직임이 있다는 것을 알아야 한다.

육체를 영혼의 통제에서 벗어나게 만들고, 육체를 제어할 수 없는 충동의 흐름으로 관통하고, 질병이 엄습하여 육체를 부분적으로 파괴하는 이 모든 현상들, 죽음의 운명성을 예고하고 죽음을 준비하는 모든 것, 최초의 부부는 서로 결합하면서 동시에 이 모든 문제들로부터 자유로울 수 있었을 것이다. 최초의 부부는 "영광스러운 혼인"과 "더러운 얼룩이 없는 잠자리"를 체험할 수 있었다.4

---

3 Saint Augustin, *La Cité de Dieu*, XIV, 26.
4 〔〈히브리인들에게 보낸 서간〉 13장 4절.〕

그러나 성관계를 죽음과 부도덕한 행위impureté와 연결시킨 타락의 이러한 일반적 범주와 일단 분리해서 본다면, 죽음이 필연적이라는 사실을 아직 모르는 사람들에게 그리고 인간의 죄로 인해 성불능이나 성적 능력의 결핍, 괴로운 정념, 그리고 육체와 영혼의 모든 질병들을 아직 겪어보지 않은 사람들에게 성관계가 과연 무엇일 수 있는지를 아는 것이 문제이다. 간단히 말하자면, 성행위와 육욕 사이의 관계에 대한 이론을 만들어야 하는 것이다.

권력, 욕망, 주체

1

2018년 2월의 어느 날, 푸코의 《성의 역사》 제 4권 《육체의 고백*Les aveux de la chair*》이 저자 사후 34년 만에 출간되었다는 소식을 접했다. 그때 처음 떠오른 생각은 '세상에 어떻게 이런 일이 가능할까?'였다. 잘 알려져 있듯이, 이 책은 본래 《성의 역사》 제 2권 《육체와 신체*La chair et le corps*》라는 제목으로 기획되어 1982년 가을에 거의 완성되었다는 것이다. 그런데 푸코는 이 원고를 갈리마르출판사에 맡기고 본격적인 출판작업에 들어가기 직전에 이 책의 출간을 보류하고, 《성의 역사》를 처음에 기획했을 때는 포함되지 않았던 제 2권 《쾌락의 사용법》과 제 3권 《자기에 대한 배려》를 서둘러 탈고한다. 그는 왜 처음의 기획과는 다른 작업을 이처럼 무리하게 추진한 것일까? 아마도 그는 처음에 기획했던 《성의 역사》제 2권을 준비하는 과정에서 2세기부터 5세기까지 초기 기독교 교부들의 텍스트를 중심으로 육체의 경험과 성의 윤리에 관련된 문제를 분석하던 중, 교부들의 사상에 많은 영향을 미친 고대철학과 그리스인들의 성생활에 관한 연구서가 먼저 나와야 할 필요성을 절감했을지 모른다.

푸코는 《쾌락의 사용법》과 《자기에 대한 배려》 원고를 출판사에 넘긴 후, 그동안 중단했던 《육체와 신체》, 즉 《육체의 고백》 원고를 보충하고 수정하는 작업을 재개한다. 그러나 이 무렵에 병세가 급격히 악화된 그는 입원한 지 한 달도 지나지 않은 1984년 6월 25일, 패혈증으로 숨을 거두고 만다. 타계하기 전에 그는 자신이 쓴 모든 글의 '사후 출판'을 원하지 않는다는 유언을 남겼다고 한다. 그러나 그의 유언과는 달리 대부분의 유고와 논문, 강의록 및 강연 원고들이 책으로 묶여 나온 반면, 타계하기 전에 거의 완성되었다는 《육체의 고백》이 그렇게 오랫동안 출간되지 않은 까닭은 무엇일까? 푸코의 저작권 상속자들은 어떤 이유로 이 책의 출간을 사후 34년이 지날 때까지 미룬 것일까?

갈리마르출판사의 편집자 피에르 노라는 《육체의 고백》이 출간된 직후 2018년 2월의 인터뷰에서 푸코가 모든 유고들의 '사후 출판'을 원하지 않는다고 말한 것은 사실이지만, 그때에도 《육체의 고백》은 예외라고 말했음을 증언한다(L'Histoire, 2018년 2월호). 또한 《성의 역사》를 계획한 동기가 《육체의 고백》을 쓰기 위해서라고 말했을 만큼 푸코가 이 책에 중요한 의미를 부여했기 때문에, 자기는 오래전부터 이 책의 원고를 최소한의 편집으로 다듬어서 조속히 출판해야 한다고 주장했다는 것이다.

피에르 노라뿐만 아니라 푸코의 친구이자 동료들인 역사학자 조르주 뒤메질과 폴 벤느도 푸코의 타계 직후부터 이 책이 가능한 한 빨리 출간되어 독자들이 읽을 수 있도록 해야 한다는 입장을 피력한 바 있다. 미셸 푸코의 전기를 쓴 디디에 에리봉 역시 《미셸 푸코, 1926~1984》(2010)에서 "원고를 미발표로 남겨 놓거나 혹은 그것에의 접근을 자의적으로 통제하려는 상속자들의 권리보다 독자의 텍스트 접근권을 더 우선시해야 한다"는 논리를 내세워 이 책의 출간을 강력히 독촉하기도 했다.

이처럼 푸코의 친구와 동료들이 이 책의 조속한 출간을 요청했음에도 불구하고 푸코의 저작권 상속자들이 출간을 서두르지 않은 까닭이 무엇인지는 알 수 없다. 그러나 그들이 이 책의 출간을 미룬 이유가 이 책의 중요성을 외면하거나 독자들의 '텍스트 접근권'을 무시해서가 아니라는 것은 분명하다. 어쩌면 그들은 이 책의 중요성과 파급효과를 많이 의식하고, 이 책의 현재적 의미를 확신했기 때문에 가능한 한 출간 시기를 늦추면서 푸코를 재탄생시키는 계기를 모색했을지 모른다. 이러한 우리의 추정은 푸코의 '오늘'에 대한 문제의식에 근거를 둔 것이다. 푸코는 《광기의 역사》에서부터 '광기'와 '오늘'의 문제를 중요시했고, 《감시와 처벌》에서는 현대사회와 감시의 권력을 문제시했다. 이처럼 '오늘'과 '현재'에 대한 그의 끈질긴 관심과 탐구가 있었기 때문에, 우리의 현실을 돌아보게 만드는 지혜롭고 빛나는 통찰력은 시간이 지나도 변함이 없다.

《육체의 고백》은 현재의 우리 모습, 우리의 내면과 욕망의 진실을 깊이 있게 분석한다. 이 책에서 논의되는 성性의 윤리, 욕망과 육욕, 양심성찰과 주체의 실존 방식은 초기 기독교 시대에 국한된 과거의 문제가 아니라 오늘의 문제이고, 어느 시대이건 변함없는 인간의 본성과 관련된 우리의 문제이다.

2

푸코의 《성의 역사》는 일반적으로 시대에 따라 변화한 인간의 성적 관습을 분석한 책도 아니고, 성에 대한 표현과 모럴의 관계를 역사적으로 기술한 책도 아니다. 《성의 역사》는 성에 대한 담론과 성문제를 권력과의 관계에서 분석한 책이다. 이런 의미에서 《성의 역사》 제 1권 《지식의 의지》는 근대의 자본주의 사회가 성을 억압했다고 주장하는 프로이트적 마르크시스트에 대한 푸코의 공격과 더불어 시작한다. 성의 억압설에 대한 그의 비판은 단순히 권력이 성을 억압했다는 논리에 초점을 맞추지 않는다. 그는 성에 대한 권력의 억압 논리를 일방적으로 비판하기보다, 성과 권력의 복잡한 관계에 대한 역사적 분석을 시도한다. 그의 역사적 분석 혹은 계보학적 작업은 '우리는 왜 성에 대해서 죄의식을 갖게 되었는가?', '왜 사람들은 권력 앞에서 감추고 싶은 성의 문제를 고백하게 되었는가?', '고백의 행위를 통해서 주체는 권력에 어떻게 종속되었는가?', '성에 대한 무수히 많은 담론과 지식들은 권력과의 어떤 관계에서 형성된 것인가?'와 같은 문제의식으로 전개된다.

푸코는 《성의 역사》 1권에서 17, 18세기부터 성문제에 대한 권력의 요란한 정책적 관심의 증가는 인구와 노동력을 확보하기 위해 성을 이용하는 전략을 강구한 결과였고, 그때까지 성문제에 대한 통제의 원칙은 대체로 교회법, 기독교 교서, 그리고 민법에 의거한 것이었다고 말한다. 이 텍스트들은 부부관계의 규정과 관련해서, "부부의 의무, 그 의무를 이행할 수 있는 역량, 그것을 지키는 방법, 의무 이행에 따르는 요구와 폭력의 사용 여부, 부부의 의무를 구실 삼아 이뤄지는 불필요하고 부당한 행위들, 임신 혹은 피임을 위해 시도하는 방법, 피임을 요구할 수 있는 시기(임신과 수유의 위험이 있는 기간, 사순절 또는 육식을 금해야 하는 때의 금욕기간), 부부관계가 많거나 적은 것의 문제"[1] 등 부부의 성생활에 관한 모든 사소한 문제들의 규범화를 논의한다. 이러한 결혼생활의 규범과 체제는 18세기와 19세기에 이르러 성에 대한 많은 담론의 생산과 함께 큰 변화를 겪는다. 이러한 변화는 어린이의 성性, 광인狂人들과 범죄자들의 성, 동성애자들의 성 등 소수자들의 성문제가 새롭고 다양하게 부각되는 현상과 무관하지 않다.

푸코는 이처럼 성문제를 다루면서 권력이 어떤 형태의 성을 허용하거나 금지했는지, 그리고 어떤 규범을 위반했을 경우에 죄를 어떻게 처벌했는지를 분석하지 않는다. 가령 고해성사를 문제시할 때에도 그의 관심은 어떤 성적 행위가 고해의 주제가 되었고, 교회에서는 그것을 어떻게 받아들였는가에 있지 않다. 그에게 중요한 것은 고백의 내용이 아닌 고백의 사회적, 역사적 현상이고, 고백과 권력과의 관계이다. 권력은 개인에게 진실 말하기를 요구한다. 개인과 권력 혹은 권력

---

1   M. Foucault, *La volonté de savoir*, Gallimard, 1976, pp. 51~52.

과 주체와의 관계에서 고백은 중요한 의미를 가질 수밖에 없다. 이러한 고백의 중요성 때문에 중세 이후 서구사회는 주요 의식들 속에 고백을 포함시키게 된다. 푸코에 의하면, 그 시대의 고백은 거의 일상화되었다는 것이다. "사람들은 자신의 범죄를 고백하고, 자신의 과오를 고백하고, 자신의 생각과 욕망을 고백하고, 자신의 어린 시절을 고백한다. 자신의 병과 자신의 고통을 고백한다. 사람들은 가장 말하기 힘든 것을 아주 자세히 말해야 하고, 자신의 부모, 선생, 의사 그리고 사랑하는 사람들에게 공개적으로건 개인적으로건 고백한다."2 고백이 이처럼 일상화되고, 고백의 의무가 당연시됨으로써, 사람들은 인간을 지배하는 권력과 고백의 관련성을 인식하지 못할 정도에 이른다.

푸코는 이렇게 고백의 사회적 현상을 설명하면서, 17세기 부르주아 사회로부터 현대에 이르기까지 권력이 행사되는 특별한 공간에서 개인은 성에 대한 진실을 모두 고백해야 했다는 점에 주목한다. 그는 고백을 이끌어 내는 권력의 공간으로 교회의 고해실과 정신과 의사의 상담실을 예로 들기도 한다. 교회에서 사제에게 죄를 고백하는 것과 정신과 의사에게 환자가 자신의 문제를 모두 말하는 것은 개인의 고백이란 점에서 동일한 것이기 때문이다. 성직자가 고해자로부터 규범의 위반과 일탈행위를 청취할 수 있는 것처럼, 정신과 의사는 환자로부터 신경증 치료를 명분으로 개인의 성문제에 대한 비밀을 이끌어 낼 수 있는 것이다.

---

2 *Ibid.*, p. 79.

3

《성의 역사》1권이 1976년에 출간되었고, 4권인 《육체의 고백》이 1982년에 거의 완성되었다고 본다면, 이 기간 동안 푸코의 연구는 어떻게 진행된 것일까? 푸코에게서 강의와 연구가 분리될 수 없는 것이라면, 우리는 '콜레주 드 프랑스'에서의 다음과 같은 강의 제목을 통해서 그의 연구가 어떻게 진행되었는지를 간단히 검토해 볼 수 있다.

1977~1978년: "안전, 영토, 인구"
1978~1979년: "생명관리정치의 탄생"
1979~1980년: "살아 있는 사람들의 통치에 관해서"
1980~1981년: "주체성과 진실"
1981~1982년: "주체의 해석학"

이 강의들은 '권력의 인구 통치'와 '주체의 자기 통치'라는 두 가지 주제의 계열로 나누어 볼 수 있다. 물론 권력의 인구 통치와 주체의 자기 통치는 대립적으로 분리될 수 있는 주제가 아니다. 푸코가 "안전, 영토, 인구" 강의에서 말한 것처럼 통치란 인간의 행동을 지도하는 기술과 절차를 의미하는 것으로서, 주체에 대해서건 권력에 대해서건 통치는 모든 대상에 공통된 논리로 적용될 수 있는 것이다. 그러므로 아동의 통치, 영혼이나 양심의 통치, 가정의 통치, 국가의 통치, 자기 자신의 통치 등 모든 대상에 대한 통치가 가능할 수 있다.

통치행위가 합리적으로 이루어지기 위해서는 우선 최소한의 비용으로 최대한의 효과를 창출한다는 경제논리가 필요할 것이다. 가령 국가의 통치행위를 문제 삼아 보자. 18세기 말과 19세기 초에 등장한 정치권력은 사회의 규율과 질서뿐 아니라 개인의 건강, 위생, 음식, 성, 출산 등 인구 전체의 건강과 사회복지 분야에 대한 정책적 변화의 필요성을 절감하게 된다. 푸코는 이러한 정책의 변화를 그 당시 서유럽에서 발생한 급격한 인구증가 때문으로 해석한다. 권력은 이렇게 증가한 인구를 경제적이고 효율적인 생산의 순환 속으로 편입시키기 위해서 인구를 통제하게 되었다는 것이다. 푸코는 인구 전체의 효율적 사용가치를 높이는 방안을 강구하는 과정에서 '생명관리 정치le bio-politique'와 '생명관리 권력le bio- pouvoir'이 출현하였다고 설명한다.

또한 권력의 인구통치에 대한 문제와는 다르게 1980년부터 1982년까지 푸코의 강의가 "주체성과 진실", "주체의 해석학"이란 제목으로 진행된 것을 보면, 당시의 그가 얼마나 주체의 문제에 몰두했는지를 알 수 있다. 주체에 대한 관심에서 중요한 것은 자기에 대한 인식과 통치, 자기에 대한 배려와 '자기 테크닉'의 문제이다. 인간은 누구나 자기를 가꾸려는 노력, 즉 자기 자신에 대한 관심과 성찰을 통해서 주체화를 추구할 수 있을 뿐 아니라, 타인과의 관계에서도 성숙한 객체의 모습을 보일 수 있다. 주체에 대한 이러한 문제에서 푸코는 자연스럽게 그리스·로마 시대에 발전한 자기 성찰의 테크닉을 탐구하고 분석하면서, 자기에 대한 통치기술이 타인과의 관계뿐 아니라 주체적인 성의 윤리와 얼마나 밀접한 관계가 있는지에 관심을 집중하게 된다. 인간은 스스로를 성적 주체로 인식하면서 자신을 성찰하고 존재의 진실을 발견하는 체험을 할 수 있다. 성에 대한 욕망과 함께 성에 대한 규범으로부터 자유로울 수 없는 인간은 규범에 순응하건, 저항하건, 규범과의 관련에서 윤리적 주체로 성장한다. 성숙한 윤리적 주체의 행동방식은 어떤 의미에서 '주체화'의 방식이라고 할 수 있을 것이다.

푸코는《성의 역사》에서 성에 대한 규범과 주체의 고백이 어떻게 형성되었는지를 계보학적으로 규명하기 위해 고대인들의 '자기에 대한 배려' 방식을 탐구한다. 이러한 탐구 과정에서 각별히 주목할 만한 성과를 보인 강의 중 하나가 "주체의 해석학"이라고 할 수 있다. 1982년 2월 10일의 강의에서 푸코는 그리스 시대와 기독교 시대의 차이를 단어 의미의 변화와 관련지어 설명한다.[3] 그는 'conversion'이란 단어가 그리스·로마 시대에는 '전향'의 뜻으로 쓰이지만, 3세기와 4세기 기독교 시대에는 '개종'을 의미하는 이유를 추론한다. 그의 분석에 따르면, 플라톤에게 자기로의 '전향'은 자신의 무지를 깨닫는 인식의 문제였는데, 플라톤 이후 그리스·로마 시대에 '전향'은 자기 수양과 실천을 통해서 모든 예속으로부터 자유롭게 해방될 수 있는 단계를 의미하게 되었다는 것이다. 또한 기독교 시대에 이르러 '전향'은 '개종'의 의미로 바뀌고 회개metanoia의 행위와 결합된다. 그 이유는 이교인異敎人이 기독교 신자가 되는 개종의 절차에서 자신의 죄를 고백하고 회개하는 행위가 필수적이기 때문이다. 이런 점에서 '회개'는 당연히 긍정적 의미를 갖는다. 그러나 고대 그리스인들에게 이 단어는 후회를 나타내는 부정적 의미로 쓰였다. 나중에 다시 설명하겠지만, 그들에게

---

3 M. Foucault, *L'Herméneutique du sujet* (1981~1982), 1982년 2월 10일 강의 내용 참고.

'자기성찰'의 습관은 나중에 후회하는 일이 없는 행동을 하기 위해서였다. 그렇기 때문에 그들은 어떤 결정을 내리거나 어떤 행동을 하더라도 가능한 한 신중한 태도를 취해야 했다. 그러나 기독교인들에게 회개는 이전의 자기와는 다른 새로운 자기로 태어나는 데 필요한 절차이므로, 이전의 자기가 저지른 죄를 인정하고 뉘우치는 일은 세례 의식에서 반드시 거쳐야 할 중요한 절차의 한 요소가 된다. 이렇게 '후회'와 '회개'는 같은 말이지만, 시대의 변화에 따라서 다른 의미를 갖는다는 것이다.

고대철학에서 인간이 자신의 영혼을 돌보는 방식에 관한 문제들은 《성의 역사》 제2권 《쾌락의 사용법》과 제3권 《자기에 대한 배려》에서 훨씬 더 체계적 논리로 설명된다. "《쾌락의 사용법》이 기원전 4세기 고대 그리스 문화에서 철학자와 의사들이 문제시했던 성적 행위의 방법을 주제로 삼은 책이라면, 《자기에 대한 배려》는 1~2세기 그리스와 로마의 문헌들을 통해서 이러한 문제들을 탐구"한 책이라고 할 수 있다.

<h1 style="text-align:center">4</h1>

《성의 역사》 마지막 권인 제4권 《육체의 고백》에는 서론이 없지만, 《쾌락의 사용법》 서문에서는 《육체의 고백》의 서문으로 사용될 수 있는 다음과 같은 구절이 발견된다.

《육체의 고백》은 기독교 교리의 형성과정과 육체에 대한 기독교 규범을 논의한다. 여기서 내가 이용하려는 자료들은 대부분 교훈적 내용의 문헌들이다. 다시 말해서 이 문헌들의 형태가 어떤 것이건 간에(강론집, 대화록, 논설문, 교훈집, 서간 등), 행동규범을 제시하기 위한 목적으로 쓰인 텍스트를 참고자료로 삼았다는 것이다. 4

푸코가 말한 것처럼 "기독교 교리의 형성과정과 육체에 대한 기독교 규범을 논의한" 이 책의 목적은 기독교 윤리가 서양인의 삶과 생활방식, 삶의 태도와 주체의 형성에 어떤 영향을 미쳤는지를 근원적 관점에서 분석하는 데 있다. 초기 기독교 시대의 사람들이 자주 이용하는 실용적 지침서를 참고자료로 삼은 것들 중에서 알렉산드리아의 클레멘스의 《교사Le Pédagogue》는 가장 중요한 책으로 간주될 수 있을 것이다. 《육체의 고백》 서두에서부터 《교사》가 집중적 분석의 대상이 된 까닭은 이 책이 기독교인의 구체적 생활방식과 결혼생활에 대한 최초의 지침서일 뿐 아니라, 이러한 생활지침이 그리스 철학자들이 권고한 성숙한 인간으로서의 이성적 품행 방식과 상당 부분 일치하면서도 구별된다는 점에서이다. 물론 《교사》에서의 '교사'는 하느님이자, 그리스도이고, 로고스이다. 또한 이 로고스는 그리스인들에게서처럼 보편적 이성과 합리적 행동의 근거가 되는 로고스가 아니라, 하느님과 그리스도와의 합치된 삶을 살고, 영생을 위한 올바른 행동을 가르치는 하느님의 말씀을 의미한다.

푸코는 《교사》의 분석을 통해 클레멘스가 제안한 기독교인의 생활

---

4   M. Foucault, *L'usage des plaisirs*, Gallimard, 1982, p. 18.

지침이 그리스인들의 성숙한 이성적 생활태도와 유사성을 보인다는 점에서 초기 기독교 윤리가 스토아주의 철학의 영향을 받았다는 것을 밝히려 한다. 《교사》의 내용은 결혼의 목적이 생식生殖에 있는 것이지만, 자연에 어긋나는 성관계를 금지하도록 권고한다. 또한 이 책은 절제와 품위의 원칙에 의거해서, 부부관계는 쾌락과 관능을 추구해서는 안 된다는 것과 로고스의 원칙을 따라야 한다는 것을 강조한다. 여기서 부부관계의 원칙을 말하는 클레멘스의 중요성은, 그리스인들의 성문제에 대한 '아프로디지아'의 주체적 규범을 그대로 수용하지 않고, 결혼생활에서 부부의 성관계에 대한 규범을 최초로 제시했다는 점에 있다. 클레멘스는 나중에 나온 《강론집》을 통해 "자기 아내를 정부처럼 대하지 말고, 아무 곳에나 종자를 흩뿌리고 다니지 말 것이며, 절제의 원칙을 지켜야 한다"고 말함으로써 욕망을 절제하고 로고스의 원칙을 따라야 한다는 것을 계속 강조한다.

푸코는 《교사》와 《강론집》에 나타난 부부생활의 규정과 원칙을 분석하면서, 이 책들이 부부의 성적 행동에 대한 최초의 규범서임을 지적한다. 《성의 역사》 2권 《쾌락의 사용법》에서도 논의된 것처럼, 고대 그리스인들은 '아프로디지아'의 규범을 통해서 성관계의 문제를 자율적으로 해결할 수 있었기 때문에, 성적 행동에 대한 규범서가 필요 없었다. 그러나 기독교 시대가 도래하면서 성적 행동을 규제하는 규범서가 만들어지고, 성에 대한 규율과 통제가 시작되었다는 것이다.

고대의 이교인들이 성을 긍정적으로 수용하고 쾌락의 사용법을 즐겼다면, 기독교 시대의 성은 규제의 대상으로 부정적 의미를 갖게 되었다. 또한 기독교는 일부일처의 결혼에 대해서만 부부관계를 용인하고, 부부관계는 생식을 목표로 해야 한다는 원칙을 세웠고, 동성애를 금지시켰으며, 영원한 순결과 동정童貞에 높은 가치를 부여했다.

이러한 변화는 분명히 기독교 제국을 건설하기에 이른 기독교 교회의 매우 복잡한 발전과 관련된다. 그러나 보다 정확히 말해서 이것은 기독교에서 설립된, 다음과 같은 새로운 두 요소들과 관련시켜 봐야 할 변화이다. 그중 하나는 2세기 후반부터 만들어진 속죄의 규율이고, 다른 하나는 3세기 말부터 실시된 수도사의 고행이다. 이 두 유형의 관습은 단순히 금지사항을 강화시키는 결과를 가져온 것도 아니고, 보다 엄격한 품행 관리를 초래한 것도 아니다. 이러한 관습들에 의해서 결정되고 발전한 것은 자기와 자기 사이의 어떤 관계방식, 그리고 악과 진실 사이의 관계, 보다 정확히 말해서 죄의 용서, 마음의 정화와 드러나지 않은 죄, 비밀, 자기 성찰, 고백, 양심지도, 또는 속죄의 여러 가지 참회 방식에 따른 개인의 비법 사이의 관계이다. 5

푸코는 이렇게 시대적·사회적 변화를 점검하는 한편, 2세기 후반부터 5세기 사이에 정착된 수도사의 속죄와 고행의 규율을 통해 형성된 새로운 "자기와 자기 사이의 관계방식"이 육체의 문제를 중심으로 주체의 경험형식을 결정지은 것이라고 설명한다. 푸코는 이렇게 성에 대한 규범이 특별히 강화되었거나, 성관계에 대한 권력의 억압이 심화되었다고 말하지 않고, '주체의 새로운 경험형식'의 등장을 말한다.

---

5 본문, p. 84.

또한 '2세기 후반부터 만들어진 속죄의 규율'과 '3세기 말부터 확립된 수도사의 고행'을 통해서, 사람들이 자기와 자기 사이의 새로운 관계를 수립하고, 어떻게 '주체의 새로운 경험형식'을 갖게 되었는지를 논의한다. 이러한 '경험형식'에서 "'육체'는 하나의 경험방식"6이 되었다고 말할 수 있을 만큼 중요한 주제로 부각된다. 이제 서구인은 모든 윤리규범의 토대가 되는 '육체'와의 본질적 관계를 갖는 '경험형식'을 통해서 자기를 인식하게 된다. 육체 속에 들어 있는 악을 제거하기 위해 진실을 표명해야 하는 고백의 문제는 인간이 자기를 인식하고 변화시킬 수 있는 주체의 중요한 '경험형식'을 구성한다. 이러한 경험형식을 통해서 기독교의 생활규범은 주체의 성장과정에서 중요한 경험형식의 근거가 된다.

또한 이런 과정에서 세례洗禮가 주체 형성의 중요한 의식으로 간주되는 까닭은 무엇보다 세례의 의식이 인간을 하느님의 자식으로 새롭게 탄생시키는 계기이기 때문이다. 세례는 씻고, 지우고, 정화시키는 작용을 한다. '세례의 물'은 하느님의 아들임을 인증하는 표시이기 때문이다. 세례의 의식에서는 속죄가 중요한 자리를 차지한다. 세례의 정결의식은 인간의 더러운 죄를 지워 버리고, 영혼에 계시를 주어 빛으로 가득 차게 하고, 진실에 이르게 하는 것이다. 이 의식에서 회개와 속죄는 불가분의 관계에 있다. '새로운 탄생'을 의미하는 세례는 자신의 죄를 인정하고, 변화를 다짐하고, 자기 자신과 하느님에게 이러한 변화를 약속하는 의식인 것이다. 세례와 관련된 중요한 변화는 2세

---

6   본문, p. 85.

기와 3세기의 전환점에서 세례의 준비시간이라는 문제로 나타난다. 테르툴리아누스는 예비신자의 교육기간보다 더 중요시해야 할 것은 정신적 태도임을 강조한다. 그러므로 그는 예비신자가 세례를 받은 후에는 더 이상 죄를 짓지 않을 수 있다고 믿는 교만과 자만심을 경고한다. 인간은 결코 자기 자신을 완전히 통제할 수 없는 불완전한 존재이다. 자기 한계를 깨닫고 의식해야만 인간은 겸손할 수 있고, 겸손한 마음을 가져야만 하느님에게 진정성을 갖고 의존할 수 있다.

<h1 style="text-align:center">5</h1>

《육체의 고백》에서 중요하게 논의되는 주제들 중 하나가 '양심성찰'이다. 기독교의 영적 지도와 양심성찰은 그리스의 오랜 철학적 전통과 관련된 것이다. 세네카의 예를 통해서 알 수 있듯이, 그리스 시대의 '자기성찰'은 기독교의 '양심성찰'과 비슷하면서도 다르다. 전자와 후자 모두 '성찰'의 수행 과정에서 지도자의 도움을 필요로 하지만, 전자는 주체의 성숙을 위한 것이고, 후자는 하느님의 뜻을 따르기 위한 주체의 겸손을 목적으로 하기 때문이다. 기독교에서 양심성찰의 규범이 제도화된 것은 4세기의 수도사 생활을 통해서인데, 그 당시 '양심성찰'의 영적 지도기술은 최고의 기술로 간주되었다. 수도사의 '양심성찰'은 지도자의 지도 없이 수행할 수 있는 것이 아니다.

고대의 피타고라스주의자들은 잠들기 전에 영혼을 정화하기 위해서 음악을 듣고 향수 냄새를 맡으며 자기성찰을 수행했다. 이들은 자신의 하루를 되돌아보고 자신이 저지른 잘못들을 반성했는데, 이러한 반성의 목적은 어디까지나 합리적 판단을 통해서 보다 성숙한 인간이 되는 것이었다. 이들의 엄격한 성찰은 미래지향적인 것으로서, 자신을 어떤 유혹에도 휩쓸리지 않는 독립적 인간으로 만들기 위한 방법이다. 그러나 수도사들의 '양심성찰'은 철저히 자신의 존재를 부정하는 수련의 행위이다. 그들은 겸손을 필수적인 미덕으로 삼고 지도자의 명령에 복종해야 한다. 물론 그리스인들과 수도사들도 양심성찰을 수행하는 데 있어서 지도자의 지침을 따라야 했다. 그러나 그리스인들의 지도자가 지도받는 사람의 주권적 의지를 존중해서 본인의 문제를 스스로 판단해서 말하게 한다면, 기독교의 지도방식은 수도사에게 영혼에 떠오르는 모든 내용을 말하게 하는 것이다. 수도사의 '양심성찰'은 자유로운 주체의 자기반성과 다르기 때문에, 수도사는 지도자의 지침에 따라 자신의 내면을 지켜보면서 정결한 마음을 갖기 위해 악마와 싸우는 과정과 결과를 숨김없이 고백해야 한다.

푸코는 《육체의 고백》 2장에서 4세기에 많은 논의의 대상이 되었던 '동정la virginité'의 주제를 집중적으로 분석한다. 물론 기독교 시대의 '동정'은 그리스 시대의 '금욕la continence'과 유사성을 갖는다는 점에서 이 둘을 비교해 볼 수 있다. 그러나 푸코는 '동정'의 개념을 독립시켜서, 이것을 육체에 대한 기독교적 개념이 탄생하는 출발점으로 이해한다. 물론 '동정'에 대한 논의가 4세기부터 있었던 것은 아니다. 2세기에 테르툴리아누스는 '동정'을 논의하면서 '동정'의 영적 가치보다 엄격한 금욕 윤리를 중시하는 입장을 보였고, 3세기에 키프리아누스는 '동정'의 엄격한 순결 윤리를 강조하면서 적극적으로 '동정'의 가치를 찬양했다.

4세기 초에 '동정'이 본격적으로 논의되면서, 이것은 하나의 규범화된 생활방식으로 나타난다. '동정'의 주제와 함께 자기에 관한 배려의 방식으로 '자기 테크닉la technique de soi' 혹은 '동정'의 기술art이 마련된다. 그러나 기독교인의 '동정'이 이교인들의 금욕과 구별되는 것은, 동정은 주체적이고 자율적인 것이 아니라 철저히 외적 규범에 복종하는 생활을 요구하기 때문이다. 이러한 차이는 그리스인들의 '자기성찰'과 수도사들의 '양심성찰'이 구별되는 논리와 같다. 푸코는 4세기에 확립된 동정의 '기술'과 '자기 테크닉'을 분석하면서, 이러한 기술이 '분리와 단절'의 테크놀로지를 전제로 한 것임을 말한다. '분리와 단절'은 어떤 쾌락의 유혹에도 흥분하지 않고 감각의 문을 닫아 두어야 한다는 것이고, 또한 욕망을 자극하는 요소가 영혼에 어떤 흔적으로도 남아 있지 않도록 지워 버려야 한다는 의미이다. 이러한 자기 정화淨化의 '자기 테크닉'은 자기와의 관계만이 아니라, 타인과의 관계에서 필요한 기술이 된다.

우리는 동정의 실천이 감각, 영상과 잔상의 효과, 사유의 활동, 영혼 속에서 착각이나 일천한 수행과정으로 인해 자기 자신이나 타인이 지각할 수 없는 그 모든 것이 문제가 되는 내적 인식의 영역과 통해 있다는 것을 알 수 있다. 결국 동정의 실천은 타인의 권력과의 관계 속에, 그리고 개인의 예속화와 동시에 개인의 내면성의 객관화를 표시하는 시선과의 관계 속에 들어가게 되는 것이다. 7

푸코는 이처럼 동정의 실천을 "타인의 권력과의 관계"로 해석한다. 동정은 수도사의 양심성찰과 마찬가지로 지도자의 지도방침에 따라서 실천에 옮길 수 있기 때문이다. 이 구절에서 우리는 현대의 권력이 판옵티콘의 권력, 즉 시선의 권력으로 작용하면서 인간을 감시받는 존재로 만들었다는 《감시와 처벌》의 주제를 연상할 수 있다. 동정을 실천하는 사람은 지도자의 시선 앞에서 예속되는 존재가 되는 동시에 타인의 시선으로 자기를 보고 자신의 내면성을 객관화함으로써 그의 예속은 더욱 심화될 수밖에 없다.

6

아우구스티누스는 결혼생활의 윤리와 성에 대한 규범을 확립하는 데 기여한 가장 영향력 있는 기독교 사상가이다. 《교사》의 클레멘스가 그리스 철학의 영향을 받아서 스토아주의적 성윤리를 기독교에 정착시키려고 했다면, 아우구스티누스는 인간의 타락을 통해서 인간의 본성과 육욕, 성관계를 훨씬 더 부정적이고 비관적으로 인식했다. 푸코는 클레멘스와 아우구스티누스의 차이를 이렇게 설명한다. "클레멘스와 아우구스티누스의 차이는, 성관계의 윤리를 정착시키려는 그리스적이고 스토아주의적인 기독교와, 타락을 통해서만 인간의 본성을 생각하고 결과적으로 성관계를 부정적으로 인식하게 만든 매우 금욕적이고 비관적인 기독교의 차이라고 할 수 있다."[8] 푸코는 두 사람 간에

---

7 본문, p. 320.

이런 차이가 있다고 해서 아우구스티누스가 성관계를 부정적으로 인식했고, 클레멘스는 성관계를 관용적으로 이해했다고 생각해서는 안 된다는 말을 덧붙인다.

푸코는 《육체의 고백》에서 아우구스티누스의 이론을 별도의 장으로 만들 만큼 비중 있게 다룬 이유를, 기독교인의 성모럴을 확립하는 데 그가 중요한 역할을 했기 때문이라고 설명한다.

그의 노력에서 평가할 만한 첫 번째 측면은 그의 시도가 기독교 신학을 발전시키는 데 중요한 역할을 했다는 것이고, 두 번째 측면은 서구인의 모럴의 역사에서 그것이 절대로 필요한 작업이었다는 것이다. 부부의 생식을 천지창조의 질서와 결혼의 실제적 목적 중 높은 자리에 배치함으로써, 그는 성관계를 부도덕하다고 보는 윤리-종교적 폄하의 시선을 어느 정도 바로잡는 역할을 했다. 그러나 그는 죄와 무죄의 분할선을 변경하고 성행위 자체에 어떤 악의 형태를 새겨 놓음으로써, 그것에 단순히 무절제의 외적 한계를 정하는 일보다 문제가 더 많은 부정적 시각을 갖게 했다. 9

아우구스티누스의 이론적 작업을 객관적으로 평가한 이 글에서, 푸코는 그의 시도가 "기독교 신학을 발전시키는 데 중요한 역할을 했다는 점"과 "서구인의 모럴"을 확립하는 데 "필요한 작업"이었음을 긍정적으로 평가하면서도 "성행위 자체에 죄악의 형태를 새겨 놓은" 부정

---

8 본문, p. 82.
9 본문, p. 480.

적 측면을 동시에 지적한다. 또한 아우구스티누스가 이전의 교부들과는 달리 동정과 결혼을 분리시켜서 생각하지 않았고, 기독교 공동체의 구성을 위해 양쪽의 장점들을 상호보완적 관계에서 이해하려 한 노력을 높이 평가하기도 한다. 그의 관점에서 아우구스티누스의 〈창세기〉에 관한 해석은 주목해 봐야 할 부분이다. 아우구스티누스는, 〈창세기〉에 나타난 "하느님께서 당신의 모습으로 사람을 창조"했고, "사람이 혼자 있는 것이 좋지 않으니, 그에게 알맞은 협력자를 만들어 주기" 위해, "사람에게서 빼내신 갈빗대로 여자를" 만들었다는 구절에서 "협력자"의 의미가 무엇인지를 섬세한 논리로 규명했기 때문이다.

아우구스티누스에게 결혼은 그 자체로 좋은 일이고 선행에 속하는 일이다. 그는 《올바른 결혼생활에 대하여》에서 인간이 남자와 여자로 창조된 것은 하느님이 미래에 인종과 국가를 초월한 인류의 영적 공동체 사회를 건설하도록 계획했기 때문이라고 말한다. 이러한 공동체 사회의 개념에서 결혼은 사회를 구성하는 기본적 단위라는 점에서 중요한 주제이다. 그는 부부의 결합하는 힘을 법적 계약이 아니라, 충실한 사랑과 믿음의 관계로 정의를 내린다. 또한 결혼생활에서 핵심 부분이라고 할 수 있는 성문제를 논의하는 대목에서는 육욕肉慾을 죄악시하고, 육체에 대한 영혼의 통제력 상실과 무절제한 성적 행동의 위험을 경고하기도 한다. 그가 육욕을 죄악시한 까닭은 원죄 이전과 이후의 성적 행동이 어떻게 변화했는지를 추론하는 과정에서 원죄 이후의 모든 성적 행동에는 육욕과 연결된 악의 요소가 내포되어 있음을 발견했기 때문이다. 그는 인간이 육욕의 유혹에 빠지지 않도록 올바른 성생활의 모럴을 구상하는 단계에서 하나의 가설을 세워 본다. 이

가설에 의하면, 천국에서의 성적 행동에는 리비도가 없었고, 생식기를 포함한 신체의 모든 기관들이 인간의 의지로 통제될 수 있었다는 것이다. 그러나 원죄로 인해 인간의 신체기관이 통제할 수 없는 상태가 되고, 남자의 생식기가 의지와 상관없이 동물적으로 발기하게 되었다. 이러한 무의지적 육욕 때문에 인간은 언제나 육욕의 유혹에 빠져서 죄를 지을 수 있는 위험에 처하게 되었다는 것이다.

아우구스티누스는 육욕을 죄악의 요소이자 무의지적인 것으로 생각한다. 그런데 육욕은 본능과 같은 것이므로, 인간의 의지로 제거될 수 있는 것이 아니다. 육욕은 인간의 의지와 상관없이 충동적으로 나타나서 인간의 온몸을 사로잡아 인간의 이성을 무력화시킬 수도 있다. 그러나 이러한 육욕의 위험성이 있다고 해서 육욕으로 이루어지는 성관계를 모두 죄악시할 수는 없을 것이다. 푸코는 이런 관점에서 "성관계를 규범화하는 일은 우리가 '자연스럽다'고 생각하는 형태에 따라 단순하게 〔이루어질 수〕 있을 것이다"고 말한다. 10 그렇지 않고 육욕의 성관계를 악이라든가 더러운 것으로만 정의한다면, 합법적으로 결혼한 부부라도 본성의 모럴을 부정하고 금욕의 윤리로 살아가야만 하기 때문이다. 그러나 아우구스티누스는 올바른 부부생활이 정절의 윤리 속에서 유지될 수 있다고 확신하여, 부부의 윤리규범을 만들었다는 것이다. 푸코는 아우구스티누스의 이러한 작업이 "중세의 기독교 — 특히 18세기부터 — 가 아마도 부부의 성관계에 관해서 지나칠 정도로 많은 규정을 만들어 발전시킨 최초의 문명형태가 된 원인"이라고 비판

---

10 본문, p. 522.

적으로 말한다. 부부의 성관계에 대한 아우구스티누스의 과도하고 경직된 규범화 작업은 이렇게 서술된다.

결국 욕망의 악이 그것을 통제하고 제한하는 의지의 훈련으로 조금씩 해소될 수 있다고 생각한다면, 우리는 아직도 지혜의 규정들을 명심하고 살아가야 할지 모른다. 그러나 성행위에서 리비도를 선용하건 악용하건 간에, 리비도의 악과 그것의 사용 가능성을 분리함으로써 리비도의 사용법과 사용의 목적, 사용법이 바뀌게 되는 상황 등에 따라서 성적 행동은 규범화된다. 이제 합법적으로 인정될 수 있는 성적 행동의 두 가지 목적 — 생식과 상대편의 죄를 면하게 하는 방법 — 은 그러므로 성행위의 전개과정을 소단위로 나누어 경비망을 펴듯이, 어떤 조건과 어떤 시기에 허용될 수 있고 금지해야 하는지를 결정하기 위한 기본 방침으로 작용한다.[11]

푸코는 아우구스티누스가 "리비도의 악과 그것의 사용 가능성을 분리함으로써, 리비도의 사용법과 사용의 목적, 사용법이 바뀌게 되는 상황 등에 따라서" 성적 행동을 분리시켜 규범화한 것이 문제였음을 지적한다. 물론 아우구스티누스의 관점에서 인간이 육욕肉慾과 리비도의 노예가 되지 않으려면 리비도를 올바르게 사용해야 하고, 이러한 사용법을 위해서 언제나 리비도를 경계하고 통제해야 한다는 것은 당연한 논리일지 모른다.

그러나 아우구스티누스의 육욕과 성관계에 대한 규범화 작업을 분

---

11 본문, p. 523.

석하는 대목에서 푸코가 '분할해서 경계망을 편다quadriller'는 단어를 사용한 것은 주목해 볼 필요가 있다. 이 단어는 《감시와 처벌》에서 전염병의 확산을 막기 위해 권력이 그 병의 발원지를 철저히 경계하고, 통제하는 작전을 시작했을 때 사용된 '동사'이기 때문이다. 교회는 개인의 성생활에 관한 윤리규범을 만들어 성행위의 "시작부터 끝까지 소단위로 나누어, 경계망을 펴고", "어떤 조건과 어떤 때에 한정시켜 가능한지, 허용과 금지의 기준을 규정"한 것이다. 리비도와 성적 쾌락에 대한 감시와 처벌은 이런 식으로 확립되었다고 말할 수 있다.

7

이 책의 끝에는 4개의 장으로 구성된 60여 쪽 분량의 부록annexe이 실려 있다. 이 부록들은 본문과 어떤 관련이 있을까? 이 책의 편집자들은 머리말에서 본문과 부록의 관계를 이렇게 설명한다. "첫 번째 부록은 간략하게 전체의 목적을 환기시키기 위해 쓴 것으로 보아서, 서론의 초고이거나 아니면 개인적으로 사용하기 위한 상세한 설명서"일지 모르고, "두 번째 부록은 '고해'와 '고백' 사이의 관계에 대한 비판적 검토"라는 것이다.12 세 번째와 네 번째 부록도 이런 식으로 본문의 내용과 관련을 맺는 것이 분명하다. 특히 수도원에서의 속죄의례와 관련된 '고백exagoreusis'과 '고해exomologèse'의 문제를 주제로 한 글에서 우리는 '고해'가 죄인의 죄를 인정하는 행위라면, '고백'은 수도사가 자신

---

12 본문, p. 22.

의 내면에 떠오르는 모든 생각들을 지도자에게 말하는 것임을 알 수 있다. 수도사는 '고백'을 통해서 기본적으로 진실을 말해야 하지만, 그 이전에 '양심성찰'을 통해서 모든 생각들을 숨김없이 지도자에게 고백하는 과정을 거쳐야 한다. 그는 이러한 '고백'의 수련을 통해서, 개인의 의지를 포기하고 지도자에게 복종하는 방법을 배운다.

오랜 시간에 걸쳐서 스스로 깨치고 자기를 훈련시키는 일종의 '기술art'을 연마하는 동안, 수도사 자신도 자기를 포기하는 시련에 순응하게 된다. 그러나 수도사의 자기 포기의 의미와 방법은 다를 수도 있다. 수도사가 속세를 이미 떠난 이상, 그가 악의 진실을 나타내야 한다는 것은 속세와의 단절과 분리의 형식으로서가 아니라, 자신과의 3가지 연속성의 형식으로서이다. 그 연속성의 첫째는 자기 자신과 자기의 생각, 그 생각들의 자발적인 흐름, 그것들의 은밀한 움직임, 그 모든 것에 대한 끊임없는 경계이다. 둘째는 그로 하여금 말하게 하고 동시에 지도자의 말을 귀 기울여 듣게 하고, 고백하고 동시에 복종하게 만드는, 지도자와의 지도 관계를 유지하는 일이다. 셋째는 누구에게나 겸손하고, 공동체의 규범을 엄격히 따르는 일이다. 고해의 고유한 표현방식은 말이다. [13]

이 인용문에서 가장 주목해야 할 대목은 "수도사로 하여금 말하게 하고 동시에 지도자의 말을 귀 기울여 듣게 하고, 고백하고 동시에 복종하게 만드는, 지도자와의 지도관계를 유지해야" 하는 두 번째 임무

---

[13] 본문, p. 533.

에 관한 것이다. 그 이유는, 고백과 복종이 불가분의 관계임을 보여주기 때문이다. '고백'이 수도사의 의무라는 점에서, 지도자는 수도사에게 아무것도 감추지 않고 자기의 내면을 고백하도록 가르치고, 지도받는 수도사는 모든 것을 고백해야 한다. 그러므로 이러한 고백의 문제와 관련하여 기독교 권력의 특징인 목자의 지도방식 혹은 사목권력使牧權力의 주제를 논의할 수 있는 것이다.

'부록 3'은 사목권력의 통치방식을 집중적으로 분석한 글이다. 푸코는 사목권력의 특징을 3가지로 설명한다. 첫째, 사목권력은 영토에 행사되는 권력이 아니라, 무리에 대해서 행사되는 권력이다. 그것은 한 지점에서 다른 지점으로 이동하는 무리에게 행사되는 권력인 것이다. 둘째, 사목권력은 선행善行의 권력을 지향한다. 사실, 선행을 자신의 기능이나 목적, 정당화로 이용하지 않는 권력은 존재하지 않을 것이다. 그러나 사목권력은 그 어떤 권력보다도 선행에 의해 정의될 수 있는 권력이다. 이런 점에서 사목권력의 핵심 목표는 무리의 구제라고 할 수 있다. 여기서 구제는 식량을 공급하고 확보하는 방법이기도 하고, 집단과 개인에 대한 배려이기도 하다. 셋째, 사목권력은 개인화하는 권력이다. 목자는 모든 가축 무리를 안전하게 목적지로 인도하는 역할을 하면서도, 한 마리의 양을 잃지 말아야 한다는 것이다. 목자의 지도는 전체적인 동시에 개별적이라는 특징을 갖는다. 모세는 길을 잃은 한 마리의 양을 구하기 위해 전체 가축 무리를 포기한 사람으로 알려져 있다. 양 한 마리를 구하기 위해 가축 무리 전체를 소홀히 할 수 있다는 이 역설은 사목권력의 중심적 문제이기도 하다.

'부록 3'에서 집중적으로 논의된 사목권력의 주제는 '콜레주 드 프랑스' 강의록 《안전, 영토, 인구》(1977~1978)에 실린 1978년 2월 8일의 강의 내용과 크게 다르지는 않다. 푸코는 이 강의에서 사목권력의 개념이 서구 세계에 도입된 것은 기독교 교회의 매개를 통해서이고, 교회는 특수하면서도 자율적인 사목권력을 조직하여 로마제국 내부에 이식했다고 설명한다.

모든 문명 중에서 서구 그리스도교 문명은 아마도 가장 창조적이고, 가장 정복욕이 강하고, 가장 오만하고, 어쩌면 가장 많은 피를 흘린 문명 중의 하나일지 모른다. 어쨌든 가장 많은 폭력을 보여 준 문명 중의 하나인 것은 틀림이 없다. 그러나 동시에 — 내가 줄곧 강조하고 싶은 것이 바로 이러한 역설인데 — 서구인은, 아마도 그리스인이라면 그 누구라도 용납하지 않았을 문제로서 자기 자신을 양 떼 속의 한 마리 양으로 생각하기를 수천 년 동안 배워 왔다는 것이다. **14**

이 인용문의 핵심은 "서구인은, 아마도 그리스인이라면 그 누구라도 용납하지 않았을 문제로서 자기 자신을 양 떼 속의 한 마리 양으로 생각하기를 수천 년 동안 배워 왔다"는 말에 있을 것이다. 왜냐하면 사목권력이 "길 잃은 한 마리의 양을 구하기 위해서" 전체의 양들을 포기할 정도로 개인을 배려하는 헌신적 통치방식에 따라, 개인은 권력 앞에 완전히 복종하는 존재가 되기 때문이다. 이런 점에서 양 떼를 인도

---

14 M. Foucault, *Sécurité, Territoire, population*, Cours au College de France (1977~1978), p. 134.

하는 목자와 양 떼의 관계는 전면적 의존관계이고, 한 개인이 다른 개인의 명령을 따르는 복종관계를 의미한다. 그리스도교에서 의존과 복종은 어떤 법이나 원칙, 합리적인 요소에 대한 의존과 복종이 아니다. 그것은 누군가에게 자신을 완전히 내맡기는 끝이 없는 의존과 복종이다. 물론 그리스인들도 지도자의 말을 따르고 복종했지만, 그들의 복종은 어디까지나 어떤 결과에 도달하기 위한 일시적 방법이었고, 자기 자신을 보다 성숙한 주체로 만들기 위한 과정이었을 뿐이다. 그러나 기독교 교회가 요구하는 복종은 사람들을 끊임없이 복종의 상태에 도달시키기 위한 방법으로 이해된다. 수도원이나 교회는 '양심성찰'과 '고백' 또는 '고해성사'를 통해 수도사와 신자들에게 철저히 복종을 가르치는데, 이러한 복종의 목표는 개인의 자기 의지를 죽이게 함으로써 그의 구원을 지향하는 것이다.

8

《육체의 고백》은 어떤 의미에서 클레멘스의 《교사》로부터 아우구스티누스의 《올바른 결혼생활》까지, 초기 기독교 교부들의 텍스트를 계보학적으로 분석한 노작勞作이라고 할 수 있다. 우리는 클레멘스의 《교사》에 대한 푸코의 분석을 통해, 기독교의 독자적 모럴이 부재한 상황에서, 헬레니즘의 모럴이 기독교의 모럴을 확립하는 토대가 되었음을 알 수 있었다. 이 과정에서 '육체'는 주체의 새로운 '경험형식'으로 나타나고, 스토아주의의 '금욕'과 '절제'는 기독교적 '순결', '동정', '정결', '정절'의 개념으로 전환된다. "너 자신을 알아야 한다"는 소크라테스적 자기 인식의 문제는 주체의 성숙에서 필요한 과제였지만, 기독교 모럴은 주체의 성숙보다는 개인의 구원을 위해서 개인을 철저히 보살피고 배려하는 방침으로 만들어진 것이다. 이것은 어떤 의미에서 개인의 영혼과 내면에 대한 사목권력의 통치와 관련된 것으로 볼 수 있다.

그렇다면 '육체'가 주체의 새로운 '경험형식'으로 부각된 기독교 모럴에서, 이 책의 제목인 《육체의 고백》은 어떤 의미로 이해될 수 있을까? '육체의 고백'이라는 말은 '부록'에 실린 글 중에서 기독교가 사제의 직책을 제도화했고, 사제로 하여금 어린 양과 같은 신자들을 돌보게 했다는 것을 논의하는 대목에서 이렇게 언급된다.

여기서 이러한 제도화 과정을 간략하게라도 요약하는 일은 거의 불가능하다. 다만 기독교가 '목자의 직무'를 마련하기 전에는 이러한 주제가 과거에 비해 변화가 있었고, 이 변화의 과정에서 '육체의 고백'이 어떤 중요성을 갖게 되었는지에 대해서만 지적해 보겠다. 15

푸코는 이 인용문 이후에서 "진실에 대한 강요는 사제와 신자의 관계를 구성하는 한 요소"라고 말한다. 이런 점을 고려할 때, '육체의 고백'이 신자들의 죄와 진실에 대한 고백과 같은 의미로 쓰인 것임을 알 수 있다. 그러나 죄를 짓지 않은 육체는 무엇을 고백해야 하는가?

말라르메는 그의 유명한 시 〈바다의 미풍〉 첫 구절에서 "육체는 슬

---

15 본문, p. 566.

프다 아! 나는 만 권의 책을 읽었건만"이라고 쓴 바 있다. 이 시에서 시인은 육체가 왜 슬픈지는 말하지 않는다. 그렇지만 독자는 육체가 슬픈 까닭을 정신과의 괴리 때문이라고 생각할 수도 있고, 정신과는 다른 육체의 물질적인 무게나 한계로 인해 자유에의 열망을 이룰 수 없기 때문이라고 추측해 볼 수도 있다. 그러나 이 시와는 달리 푸코의 《육체의 고백》을 통해서 육체가 슬픈 까닭을 추론해 본다면, 우리는 아우구스티누스가 육욕과 리비도를 죄악시했기 때문이라고 말할 수 있다. 육욕과 리비도가 육체로부터 분리될 수 없는 한, 육체는 육욕의 주범이 아니라도 공범자의 입장에 놓일 수밖에 없을 것이다. 그렇다 면 고백은 어떤 의미를 갖는 것일까?

사실 《성의 역사》를 처음 기획했을 때부터 푸코의 머릿속을 떠나지 않았던 문제는 진실의 언어화와 언어의 진실화로 요약될 수 있는 '고백'의 문제라고 할 수 있다. '고백'은 초기의 기독교 규범에서는 '성사聖事'가 아니었지만, 나중에 '고해성사'로 제도화되면서, 다양한 형태로 교회 밖의 사회에 확산된 것이다. 고백하는 개인과 고백을 듣는 개인 사이에는 필연적으로 권력관계가 형성된다. 그리고 이러한 관계는 제도적으로 고착화되기 마련이다. 이 권력관계에서 권력을 갖는 사람은 당연히 고백을 청취할 수 있는 것이 아니라, 고백을 이끌어 내는 사람이 권력자가 되는 것이다. 고백은 무엇보다 죄를 인정하고 진실을 말해야 하는 것을 전제로 한다. 그렇기 때문에 고백하는 주체는 죄를 어떻게 고백하고, 진실을 어디까지 인정해야 하는지를 숙고해야 하고, 권력자는 최대한으로 진실의 고백을 이끌어내는 방법을 이용하려고 할 것이다. 그러나 고백하는 주체가 사람이 아니라 육체이고, 그 육체가 죄를 짓지 않았다면? 푸코는 '육체의 고백'이라는 주제를 통해서 죄를 짓지 않았는데도 진실을 고백해야 하는 '슬픈' 육체의 '변호인' 역할을 통해 '육체의 진실'을 밝히려 했다고 할 수 있을 것이다.

이러한 우리의 추론이 옳건 그르건 간에, 《육체의 고백》이 육체의 욕망과 진실을 주제로 한, 푸코의 기념비적 대작인 것은 분명하다. 푸코는 죽음을 무릅쓰고, 죽음과 싸워 가면서, 인간의 이성이 도달할 수 있는 최고의 수준에서 인간의 본성에 관한 불가사의한 문제를 규명하려고 했다. 이제 우리는 그의 '초인적' 작업에 대해 오직 머리 숙여 경의를 표할 뿐이다.

후기

이 책의 번역은 고행이자, 축복이었다. 번역이 고행이었던 것은 많은 교부들의 텍스트에 대한 푸코의 끈질긴 추론과 사유의 분석 작업을 따라가기도 힘들었고, 이것을 독자가 이해할 수 있게 번역하는 일도 나의 능력을 넘어서는 것처럼 보였기 때문이다. 또한 적절한 번역 용어를 찾지 못해 우왕좌왕하는 일도 자주 있었다. 결국 번역 용어를 결정한 것들 중 몇 가지 예를 들자면, 'pénitent'과 'pénitence'를 '속죄자'와 '속죄' 또는 '속죄행위'로, 'virginité'를 '동정'으로, 'examen de conscience'를 '양심성찰'로, 'chasteté'를 '정절'로, 'procréation'을 '생식'으로, 'continence'를 '금욕'으로, 'incorruptibilité'를 '염결'로 번역한 것이다.

물론 번역이 고행이기만 했던 것은 아니다. 번역하는 동안 재미와 보람을 느낀 순간도 많았고, 새로운 지식과 지혜를 깨달을 때도 여러 번 있었다. 이러한 깨달음 중 하나는, 겸손의 미덕이 겸손하지 않았을 경우에 범하게 될 죄와 과오를 피하게 해주는 방법임을 알게 되었다는 점이다. 우리는 흔히 "사람은 겸손해야 한다"고 말하면서도 겸손의 미덕이 무엇인지, 왜 겸손해야 하는지, 겸손이 어떤 점에서 유익한 것인지를 잘 모른다. 소크라테스가 이런 말을 했는지는 모르지만, "너 자신을 알아야 한다"는 것의 전제조건은 무엇보다 겸손함이라고 생각한다. 사람은 겸손하지 않으면 자기 자신을 결코 알 수 없기 때문이다. 이러한 깨달음과 함께, 지난날 나의 많은 과오들이 모두 겸손하지 않고, 자만하거나 방심했기 때문에 초래된 결과임을 인정하게 되었다.

또한 예전에는 "타인에게 관대하게, 나에게는 엄격하게"라는 격언을 별개의 두 경구가 하나의 격언 속에 당위적으로 연결된 것처럼 보았지만, 이제는 '나에게 엄격한 사람'이 타인에게 관대할 수 있다거나, '타인에게 관대한 사람'은 자신에게 엄격한 사람이라고 생각하게 되었다. 이러한 변화는 모두가 "타인에 대한 통치와 나에 대한 통치가 일치한다"거나 "타인을 배려하려면, 우선 자기를 배려해야 한다"는 푸코의 견해에서 영향을 받은 것이다. 결국 어떤 문제에서건 남 탓을 하기보다 우선 자기의 책임을 떠올려야 하고, 자기에게 엄격해야 한다는 것을 다짐할 수 있었다.

끝으로 이 책의 번역을 제안한 나남출판사의 조상호 대표를 비롯하여, 출판과 편집을 도맡아 준 방순영 이사와 김태헌 이사, 민광호 차장을 비롯한 편집부 직원들, 번역 초고를 정리해 준 길경선 통역사 등에게 감사한다. 그리고 번역과정에서 발생하는 모든 문제들을 함께 감내하고, 힘든 고비를 넘게 해주었으며, 처음부터 공동의 교정작업으로 많은 오류들을 바로잡게 한 가족에게도 고마운 마음을 전한다. 또한 50년 전 군대시절부터 지금까지 조상호 대표의 변함없는 우정과 의리에 대해서 부족하나마 번역자의 의무와 책임을 다하려고 했음을 밝히고자 한다.

2019년 11월

참고문헌●

성서(La Bible)[1]

《구약성서》(Ancien Testament)

〈창세기〉(Genèse) 〔pp. 70, 78, 247, 253, 280~284, 383, 397, 434~435, 440~441,
    488, 562, 583, 588〕
〈탈출기〉(Exode) 〔pp. 551, 562〕
〈레위기〉(Lévitique) 〔pp. 61, 66, 253, 261, 465〕
〈사무엘기〉(Samuel) 〔p. 580〕
〈시편〉(Psaumes) 〔pp. 539, 552〕
〈잠언〉(Proverbes) 〔p. 181〕
〈이사야서〉(Ésaïe) 〔p. 561〕
〈예레미야서〉(Jérémie) 〔pp. 64, 556, 563~564〕
〈에제키엘서〉(Ézéchiel) 〔pp. 37, 548, 558, 560, 572〕
〈즈카르야서〉(Zacharie) 〔p. 556〕

《신약성서》(Nouveau Testament)

〈마태오복음서〉(Évangile selon saint Matthieu) 〔pp. 419, 426〕

● 각 문헌 끝에 대괄호(〔 〕)와 함께 해당 문헌이 포함된 페이지를 명기하였다.
1 미셸 푸코는 한 줄의 번역이라도 그대로 따라한 적이 한 번도 없다. 그래도 예루살렘의 《성서》를 번역한 루이 스공의 번역(Paris, Éd. du Cerf, 1977)이라든가 교부들의 논설을 번역한 책들은 그대로 인용했다.

〈요한복음서〉(Évangile selon saint Jean) [p. 567]

〈사도행전〉(Actes des Apôtres) [p. 87]

〈코린토 신자들에게 보낸 첫째 서간〉(Paul, 1re Épître aux Corinthiens) [pp. 78, 226, 247, 249, 290, 385, 417, 456, 460]

〈갈라티아 신자들에게 보낸 서간〉(Paul, Épître aux Galates) [p. 75]

〈에페소 신자들에게 보낸 서간〉(Paul, Épître aux Éphésiens) [pp. 375, 377]

〈콜로새 신자들에게 보낸 서간〉(Paul, Épître aux Colossiens) [pp. 348, 375]

〈히브리인들에게 보낸 서간〉(Paul, Épître aux Hebreux) [pp. 127, 590]

〈베드로의 첫째 서간〉(1re Épître de saint Pierre) [p. 569]

〈요한묵시록〉(Apocalypse) [pp. 257~259]

고대 저자 2

축약어(Abréviations)

C. U. F. "Collection des Universités de France"("Collection Budé"), Paris, Les Belles Lettres.

S. C. "Sources chrétiennes", Paris, Éditions du Cerf.

P. G. *Patrologiae Cursus Completus, Series Graeca*, sous la direction de J.-P. Migne, Paris, 1857-1866.

P. L. *Patrologiae Cursus Completus, Series Latina*, sous la direction de J.-P. Migne, Paris, 1844-1865.

---

2 우리는 여기서 미셸 푸코가 일반적으로 인용한 모든 책들의 번역이나 교정판을 기재했다. 그러나, 물론 다른 저작들도 참고했을 수 있다. 예를 들어 saint Augustin 의 경우: Mgr Peronne *et al*., Paris, L. Vivès, 1869~1878; 또한 saint Jean Chrysostome의 경우: Abbé Bareille *et al*., Paris L. Vivès, 1865~1873, 또한 Abbé Joly, Nancy, Bordes, 1864~1867. 덧붙여 말해 둘 것은 푸코가 라틴어나 그리스어의 텍스트 원전으로부터 인용문을 이끌어오면서 손질한 부분이 있을 수 있다는 점이다. 그는 서슴지 않고 미뉴의 그리스어나 라틴어로 된 교부 저작 전집을 직접 참고해서 글을 쓴다.

B. A. "Bibliothèque augustinienne", Paris, Desclée de Brouwer.

Œ. C. Saint Jean Chrysostome, *Œuvres Complètes*, traduction en français sous la direction de M. Jeannin, Bar-le-Duc, L. Guerin & Cie, editeurs, 1863~1867.

Œ. T. *Œuvres de Tertullien*, Paris, L. Vivès, 1852.

Saint Ambroise, *Apologia de Propheta David*, texte traduit en français par M. Cordier, S. C., 1977. (pp. 156, 160)

_____, *De Cain et Abel*, P. L., tome 14. (p. 159)

_____, *Enarrationes in Psalmos Davidicos*, P. L., tome 14. (pp. 131, 157)

_____, *Explanatio Symboli*, texte établi et traduit en français par Dom B. Botte, S. C., 1961. (p. 112)

_____, *Expositio Evangelii Secundum Lucam*, texte établi et traduit en français par Dom G. Tissot, S. C., 1956-1958. (pp. 157, 159~160)

_____, *De Lapsu Virginis Consecratae*, P. L., tome 16. (pp. 225, 295)

_____, *De Officiis Ministrorum*, P. L., tome 16. (pp. 549, 568, 571, 572)

_____, *De Paenitentia*, texte établi et traduit en français par R. Gryson, S. C., 1971. (pp. 130~132, 134, 146, 148, 157, 159)

_____, *De Paradiso*, P. L., tome 14. (pp. 155, 157, 159, 583)

_____, *De Sacramentis*, texte établi et traduit en français par Dom B. Botte, S. C., 1961. (pp. 114~115, 119)

_____, *De Spiritu Sancto*, P. L., tome 17. (p. 131)

_____, *De Virginibus*, P. L., tome 16. (pp. 225, 277, 279, 288, 298)

_____, *In Psalmum David CXVIII Expositio*, P. L., tome 15. (p. 131)

Saint Antoine, *Apophtègmes des Pères*, P. L., tome 65. (p. 184)

Aristote, *Éthique à Nicomaque*, texte établi et traduit en français par R.-A. Gauthier et J.-Y. Jolif, Louvain-Paris, Publications universitaires de Louvain, 1958~1959. (p. 49)

_____, *Histoire des Animaux*, texte établi et traduit en français par P. Louis, C. U. F., 1964~1969. (pp. 56, 59)

_____, *Génération des Animaux*, texte établi et traduit en français par P. Louis, C. U. F., 1961. (p. 59)

Saint Athanase, *Apologia ad Imperatorem Constantium*, P. G., tome 25. [p. 267]

———, *Vita S. Antonii*, P. G., tome 26. [p. 214]

Athenagore, *Supplicatio pro Christianis (Supplique au Sujet des Chrétiens*, texte établi et traduit en français par G. Bardy, S. C., 1943). [p. 29]

———, *Legatio*, texte établi par W. Schoedel, Oxford, Clarendon Press, 1972. [p. 226]

Saint Augustin, *De Bono Conjugali*, texte établi et traduit en français par G. Combès, B. A., 1948. [pp. 375, 416, 422, 437, 440, 446~457, 460~473, 475, 480]

———, *De Bono Viduitatis*, texte établi et traduit en français par J. Saint-Martin, B. A., 1939. [pp. 416, 418, 424]

———, *De Catechizandis Rudibus*, texte établi et traduit en français par G. Combès et A. Farges, B. A., 1949. [pp. 435~436]

———, *De Conjugiis Adulterinis*, texte établi et traduit en français par G. Combès, B. A., 1948. [p. 416]

———, *De Continentia*, texte établi et traduit en français par J. Saint-Martin, B. A., 1939. [pp. 225, 281, 415]

———, *Contra duas Epistulas Pelagionorum*, texte établi et traduit en français par F.-J. Thonnard, E. Bleuzen et A. C. De Veer, B. A., 1974. [p. 482]

———, *Contra Faustum*, P. L., tome 42. [p. 584]

———, *Contra Julianum*, texte traduit par l'abbé Burleraux, in *Œuvres complètes de saint Augustin*, sous la direction de M. Poujoulat et de M. l'abbé Raulx, Bar-le-Duc, 1864~1872, 17 volumes, tome XVI, 1872. [pp. 422, 447, 477~479, 482, 486, 492~493, 506, 509~511, 514~515, 521]

———, *La Cité de Dieu*, texte traduit en français par G. Combès, B. A., 1959-1960. [pp. 440, 443, 445~446, 476, 482~484, 490~491, 493~497, 499~501, 584, 590]

———, *Discours sur les Psaumes*, P. L., tomes 36 et 37. [pp. 160, 161, 276, 493]

———, *De Genesi ad Litteram*, texte établi et traduit en français par P. Agaesse et A. Solignac, B. A., 1972. [pp. 282, 440, 441, 445, 483, 489,

490, 491, 588]

_____, *De Genesi contra Manichaeos*, in *Œuvres complètes de saint Augustin*, tome III, traduction en français par M. Péronne *et al.*, Paris, L. Vivès, 1873. [pp. 434~436, 488]

_____, *De Gratia Christi et Peccato Originali*, texte traduit en français par J. Plagnieux et F. -J. Thonnard, B. A., 1976. [p. 497]

_____, *De Nuptiis et Concupiscentia*, texte traduit en français par F. -J. Thonnard, E. Bleuzen et A. C. De Veer, B. A., 1974. [pp. 422, 446, 478, 482, 484, 488, 496, 497, 499, 504~506, 509~511]

_____, *Opus Imperfectum*, P. L., tome 45. [pp. 480, 482, 502, 505, 509, 511, 518]

_____, *Quaestiones in Evangelium Secundum Matthaeum* I, P. L., tome 35. [p. 420]

_____, *Retractationes*, texte établi et traduit en français par G. Bardy, B. A., 1950. [p. 472]

_____, *De Sancta Virginitate*, texte établi et traduit en français par J. Saint-Martin, B. A., 1939. [pp. 225, 416~421, 426~431, 433]

_____, *Sermons*, P. L., tome 38. [pp. 111, 349, 490, 493, 545, 548]

Barnabé, Pseudo-Barnabé, *Épitre*, texte traduit en français par Sœur Suzanne-Dominique et Fr. Louvel, in *Les Écrits des Pères Apostoliques*, Paris, Éd. du Cerf, 1979, tome III. [pp. 61, 87, 127, 227, 349]

Basile d'Ancyre, *De l'Intégrité de la Virginité*, P. G., tome 30; traduit en français par A. Vaillant, *in* saint Basile, *De virginitate*, Paris, Institut d'études slaves, 1943. [pp. 225, 271, 278, 295~296, 301, 307~310, 313~319]

_____, *De Renuntiatione Saeculi*, P. L., tome 31. [p. 188]

Basile de Césarée, *Constitutions Monastiques*, P. G., tome 31. [pp. 179, 204]

_____, *Exhortation à Renoncer au Monde*, texte *in* P. L., tome 31. [p. 350]

_____, *Grandes Règles*, P. G., tome 31. [p. 350]

_____, *Règles Brèves*, P. G., tome 31. [p. 350]

Saint Benoit, *La Règle*, texte traduit par A. de Vogüé, S. C., 1972. [pp. 185, 543]

Cicéron, *De Finibus*, texte établi et traduit en français par J. Martha, C. U. F., 1928~1930. (p. 255)

Clément d'Alexandrie, *Excerpta ex Theodoto*, P. G., tome 9. (p. 89)

_____, *Le Pédagogue*, texte traduit en français par H.-I. Marrou et M. Harl, S. C., 1960. (pp. 29~38, 40~47, 50~53, 55, 57~58, 60~62, 64~69, 71, 74~81, 176, 245, 353, 367)

_____, *Le Protreptique*, texte établi et traduit en français par C. Mondésert, S. C., 1949. (pp. 31, 79)

_____, *Quis Dives Salvetur*, P. G., tome 9. (pp. 130, 177~178)

_____, *Les Stromates* (II), texte établi et traduit en français par C. Mondésert, H.-I. Marrou et O. Staehlin, S. C., 1976. (pp. 32, 42~44, 50~52, 77~78)

_____, *Les Stromates* (III), P. G., tome 9. (pp. 32, 50~52, 76~79, 275, 367)

Clément de Rome, *Première Épître*, texte en français par Sœur Suzanne-Dominique, in *Les Écrits des Pères Apostoliques*, Paris, Éd. du Cerf, 1979, tome I. (p. 127~128)

Saint Cyprien, *Correspondance*, texte établi et traduit en français par le chanoine Bayard, C. U. F., 1925. (pp. 131~133, 137~139, 141~143, 152, 157, 547, 549)

_____, *De Habitu Virginum*, P. L., tome 4. (pp. 226, 236~241)

_____, *De Lapsis*, P. L., tome 4. (pp. 142, 148, 153, 157, 547)

Cyrille de Jérusalem, *Procatéchèse*, texte traduit en français par A. Faivre, Lyon, J.-B. Pélagaud, 1844. (p. 112)

Démocrite, In *Die Fragmente der Vorsokratiker*, texte établi par H. Diels et W. Kranz, Berlin, Weidmann, 1903. (p. 69)

Pseudo-Démocrite, In *Geoponica sive Cassiani Bassi Scholastici de re Rustica Eclogae*, texte établi par H. Beckh, Leipzig, Teubner, 1895. (p. 55)

Didakhê, Texte traduit par R.-F. Refoulé, in *Les Écrits des Pères Apostoliques*, Paris, Éd. du Cerf, 1979, tome I. (pp. 89, 113, 127, 128, 227, 349, 350)

Dioclès, *Du Régime*, in Oribase, *Collection Médicale. Livres incertains*, tome III, texte traduit en français par U. Bussemaker et Ch. Daremberg, Paris, J.-B. Baillière, 1858. (p. 38)

Dion Chrysostome (Dion de Pruse), *Discours 1-11*, texte établi et traduit par J. Cohoon, Cambridge, MA, Harvard University Press, Loeb Classical Library, 1932. (pp. 555, 559)

Dorothée de Gaza, *Vie de Dosithée*, in *Œuvres spirituelles*, texte établi et traduit en français par Dom L. Regnault et Dom J. de Préville, S. C., 1964. (p. 189)

Élien, *De Natura Animalium*, texte établi et traduit en français par M. Dacier, Paris, Impr. Auguste Delalain, 1827. (p. 56)

Épictète, *Manuel*, texte établi et traduit en français par A. Jagu et J. Souilhé, C. U. F., 1950. (pp. 165, 255)

Euripide, *Ion*, texte établi et traduit en français par L. Parmentier et H. Grégoire, C. U. F., 1959. (p. 49)

Eusèbe de Césarée, *Histoire Ecclésiastique*, livres I-IV, texte établi et traduit en français par G. Bardy, S. C., 1962. (p. 228)

Eusèbe d'Émèse, *Homélies*, in *Clavis Patrum Graecorum. Ab Athanasio ad Chrysostomum*, texte établi par M. Geerard, Turnhout, Brepols, 1974. (pp. 225, 271, 279, 287, 295)

Évagre le Pontique, *Traité Pratique*, texte établi et traduit en français par A. et C. Guillaumont, S. C., 1971. (pp. 206, 208, 336, 546)

Fauste de Riez, *Discours aux moines sur la pénitence*, P. L., tome 58. (p. 537)

Galien, *Commentaire aux Épidémies d'Hippocrate*, in *Opera Omnia*, éd. C. G. Kühn, Leipzig, Carl Cnobloch, 1821~1833, tome XVII. (p. 70)

_____, *De Utilitate Partium*, in *Opera Omnia*, éd. C. G. Kühn, Leipzig, Carl Cnobloch, 1821~1833, tome IV; traduction française par Ch. Daremberg, *Œuvres Anatomiques, Physiologiques et Médicales de Galien*, Paris, J.-B. Bailliere, 1856. (p. 70)

_____, *Traité des passions de l'âme et de ses erreurs*, texte dans les *Opera Omnia*, éd. C. G. Kühn, Leipzig, Carl Cnobloch, 1821~1833, tome V; traduction française par R. Van der Helst, Paris, Delagrave, 1914. (pp. 166, 170)

Saint Grégoire le Grand, *Homélies sur l'Évangile*, P. L., tome 76. (p. 161)

_____, *Le Pastoral*, texte établi et traduit en français par M. l'abbé Boutet,

Paris, Desclée de Brouwer et Lethielleux, coll. "Pax", 1928. (pp. 548, 549, 567~573)

Grégoire de Nazianze, *Discours 1-3*, texte établi et traduit en français par J. Bernardi, S. C., 1978. (pp. 136, 178~179, 549)

Grégoire de Nysse, *De la Création de l'Homme*, texte traduit en français par J. Laplace, S. C., 1943. (pp. 284~285)

_____, *Oratio Catechetica Magna*, texte en français par A. Maignan, S. C., 1978. (p. 118)

_____, *De la Virginité*, texte établi et traduit en français par M. Aubineau, S. C., 1966. (pp. 266~267, 273~274, 283~284, 286, 291, 295~298, 303~305, 410)

Hermas, *Le Pasteur*, texte établi et traduit en français par R. Joly, Paris, S. C., 1968. (pp. 87, 88, 92, 93, 117, 126~127, 129, 157)

Hiérocles d'Alexandrie, Fragments, *in* Jean Stobée, *Florilegium*, éd. A. Meineke, Leipzig, Teubner, 1856~1864, tome III. (pp. 36, 55)

Saint Hilaire, *In* P. L., tome 9. (p. 176)

Hippocrate, *Épidémies*, in *Œuvres complètes*, tome V, texte traduit par E. Littré, Paris, J.-B. Baillière, 1846. (p. 39)

Saint Hippolyte, *Canons*, texte établi et traduit en français par R.-G. Coquin, in *Patrologia Orientalis*, tome 31/2, Paris, Firmin-Didot, 1866. (pp. 109, 114)

_____, *Tradition Apostolique*, texte établi et traduit en français par Dom B. Botte, S. C., 1946. (pp. 107~111)

Irénée de Lyon, *Adversus haereses*, P. L., tome 7. (pp. 88, 146)

Isocrate, *Aréopagitique*, texte établi et traduit en français par G. Mathieu, C. U. F., 1942. (p. 552)

Jean Cassien, *Conférences*, texte établi et traduit en français par E. Pichery, S. C., 1955~1959. (pp. 180~185, 190, 192, 194, 196~199, 202~203, 206~210, 214~217, 307, 321~324, 326, 329~330, 332, 337, 339~340, 342~348, 353~354, 356, 360, 538, 540~541)

_____, *Institutions cénobitiques*, texte établi et traduit en français par J.-C. Guy, S. C., 1965. (pp. 180~186, 188~190, 192~194, 200, 211, 213~214,

218, 307, 321, 323, 328, 330~336, 342~348, 351, 356~359, 539, 542〕

Saint Jean Chrysostome, *Commentaires sur saint Matthieu*, in *Œ. C.*, tome 7. 〔p. 411〕

———, *Contre les Ennemis de la Vie Monastique*, in *Œ. C.*, tome 2. 〔pp. 369, 373~374〕

———, *Homélie Vidi Dominum*, in *Œ. C.*, tome 6. 〔p. 375〕

———, *Homélies* sur Anne, in *Œ. C.*, tome 5. 〔p. 392〕

———, *Homélies* sur l'Épître aux Colossiens, in *Œ. C.*, tome 11. 〔p. 375〕

———, *Homélies* sur la Ire Épître aux Corinthiens, in *Œ. C.*, tome 9. 〔pp. 375, 386, 403, 408〕

———, *Sur la Ire Épître aux Corinthiens. Fragments*, in *Journal of Theological Studies*, IX, 1908 (éd. C. Jenkins). 〔pp. 406, 411〕

———, *Homélies* sur l'Épître aux Ephesiens, in *Œ. C.*, tome 9. 〔pp. 375, 377 ~393, 406〕

———, *Homélies* sur l'Épître aux Hébreux, in *Œ. C.*, tome 9. 〔pp. 369, 382, 393〕

———, *Homélies* sur la Ire Épître aux Thessaloniciens, in *Œ. C.*, tome 11. 〔p. 392〕

———, *Homélies* sur la Ire Épître aux Timothée, in *Œ. C.*, tome 11. 〔p. 392〕

———, *Homélies* sur l'Évangile de saint Jean, in *Œ. C.*, tome 8. 〔p. 118〕

———, *Homélies* sur la Genèse, in *Œ. C.*, tome 5. 〔pp. 155~156, 284~285, 289, 392, 398, 575~578, 580~581〕

———, *Trois homélies sur le mariage*, in *Œ. C.*, tome 4. 〔pp. 375, 377, 380~ 381, 384~387, 390~391, 393~395, 398, 400~401, 407〕

———, *Homélies* sur la pénitence, in *Œ. C.*, tome 5. 〔pp. 155, 575~578, 580〕

———, *Homélies* sur saint Matthieu, in *Œ. C.*, tomes 7 et 8. 〔p. 165〕

———, *Qu'Il est Dangereux pour l'Orateur et pour l'Auditeur de Parler pour Plaire*, in *Œ. C.*, tome 3. 〔p. 205〕

———, *Sur le Mariage Unique*, texte établi et traduit en français par B. Grillet et P. Ettlinger, S. C., 1968. 〔pp. 384, 387~388, 401〕

———, *Huit Catéchèses Baptismales*, texte établi et traduit en français par A. Wenger, S. C., 1957. 〔p. 110〕

_____, *De la Virginité*, texte établi et traduit en français par B. Grillet et H. Musurillo, S. C. , 1966. [pp. 225, 267, 270, 273~275, 278~279, 284, 287, 289~291, 295, 298, 301~302, 333, 374~376, 382, 391, 394~395, 399~400, 409~410]

Saint Jérôme, *Adversus Helvidium De perpetua virginitate B. Mariae*, P. L. , tome 23. [pp. 225, 271, 290]

_____, *Adversus Jovinianum*, P. L. , tome 23. [p. 225, 228, 268, 271~272, 282, 416]

_____, *Lettres*, texte établi et traduit en français par J. Labourt, C. U. F. , 1949~1963. [pp. 145, 152, 188, 225, 271~272, 542, 567, 570]

Justin, *Apologies*, texte traduit en français par L. Pautigny, Paris, A. Picard et fils, 1904. [pp. 28~29, 88~89, 91, 113]

Saint Léon, *Lettres*, P. L. , tome 13. [pp. 132, 135, 153, 545]

Lucrèce, *De Natura Rerum*, texte établi et traduit en français par A. Ernout et L. Robin, C. U. F. , 1920~1928. [p. 57]

Marc Aurèle, *Pensées*, texte établi et traduit en français par A. -I. Trannoy, C. U. F. , 1925. [p. 255]

Méthode d'Olympe, *Le Banquet*, texte établi et traduit en français par H. Musurillo et V. -H. Debidour, S. C. , 1963. [pp. 232, 242~256, 259, 261, 263, 294]

Musonius Rufus, *Reliquiae*, texte établi par O. Hense, Leipzig, Teubner, 1905. [p. 36, 48, 73]

Ocellus Lucanus, *De Universi Natura*, éd. F. W. A. Mullach, Paris, A. Firmin-Didot, 1860. [p. 48]

Origène, *Commentaire sur Saint Jean, Livre VI*, texte établi et traduit en français par C. Blanc, S. C. , 1970. [p. 118]

_____, *Contra Celsum*, texte établi et traduit en français par M. Borret, S. C. , 1976. [p. 57]

_____, *Exhortatio ad Martyrium*, texte traduit en français par G. Bardy, Paris, J. Gabalda, 1932. [p. 160]

_____, *Homélies* sur le Cantique des cantiques, texte traduit en français par Dom O. Rousseau, S. C. , 1954. [p. 380]

_____, *Homélies sur la Genèse*, texte établi et traduit en français par H. de Lubac et L. Doutreleau, S. C. , 1976. [p. 282]

_____, *Homélies sur les Nombres*, P. G. , tome 12. [p. 111]

Ovide, *Métamorphoses*, texte établi et traduit en français par G. Lafaye, C. U. F. , 1965. [p. 55]

Pacien de Barcelone, *Lettres*, P. L. , tome 13. [p. 134~135]

_____, *Parénèse*, P. L. , tome 13, traduction française *in* C. Vogel, *Le Pécheur et la Pénitence dans l'Église Ancienne*, Paris, Éd. du Cerf, 1969. [p. 149]

Pacôme, *Praecepta et Instituta*, *in* Dom A. Boon, *Pachomiana Latina*, Louvain, Bibliothèque de la *Revue d'Histoire Ecclésiastique*, 1932. [p. 539]

Paulinus, *Vita Ambrosii*, P. L. , tome 14. [p. 142]

Philon d'Alexandrie, *De Opificio Mundi*, texte établi et traduit en français par R. Arnaldez, Paris, Éd. du Cerf, 1976. [p. 282]

_____, *De Specialibus Legibus*, texte traduit en français par S. Daniel et A. Mosès, Paris, Éd. du Cerf, 1970-1975. [p. 67]

_____, *De Agricultura*, texte traduit en français par J. Pouilloux, Paris, Éd. du Cerf, 1961. [p. 554]

Platon, *Cratyle*, texte établi et traduit en français par L. Méridier, C. U. F. , 1931. [p. 92]

_____, *Les Lois*, texte établi et traduit en français par A. Diès et E. des Places, C. U. F. , 1951~1956. [pp. 66, 373, 553, 561]

_____, *Le Politique*, texte établi et traduit en français par A. Diès, C. U. F. , 1935. [pp. 554, 560]

_____, *La République*, texte établi et traduit en français par E. Chambry, C. U. F. , 1931~1934. [pp. 373, 553, 558, 561]

Plotin, *Ennéades*, texte établi et traduit en français par E. Bréhier, C. U. F. , 1924-1938. [p. 255]

Pomère, *De Vita Contemplativa*, P. L. , tome 59. [pp. 546~547]

Quodvultdeus, *Sermones 1-3*, texte établi par R. Braun, Turnhout, Brepols, 1953. [p. 112]

Règle du Maître, Texte établi et traduit par Adalbert de Vogüé, S. C. , 1964.

[pp. 542~543]

Rufus d'Éphèse, *Œuvres*, éd. C. Daremberg et C. E. Ruelle, Paris, Imprimerie nationale, 1879. [p. 70]

Sénèque, *De Ira*, texte établi et traduit en français par A. Bourgery, C. U. F., 1922. [pp. 173~175, 205, 211]

_____, *Lettres à Lucilius*, texte établi et traduit en français par F. Préchac et H. Noblot, C. U. F., 1945~1964. [p. 73]

_____, *De Tranquillitate Animae*, texte établi et traduit en français par R. Waltz, C. U. F., 1927. [p. 167, 169, 171~172]

Soranus, *Traité des Maladies des Femmes*, in *Corpus Medicorum Graecorum*, t. IV, Leipzig, 1927; traduction française par F. J. Hergott, Nancy, Impr. Berger-Levrault, 1895. [pp. 67~68]

Tertullien, *Adversus Marcionem*, texte établi et traduit en français par A. -E. de Genoude, in *Œ. T.*, tome 1. [pp. 96, 368]

_____, *De Baptismo*, texte établi et traduit en français par F. Refoulé et M. Drouzy, S. C., 1952. [pp. 96~97, 103, 110, 113, 160]

_____, *De Carne Christi*, trad. A. -E. de Genoude, in *Œ. T.*, tome 1. [p. 78]

_____, *De Cultu Feminarum*, texte établi et traduit en français par M. Turcan, S. C., 1971. [p. 235]

_____, *Exhortatio ad Castitatem*, trad. A. -E. de Genoude, in *Œ. T.*, tome 3. [pp. 232~233, 235, 368]

_____, *De Paenitentia*, texte établi et traduit en français par P. de Labriolle, Paris, Picard, 1906. [pp. 95~99, 102~104, 130, 140, 146~147, 150, 152, 157~158]

_____, *De Pudicitia*, texte traduit en français par P. de Labriolle, Paris, Picard, 1906. [pp. 144, 148, 160~161]

_____, *De Resurrectione Carnis*, trad. A. -E. de Genoude, in *Œ. T.*, tome 1. [pp. 117, 226, 293]

_____, *Ad Uxorem*, trad. A. -E. de Genoude, in *Œ. T.*, tome 3. [pp. 235, 293, 368]

_____, *De Virginibus Velandis*, trad. A. -E. de Genoude, in *Œ. T.*, tome 3. [pp. 232~236, 293~294, 368]

Tite Live, *Histoire Romaine*, traduction française sous la direction de M. Nisard, Paris, Firmin Didot frères, 1839. [p. 236]

Xénophon, *Economique*, texte établi et traduit en français par P. Chantraine, C. U. F., 1949. [p. 384, 389]

근대 저자

d'Alès, A., *L'Édit de Calliste. Étude sur les Origines de la Pénitence Chrétienne*, Paris, Beauchesne, 1914. [pp. 127, 140]

Amand, D. Dom & Moons, C., "Une curieuse homélie grecque inédite sur la virginité adressée aux pères de famille", *Revue Bénédictine*, LXIII, 1953. [pp. 225, 278, 302]

Amman, E., Article "Pénitence", *Dictionnaire de Théologie Catholique*, Paris, Letouzey et Ané, 1933, tome XII. [p. 141]

Benoît, A., *Le Baptême chrétien au second siècle. La théologie des Pères*, Paris, PUF, 1953. [pp. 87, 117]

Broudéhoux, J. -P., *Mariage et Famille chez Clement d'Alexandrie*, Paris, Beauchesne, 1970. [p. 83]

Chadwick, O., *John Cassien. A Study in Primitive Monasticism*, Cambridge, Cambridge University Press, 1950. [p. 183]

Delatte, A., *Essai sur la Politique Pythagoricienne*, Paris et Liège, Bibliothèque de la Faculté de Philosophie et Lettres de l'Université de Liège, 1922. [p. 553]

Dolger, F. J., *Der Exorzismus im Altchristlichen Taufritual: Eine Religionsgeschichtliche Studie*, Paderborn, F. Schöningh, 1909. [p. 110]

_____, *Sphragis*, Paderborn, F. Schöningh, 1911. [p. 88]

Dondeyne, A., "La discipline des scrutins dans l'Église latine avant Charlemagne", *Revue d'Histoire Ecclésiastique*, XXVIII, 1932. [p. 111]

Draguet, R., *Les Pères du Désert*, Paris, Plon, 1949. [p. 184]

Dujarier, M., *Le Parrainage des Adultes aux Trois Premiers Siècles de l'Église*, Paris, Éd. du Cerf, 1962. [p. 108]

Frankfort, H. , *La Royauté et les Dieux*, trad. J. Marty et P. Krieger, Paris, Payot, 1951. [p. 551]

Gadd, C. J. , *Ideas of Divine Rule in the Ancient East*, Londres, Oxford University Press, 1948. [pp. 551, 556]

Göller, E. , "Analekten zur Bussgeschichte des 4. Jahrhunderts", *Römische Quartalschrift*, XXXVI, 1928. [pp. 141~142]

Grotz, J. , *Die Entwicklung des Busstufenwesens in der vornicänischen Kirche*, Fribourg-en-Brisgau, Herder, 1955. [pp. 133, 141~142]

Gryson, R. , *Le Prêtre selon Saint Ambroise*, Louvain, Éd. Orientalistes, 1968. [pp. 134, 142]

Guy, J. -C. , "Examen de conscience (chez les Pères de l'Église)", *Dictionnaire de Spiritualité*, Paris, Beauchesne, t. IV, 1961. [p. 175]

Hadot, I. , *Seneca und die Griechisch-Römische Tradition der Seelenleitung*, Berlin, De Gruyter, 1969. [p. 168]

Hadot, P. , "Théologies et mystiques de la Grèce hellénistique et de la fin de l'Antiquité", *Annuaire de l'École pratique des hautes études*, 5e section, t. LXXXV, 1970. [p. 195]

von Harnack, A. , *Die Mission und Ausbreitung des Christentums in den ersten drei Jahrhunderten*, Leipzig, J. C. Hinrichs, 1906. [p. 227]

Hausherr, I. , *Direction spirituelle en Orient autrefois*, Rome, Pont. Institutum Orientalium Studiorum, 1955. [pp. 179, 184, 188, 191, 204]

Jaeger, H. , "L'examen de conscience dans les religions non chrétiennes et avant le christianisme", *Numen*, VI, 1959. [p. 169]

Labat, R. , *Le Caractère Religieux de la Royauté Assyro-Babylonienne*, Paris, Librairie d'Amérique et d'Orient, 1939. [p. 557]

Lundberg, P. , *La Typologie Baptismale dans l'Ancienne Église*, Leipzig, Éd. A. Lorentz, 1942. [p. 118]

Magli, I. , *Gli Uomini della Penitenzia*, Bologne, Capelli, 1967. [p. 536]

Malone, E. E. , *Martyrdom and Monastic Profession as a Second Baptism*, Düsseldorf, Vom christlichen Mysterium, 1951. [p. 161]

Marrou, H. -I. & Danielou, J. , *Nouvelle Histoire de l'Église*, Paris, Le Seuil, 1963. [pp. 370~371]

Morenz, S. , *La Religion des Égyptiens*, trad. L. Jospin, Paris, Payot, 1962. (p. 557~558)

Morinus, J. , *Commentarius historicus de disciplina in administratione sacramenti paenitentiae*, Anvers, 1682. (p. 141)

Pargès, J. , *Les Idées Morales et Religieuses de Méthode d'Olympe*, Paris, Beauchesne, 1929. (p. 255)

Poschmann, B. , *Paenitentia secunda*, Bonn, P. Hanstein, 1940. (pp. 89, 127, 141)

von Preysing, K. , "Ehezweck und zweite Ehe bei Athenagoras", *Theologische Quartalschrift*, CX, 1929. (p. 29)

Quatember, F. , *Die christliche Lebenshaltung des Klemens von Alexandrien nach dem Pädagogus*, Vienne, Verlag Herder, 1946. (p. 39)

Rabbow, P. , *Seelenführung. Methodik der Exerzitien in der Antike*, Munich, Kösel-Verlag, 1954. (p. 168)

Rahner, K. , "La doctrine d'Origène sur la pénitence", *Recherches de Science Religieuse*, XXXVII, 1950. (p. 135)

de Robert, Ph. , *Les Bergers d'Israël*, Genève, Labor et Fides, 1968. (pp. 552, 562~563)

Sage, A. , "Le péché originel dans la pensée de saint Augustin", *Revue d'Études Augustiniennes*, XV, 1969. (p. 498)

Turck, A. , *Évangélisation et Catéchèse aux Deux Premiers Siècles*, Paris, Éd. du Cerf, 1962. (p. 89)

_____, "Aux origines du catéchuménat", *Revue des Sciences Philosophiques et Théologiques*, XLVIII, 1964. (p. 106)

Verheijen, L. , *Nouvelle Approche de la Règle de Saint Augustin*, Bégrolles-en-Mauges, Abbaye de Bellefontaine (Vie monastique, VIII) , 1980. (p. 422)

Veyne, P. , *Le Pain et le Cirque*, Paris, Le Seuil, 1976. (p. 555)

Vizmanos, F. de B. , *Las vírgenes cristianas de la Iglesia primitiva*, Madrid, La Editoral Católica, 1949. (p. 267)

Vogel, C. , *La Discipline Pénitentielle en Gaule*, Paris, Letouzay et Ané, 1952. (p. 546)

_____, *Le Pécheur et la Pénitence dans l'Église Ancienne*, Paris, Éd. du Cerf,

1966. [p. 537]

Voöbus, A. , *History of Asceticism in the Syrian Orient*, Louvain, Secrétariat du Corpus Scriptorum Christianorum Orientalium, 1958. [p. 540]

찾아보기(문헌)

찾아보기(용어)

찾아보기(인명)